FUNDSACHE LUTHER

Herausgeber Harald Meller

FUNDSACHE LUTHER

ARCHÄOLOGEN AUF DEN SPUREN DES REFORMATORS

THEISS

Landesamt für Denkmalpflege
und Archäologie Sachsen-Anhalt
LANDESMUSEUM FÜR
VORGESCHICHTE

BEGLEITBAND ZUR LANDESAUSSTELLUNG
»Fundsache Luther – Archäologen auf den Spuren des Reformators«
im Landesmuseum für Vorgeschichte Halle (Saale)
vom 31. Oktober 2008 bis 26. April 2009

DIE LANDESAUSSTELLUNG STEHT UNTER DER SCHIRMHERRSCHAFT

des Ministerpräsidenten des Landes Sachsen-Anhalt
Prof. Dr. Wolfgang Böhmer

des Bischofs der Evangelischen Kirche
der Kirchenprovinz Sachsen
Axel Noack

DIE AUSSTELLUNG WIRD FINANZIERT DURCH MITTEL DES LANDES SACHSEN-ANHALT

SACHSEN-ANHALT
Kultusministerium

WIR DANKEN UNSEREN FÖRDERERN UND UNTERSTÜTZERN

PD GROUP

Verein zur Förderung des Landesmuseums für Vorgeschichte Halle (Saale) e.V.

MARITIM
Hotel Halle

MEDIENPARTNER

mdr | 1 RADIO SACHSEN-ANHALT | SACHSEN-ANHALT HEUTE

DIE AUSSTELLUNG ENTSTAND IN FACHLICHER KOOPERATION MIT DER

Stiftung Luthergedenkstätten in Sachsen-Anhalt

WIR DANKEN UNSEREN LEIHGEBERN

Deutschland
Altenburg, Thüringisches Staatsarchiv
Berlin, Kunstgewerbemuseum – Staatliche Museen zu Berlin
Braunschweig, Herzog Anton Ulrich-Museum, Kunstmuseum des Landes Niedersachsen
Braunschweig, Städtisches Museum
Coburg, Kunstsammlungen der Veste Coburg
Dresden, Gemäldegalerie Alte Meister – Staatliche Kunstsammlungen Dresden
Dresden, Grünes Gewölbe – Staatliche Kunstsammlungen Dresden
Dresden, Rüstkammer – Staatliche Kunstsammlungen Dresden
Dresden, Sächsisches Staatsarchiv – Hauptstaatsarchiv
Dresden, Landesamt für Archäologie mit Landesmuseum für Vorgeschichte
Düsseldorf, Hetjensmuseum – Deutsches Keramikmuseum
Eisenach, Wartburg-Stiftung
Eisleben, Stadt Eisleben
Eisleben, Stiftung Luthergedenkstätten in Sachsen-Anhalt
Erfurt, Evangelische Andreasgemeinde
Erfurt, Evangelisches Augustinerkloster
Friedberg, Wetterau-Museum
Göttingen, Fachdienst Bauordnung, Denkmalschutz und Archäologie
Gotha, Stiftung Schloss Friedenstein
Greifswald, Pommersches Landesmuseum für Universitätssammlung Ernst-Moritz-Arndt Universität
Halle (Saale), Marienbibliothek
Halle (Saale), Stadtarchiv Halle
Halle (Saale), Stiftung Moritzburg – Kunstmuseum des Landes Sachsen-Anhalt
Halle (Saale), Universitäts- und Landesbibliothek Sachsen-Anhalt
Halle (Saale), Zentrale Kustodie der Martin-Luther-Universität Halle-Wittenberg
Hamburg, Museum für Kunst und Gewerbe
Hannover, Museum August Kestner
Jena, Evangelisch-Lutherische Kirchgemeinde Jena
Leipzig, Evangelisch-Lutherische Kirchgemeinde St. Thomas
Leipzig, Stadtgeschichtliches Museum
Leipzig-Lindenau, Evangelisch-Lutherische Nathanaelgemeinde
Lüneburg, Stadt Lüneburg/Denkmalpflege
Magdeburg, Landeshauptarchiv Sachsen-Anhalt
München, Bayerisches Nationalmuseum
Naumburg, Vereinigte Domstifter zu Merseburg und Naumburg und des Kollegiatstifts Zeitz
Nienburg, Museum Nienburg
Nürnberg, Germanisches Nationalmuseum
Oberursel, Vortaunusmuseum
Ottobeuren, Katholische Pfarrkirchenstiftung »St. Alexander und Theodor«
Pforzheim, Schmuckmuseum
Pottenstein, Fränkische Schweiz-Museum Tüchersfeld
Quedlinburg, Stadt Quedlinburg Schlossmuseum
Regensburg, Evangelisch-Lutherische Kirchgemeinde Dreieinigkeitskirche
Rodewisch, Museum Göltzsch
Rostock, Städtische Museen – Kulturhistorisches Museum
Solingen, Deutsches Klingenmuseum
Weimar, Klassik Stiftung Weimar – Graphische Sammlungen
Weimar, Thüringisches Hauptstaatsarchiv Weimar
Weimar, Thüringisches Landesamt für Denkmalpflege und Archäologie – Museum für Ur- und Frühgeschichte Thüringens
Wittenberg, Städtische Sammlungen
Wittenberg, Stiftung Luthergedenkstätten in Sachsen-Anhalt
Wolfenbüttel, Herzog August Bibliothek
Zeitz, Evangelische Kirchgemeinde St. Michael
Zwickau, Städtische Museen

Dänemark
København, Nationalmuseet

Großbritannien
London, Museum of London

Niederlande
Utrecht, Museum Catharijneconvent

Österreich
Wien, Österreichisches Staatsarchiv

Schweden
Stockholm, Nordiska Museet
Stockholm, Riksarkivet

Schweiz
Basel, Historisches Museum Basel

Darüber hinaus danken wir zwei privaten Sammlern aus Deutschland und Österreich für ihre Leihgaben.

AUSSTELLUNG

Gesamtleitung
Harald Meller
Projektleitung
Michael Schefzik
Wissenschaftlicher Beirat
Ulf Dräger (Halle [Saale]), Martin Eberle (Gotha), Michael Fessner (Bochum), Ingo Mundt (Magdeburg), Hans-Georg Stephan (Halle [Saale]), Martin Treu (Wittenberg)
Wissenschaftliche Beratung
Hans-Jürgen Döhle, Monika Hellmund, Reinhard Schmitt, Andreas Stahl
Konzeption
Mirko Gutjahr, Björn Schlenker
Ausstellungs- und Audioguidetexte
Mirko Gutjahr, Arnold Muhl, Björn Schlenker
Gestaltung
Juraj Lipták (Köln), Karol Schauer (Salzburg)
Öffentlichkeitsarbeit
Alfred Reichenberger, Michael Schefzik, Anja Stadelbacher
Besucherbetreuung
Monika Bode
Leihverkehr
Urte Dally
Ausstellungsbüro
Kerstin Bullerjahn, Korana Deppmeyer
Bauleitung Ausstellungsbau
Gerhard Lamm (Halle [Saale])
Koordination Ausstellungsbau
Korana Deppmeyer
Sammlung und Exponatverwaltung
Roman Mischker
Ausstellungsvorbau und Haustechnik
Hans-Bernd Schreiber
Restauratorische Betreuung
Christian-Heinrich Wunderlich (Leitung), Christian Bagge, Heiko Breuer, Friederike Hertel, Hartmut von Wieckowski (Nehlitz)
Ausstellungsgrafik
Klaus Pockrandt (Halle [Saale])

BEGLEITBAND

Konzeption
Mirko Gutjahr, Björn Schlenker
Redaktion
Mirko Gutjahr, Dirk Höhne, Björn Schlenker
Endredaktion
Dirk Höhne
Fotografie
Andrea Hörentrup, Juraj Lipták (Köln)
Bildvorlagen
Brigitte Parsche
Bildbearbeitung
L&N LITHO GmbH & Co.KG (Waiblingen)
Grafiken
Nora Seeländer
Gestaltung und Satz
nalbach typografik (Stuttgart): Silke Nalbach, Karina Moschke
Umschlagmotiv
Lukas Cranach d. Ä., »Martin Luther« (1528)
© Stiftung Luthergedenkstätten in Sachsen-Anhalt
Umschlaggestaltung
Klaus Pockrandt (Halle [Saale])
Schrift
Proforma, FF DIN
Druck und Bindung
Grafisches Centrum Cuno GmbH & Co. KG (Calbe)

Bibliografische Information Der Deutschen Nationalbibliothek
Die Deutsche Nationalbibliothek verzeichnet diese Publikation in der Deutschen Nationalbibliografie; detaillierte bibliografische Daten sind im Internet über **http://dnb.d-nb.de** abrufbar.

ISBN 978-3-8062-2201-2 (Buchhandelsausgabe)
ISBN 978-3-939414-14-8 (Museumsausgabe)

AUTOREN DER ESSAYS

Siegfried Bräuer (Berlin)
Michael Fessner (Bochum)
Mirko Gutjahr
Helmar Junghans (Leipzig)
Klaus Krüger (Halle [Saale])
Hartmut Kühne (Berlin)
Christian Matthes (Berlin)
Björn Schlenker
Elke Schlenkrich (Dresden)
Reinhard Schmitt
Andreas Stahl
Hans-Georg Stephan (Halle [Saale])
Manfred Straube (Leipzig)
Martin Treu (Wittenberg)

AUTOREN DER KATALOGBEITRÄGE

Jutta Charlotte von Bloh (Dresden) JCvB
Martina Bundszus (Rodewisch) MB
Marita von Cieminski (Halle [Saale]) MvC
Hans-Jürgen Döhle HJD
Ulf Dräger (Halle [Saale]) UD
Mirko Gutjahr MG
Monika Hellmund MH
Nadine Holesch (Halle [Saale]) NH
Ralf Jacob (Halle [Saale]) RJ
Helge Jarecki (Halle [Saale]) HJ
Sonja König (Halle [Saale]) SK
Karin Kolb (Dresden) KK
Stefan Krabath (Dresden) StK
Olaf Kürbis OK
Martin Löffler (Zwickau) ML
Tina Pandorf (Hannover) TP
Christian Philipsen (Eisleben) CP
Uwe Reuter (Dresden) UR
Björn Schlenker BS
Ralf-Torsten Speler (Halle [Saale]) RTS
Andreas Stahl AS
Katrin Steller (Halle [Saale]) KS
Martin Treu (Wittenberg) MT
Ines Vahlhaus (Halle [Saale]) IV
Uta Wallenstein (Gotha) UW

Alle Personen ohne Ortsnennung sind Mitarbeiter des LDA Sachsen-Anhalt.

INHALT

ESSAYS

HISTORISCHE PERSPEKTIVEN

BIOGRAFIE UND REZEPTION

ARCHÄOLOGIE UND BAUFORSCHUNG

AUSBLICK

KATALOG

ANHANG

GRUSSWORT

Schirmherr
Ministerpräsident Prof. Dr. Wolfgang Böhmer

»Fundsache Luther – Archäologen auf den Spuren des Reformators«: Das klingt spannend und detektivisch. Tatsächlich gleicht die Tätigkeit des Archäologen einer detektivischen Kleinarbeit. Er forscht nach unbekannten Zeugnissen, erschließt neue Quellen und rekonstruiert so Schritt für Schritt die Vergangenheit. Wie viel Mühe und Scharfsinn aufgebracht werden müssen bis zur Präsentation der ermittelten Ergebnisse und Fakten, ist dem Laien oft nicht bekannt. Meist vergehen Jahre bis zur Publikation eines wissenschaftlichen Buches oder bis zur Eröffnung einer Ausstellung. Dass die Arbeit des Archäologen aber alles andere als »staubtrocken« ist, zeigt diese Ausstellung.

Bereits zum dritten Mal ist das Landesmuseum für Vorgeschichte in Halle Ausrichter einer Landesausstellung. Viele werden sich noch an den großen Erfolg der Schau »Der geschmiedete Himmel. Die weite Welt im Herzen Europas vor 3 600 Jahren« erinnern. Sie hat 2005 weit über die Landesgrenzen hinaus für großes Interesse und Aufmerksamkeit gesorgt und mehr als 285 000 Besucher angezogen.

Einen vergleichbaren Zuspruch wünsche ich auch dieser neuen Ausstellung, der ersten nach der Komplettsanierung und Umgestaltung von Deutschlands ältestem archäologischem Museumsgebäude. Für ein halbes Jahr steht hier mit Martin Luther eine epochale Persönlichkeit im Mittelpunkt. Dass seine 95 Thesen einmal zu den drei wichtigsten Ereignissen der Menschheitsgeschichte zählen würden, hätte Martin Luther wohl selbst am meisten überrascht. Nichts sprach am 31. Oktober 1517 dafür, dass mit dem Thesenanschlag ein neues Kapitel der Weltgeschichte beginnen und Wittenberg zum Zentrum der kirchlichen Reformation werden würde. Insofern fügt sich auch die Luther-Ausstellung sehr gut in die gerade begonnene Reformationsdekade ein.

Über wenige Persönlichkeiten der Weltgeschichte ist mehr publiziert worden als über Martin Luther. Wer aber glaubt, es gäbe über ihn nichts Neues mehr zu berichten und es sei alles gesagt, den belehrt diese Ausstellung auf sympathische Weise eines Besseren. Den Fachleuten des Landesamtes für Denkmalpflege und Archäologie Sachsen-Anhalt ist es in den vergangenen Jahren gelungen, an mehreren Wohnstätten Luthers Zeugnisse auszugraben, die faszinierende und sehr ungewöhnliche Einblicke in sein Alltagsleben erlauben. So eröffnen sich neue Perspektiven, die unser Wissen über den Reformator bereichern und das bisherige Lutherbild an manchen Stellen ergänzen oder gar korrigieren.

Dabei schlägt die »Fundsache Luther« einen großen Bogen von seinen frühesten Kindheitstagen über seinen akademischen Werdegang, die Auseinandersetzungen im Ablassstreit bis hin zur fast reliquienhaften Verehrung seiner persönlichen Hinterlassenschaft.

Ich wünsche der Landesausstellung »Fundsache Luther – Archäologen auf den Spuren des Reformators« ein interessiertes Publikum, eine breite öffentliche Ausstrahlung und viel Erfolg. Mein Dank gilt den Organisatoren, Gelehrten und Institutionen, die diese Ausstellung erst möglich gemacht haben.

Prof. Dr. Wolfgang Böhmer
Ministerpräsident des Landes Sachsen-Anhalt

GRUSSWORT

Schirmherr
Bischof Axel Noack

Unsere Kirche ist fast 2000 Jahre alt und damit natürlich in vielfältiger Weise Gegenstand archäologischer Forschungen in der ganzen Welt. Dass dieses Interesse nun auch Martin Luther und seiner Familie gilt, ist erfreulich, wissen wir doch, was wir Martin Luther verdanken. In vielem war er uns weit voraus. Das gilt vor allem für den Theologen Martin Luther. So ist es nicht erstaunlich, wenn wir ihn besonders als einen lehrenden und schreibenden Theologen vor Augen haben. Die Werke aus seiner eigenen Feder füllen Regale, Schriften über ihn und sein Werk liegen in einer unüberschaubaren Menge vor. Da verwundert es, dass wir über seine soziale Herkunft und die Verhältnisse seiner Kindheit nur schlecht informiert sind. Selbst das Jahr seiner Geburt ist noch heute Gegenstand kontroverser Diskussion, zumal der gern zitierte Eisleber Taufeintrag heute nicht mehr existiert. Auf Befragen von Philipp Melanchthon meinte sich seine Mutter Margarethe zu erinnern, ihr Sohn Martin sei 1483 geboren, sein Bruder Jakob war sich dessen sicher.

Die wenigen Aussagen Luthers zu Kindheit und Herkunft stammen aus den berühmten »Tischreden«, die Johannes Aurifaber erst 20 Jahre nach seinem Tod – 1566 – veröffentlichte. Nach diesen Quellen stammte sein Vater aus dem Bauernstand und sei als armer Bergmann nach Mansfeld gezogen.

Es ist also für uns alle eine große Freude, dass plötzlich und völlig unerwartet Neues über ihn zu erfahren ist, und dies von einer Seite, von der wir es nicht erwartet hätten.

Nach den neuesten Forschungen zu seiner sozialen Herkunft und dem Elternhaus in Mansfeld kann die Prämisse einer ärmlichen Abstammung nicht mehr aufrecht erhalten werden. Die Wissenschaftler des Landesamtes für Denkmalpflege und Archäologie Sachsen-Anhalt haben hier ganze Arbeit geleistet: Nicht nur die archäologischen Hinterlassenschaften sprechen deutliche Worte, sondern auch die bisher vollkommen unbeachteten Überreste eines überaus stattlichen Wohnsitzes der Familie. Noch überraschender ist es, dass bisher nicht einmal die erhaltenen archivalischen Quellen zu Familie Luther vollständig ausgewertet worden waren.

Doch damit nicht genug. Das Schwarze Kloster zu Wittenberg war bekanntermaßen ab 1525 Wohnsitz Martin Luthers, seiner Ehefrau Katharina von Bora und deren Kinder. Über das bunte Leben in diesem Haus mit den dort wohnenden Gelehrten, Studenten und Gästen sind wir aus mancherlei Schriften bestens informiert. Unzählige archäologische Funde aus einer Auffüllschicht im Gartenbereich bestätigen viele Facetten des vertrauten Bildes. Andere Gegenstände erweitern unseren Horizont. Wir wissen nun, dass auf der festlich geschmückten Tafel auch teures Glas stand und dass Luthers auch wertvolle Fayencen aus Norditalien und der heutigen Türkei ihr Eigen nannten. Für evangelische Christen ist aber der Turm die wohl größte Sensation. Im so genannten Turmerlebnis gelangte Martin Luther zu der für unser evangelisches Bibelverständnis so wichtigen Erkenntnis, dass wir aus Gnade und Glauben vor Gott gerecht werden und nicht durch unsere Verdienste (Röm 1, 17). Die Archäologen haben diesen »Geburtsort der Reformation« wiederentdeckt – vollkommen unbeachtet ist er im 19. Jh. abgerissen worden.

Als Schirmherr wünsche ich dieser Ausstellung den verdienten Erfolg und zahlreiche Besucherinnen und Besucher. Es ist doch toll, wenn nach so vielen Jahren wissenschaftlicher Forschung wir alle plötzlich Gelegenheit haben, unser Bild Martin Luthers zu ergänzen und zu bereichern.

Axel Noack
Bischof der Evangelischen Kirche
der Kirchenprovinz Sachsen

VORWORT

Direktor und Landesarchäologe
Dr. Harald Meller

Die Bedeutung der Archäologie für die Darstellung der schriftlosen Zeiten ist unbestritten. Sobald jedoch Schriftquellen zur Verfügung stehen, meint man gerne, ihnen das Primat bei der Deutung der historischen Ereignisse überlassen zu müssen, da hier ja der Zeitzeuge direkt zu uns spricht. Doch gilt es auch hier, Bedacht walten zu lassen. Denn das zu Papier Gebrachte ist naturgemäß allzu oft intentionell gefärbt und verzerrt die tatsächlichen Vorgänge und handelnden Charaktere. Wir müssen uns also jeweils über die Verlässlichkeit der Schriftquelle vergewissern. Dies ist bei den archäologischen Quellen nicht der Fall, denn sie sind unbestechlich. Ohne Intention auf spätere Wirkung entsorgt, verloren, zerstört oder deponiert, sind sie nicht nur Zeitdokumente, sondern regelrechte Indizienbeweise. Man muss sie allerdings dann auch richtig zum sprechen bringen.

Auch zu Martin Luther glaubt man alles zu wissen. Schließlich hat er ausgiebig über sich selbst Auskunft gegeben. Dann waren da auch noch seine Freunde und Mitstreiter, die über ihn geschrieben haben. Und schließlich kennen wir auch die Einlassungen seiner Gegner. Nahezu jeder Winkel seines Wesens, Schaffens und Lebens wurde aberdutzende Male von historischer und theologischer Seite ausgeleuchtet. Luther gehört zu den weltgeschichtlichen Persönlichkeiten, über die Forschergenerationen am meisten reflektiert haben. Es stand aber immer nur dasselbe Quellenmaterial zur Verfügung, das man dann freilich immer wieder neu bewertet hat. Über die gesellschaftliche und theologische Bedeutung seines Wirkens könnte die Archäologie natürlich auch nichts Neues beitragen. Dennoch ist es ein großes Glück, das in jüngster Zeit archäologische Funde geborgen werden konnten, die unmittelbar mit Luther zu verknüpfen sind. Es sind Sachzeugnisse, die tiefe Einblicke in seine realen Lebensverhältnisse gewähren, und zwar zu unterschiedlichen Altersphasen. Es handelt sich um Abfall, entsorgt im Elternhaus und in seinem eigenen Anwesen. Wir wissen nun genauer, in welchem Milieu er aufwuchs und welchen Lebensstil er im eigenen Hausstand führte. Spielzeug, Essensreste, Architekturreste, Hausinventar und andere Besitztümer sind unverfälschte Quellen.

Gerade seine Kindheit und Jugendzeit gehört zu den Phasen seines Lebens, die für die Historie immer im Nebulösen lag. Dem Menschen Luther und seinem prägenden Umfeld kommen wir mit dem archäologischen Quellenmaterial sehr nahe. Im Verbund mit den Selbstauskünften Luthers und weiteren Dokumenten erschließt sich ein facettenreiches Lebensbild, wie dies nun für eine breite Öffentlichkeit in unserer Landesausstellung »Fundsache Luther – Archäologen auf den Spuren des Reformators« erlebbar gemacht wird.

Es ist natürlich kein Zufall, dass diese Zeugnisse des privaten Umfeldes und der persönlichen Lebensgewohnheiten Luthers in Sachsen-Anhalt zum Vorschein kamen. Zunächst familiäre und später politische Umstände ließen ihn fast sein gesamtes Leben in dieser Region verbringen. Erstaunlich sind aber die Menge und das Spektrum des Fundniederschlags, in dem wir nicht der moralischen Instanz begegnen, sondern dem authentischen Menschen Luther.

Aufgrund ihrer Fragmenthaftigkeit werden den neuen »Lutherrealia« erklärende Vergleichsstücke zur Veranschaulichung zur Seite gestellt. Sie werden ergänzt von den bislang vorliegenden Gegenständen, die Luther nachweislich oder auch angeblich gehört haben. Daher danken wir über 60 Institutionen aus sieben Ländern, die sich bereit erklärt haben, uns mit Preziosen aus ihren Beständen zu unterstützen.

Unser besonderer Dank gilt den beiden Schirmherren dieses Projektes, Herrn Ministerpräsident Prof. Dr. Wolfgang Böhmer und Herrn Bischof Axel Noack. Herrn Kultusminister Prof. Dr. Jan-Hendrik Olbertz verdanken wir die Durchführung dieses Vorhabens im Rahmen einer Landesausstellung.

Der Stiftung Luthergedenkstätten in Sachsen-Anhalt danken wir für die gedeihliche Kooperation. Ebenso bedanken wir uns bei dem Ausstellungsbeirat für seine hilfreiche Unterstützung. Dank schulden wir unseren Förderern und schließlich den Gestaltern der Ausstellung sowie allen Mitarbeitern des Landesamtes für Denkmalpflege und Archäologie Sachsen-Anhalt, die sich in diesem Projekt engagiert haben.

Dr. Harald Meller
Direktor des Landesamtes für Denkmalpflege und Archäologie Sachsen-Anhalt (Landesmuseum für Vorgeschichte) und Landesarchäologe von Sachsen-Anhalt

ESSAYS

HISTORISCHE PERSPEKTIVEN

KLAUS KRÜGER

BRÜCHE UND KONTINUITÄTEN

Das Reich um 1500

Der hallische Historiker Christoph Cellarius (1638–1707), auf den die Dreiteilung der Geschichte in Altertum, Mittelalter und Neuzeit zurückgeht, betrachtete die Zeit um 1500 als Epochenumbruch, als Wende vom Mittelalter zur Neuzeit. Dahinter steht die letztlich auf Luther zurückgehende Vorstellung vom überwundenen Mittelalter als einem Zeitalter, in dem das Papsttum die Kirche verdorben und die Gläubigen betrogen habe. Der protestantischen Geschichtswissenschaft der Aufklärung und ihrer Abwertung der scheinbar finsteren Epoche des Katholizismus verdankt das Mittelalter in Deutschland also seine Existenz. Als Daten, die sein Ende markierten, wurden seitdem – je nach inhaltlichem Schwerpunkt – die türkische Eroberung Konstantinopels 1453, die (Wieder-)Entdeckung Amerikas 1492 oder die Reformation seit 1517 angesetzt. Heute werden in der Forschung – neben unzweifelhaften Brüchen – auch die durchgehenden Entwicklungslinien betont, die das 15. und 16. Jh. miteinander verbinden. Auf Altem aufbauend, wurde Neues geschaffen, Bestehendes wurde reformiert und Unbekanntes gefunden.

Sechsundzwanzig Jahre bevor Martin Luther auf dem berühmten Wormser Reichstag den geforderten Widerruf seiner Thesen verweigerte, fand am selben Ort bereits ein anderer Tag statt, dessen Beschlüsse das Heilige Römische Reich Deutscher Nation von Grund auf verändern sollten. 1495, der zwölfjährige Martin Luder besuchte zu dieser Zeit in Mansfeld die Lateinschule, kamen König Maximilian I. und die Kurfürsten zu einer Versammlung der Reichsstände zusammen, um über die Lösung der dringlichsten innen- und außenpolitischen Probleme zu beraten. Maximilian, der zwei Jahre zuvor seinem Vater Friedrich III. (1440–1493) auf den Thron gefolgt war, gehörte der Dynastie der Habsburger an, die seit 1438 alle Kaiser des Römischen Reiches stellte – bis zu dessen Ende 1806.

Am Ausgang des 15. Jh. hatte der deutsche Teil des Reiches etwa 12 Millionen Einwohner, stand damit allerdings in Europa hinter Frankreich nur an zweiter Stelle. Und so war die Vormachtstellung des römisch-deutschen Königs – Maximilian sollte erst 1508 zum erwählten Kaiser erhoben werden – in Europa auch keineswegs unumstritten. 1494 war der französische König Karl VIII. (1483–1498) in Norditalien eingefallen, wodurch das filigrane Machtgefüge in Europa endgültig aus dem Gleichgewicht gebracht worden war. Den Hintergrund bildeten die Auseinandersetzungen um das Erbe des untergegangenen Herzogtums Burgund, die dadurch entstandene Rivalität zwischen den Häusern Habsburg und Valois in den Niederlanden sowie deren Streit um Norditalien. Darüber hinaus fühlte man sich im Südosten vom Osmanischen Reich bedroht, seit die Türken 1453 das byzantinische Reich eingenommen, in der Folge venezianische und genuesische Besitzungen im östlichen Mittelmeerraum erobert und bis zum Ende des Jahrhunderts den gesamten Balkan in ihren Besitz gebracht hatten. Diese Gefahr betraf etliche europäische Länder, besonders stark aber fühlte sich das Reich gefährdet, da die habsburgischen Erblande im Südosten unmittelbar an die jüngst eroberten Territorien angrenzten und die Osmanen 1478/79 in Kärnten und die Steiermark eingefallen waren. Erst im 18. Jh. sollte es Österreich unter dem Prinzen Eugen von Savoyen gelingen, die Türken endgültig vom Balkan zu verdrängen.

Schwere Probleme waren auch durch Auseinandersetzungen innerhalb des Reichsgefüges entstanden. Seit Generationen wurde die Bevölkerung durch fortwährende Fehden tyrannisiert. Jahrhundertelang hatten diese Privatkriege des Adels als legitimes Mittel zur Rechtsfindung und -durchsetzung, das nur von der Kirche und vom König reglementiert und eingeschränkt wurde, gegolten. Im späten Mittelalter begann sich das Fehdewesen auch gegen die aufblühenden Städte und ihre Bürger zu richten. Im selben Maße, wie insbesondere niedere Adlige, die zwischen Territorialisierungsbemühungen der Fürsten und wirtschaftlichem Aufstieg der Städte vielfach in materielle Not geraten waren, die Handelsstraßen unsicher machten, ließen sich die Kommunen

Abb. 1 Quaternionenadler, Hans Burgkmair d. Ä., 1510. Seit dem 15. Jh. begegnet der doppelköpfige Adler als Wappentier des Reichs. Aufgeteilt in Vierergruppen (Quaternionen), sind die Stände des Reichs durch ihre Wappen repräsentiert.

ihrerseits mit dem Recht privilegieren, bewaffnet gegen diese »Straßenräuber« vorzugehen. In mehreren Regionen des Reiches entstanden großräumige Städtebünde, zu deren Zielen die aktive Kriegsführung gehörte. Sie richtete sich tendenziell gegen Herren und Ritter, von denen sich Kaufleute, Pilger und andere Reisende bedroht fühlten. Ob die Straßen durch die Fehdeführung der Städte sicherer wurden, sei dahingestellt, das Gefühl von Rechtlosigkeit und Rechtsunsicherheit jedenfalls war weit verbreitet.

Auf dem Wormser Reichstag von 1495 forderte Maximilian von den Ständen Unterstützung in den genannten inneren und äußeren Konflikten; im Gegenzug verlangten diese größeren politischen Einfluss im Reich (Abb. 1). Tatsächlich prallten hier unterschiedliche Konzepte politischer Partizipation aufeinander: Der König vertrat die Idee einer zentralen Herrschaft, die die Stände zur finanziellen Unterstützung in die Pflicht nehmen konnte; dagegen erstrebten diese eine möglichst selbstständige Reform besonders der inneren Verhältnisse im Reich und eine Vormachtstellung gegenüber dem König. Doch auch die Fürsten vertraten teilweise ganz unterschiedliche Interessen und Ziele. So war auch der Reichstag ein ausgesprochen inhomogenes Gebilde, er setzte sich aus drei verschiedenen Gremien zusammen: Die sieben Kurfürsten, denen seit 1356 die Wahl des Königs oblag (Mainz, Köln, Trier, Böhmen, Sachsen, Brandenburg, Pfalzgrafschaft bei Rhein), bildeten den Kurfürstenrat; der Fürstenrat bestand aus über 300 weltlichen und geistlichen Herren, darunter vier Erzbischöfen (Besançon, Bremen, Magdeburg und Salzburg) und 46 Bischöfen sowie 24 weltlichen Fürsten, die jedoch nicht alle über volle (Viril-)Stimmen verfügten. Schließlich setzte sich aus den Vertretern von 85 Reichsstädten die so genannte Städtebank zusammen, deren Stimmen jedoch nicht als den übrigen gleichberechtigt galten. Obwohl es Hoftage als Gremien, die den König in unregelmäßigen Abständen berieten, schon lange gegeben hatte und auch die Reichstage als ständische Repräsentationsorgane bereits eine gewisse Tradition besaßen, steht doch der Wormser Tag von 1495 am Beginn einer neuen Kontinuität, denn von nun an sollte der Reichstag zu einem regelmäßig zusammentretenden Gremium werden. Den größten Einfluss besaßen dabei die Fürsten, in deren Territorien die künftige Entwicklung hin zu einem staatlichen Absolutismus vorweggenommen

Abb. 2 Kaiser Maximilian I., Gemälde von Albrecht Dürer, 1519.

worden war. Die Durchdringung der landesherrlichen Territorien mit Verwaltungsinstanzen und eine zunehmende hoheitliche Elitenbildung richteten sich in gleicher Weise gegen die Autonomiebestrebungen der Städte wie gegen die als anarchisch und anachronistisch empfundenen Rechtsanmaßungen des Adels.

Durch die Einrichtung eines Reichskammergerichts wurde das Fehdewesen nun kriminalisiert und als abgeschafft erklärt. Ein Ewiger Reichslandfrieden sollte Sicherheit auf den Straßen und zugleich Rechtsfrieden gewährleisten. Die Landfriedensbewegung war zu dieser Zeit allerdings bereits fünf Jahrhunderte alt. Es handelte sich dabei um ein ursprünglich königliches Recht, die grundsätzlich legitime Fehdeführung des Adels zu begrenzen, bestimmte Personengruppen, Bauwerke, Straßen und auch Wochentage unter besonderen Schutz zu stellen und durch eine eigens geregelte Gerichtsbarkeit abzusichern. Das gesamte hohe und späte Mittelalter hindurch hatte es entsprechende Bemühungen seitens des Königs, der Fürsten und der Kirche gegeben, auch Reichslandfrieden waren seit dem frühen 12. Jh. durch verschiedene Herrscher erlassen worden. Im Gegensatz zu diesen zeitlich befristeten Regelungen sollte der Reichslandfrieden von 1495 ewig Gültigkeit haben. Als Alternative zum Faustrecht wurde der Rechtsweg institutionalisiert und dazu in Frankfurt am Main ein Reichskammergericht eingerichtet, das weitgehend unabhängig vom König Recht sprechen sollte. Es setzte sich zusammen aus dem königlichen Richter und 16 Schöffen, die von den Reichsständen bestellt wurden. Tatsächlich bestand dieses höchste Reichsgericht – an verschiedenen Standorten – bis zum Ende des alten Reichs 1806 fort.

Eine der wichtigsten Forderungen der Stände galt einer Beteiligung an der Reichsregierung. Tatsächlich gelang es dem Erzkanzler, dem Mainzer Erzbischof Berthold von Henneberg, den König im Jahre 1500 zu einem Reichsregiment, also einer Regierungsbeteiligung der fürstlichen Vertreter der Reichsstände, zu bewegen. Im Gegenzug erhielt Maximilian die Genehmigung zur Einführung einer allgemeinen Kopfsteuer, des so genannten Reichs- oder Gemeinen Pfennigs. Mit dieser nach persönlichem Vermögen gestaffelten Abgabe, die jeder Erwachsene einmal jährlich zu entrichten hatte, sollten Friedenswahrung und Reichskammergericht, aber auch die militärische Abwehr der Türken und der Franzosen finanziert werden. Beiden Reformprojekten war indes kein nachhaltiger Erfolg beschieden, da der König das Reichsregiment, die Stände den Reichspfennig ablehnten.

Zudem wurden die Bestrebungen nach einer Reichsreform von den Schweizern unterlaufen, die ihre Zustimmung zu den Wormser Beschlüssen verweigerten. Im Laufe der vergangenen 200 Jahre hatte sich die Eidgenossenschaft eine faktische Selbstständigkeit gegenüber dem Römischen Reich erstritten, dessen Bestandteil sie indes immer noch war. Ihre erklärten Gegner waren das Haus Habsburg, das die Herrschaft über das schweizerische Mittelland beanspruchte, zuletzt aber der burgundische Herzog Karl der Kühne. Nach dem militärischen Sieg über Karl, der diesem den Schlachtentod und seinem Herzogtum die Aufteilung unter den Häusern Habsburg und Valois gebracht hatte, strebten die verbündeten Kantone nach Unabhängigkeit vom Reich. König Maximilian, der als Erzherzog von Österreich erstmals alle habsburgischen Lande in einer Hand hatte vereinigen können und durch die Ehe mit Karls Tochter Maria auch zum Erben Burgunds geworden war, gelang es im Schwabenkrieg des Jahres 1499 nicht, die Schweiz zu unterwerfen, der Friede von Basel bestätigte ihr die faktische Unabhängigkeit vom Römischen Reich. Ihre militärischen Erfolge führten dazu, dass sich die Schweiz zur Sicherung ihrer Alpenpässe nach

Abb. 3 Kaiser Karl V., Gemälde von Tizian, 1548.

Oberitalien hin orientierte und sich so in die Auseinandersetzungen zwischen Österreich, Frankreich, der Kurie und vieler norditalienischer Städte verstrickte. Gleichzeitig liegt hier der Grund, warum schweizerische Fußsoldaten, die so genannten Reisläufer, in vielen europäischen Ländern zu gefragten Söldnern wurden. Die Gründung der bis heute bestehenden Schweizergarde des Papstes durch Julius II. im Jahre 1506 geht auf diese Epoche der eidgenössischen Expansion zurück.

Entscheidende Anstöße für die Zukunft des Römischen Reiches gingen allerdings nicht nur von den Reformbestrebungen des Königs und der Stände, sondern auch von den aktuellen außenpolitischen Konstellationen aus. 1496, im Jahr nach dem Wormser Reichstag, heiratete Maximilians Sohn Philipp der Schöne die spanische Prinzessin Johanna, Tochter der Katholischen Könige Isabella von Kastilien (1474–1504) und Ferdinand von Aragón (1506–1516). Der eigentliche Grund für diese Eheschließung war in der Isolierung Frankreichs durch die Festigung der Beziehungen zwischen Österreich und den spanischen Königreichen zu suchen, die sich im Jahr zuvor mit dem Papst, dem Herzog von Mailand und dem Dogen von Venedig in der Heiligen Liga zusammengeschlossen hatten. Verstärkt wurde dieses Bündnis noch durch die Eheschließung zwischen Philipps Schwester Margarethe und dem spanischen Infanten Johann. Als dieser und mehrere andere Thronprätendenten innerhalb kurzer Zeit starben, wurden Johanna und Philipp 1504 zu Erben von Kastilien, Léon und Granada. Da Philipp der Schöne bereits zwei Jahre später starb und seine Witwe Johanna für wahnsinnig erklärt wurde, übernahm zunächst ihr Vater, der aragonesische König Ferdinand, die Herrschaft auch über Kastilien. Nach seinem Tode 1516 jedoch gelang es Kaiser Maximilian (Abb. 2), Philipps ältesten Sohn Karl als Nachfolger zum spanischen König zu machen.

Karl I., schon als Sechsjähriger durch seinen Vater Erbe der burgundischen Besitzungen in den Niederlanden und in Nordfrankreich, aufgewachsen in Brüssel, war nun mit 16 Jahren König von Aragón, faktischer Herrscher über Kastilien (seine Mutter Johanna starb erst 1555) und damit zugleich Herr der neu entdeckten spanischen Besitzungen in Übersee. Nach dem Tod seines Großvaters Maximilian 1519 erbte Karl von diesem auch die habsburgischen Besitzungen. Im selben Jahr wurde er durch die Kurfürsten – gegen die Kandidaten König Franz I. von Frankreich (1515–1547) und König Heinrich VIII. von England (1509–1547) – zum deutschen König gewählt. Nach seiner Krönung bezeichnete er sich – wie bereits sein Großvater vor ihm – als »erwählter Römischer Kaiser«, ließ seine Wahl aber noch durch den Papst bestätigen. Als Karl V. sollte er das Heilige Römische Reich Deutscher Nation bis 1556 regieren (Abb. 3); in die Zeit seiner Herrschaft fällt ein Großteil der Ereignisse, die durch die Reformation Martin Luthers ausgelöst wurden, wie der Bauernkrieg und die konfessionelle Spaltung.

Die Wahl Karls zum König wurde zu einem beträchtlichen Teil durch das Augsburger Handelshaus der Fugger finanziert, die dafür mit umfangreichen Privilegien bedacht wurden. Hier zeigt sich schlaglichtartig die ungeheure Macht, die den Städten und einzelnen ihrer Bürger im Laufe des Spätmittelalters zugewachsen war. Schon lange war es Ziel kommunaler Politik gewesen, dem jeweiligen Stadtherrn mit Hilfe finanzieller Zuwendungen wirtschaftliche und politische Zugeständnisse abzufordern und diese in längerfristige Einnahmequellen umzumünzen. Auf diese Weise hatten viele Städte eine Autonomie erwerben können, die sie rechtlich weitgehend unabhängig vom Zugriff ihrer Herren machte. Verpfändete Ländereien, die nicht wieder eingelöst werden konnten, waren vielerorts zur Grundlage umfangreichen Territorialbesitzes von Städten geworden. Solche Güter dienten einerseits wieder der landwirtschaftlichen Versorgung der Stadt, waren andererseits geeignet, durch die Anlage von Burgen und Landwehren sowie durch die Kontrolle über Straßen, Brücken und Häfen die Sicherheit der Kommune nach außen zu verbessern. Vielfach gerieten so Bauern in Abhängigkeit zu Bürgern, wurden zu deren Hörigen. Beide Gruppen waren aber in den Augen des Adels prinzipiell gleichgestellt, da sie nach mittelalterlichem Ständemodell Angehörige desselben Standes waren.

»Bürger und Bauer / trennt nichts als die Mauer« – dieses Diktum eines tendenziell städtefeindlichen Adels zeigt, dass die ideologische Entwicklung des Sozialmodells mit der realen nicht Schritt gehalten hatte. Tatsächlich hatten die Städter – und besonders die Angehörigen der oligarchischen Oberschichten der Reichs- und Fernhandelsstädte – inzwischen Lebensformen entwickelt, die denjenigen des Adels in nichts mehr nachstanden, sie an Luxus und Prunk vielfach weit übertrafen. Bürger führten Wappen, trugen innerhalb der Stadtmauern Turniere nach ritterlichem Vorbild aus und vermischten sich durch Heirat mit dem landsässigen Adel. Ihre steinernen Häuser boten weit mehr Komfort als die engen und oft spartanisch eingerichteten Burgen, durch die Geldwirtschaft bot sich den Stadtbürgern Zugang zu Luxuswaren aus allen Teilen der bekannten Welt, der vielen Adligen, die auf die Naturalerträge ihrer Liegenschaften angewiesen waren, verwehrt blieb.

Auch innerhalb der Städte hatte die soziale Differenzierung zugenommen. Stadträte, seit dem 12. Jh. als Vertretung der Einwohnerschaft nach außen gegründet, hatten sich im Laufe der vergangenen 200 Jahre zu Obrigkeiten weiterentwickelt. Hatte die Möglichkeit, sich in den Rat wählen zu lassen, ursprünglich jedem Bürger offen gestanden, war es in vielen Städten den führenden Geschlechtern durch zunehmende Abschließung nach unten gelungen, einen immer enger werdenden Kreis ratsfähiger Familien zu bilden, die naturgemäß untereinander stark versippt waren. Sie entstammten meistens der Schicht der Fernhändler oder derjenigen Zünfte, die besonders kostbare Produkte herstellten.

Auf der anderen Seite war es auch den Angehörigen der übrigen Zünfte vermehrt gelungen, zu Wohlstand zu gelangen. Da ihnen die Ratsmitgliedschaft – und damit die Entscheidungsgewalt über die politischen und wirtschaftlichen Belange ihrer Kommunen – aber meist verwehrt bleiben sollte, regte sich seit dem 14. Jh. immer häufiger Unmut unter den Angehörigen der durchaus wohlhabenden, aber weitgehend machtlosen Zünfte, der immer wieder explosionsartig in innerstädtischen Konflikten eskalierte. Hatte die ältere Forschung in diesem Zusammenhang noch von Klassenkämpfen und sogar Hungerunruhen gesprochen, geht man heute davon aus, dass es sich um Versuche handelte, die Möglichkeiten zur politischen Partizipation den wirklichen sozialen Lebensbedingungen anzupassen. Tatsächlich ging es in den Forderungen der Aufständischen nicht um die Änderung der politischen Rahmenbedingungen, sondern um Teilhabe an der Macht – unter prinzipieller Beibehaltung der bestehenden Verhältnisse.

Grundlage des städtischen Wohlstands war ein allgemeiner wirtschaftlicher Aufschwung, der die Krise des 14. Jh. abgelöst hatte. Die Einwohner der Städte waren immer noch in der Minderheit – sie machten lediglich 15–20% der Gesamtbevölkerung aus, und die agrarische Wirtschaft sollte noch für lange Zeit die dominierende bleiben. Aber nach den demografischen Einbrüchen, die der Schwarze Tod und die Agrarkrise nach sich gezogen hatten, nahmen die Bevölkerungszahlen nun wieder zu. Eine erhöhte Nachfrage stimulierte den Handel, neue Wirtschaftszweige entstanden. Bergbau und Metallverarbeitung prosperierten ebenso wie die Textilproduktion, da sie durch neue Technologien kostengünstiger wurden. Die vielleicht am weitesten reichende technische Neuerung war der Buchdruck, der seit der Mitte des 15. Jh. durch Johannes Gutenberg wesentlich verbessert worden war. Die Einführung von beweglichen Drucklettern machte die Herstellung hunderter gleicher Exemplare eines Textes an einem Tag möglich und führte so zur weiten und vergleichsweise billigen Verbreitung von Einblattdrucken und Büchern, aber auch Bildern und Landkarten.

So trug der Buchdruck zu einem enormen Wissenszuwachs auch in Bezug auf die Kenntnis von der physischen und geografischen Beschaffenheit der Welt bei. Dies betrifft auch die Entdeckungen, die die Spanier und Italiener seit der ersten Reise des Christoph Columbus 1492/93 in der Neuen

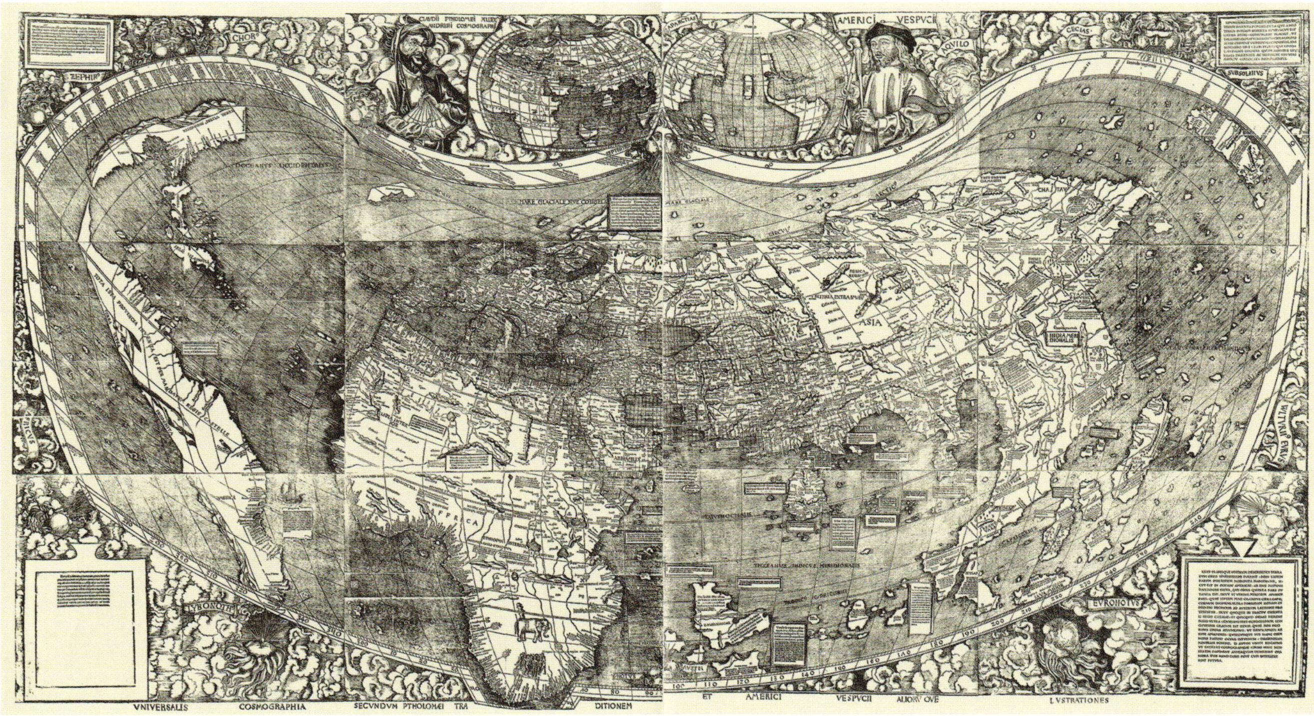

Abb. 4 Weltkarte (Bestandteil der »Cosmographiae introductio«, 1507) von Martin Waldseemüller. Hier findet sich das im Westen neu entdeckte Land kartiert, dem Waldseemüller nach dem italienischen Entdecker Amerigo Vespucci (lat. Americus Vesputius) den Namen Amerika gab. Das Original befindet sich in der Kongressbibliothek in Washington.

Welt gemacht hatten. Bereits 1493 erschien ein Bericht über die Fahrt in lateinischer und 1497 in deutscher Sprache. Deutsche Kosmografen und Kartografen wie Martin Behaim, Martin Waldseemüller und Sebastian Münster waren mit ihren Werken an der Verbreitung des Wissens über die wahre Gestalt der Erde maßgeblich beteiligt, Straßburg, Freiburg, Nürnberg und andere Städte entwickelten sich zu Zentren der wissenschaftlichen Kartografie (Abb. 4). 1494 einigten sich Spanien und Portugal in Tordesillas und noch einmal 1529 im Vertrag von Saragossa über die künftige Aufteilung der Welt. Zwar war das Römische Reich an dieser Kolonisation nicht beteiligt, denn außer den iberischen Staaten engagierten sich lediglich Engländer, Niederländer und Franzosen in Amerika, doch profitierte auch Deutschland langfristig von den neuen Handelskontakten. Um 1520 unternahm die Flotte des portugiesischen Entdeckers Fernao de Magalhaes (Magellan) die erste Umrundung der Erde, durch die die spätere Kolonisierung der Welt eingeleitet wurde.

Zunehmend rationale Denkmuster trafen auf eine alle Lebensbereiche durchdringende Frömmigkeit, die in den letzten Jahrzehnten des 15. Jh. teilweise extreme Züge angenommen hatte. In ihrem Zentrum standen die vor allem durch die Bettelorden getragene Volkspredigt, die durch Stiftungen massenhaft vermehrte und dadurch profanierte Messfeier sowie der Ablass. Diesem liegt die Praxis der Redemption zugrunde, der zufolge für weltliche Sünden bereits zu Lebzeiten gebüßt werden musste. Dafür wurden Kirchenstrafen verhängt, die aus Geldzahlungen, aber auch aus auferlegten Wallfahrten bestehen konnten. Das Pilgerwesen erlebte einen unerhörten Aufschwung, der sowohl den großen europäischen Zentren im Mittelmeerraum als auch einer Vielzahl lokaler Pilgerziele galt. Das »große Laufen«, wie das Wallfahrtswesen in zeitgenössischen Quellen genannt wurde, trug letztlich in erheblichem Maße dazu bei, die Infrastruktur der deutschen Territorien zu verbessern. Besondere Verehrung galt dabei der Jungfrau Maria, aber auch Heiligen, die erst kürzlich in Mode gekommen waren wie der Marienmutter Anna und der Maria Magdalena. Eine ins Maßlose gesteigerte Reliquienverehrung führte zur Anhäufung ungeheurer Mengen an Partikeln, die den Heiligen zugeschrieben wurden. Der Besuch der größten und bekanntesten dieser Schätze, des Hallischen und des Wittenberger Heiltums, die jeweils zehntausende solcher Reliquien umfassten, wurde mit einem Ablass von vielen Millionen Jahren Sündenstrafen belohnt. An der Glaubenspraxis dieser von den Wettinern angelegten Sammlungen und den damit verbundenen Einnahmen für die Kirche entzündete sich die heftigste Kritik Martin Luthers. Dass er sich selbst zeitlebens nicht vom Glauben an die Wirkung von Reliquien befreien konnte, gehört zu den vielen Widersprüchen dieser schillernden Epoche.

Literaturhinweise

Heiliges Römisches Reich 2006; Klüting 2007; Prietzel 2004; Rabe 1991; Vogler 2003.

MANFRED STRAUBE

WIRTSCHAFTLICHE VERHÄLTNISSE IN MITTELDEUTSCHLAND ZUR LUTHERZEIT

Am 10. Oktober 1483 (oder 1482?) wurde dem Berghäuer Hans Luder und seiner Ehefrau Margarete, geb. Lindemann, in Eisleben ein Sohn geboren, der am folgenden Tage nach dem Tagesheiligen Martin getauft wurde und der sich später, schon als Professor an der Universität Wittenberg, Luther schrieb. Hans und Margarete Luder waren erst kurze Zeit zuvor von Möhra in die Grafschaft Mansfeld gezogen. Die Ursache lag im damals dort geltenden Erbrecht: danach ging der väterliche Hof vollständig auf den jüngsten Sohn über und die früher Geborenen mussten sich entweder als Knecht bei dem Jüngeren verdingen – was natürlich einen sozialen Abstieg bedeutete – oder in einen Hof einheiraten – was nur selten gelingen konnte – oder sie zogen vom Land weg und suchten sich außerhalb eine Arbeitsstätte.

Der Vater von Hans Luder, (Groß)Heinz Luder besaß in Möhra – zwischen Eisenach und Salzungen – ein Bauerngut, das sich seit langem im Besitz der Familie befand, und das zu den größten im Ort gehörte.

(Groß)Heinz hatte mindestens zwei Söhne, von denen Hans Luder der Erstgeborene war und sein jüngerer Bruder (Klein)Heinz den Hof übernehmen sollte. Hans Luder nutzte die seit einigen Jahrzehnten gegebene Möglichkeit, zog mit seiner jungen Frau von Möhra fort und wurde Berghäuer im Mansfelder Bergbaurevier. Hans Luder war einer unter vielen, dem somit die Gelegenheit gegeben wurde, außerhalb der Landwirtschaft einen Broterwerb zu finden und eine Familie zu gründen, denn der Bergbau (Abb. 5) hatte sich in der 2. Hälfte des 15. Jh. zum bedeutendsten Wirtschaftsfaktor Mitteldeutschlands herausgebildet.

Der geringe technische Entwicklungsstand erforderte eine Vielzahl von Arbeitskräften, die sich als freie Lohnarbeiter den adligen oder bürgerlichen Bergbauunternehmern verpflichten konnten, so wie es Hans Luder tat. Allerdings ist der weitere Weg Hans Luders vom Berghäuer zum kleinen Bergbauunternehmer mit einer geachteten politischen und sozialen Stellung eine Ausnahme und auf keinen Fall zu verallgemeinern.

Im Mansfelder Bergbaurevier wurde silberhaltiger Kupferschiefer abgebaut, der den Grafen von Mansfeld als Inhabern des feudalen Bergregals über verschiedene Erarbeitungsstufen hinweg reichen Gewinn versprach. Die Anfänge dieses Bergbaus gehen bis an das Ende des 12. Jh. (1199) zurück, wurde im Lauf der Jahrhunderte ständig intensiviert und erreichte nach der Mitte des 15. Jh. einen Höhepunkt. In dieser Zeit stieg der Bedarf an Mansfelder Kupfer vor allem weil es gelang, Silber durch das so genannte Seigerverfahren aus dem Kupfer zu trennen. Silber war aber ungemünztes Geld! Daraus ergab sich eine Gewinnsteigerung von etwa 66 % mit dem Ergebnis, dass die Kupferproduktion in manchen Jahren auf 1 000 t Garkupfer und auf bis zu 2 000 t in den Anfangsjahren des 16. Jh. gesteigert wurde. Diese Produktionssteigerung gelang nur unter erschwerten Arbeitsbedingungen für die Berghäuer, denn die schräg verlaufenden Stollen mussten in liegender Stellung und nur mit Keilhauen (zehn bis zwölf Stück je Schicht) immer weiter in die Tiefe getrieben werden, dem Kupferschieferflöz folgend, das nur eine Mächtigkeit zwischen 45–75 cm besaß. Davon waren wiederum nur bis zu 13 cm abbauwürdig. Daraus ergab sich, dass die Stollenhöhe häufig nur bei 60 cm lag und eine große Masse von taubem Kupferschiefer abgebaut und gefördert werden musste, um profitabel Kupfer zu gewinnen. Die Arbeitszeit betrug einschließlich Ein- und Ausfahrt zwischen sechs bis acht Stunden, der Lohn in der Woche höchstens 13 Groschen (1 Gulden = 21 Groschen).

Um den Abbau zu sichern, waren ständig wachsende finanzielle Mittel notwendig, die die einzelnen Eigenlöhner oder Pächter der Schachtanlagen nicht aufbringen konnten. Hinzu kam, dass der Abbau des Kupferschiefers nur bei gleichzeitigem Betrieb einer Schmelzhütte – daher die allgemeine Bezeichnung »Hüttenmeister« – erlaubt war, so dass sich diese Hüttenmeister zu »Gewerkschaften« oder »Gewerken« zusammenschlossen, um gemeinsam den finanziellen Anforderungen entsprechen zu können. Es ist zu bedenken,

Abb. 5 Das Titelblatt des Kuttenberger Graduale zeigt den Grubenbetrieb der böhmischen Bergstadt. Bemerkenswert sind die detaillierten Darstellungen unter Tage, um 1490.

dass die Hüttenmeister nicht nur den ganzen Produktionsprozess vom Abbau des Erzes bis zum Ausschmelzen des Kupfers zu organisieren hatten. Dabei wurde zwischen den »Erbfeuern« und den »Herrenfeuern« unterschieden; die einen waren Eigentum der Hüttenmeister, die anderen von den Grafen gepachtet.

Um das Verhältnis zwischen den Grafen von Mansfeld als Bergregalinhabern, den Hüttenmeistern und den Seigerhändlern zu regeln, wurde 1477 eine erste Berg- und Hüttenordnung erlassen, die man 1521 zur so genannten Großen Ordnung erweiterte. Die Hüttenmeister waren auch für den Verkauf des Rohkupfers an die Unternehmer der Seigerhütten verantwortlich, die wiederum die Preise bestimmten und so die Hüttenmeister in ihre Abhängigkeit brachten. Die Finanzgeschäfte wurden auf den drei Leipziger Messen und der Naumburger Messe abgeschlossen. Das Silber verkauften die Inhaber der Seigerhütten in Nürnberg, Frankfurt am Main und Antwerpen gegen Goldgulden.

Um ihre Einnahmen zu steigern, versuchten schließlich die Grafen, Bergwerke und Hütten in eigene Verwaltung und in direkten Besitz zu bringen und sich selbst am Seigern und dem Seigerhandel zu beteiligen. Im Ergebnis wurden die Besitzer oder Pächter der Erb- oder Herrenfeuer zur Aufgabe und zur Übergabe an die Grafen gezwungen. Luther ist diesem Vorhaben mit scharfen Worten entgegengetreten, nicht nur, weil seine Verwandtschaft davon betroffen war – sein Vater kämpfte in seinen letzten zwei Jahrzehnten mit wirtschaftlichen Schwierigkeiten –, sondern weil er darin auch den Versuch sah, sich allein Gottes Segen zu bemächtigen.

Die Teilnahme am Schmalkaldischen Krieg, prunkvolle Hofhaltungen und die Teilungen zwischen den einzelnen Linien brachte die Mansfelder Grafen jedoch in immer größere finanzielle Schwierig- und Abhängigkeiten, so dass sie 1561 den Seigerhandel aufgeben und zur Schuldentilgung auch Besitzungen verpfänden mussten.

Einhundert Jahre zuvor wurde 1461 in Schleusingen die erste thüringische Seigerhütte gegründet, nachdem eine seit 1419 in Nürnberg existierende Hütte wegen zu hohen Holzverbrauchs ihre Produktion einstellen musste,

Da im Thüringer Wald noch hinreichend Holz zur Verfügung stand, wurde kurz hinter einander eine Vielzahl von Seigerhütten aufgebaut, um Mansfelder Kupfer zu seigern: Gräfenthal und Hohenkirchen (beide 1462), Steinach (1464, Neugründung 1521), Arnstadt (1467), Schwarza (1472), Eisfeld (1479), Ludwigstadt (1486),Hasenthal (1488), Leutenberg (1524). Eingerichtet wurden diese Hütten vorwiegend durch kapitalkräftige Kaufleute (Abb. 6) wie die aus Nürnberg, Augsburg und aus Leipzig, aber auch durch die Grafen von Mansfeld.

Seigern bedeutet gemeinsames Schmelzen von silberhaltigem Kupfer und Blei, wobei während der Abkühlung der Schmelze aufgrund unterschiedlicher Erstarrungstemperatur Kupfer, Silber und Blei voneinander getrennt werden konnten. Die thüringischen Seigerhütten verarbeiteten aber nicht nur Mansfelder Kupfer, sondern auch Kupfer aus den niederungarischen Bergrevieren. So verschafften das Mansfelder Kupfer und die Thüringer Seigerhütten ihren Gesellschaftern hohen Gewinn und veränderten somit auch entscheidend die wirtschaftlichen und sozialen Verhältnisse.

Abb. 6 Der Kaufmann Georg Gisze, Gemälde von Hans Hohlbein d. J., 1532.

Mit dem Seigerverfahren wurde nicht nur der technische Fortschritt geprägt, sondern der hohe Arbeitsaufwand mit hunderten von Arbeitern verschaffte auch für viele arme oder landlose Bauern wie im Mansfelder Einzugsbereich neue Arbeitsmöglichkeiten.

Nicht unerwähnt darf bleiben – auch wenn bisher nur wenige Kenntnisse vorhanden sind –, dass es auch in Thüringen selbst einen eigenen Bergbau gegeben hat, allerdings auf einem niedrigen Niveau.

Die Mansfelder Kupferproduktion und der Seigerhandel waren aber nur ein Teil der neuen, mit dem Bergbau verbundenen wirtschaftlichen Entwicklung in Mitteldeutschland. Noch bedeutsamer und ertragreicher war der Bergbau nach Silbererz im sächsischen Erzgebirge. Er ist nur wenige Jahre älter als der Bergbau im Mansfelder Revier. 1168 sollen in einem Dorf beim späteren Freiberg Fuhrleute, die Salz (aus Halle) transportierten und Kenntnis vom Harzer Bergbau hatten, die ersten Funde gemacht haben. Bald kamen viele Bergleute, gründeten eine Siedlung, die um 1218 »Friberch«, d. h. Freiberg, genannt wurde. Nur wenige Jahrzehnte später war Freiberg mit 5 000 Einwohnern nicht nur die größte, sondern auch wirtschaftlich wichtigste Stadt der Mark Meißen, der Keimzelle des späteren Sachsen. Die erste Blütezeit des Freiberger Silberbergbaus endete um die Mitte des 14. Jh., als die technischen Möglichkeiten erschöpft waren und man nicht mehr als 100 m in den Berg eindringen konnte, weil das Wasser nicht aus den Schächten zu bringen war. Etwa zur gleichen Zeit gab es erste Versuche des Silberbergbaus um die späteren Bergstädte Schneeberg, Annaberg und Marienberg, die aber auch hier am Wasser scheiterten.

Die Probleme waren jedoch auch ganz anderer Art als im Mansfelder Revier. Zum einen gab es im Erzgebirge geologische und damit Abbauverhältnisse, die sich grundsätzlich von denen im Mansfelder Raum unterschieden, zum anderen existierten völlig andere Besitzverhältnisse.

Von Freiberg ausgehend hatte sich im Erzgebirge die Bergbaufreiheit durchgesetzt, d. h. das Recht eines jeden, gegen Abgabe des feudalen Zehnten an den Regalherrn nach Silber schürfen zu können. Bestimmend waren daher zu Beginn des »Berggeschreys« die so genannten Eigenlehner, die im eigenen Berg arbeiteten. Aber die Aussicht auf mögliche hohe Gewinne bei der Ausbeute intensivierte nicht nur die Suche nach dem Edelmetall, sondern forderte auch höhere Investitionen und andere Organisationsformen, um der technischen Schwierigkeiten Herr zu werden. Die inzwischen entwickelten technischen Geräte, die Wasserkünste, konnten von den das Erz abbauenden Bergleuten und Kleinunternehmern nicht eingesetzt werden, weil ihnen das notwendige Kapital fehlte. Darüber verfügten aber viele reiche oder wenigstens wohlhabende Kaufleute und Städte, die Kuxe (Anteile an den Bergwerken, eine Frühform der Aktie) erwarben und damit die notwendigen technischen Ausrüstungen finanzierten. Bekannt sind Großkaufleute aus Nürnberg und Leipzig – z. T. dieselben, die im thüringischen Seigerhandel aktiv waren –, aus Zwickau, Chemnitz, aus Köln, Magdeburg, Breslau u. a.

Die neuen technischen Anforderungen führten aber auch dazu, dass nicht mehr wie früher der einzelne Bergmann, der Eigenlehner, den Bergbau betreiben konnte, sondern dass freie Lohnarbeiter als Bergknappen (Abb. 7) für ihren meist unbekannten Unternehmer (Kuxbesitzer) im Berg arbeiteten. Die besonderen Arbeits- und Besitzverhältnisse machten feste Regelungen in den so genannten Bergordnungen notwendig, die teilweise Gültigkeit bis in das 19. Jh. besaßen. Hier wurden die Leistungsstrukturen und Verantwortlichkeiten ebenso festgelegt wie die Löhne und die Arbeitszeit für die Bergknappen. In den meisten Gruben gab es ein Dreischichtsystem mit jeweils acht Stunden Schichtzeit. Dabei konnten die Bergleute mit Hammer und

Schlägel täglich nur wenige Zentimeter Erz in ihren Stollen abbauen, aber sie konnten im Gegensatz zu den Häuern im Mansfelder Revier fast immer aufrecht stehend und in einem verhältnismäßig hohen und breiten Stollen arbeiten.

Es gibt noch einen weiteren Unterschied zwischen den Revieren: für das Mansfelder werden um 1525 etwa 3 000 in Lohnarbeit stehende Bergleute angenommen – ohne Hüttenleute, Fuhrleute und erforderliche Handwerker (Schmiede, Köhler usw.). Für das Erzgebirge lässt sich zwar gegenwärtig eine entsprechende Rechnung nicht aufmachen, es sprechen aber ganz andere Zahlen dafür, dass es sich auch um ganz andere Dimensionen handelte: hier entstanden neue Städte! Im Dezember 1481 erhielt Schneeberg Stadtrecht, 1492/93 machte sich eine – nun planmäßige – Erweiterung der Stadt notwendig. Im Jahr 1499 soll es bereits 600 Häuser gegeben haben.

1491/92 fand man am Schreckenberge Silbererze, 1496 wurde beschlossen, eine Stadt zu errichten, die 1497 den Stadtbrief und 1501 den Namen St. Annaberg erhielt. 1509 konnte Herzog Georg schreiben, in der Stadt sei »ein mergliche anzcal volgks über 8 000 menschen wesentlich enthalten.« Damit zählte die Bergstadt doppelt so viel Einwohner wie Dresden und etwa genau so viel wie Leipzig! Ähnlich, nur zeitversetzt, verlief die Entwicklung bei der dritten neuen Bergstadt im Erzgebirge.

1523 erhielt Marienberg als eine weitere junge Siedlung das Stadtrecht, wenige Jahre später zählte man etwa 500 Häuser und 1550 schon 5 625 Einwohner. Diese drei Orte – nicht langsam gewachsen, sondern aus »wilder Wurzel« entstanden – stehen für viele andere, weniger bekannte, aber nicht minder beachtenswerte wie Buchholz, Scheibenberg, Oberwiesenthal, Geyer, Gottesgab, Elterlein und selbstverständlich Joachimsthal im böhmischen Teil des Erzgebirges. Und wenn es in den Hauptorten des sächsischen Erzgebirges zu den Blütezeiten jeweils 3 000–4 000 Lohnarbeiter im Bergbau gab und man auch die ungenannten kleinen Bergstädte und Bergdörfer mit ihren Einwohnern berücksichtigt, sind damit bei weitem nicht alle Bergarbeiter erfasst. Vielen war es nicht möglich, in den Städten zu wohnen, weil dort die Voraussetzungen fehlten oder weil die Arbeitsstätten zu weit entfernt lagen, und sie sich deshalb in naheliegenden Dörfern oder Meilern ansiedelten. Da keine konkreten Zahlenangaben zur Verfügung stehen, bleibt nur die allgemeine Schätzung, die auf einer Vielzahl von einzelnen Untersuchungen basiert. So sollen um die Wende vom 15. zum 16. Jh. etwa 50 000–70 000 Menschen im Erzgebirge gelebt haben, die unmittelbar mit dem Bergbau verbunden waren.

Dieser Aufschwung im Bergbau war aber nur möglich durch die sich parallel dazu entwickelnde Wissenschaft und Technik. Die Bergbautechnik in den erzgebirgischen Revieren brachte es zu einem in Europa bisher nicht erreichten Höchststand. Den sichtbarsten Ausdruck fand diese Entwicklung in dem Hauptwerk des sächsischen Mineralogen, Arztes und späteren, viermaligen regierenden Bürgermeisters von Chemnitz, Georgius Agricola (Abb. 8), »De Re Metallica Libri XII«, den »Zwölf Büchern vom Berg- und Hüttenwesen«, das 1550 unter dem lateinischen Titel in Chemnitz vollendet wurde, aber erst 1556 in lateinischer und 1557 in deutscher Sprache in Basel erschien. Neben den ausführlichen Beschreibungen der bergmännischen Tätigkeiten über und unter Tage sind es vor allem die Holzschnitte über die Bergbautechnik, die noch heute unser Bild vom Erzbergbau bestimmen. Agricolas Werk ist die Krönung der wissenschaftlichen Erkenntnisse über die neuen wirtschaftlichen und technischen Anforderungen. Zum Komplex Wissenschaft gehört natürlich auch der Annaberger Bergbeamte Adam Ries mit seinen »Rechenbüchern«. Das Leben und Wirken von Adam Ries ist ein klassisches Beispiel für die Zusammengehörigkeit von Innovation, Wissenschaft und Kampf um die Durchsetzung der Ergebnisse. 1518 legte er sein erstes Lehrbuch zum Rechnen mit römischen Ziffern vor, 1522 sein zweites großes Werk, in dem er sich mit der Anwendung der neuen indisch-arabischen Zahlen auseinandersetzte, weil er aufgrund eigener Erfahrungen als Verantwortlicher für das gesamte Rechnungswesen im Annaberger Revier um die wirtschaftliche Notwendigkeit wusste, genau und übersichtlich rechnen zu können. Ries hatte somit dazu beigetragen, die Null im Rechnungswesen einzuführen, die den entscheidenden Fortschritt im modernen Rechnungswesen brachte.

Er hatte dabei heftige Widerstände zu überwinden, denn die Scholastik bezeichnete die Null als ein Werk des Teufels, weil eine Null links neben einer Ziffer nichts (oder Null) bedeutete, rechts neben der gleichen Ziffer aber der Wert der Zahl verzehnfacht wurde. Diese Publikationen und die Ergebnisse machten überall deutlich, dass der sächsische Bergbau technisch an der Spitze Europas stand. Nur das Silbererzrevier von Tirol kann als Vergleich herangezogen werden. Bergleute aus dem Erzgebirge waren als Sachverständige auf dem Rammelsberg bei Goslar, in den polnischen Salzgruben und sogar in Übersee (1578 in St. Domingo und Venezuela) gefragt.

Auf einen anderen Bodenschatz, der wie das Silber in der mitteldeutschen Wirtschaftsgeschichte eine Rolle spielte, soll wenigstens verwiesen werden, zumal er auch vielfach mit bergmännischen Methoden gefördert wurde: das Salz. Es ist wohl das älteste und wichtigste Handelsgut der vergangenen Jahrhunderte, denn es war unentbehrlich als Würz- und Konservierungsmittel, aber auch für viele Handwerke, wie z. B. für Gerber und Färber und die Viehwirtschaft.

Salzquellen und Salzstöcke finden sich an vielen Stellen in Mitteldeutschland, von denen ein großer Teil schon zu urgeschichtlichen Zeiten genutzt wurde. Die bekanntesten sind zweifellos Halle a. d. Saale, Frankenhausen, Salzungen, Staßfurt, weiter Altensalz, Artern, Auleben, Dürrenberg, Groß-Salze, Kösen und Sulza. Sie versorgten bis in die neuere Zeit über Jahrhunderte hinweg nicht nur Mitteldeutschland mit ihren Produkten, sondern auch große Teile Hessens, Frankens und Böhmens, selbst Schlesien und Regionen an der Ostsee wurden mit Salz aus den großen Salinen Mitteldeutschlands beliefert. Die Salzproduktion war bis in alle Einzelheiten aufgegliedert (ähnlich wie im erzgebirgischen Silberbergbau), mit strengen Unterscheidungen zwischen den einzelnen Aufgaben, wobei die Salzsieder eine besondere Stellung einnahmen. In Halle nannten sich diese Facharbeiter »Halloren«, die sich frühzeitig in der »Salzwirkerbruderschaft im Tal zu Halle« zusammenschlossen, die allein gewinnbringenden »Pfannen« gehörten vorwiegend wohlhabenden Bürgern der Stadt.

Es gibt wohl keinen Zeitabschnitt in der älteren deutschen (und europäischen) Geschichte, in dem ein wirtschaftlicher Prozess einen anderen so beeinflusste bzw. so beeinflusst wurde, wie der vom ausgehenden 15. und dem 16. Jh. Gleichgültig, ob es sich um den Bergbau oder das Hüttenwesen, um die Produktion in den Zünften, um die Produktivität und die sozialen Verhältnisse in der Landwirtschaft, um die weitere Spezialisierung und zunehmende Arbeitsteilung in allen wirtschaftlichen Bereichen, um die Organisation des Warenverkehrs bis hin zum Einfluss bzw. der Rückwirkung von Bildung, Wissenschaft und Technik handelte – alles war unmittelbar und direkt miteinander verbunden. Stets weckten neue Möglichkeiten höhere Ansprüche und führten zu neuen Ergebnissen und Notwendigkeiten. Damit fing eine geschichtliche Entwicklung an, die den Beginn der Neuzeit einleitete, gefördert und mitbestimmt durch neue wissenschaftliche Erkenntnisse, ein neues Verständnis von der Welt und schließlich auch durch ein neues ethisches Verhältnis zur Arbeit, wie es die lutherische Reformation propagierte.

So hatte die technische Entwicklung, die den Silber- und Kupferbergbau in seinen verschiedensten Formen auszeichnete, selbstverständlich direkte Auswirkung auf den Eisenbergbau, besonders aber auf die Eisenverarbeitung, denn überall benötigte man Eisen- oder Stahlwerkzeuge hoher Qualität. Im Grunde waren die Eisenproduktion und Eisenverarbeitung eine wesentliche Voraussetzung für den profitablen Kupfer- und Silberbergbau. Das Handwerk benötigte ständig verbesserte Werkzeuge, die Landwirtschaft forderte eiserne Pflugscharen oder wenigstens eiserne Beschläge, Sensen und Sicheln zur besseren Strohnutzung, Hufeisen und eiserne Wagenbereifung usw. usf.

In Mitteldeutschland gab es zwei Zentren der Eisenproduktion und der Eisenverarbeitung. Das eine befand sich im Thüringer Wald in und um die Städte Schmalkalden, Schleusingen und Suhl, das andere im Süden Sachsens, im Ost- und Westerzgebirge und im Vogtland. Der sächsische Erzbergbau im Osterzgebirge um Berggießhübel (südöstlich von Dresden) hat seine Anfänge spätestens im 13. Jh. und erlebte seine Blütezeit im 15. Jh. mit 35 Eisenhämmern. Das wichtige Eisenerzgebiet im Westerzgebirge lag um Schwarzenberg, eine 1282 erstmals »civitas« genannte Siedlung, die später Sitz eines grundherrlichen Amtes war. Eisenbergbau und Eisenverarbeitung sind seit dem 14. Jh. nachgewiesen, in Lößnig gab es bereits 1396 Zünfte der Messerer und der Nagelschmiede. Am Ende des 16. Jh. verlor die osterzgebirgische Eisenproduktion an Bedeutung und wurde durch die westerzgebirgische verdrängt, bis auch hier der Niedergang des Silberbergbaus seine Folgen zeigte.

Im zweiten großen Zentrum der Eisengewinnung und -verarbeitung in Mitteldeutschland im Gebiet um die Städte Schmalkalden, Schleusingen und Suhl, die alle drei zur Grafschaft Henneberg gehörten, wurde frühzeitig für den überregionalen Markt produziert. Nachrichten über den Eisenabbau und die Verarbeitung liegen seit dem Anfang des 14. Jh. vor, aber erst im 15. Jh. begann der wirkliche Aufstieg dieses Zentrums und erreichte dann im 16. Jh. seinen ersten Höhepunkt. Eine Aufstellung von 1554/55 nennt 225 Eisenwerkstätten mit 196 Meistern und 29 Meisterwitwen. Produziert wurde alles, was man zu jener Zeit an Eisen- oder Stahlerzeugnissen brauchte, also Sicheln und Sensen, Hufeisen, Pfannen, Messer, Klingen, Bohrer. Hergestellt wurden Sägen, Zangen, Feilen, Meißel, Nägel (»klein und groß«), Hacken, Gabeln, Beile, Hämmer aller Art und auch alle Werkzeuge für den Bergbau. Ferner wurden frühzeitig Waffen produziert.

Die thüringischen Metallwaren versorgten nicht nur den mitteldeutschen Raum, sondern wurden auch in großen Mengen nach Schlesien, nach Niedersachsen oder in das Hansegebiet an Ost- und Nordsee verkauft.

Abb. 7 Relief eines Bergknappen am Kanzelaufgang der Annaberger Annenkirche, ein Werk von Franz Maidburg, 1516.

Die neuen wirtschaftlichen Schwerpunkte sowie die neuen Arbeits- und Produktionsverhältnisse dürfen aber nicht darüber hinweg täuschen, dass daneben noch die althergebrachten Produktionsweisen dominierten: in den Städten waren es die Zünfte, auf dem Land die feudal geprägte Landwirtschaft.

Die zahlreichen Zünfte – es gab kein Handwerk ohne Zunft – vereinigten die Meister eines Handwerks, sie versorgten die Stadtbewohner und das Umland mit den benötigten »Waren des täglichen Bedarfs«, sie waren zuständig für Häuser und Möbel, für Brot und Fleisch, für Töpfe und Öfen, aber auch für Schmuck und Pelzwaren und natürlich für Kleidung.

Gab es anfangs im frühen 14. Jh. nur wenige Zünfte, deren Mitglieder im gleichen Handwerk alle anfallenden Arbeiten erledigten und für ein weit gespanntes Warenangebot sorgten, so differenzierten sie sich im Lauf des 15. und 16. Jh. immer mehr. Die ständig steigenden Ansprüche an Qualität und Quantität führten zu einer fortlaufenden Arbeitsteilung. Die Zünfte organisierten die Arbeit ihres Gewerbes, achteten auf bestimmte Qualitätsmerkmale und versuchten, jedwede Konkurrenz – vor allem vom Lande – auszuschalten. Dazu gehörte die Begrenzung der Meisterstellen, u. a. durch den Nachweis von Grundbesitz in der Stadt, durch den (kostenpflichtigen) Erwerb des Bürgerrechts, durch immer höhere Gebührenzahlungen und für das Handwerk nicht notwendige Anforderungen an das Meisterstück mit immer kürzeren Fertigungszeiten usw. Zuvor hatte der Meisterkandidat natürlich den Nachweis über die oft mehrjährige Wanderschaft zu erbringen. Von diesen Auflagen waren die Meistersöhne fast vollständig befreit, ebenso Gesellen, die eine Meisterswitwe heirateten. Schon ein Lehrling musste eine »ehrliche« (eheliche) Geburt nachweisen, ebenso wie seine Eltern einem »ehrlichen« Beruf nachgingen. Die Aufnahme – je nach Handwerk im Alter von zwölf bis 15 Jahren – war mit einem zu zahlenden Lehrgeld verbunden, das nur eine sehr beschränkte Anzahl von Lehrlingen aufbringen konnte. Die Lehrzeit dauerte im Durchschnitt drei Jahre. Die tägliche Arbeitszeit betrug in den meisten Zünften – in Abhängigkeit von den Arbeitsbedingungen – durchschnittlich 15 Stunden. Diese Festlegungen galten übrigens bis in das 19. Jh. hinein, denn die Görlitzer Kupferschmiedelehrlinge mussten z. B. noch 1850 »montags von morgens 6 Uhr bis abends 6 Uhr, sonst von morgens 5 Uhr bis abends 7 Uhr« arbeiten.

Für die Gesellen (und auch die Lehrlinge) spielte neben der täglichen Arbeitszeit natürlich auch die wöchentliche Arbeitszeit eine entscheidende Rolle. Grundsätzlich galt in Sachsen seit der Einführung der Reformation (1540) und der damit verbundenen Abschaffung der zahlreichen arbeitsfreien Heiligentage durchweg die Sechs-Tage-Arbeitswoche, d. h. es musste von Montag bis Sonnabend gearbeitet werden. Nach dem Wegfall der zahlreichen arbeitsfreien Heiligentage versuchten die Gesellen, durch einzelne arbeitsfreie Tage sich ein Äquivalent zu verschaffen: dazu gehörte z. B. ein »freyer Badetagk« und das Bemühen um einen »blauen Montag«. Diese Festlegungen wurden in den so genannten Zunftordnungen festgehalten, die in ihrer Funktion für das Handwerk den Bergordnungen für den Bergbau entsprachen. Die Zünfte haben einerseits zum hohen Ansehen handwerklicher Arbeit entscheidend beigetragen, die Bevölkerung von Stadt und Land mit ihren Erzeugnissen versorgt, andererseits aber auch wichtige Neuerungen in der Produktion gehemmt

Abb. 8 Porträt von Georg Agricola, Verfasser des berühmten, 1556 erstmals in Latein aufgelegtem Werk »De Re Metallica Libri XII«.

oder gar verhindert. Bis in die Zeit der industriellen Revolution hinein bestimmten aber die Zünfte zumindest in den kleineren Städten das wirtschaftliche Geschehen, ohne aber politisch wirksam werden zu können.

Bei den großartigen Leistungen in den das Neue repräsentierenden Wirtschaftszweigen darf nicht vergessen werden, dass Mitteldeutschland wirtschaftlich wie alle anderen deutschen Territorien oder Regionen bis weit in das 19. Jh. hinein von der Landwirtschaft geprägt war (Abb. 9). Sie wurde jedoch stärker als die Zünfte in die neuen wirtschaftlichen Entwicklungen einbezogen, wenngleich dies auf den ersten Blick nicht erkennbar ist. Das 15. Jh. war noch von einer Agrarkrise bestimmt, die von der Pest in der Mitte des 14. Jh. hervorgerufen worden war und zu einem Bevölkerungsverlust von etwa 30 % führte. Im Ergebnis ließ die Nachfrage nach Getreide nach, vielfach lohnte sich nicht mehr der Anbau, blieben viele Anbauflächen ungenutzt. Es kam zu umfangreichen »Wüstungen«, die oftmals auch ganze Siedlungen erfassten. Eine Änderung trat erst ein, als es wieder zu einem Bevölkerungswachstum kam und der Markt neue Forderungen stellte, weil immer größere Teile der Bevölkerung losgelöst von eigener Agrarproduktion arbeiteten und der Anbau von Getreide und Sonderkulturen Gewinn versprach. Alte Anbauflächen wurden wieder genutzt.

Diese »Loslösung« von agrarischer Produktion steht im engen Zusammenhang mit den bereits vorgestellten Neuerungen in der Wirtschaft, begünstigt durch die eingangs genannten rechtlichen Voraussetzungen: die Bauern in Mitteldeutschland waren persönlich frei. Sie befanden sich zwar in feudaler Abhängigkeit und mussten für die Bewirtschaftung des Bodens einen festen Zinssatz zahlen, hatten dadurch aber bei Ertragssteigerungen eigene Vorteile. Die Frondienstleistungen von etwa sechs Tagen im Jahr waren vergleichsweise gering. Die Masse der Bauern erfreute sich noch der Privilegien aus der Zeit des Landesausbaus. Das bedeutet aber auch, dass jeder Angriff auf diese rechtlichen Positionen der Bauern zu sozialen Auseinandersetzungen bis hin zum Bauernkrieg führen musste. Der Bauer konnte sein Gut vererben oder verkaufen und vom Lande wegziehen, wenn der Nachfolger die feudalen Lasten übernahm, und die Kinder durften – wie das Beispiel Hans Luder zeigt – das Dorf verlassen.

Neben dem Anerbrecht, so wie bei der Familie Luder, wo ein Hof vollständig einem Erben übergeben wurde, existierte die Realteilung, bei der das Erbe unter mehreren Erben verteilt wurde. Dadurch wurde die soziale Differenzierung auf dem Lande vorangetrieben und eine Vielzahl von Kleinbauern entstand, die sich oftmals nicht von ihrem Erbe ernähren konnten. Angebaut wurde vornehmlich Getreide, also Roggen, Hafer, Gerste und Weizen, wobei der Ertrag unter günstigen Bedingungen je nach Getreideart das vier- bis sechsfache der Aussaat betragen konnte. Es gab nur wenige Besonderheiten, die die wirtschaftliche Situation der Bauern verbessern konnten. Dazu gehörten der Anbau von Sonderkulturen und auch eine spezialisierte Viehhaltung. Zu nennen ist der Anbau von Hopfen für die Bierherstellung in der Niederlausitz und an der Schwarzen Elster, von Wein an Saale, Unstrut und Elbe, von Flachs für die Leinenherstellung, vor allem aber von Waid, der im Thüringer Becken in etwa 300 Dörfern angebaut wurde. Waid wurde zum Blaufärben von Tuchen verwendet und wurde sowohl in östliche Regionen bis weit hinein nach Schlesien und Polen als auch in westliche Tuchproduktionszentren (Flandern) exportiert. Mit dem Waidanbau hatten thüringische Bauern eine Art Monopolstellung in Mitteleuropa inne, die erst durch die Einführung des Indigo am Ende des 17. Jh. verloren ging.

Wichtiger Abnehmer dieses Färbemittels war natürlich auch die einheimische Tuchherstellung in Sachsen, Thüringen und in der Lausitz mit den Zentren um Chemnitz und Zwickau, Neustadt an der Orla und in Görlitz. Damit wiederum stand der Waidanbau in unmittelbarem Zusammenhang mit den Besonderheiten in der Tuchproduktion, wie sie sich seit der 2. Hälfte des 15. Jh. andeutete und vor allem im Tuchzentrum Görlitz erkennbar ist. Die steigende Nachfrage nach guten Tuchen beeinflusste nicht nur den Anbau von Waid, sondern förderte mit ihrem größeren Bedarf an Wolle auch die Schafhaltung. Damit war es zahlreichen Bauern vor allem in Westthüringen möglich, wenig fruchtbares Land für zusätzliche Gewinne nutzen zu können.

Abb. 9 Das Monatsbild August im Flämischen Kalender von Simon Bening zeigt Bauern bei der Getreideernte, Ende 15. Jh.

Die gesteigerte Nachfrage nach Agrarerzeugnissen hängt eng mit den eingangs genannten wirtschaftlichen Entwicklungen im Bergbau und im Hüttenwesen zusammen. Waren die meisten Städte in Mitteldeutschland – mit Ausnahme von wenigen Großstädten – so genannte Ackerbürgerstädte, deren Bewohner über eigene Äcker oder Gärten verfügten, um wenigstens zu einem Teil sich selbst versorgen zu können, so stellten die Bergbau- und Hüttenzentren mit ihren Bevölkerungskonzentrationen ganz andere Anforderungen. Die Bergarbeiter im bisher schwach besiedelten und aufgrund der klimatischen und geologischen Bedingungen agrarisch wenig genutzten Erzgebirge mussten mit allem versorgt werden, was sie zum täglichen Leben brauchten. Dazu gehörten vor allem Nahrungsgüter, d. h. Getreide und Vieh, die die Agrarwirtschaft vor völlig neue Herausforderungen stellte, denn mit den bisherigen Erträgen konnte der Markt nicht versorgt werden. Tatsächlich wurden die Bergreviere im Erzgebirge wöchentlich durch hunderte Wagen mit Getreide aus dem Raum zwischen Merseburg, Naumburg und Leipzig versorgt. Wie die Ertragssteigerung möglich wurde, ist noch nicht bekannt. Möglicherweise hängt die Intensivierung mit Verbesserungen in der Bodenbearbeitung (eiserne Pflüge, Eggen), mit besseren Werkzeugen bei der Ernte (Sensen) und mit neuen Methoden in der Düngung zusammen. Die zahlenmäßig im Einzelnen nachzuweisenden Getreidetransporte lenken die Aufmerksamkeit auf einen weiteren Schwerpunkt mitteldeutscher Wirtschaftsgeschichte, der bisher in all seinen Auswirkungen weitgehend unbeachtet geblieben ist: Handel und Verkehr im Kontext zu den neuen wirtschaftlichen Entwicklungen. Es ist zwar immer wieder auf die bedeutsame Rolle der Leipziger Messen verwiesen worden, allerdings beharrlich nur auf die Frühjahrs- und Herbstmesse, nicht aber auf die seit 1458 eingerichtete Neujahrsmesse, die mindestens genauso frequentiert wurde wie die beiden anderen. Häufig ganz unterschlagen wurden die jährlichen Naumburger Messen, obwohl die Konzentration von vier großen, überregionalen Märkten auf so engem Raum – Naumburg ist nur ca. 40 km von Leipzig entfernt und liegt ebenfalls an der via regia – in der deutschen Wirtschaftsgeschichte sonst nicht vorkommt. Die immer stärkere Bedeutung dieser vier Märkte im europäischen Rahmen lässt sich nur durch die zunehmende internationale Arbeitsteilung erklären, durch die neu entstehenden und aufeinander angewiesenen Produktions- und Konsumtionszentren, durch die dadurch mit ganz Europa verknüpften Handelsbeziehungen und durch die weit ausgreifenden Interessen von Handelsgesellschaften, die oftmals direkt mit den neuen wirtschaftlichen Entwicklungen in der Produktion verbunden waren.

Für die Wirtschaftsgeschichte Mitteldeutschlands verdienen aber nicht nur die großen Handelszentren Beachtung, sondern auch im Wortsinne »die Wege dahin« – der Verkehr. Mitteldeutschland verfügte über mehrere, im internationalen Verkehr herausragende Straßen: die via regia, die von Krakau bis nach Brügge führte und Görlitz, Leipzig, Naumburg, Erfurt und Eisenach berührte, die via imperii, die den hansischen Ostseeraum von Danzig über Posen, Frankfurt/Oder, Berlin, Wittenberg, Eilenburg, Leipzig, Zwickau, Hof nach Nürnberg und weiter führte, die so genannte Kreuzstraße, die aus dem Niedersächsischen kommend in Erfurt auf die via regia traf und weiter über den Thüringer Wald nach Franken mit Nürnberg führte, und zahlreiche andere, im überregionalen Verkehr wichtige Straßen (Abb. 10).

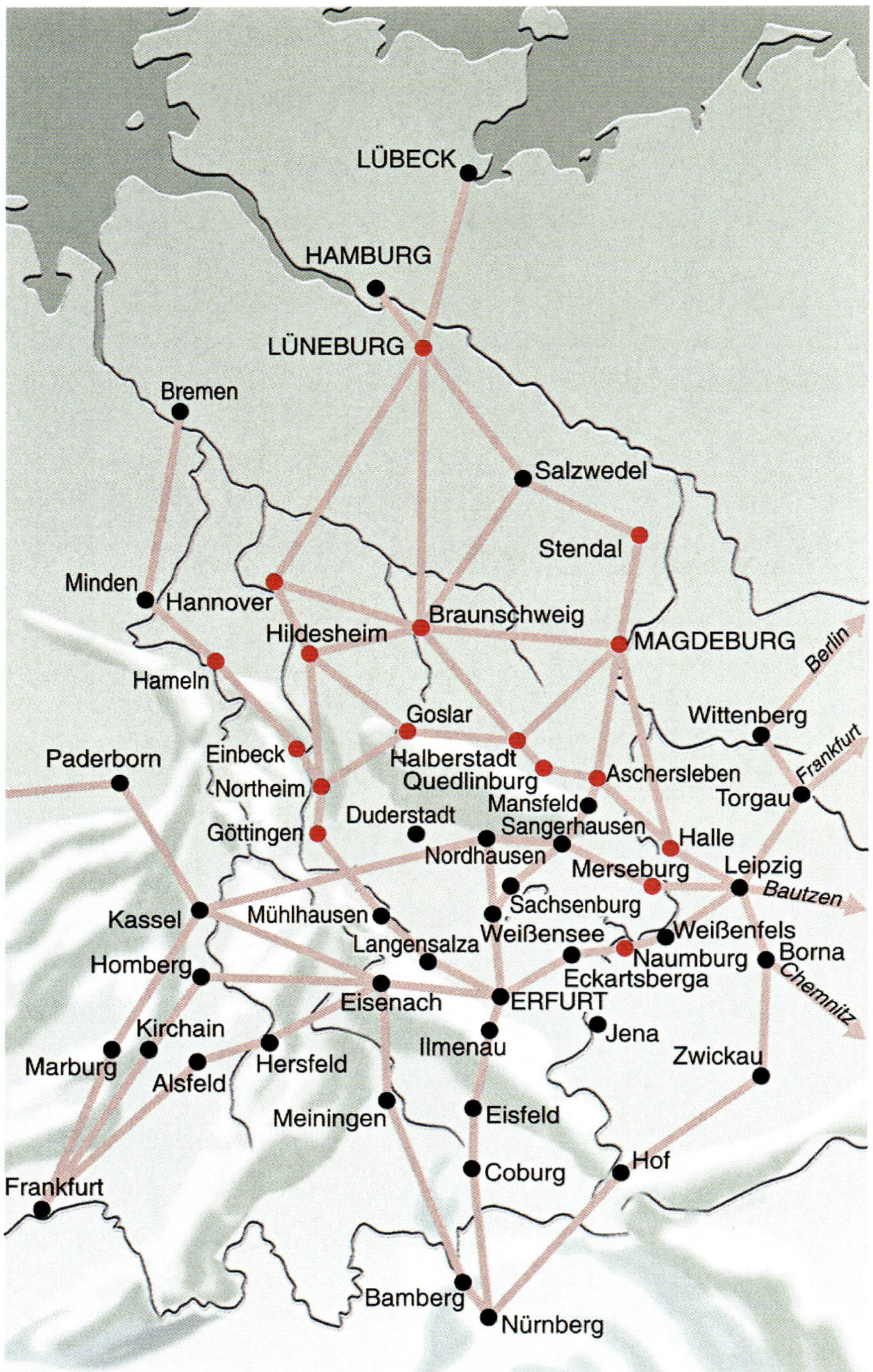

Abb. 10 Die Fernhandelsstraßen in Mitteldeutschland, dem angrenzenden Franken sowie dem hansischen Niedersachsen in der Zeit um 1500.

Auf diesen Wegen wurden im Warenaustausch Tuche aus England, Flandern und Frankreich, Baumwollstoffe aus dem Bodenseegebiet und Leinen aus Schlesien transportiert, außerdem gesalzene, getrocknete und geräucherte Fische, Wachs, Honig und Pelze, alle damals bekannten orientalischen Gewürze, Weine aus Istrien, Italien, Frankreich und Franken, selbst Bier aus Niedersachsen.

Für alle diese Güter waren Leipzig und Naumburg mit ihren Messen die wichtigsten Bezugspunkte. Kaufleute aus ganz Europa fanden sich hier zusammen, um Waren zu begutachten und Wechselgeschäfte für andere Messen und große Märkte zu betreiben. Die Marktzeiten waren außerdem Termine für Rechnungslegungen, für die Schuldentilgung oder die Aufnahme von Krediten und für die Steuereinnahmen.

Daneben gab es natürlich auch innerhalb Mitteldeutschlands einen wichtigen, umfangreichen Warenaustausch zwischen den einzelnen Landesteilen, der nicht die großen Märkte berührte. Dazu gehörte die Versorgung der Bevölkerung im Erzgebirge mit allen zum Leben und zur Arbeit notwendigen Waren und bei weitem nicht nur Getreide. Die auf die Zulieferungen angewiesene Bevölkerung brauchte Fische und Fleisch – Heringe und Stockfisch wurden ebenso in das Erzgebirge gebracht wie große Schweine-, Schaf- und Rinderherden –, Honig und Wachs, Unschlitt für die Beleuchtung, außerdem Leder und Leinen für die Arbeitskleidung, dazu Tuche, Schuhwerk, Werkzeuge, Bier, Wein usw. Das ständige Angebot mit Salz aus den regionalen Salinen war für alle Einwohner lebensnotwendig, Holz wiederum musste zur Salzgewinnung, für den Bergbau und das Hüttenwesen herangebracht werden.

Da in jener Zeit kaum Vorratswirtschaft betrieben werden und jede Verzögerung bei der Versorgung zu erheblichen Schwierigkeiten führen konnte, musste das, was heute Logistik genannt wird, auf hohem Niveau entwickelt sein. Vor allem kam es auf termingerechte Anlieferung zu den großen Märkten an. Die Waren hatten zur rechten Zeit am rechten Ort zu sein, ebenso wie der Weitertransport ohne Aufenthalt gesichert werden musste.

Die Wagen waren – je nach Frachtgut – im Durchschnitt mit fünf, sieben, auch neun und mehr Pferden bespannt und konnten etwa 40 Zentner laden. Die Reisegeschwindigkeiten betrugen ca. 20 km täglich. Dieses Transportwesen ist unter wirtschaftsgeschichtlichen Gesichtspunkten bisher völlig unbeachtet geblieben, aber es hatte zweifellos erhebliche Bedeutung für die ländliche Bevölkerung. Wenn täglich hunderte Fuhrwerke die Straßen benutzten, dann boten sich den

Bauern im unmittelbaren Umfeld einer Herberge neue Arbeitsplätze und zugleich direkte Beziehungen zum Markt für ihre Produkte an. Hinzu kam – und hier liegen umfangreiche Beweise vor –, dass Bauern »nebenberuflich« als selbstständige Fuhrleute unterwegs waren und fast ausschließlich aus Dörfern stammten, die an den Straßen lagen. Durch diese Nebentätigkeit konnten sie zu einem gewissen Wohlstand kommen und damit die Sozialstruktur auf dem Lande merklich beeinflussen. Da nun aber die Wagen und Karren in Mitteldeutschland durchweg mit Pferden bespannt waren, ergibt sich die Frage nach der Pferdezucht. Nach bisherigen Kenntnissen ist von einer bäuerlichen Pferdezucht auszugehen, wie das Beispiel der Bauern aus den acht Wittenberger Universitätsdörfern zeigt: 1542 versteuerten 87 von den 103 Bauern, also 84%, zusammen 536 Pferde, 16 »ledige« Pferde (offensichtlich junge, noch nicht als Zugtiere einzusetzende Pferde) und 16 Fohlen, ein deutliches Zeichen für die bäuerliche Pferdezucht.

Wenn davon ausgegangen wird, dass der Warentransport auf den Straßen und Wegen in Mitteldeutschland je nach Frequenz in erheblichem Maße die sozialen Verhältnisse in den Dörfern beeinflusst und die soziale Differenzierung vorangetrieben hat, mussten zugleich jene Dörfer oder Gebiete, die abseits von den Handelsstraßen lagen, ihre Verbindungen zum Markt und zum Handelsgeschehen verlieren und damit auch wirtschaftlich zurückbleiben.

Resümierend lässt sich feststellen, dass Mitteldeutschland zur Lutherzeit wirtschaftlich führend war, geprägt vom Bergbau nach Silber- und Kupfererz unter frühen kapitalistischen Produktionsbedingungen, von der Metallverarbeitung und einer Landwirtschaft, die durch eine effektive Bodennutzung und Tierhaltung die Bevölkerungskonzentrationen versorgen und die Produktion auch in den anderen Bereichen stützen konnte.

Die großen Märkte in Leipzig und Naumburg bestimmten das überregionale Handelsgeschehen in Mitteldeutschland, wurden zu Drehscheiben im Warenaustausch zwischen West-, Süd-, Nord- und Mittelosteuropa. Mitteldeutschland wurde durch seine Universitäten in Leipzig, Wittenberg und Jena zu einem Zentrum wissenschaftlicher Arbeit, nicht zuletzt sichtbar in den großen Offizinen, die Luthers reformatorisches Denken und Wirken durch ihre Drucke in hohen Auflagen in ganz Europa bekannt machten.

Es bleibt noch zu untersuchen, welche Folgen der Niedergang des Bergbaus im Erzgebirge und im Mansfelder Revier für die dort bisher tätige Bevölkerung, für die ländliche Versorgungswirtschaft und für das Transportgewerbe in Mitteldeutschland mit sich brachte.

Der Dreißigjährige Krieg von 1618–1648 hat mit seinen Verwüstungen in Städten und Dörfern, mit den Zerstörungen von Produktionsanlagen und seinen hohen Bevölkerungsverlusten, die weniger von den Kriegsereignissen herrührten als vielmehr von der über mehrere Jahre wütenden Pest, den weiteren Aufschwung der mitteldeutschen Wirtschaft lange Jahrzehnte entscheidend behindert. Erst am Ende des 18. Jh. dürften die Verluste ausgeglichen worden sein, am Vorabend der industriellen Revolution, in der Mitteldeutschland abermals eine führende Position in Deutschland einnehmen sollte.

Literaturhinweise

Laube 1974; Straube 1987; 1992; 1993; 1996; 1996a; 1997; 1997a; 2004; 2006; Westermann 1971; 2000.

HARTMUT KÜHNE

ABLASSFRÖMMIGKEIT UND ABLASSPRAXIS UM 1500

Es gibt aus keiner Zeit des Mittelalters eine ähnlich dichte Überlieferung von Äußerungen der persönlichen und kollektiven Frömmigkeit wie aus jenen knapp 40 Jahren, die zwischen der Geburt Martin Luthers und dem Beginn der Reformation liegen. Die Interpretation dieser vielfältigen Quellen und Zeugen ist bisher eine noch strittige, zumindest unerledigte Aufgabe. Dies liegt auch daran, dass unser Verständnis für die religiösen Voraussetzungen der Reformation durch eine Reihe von Vorurteilen verstellt ist. Dazu gehört die Meinung, die Reformation habe gegen eine »katholische« Kirchlichkeit rebelliert, die im Großen und Ganzen so beschaffen gewesen sei wie jener Katholizismus, dem man gegenwärtig begegnet. Dies ist ein Irrtum. Der neuzeitliche Katholizismus ist ebenso wie der Protestantismus das Ergebnis von radikalen kirchlichen Reformprozessen, die im 16. Jh. angestoßen wurden. Auch wenn das katholische Selbstverständnis die ungebrochenen Traditionen zur mittelalterlichen Kirche betont, so ist doch der moderne Katholizismus ähnlich weit vom spätmittelalterlichen Christentum entfernt wie der Protestantismus.

Ein zweites Vorurteil ist die weit verbreitete Meinung, die kirchlichen und gesellschaftlichen Missstände seien zur Zeit Luthers so augenfällig gewesen, dass die Reformation aus diesem Konfliktpotenzial gleichsam wie eine Naturgewalt folgen musste. Diese Krisentheorie hatte bereits 1965 der protestantische Kirchenhistoriker B. Moeller als Fazit aus den damals aktuellen Forschungen zur Geschichte des Spätmittelalters grundlegend in Frage gestellt. Er behauptete, dass die Gesellschaft um 1500 in einem nie zuvor erreichten Maße fromm und kirchenkonform gewesen war. Diese These wurde in den letzten Jahrzehnten vielfach untermauert und wird inzwischen in der deutschen Forschung wenig bestritten. Allerdings hat sie sich über die Grenzen der Fachwissenschaft hinaus kaum herumgesprochen.

Am Ablass sei die Reformbedürftigkeit der kirchlichen Praxis besonders deutlich erkennbar, weil durch ihn die seelsorgerliche Fürsorge angeblich zum puren Handelsgeschäft degenerierte. Das Bild eines am finanziellen Gewinn interessierter Klerus, der die Laien durch Ablässe schröpfte, bedarf dringend der Überprüfung. So entwickelten die von Luther in den 95 Thesen »Über den Wert der Ablässe« zur Diskussion gestellten Fragen ihre Sprengkraft nicht deshalb, weil sie ein ohnehin vorhandenes Missfallen zur Sprache brachten. Sie lösten vielmehr eine Vertrauenskrise in ein System der Jenseitsvorsorge aus, das seit dem 13. Jh. immer weitere Bereiche der Frömmigkeitspraxis durchdrungen hatte und um 1500 seine größten Erfolge erlebte.

WAS IST EIN ABLASS?

Im Mittelalter habe man geglaubt, sich durch eine Geldzahlung an die Kirche von den Sünden befreien zu können – so in etwa lautet eine weit verbreitete Vorstellung. Das ist falsch. Selbst in den fragwürdigsten Formen kirchlicher Praxis des Mittelalters galt der Grundsatz, dass Gott den Menschen durch die Taufe von der Sünde befreit. Demjenigen, der im Laufe seines Lebens wiederum in die Sünde zurückfällt, bietet Gott durch die Kirche zu seiner Rettung das Sakrament der Buße an: Wer seine Sünde wahrhaft bereut, kann durch ihr Bekenntnis vor dem Priester wieder mit Gott versöhnt werden. Die Lossprechung durch den Priester erhebt den Sünder aus dem Zustand der »Todsünde« in den »Stand der Gnade«, versöhnt ihn also wieder mit Gott. Aber auch wenn der Sünder so vor der ewigen Verdammnis gerettet ist, schaffen die Reue, das Sündenbekenntnis und das vergebende Wort des Priesters die bösen Folgen der Sünde nicht aus der Welt. Diese »Sündenstrafe« muss der mit Gott versöhnte Mensch durch die »Buße« wiedergutmachen. Die scholastischen Theologen haben deshalb gelehrt, dass dem reuigen Büßer in der Beichte die Sündenschuld vergeben wird. Die Sündenstrafe muss aber in der Buße abgetragen werden. Wie wird diese Strafe beglichen? In der kirchlichen Tradition gab es vor allem drei Wege, um die Umkehr zu Gott zum Ausdruck zu bringen:

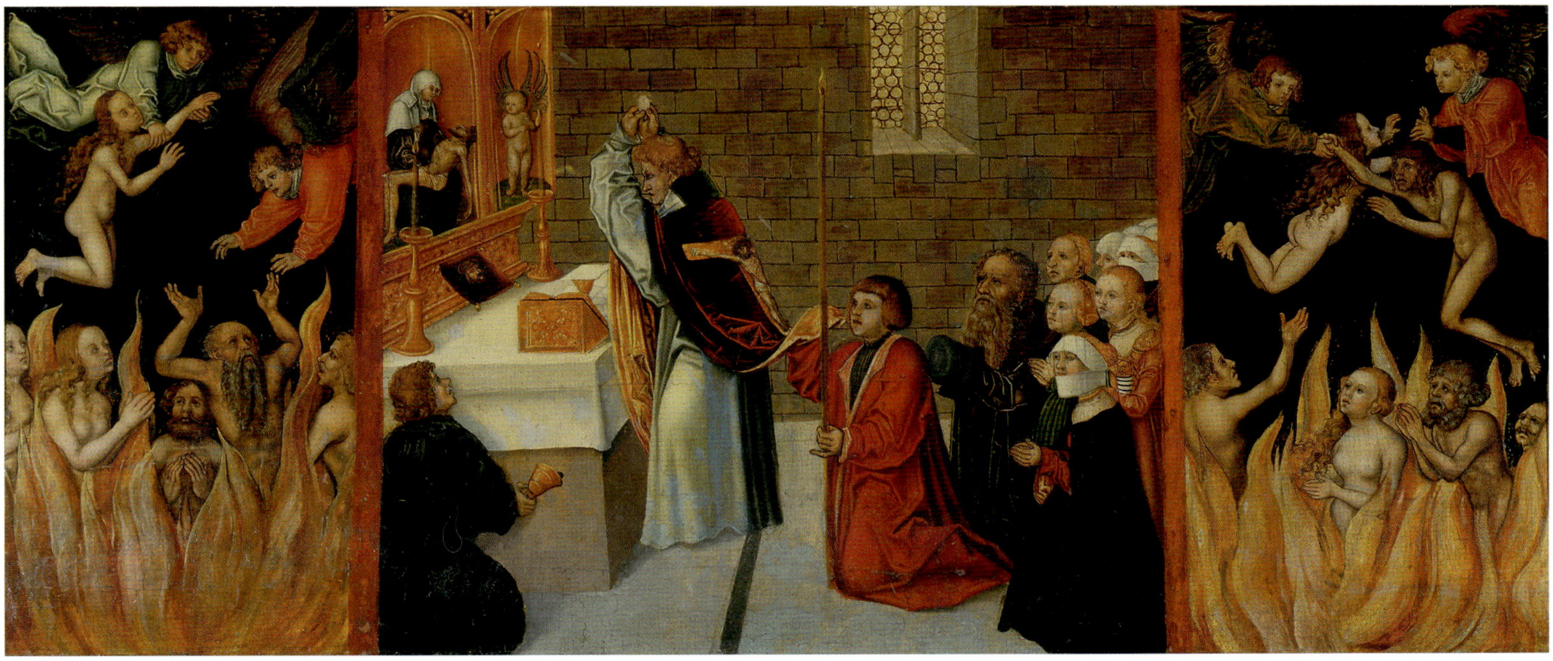

Abb. 11 Predella des Kreuzaltars im Meißner Dom, 1526, Werkstatt Lucas Cranach d. Ä. Das durch den Priester im Bildmittelfeld vollzogene Messopfer verkürzt den im Fegefeuer leidenden Seelen (links und rechts) die Zeit ihrer Strafe; Engel führen sie aus dem Bußleiden zur himmlischen Seeligkeit.

das Fasten, das Gebet und das Almosengeben. Dies galt auch für die kirchliche Bußpraxis. Das Maß der Buße wurde meist mit Fastentagen angegeben. Was geschah aber, wenn die Lebenszeit endete, bevor die als Gegenwert zur Sündenstrafe zu leistenden Bußwerke erbracht waren? Auf diese Frage gab es seit dem 13. Jh. eine in der gesamten lateinischen Christenheit akzeptierte Antwort: das Fegefeuer (Abb. 11). Schon im 1. Jt. kursierten in der Kirche Erzählungen und Überlegungen über jenseitige Orte, an denen die Seelen nach dem Tod von Sünden gereinigt werden. Aber erst um das Jahr 1200 erhielt die Theorie vom Reinigungsort eine klare theoretische Kontur: Das Fegefeuer galt jetzt als derjenige Ort, an dem die Seelen der durch die Beichte mit Gott versöhnten Sünder für die verbleibende Sündenschuld büßen. Dieses Modell einer »Hölle auf Zeit« verbreitete sich im 13. Jh. an den Universitäten wie in den volkssprachlichen Predigten und wurde damit für die Praxis der Gläubigen maßgebend.

Die Beicht- und Bußpraxis der hochmittelalterlichen Kirche und die Vorstellung vom Fegefeuer bildeten die Grundlage für die Ablässe (lat. indulgentia – daher auch: Indulgenzen). Die ersten Ablässe wurden wahrscheinlich im 11. Jh. von spanischen Bischöfen erteilt. Für den Besuch bestimmter Kirchen und deren materielle Unterstützung versprachen die bischöflichen Urkunden einen Nachlass der Sünden(strafen). Ursprünglich war dies wohl so gemeint, dass durch solche Ablässe irdische Bußstrafen abgelöst werden sollten, weshalb die Ablässe auch nach einer bestimmten Zahl von Fastentagen gerechnet wurden. Im Laufe des 13. Jh. wandelte sich zugleich mit der Verbreitung der Fegefeueridee die Vorstellung von der Funktion der Ablässe: Sie galten nun nicht mehr als Ersatz von diesseitigen Bußstrafen, sondern als Ausgleich für jenseitige Fegefeuerstrafen. Über das Verhältnis von irdischer Bußzeit und jenseitiger Fegefeuerstrafe konnten die Theologen keine klaren Angaben machen. Als sicher galt aber, dass die Zeit im Fegefeuer anders erlebt wurde als im irdischen Leben. Die Strafen wurden dort intensiver erlebt, weshalb die Zeit dort rascher dahineilte. Sie dehnte sich daher gegenüber der irdischen Zeit aus und dauerte länger. Daher erscheinen in den Ablässen seit dem 14. Jh. auch außerordentlich lange Zeiträume von hunderten oder gar tausenden von Jahren, die nur mit dem Zeitmaß des Fegefeuers zu erklären sind.

Auf die Frage, warum die Kirche in der Lage sei, solche Ablässe zu gewähren, fanden die Theologen im Laufe des 13. Jh. eine Antwort, deren Plausibilität weithin akzeptiert wurde: die Lehre vom Kirchenschatz. Während die durch die Beichte mit Gott versöhnten Sünder ihre Sündenstrafe im Fegefeuer büßen, gehen die Heiligen direkt in das ewige Leben ein. Durch ihre Leiden, durch Gebet und Fasten haben sie »Bußleistungen« erbracht, die sie für die eigene Seeligkeit nicht benötigen. Jesus hat durch sein unschuldiges Leiden am Kreuz einen unendlich großen Schatz an solchen »Verdiensten« erworben. Da die Kirche über alle Zeiten und Räume hinweg eine unzerstörbare Gemeinschaft bildet, können die Verdienste, die Christus und die Heiligen erworben haben, den mit Gott versöhnten Sündern im Fegefeuer als Ersatz für die noch nicht abgebüßte Strafe zugute kommen. Die Glieder der Kirche teilen aus diesem Schatz entsprechend ihrer Stellung in der Hierarchie aus. Der Papst verfügt über den gesamten Schatz, die Kardinäle und Bischöfe nur über einen Anteil.

Abb. 12 Mit dieser plakatartigen Urkunde gewährten 13 römische Kardinäle am 7. April 1488 auf Bitten des Stolberger Priesters Wenzel Roythe den Besuchern der Stolberger Pfarrkirche St. Martini für Kirchenbesuch und Unterstützung des Baues 100 Tage Strafnachlass.

PAPSTTUM UND ABLASS

Die Päpste machten von ihrer Vollmacht zur Ablassvergabe zunächst nur vorsichtigen Gebrauch. Sie erteilten am Beginn des 13. Jh. meist nur Ablässe im Umfang von 40 Tagen. Das IV. Laterankonzil bestimmte im Jahr 1215 mit Rücksicht auf diese Praxis, dass auch Bischöfe nur Ablässe von maximal 40 Tagen gewähren dürften. Nur selten wurde durch einen Papst bis zum Ende des 13. Jh. ein ganzes Jahr Ablass gewährt. Erst unter Nikolaus IV. (1288–1292) und seinem Nachfolger Cölestin V. (1294) nahm die Höhe der Ablässe zu – teilweise bis zu sieben Jahren. Etwa zur selben Zeit entstanden auch Ablassurkunden, die von mehreren Bischöfen zugleich ausgestellt wurden und deshalb Sammelablässe heißen. Auf diese Weise blieb die Beschränkung des einzelnen Bischofs auf das Maximum von 40 Tagen Ablass gewahrt. Dennoch konnte der durch eine Gruppe von mehreren Bischöfen gewährte Ablass summiert werden; bei zwölf Ausstellern z. B. auf 480 Tage (Abb. 12).

Für die Geschichte des Ablasses wurde das Jahr 1300 zum epochalen Ereignis. Am Jahresbeginn fand sich in Rom eine große Menschenmenge ein, um durch den Besuch der Peterskirche einen vollständigen Sündennachlass zu erlangen. Es ist der Forschung bis heute nicht gelungen, die Ursachen für diese Massenbewegung befriedigend zu erklären. Sie scheint jedenfalls nicht vom päpstlichen Hof ausgegangen zu sein, denn dieser wurde von dem Pilgerstrom ebenfalls überrascht. Papst Bonifaz VIII. (1294–1303) entschloss sich, dem Verlangen zu entsprechen. Am 22. Februar verkündete er einen vollständigen Ablass für alle, die im Jahre 1300 reumütig ihre Sünden beichten und an 30 Tagen die beiden Basiliken der Apostelfürsten Petrus und Paulus besuchen würden – Nichtrömer mussten das Besuchspensum nur 15 Tage lang absolvieren. Dies sollte auch künftig in jedem hundertsten Jahr gelten. Vor dem Hintergrund eines Begriffs aus dem Alten Testament sprach man bei diesem Ablassjahr von »Jubeljahr« oder »Jubiläum« (Abb. 13).

Abb. 13 Das Fresco zeigt Papst Bonifaz VIII., wie er am 22. Februar 1300 das erste römische Jubiläum von einer Loggia des Lateranpalastes aus verkündet. Das ursprünglich im Lateranpalast befindliche Fresco, um 1300 von Giotto di Bondone gemalt, befindet sich heute als Fragment in der Lateranbasilika.

Die Wirkungen des ersten Jubiläums reichten weit über den Kreis jener Pilger hinaus, die sich damals auf den Weg nach Rom machten. Die Aussicht, garantiert durch die päpstliche Autorität einen sehr großen oder gar vollständigen Ablass in regelmäßigen zeitlichen Zyklen durch einen Kirchenbesuch gewinnen zu können, motivierte in den folgenden Jahrzehnten nicht nur die Gläubigen zu Wallfahrt und Kirchenbesuch. Eine Reihe von bedeutenden Kirchen in ganz Europa etablierte als indirekte Folge des Jubiläums Ablassverkündigungen, die ähnlich große Strafnachlässe für ihren Besuch versprachen, wie sie in Rom zu erwarten waren. Im Laufe des 14. Jh. war in deutschen Landen die Aachener Marienkirche mit ihrem eigenen »Jubiläum« sehr erfolgreich. Spätestens seit 1349 wurden hier alle sieben Jahre im Juli für 14 Tage die sonst im Marienschrein verborgenen »Vier Großen Reliquien« in einer feierlichen Weise den Gläubigen gezeigt, die zu zehntausenden aus dem ganzen Reich, aus Ungarn und dem preußischen Ordensland zusammenströmten, um den hier zu erlangenden vollständigen Ablass zu erwerben. Er sollte der Marienkirche bei der legendären Weihe der Kirche durch Papst Leo III. (795–816) verliehen worden sein.

Eine ebenfalls stark besuchte Wallfahrt entstand zum Schweizer Kloster Einsiedeln mit seiner Engelweihfeier. In jedem Jahr, in dem das Fest Kreuzerhöhung (14. September) auf einen Sonntag fiel, wurde der legendären Weihe der Gnadenkapelle durch Christus und seine Engel gedacht und man konnte in den 14 Tagen der Engelweihe ebenfalls einen vollständigen Ablass erwerben. Kirchen wie das Aachener Marienmünster oder die Einsiedler Gnadenkapelle hatten der Ewigen Stadt im Hinblick auf die Attraktivität der eigenen Ablässe den in der Regel kürzeren Reiseweg voraus. Auch die häufigere Möglichkeit des Ablasserwerbs hatten sie Rom voraus – selbst noch als Papst Clemens VI. 1343 den hundertjährigen Jubiläumszyklus im Hinblick auf die Dauer des menschlichen Lebens auf 50 Jahre verkürzte. Der noch heute gültige römische Jubiläumsrhythmus von 25 Jahren setzte sich ab dem Jahr 1475 endgültig durch.

Dennoch blieb Rom das Ablasszentrum der lateinischen Christenheit. In den zahlreichen Kirchen der Stadt wurden seit dem 14. Jh. auch außerhalb der Jubiläen vielfältige Ablässe für den Besuch ihrer Altäre, Kapellen und Reliquienschätze angepriesen. Schriftliche Ablasslisten dienten den Rompilgern als »Baedecker«. Eine solches Verzeichnis aus dem Jahr 1364 teilt z. B. mit, dass bei der Peterskirche für das fromme Heraufsteigen je Treppenstufe sieben Jahre Ablass zu erlangen seien – bei 30 Stufen also 210 Jahre. Für den Besuch von fünf Altären der Peterskirche gäbe es ebenfalls täglich je Altar sieben Jahre. Das größte Ablassquantum konnte man in St. Peter bei der feierlichen Zeigung des Schweißtuches Christi – der berühmten Tuchreliquie mit dem wahren Antlitz Christi – erlangen: Rombesucher von jenseits der Alpen erhielten dafür 12 000 Jahre Strafnachlass. Man berief sich zur Begründung dieser Indulgenzen meist auf jahrhundertealte päpstliche Ablassgnaden. Es handelte sich um Fälschungen – jedenfalls wenn man den Maßstab der modernen historischen Forschung anlegt. Meist gab es gewisse historische oder legendarische Anknüpfungspunkte, aus denen die römischen Kirchen päpstliche Ablässe konstruierten. Aber auch außerhalb von Rom »erfanden« die im 14. Jh. erfolgreichen Pilgerkirchen ihre päpstlichen Ablässe selbst, so z. B. die Markuskirche in Venedig oder die Portiuncula-Kirche bei Assisi. Im Heiligen Land, wo der Franziskanerorden nach dem Zusammenbruch der Kreuzfahrerstaaten die Betreuung der christlichen Pilger übernommen hatte, entstanden Ablassführer, die für den Besuch fast jedes Ortes der biblischen Erinnerung einen vollständigen, zumindest aber einen siebenjährigen Ablass versprachen. Fast alle dieser Ablässe sollte Papst Silvester I. (314–335) auf Bitten Kaiser Constantins und seiner Mutter Helena gewährt haben.

Während die fromme Fantasie im Laufe des 14. Jh. so eine Reihe von Ablasszentren mit angeblich päpstlichen Gnadenverleihungen schuf, gingen die regierenden Päpste, die von

Abb. 14 Mit dieser Urkunde bestätigte Papst Bonifaz IX. am 5. Dezember 1400 die Errichtung der Marienkapelle auf dem Boldersberg bei Wittenberg. In einer weiteren, heute verlorenen Urkunde vom selben Tag gewährte er ihren Besuchern an verschiedenen Festtagen sieben Jahre Nachlass ihrer Sündenstrafen.

1309–1377 in Avignon residierten, mit ihren Ablassverleihungen sehr viel sparsamer um. Das bereits am Ende des 13. Jh. erreichte Maß päpstlicher Ablässe von sieben Jahren wurde im 14. Jh. kaum überschritten; es stellte neben den Ablässen von ein oder zwei Jahren eher die Ausnahme dar. Papst Gregor XI. (1370–1378) wollte die päpstlichen Ablässe in der Regel wieder auf maximal 100 Tage begrenzen. So übten die regierenden Päpste auf die praktische Entwicklung der großen Ablässe nur geringen Einfluss aus. Dies sollte sich unter Papst Bonifaz IX. (1389–1404) grundlegend ändern. Nachdem Gregor XI. im Jahr 1377 den Sitz des Papsttums von Avignon nach Rom zurückverlegt hatte, wurden bei der tumultarischen Papstwahl nach seinem Tod 1378 zwei Kandidaten gewählt. Damit begann das Große Abendländische Schisma, das über 40 Jahre lang die europäische Christenheit in gegensätzliche Lager spaltete, die den in Rom bzw. in Avignon residierenden Papst anerkannten. Bonifaz IX., der 1389 in Rom gewählt wurde, entsprach den Bitten um die Gewährung von Ablässen mit einer unerhörten Großzügigkeit. Dazu veranlassten ihn wohl die Rücksichten auf die eigenen Anhänger, aber auch die durch die avignonesische Konkurrenz verursachte Verminderung der Einnahmen der päpstlichen Behörden.

Die Feier des von seinem Vorgänger Urban VI. zum Jahr 1390 verkündeten Jubiläums bildete den Anlass für eine neue Form der Ablassgewährung: den Jubiläumsexport. Der Mailänder Herzog Gian Galeazzo Visconti erbat noch 1390 für die Lombardei die Erlaubnis zur lokalen Nachfeier des Jubiläums. Wer in Mailand vier »Hauptkirchen« besuchte und ein Geldopfer spendete, das ein Drittel der für eine Romfahrt nötigen Reisekosten ausmachen sollte, erhielt denselben Ablass, wie die Rompilger im Jubeljahr. Die einkommenden Gelder sollten zur einen Hälfte für den Bau des Mailänder Domes verwendet werden und zur anderen an die päpstliche Kammer fließen. In ähnlicher Weise erbaten und erhielten auch weitere Territorien das Jubiläum zur Nachfeier, die meist ein halbes, selten ein ganzes Jahr dauerte: das Herzogtum Bayern 1392, das Königreich Böhmen 1393/94, die Markgrafschaft Meißen 1394, die vereinigten Königreiche Dänemark, Norwegen und Schweden 1394, das Erzstift Magdeburg 1395/96 etc. Neben diesen zeitlich begrenzten Jubiläumsgnaden stellte Bonifaz in den 15 Jahren seiner Regierung ca. 3 000 zeitlich unbegrenzt gültige Ablassurkunden für den Besuch von Kirchen aus. Etwa zwei Drittel dieser Ablässe waren »Tarifablässe«, d. h. der Ablass wurde nach einer bestimmten Zeit bemessen. Bei Bonifaz IX. waren es in der Regel sieben Jahre. Bei dem übrigen Drittel handelte es sich um so genannte »ad instar«-Ablässe. Diese Ablässe wurden »ad instar«, d. h. »nach dem Vorbild von« berühmten Wallfahrtskirchen vergeben, deren Indulgenzen als vollständige Ablässe galten. Es waren eben jene Ablässe, deren legendarische Konstruktion im Laufe des 14. Jh. unter Berufung auf angebliche päpstliche Verleihungen erfolgt war: San Marco in Venedig, Portiuncula bei Assisi, seltener auch Aachen oder Einsiedeln und weitere Kirchen. Solche »ad instar«-Ablässe stellen eine bereits vor Bonifaz IX. gelegentlich benutzte Form der Ablassgewährung dar, die aber nun eine Hochkonjunktur erlebte. Der Gewinn der päpstlichen Verwaltung durch diese Ablässe bestand in den relativ hohen Gebühren, die in den verschiedenen Phasen des Geschäftsgangs von der Annahme der Bitte bis zur Ausstellung der Urkunde fällig wurden.

Diese päpstlichen »Ablassexporte« nahmen den großen vollständigen Ablässen ihre zeitliche und räumliche Exklusivität. Zwar wurden alle »ad instar« verliehenen Ablässe Ende 1402 von Bonifaz IX. widerrufen, aber die Empfänger der Urkunden haben sich um diesen Widerruf oft wenig gekümmert. Die freigiebige Ablassvergabe Bonifaz' IX. scheint jedenfalls den Appetit auf mehr geweckt zu haben – sowohl bei den Kirchen, die auf diese Art für ihren Besuch werben konnten, als auch bei den Gläubigen, für die Rom in die eigene Heimat versetzt schien und das Jubiläum zum jährlich wiederkehrenden Termin wurde.

Die unmittelbaren Nachfolger Bonifaz' IX. waren zwar mit Ablässen nicht so freigiebig wie dieser, haben aber ebenfalls hohe Tarifablässe und gelegentlich auch Ablässe »ad instar« gewährt – bis im Jahr 1414 durch den Beginn des Konstanzer Konzils sowohl die päpstliche Autorität als auch die exzessiven Ablassvergaben grundsätzlich in Frage gestellt wurden. In den folgenden Jahrzehnten haben die Päpste wegen des von den Reformkonzilien ausgehenden Drucks eine wesentlich vorsichtigere Ablassvergabe praktiziert. Erst unter Sixtus IV. (1471–1484) begann jene große Welle von Innovationen in der Ablasspraxis, die schließlich in der Reformation ihren Zusammenbruch erlebte.

REGIONALE ABLASSZENTREN

Der besonders im Pontifikat Bonifaz' IX. gesäte Samen der vielfältigen Ablassgnaden wuchs in den folgenden Jahrzehnten durch die Förderung von Bischöfen, Klöstern und Landesherren heran und fand bei Laien und Klerus lebhaften Zuspruch. Diese Entwicklung zeigt ein exemplarischer Blick auf die mitteldeutsche Heimat Martin Luthers. Am Ende des 14. Jh. hatte es weder im Südharz noch an der mittleren Elbe eine Kirche gegeben, in der für Gläubige mehr als ein 40-Tage-Ablass für Kirchenbesuch und Kirchbauunterstützung oder allenfalls eine bischöfliche Sammelindulgenz zu gewinnen war. Wer größere Ablassgnaden erlangen wollte, musste sich auf den Weg nach Rom oder zumindest Aachen machen. Dies änderte sich um 1400.

In der Grafschaft Mansfeld, knapp 14 km von Luthers Geburtshaus entfernt, liegt das Welfesholz, wo im Jahre 1115 Kaiser Heinrich V. von den sächsischen Adligen geschlagen wurde. Auf dem ehemaligen Schlachtfeld stand eine Kapelle, die dem Zisterzienserinnenkloster im benachbarten Gerbstedt gehörte. Für den Besuch dieser Kapelle hatte Papst Bonifaz IX. im Juli 1401 einen »ad instar«-Portiuncula-Ablass gewährt. An der Verkündigung dieses vollständigen Ablasses hielt das Kloster auch nach dem Widerruf der »ad instar« Indulgenzen 1402 fest. Nun wurde behauptet, der Ablass sei von den Päpsten Bonifaz II. (530–532) und Innozenz IV. (1243–1254) verliehen wurden. Deshalb zog der Propst des Klosters jährlich am Tage Mariae Geburt (8. September) mit dem reichen Reliquienschatz des Klosters zum Welfesholz. Hier wurden die Reliquien feierlich gezeigt, dazu der römische Ablass verkündet und Beichtväter für die Besucher der Kapelle bestellt. Noch 1516 fügte Kardinal Albrecht von Brandenburg als für die Kapelle zuständiger Diözesanbischof von Halberstadt 140 Tage Ablass hinzu: 40 Tage als reguläres Bischofsquantum, 100 Tage als Kardinal.

Auch die Wittenberger Allerheiligenkirche – damals noch ein baulich und personell bescheidenes Stift in der kleinen Residenzburg der askanischen Kurfürsten – erhielt von Bonifaz IX. 1398 einen »ad instar«-Portiuncula-Ablass. Der vom Konstanzer Konzil abgesetzte Papst Johannes XXIII. fügte 1411 einen Tarifablass von zehn Jahren hinzu. Dem Wittenberger Allerheiligenstift gehörte ferner eine Wallfahrtskapelle, die vor den Toren der Stadt auf dem Boldersberg lag. Auch diese Kapelle erhielt von Bonifaz IX. einen Ablass – freilich nur im Umfang von sieben Jahren (Abb. 14). Johannes XXIII. erneuerte den Ablass 1411 unter Hinweis auf die Wunder, die sich wegen der Verdienste der Gottesmutter hier tagtäglich ereigneten. Wittenberg war so bereits vor den Reliquien- und Indulgenzerwerbungen Friedrichs des Weisen ein attraktives Ziel für Ablassinteressenten geworden.

Dass sich auch mit päpstlichen Tarifablässen attraktive Ablassgnaden entwickeln ließen, zeigt sich an der Magdeburger Bischofskirche. Nachdem hier 1395/96 schon die Nachfeier des römischen Jubiläums stattgefunden hatte, verlieh Bonifaz IX. der Domkirche 1397 einen »ad instar«-San Marco-Ablass und 1401 einen weiteren Ablass für die jährliche Feier der Weisung, bei der am 23. September die Reliquien der auf dem Domplatz versammelten Menge gezeigt wurden. Die Magdeburger Schöppenchronik meldet das Ereignis mit der Wendung, Bonifaz IX. habe Magdeburg eine »romische vart« (= Romwallfahrt) gegeben. Die 1401 gewährte Urkunde berechnete den Ablass so, dass für jede der gezeigten Reliquien sieben Jahre zu erlangen waren. Nach einem vor 1500 gedruckten Ablassverzeichnis der Domkirche erbrachten die 7 118 Reliquien also einen Ablass von 49 826 Jahren. Solche exorbitanten Ablasssteigerungen durch Summation mit der Reliquienanzahl war eine besonders in Mitteldeutschland verbreitete Strategie, die u. a. auch die schwindelerregenden Ablässe der reformationszeitlichen Reliquienfeste in Wittenberg und Halle begründete.

Als exemplarische Fälle sollen Welfesholz, Magdeburg und Wittenberg genügen – die von den askanischen Kurfürsten für das Wittenberger Allerheiligenstift erwirkten päpstlichen Indulgenzen kündigen an, dass die Beschaffung und der Ausbau von großen Ablässen bald zu einer selbstverständlichen Funktion der territorialen Landesherrschaften werden sollte.

ABLASSEXPORTE UND ABLASSKAMPAGNEN

Martin Luther wurde im letzten Regierungsjahr Papst Sixtus' IV. geboren. Sixtus IV. war der erste bedeutende Repräsentant jenes Renaissancepapsttums, das seine nach den Bedrohungen durch das Schisma und den Konziliarismus wieder hergestellte Autorität in den monumentalen architektonischen Neuschöpfungen der Stadt Rom und am Vatikan zum Ausdruck brachte. Unter seiner Regierung erlebten auch die päpstlichen Ablassvergaben an einzelne Kirchen einen unerhörten Aufschwung. Im mitteldeutschen Raum betraf dies zunächst Erfurt. Die Stadt war 1472 von einem verheerenden Brand betroffen, der mehr als ein Drittel ihrer Häuser in Schutt und Asche legte. Auch die Stiftskirche St. Maria (der heutige Dom) und die benachbarte Severikirche waren niedergebrannt. Um deren Wiederaufbau zu beschleunigen, erbaten die Kapitel beider Stiftskirchen, unterstützt von Kaiser Friedrich III., dem Mainzer Erzbischof Adolf und dem sächsischen Herzog Wilhelm an der römischen Kurie einen Ablass. Sixtus IV. bewilligte 1473 die Gnade, dass jeder, der den Unterhalt eines Bauarbeiters für 20 Tage übernahm, einen Ablass erhalten sollte, wie ihn die Rompilger im 1475 bevorstehenden Jubiläum erwarten durften. Für ärmere Bevölkerungsgruppen sollten die Beichtväter einen angemessenen »Sozialtarif« festlegen. Dieser Ablass wurde auch durch den Buchdruck bekannt gemacht. Für den Umbau des Meißner Domes erlangte Kurfürst Ernst bei seinem Rombesuch 1480 einen ähnlichen Jubiläumsablass, der ebenfalls durch den Buchdruck angepriesen wurde. Auch für den Besuch der Stiftskirche auf dem Altenburger Schloss besorgten die Wettiner 1480 in Rom eine päpstliche Ablassbulle.

Das gut besuchte römische Jubiläum des Jahres 1475 hatte offenbar allenthalben das Interesse an den römischen Gnaden geweckt. Einer der vielen nach 1475 erbetenen Ablässe war der zur Unterstützung des Neubaus der Kathedrale von Saintes in Südwestfrankreich. Die Urkunde enthielt die Bestimmung, dass dieser Ablass auch für die Verstorbenen erworben werden konnte. Dies war in der Vorstellungswelt des Spätmittelalters kein völlig neuer Gedanke, er war zuvor aber nie in dieser verbindlichen Weise formuliert worden. Den Passus hatte wohl der damals just zum Domdekan von Saintes aufgestiegene Raimund Peraudi lanciert. Er hat sich der Popularisierung dieses Ablasses für seine Heimatkirche in den nächsten zehn Jahren mit solcher Aktivität und Umsicht gewidmet, dass er rasch zum Vordenker und Organisator einer neuartigen Form der Ablasspraxis wurde, die heute als »Ablasskampagne« bezeichnet wird.

Peraudi fasste die Funktionen des von ihm propagierten Jubiläumsablasses im Konzept der vier Hauptgnaden zusammen: die Jubiläumsgnade für die Lebenden, die Teilhabe an den geistlichen Gütern der universalen Kirche, der vollständige Strafnachlass für die Seelen im Fegefeuer und die Gnade des Beichtbriefes (»confessionale«). Das Confessionale stellte die Bevollmächtigung eines beliebigen Beichtvaters dar, den Inhaber von allen Sünden – also auch schweren und dadurch dem Bischof oder Papst vorbehaltenen – loszusprechen. Zugleich gab es dem Beichtvater die Möglichkeit, dem von seiner Sündenschuld losgesprochenen Beichtkind nach der Absolution einen vollständigen Ablass zu erteilen. Ein derart mit den römischen Gnaden Versorgter musste unfehlbar in die himmlische Seeligkeit eingehen, wenn er unmittelbar nach der Ablasserteilung sterben würde. Solche Beichtbriefe

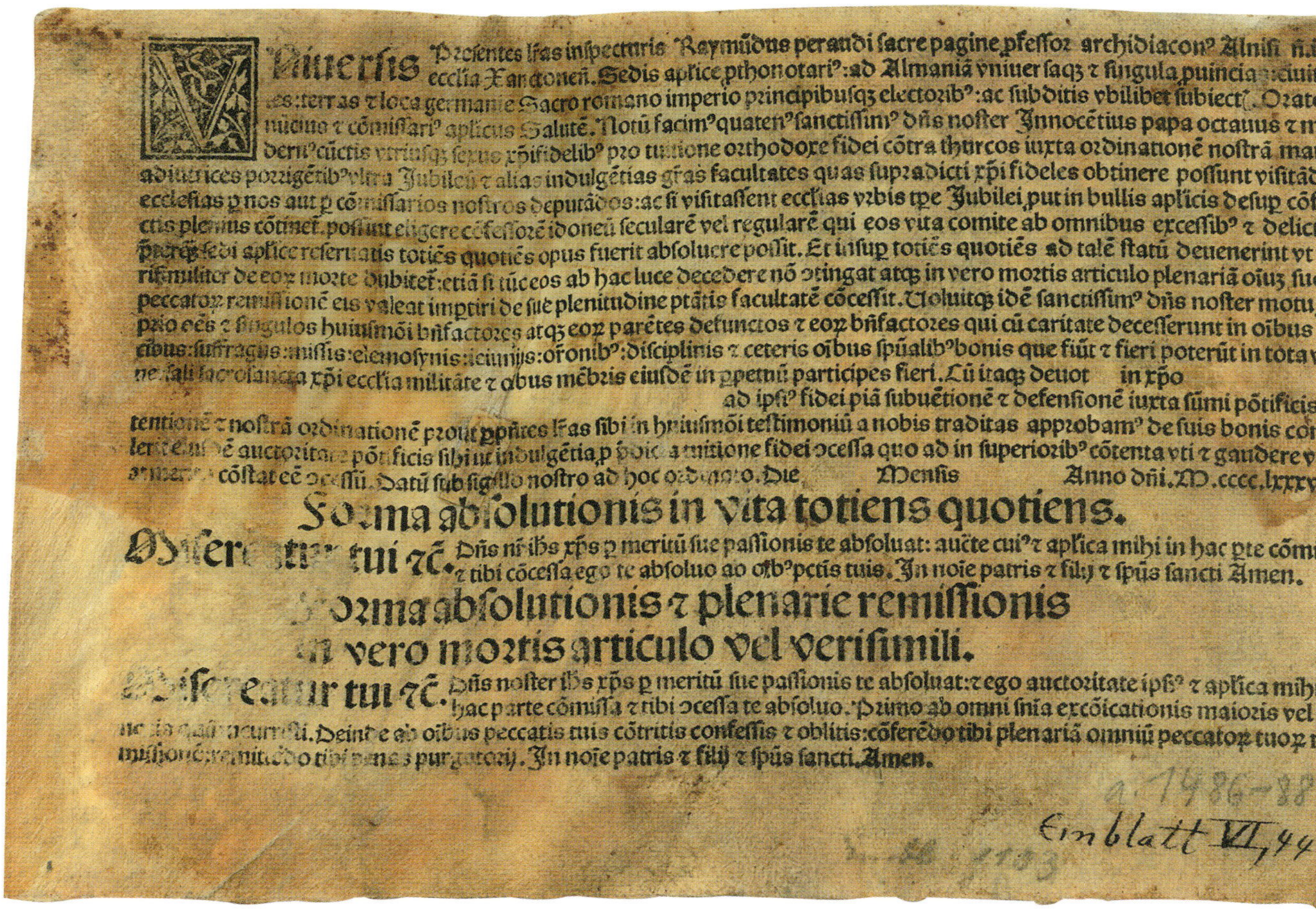
Forma absolutionis in vita totiens quotiens.

Forma absolutionis et plenarie remissionis in vero mortis articulo vel verisimili.

Einblatt VI, 44

Abb. 15 Diesen 1488 auf Pergament gedruckten »Ablassbrief« gab Raimund Peraudi für die erste Türkenkreuzzugskampagne in Auftrag. Der Name des Begünstigten wurde in das freigelassene Spatium eingetragen. Hervorgehoben ist die durch den Beichtbrief immer wieder (»totiens quotiens«) mögliche Absolution.

hatten die Päpste gelegentlich auch früher für einzelne Personen ausgestellt. Es war dennoch eine recht exklusive Gnade gewesen, die in der Regel nur einmal im Leben oder allenfalls noch ein zweites Mal in der Todesstunde benutzt werden durfte. Die von Peraudi vertriebenen Beichtbriefe waren hingegen mit der Formel »totiens quotiens« versehen, d. h. so oft verwendbar, wie es dem Besitzer im Fall der Todesangst nötig schien (Abb. 15).

Unter den »Hauptgnaden« war der Ablass für die Toten im Fegefeuer ein theologisch problematischer Fall, weshalb Peraudi sich auch um ein Gutachten der berühmten Pariser Theologischen Fakultät bemühte. Unklar war und blieb, auf welche Weise diese Ablässe wirksam wurden. Handelte es sich bei dieser Befreiung der Seelen aus dem Fegefeuer um einen juristischen Automatismus oder eher um einen Akt der kirchlichen Fürbitte, wodurch der Erfolg aber unsicher blieb? Dieser Ablass gab auch deshalb Anlass zu Missverständnissen, weil er nicht forderte, sich durch Reue und Beichte vorzubereiten. Da der Ablass den Verstorbenen zugewendet wurde, war entscheidend, dass diese im Stand der Gnade verstorben waren, während der Käufer den Ablass auch im Zustand der Todsünde erwerben konnte. Der bekannte Vers »Sobald das Geld im Kasten klingt, die Seele in den Himmel springt!« bezog sich auf diesen Ablass für die Toten!

Das von Peraudi ursprünglich für den Bauablass der Kathedrale von Saintes entwickelte Konzept des Jubelablasses entfaltete seine Breitenwirkung, als er es in den Dienst einer weit bedeutenderen Aufgabe stellte: den Kampf gegen die Türken. Das Vordringen des Osmanischen Reiches auf dem Balkan und im Mittelmeer führte zu einer akuten Bedrohung der westlichen Christenheit. Die Eroberung der süditalienischen Hafenstadt Otranto 1480 gab Sixtus IV. Anlass, verschiedene Ablassversprechen für den Kampf gegen die Türken zu publizieren. Die von Rom in den folgenden Jahren betriebenen Ablasskampagnen, die als Geldsammlungen zur Vorbereitung eines Kreuzzuges gegen das Osmanische Reich unternommen wurden, waren zunächst noch relativ unkoordinierte, wenig »professionelle« Veranstaltungen. Als Peraudi als päpstlicher Legat 1487/88 im Deutschen Reich den Türkenkreuzzugsablass zu predigen begann, änderte sich dies. Der Vertrieb des Ablasses wurde nun generalstabsmäßig organisiert. Peraudi bereiste als Ablasskommissar meist nur

Abb. 16 Mit diesem Holzschnitt illustrierte der Leipziger Drucker Martin Landsberg seinen Druck der »Himmlischen Fundgrube« des Johann von Paltz. Ursprünglich schmückte die Darstellung der Lobpreisung Marias eine »Geschichte der heiligen Anna« aus derselben Druckerei.

die Bischofsstädte, von wo aus in seinem Auftrag Unterkommissare die kleineren Städte besuchten. Der Ablasskommissar zog in feierlicher Prozession mit der päpstlichen Ablassbulle in die besuchten Orte ein. In jener Kirche, wo die Ablassgnaden zu erhalten waren, errichtete man ein großes rotes Kreuz mit dem päpstlichen Wappen. Täglich wurde über den Ablass gepredigt. Die extra eingesetzten Beichtväter waren mit päpstlichen Sondervollmachten ausgestattet. Rom schien samt seinem Jubiläum für einige Wochen in die Städte und Flecken des Deutschen Reiches versetzt. Was Peraudi im Jahr 1488 begonnen hatte, wiederholte er 1489/90 und nochmals 1501–1504 als Generalbevollmächtigter für den Türkenkreuzzugsablass in Frankreich, dem Deutschen Reich und den nordischen Ländern. Er hatte inzwischen an der römischen Kurie eine steile Karriere gemacht, war seit 1493 Kardinal, seit 1491 Bischof von Gurk. Peraudi wurde von seinen Zeitgenossen stets als höchst integerer und frommer Mann beschrieben. Er nutzte seine Stellung als päpstlicher Legat zur Vermittlung von Friedensverträgen, reformierte Klöster, weihte Kirchen, kümmerte sich um lokale Heiligenkulte und stellte zahlreiche Ablässe für den Besuch von Kirchen und Kapellen aus. Dass der von ihm gepredigte Türkenkreuzzugsablass im Reich zuletzt doch einen fragwürdigen Eindruck hinterließ, lag wohl vor allem an der Weigerung König Maximilians, die nach 1501 gesammelten Ablassgelder herausgeben zu lassen. Trotz eines von Peraudi geführten publizistischen Feldzuges gegen die Zweckentfremdung der Opfer überließ Rom schließlich die Gelder dem finanziell stets klammen Maximilian.

Die ethischen Folgen der Ablasskampagnen Peraudis werden in dem durch die Reformation geprägten Rückblick meist kritisch bewertet. Gern wird ein Zitat des Chronisten Nikolaus von Siegen kolportiert, er habe bei der Verkündigung des Ablasses in Erfurt 1488 von einem Priester gehört, Laien und im Konkubinat lebende Priester würden sagen: »Lasst uns jetzt frisch und tapfer sündigen, da wir nun leicht absolviert werden können.« Der Erfurter Chronist Konrad Stolle zeichnet freilich von dem selben Ereignis ein ganz anderes Bild, zu dem auch ein ungeheurer Ernst der Umkehr und Buße gehört, die die Bevölkerung erfasste. In den fünf Wochen der Ablasspredigt hörten in Erfurt täglich 25 Geistliche vom Morgen bis in die Nacht Beichte »und wurden des Beichthörens und Predigens zuletzt ganz müde«. Zu den von Peraudi 1488 eingesetzten Erfurter Beichtvätern gehörten auch Mönche des Augustinereremitenklosters, in das Martin Luther 17 Jahre später eintreten sollte. Als Anerkennung für ihre Unterstützung gewährte Peraudi am 11. April 1488 allen Mitgliedern des Klosters den Jubelablass gratis. In der Urkunde wird auch ein Mönch genannt, der damals zu den wichtigsten theologischen Lehrern der Erfurter Universität gehörte: Johannes von Paltz. Er wurde in den folgenden Jahren zu einem der bedeutendsten Prediger der Jubelablässe in Deutschland. In der Türkenablasskampagne 1489/90 setzte ihn Peraudi als Unterkommissar in Thüringen, Meißen und Sachsen ein. Johannes von Paltz wurde bei seiner Aufgabe durch den jungen Kurfürsten Friedrich den Weisen und seinen Bruder Johann unterstützt. Paltz machte die ernestinische Residenzstadt Torgau zu einem »Hauptquartier« der Kampagne und predigte mehrfach vor den fürstlichen Brüdern. Sie finanzierten auch den Druck von vier seiner Predigten, die besonderen Eindruck auf sie gemacht hatten. Das Büchlein erschien unter dem Titel »Die himmlische Fundgrube« und handelte 1. von der täglichen Betrachtung des Leidens Christi, 2. von der Abwehr blasphemischer Gedanken,

3. von der richtigen Art des Sterbens und 4. vom Nutzen des Sterbesakraments. Der zuerst 1490 in Leipzig gedruckte Text erlebte in den folgenden 20 Jahren mindesten 20 Auflagen. Er wurde damit zu einem »Bestseller« (Abb. 16). Auch wenn in den vier Predigten der Ablass nicht vorzukommen scheint, so zielen sie doch auf die Bußgesinnung, die zur Erlangung des Ablasses notwendig war. Für Paltz lag nämlich die eigentliche Bedeutung der Jubiläumsablässe darin, durch das ungeheure Gnadenangebot die Laxheit der »Durchschnittschristen« zur Buße zu bewegen und selbst Mörder und andere, wegen der Größe ihrer Sünde Verzweifelnde zur Umkehr und Vergebung zu führen. Nicht als Theoretiker, sondern als Ablasspraktiker und Beichtvater, der an zwei Ablasskampagnen teilgenommen hatte, urteilte Johannes von Paltz später, seit den Zeiten der Apostel wurden niemals mehr Sünder bekehrt, als jetzt in den »glücklichen Zeiten der vollkommensten Ablässe«. Gegenüber diesen heilsamen Folgen des Jubelablasses war der praktische Zweck – der Türkenkreuzzug – für Johannes von Paltz ganz unwesentlich. Seine Ablasspredigt muss auf Friedrich den Weisen großen Eindruck gemacht haben, denn als für die Verbreitung der Jubiläumsgnade 1502 der Magdeburger Domherr und Diplomat Günter von Bünau zum Unterkommissar in Sachsen ernannt wurde, bestand er darauf, dass auch Johannes von Paltz als Prediger und Beichtvater in seinem Territorium beteiligt wurde. Er schrieb am 24. Februar 1502 an Paltz, er soll sich rasch nach Zwickau und Schneeberg begeben »vnd daselbst die sachen der gnade halbenn zum besten« ausrichten. Auch Raimund Peraudi begrüßte die Teilnahme von Paltz an der Ablassverkündigung im Mai desselben Jahres in einem Brief. Seine Erfahrungen mit dieser Mission fasste Johannes von Paltz 1503 in einer »Ergänzung« (»supplementum«) zur erweiterten lateinischen Fassung seiner »Himmlischen Fundgrube« zusammen: Es war eine Verteidigungsschrift des Jubelablasses gegen die »höllischen Heere« der Ablassgegner. Vierzehn Jahre später verhalf freilich ein anderer Augustinereremit in Wittenberg den Argumenten der Ablassgegner zu einem unerwarteten Aufschwung und stürzte zugleich die fürstlichen Förderer der Paltzschen Ablasspredigt in ein kirchen- und reichspolitisches Abenteuer.

INFLATIONÄRES FINALE?

Das von Peraudi entwickelte Modell des mobilen und gleichsam überall verfügbaren Jubelablasses hatte seine Fähigkeit unter Beweis gestellt, rasch große Geldsummen zu mobilisieren. Die Schätzungen über den Gesamtertrag des 1501–1504 gepredigten Ablasses liegen zwischen 200 000 und 400 000 Gulden. In den folgenden Jahren wurden ähnliche Ablasskampagnen für den Deutschen Orden in Livland zur Verteidigung gegen die Russen, zur Unterstützung des Konstanzer Münsterbaus, des Baus des Augsburger Dominikanerklosters, des Trierer Domes und des römischen Heilig-Geist-Spitals etc. durchgeführt. Von diesen Unternehmen ist vor allem der Ablass zugunsten des 1506 begonnenen Neubaus des Petersdoms als Anlass der Wittenberger Ablassthesen in der historischen Erinnerung geblieben. Der Petersablass wurde ab 1515 von dem päpstlichen Legaten Arcimboldi in den Kirchenprovinzen Köln, Trier und Bremen gepredigt und sollte von ihm auch im Bistum Meißen vertrieben werden. Seit 1516 wurde der Ablass im Auftrag des Erzbischofs Albrecht von Magdeburg-Mainz auch in seinen Erzstiften sowie den Gebieten des Brandenburgischen Kurfürsten verkündet. Ein Teil der eingehenden Ablassgelder war für die Rückzahlung seiner Schulden bei den Fuggern reserviert. Diese Schulden hatte er aufnehmen müssen, um die üblichen Abgaben an die päpstliche Kammer bei der Übernahme seiner Bischofsämter zu begleichen. Zusätzlich musste er für die päpstliche »Sondergenehmigung« zur Leitung von zwei Erzbistümern zahlen. Die Verknüpfung von Petersablass und Schuldentilgung stellte auch für die Zeitgenossen eine problematische Konstruktion dar, zumal sie in der permanenten Aufsicht eines Vertreters des Augsburger Handelshauses über die eingehenden Gelder ihren Ausdruck fand. Aber nicht dies dürfte an den Höfen in Dresden und Wittenberg die Abwehr des Petersablasses in den eigenen Territorien motiviert haben. Die Wahl des brandenburgischen Hohenzollernprinzen zum Erzbischof von Magdeburg im Jahr 1513 war ein Desaster für die wettinischen Ansprüche auf dieses geistliche Schlüsselterritorium an der mittleren Elbe – dafür sollten die eigenen Untertanen nicht auch noch die Gebühren an die Kurie zahlen!

Es ist in der Forschung die Meinung vertreten worden, dass die immer neuen Ablasskampagnen am Vorabend der Reformation zu einer »Inflation« führten, die die Glaubwürdigkeit des Ablasses insgesamt untergrub. Ein Argument dafür sind die gegenüber der immensen Summe des Türkenkreuzzugsablasses wesentlich geringeren Erträge der folgenden Kampagnen – die freilich meist nur in kleineren Regionen gepredigt wurden und teilweise auch schlecht dokumentiert sind. Gerne wird auch die Äußerung des Breslauer Domkapitels zitiert, das seinen Bischof 1518 vor der Zulassung neuer Ablässe warnte, denn die vielen Ablässe, die in den letzten Jahren verkündet wurden, hätten das Volk zum

Spott über den Ablass verführt. Ob die These von der inflationären Entwertung der Ablässe aber tatsächlich den historischen Verhältnissen entspricht, scheint fraglich zu sein.

Gegen die allmähliche Entwertung der Ablässe durch ein Überangebot spricht zunächst, dass die traditionellen »großen« Ablässe weiterhin ihre Attraktivität bewahrten. Trotz des Türkenkreuzzugsablasses wurde das römische Jubiläum des Jahres 1500 aus dem nordalpinen Gebieten so gut besucht wie kein anderes zuvor. Von der größten Ablasswallfahrt nördlich der Alpen, der Aachener Heiltumsfahrt, wurden seit den 1480er Jahren alle sieben Jahre neue Besucherrekorde vermeldet. Über die Wallfahrt nach Aachen im Sommer 1517 gibt es mehr historische Nachrichten als über jede andere davor.

Auch der Etablierung neuer Ablassgnaden an deutschen Kirchen standen die Ablasskampagnen nicht im Weg. Dass die Wittenberger Schlosskirche in den 15 Jahren vor Beginn der Reformation zu einem wichtigen Zentrum der Ablass- und Reliquienfrömmigkeit wurde, verdankt sie nicht zuletzt Raimund Peraudi, der den Neubau am 17. Januar 1503 einweihte und ihr einen Ablass verlieh, bei dem für den Kirchenbesuch an bestimmten Festen das Kardinalsquantum von 100 Tagen mit der Zahl der hier gehorteten Reliquien multipliziert wurde. In den Jahren 1512 und 1516 versuchte Friedrich der Weise an der römischen Kurie diesen Ablass auszuweiten, die Vollmachten der Beichtväter zu vergrößern und vor allem das Ablassquantum zu erhöhen: auf 30 Jahre je Reliquie. Dies war ein diplomatisch und finanziell anspruchsvolles Vorhaben, das der ernestinische Hof kaum unternommen hätte, wenn der Wert der Ablässe bereits im Sinken begriffen war. Gleichzeitig versuchte auch Herzog Georg von Sachsen zur Unterstützung des Kirchenbaus seiner Gründung Annaberg einen Jubiläumsablass an der römischen Kurie auszuhandeln, was im Frühjahr 1517 auch gelang. Wenn Herzog Georg 1517 auf den Kurfürsten Friedrich den Weisen und Herzog Johann 1517 immer aufs Neue einwirkte, auch in ihren Gebieten keine neuen Ablässe zuzulassen, waren also keine grundsätzlichen Bedenken gegen Ablässe an sich, sondern die Sorge um den Erfolg der gerade mühsam für die eigene Stadt Annaberg erworbenen Gnade im Spiel. Als Georg erfuhr, dass seine ernestinischen Vettern in dem Annaberg benachbarten Buchholz die Ablasskampagne zur Unterstützung des Wiederaufbaus der durch einen Brand zerstörten Pfarrkirche im böhmischen Brüx (Most) zugelassen hatten, protestierte er dagegen und schärfte die Absprachen zur Abwehr der Ablässe von außen ein. Herzog Johann entschuldigte sich damit, dass man sein Mitleid nicht vor dem Schaden der Brüxer Bürger verschließen konnte und für Georg daraus kein Nachteil erwachsen soll. Dieser Ablass für die Kirche in Brüx wurde von 1517 bis 1519 in Böhmen, Schlesien und den Lausitzen gepredigt. Trotz dieser regionalen Beschränkung und des bescheidenen »Managements«, das im Wesentlichen von der Stadt Brüx geleistet wurde, erbrachte die Kampagne knapp 15 000 Gulden. Dies zeigt, dass die Ablasskampagnen durch Luthers Ablassthesen keineswegs sofort obsolet wurden. In welchem Umfang die Verkündigung des Petersablasses in den Erzstiften Mainz und Magdeburg sowie in Brandenburg durch die Ablasspublizistik tatsächlich zusammenbrach, ist ganz unklar. Überhaupt wissen wir über die von dem Leipziger Dominikaner Johannes Tetzel und den Mainzer Franziskanern als Unterkommissaren geleitete Kampagne viel weniger als man es bei der historischen Bedeutung des Vorgangs vermuten würde. Die erhaltenen Abrechnungen der Mainzer Franziskaner zeigen jedenfalls, dass man im Sommer 1518 selbst in Nordhausen und Mühlhausen, die bald zu Hochburgen der Reformation werden sollten, nach wie vor mit interessierten Ablasskäufern rechnen durfte.

Die Ablässe verschwanden mit der Publikation der Ablassthesen am 31. Oktober 1517 also nicht sofort aus der praktizierten Frömmigkeit. Der Annaberger Ablass hatte zwar geringere Einnahmen erbracht als erwartet, dennoch garantierte Jakob Fugger noch im Sommer 1521 gegenüber der päpstlichen Kammer die Abführung des päpstlichen Anteils an der Annaberger Gnade auf weitere drei Jahre. Und noch im Januar 1523 sollte der damals an der Kurie weilende Bischof Johann VII. von Meißen im Auftrag Herzog Georgs die Möglichkeiten zum Erwerb eines ähnlichen Jubelablasses für die Pfarrkirche in Altenberg ausloten.

Auch in Wittenberg wurde zumindest bis 1520 weiterhin die Zeigung des Heiltumsschatzes der Schlosskirche mit einer Ablassverkündigung verbunden, die auch ein zahlreich zusammenströmendes Publikum fand. Als die zunächst vergeblich erbetenen Ablassgnaden im Jahr 1519 von Papst Leo X. aus politischen Rücksichten in großzügiger Weise gewährt wurden, rechnete Friedrichs Sekretär Spalatin zu Jahresbeginn 1520 aus, dass nun in Wittenberg 1 902 202 Jahre und 270 Tage Ablass zu verdienen seien. Ein Einblattdruck mit der Bekanntmachung der neuen Gnade wurde damals im Auftrag des Hofes hergestellt.

Das breite Interesse an Ablässen scheint erst in den Jahren nach 1521 erloschen zu sein. Auch andere Formen der spätmittelalterlichen Frömmigkeit, wie Altar- und Messstiftungen, Prozessionen und Wallfahrten wurden im ganzen Reichsgebiet zwischen 1521–1525 grundsätzlich in Frage gestellt. Dies als Folge der Reformation zu begreifen ist zwar richtig, erklärt aber wenig. Wie sich innerhalb weniger Jahre ein mentaler Wandel vollzog, der die allgemein akzeptierte Frömmigkeitspraxis vollständig in Frage stellte, ist damit noch nicht erklärt. Dieser Sache mit offenem Blick nachzugehen, sollte eine der durch das bevorstehende Reformationsjubiläum gestellten Aufgaben sein.

Danksagung
Der Verfasser ist S. Bräuer, F. Eisermann (beide Berlin), J. Hrdina (Prag) und C. Volkmar (Marburg/Wernigerode) für zahlreiche Hinweise zu Dank verpflichtet.

Literaturhinweise
Eisermann 2001; Hrdina 2007; Moeller 1991; 1991a; Paulus 2000; Volkmar 2008; Winterhager 1999.

ELKE SCHLENKRICH

PESTERFAHRUNGEN ZUR LUTHERZEIT IN MITTELDEUTSCHLAND

ALLTAGSBEDRÄNGNISSE UND DIE ALLGEGENWÄRTIGKEIT DER PEST

Eine Vielzahl von Krisen und Naturkatastrophen, alltäglichen Kümmernissen und Gefahren begleitete den Lebensweg der an der Schwelle vom Spätmittelalter zur frühen Neuzeit lebenden Menschen. Die Sorge um das tägliche Brot und der Hunger waren ihre ständigen Gefährten, denn Missernten und daraus resultierende Getreideknappheit führten zu Teuerungen und beschworen Hungersnöte herauf. Auch fügten heftige Gewitterregen oder die Schneeschmelze den Zeitgenossen große Schäden zu. Ebenso bedrohten Feuersbrünste deren Leib, Leben und Habseligkeiten. Gleichermaßen gehörten Viehsterben, Kriege und Belagerungen zu ihrem Alltag. Hinzu kam die Ohnmacht gegenüber vielen Krankheiten und Seuchen. Dabei sei besonders auf die bis dato im mitteldeutschen Raum unbekannte Krankheit der Syphilis verwiesen, die sich hier um 1500 auszubreiten begann. Außerdem fand sich für das Jahr 1529 eine erste Erwähnung des so genannten Englischen Schweißes.

All das bedeutete die Allgegenwärtigkeit des Todes. Begräbnisse standen für die Zeitgenossen unmittelbar neben ihrer Tätigkeit in der Werkstatt oder auf dem Marktplatz, im Rathaus oder in der Schulstube. Der Gang auf den Friedhof war ein Seitenstück zu ihrer Teilnahme am Gottesdienst, an Taufen und Hochzeitsfeiern.

Nachdem der Schwarze Tod in den Jahren 1347–1351 die Menschen völlig unvorbereitet getroffen hatte, weswegen sie diese Pandemie (Epidemie ohne räumliche Grenzen mit Ausdehnung über Länder oder Erdteile) als Katastrophe erlebten, blieb in der Folgezeit im kollektiven Gedächtnis die Erinnerung an diese verheerenden Pestjahre sowie die nachfolgenden Pestepidemien wach. Die Erfahrung hatte die Zeitgenossen inzwischen gelehrt, dass die Pest eine permanente Bedrohung war, kam es doch immer wieder zu Seuchenausbrüchen. Hierbei konnten sie entweder unmittelbar selbst betroffen sein oder es wurden Pestfälle aus angrenzenden Regionen und Ländern bzw. aus der Ferne vermeldet. So zog die Pest in der Lutherzeit durch Mitteldeutschland eine tiefe Todesspur (Abb. 17).

Nun gibt es seit geraumer Zeit eine kontroverse Diskussion darüber, ob es zulässig ist, die in der mikrobiologischen Ära im Labor nachgewiesene Infektionskrankheit Pest mit einer in den Quellen u. a. als Pest, Pestilentz oder Pestis bezeichneten epidemischen Krankheit gleichzusetzen. Zudem zeigt die Wirkungsgeschichte der meisten Infektionskrankheiten, dass Erreger mutieren und dadurch ihre Virulenz verlieren. Wenn im Folgenden von der Pest gesprochen wird, dann geht es keinesfalls um retrospektive Diagnostik, sondern vor allem um das subjektive zeitgenössische Verständnis von der Seuche.

Werfen wir beispielsweise einen Blick in die Mansfeldische Chronik des Cyriacus Spangenberg oder auch in die Chroniken einzelner mitteldeutscher Städte, dann wird augenfällig, dass seit dem ausgehenden 15. Jh. kein Jahrzehnt verging, in dem nicht mindestens ein Pestausbruch verzeichnet wurde.

Vor dem Hintergrund des Erfahrungswissens, dass jederzeit ein neuer Ausbruch möglich sein könnte, hatten die Menschen inzwischen damit begonnen, sich in vielerlei Hinsicht mit der Pest auseinanderzusetzen. In diesem Zusammenhang sind vor allem Abhandlungen aus der Feder zeitgenössischer medizinischer Autoritäten zu nennen. Hierauf wird noch näher einzugehen sein.

Mit der Reformation trat dann eine weitere Textsorte hinzu, die sich unter der Bezeichnung theologische Pestschriften fassen lässt. Dabei wurden die Pest und die mit ihr zusammenhängenden Probleme von der Position des christlichen Glaubens her interpretiert. Als erster Beitrag ist die 1527 erschienene Abhandlung Luthers »Ob man vor dem sterben fliehen möge« zu nennen. In welchem Maße Luther

Abb. 17 Wurzen, Alter Friedhof. Das Pesthäuschen entstand im Gedenken an die 1 450 Wurzener Seuchenopfer der verheerenden Pestepidemie des Jahres 1607. Nachdem zunächst ein Vorgängerbau aus Holz über den Massengräbern errichtet wurde, datiert das bis in die Gegenwart erhaltene Pesthäuschen in das Jahr 1687.

mit dieser Schrift aktuelle Alltagsprobleme wie Pestflucht, tätige Nächstenliebe gegenüber den Pestkranken oder Seelsorge in Pestzeiten ansprach, ist allein damit zu belegen, dass noch im Erscheinungsjahr elf weitere Ausgaben gedruckt wurden.

Doch auch in der Selbstwahrnehmung und in der erinnerten Vergangenheit spiegelten sich die Pesterfahrungen der Menschen wider. Allerdings sind bis um die Mitte des 16. Jh. kaum Selbstzeugnisse vorhanden, die uns unmittelbare Einblicke gewähren. In diesem Zusammenhang sei jedoch auf die relativ zeitnahen Annalen des Zwickauer Kirchners Johann Tretwein aufmerksam gemacht. Darin ist nicht nur über den Pestausbruch in der westsächsischen Stadt im Sommer 1566 nachzulesen, sondern Tretwein lässt uns ebenso an seinen Empfindungen und an seiner Betroffenheit darüber teilhaben. Er schrieb: »In diesem 1566 Jar, Sonnabent den 3. Augusti, hat mich Gott angegriffen mit der straff der pestilentz vnd ist mir mein tochter Marga[rethe] kranck worden vnd Dinstak hernach den 6 Augusti vm 6 hor entschlafen mit meinen Son Sigismund, in einer virtel stünd sind sie beide entschlafen, vnd den 18 Augusti, an einem Sontak hab ich mich auch gelegt vnd schwerlich gelegen. Gott hat mir seine gnad erzeigt, des ich halb Todt gewesen vnd nicht gewust, ob ich leben ader nicht vnd den 22 Augusti donnerstack meinen lieben Son Erasmien zur erd bestat.«

PEST AUS DER PERSPEKTIVE DER ZEITGENÖSSISCHEN MEDIZIN

Es wurde bereits angedeutet, dass im zeitgenössischen medizinischen Diskurs die Erörterungen über Ursachen, Wesen, Prophylaxe und Kur der Pest einen breiten Raum einnahmen. Im Bestand der Frühdrucke des 16. Jh. findet sich hierzu eine erstaunliche Überlieferungsdichte. Nicht selten ging von der aktuellen epidemiologischen Situation der entscheidende Impuls für die Publikation derartiger Abhandlungen aus.

Beispielsweise wird in der Ratsschulbibliothek Zwickau ein Pesttraktat verwahrt, das von Sixtus Kolbenschlag verfasst wurde. Eine im Jahre 1524 im Zwickauer Umland grassierende Pest hatte den Impuls für die Abfassung dieser Schrift gegeben, da Kolbenschlag aus dieser epidemiologischen Situation folgerte, die Seuche könnte auch Zwickau heimsuchen. Aus diesen Erwägungen heraus dürfte er am Ausgang des Jahres 1524 dem Rat sein Ansinnen unterbreitet haben, ein Traktat wider die Pest zu verfassen, es in Druck zu geben und dem Rat zu übereignen. So geschah es dann auch 1525 (Abb. 18).

In vergleichender Analyse derartiger Schriften ist festzuhalten, dass sie in Aufbau und Inhaltsstrukturen große Ähnlichkeiten aufweisen. Ein Großteil dieser Schriften wird mit den »theologischen« Ursachen der Pest eingeleitet. Die Pest wird in diesem Kontext als Zorn Gottes, als Strafe Gottes erklärt, der den mit Sünden beladenen Menschen die giftigen Pestpfeile schickt. Entsprechend dieses Ausgangspunktes der »übernatürlichen« Ursachen der Pest schließt sich eine Aufforderung zur Reinigung der Seele an. Mit Reue und Buße sollten sich die Zeitgenossen zu Gott bekennen, sich Gott als dem höchsten Arzt befehlen »vnd die Geistliche Artzney in Gottes Wort vnd Predigten« suchen. In diesen Zusammenhang ordnet sich auch ein im 16. Jh. gedrucktes Pestlied mit dem Titel »Ein geistlich lied fur forcht des Tods zusingen / zu der zeit der Pestilentz« ein (Abb. 19).

Damit ist ein gewichtiger Aspekt angesprochen. Dieses Lied ist Ausdruck der Verlagerung der Pestbewältigungsstrategien. Kam in vorreformatorischer Zeit den Pestheiligen Sebastian und Rochus eine herausragende Bedeutung zu,

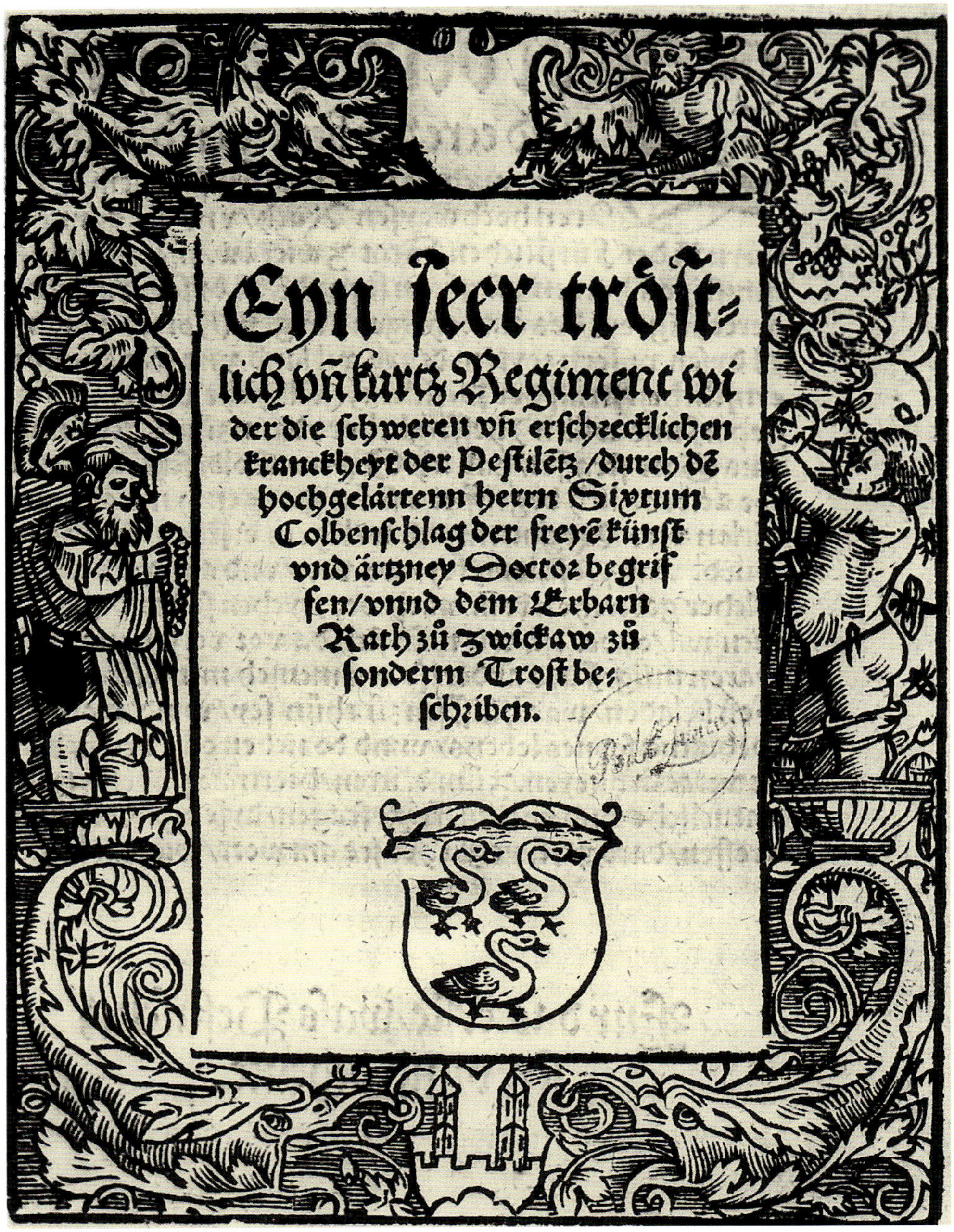

Eyn ſeer tröſt=
lich vñ kurtz Regiment wi
der die ſchweren vñ erſchrecklichen
kranckheyt der Peſtilētz/durch dē
hochgelärtenn herrn Sixtum
Colbenſchlag der freyē künſt
vnd ärtzney Doctor begrif
fen/vnnd dem Erbarn
Rath zů Zwickaw zů
ſonderm Troſt be=
ſchriben.

Abb. 18 Titelblatt des Pesttraktats von Sixtus Kolbenschlag, gedruckt im Jahre 1525 bei Jörg Gastel in Zwickau. Der Medicus Kolbenschlag verfasste diese Schrift vor dem Hintergrund aktueller Seuchenbedrohung der Stadt, als 1524 im Zwickauer Umland die Pest grassierte.

erfolgte mit der Reformation bei der Seuchenbewältigung eine Konzentration auf das Wort in Form von Pestgebeten und insbesondere von Pestliedern als Trostmitteln.

Doch wenden wir uns nach diesem Exkurs wieder den medizinischen Schriften und der darin enthaltenen Ursachendiskussion der Pestentstehung zu. Zumeist gingen die Autoren davon aus, dass Pest aus vergifteter Luft entsteht (Miasmatheorie). Aus dieser »Lufttheorie« leiteten sie ein ganzes Bündel von Maßnahmen zur Pestprävention ab. Vordergründig gaben sie die Empfehlung, sich durch Flucht der pestilenzialischen Luft zu entziehen. Ferner entwickelten sie für das Lüften der Stuben und Kammern spezielle Vorschriften, um die Gefahr des Eindringens »fauler« und »giftiger« Luft auszuschließen. Hinzu kam ein ganzer Kanon von Räuchervorschriften, der den Zweck erfüllen sollte, die Luft zu reinigen. Dieser Liste der Präventivmaßnahmen folgte ein umfangreicher Katalog zur Diätik im Sinne einer ganzheitlichen Prävention. Hierbei finden sich seitenlange Speisevorschriften sowie Ratschläge für die Abfolge von Schlaf und Wachen, wobei die Zeitgenossen nach Meinung der gelehrten

Doctores auf Ausgewogenheit achten sollten. Zu den diätischen Maßnahmen zählten gleichfalls nachfolgende Überlegungen: »Es sollen alle vbrige bewegungen des leibes vnd gemüts / als lauffen / springen / zorn / neid / haß / trawrigkeit / schrecken / furcht / vbrige vnkeuscheit / vnnd dergleichen gemieden werden / vnd weme es Gott gönnet / mag die zeit mit guten Historien vnd Gesprechen / vnd mit der Musica zubringen / das hertz damit zuerfrewen.«

Ausgehend von der Humoralpathologie, d. h. der Lehre von den Körpersäften (deren richtige Mischung Gesundheit, Ungleichgewicht hingegen Krankheit bedeutete), wurde eine Palette chirurgischer und pharmazeutischer Mittel benannt, um »böse« überflüssige Feuchtigkeit aus dem Körper auszuscheiden. Dabei sind vor allem Aderlass, Brech- und Schwitzkuren zu nennen.

Zur Vorbeugung gegen die Pest zählten die Autoren ein breites Spektrum an Arzneimitteln auf: Pillen, Pulver, Latwerge (breiig zubereitete Arzneimittel), Sirupe und Säfte.

Neben der Auseinandersetzung mit den Ursachen und den Ausführungen zur Prävention der Seuche bilden Erläuterungen zur Kur der Pest einen weiteren Schwerpunkt dieser Schriften. Im Anschluss an die Beschreibung der Initialsymptome folgen zumeist therapeutische Ratschläge. Des Weiteren wurde eine breite Palette an Arzneimitteln vorgestellt, die bei der Behandlung der Pestkranken angewendet werden sollte. Eine gängige Behandlungsmethode der Bubonen, also der Pestbeulen, bestand darin, heiße Pflaster auf die Beulen aufzulegen. Diese stellte man aus einer ausgehöhlten Zwiebel her, die mit einer Mischung, bestehend aus Theriak – ein in der frühen Neuzeit als Allheilmittel verwendetes, aus vielerlei Spezereien bestehendes Hilfsmittel – und Taubenmist, gefüllt und gebraten wurden. Zudem schworen die zeitgenössischen Mediziner auf das Aufbinden lebendiger Hühner. Aus heutiger medizinischer Sicht wurde dem Pestkranken über diese sonderbar anmutende Behandlungsmethode ein Breitspektrumantibiotikum, kombiniert mit Vitamin B 12, das im Kot des Huhnes enthalten war, verabreicht. Außerdem fanden sich verschiedene Rezepturen für die Herstellung von Zugpflastern, die ein Aufbrechen der Pestbeulen bewirken sollten.

In der Praxis fiel diese äußerliche Kur der Pest in den Kompetenzbereich der Pestbarbiere oder -chirurgen, also dem aus dem Handwerk stammenden Gesundheitspersonal. Der studierte Medikus bzw. Stadtphysikus legte an die Pestpatienten keine Hand an, sondern war nur für die innerliche Kur der Pest zuständig, indem er entsprechende Arzneimittel verordnete.

Abb. 19 Titelblatt eines Pestliedtextes, Zwickau, 16. Jh. In nachreformatorischer Zeit kam den Pestgebeten und insbesondere den Pestliedern eine herausragende Bedeutung bei der Pestbewältigung zu. Trug im Protestantismus vor allem das Kirchenlied zur Stärkung des neuen Gemeindegefühls bei, dann ist dem gemeinsamen Singen von Pestliedern als Trostmittel ein außerordentlicher (individual)psychologischer Stellenwert beizumessen.

ALLTAG UND PESTREGIMENT

Das Wissen um den Stör- und Krisenfaktor Pest, der die potenzielle Gefahr herauf beschwor, die Aufrechterhaltung der guten Ordnung ins Wanken zu bringen, stellte die Obrigkeiten vor das Erfordernis, Anordnungen zu treffen, die darauf abzielten, die Stabilität der gesellschaftlichen Ordnung aufrecht zu erhalten. Das vollzog sich in Form des Aufstellens und der Fortentwicklung eines Maßnahmenkataloges zur Pestabwehr und -bekämpfung, der seinen Niederschlag u. a. in zahlreichen landesherrlichen Ordnungen und Ratsverordnungen fand. Hier sind es vor allem die Ratsverordnungen, die für die ersten Dezennien des 16. Jh. Zugänge zum Alltagsleben im Zeichen von Pestbedrohung und Pestausbrüchen vermitteln. In diesem Zusammenhang fanden sich zugleich Hinweise, dass derartige Texte von der Kanzel aus verlesen wurden, um einen weiten Verbreitungsgrad ihres Inhaltes unter der (Stadt-)Bevölkerung zu erzielen.

Abb. 20 Die Pestkanzel – Bartholomäihospital, Aquarell von Friedrich August Kannegießer, um 1820. In Pestzeiten war es üblich, den Gottesdienst unter freiem Himmel zu feiern und auch das Abendmahl im Freien zu spenden. Auf diese Weise glaubten die Menschen, der Ansteckungsgefahr in stickigen Gebäuden – zu denen sie auch Kirchen zählten – zu entgehen.

Ganz ähnlich wie in den Pestschriften der medizinischen Autoritäten wurde auch seitens des Ratsregiments die Bevölkerung zu bußfertigem Gebet ermahnt. Die Hausväter waren aufgefordert, ihre Familie, ihr Hausgesinde, die Knechte und Mägde zum regelmäßigen Gottesdienst und zum Empfang des Sakraments anzuhalten, damit die Priester in Pestzeiten nicht in die infizierten Häuser gehen müssten, um das Sakrament zu spenden (Abb. 20).

Den Ermahnungen zur geistlichen Pestprävention schlossen sich vor allem Forderungen zur Verbesserung der Stadthygiene an. Die Gassen waren möglichst bei Regenwetter oder durch Eingießen von Wasser zu reinigen, damit der »stanck vnd vnlust gedempfft« werde. Bei Strafe war es nunmehr verboten, Nachtwasser (Urin) oder andere übel riechende Flüssigkeiten auf die Gassen zu schütten. Zudem war es untersagt, die Kadaver von Ratten, Mäusen oder Katzen und anderes Aas auf die Straßen zu werfen. Nicht zuletzt sollten endlich die engen stinkenden Gässchen gereinigt und von den dort lagernden Misthaufen beräumt werden.

Parallel zu den schon vorgestellten Pesttraktaten forderte auch der Rat die Stadtbewohner zum Ausräuchern ihrer Häuser auf (Abb. 21). Zudem machte das Ratsregiment auf die Gefährlichkeit größerer Menschenansammlungen und die damit verbundene Ansteckungsgefahr aufmerksam. Für den Fall des Pestausbruches wurde bestimmt, die Kranken zu isolieren. Ferner war es den Genesenden untersagt, sofort wieder auszugehen. Die Rekonvaleszenten sollten zunächst noch Quarantäne halten und für eine bestimmte Zeit die Kirchen, Badestuben und Bierhäuser meiden. Strafe drohte gleichfalls denjenigen, die Stroh oder Bettzeug von an der Pest Verstorbenen an den Wegesrand bzw. an Orte warfen, an denen sich viele Menschen aufhielten.

Vor allem stellten Pestzeiten insofern ganz besondere Herausforderungen der Obrigkeiten dar, als diese eine solche Pestpolitik zu betreiben hatten, die eine Aufrechterhaltung der öffentlichen Ordnung unter den Bedingungen von Pestbedrohung oder eines Seuchenausbruches ermöglichte. Das setzte das Vorhandensein entsprechender materieller Ressour-

Abb. 21 Neben dem Verständnis der Pest als Gottesstrafe wurde die Auffassung vertreten, dass die Seuche aus verunreinigter Luft entsteht. Aus dieser Lufttheorie leiteten sich umfangreiche Maßnahmen zu deren Reinigung bzw. Sauberhaltung ab. Als Räuchermaterialien wurden beispielsweise Wacholder, Eiche und Weinreben empfohlen, die man in einer solchen Räucherpfanne entzündete.

cen voraus, mit denen Pestabwehr- und Pestbekämpfungsmaßnahmen sowie gleichermaßen eine soziale Grundsicherung von der Seuche betroffener Armer und von Armut bedrohter Menschen finanziert werden konnten. Hierzu bestimmte die Wittenberger Beutelordnung 1520/21: »In sterblichen zeitten solt man auch den armen wartung vnnd versorgung an enn sunderlichen orth von andern leut[en] gelegen bestellen.«

Damit ist ein zentrales Problem angesprochen, das im Verlaufe des 16. Jh. immer wieder aktuell auf die Tagesordnung trat: die Übernahme der erheblichen Kosten, welche die Pestausbrüche verursachten. Dabei ging es nicht nur um die Bezahlung der Medikamente für die Armen. Vielmehr entstand in Pestzeiten ein erheblicher Finanzbedarf für die Entlohnung des gesamten Ensembles der Pestbediensteten (u. a. Pestchirurgen, Krankenwärter Pestgeistliche, Totenträger und -gräber) sowie zur Versorgung der armen Kranken.

Zudem wird in der Wittenberger Beutelordnung mit der Forderung nach Absonderung der Infizierten indirekt ein weiterer erheblicher Kostenfaktor angesprochen, der Bau und die materielle Ausstattung von Pesthäusern. Erste Einrichtungen dieser Art lassen sich quellenmäßig im mitteldeutschen Raum um die Mitte des 16. Jh. nachweisen. In den großen Städten Mitteldeutschlands fungierten diese Pestlazarette dann in pestfreien Jahren als so genannte Sozialasyle, in denen u. a. Alte, Arme, Kranke, Bettler und uneheliche Schwangere Unterkunft fanden sowie medizinische und seelsorgerische Betreuung erhielten. Andererseits wurden diese Einrichtungen bis zum ausgehenden 17. Jh. vor dem Hintergrund der zahlreichen Pestausbrüche in ihrer ursprünglichen Funktionsbestimmung als Pestlazarett genutzt. Noch zu Beginn des 18. Jh. traf man in diesen Häusern mit Blick auf eine erneute Seuchenbedrohung Vorbereitungen , wobei es jedoch nur noch zu vereinzelten Pestfällen in Mitteldeutschland kam. Warum die Pest nach 1720 aus weiten Teilen Europas verschwand, ist bislang ungeklärt.

Literaturhinweise

Bulst 2003; Feuerstein-Herz 2005; Ulbricht 2004; Vasold 2003; Winkle 1997.

SIEGFRIED BRÄUER

MANSFELD – GRAFSCHAFT, SCHLOSS, STADT

In der Reihenfolge »Grafschaft, Schloss, Stadt« erscheinen die Stichworte im vierten Teil der Mansfeldischen Chronik von Cyriacus Spangenberg (1528–1604). Dieser bedeutendste Autor der Grafschaft in der 2. Hälfte des 16. Jh. hat 1572 nur den ersten Teil seiner mehrbändigen Landesgeschichte zum Druck bringen können. Zu Beginn des 20. Jh. wurde im Wiener Hofarchiv das handschriftliche Manuskript seiner »Beschreibung der Grafschaft Mansfeld von Ort zu Ort« im vierten Teil entdeckt (Abb. 22). Es ist zwar nicht vollständig, aber die wichtigen Kapitel zu den Ämtern Mansfeld und Eisleben sind erhalten und veröffentlicht worden. Aus ihnen können Leitlinien und Schwerpunkte für die folgende Übersicht entnommen werden. Sie vermitteln besser als spätere Schilderungen einen Eindruck von dem kleinen mitteldeutschen Herrschaftsgebiet im 16. Jh.

DIE GRAFSCHAFT

Ein Jahr vor Spangenbergs Chronik und wahrscheinlich unabhängig von ihr, aber von der gleichen Überzeugung geprägt, erscheint als eine der ersten deutschen Geschichtskarten eine Karte der Grafschaft Mansfeld. Nach Vorarbeiten des Kartografen Tilemann Stella (1525–1569) wird sie 1571 vom Rektor der Jenaer Lateinschule, Johann Mellinger (um 1538–1603), herausgegeben (Abb. 23). Das ist mehr als nur ein Zufall. Jena ist damals das Zentrum der strengen Lutheraner (Gnesiolutheraner), denen es eine Herzenssache war, die Lehre des Reformators unverfälscht zu erhalten. Die Geschichtskarte bezeugt diese Absicht unübersehbar. Zum Namen Eisleben ist hinzugefügt »patria S. viri M. Lutheri« (Vaterstadt des heiligen Mannes Martin Luther). Ein Medaillon mit einem Brustbild Luthers ziert auch den rechten Kartenrand. Darunter steht ein lateinisches Gedicht von dem Diakon an der Andreaskirche in Eisleben Zacharias Prätorius. In der zweiten Jahreshälfte 1571 weilte er an der Universität Jena. Als gebürtiger Mansfelder weist er in seinem Gedicht auf die Gaben hin, durch die sich die Grafschaft, wie einst in der Bibel Jakob, vor anderen Geschlechtern auszeichnet. Neben Goldadern, Früchten und Trauben hat sie noch einen weiteren Schatz in der unversehrten Gotteskraft. »Mansfeld schenkte uns den hochherzigen Luther, der dir, Päpstlein, zur Pest wurde. Christus, der heilige Dienst [am Wort], die Regierung der Grafen und die uns nachfolgen seien dir allesamt anvertraut«, heißt es am Ende wörtlich. Das ist eine Anspielung auf Luthers so genannte Weissagung gegen den Papst von 1530. Auf dem linken Rand der Karte wird als Gegenstück zu Luther der Papst, auf seinem Thron sitzend, ebenfalls in einem Medaillon dargestellt. Ein lateinischer Text oben drüber erinnert an ein Ereignis, von dem immer wieder gesprochen und geschrieben wurde. 1539 fand ein Mansfelder Bergmann in seiner Grube ein Stück Kupferschiefer, auf dem eine sitzende Gestalt mit Mantel und dreifacher Krone abgebildet war. Nicht nur der Finder, auch Luthers Bruder Jakob und der Pfarrer Michael Coelius meinten, den Papst zu erkennen. Luther, um Rat gefragt, bestätigt das. Er wusste durchaus, dass im Mansfelder Kupferschiefer versteinerte Fischabdrucke vorkommen. Nach seiner Meinung war aber diese fossile Abbildung tief in der Erde gefunden worden, damit der Papst als Antichrist offenbar würde. Das unterstreicht Prätorius noch einmal durch ein weiteres lateinisches Gedicht. Rechts oben am Kartenrand, über dem Wappen der Gesamtgrafschaft, ist in einem Rahmen eine Widmung an die derzeit regierenden neun Grafen aller drei Linien zu lesen.

In der Regel wird die Geschichtskarte der Grafschaft Mansfeld von Stella und Mellinger nur als Leistung aus der Anfangszeit der Kartografie gewürdigt. Es wird nicht erkannt, dass sie zugleich als ein Ausrufungszeichen zu verstehen ist. Sie bietet der traurigen Wirklichkeit Trotz. Wegen eines riesigen Schuldenberges von über 2 700 000 Gulden haben die Mansfelder Grafen ihre Zahlungsunfähigkeit eingestehen müssen. Ihre Lehnsherren, der sächsische Kurfürst August, das Erzbistum Magdeburg und das Bistum Halberstadt nehmen das Heft in die Hand. Bei einer Verhandlung in Leipzig

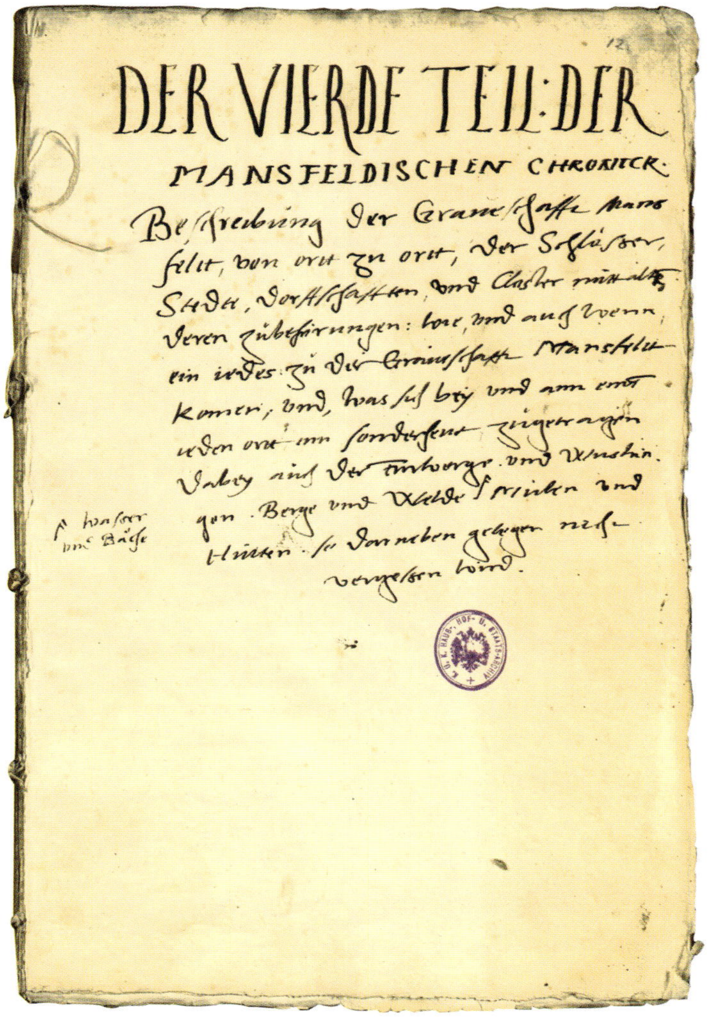

Abb. 22 Titelblatt des vierten Teils der Mansfeldischen Chronik (topografische Beschreibung der Grafschaft) von Cyriakus Spangenberg, eigenhändiges Manuskript.

am 12. September 1570 wird die Sequestration, die Zwangsverwaltung des gräflichen Besitzes und Einkommens, beschlossen. Nur die Hinterort-Linie kann sich am Ende der spektakulären Maßnahme entziehen. Spangenberg erwähnt die Sequestration nur ganz kurz am Ende des ersten Bandes seiner Chronik, den er 1572 in Eisleben drucken lässt. Angesichts dieser trostlosen Situation, stellt er umso kräftiger die »Gaben Gottes« heraus, mit denen »die Grafschaft begabt und gezieret« worden ist. An erster Stelle nennt er das Wort Gottes und die reine Lehre der wahren Religion sowie den Mann Gottes Martin Luther, den er als den dritten und letzten Propheten Elia bezeichnet. Dann weist er auf die »feinen Schulen« hin, auf die gnädige Bewahrung in den zerstörerischen Gefahren des Bauernkriegs und des Schmalkaldischen Kriegs sowie auf »weise, verständige, vernünftige und wohlberedte« Regenten. Weiter erwähnt er die Menge der Einwohner, »stark und gesund von Leibe«, somit auch gut geeignet für die schwere Arbeit im Bergwerk und in der Schmelzhütte. Die weit berühmten Bergwerke stellt er als sechste Gabe Gottes heraus. Als weitere Gaben werden aufgeführt der fruchtbare Boden mit seinen ertragreichen Ernten an Getreide, Erbsen, Obst, Gartenfrüchten, Weinbau, die Bierherstellung, der Fischfang, die Wälder mit ihrem Reichtum an Wild und an Holz für die Kohlengewinnung, schließlich die ergiebigen Salzquellen. Die Mansfelder hätten allen Grund, meint Spangenberg, Gott für die überreichlichen Gaben dankbar zu sein und sich vor ihrem Missbrauch zu hüten, um nicht die Strafen Gottes auf sich zu ziehen.

Während sich die Geschichtskarte von Stella und Mellinger mit einem »stummen« Kontrast begnügt, wird bei Spangenberg hinter dem beschwörenden Ton das nahende Gewittergrollen vernehmbar. An vielen Stellen seiner Landeschronik lässt er immer wieder die Gefahr aufblitzen, in der sich die Grafschaft befindet. Unwetter, Seuchen und nächtliche Himmelserscheinungen in der Gegenwart zeigen sie an. Schlimme Ereignisse aus der Vergangenheit schärfen den Blick für sie. An den Berichten darüber können sich die Leser orientieren. Sie tun klug daran, wenn sie ihr Verhalten danach ausrichten. Hierzu vor allem dient der Blick zurück in die Geschichte. Die große Vergangenheit wird als eine Verpflichtung verstanden, erst recht wenn die Wurzeln bis in die biblische Zeit zurückreichen. Spangenberg ist überzeugt, das trifft auch auf die Mansfelder zu. Mit der gelehrten Tradition meint er, Noahs Urenkel Ascenas sei einst ins nördliche Europa gezogen. Von ihm stammen die Askanier ab. Sein Sohn Manos war im »Revier vor dem Harz« ansässig. Von ihm sollen die Mansfelder ihren Namen bekommen haben. Geschichtliche Belege für diese sagenartige Überlieferung gibt es nicht. Schriftliche Zeugnisse sind bis ins Mittelalter ohnehin dünn gesät. Außerdem sind sie keineswegs immer zuverlässig. Das verschweigt Spangenberg als humanistisch gebildeter Chronist nicht. Die geschichtliche Bedeutung der Landschaft zwischen Saale und Harz, zwischen Wipper und Unstrut wird auch von der heutigen Forschung hervorgehoben. Sie wird zu den so genannten Brückenlandschaften gezählt. Als Verbindungsglied zwischen den welfischen und sächsischen Fürstentümern profitierte sie von deren Erfolgen, blieb aber auch von deren Konflikten nicht verschont und wurde durch sie zudem oft genug in die Reichspolitik verwickelt.

Das erwähnte Wappen auf der Geschichtskarte rückt die Verflechtung der Mansfelder Grafen mit dem bedeutenden mitteldeutschen Adelsgeschlecht der Edlen Herren von Querfurt und die Gebietserwerbungen seit dem Spätmittelalter in den Blick. Es ist ein so genannter gevierter Schild (Abb. 24).

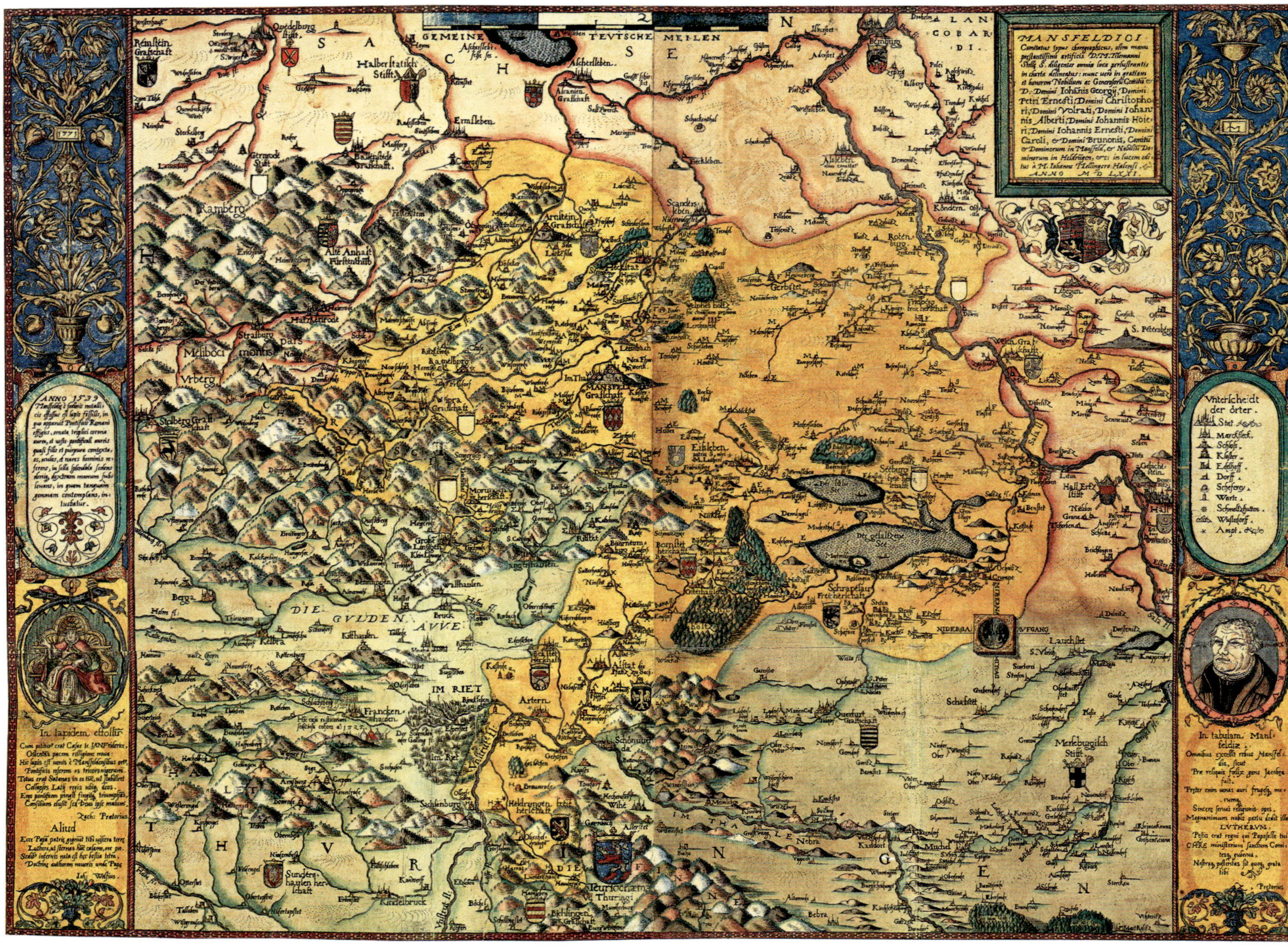

Abb. 23 Geschichtskarte der Grafschaft Mansfeld 1571 von Johannes Mellinger (Jena) nach Vorarbeiten von Tilemann Stella (Rostock), Mitarbeit von Zacharias Prätorius (Eisleben) und Johannes Wolf (Weimar).

Die beiden Viertel links oben und rechts unten zeigen die roten Balken der Edelherren von Querfurt und die roten Rauten des älteren Mansfelder Stammes. Der Adler im Viertel rechts oben steht für die Herrschaft Arnstein südlich von Aschersleben, die 1387 von den Regensteiner Grafen gekauft wurde. Der Löwe mit dem geschachteten Balken erinnert an die Herrschaft Heldrungen, die 1479 durch Kauf zu Mansfeld kam. Mit dem Tod von Burchard I. war der ältere Mansfelder Stamm 1229 erloschen. Seine Tochter Sophie hatte Burchard II. von Querfurt geheiratet. Diese Ehe begründete den jüngeren oder Querfurter Stamm der Mansfelder Grafen. 1501 einigen sich die fünf Mansfelder Grafen seiner Generation auf eine Teilung der Grafschaft. Die drei Söhne Albrechts III. nennen sich bald nach der Lage ihres Anteils am Hauptsitz Mansfeld-Vorderort: Günther III. (1476–1526), Ernst II. (1479–1531), Hoyer IV. (1482–1540). Ihre Vettern, Söhne Ernsts I., bezeichnen sich nach ihrem Hauptsitz als Gebhard VII. von Mansfeld-Mittelort (1478–1558) bzw. Albrecht IV. von Mansfeld-Hinterort (1480–1560). In der gemeinsamen Verwaltung verbleiben die drei Städte Eisleben, Mansfeld und Hettstedt sowie als Wirtschaftsschwerpunkte Bergwerke und Wälder.

Mit der Erbteilung von 1501 und den damit geschaffenen Strukturen und rechtlichen Gegebenheiten war genügend Zündstoff vorhanden, aus dem jederzeit Konflikte hervorgehen konnten. Außerdem konnten aus der unterschiedlichen politischen Orientierung der besonders aktiven Grafen leicht zusätzliche Reibflächen entstehen. An guten Kontakten zum Kaiser waren alle drei gräflichen Linien interessiert. Sie waren ein wirksames Mittel gegen das territorialpolitische Bestreben der benachbarten Landes- und Lehnsherren, die regionalen Herrschaften ihres Einflussbereiches landsässig zu machen. Hoyer IV. geht einen Schritt weiter. Er tritt schon in jungen Jahren in kaiserliche Dienste, ist an Feldzügen Maximilians I. gegen Venedig beteiligt und übernimmt als kaiserlicher Rat diplomatische Aufgaben. Als Dank erhält er für alle Mansfelder Grafen das Privileg, sich »Wohlgeboren« zu nennen und mit rotem Wachs zu siegeln. 1516 wird er bei einem Spanienaufenthalt in den symbolträchtigen hochadligen Männerbund, den elitären »Orden vom Goldenen Vlies« aufgenommen. Sein älterer Bruder Ernst II. hält sich mehr an den albertinischen Herzog Georg von Sachsen, zu dessen Räten er auch gehört. Albrecht IV., an politischen Ambitionen seinem Vetter Hoyer mindestens ebenbürtig, ist eher um engere Kontakte zu den ernestinischen Fürsten bemüht, um ein Gegengewicht zu schaffen.

Die reichlich vorhandenen Konfliktmöglichkeiten gewinnen mit dem Beginn der reformatorischen Bewegung ein neues Ausmaß, da die Vorderort-Grafen aus ihrer Treue zur kaiserlichen Politik und zum überlieferten römischen Glauben kein Hehl machen. Mit seinem Bruder Gebhard hält andererseits Albrecht schon bald mit seiner Sympathie für Luthers Lehre nicht hinter dem Berg. Als 1524 Gerüchte über ein geplantes politisches Bündnis gegen die Schutzfürsten Luthers bekannt werden, zieht er als Erster die Fäden für die Gründung eines reformatorischen Abwehrbündnisses. Die evangelischen Stände wählen ihn nach dem Reichstag von Speyer 1526 in die Kommission, die mit dem Kaiser in Spanien verhandeln soll. Bei der Gründung des Schmalkaldischen Bundes Ende 1530 ist er ebenfalls vor Ort. Im Thüringer Aufstand von 1525 beteiligt er sich aktiv auf der Grundlage von Luthers Obrigkeitsverständnis am Kampf gegen den Aufruhr. Sein Heldrunger Vetter Ernst, der sich als Feldhauptmann Herzog Georgs und durch seinen frühen Konflikt mit Thomas Müntzer noch stärker im Zentrum des Gewaltausbruchs befindet, steht ihm in der Konsequenz bei der Bekämpfung der Aufrührer in nichts nach. Für die häufig anzutreffende Meinung, Ernst II. sei ein besonders brutaler Vertreter der obrigkeitlichen Gewalt gewesen, gibt es keinerlei Quellen. Als Ernst 1531 stirbt, kann er nicht ahnen, dass sich seine zweite Frau Dorothea geb. von Solms-Licht einmal genauso Luthers Lehre öffnen würde wie die meisten seiner Söhne. Das geschieht aber erst, als der profilierte Repräsentant des römisch-katholischen Glaubens in der Familie, Graf Hoyer IV., 1540 verstorben war.

Abb. 24 Wappen der Grafschaft Mansfeld. Im gevierten Schild rote Balken der Edlen Herren von Querfurt, rote Rauten oder Wecken des älteren Mansfelder Stammes, Adler der Herrschaft Arnstein, Löwe mit geschachtetem Balken der Herrschaft Heldrungen.

Gemeinsame Interessen mögen oft genug Spannungen zwischen den Vertretern der gräflichen Linien überbrückt haben, wirklich beseitigt werden konnten sie nie. Dafür sorgte schon die recht unterschiedliche Prägung ihrer Vertreter. Im Umgang mit der gemeinsam verwalteten Montanwirtschaft, dem Bergbau und Hüttenwesen, wird das offenkundig. Veränderungen auf dem europäischen Kupfermarkt lösen eine Tendenz zur Konzentration bei den Produzenten und Fernhändlern aus. Auch für den Absatz des Mansfelder Kupfers und Silbers in Thüringen werden monopolistische Seigerhandelsgesellschaften gegründet. Albrecht IV. ist sofort maßgeblich dabei. Die Vorderortgrafen verhalten sich gegenüber den neuen Trends sperriger. 1536 kommt man überein, die Bergwerke aufzuteilen und die Weise der Nutzung den jeweiligen gräflichen Eigentümern zu überlassen. Die Grafen von Mansfeld-Vorderort belassen es bei der traditionellen rechtlichen Form der Erb- und Herrenfeuer. Graf Albrecht dagegen nutzt die Gelegenheit, alle seine Bergwerke und Hütten in eigene Regie zu übernehmen und so seinen Gewinn zu steigern. Die Hüttenmeister verlieren ihre Privilegien.

Vor allem unterschiedliche politische Interessen sorgen nach der Hinwendung zur Reformation immer wieder für Konflikte zwischen den gräflichen Linien. Im Schmalkaldischen Krieg stellen sich ihrer Tradition entsprechend die Vorderort-Grafen auf die Seite des Albertiners Herzog Moritz von Sachsen, während die von Hinterort sich für den ernestinischen Kurfürsten Johann Friedrich engagieren. Bei der kaiserlichen Strafaktion gegen das evangelische Magdeburg 1550/51 geschieht das ebenfalls. Graf Abrecht kämpft in den Reihen der Verteidiger in der Stadt, zum Heer der Angreifer gehört auch sein Neffe und Schwiegersohn Johann Georg I. von Mansfeld-Vorderort.

Zu gemeinsamem Handeln können sich die Grafen weitgehend entschließen, als es gilt, ein reformatorisches Kirchenwesen für die Grafschaft aufzubauen. Eckwerte konnte noch Luther bei der Verhandlung in Eisleben unmittelbar vor seinem Tod festlegen, z. B. die Besetzung eines Superintendentenamtes. Auf seinen Vorschlag hin wird der erfahrene und als reformatorischer Autor bekannte Nordhäuser Pfarrer Johann Spangenberg gewonnen. Als dieser 1550 stirbt, ist bereits sein Sohn Cyriacus als Pädagoge und Aushilfsprediger in Eisleben tätig, der in den folgenden zwei Jahrzehnten als Prediger, Theologe und gelehrter Schriftsteller das geistig-geistliche Profil der Grafschaft wesentlich mit prägt. Die Planung und Organisation eines eigenständigen Kirchenwesens für die gesamte Grafschaft liegt jedoch vor allem in den Händen der Superintendenten. Das trifft auf den Wittenberger Theologen Georg Major, der 1551 das Superintendentenamt übernimmt, noch nicht zu. Er gerät bald über eine wichtige Frage der reformatorischen Theologie (Verständnis des biblischen Gesetzes) mit den mansfeldischen Pfarrern in Konflikt und kehrt nach wenigen Monaten nach Wittenberg zurück. Bereits hier setzt die heimatliche Region Luthers ein Achtungszeichen. Sie versteht sich als Wächter über das Erbe des Reformators, gerade auch angesichts von modernisierenden Tendenzen, die von Wittenberger Theologen um Melanchthon auszugehen scheinen. Erst in jüngster Zeit ist das theologisch-kirchliche Mansfelder Sonderbewusstsein genauer erforscht und dargestellt worden.

An der theologischen Ausprägung und praktischen Umsetzung war zunächst Majors Nachfolger Erasmus Sarcerius maßgeblich beteiligt. Als er im Herbst 1553 von der Leipziger Thomaskirche nach Eisleben wechselt, kann er auf frühere pädagogische Erfahrungen, vor allem aber auf eine kirchenorganisatorische Praxis von reichlich einem Jahrzehnt als Superintendent für des Herrschaftsgebiet des Grafen Wilhelm von Nassau-Dillenburg zurückgreifen. Sarcerius hat erkannt, dass es nach den Jahren des reformatorischen Aufbruchs bei der bereits unter der Lehre Luthers herangewachsenen Generation nun darauf ankommt, die Lebenspraxis entsprechend den biblischen Leitlinien tiefergehend zu prägen. Ihm ist deshalb die Ausrichtung nach einer entsprechenden Disziplin wichtig. Unter dem Schlüsselbegriff »Disziplin« versteht er »ein Mittel, Gottes Willen zu befördern und zu erhalten« nach den Grundlinien der Zehn Gebote. Für die Einhaltung ist in erster Linie der geistliche Stand mit seinen beiden Mitteln, dem Wort Gottes und den Kirchenstrafen, zuständig. Kirchenstrafen können als »kleiner Bann« (Ausschluss vom Abendmahl) oder als »großer Bann« (Ausschluss aus der christlich-bürgerlichen Lebensgemeinschaft) verhängt werden. Der weltliche Stand ist für die Einhaltung der Hausordnung Gottes im weltlichen Bereich verantwortlich. Eine Kirchenverfassung mit ihren institutionellen Elementen, den Synoden und Visitationen sowie dem Konsistorium, sollte für eine konsequente Umsetzung der Grundzüge eines reformatorischen Gemeinwesens sorgen. Sarcerius gerät bald wegen der Kompetenzen, die den Geistlichen in ihrer Wächterfunktion nach seiner Überzeugung zustehen, aber auch wegen der Konsequenzen seiner Bannauffassung, mit den Grafen in Konflikt. Im Herbst 1559 wechselt er nach Magdeburg. Erst seinem Nachfolger Hieronymus Menzel gelingt es, die Mansfeldische Kirchenverfassung zum Zuge zu bringen.

Die Zersplitterung der Grafschaft durch mehrfache Aufteilung und die unterschiedlichen politischen Interessen der regierenden Vertreter der gräflichen Linien, der wirtschaftliche Niedergang und die finanzielle Lähmung durch die wachsende Verschuldung verhindern eine bedeutende Außenwirkung des Territoriums in der 2. Hälfte des 16. Jh. Teilweise füllt die Mansfeldische Kirche mit ihrer bewussten Orientierung an Luther und ihrem darauf gegründeten geistlichen Sonderbewusstsein diese Lücke. Als die Geschichtskarte 1571 veröffentlicht wird, ist dieser Anspruch noch in Geltung. Im Jahr darauf, als Spangenberg den ersten Band seiner Landeschronik vorlegt, tritt genau an dieser Stelle ein neuer Zwiespalt auf. Innerhalb der Gruppe der Wächter über das echte Lutherverständnis, der gnesiolutherischen Theologen, kommt es an der Frage nach Luthers richtiger Auffassung über die Bedeutung der menschlichen Erbsünde zum Bruch. Dieser Konflikt lässt die Linien der Grafen nicht unverschont.

DAS SCHLOSS

Spangenberg ist der Meinung, der erste Erbauer des Schlosses oder Hauses Mansfeld sei der bereits erwähnte Manos, der Sohn Ascenas gewesen. Es habe sich aber zunächst nur um »ein stark Blockhaus von Bäumen und Wettwänden wider die wilden Tiere« gehandelt. Später sei an der Stelle des jetzigen Mittelorts ein großer Bau mit Stein und Kalk errichtet

Abb. 25 Ausschnitt mit Schloss Mansfeld aus der »Bekehrung des Paulus vor Damaskus« (1549) von Lucas Cranach d. J., vermutlich als Epitaph für Graf Wolf I. von Mansfeld-Hinterort entstanden.

worden, dessen Fundamentreste noch um die Mitte des 16. Jh. zu sehen gewesen wären. Nur bei den Erbteilungen der Grafen im 15. Jh. erwähnt Spangenberg einzelne Gebäude der mittelalterlichen Burg, die 1229 erstmals genannt wird. Mit der Teilung des Grafengeschlechts 1501 in drei Linien scheint auch der Wille erklärt worden zu sein, auf dem Hochplateau des Schlossberges im Osten der Stadt Mansfeld den Neubau einer Schlossanlage von ungefähr 350 m Länge und 230 m Breite im aufkommenden Renaissancestil zu errichten. Von Anfang an waren sicher repräsentative Residenzen für alle drei Linien geplant, für die 1511 nach ihrer Position in der Gesamtanlage die Bezeichnungen Vorderort, Mittelort und Hinterort aufkamen. Erst in diesem Jahr wird der Neubau ernsthafter in Angriff genommen. Wir wissen nicht, welche »Hinderung und Irrung«, auf die Spangenberg anspielt, immer wieder den Weg verlegt hat. Es verlautet nichts, dass das hohe finanzielle Risiko entscheidend gewesen sein könnte, denn die Erträge des Bergbaus stehen noch reichlich zur Verfügung. Der benachbarte Harzgraf Botho von Stolberg-Wernigerode hat nach Spangenbergs Angaben damals den Knoten durchgehauen. Dennoch soll es bis 1517 gedauert haben, bis sich ein respektabler Baurat mit Graf Gebhard von Mittelort, gräflichen Räten, regionalen Adelsvertretern und dem Naumburger Büchsenmeister konstituieren kann.

Präzise Berichte über die Bauphasen oder gar Einzelheiten zur Errichtung der drei Residenzen existieren nicht. Kein Zweifel besteht über die Absicht der drei Grafenlinien, angesichts der Bestrebungen ihrer Lehnsherren, ihr Territorium zu festigen und zu erweitern sowie den höheren Adel in bindende Abhängigkeit zu bringen, ihre unmittelbare Beziehung zum Kaiser als Reichsgrafen und damit ihre Eigenständigkeit zu dokumentieren. Baugröße, Baustil und Funktionswandel bezeugen das Bestreben, ganz auf der Höhe der Zeit zu sein. Elemente der Frührenaissance sind deutlicher neben spätgotischen wahrnehmbar als bei vielen anderen Bauwerken in der Region. Die Trennung von Wohnschloss und Verteidigungsanlage (Bastionierung) statt mittelalterlicher Wohnburg entsprechen ebenfalls dem Zug der Zeit.

Wie viele seiner Zeitgenossen ist Spangenberg in seinen chronikalischen Notizen kaum an architektonischen Entwicklungen oder gar an künstlerischen Werken interessiert. Für ihn ist vor allem der sich über Jahre hinziehende Neubau der einzelnen Residenzen wichtig. Nach seinen Informationen muss Graf Hoyer IV. mit dem neuen Schloss Vorderort beginnen. Bei der unachtsamen Kerzenherstellung für die Lichtmessfeier am 2. Februar 1509 bricht ein Brand aus, der das alte Schloss Vorderort fast bis auf die Grundmauern vernichtet. Wahrscheinlich hat der Neubau an gleicher Stelle schon bald nach dem Brand begonnen. Spangenberg meint, dass er »viel stattlicher, gewaltiger und formlicher« ausgefallen sei, versehen »mit gewaltig schönen Sälen, Stuben, Kammern und weiten Schnecken oder Wendelsteinen bis in die obersten Zimmer unter zweien zierlichen Türmen, mit Kupfer gedecket«. Im Wappen über den beiden Treppentürmen ist noch heute die Jahreszahl 1518 zu lesen. Vermutlich wird damit der Abschluss der Neubauphase angezeigt. Einen Eindruck vom damaligen Anblick vermittelt am besten die älteste Darstellung von Schloss Mansfeld, die auf Lucas Cranachs d. Ä. Gemälde »Hirschjagd Kurfürst Friedrich des Weisen« von 1529 zu finden ist.

Vermutlich nicht viel später als sein Vetter Hoyer beginnt auch Graf Gebhard VII. von Mansfeld-Mittelort mit dem Neubau seiner Residenz auf dem Schlossberg Mansfeld. Vielleicht ist von Anfang an ein einflügliger länglicher Bau neben der Schlosskapelle geplant gewesen. Dennoch gerät Gebhard »in Beschwerung«. Obgleich »das Holzswerk schone gerüstet« ist, kann er es nur noch notdürftig mit Rohr abdecken. Er muss sich umgehend längere Zeit außer Landes begeben. Wahrscheinlich kann er nur auf diese Weise den Gläubigern entgehen. Nach der Jahreszahl an einem Türbogen wird angenommen, dass der Neubau erst 1532 vollendet worden ist. Wahrscheinlich gibt Cranachs d. J. Gemälde »Die Bekehrung des Paulus« von 1549 die Ansicht des Neubaus von Schloss Mittelort wieder (Abb. 25).

Seine Residenz Mansfeld-Hinterort hat Graf Albrecht IV. nach den Angaben von Spangenberg an Stelle eines Vorwerkes vor dem alten Schloss »von Grund auf neue erbauet«. Von den beiden anderen Residenzen ist sie durch den inneren Graben getrennt. Mit seinem Bruder Gebhard kann Albrecht einen Zugang durch ein Gewölbe vom Grundstück des Mittelorts aus vereinbaren. Wahrscheinlich ist der Neubau 1511 begonnen und 1523 beendet worden, wie eine Jahreszahl am Türsturz des Hauptschlosses ausweist. Spangenberg beschreibt Schloss Hinterort als »vier schöne Steine Häuser ins Gevierte alle mit Schiefern und drei zierlichen Türmen daran«. Graf Albrecht hat sich demnach für den damals aufkommenden repräsentativen Vierflügeltypus der Renaissance entschieden. In der Bauausführung ist er dann aber Kompromisse eingegangen, denn die Gestaltung der Giebel und Fenster entspricht den herkömmlichen spätgotischen Formen. Auf dem Gemälde »Bekehrung des Paulus« von Lucas Cranach d. J. ist das erkennbar (Abb. 25).

Die älteste Bausubstanz auf dem Schlossberg findet sich in der Kapelle oder Schlosskirche St. Georg und Marien aus dem 1. Viertel des 15. Jh. Nach einer Reihe anderer Privilegien können die Stammväter des Grafengeschlechts 1478 für viel Geld auch die päpstliche Erlaubnis erwirken, ihre Schlosskapelle mit einem kleinen Kanonikerstift zu verbinden. An der Spitze steht ein Dekan. Ihm zugeordnet sind ein Kaplan, etliche Priester für den Messdienst, Vorsänger und vier Geistliche für den Chordienst. Nur der Dekan erhält eine Wohnung im Schloss. Für die anderen Stiftsherren werden Unterkünfte vor dem Schloss errichtet. Der Zugang heißt deshalb bei der Bevölkerung Pfaffengasse. Auf die Umbauten im Zuge der Stiftserhebung und die Anreicherung der Ausstattung geht der Chronist nur mit ein paar allgemeinen Bemerkungen ein; wie erwähnt, sind ihm kunstgeschichtliche Bewertungen fremd. Er hat keinen Blick für die Kreuzgewölbe, für die dreiseitige Steinempore, für das schmiedeeiserne lettnerartige Gitter, für den Flügelaltar aus dem Umkreis Lucas Cranachs d. Ä., den achteckigen kelchförmigen Taufstein, den überlebensgroßen Kruzifix, für zwei Sakramentsnischen, aus der Zeit um 1520. Nur das hohe hölzerne Sakramentshaus ist eine Stiftung Graf Hoyers IV. aus dem Jahre 1537.

Auf die Abfolge der Geistlichen, vor allem mit Beginn der Reformation, geht Spangenberg umso ausführlicher ein. Aber auch hierbei gibt es erstaunliche Lücken. So erwähnt er, Graf Albrecht habe 1525 auf Luthers Vorschlag hin den aus Böhmen vertriebenen Prediger Michael Coelius als seinen Prediger angestellt. Dieser habe aber nicht in der Schlosskirche, sondern nur im Saal und der Hofstube von Schloss Hinterort predigen dürfen. Dort habe er auch auf Wunsch das evangelische Abendmahl gereicht. Von den anderen Grafen und den Stiftsherren habe er deswegen viel leiden und erdulden müssen. Sechzehn Jahre lang, also bis zum Tod Graf Hoyers IV., habe er sich sehr vorsichtig verhalten. Offenbar ist Spangenberg der Hintergrund des Konflikts verborgen geblieben. Er ist Bestandteil eines langen Zwistes zwischen den gräflichen Linien und in besonderer Weise zwischen den Vorderort-Grafen und Albrecht IV. von Mansfeld-Hinterort. Albrecht war für neue Strömungen offen, ohne immer die bisher geltenden Traditionen zu bedenken. Ein energischer Charakter und eine wenig zögerliche Art, seine Machtinteressen wahrzunehmen, kamen hinzu. Diese Haltung bewies er im Umgang mit dem Bergregal genauso wie beim Neubau seiner Residenz. Selbst bei der Einrichtung einer »modernen« Verwaltung durch den Aufbau einer Kanzlei unter der Leitung gelehrter Juristen schlägt diese Neigung durch. Als er 1511 die Montankonjunktur nutzt, dringend benötigte Fachleute auf seinem Gebiet vor der Stadt Eisleben ansiedelt und eine regelrechte Stadtgründung anstrebt, überzieht er den Bogen. Die Vorderortvettern erwirken von Kaiser Maximilian I. ein Abmahnungsschreiben, müssen aber mit Erstaunen zur Kenntnis nehmen, dass sich Albrecht davon überhaupt nicht beeindrucken lässt. Als die reformatorische Bewegung auf die Grafschaft übergreift, verschärfen sich die anhaltenden Spannungen. Im Frühjahr 1523 gewährt er fünf aus dem Wiederstedter Kloster in Hoyers Herrschaftsbereich geflohenen Nonnen zeitweilig Unterkunft auf Schloss Hinterort. Um die gleiche Zeit stellt er Michael Stiefel, einen ehemaligen Mönch aus Luthers Orden, auf Wittenberger Empfehlung hin als Hofprediger an. Stiefel ist kein unbeschriebenes Blatt. Noch vor der Flucht aus seiner Vaterstadt Esslingen veröffentlicht er eine reformatorische Flugschrift mit einem Lied, in dem Luther als Engel mit dem ewigen Evangelium nach Offb 14, 6 bezeichnet wird.

Diese reformatorischen Aktivitäten haben die Vettern von Mansfeld-Vorderort missbilligend verfolgt. Sie scheinen es eine Zeit hingenommen zu haben, dass Stiefel in der Stadtkirche, die Graf Albrecht zustand, aber auch in der ihnen zugeordneten Stiftskirche predigte. Am 19. November 1524 löst dann Stiefel einen Eklat aus, als er Gräfin Anna von Mansfeld-Hinterort, ihrer Hofmeisterin und ihren Hofjungfrauen in der Stiftskirche das Abendmahl nach reformatorischem Verständnis (Brot und Wein) reicht. Mit dem Hinweis, er sei an dem Tag gar nicht in seiner Residenz gewesen, kann Albrecht seine Vorderort-Vettern nicht beruhigen. Sie vermuten sicher nicht grundlos, dass er die nur eingegrenzt rechtsfähigen Frauen zu diesem gravierenden Verstoß gegen die herkömmliche kirchliche Ordnung angestiftet hat. Außerdem haben sie längst auf einen Anlass gewartet, um gegen Stiefels Verkündigung vorgehen zu können. Man einigt sich zunächst auf eine Schlichtungsverhandlung unter Leitung des Herzogs Philipp I. von Braunschweig-Lüneburg-Grubenhagen und des Grafen Botho von Stolberg-Wernigerode. Graf Albrecht verteidigt seine reformatorische Überzeugung selbstbewusst und versiert mit biblischer Begründung. Die Bindung Graf Hoyers an den Kaiser durch seinen Eid als Ritter vom Goldenen Vlies sei ohne Belang für die Grafschaft. Empört weist er die Behauptung zurück, Stiefel lästere in seinen Predigten über den Kaiser, Fürsten und den Papst. Für sein künftiges Verhalten sieht er sich nur in der Lage, Christi Wort und Weisungen nicht zu hindern und darauf zu hoffen, dass Gott seine Vettern erleuchte. Sicherheitshalber lässt er durch seinen Kanzler Kaspar Müller Luthers Meinung zu dem Abendmahlskonflikt einholen. Der Kanzler erhält sie am 11. Januar in Wittenberg in knapper schriftlicher Form auf der Grundlage von Luthers Zwei-Regimenten-Lehre: Das Abendmahl sei als Glaubensangelegenheit unabhängig von einem äußerlichen Ding wie der Stiftskirche. Es könne genauso gut in einem Schlossraum empfangen werden. Falls aber das evangelische Abendmahl den Untertanen verweigert werde, für die Graf Albrecht als Obrigkeit zuständig sei, habe er seine Schutzfunktion wahrzunehmen. Danach ist im Wesentlichen bis zum Tod Graf Hoyers IV. verfahren worden. Vermutlich trug auch zur Entspannung bei, dass Stiefel im Frühjahr 1525 durch Luthers Vermittlung eine Stelle in Oberösterreich erhielt.

Luther blieb seinen Mansfelder Landesherren, wie erwähnt, bis zum Tode verbunden. Von seiner Kritik blieben sie mit ihrer Neigung zum Streit, zur Repräsentation und Verschwendung, aber auch zur Benachteiligung ihrer Untertanen in der Anwendung des Bergwerkrechtes nicht verschont.

DIE STADT

Über die Stätte seines Wirkens von 1553 bis 1574 hat sich Spangenberg in seinem chronikalischen Werk besonders ausführlich geäußert. Wir verdanken ihm sogar eine für diese Zeit ganz seltene Quelle, einen Grundriss der Stadt um 1570 (Abb. 26). Die öffentlichen Bauwerke sind genauso durch Ziffern lokalisiert wie die Häuser gräflicher Beamter oder der Hüttenmeister und wichtigen Bürger. Ungeachtet seiner guten lokalen Kenntnisse und geschichtlichen Interessen kann Spangenberg längst nicht alle heutigen Fragen zur Geschichte der Stadt Martin Luthers, seiner Zeitgenossen und Nachfahren befriedigend beantworten. Es gibt hierzu aber keine andere Quelle von ähnlicher Bedeutung und Ausführlichkeit. Wenn wir uns an ihn halten, muss im Blick bleiben,

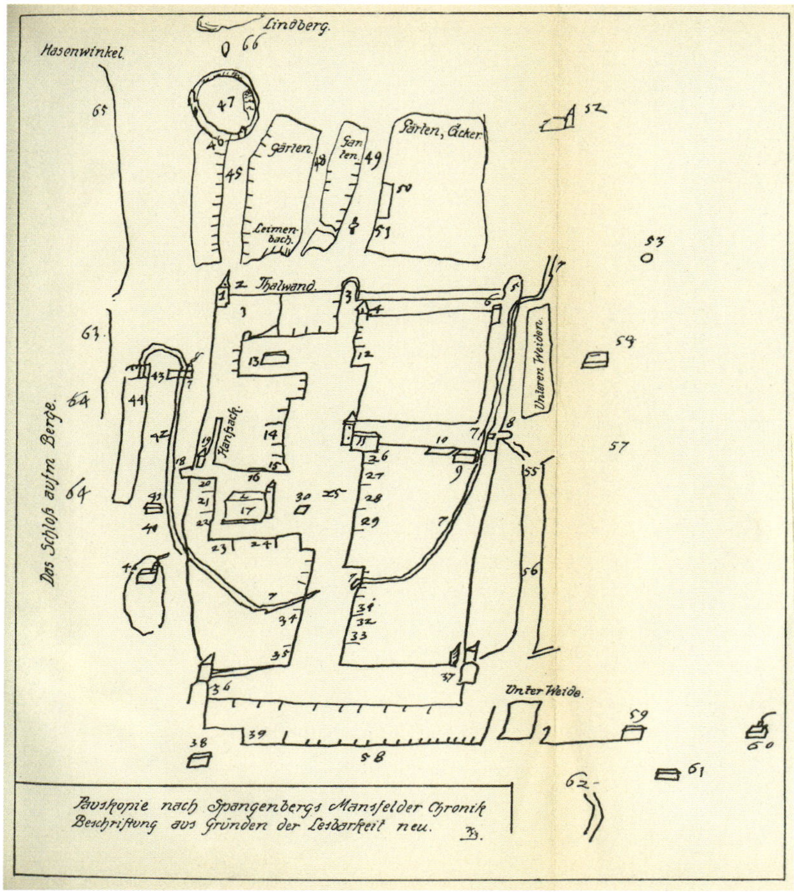

Abb. 26 Grundriss der Stadt Mansfeld im vierten Teil der Mansfeldischen Chronik (5. Kapitel »Von Thal vnd Stadt Manssfeldt«), eigenhändig von Cyriacus Spangenberg gezeichnet, hier in der Pauskopie aus der gedruckten Fassung von 1925 (vgl. B 05).

dass er mit seiner Geschichtsschreibung anderen Grundsätzen als den heute üblichen folgt. So bettet er seine Mansfeldische Chronik wie die meisten Chronisten seiner Zeit traditionell in die Weltgeschichte ein, die er bis zur Erschaffung von Himmel und Erde und allen Lebens zurückführt. Wie die gebildeten Chronisten sonst auch, nimmt er zunächst einmal die gedruckten oder geschriebenen vorhandenen Überlieferungen zur Kenntnis. Seine eigentliche Neigung aber kommt zum Zuge, wenn er wie andere humanistische Forscher selbst auf Quellensuche gehen konnte, um alte Urkunden aufzustöbern und nach Sachzeugen aus früher Zeit zu fahnden. Sein Interesse ist vornehmlich auf Fakten gerichtet. Ihre Auswahl und Ordnung richtet sich nach seiner geistigen Prägung, nach seiner theologischen Überzeugung und seinen schriftstellerischen Zielen. Es kam ihm dabei zu Hilfe, dass für einen chronistischen Bericht über eine Stadt keine strengen literarischen Gesetze galten, weil die Chronik noch immer eine offene literarische Gattung war.

Die damit angedeuteten Grenzen zeigen sich schon bei Spangenbergs Angaben zu den Anfängen der Stadt. In seiner Fixierung auf schriftliche Quellen kann er nur die Gründung eines Nonnenklosters 1229 im Obertal durch Graf Burchard I. von Mansfeld älteren Stammes und seiner Ehefrau Elisabeth von Schwarzburg anführen und auf die Verlegung des Klosters verweisen. An das Kloster erinnere noch eine lokale Bezeichnung in der Stadt hinter dem Backhaus. Erst in seinem Abschnitt über die Kirche und Schule geht er darauf ein, dass Mansfeld »anfänglich nur ein Dorf oder offener Fleck gewesen« sei, ohne eigene Kirche und eingepfarrt nach Vatterode. Der Vatteroder Pfarrer habe deshalb noch gegenwärtig viele Lehen in der Stadt. Ein eigener Pfarrer werde erst 1462 erwähnt. Von der ersten Kirche St. Georg aus dem 13. Jh., die 1498 durch unachtsamen Umgang mit Feuer vollkommen zerstört wurde, kennt Spangenberg offensichtlich bereits keine schriftlichen Quellen mehr. Diese liegen ihm dagegen aus den Jahren zwischen 1440–1493 über je zwei Vikariats- und Altarstiftungen durch Hüttenherren und Ratsmitglieder vor. Neben der Orientierung an den teilweise zufällig erhalten gebliebenen schriftlichen Quellen, wird auch die an den Autoritäten, den städtischen Verantwortungsträgern oder wirtschaftlich bestimmenden Persönlichkeiten erkennbar. So lässt er nicht nur die Frage offen, wann Mansfeld eigentlich das Stadtrecht erhielt – sie ist bis heute ungeklärt –, er teilt auch nichts über die städtische Verfassung mit. Seit wann das Stadtregiment von 13 Personen, den drei Schultheißen, den neun Rats- oder Talherren und dem Stadtschreiber, gebildet wird, gibt er ebenfalls nicht an. Erst recht wird man bei ihm Auskünfte über weitergehende Einzelheiten vergeblich suchen, beispielsweise über das sich jährlich konstituierende, so genannte regierende Mittel (sitzender Rat) aus einem Schultheißen und drei Talherren. Er erwähnt aus der frühen Zeit allenfalls die Namen von einzelnen Schultheißen, wenn ihm Quellen vorliegen.

Den Beginn des Neubaus der Kirche 1502 und der Erweiterung um einen Chor 1518 erwähnt Spangenberg nur kurz, die Anfänge der später so reichen Ausstattung gar nicht. Nur aus einem Eintrag aus der Folgezeit ist zu erfahren, dass die Bauschulden die Stadt lange belasteten. Auf die mit dem Neubau verbundenen korporativen Veränderungen geht der Chronist etwas ausführlicher ein. Zunächst berichtet er, dass 1502 der damalige Pfarrer Johann Ledener mit 20 Bürgern eine Bruderschaft »Unserer Lieben Frau Zeiten« (Marienbruderschaft) neben der schon bestehenden Sebastiansbruderschaft gründet. Zu den Mitbegründern gehört auch Luthers Vater, der hier bei Mansfeld von Spangenberg zum ersten Mal genannt wird. Bei der ebenfalls erwähnten gleichzeitigen Stiftung für den Kirchenneubau durch den Bergvogt Peter Reinicke erfahren wir nur aus der überlieferten Urkunde, dass

Hans Luder als einer von vier Gemeindevertretern den Rechtsvorgang bezeugt. Ob der Chronist bei seiner Notiz über die Kirchhofweihe im August 1497 durch den Halberstädter Weihbischof die Segnung zweier Nebenaltäre absichtlich übergangen hat, wissen wir nicht. Durch die mit den Altären verbundenen besonderen Messen konnte auch ein Ablass von 60 Tagen erworben werden. Zu denen, die sich dafür engagiert hatten, gehörte ebenfalls Hans Luder. Sein Sohn Martin hat diese Weihe ebenso wenig miterlebt wie den großen Kirchenbrand im Jahr darauf. Er war zu dieser Zeit schon auf auswärtigen Schulen. Als Hans Luder 1491 erstmalig als Vierherr der Gemeinde nachweisbar ist, und zwar in rechtlicher Funktion bei einer beträchtlichen Messpriesterstiftung, besuchte Martin auf jeden Fall noch die einheimische Schule. Auf diese Praxis der vorreformatorischen Frömmigkeit in seiner Heimatstadt ist der Reformator später nicht zurückgekommen. Sie gehörte zur Normalität des Alltags.

Aus den vorreformatorischen Jahren der Stadt berichtet Spangenberg vor allem über einschneidende Ereignisse, beispielsweise ein Unwetter mit verheerender Überschwemmung 1508, ein wohlfeiles Jahr mit sehr günstigen Lebensmittelpreisen 1510, aber gefolgt von einer Seuchenperiode mit 760 Toten in der kleinen Stadt von vermutlich um die 2 500 Einwohnern. Gleichfalls schildert er die schlimmen Auswirkungen der Englischen Schweißkrankheit 1529. Ausführlicher geht er auf einen Konflikt zwischen den bergmännischen Berufsgruppen 1511 ein, der in Gewalttätigkeiten ausartete und 1512 eine neue gräfliche Gerichtsordnung zur Folge hatte. Völlig ausgeklammert wird die Entwicklung des berühmtesten Stadtkindes, aber auch das Leben seiner Eltern und Geschwister in Mansfeld. Nur zum Jahr 1545 wird festgehalten, dass Luther am 1. Oktober nach Mansfeld gekommen sei, am 2. Oktober einmal auf dem Schloss und am 4. Oktober zweimal in der Stadtkirche gepredigt habe. Der Tod von Luthers Eltern 1530 und 1531 wird ebenfalls nicht erwähnt. Der Schlosspfarrer Coelius, der bei Luthers Tod zugegen war, bezeugt in seiner Leichenpredigt für den Reformator, wie dieser seien auch seine Eltern »mit seligem Bekenntnis ihres Glaubens und Anrufung göttlichen Namens im Herrn entschlafen«. Spangenberg war zu dieser Zeit noch ein Kind. Als er selbst 1570 für Jakob Luther die Leichenpredigt zu halten hat, fügt er der biblischen Verkündigung in diesem Fall eine knappe Bemerkung zur Person hinzu: Er sei »des teuren Mannes Martin Luthers lieber Bruder gewesen, der ihn auch herzlich geliebt« habe. Bei Luther sei er »auf dem Wagen gewesen, als er Anno 1521 gefangen« genommen und heimlich auf die Wartburg gebracht wurde. Er sei »ein frommer Mitbürger gewesen, [der] mit niemand gehadert [habe]. Im Regiment als Schultheiß dieses Orts [sei er] sanftmütig, aufrichtig und nach Gestalt der Sachen ernst« gewesen, habe »Gottes Wort lieb gehabt« und sei schließlich »nach langwieriger Krankheit im Herrn Jesu und selig entschlafen«.

Solche Angaben sucht man in der Chronik vergeblich. Es ist dort nicht einmal nachzulesen, wie der reformatorische Glaube in der Stadt Mansfeld Fuß gefasst hat. Nur aus einem Brief des Mansfelder Vikars Martin Seligmann, der zu Luther und Thomas Müntzer Kontakt hielt, wissen wir, dass im Mai 1524 fast alle herkömmlichen kirchlichen Riten abgeschafft worden sind. Wie das kirchliche Leben konkret aussah, als Seligmann 1526 die Nachfolge des verstorbenen Pfarrers Kemmerer antrat, ist unbekannt. Einen gewissen Fingerzeig gibt wohl Spangenbergs Notiz, dass der Rat das stattliche Haus des Verstorbenen verkaufte und von den Zinsen des Erlöses eine Predigerstelle finanzierte. Durch einen Vergleich im Religionskonflikt hätten sich die Grafenlinien 1533 geeinigt, die Stadtkirche wie schon 1505 Graf Albrecht IV. zuzuordnen, so dass »der Lauf des Evangeliums« in der Stadt unverhindert geblieben sei. Als Seligmann 1548 stirbt, ist die Stadt längst evangelisch, desgleichen die Vertreter der gräflichen Linien, die ihm das letzte Geleit geben. Die Stadtpfarrstelle übernimmt nun der Dekan der Stiftskirche auf dem Schloss, Coelius, dem als Prediger der später bekannte Kontroverstheologe Johann Wigand beigegeben wird. Als der gebürtige Mansfelder Wigand 1553 nach Magdeburg berufen wird, erhält Spangenberg die Mansfelder Predigerstelle.

Diese Abfolge in der Besetzung der geistlichen Stellen in Mansfeld hat Spangenberg in seiner Chronik festgehalten. Welche Verhältnisse er in der Stadt vorfindet, erfahren wir nicht von ihm. Er skizziert mit einer Fülle von Chroniknotizen ein Bild der kleinen Bergbaustadt und ihrer Bürger, die, wie andere auch, reichlich den Widrigkeiten der Natur (Witterung, Unwetter, Missernten), menschlichen Konflikten und kriegerischen Auseinandersetzungen, Missgeburten, Seuchen, und Krankheiten, Unfällen und Verbrechen, dazu vielen Ängsten durch Himmelserscheinungen, die als Zorn- oder Warnzeichen Gottes gedeutet werden, ausgesetzt sind. Nach Chronistenart treten die negativen Konturen des von ihm geschilderten Stadtbildes kräftiger hervor als die positiven. Nur punktuell erfahren wir, wie durch sein Wirken das Leben in der Stadt mit geprägt wird. Nach dem Tod von Coelius im Dezember 1559 übernimmt er dessen Doppelamt als Dekan der Stiftskirche und als Stadtpfarrer. Zu dieser Zeit ist er längst an der Ausprägung des geistlichen Sonderbewusstseins und am Aufbau eines lutherischen Kirchenwesens beteiligt. Er bemüht sich um eine christliche Eheführung durch entsprechende seelsorgerliche Schriften. Genauso fördert er den Katechismusunterricht und die biblische Unterweisung der Kinder. Aus der Erfahrung mit seinen eigenen Kindern, bei denen er die Lust wahrnimmt, die erzählten biblischen Geschichten zu spielen, entstehen kleine Bibeldramen. Sein innovatives schriftstellerisches Talent sorgt dafür, dass Mansfeld an der Ausprägung einer ganzen Reihe von literarischen Gattungen beteiligt ist, u. a. an der Sammlung und Auslegung von Redensarten, an den Teufelsbüchern, Landeschroniken und Liedpredigten. 1562 beginnt er am Tauftag Luthers, dem 11. November, mit einer Reihe von jährlichen Lutherpredigten, die er erst mit seiner Vertreibung abbrechen muss. Dieser Neuerung fügt er einige Jahre darauf mit Leichenpredigten, die auf dem Friedhof gehalten werden, eine weitere hinzu. Sein Vater Johannes Spangenberg, der erste Superintendent von Eisleben, hat ihm hierzu den Weg gewiesen. Als dessen Helfer hat er sie schon in Eisleben praktiziert. Aus dem väterlichen Nachlass hat er auch die ersten Sammelbände mit Leichenpredigten veröffentlicht und damit die Erbauungsliteratur bereichert. Erst 15 Jahre nach seinem Wechsel von Eisleben nach Mansfeld sieht er sich in der Lage (1568), auch an seiner jetzigen Wirkungsstätte, Leichenpredigten auf dem Friedhof zu halten.

Wahrscheinlich haben weder Spangenberg selbst, noch seine Mansfelder Gemeinde geahnt, dass zu dieser Zeit die Schlussphase der einflussreichen Tätigkeit in der kleinen Bergstadt schon begonnen hat. Spangenbergs Wirken scheint einen Höhepunkt erreicht zu haben. Er gilt als anerkannter theologischer Autor und Berater, dessen Erfahrungen weit über die Stadt- und Landesgrenzen hinaus rege in Anspruch genommen werden. Vom November 1567 bis Januar 1568 wird er mit einer kleinen Delegation aus der Grafschaft als Berater für die Einrichtung einer lutherischen Kirchenordnung von der Gemeinde in Antwerpen in Anspruch genommen. Vor allem durch seine profilierte Persönlichkeit ist die Stadt Mansfeld auch in der Zeit des wirtschaftlichen Niedergangs eine bekannte Adresse geblieben.

Der Prozess der Sequestration beginnt 1568 jedoch ebenfalls anzulaufen. Damit macht sich auch der wachsende Einfluss und die zunehmende Begehrlichkeit von Seiten des sächsischen Kurfürsten August bemerkbar. Theologische Konflikte der Geistlichen in der Grafschaft mit den kursächsischen Universitäten Wittenberg und Leipzig rufen den Kurfürsten erst recht auf den Plan. Die Mansfelder, voran Spangenberg, wehren sich in ihrer Überzeugung vom kirchlichen Wächteramt und ihrer Verpflichtung zum Bekenntnis, Publikationsverbote des Kurfürsten anzuerkennen. Der heute schwer nachzuvollziehende Lehrstreit um das Verständnis der so genannten Erbsünde, der vor allem mit dem Namen des Theologen Matthias Flacius Illyricus (1520–1575) verbunden ist, beginnt Konturen anzunehmen. Spangenberg gehört bald zur Gruppe der konsequenten Flacianer. Es geht darum, wie Luthers Auffassung vom Menschen, der Neigung zur Sünde und der Befreiung davon, in den Veränderungen der Zeit richtig verstanden und bewahrt werden kann. In der Absicht, Fehldeutungen einen Riegel vorzuschieben, kommt es 1572 innerhalb der mansfeldischen Theologen selbst zu einer unterschiedlichen Akzentsetzung. Eine Eisleber Gruppe um den Superintendenten Hieronymus Menzel versteht die Erbsünde als ein tiefes Verderben der menschlichen Natur. Die Mansfelder Gruppe um Spangenberg meint, die Erbsünde sei die verdorbene menschliche Natur selbst. An Verständigungsversuchen fehlt es nicht, aber sie schaffen keine Klarheit. Missverständnisse, Bedenken, Vermutungen und Unterstellungen lassen einen immer mehr wachsenden Knäuel entstehen.

Unterschiedliche menschliche Anlagen und Vorurteile, sicher auch Unterschiede zwischen Eisleben und Mansfeld schaffen ein Konfliktfeld, in das bald die Gemeindeglieder hineingezogen werden. Parteinamen kommen auf: Substanzer (Überzeugte von der Erbsünde als Wesen des Menschen) oder Akzidenzer (Überzeugte von der Erbsünde als Eigenschaft des Menschen). Diskussionen enden zuweilen sogar handgreiflich. Die Schreibfeder ruht ebenfalls nicht in dem Streit, der dadurch auch nach außen Wellen schlägt. Rechtliche Machtmittel werden ohne zu zögern eingesetzt. Selbst die Grafen (Abb. 27) entziehen sich nicht dem Zerwürfnis. Alte Gegensätze zwischen Vorderort und Hinterort schlagen wieder durch. Graf Volrad IV. von Mansfeld-Hinterort engagiert sich vorbehaltlos bis an sein Lebensende in Straßburg 1578 für Spangenberg. Seine Vorderort-Vettern Johann-Georg I. und Johann Albrecht stellen sich gegen ihn. Am Neujahrsabend 1575 geht schließlich das erzbischöfliche Militär aus Halle in einem spektakulären Gewaltakt gegen den Spangenberganhang vor. Er selbst kann sich in letzter Minute der Verhaftung entziehen. Für seine Familie und seine Gemeinde bricht eine schwere Zeit an.

Zu Spangenbergs »Bekennern« gehören auch Verwandte Luthers. Sie verweigern teilweise noch einige Jahre der neuen

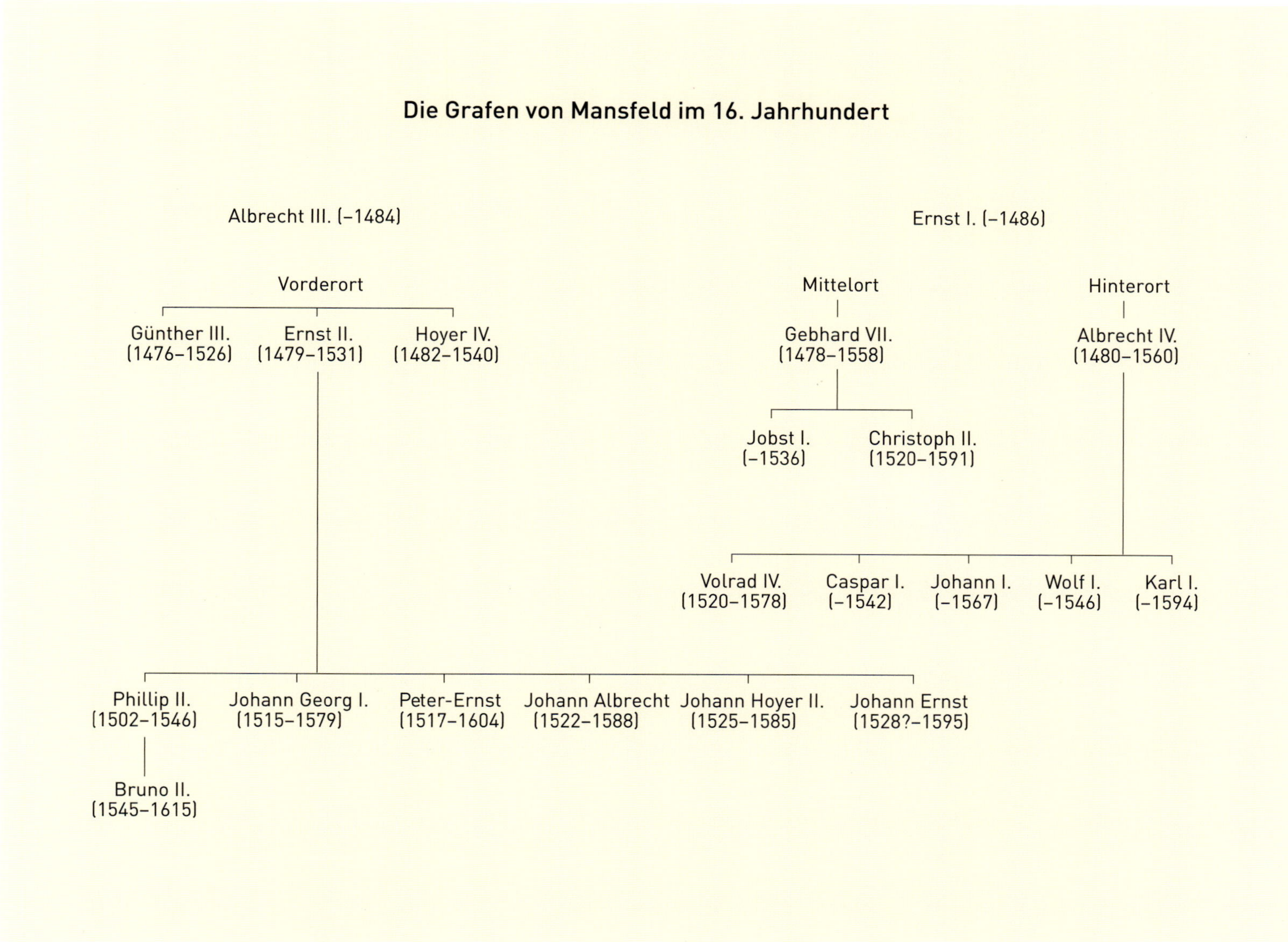

Abb. 27 Die regierenden Grafen von Mansfeld bei der Veröffentlichung der Geschichtskarte der Grafschaft (1571) und des ersten Teils der Mansfeldischen Chronik von Cyriacus Spangenberg (1572).

kirchlichen Leitung die Gefolgschaft. Ihr ehemaliger Pfarrer stärkt sie aus dem Exil mit schriftlichen Botschaften. Die große Zeit des Aufbaues einer Gemeinde von »einfältigen Gläubigen«, wie sie von Spangenberg vorangetrieben worden ist, gehört genauso der Vergangenheit an wie die Zeit eines geistlichen Sonderbewusstseins. Im Grunde genommen hat Spangenberg die Mansfelder selbst schon auf die Zeit der Bewährung vorbereitet. In seinen jährlichen Lutherpredigten hat er darauf verzichtet, die Verkündigung mit einer Erzählung über Luther und seine Familie zu verknüpfen. Er hat sich zwar nicht der Bezüge auf die Grafschaft und ihren Haupterwerbszweig, den Bergbau, enthalten – aber das sind Darstellungsmittel. Bei aller Bedeutung für die Grafschaft ist Luther für Spangenberg zuerst und in der Hauptsache der Mann Gottes für alle. Wenn er mit »Hie ist Leben« eine alte Erklärung des Namens Eisleben aufgreift und sie für Luthers Geburts- und Sterbeort in Anspruch nimmt, entgrenzt er ihren Sinn sofort wieder, wenn er sagt, er wolle damit anzeigen, »dass hie das Leben ist und bleibt, wo man bei der Lehre beharrt, die dieser Held getrieben«.

Literaturhinweise

Berndorff 2007; Bräuer 2008; Dehio 1999; Hempel 1917; Knape 2000; 2007; Rhein/Wartenberg 2006; Roch 1971; Schlenker 1995; Spangenberg 1912; 1913-1925.

MICHAEL FESSNER

LUTHERS SPEISEZETTEL

Die Versorgung der Grafschaft Mansfeld mit Lebensmitteln, Gütern und Waren

Hans Luders gut situierte soziale Stellung dokumentiert sich auch in den Grabungsbefunden am lutherischen Anwesen in Mansfeld. Sowohl die Fundgegenstände zum täglichen Leben als auch die Küchenabfälle lassen auf eine gehobene Haushaltsführung schließen. Der Speisezettel von Hans Luder und der lutherischen Familie weist exemplarisch auf ein zentrales Problemfeld von Montanregionen hin: Sie waren im großen Ausmaße Verbrauchszentren und benötigten eine gut funktionierende Versorgungswirtschaft.

BEVÖLKERUNGSZUNAHME IN DER GRAFSCHAFT MANSFELD

Eine große Anzahl von auswärtigen Bergleuten, wie z. B. die Sinker aus Schlesien, kam nach der schnellen Ausweitung des Bergbaus in der Grafschaft Mansfeld ab den 1470er Jahren in die drei Reviere Eisleben, Mansfeld und Hettstedt. Graf Albrecht veranlasste 1508 (1511) die Gründung des Neudorfes oder der Neustadt vor den Toren der Stadt Eisleben auf der Nussbreite und dem Vogelsang als eigenständige Stadt zur Ansiedlung der hinzugezogenen Arbeitskräfte. Sie zählte um das Jahr 1534 etwa 350 Häuser, besaß ihre eigenen Freiheiten und ihren eigenen Rat. Ob Graf Albrecht die Neustadt mit besonderen Privilegien, wie sie die traditionellen Bergstädte im Harz oder Erzgebirge besaßen, ausstattete, ist noch nicht hinreichend geklärt. Nach Cyriakus Spangenberg sollen darüber hinaus zuziehende Bergleute mit Erlaubnis des Grafenhauses ein ganzes Dorf im Hirschwinkel erbaut haben. Hans Luder betrieb dort auch eigene Schächte.

Die große Zahl der zugewanderten Berg- und Hüttenleute musste zusammen mit der einheimischen Bevölkerung ausreichend mit Lebensmitteln versorgt werden. Es liegen zur Größenordnung der Hinzugezogenen bislang keine entsprechenden Angaben vor; sie dürfte aber nicht unbeträchtlich gewesen sein. Die Anzahl der Bergleute betrug in den 1520er Jahren rund 3 000 und die der Hüttenleute ca. 300. Die Stadt Eisleben als die größte und bedeutendste in der Grafschaft Mansfeld besaß zwischen 2 200–2 800 Einwohner.

Der durchgehende Bergwerks- und Hüttenbetrieb – so auch der von Hans Luder – erforderte einen stetigen Zufluss mit den notwendigen Betriebsmitteln wie Holz, Holzkohle, Floserz, Unschlitt, Leder, Seilen, Körben, Brennkrügen oder eisernen Werkzeugen. Die Grafschaft Mansfeld konnte aber nur einen kleinen Teil der benötigten Nahrungsmittel und Güter selbst erzeugen, der größere Posten musste von auswärtigen Regionen eingeführt werden.

DIE LANDWIRTSCHAFTLICHE NUTZUNG DER GRAFSCHAFT MANSFELD

Eine Zuordnung der bei der Grabung am lutherischen Anwesen in Mansfeld gefundenen Tierknochen ergab im Wesentlichen folgende Reihung: Schweine, Schafe, Ziegen, Rinder, Hausgänse und Hühner. Es dominierten bei den Süßwasserfischen Karpfen, Brassen, Plötze, Rapfen, Hechte, Zander, Flussbarsche sowie Aale und bei den Salzwasserfischen Heringe, Dorsche und Plattfische (Schollen). Die pflanzlichen Funde enthalten u. a. Reste von Roggen-, Weizen- und Traubenbestandteilen.

Weite Bereiche der Grafschaft Mansfeld waren zur Zeit Hans Luders landwirtschaftlich nutzbar. Die Böden lieferten Weizen, Roggen, Gerste, Hafer, Erbsen und andere Hülsenfrüchte. Der Gartenanbau erzeugte insbesondere in Eisleben und Hettstedt eine Vielzahl von Obstsorten wie Äpfel, Birnen, Nüsse, Mispeln, Pfirsiche oder Kirschen. Die Äpfel unterteilten sich in unterschiedliche Sorten, die heute vielfach weitgehend unbekannt sind: Augstäpfel, Barlörer, weiße oder rote Guttartt oder Gotthartt, Mußäpfel, Mägdezitzichen, Hartlinge, Parisäpfel, Scheibapfel oder Süßapfel.

Auch der Birnenanbau lieferte eine Vielzahl von heute nicht mehr gängigen Sorten wie Augstbirnen, Backeleunische oder Packelheimische Birnen, Eierbirnen, Glasbirnen, Güntzelsbirnen, Gräviche Birnen, Glockenbirnen, Hanf-

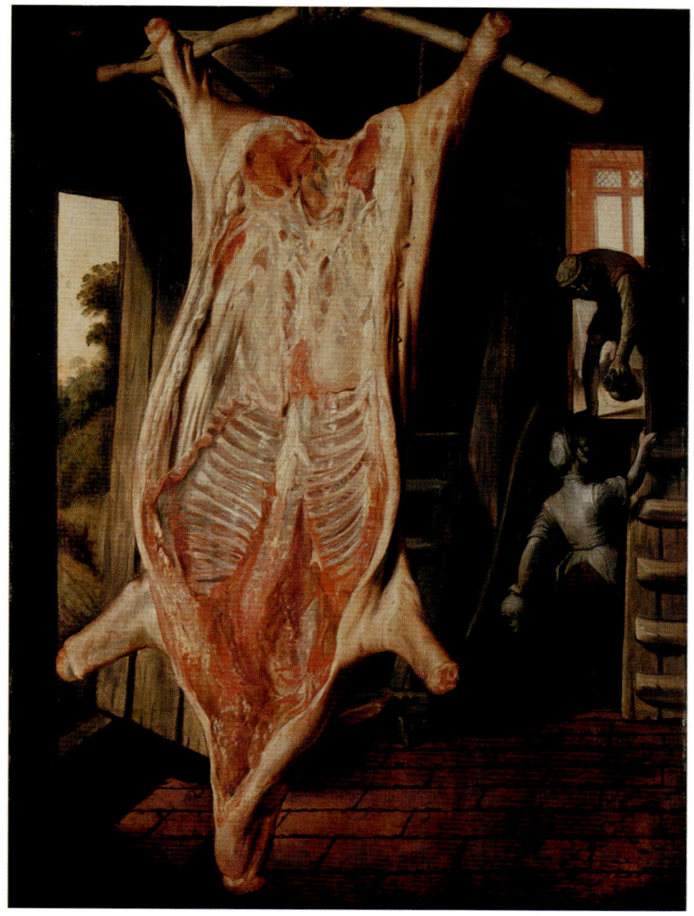

Abb. 28 Joachim Beukelaer (um 1533–1573), Ein geschlachtetes Schwein, 1563.

birnen, Hangelbirnen, Heschebirnen, Honigbirnen, Jungfrauenbirnen, Kaulbirnen, Kirschbirnen, Kolbirnen, Margarethenbirnen, Parisbirnen, Pengelsbirnen, Pfalzgreve Birnen, Propstbirnen, Quittenbirnen, Regelbirnen, Rüstebirnen, Speckbirnen, Spindelbirnen, Schmalzbirnen, Trinkebirnen, Winterbirnen oder Zuckerbirnen.

Die Gartenwirtschaft erzeugte Kraut, Kohl, weiße und rote Rüben, Meerrettich, Zwiebeln, Lauch, Petersilie und verschiedene Sorten von Salaten sowie ein ganze Reihe von Kräutern zum Verfeinern der Speisen. Zahlreiche Kräuter wie Goldwurzel, gelber Fingerhut oder Baldrian dienten zu Heilzwecken, die vor allem in der Gegend um den Großen Örner wuchsen.

Die zahlreichen Weiden und Wiesen ermöglichten eine ausreichende Viehzucht besonders in den Ämtern am Harzrand wie in Arnstein, Rammelburg, Morungen und im Rieth. Spangenberg berichtet im vierten Teil seiner Mansfelder Chronik jedoch nur allgemein über die Viehzucht. Die Steuerlisten des Dorfes Vatterode weisen als Viehbestand der Bauern Kühe, Kälber, Schweine, Schafe, Ziegen, Hühner und Gänse auf. Nur an einigen wenigen Stellen führt Spangenberg explizit die Schafzucht auf. So besaß Peter Reinicke – ein enger Schulfreund von Martin Luther – bei Wüllendorf einen ausgedehnten Gutshof, auf dem er und sein nachfolgender Sohn Hans Reinicke Viehzucht betrieben. Der spätere Erbe dieses Besitzes – Christoph Moshauer, Stadtvogt zu Eisleben – betrieb eine Schafszucht mit über 700 Tieren. Neben der Schafszucht war die Ochsen-, Rinder- und Milchkuhhaltung ein weiteres wichtiges Standbein der Viehzucht.

Spangenberg liefert im dritten und vierten Teil seiner Mansfeldischen Chronik keinen direkten Hinweis zur Schweinezucht; er macht lediglich eine Angabe zum Fleischzehnten von Schweinen. Hans Luders Speisezettel enthielt jedoch als häufigstes Fleischgericht Schweinefleisch, dem die Bevölkerung im Allgemeinen den Vorzug vor Rindfleisch oder Wildbrett gab. Wahrscheinlich war die eigene Schweinehaltung in den Mansfelder und Eisleber Häusern so weit verbreitert, dass sie keiner besonderen Erwähnung bedurfte (Abb. 28).

Die Stadt Eisleben erhob nach ihrem Zollregister auf insgesamt 34 Gütern Zollgebühren, so u. a. auf ein Ferkel, Kalb, Schaf oder einen Korb Fisch von jeweils einem Pfennig. Inwieweit der regionale und/oder überregionale Schweinehandel für die Versorgung der Grafschaft Mansfeld mit seinen Kupferrevieren von Bedeutung war, kann bislang nur vermutet werden. Der Einfuhrzoll für ein Schwein betrug an der Kohlenstraße aus dem Harz im Amt Rammelburg einen alten Pfennig. Ein wichtiger Schweinemarkt fand zweimal im Jahr in Buttstädt – 60 km südlich von Eisleben entfernt – statt und der Eisleber Markt sah in Buttstädt durchaus eine Konkurrenz, wie die spätere Terminverschiebung seines Herbstjahrmarktes um einige Wochen verdeutlichte.

Die stehenden und fließenden Gewässer der Grafschaft Mansfeld waren sehr fischreich, wie z. B. die bei Seeburg und in der Herrschaft Schraplau gelegenen zwei großen Seen – der Süße und der Salzige See. Die fließenden Gewässer wie die Unstrut in der Herrschaft Heldrungen und im Amt Artern, die Helme und die Rane im Amt Allstedt, die Saale in den Ämtern Friedeburg und Rothenburg enthielten ebenso ausreichende Fischbestände. Die Helme führte Barmen, Hechte, Karpfen, Fören, Gründlinge, Schmerlen, Ellritzen, Steinbeißer, Aale, Olraupen, Döbel, Kaulquappen, Kotteuglin, Weißfische und Krebse. Die Wipper in der Grafschaft Wippra verfügte über viele kleine Fische wie Schmerlen, Ellritzen, Grundlin, Steinbeißer und Quappen. Sie enthielt aber auch Hechte, Karpfen, Persen, Forellen, Döbel, Schleien und Aale. Die Krebse aus der Wipper waren aufgrund ihres guten Geschmacks über die Landesgrenzen hinaus eine begehrte

Abb. 29 Darstellung eines Bierbrauers »Jorg Prewmeister« im Hausbuch der Mendelschen Zwölfbrüderstiftung in Nürnberg, 1437.

Delikatesse. Die Eine in der Herrschaft Arnstein führte eine Menge an Schmerlen, Grundlingen, Elritzen, Forellen sowie sehr bekömmliche Krebse; und die Weida in der Herrschaft Schraplau lieferte ebenso auserlesene große und gute Schmerlinge oder Gründel, aber auch sehr wohlschmeckende Krebse. Zudem betrieben die Mansfelder Einwohner eine ausgedehnte Fischzucht in Teichen. Fischgerichte waren nicht nur während der Fastenzeit ein häufiger Bestandteil der Mahlzeiten, sondern auch während des ganzen Jahres. Es dominierten aber als Speisen im überwiegenden Maße Gemüsesorten und Hülsenfrüchte, die in zerstampfter Form als Brei oder Mus zubereitet wurden. Fleisch oder Fisch waren dagegen meist nur Zukost.

Der Traubenanbau zur Weinherstellung kam insbesondere in der Gegend um Eisleben, im Nonnental am Huttersberg, am Süßen See und bis nach Rullsdorf vor. Aber auch in anderen Gebieten der Grafschaft Mansfeld wurden Trauben angebaut wie um Friedberg, Schraplau und Heldrungen. Die Weine aus Rullsdorf und Wormsleben waren nach den Aussagen von Spangenberg die besten einheimischen Sorten gewesen. Die begüterten Schichten in der Grafschaft Mansfeld bezogen auch auswärtige Weine. Spangenberg nennt folgende Wein- bzw. Herkunftsorten: Traminer und Muskateller sowie Franken- oder Rheinweine.

Die zahlreichen Brauereien waren ein bedeutsames Gewerbe zur Nahrungsmittelproduktion in der Grafschaft Mansfeld. Das Bier gehörte mit zu den wichtigsten Grundnahrungsmitteln und wurde in beträchtlichen Maßen konsumiert. So beschimpfte Martin Luther die Biertrinker als »betrunkene Schweine«, die das Reich Gottes nicht zu sehen bekämen. Schließlich gelangte er zu der resignierenden Erkenntnis: »Es muß ein jeglich Land seinen Teufel haben, Welschland seinen, Frankreich seinen; unser deutscher Teufel wird ein guter Weinschlauch sein und muß Sauff heißen, daß er so durstig und hellich ist, der mit so großen sauffen Weins und Biers nicht kann gekühlet werden.« Der reichliche Konsum von Bier, insbesondere von Schwachbier, muss auch unter den schlechten hygienischen Wasserverhältnissen in den Städten gesehen werden. Ein Teil des zur Bierherstellung notwendigen Hopfens wurde in der Grafschaft Mansfeld selbst angebaut, so zwischen Rammelburg und Wiesenrode.

Die Stadt Eisleben verfügte allein über elf Brauhäuser, dagegen zählte Mansfeld nur zwei Brauhäuser. Die meisten Städte und größeren Dorfschaften in der Grafschaft Mansfeld besaßen ihre eigenen Braustätten (Abb. 29). Neben dem Eislebischen, das als das stärkste Bier galt, gab es noch das Heckstetische (Hettstedtisches), Arnsteinische, Örnerische, Wipperische und Lundershäusische Bier. Die einheimischen Biere dienten wahrscheinlich vor allem der Versorgung der ärmeren Bevölkerungsteile. Die wohlhabenden Schichten griffen zumeist auf auswärtige Biere zurück, die als besonders qualitätsvoll galten. Spangenberg zählte in seiner Chronik das Naumburgische, Torgische, Eimbeckische, Wurzische, Zerbster, Goslarer (Gose) und Mumme Bier auf. Er beziffert die Preise für ein Fass Bier aus Quedlinburg auf 22 Groschen und für eins aus Aschersleben auf 18 Groschen.

Die Grafschaft Mansfeld bezog das notwendige Salz zunächst aus ihren eigenen Salzwerken in Artern und Erdeborn am Salzigen See. Salz diente nicht nur zum Würzen der Speisen, sondern war vor allem ein unentbehrliches Konservierungsmittel. Diese beiden Salzwerke mussten aber ihre Produktion aus Brennstoffmangel wieder einstellen bzw. führte der Holzmangel zu einer Verteuerung der inländischen Salzproduktion. Das Salz kam fortan von auswärts aus Halle, Staßfurt und Frankenhausen, von wo es preisgünstiger zu beziehen war.

DIE UMWELTZERSTÖRUNG DURCH DAS MONTANWESEN

Die Grafschaft Mansfeld konnte im Wesentlichen alle Grundnahrungsmittel selbst erzeugen; allerdings reichte ihre Produktionsmenge für die gestiegene Einwohnerzahl infolge des starken Zuzuges von auswärtigen Arbeitskräften für den

Abb. 30 Pieter Aertsen (1508–1575), Marktszene, Fragment einer Ecce-Homo-Darstellung, um 1550.

Montansektor nicht mehr aus. Der hierdurch bedingte Mangel an Grundnahrungsmitteln wurde durch die Berg- und Hüttenwerke noch weiter verstärkt. Vor allem der Bergwerksbetrieb benötigte in zunehmendem Maße große Acker- und Wiesenflächen bzw. verwüstete diese so sehr, dass sie für eine weitere landwirtschaftliche Nutzung nicht mehr zu gebrauchen waren. Weitere Nutzflächen gingen infolge der Aufhaldung des tauben Gesteins und der Schlacken verloren. Spangenberg weist auf diese Umweltzerstörung hin. Er sah aber infolge dieser Landschaftsschäden keinen gravierenden Nachteil für die Lebensmittelversorgung der Bevölkerung Mansfelds, da eine ausreichende Belieferung von auswärtigen Regionen gewährleistet sein würde.

Spangenberg hielt den ökonomischen Nutzen des Montanwesens für bedeutsamer als die durch die Umweltzerstörung verursachten Nachteile. Er folgte mit dieser Sichtweise Martin Luthers Paradigmenwechsel, der ein neues, positives Bild vom Bergbau prägte. Dieser sei nicht mehr ein Verbrechen an der Mutter Erde wie es noch Paulus Niavis (1460–1514) in seinem »Judicum Jovis« am Ende des 15. Jh. dargelegt hatte, sondern Martin Luther sah im Bergbau und in der Bergarbeit einen Dienst an der Schöpfung Gottes: »Sage an, wer legt das sylber und gollt ynn die berge, das mans da findet? [...] Thut das menschen erbeyt? Ja wol, erbeyt findet es wol. Aber Gott muss dahyn legen und geben, solls die erbeyt finden.«

DIE BEDEUTUNG VON MESSEN, JAHRMÄRKTEN UND WOCHENMÄRKTEN

Die Wochenmärkte, Jahrmärkte und Messen spielten im Mittelalter und der frühen Neuzeit die wesentliche Versorgungsrolle und dienten als regionale und überregionale Verteilungszentren von Gütern und Waren sowie von Informationen aller Art (Abb. 30). Die Einnahmen der Städte aus den Stand- und Marktgebühren sowie der Herrschaften aus den Geleitsgeldern machten einen bedeutsamen ökonomischen und fiskalischen Faktor aus. So köderten die Grafen zu Mansfeld mit geringeren Geleitsgebühren die Fuhrleute, einen Umweg von zwei Meilen durch die Grafschaft Mansfeld über Eisleben auf ihrer Route von Norden (Hamburg, Lübeck, Braunschweig, Magdeburg) nach Süden (Erfurt als Knoten- und Sammelpunkt des Ost-West und Nord-Süd Transits und Warenaustauschs, Würzburg, Nürnberg) zu fahren. Die Stadt Hettstedt besaß das Zoll- und Wegegeldrecht für die durch ihre Stadt geführten Waren. Die Termine der wichtigsten überregionalen Messen und Jahrmärkte waren in Europa so aufeinander abgestimmt, dass es zu keinen Überschneidungen kam. Auch die kleineren regionalen Märkte waren in diesem Messezyklus eingebunden und es entstand zwischen den großen überregionalen Messen und den kleineren regionalen Jahrmärkten ein abgestuftes Verbundsystem.

So legte ein kaiserlicher Bescheid aus dem Jahr 1530 für die beiden Mansfelder Grafen Ernst und Hoyer folgende Jahr-

Abb. 31 Joachim Beukelaer (um 1533–1573), Obst- und Gemüsestilleben mit Marktfrau, 1564.

märkte mit ihren Terminen fest: Die Ortschaften Gerbstedt und Leimbach, wo u. a. Martin Luthers Schwager Claus Polner und dessen Sohn Hans wohnten, durften jährlich einen Jahrmarkt abhalten. Der Jahrmarkt in Gerbstedt, der vormals in Welfesholz im September beheimatet war, sollte nun am St. Besulatag (Ursula?) und den darauf folgenden acht Tagen (Oktober) und der Jahrmarkt in Leimbach an St. Lampertus (September) und die nächsten acht Tage stattfinden. Ein großer Zwiebelmarkt durfte in Gerbstedt weiterhin im Herbst um Nativitatis Mariea (September) abgehalten werden.

Der vom Deutschen Kaiser 1516 gebilligte, aber nur zögerlich angenommene Ochsen- und Viehmarkt zu Heldrungen behielt seine bisherigen Rechte. Der Bescheid untersagte des Weiteren die Abhaltung weiterer Märkte innerhalb eines Umkreises von zwei Meilen um diese drei zu Städten erhobenen Marktflecken. Außerdem erhielten alle drei Städte das Recht zur Abhaltung eines Wochenmarktes, der in Gerbstedt am Dienstag sowie in Leimbach und Heldrungen jeweils am Freitag stattfinden sollte.

Das Geleitsgeld nach Gerbstedt betrug für einen Wagen 8 Pfennig, für eine Karre 4 Pfennig, für einen Ochsen 2 Pfennig und für ein Schwein und anderes Kleinvieh 1 Pfennig. Das Geleitsgeld für andere Waren durfte nach der Marktlage festgelegt werden. Eine Zollstelle an der Kohlenstraße aus dem Harz im Amt Rammelburg erhob für einen Ochsen einen alten Pfennig an Einfuhrgebühr.

Der Kaiser verlieh Artern 1516 ebenfalls ein Privileg für einen Ochsenmarkt, der im September um den Tag der Kreuzerhebung stattfinden sollte. Naumburg hielt alljährlich am Petri und Pauli Tag (Juni) einen großen Markt ab, der Händler von weit her anzog. Das Warensortiment reichte von getrockneten Fischen (Stockfische) aus Sachsen und Dänemark, Rauchwerk aus Polen oder Wachs, Leinwand, »Liechte« (Fett für Lampen, insbesondere Grubenlampen) und Lebkuchen aus Schlesien. Allstedt besaß das Recht, zweimal im Jahr am ersten Sonntag nach Pfingsten (Trinitatis) und am Sonntag nach Severinus (Oktober) einen Jahrmarkt zu veranstalten. Ein wöchentlicher Markt fand jeden Freitag statt.

Abb. 32 Pieter Aertsen (1508–1575), Marktszene.

LEBENSMITTELLIEFERUNGEN IN DIE GRAFSCHAFT MANSFELD

Die Magdeburger Börde lieferte hinlängliche Mengen an Korn, wie z. B. Weizen, Roggen und Gerste, sowie andere Feldfrüchte zum wöchentlichen Markt in Hettstedt, von wo aus die Reviere Eisleben und Mansfeld weiter versorgt werden konnten (Abb. 31). Spangenberg berichtet über mehr als 100 Wagen mit landwirtschaftlichen Produkten, die jeden Samstag nach Hettstedt fahren würden. Der Hettstedter Markt besaß für die eingeführten Lebensmittel eine Distributionsfunktion in der Grafschaft Mansfeld.

Die Belieferung mit auswärtigen Fischprodukten war ebenfalls gewährleistet, da über Eisleben durch die Grafschaft Mansfeld Handelswege von Hamburg (Nordsee) und Lübeck (Ostsee) über Braunschweig, Halberstadt, Quedlinburg nach den Süden Deutschlands liefen. So wurden täglich getrocknete Fische wie Stockfische, Plastersen, Aale, Plan, eingepökelte Hechte und Wagen voller Krebse aus Halberstadt, Magdeburg und der Mark (Brandenburg) in ausreichender Menge in die Grafschaft Mansfeld gebracht (Abb. 32). Die ehemalige Hansestadt Hettstedt besaß das Privileg, zweimal im Jahr Sonntag vor Jacobi (Juli) und Sonntag nach Dionisi (Oktober) einen Jahrmarkt abzuhalten. Der Jahrmarkt im Sommer fiel auf die Zeit »gleich die Häring mit ankommen« und galt daher als der bedeutsamere Termin im Jahr.

Das Grafenhaus begünstigte im Jahre 1524 die Fischversorgung des Montandistriktes Eisleben. Es befreite diejenigen Händler, die an den beiden Jahrmarktsterminen in Eisleben ihre Fischprodukte kaufen oder verkaufen wollten, für sechs Jahre von allen Zoll-, Geleits-, Stadt- und Marktgebühren. Die Geleitsordnungen geben einen guten Überblick über diejenigen Fischsorten, die von der Nord- und Ostsee via Hamburg und Lübeck nach dem Süden transportiert wurden und prinzipiell auch auf dem Eisleber Fischmarkt angeboten werden konnten. Sie zählten zum Oberbegriff »fischwerck« »schollen, stockfisch, laugen, loben, kipfisch, lachs, halbfisch, strockbuckinge, neunaugen, hecht«. Auch Heringe, »stoer, ohls, haußen, [...] fischtron, [...] belcfisch, kulplinge, [...] prosam, [...] rotschir« gehörten zum Handelsgut »fischwerck«.

Spangenberg liefert im vierten Teil seiner Chronik einen Überblick zu den Lebensmittelpreisen in der Grafschaft. Im Dorf Heldrungen kostete im Jahre 1500, als eine gute Zeit vorherrschte, ein Scheffel Roggen 20 Pfennig, ein Scheffel Hafer 9 Pfennig, ein Scheffel Gerste 3 Groschen, ein Scheffel Hopfen 12 Pfennig, ein Mandel (15) Eier 3 Pfennig, ein Paar Tauben 4 Pfennig, ein Pfund Kalbfleisch 3 Pfennig, ein Pfund Rind-, Hammel- oder Schöpfenfleisch 5 Pfennig. Für das Jahr 1510 gibt die Chronik folgende Preise für die ganze Grafschaft Mansfeld an: 14 Scheffel Hafer kosten 1 Gulden, ein Scheffel Roggen 2 1/2 Groschen, ein Mandel oder 15 Eier um 4 Pfennig, ein Pfund Hammelfleisch um 4 Pfennig und 3 Schafe oder Hammel um 1 Gulden. Der Preis für ein Rind hing von seinem Alter ab und stieg für jedes Lebensjahr um jeweils einen Gulden. Der Lohn eines Schieferhauers betrug dagegen zum Vergleich in der Woche höchstens 14 Groschen (1 Groschen = 12 Pfennig; 1 Gulden = 21 Groschen).

Die Lebensmittelpreise unterlagen den allgemeinen Marktverhältnissen. Sie konnten bei einer Verknappung des Angebotes infolge von Missernten (Hagelschlag), Viehseuchen (Schweinepest) oder wegen Störungen der Handelsbeziehungen durch kriegerische Auseinandersetzungen stark anziehen. Es kam aber auch vor, dass bei einem Überangebot aufgrund guter Ernten die Preise fielen. Spangenberg berichtet über Preissteigerungen im Zeitraum von 1500–1520. Die Zeit bis 1510 sei eine sehr preisgünstige gewesen: »Es hat ein

Abb. 33 Marktansicht von Eisleben zu Beginn des 20. Jh.

par Volks für 2 Merker soviel Brots kaufen können, daß solches ehe schimmeln worden, denn sie es aufessen können.« Die Bauernunruhen führten nach 1510 mit zu einer merklichen Preissteigerung. Der Preis für ein Scheffel Roggen stieg von 5 Groschen im Jahr 1500 auf 1 Gulden (21 Groschen), also um das Vierfache, 1520 an. Weitere Lebensmittel wie Weizen oder Bier unterlagen einer vergleichbaren Preissteigerung.

Ebenso führten gewinnsüchtige Spekulanten Preissteigerungen durch eine künstliche Verknappung des Angebots herbei. Martin Luther schrieb im April 1539 dazu folgende Zeilen an den Kurfürst Johann Friedrich von Sachsen: »Es ist hier zu Lande eine plötzliche Theurung und unversehener Hunger eingefallen, daß es Wunder ist, daß wie gezwungen werden, E. E. G. H. als Herren und Vater des Landes anruffen umb Hülf und Rath. [...] Noch halten etliche, daß solche Theuerung nicht so gar aus Mangel als aus Geitz und Bosheit der reichen Junckern komme, und ist des Redens mancherley und seltzam, darein ich nichts sagen kann. [...] Sind sie doch ohn das reich gnug, daß nicht noth ist, armer Leute Leben durch Hunger zu nehmen, um ihres Geitzes willen.« (WABr 8, 403–405 Nr. 3319). Die Lebensmittelpreise in der Stadt Hettstedt von 1539 geben über diese von Martin Luther so sehr beklagte Teuerungswelle Auskunft: ein Scheffel Weizen kostete 20 Groschen, ein Scheffel Roggen 18 Groschen, ein Scheffel Gerste 18 Groschen, ein Scheffel Hafer 11 oder 12 Groschen, ein Mandel Eier 14 Pfennig und das Pfund Butter 16 Pfennig. So stieg z. B. der Preis für einen Mandel Eier gegenüber dem Jahr 1500 um über das Vierfache von 3 auf 14 Pfennig an.

DER JAHRMARKT IN EISLEBEN

Die Stadt Eisleben besaß seit 1415 ein vom Deutschen Kaiser privilegiertes Recht zur Abhaltung eines Jahrmarktes an zwei Terminen im Jahr und zwar in Frühjahr am Sonntag nach Cantate (4. Sonntag nach Ostern) und im Herbst am Sonntag nach Lampertus (September), wo über entsprechende Lieferkontrakte für die unterschiedlichsten Güter verhandelt werden konnte. Das Mansfelder Grafenhaus bemühte sich zu Beginn des 16. Jh., diese beiden Jahrmarktstermine auf einen günstigeren Zeitpunkt zu legen, um nicht mit anderen Jahrmärkten in der Region in Konkurrenz zu geraten. Eine zeitlich besser abgestimmte Terminplanung zur Abhaltung seiner Jahrmärkte bedeutete für Eisleben eine höhere Besucherfrequenz und damit zugleich auch ein größeres Angebot an Waren und Gütern sowie vermehrte Einnahmen durch das Stadt- und Marktgeld (Abb. 33).

Das Grafenhaus ersuchte aus diesem Grund Anfang September 1515 beim Deutschen Kaiser um eine Verlegung der beiden Marktzeiten, da der erste Termin zu nah mit der Frühjahrsmesse in Leipzig und der zweite mit der Herbstmesse in Buttstädt fallen würde. Der Kaiser billigte bereits am 20. September 1515 dieses Anliegen und die beiden Jahrmärkte in Eisleben fanden vom Jahr 1522 an im Sommer am Sonntag nach Viti (Juni) und im Herbst am Sonntag nach Galli (Oktober) statt. Spangenberg hingegen berichtet, dass der Deutsche Kaiser erst auf dem Reichstag zu Worms 1521 der Verlegung der Jahrmarktstermine in Eisleben zugestimmt hätte.

DER OCHSENMARKT IN EISLEBEN

Die ausreichende Fleischversorgung mit Ochsen stellte für alle Bergbaureviere – und so auch für den Montanbereich um Eisleben, Mansfeld und Hettstedt – ein großes Problem dar, da die umliegenden Regionen diese Mengen nicht bereitstellen konnten. Die Ochsen lieferten aber nicht nur das benötigte Fleisch, sondern auch notwendige Betriebsmittel für das Bergwerks- und Hüttenwesen. Der Talg (Unschlitt) diente zur Beleuchtung der Grubenlampen, die Ochsenhäute

Abb. 34 Daniel Flach, Markscheider, Riss des Zellerfelder Gangzuges von 1561, Ausschnitt der Schmelz- und Treibhütte zu Wildemann. Ein Pferdekarren mit Holzkohlen kommt auf dem Hüttenhof an. Das rechte untere Gebäude ist der Holzkohlenschuppen, wo die Holzkohle geschützt vor Regen gelagert wird.

konnten zu Leder weiterverarbeitet werden. Der Lederbedarf orientierte sich an den besonderen Bedürfnissen des Berg- und Hüttenwesens. Die Bergleute benötigten lederne Kopfbedeckungen für die Arbeit unter Tage, Arschleder zum Einfahren oder Ledereimer zum Wasserschöpfen. Die Hütten nutzten die Ochsenhäute zum Bau der mittels Wasserräder angetriebenen Blasebälge, die die notwendige Luft in die Schmelzöfen bliesen.

Die Ochsen wurden in der Regel aus weiter entfernten Regionen wie Polen oder Ungarn in die Montanzentren getrieben. Das Mansfelder Revier dürfte zunächst über den großen internationalen Ochsenmarkt in Buttstädt sowie über die regionalen Märkte in Artern und Heldrungen beliefert worden sein. Das Mansfelder Grafenhaus beabsichtigte schließlich die Versorgung mit Ochsen direkt im Mansfelder Revier sicherzustellen und suchte beim Deutschen Kaiser Karl um die Abhaltung eines Ochsenmarktes in Eisleben nach. Es erhielt schließlich am 1. (24.) September 1521 ein auf ewige Zeiten geltendes kaiserliches Privileg, jährlichen einen Ochsenmarkt in Eisleben am St. Egidien Tag (September) abzuhalten. Dieses Privileg wurde in den folgenden Jahrzehnten mehrfach erneuert. Der Deutsche Kaiser stattet den neuen Ochsenmarkt in Eisleben mit allen Freiheiten und Gerechtigkeiten aus. Die Mansfelder Grafen begünstigten zunächst diesen neuen Ochsenmarkt, um genügend Interessenten einen Anreiz zum Besuch zu geben. Sie erließen allen Käufern und Verkäufern das Zoll-, Geleits-, Städte- und Marktgeld für die Dauer von vier Jahren.

Die Stadt Leipzig fürchtete hingegen um die ökonomische Bedeutung ihrer Messe und protestierte zunächst beim Eisleber Rat. Als man damit keinen Erfolg erzielte, wandte man sich an den Landesherrn Herzog Georg von Sachsen. Die sächsischen Herzöge verwiesen auf ein kaiserliches Privileg vom 23. Juni 1507, nachdem im Umkreis von 15 Meilen (rd. 112 km) um Leipzig weder eine neue Messe, ein neuer Jahrmarkt noch ein neuer Stapel abgehalten bzw. errichtet werden durfte. Der Rat zu Eisleben verwies auf sein kaiserliches Privileg und versicherte, dass der Markt zu Leipzig keineswegs benachteiligt sein würde. Herzog Georg verbot schließlich unter Strafandrohung seinen Untertanen, den Ochsenmarkt in Eisleben zu besuchen und versuchte mit allen Mitteln, diesen zu behindern. Der Streit zwischen den Mansfelder Grafen und den sächsischen Herzögen scheint sich – wie Spangenberg berichtet – 15 Jahre lang hingezogen zu haben, denn der Eisleber Ochsenmarkt sei zunächst nur sehr zögerlich von den Händlern angenommen worden.

Der Ochsenmarkt in Eisleben war sicherlich keine Konkurrenz für die international renommierte Messe in Leipzig. Der Leipziger Rat beharrte jedoch aus Prinzip auf sein kaiserliches Privileg, das ihm eine Monopolstellung in der Region einräumte. Zudem spielte die Leipziger Messe eine wichtige Mittlerrolle in den Fernhandelsbeziehungen für die Montanzentren im Erzgebirge, Harz und in Mansfeld.

DER HOLZ- UND HOLZKOHLENBEZUG DER GRAFSCHAFT MANSFELD

Das Mansfelder Kupferrevier benötigte wie alle anderen Montanbezirke die unabdingbaren Betriebsmittel Holz und Holzkohle, ohne die keine Bergwerkswirtschaft im ausgehenden Mittelalter und in der frühen Neuzeit zu betreiben war (Abb. 34). Die wirtschaftliche Existenz der Mansfelder Kupferreviere hing unmittelbar von einer ausreichenden Belieferung mit Holz ab, da es im vorindustriellen Zeitalter nicht nur der hauptsächliche Energielieferant, sondern auch der universelle Baustoff zur Verzimmerung der Stollen, Strecken und Schächte, zum Bau von Häusern und Maschinen sowie Gerätschaften aller Art wie Fuhrwerke oder bloße Holzeimer war. Die Schmelzhütten benötigten Holz zum Rösten der Kupferschiefer und des Kupfersteins, das später infolge des einsetzenden Holzmangels durch Reisig oder Astholz ersetzt werden musste. Der Schmelzprozess erforderte große Mengen an Holzkohle. Das Floserz war ein unverzichtbarer Zugschlagstoff beim Verhütten der Kupferschiefer wie Spangenberg berichtet: »und sonderlich aus der Graveschaft Stolberg das Floß, ohne welches man den Schiefern sonst nicht schmelzen könnte, zu bekommen«.

Die Grafschaft Mansfeld konnte zu Beginn des verstärkt einsetzenden Kupferschieferbergbaus ab den 1470er Jahren das notwendige Holz und die notwendige Holzkohle noch selbst bereitstellen. Spangenberg weist mehrfach im vierten Teil seiner Chronik auf Köhlerbetriebe hin. Aber schon am

Ende des 15. Jh. nahmen die Waldbestände rapide ab, wie im Mansfelder Teilungsvertrag von 1501 zu lesen ist, dass die meisten Bäume noch recht jungen Alters seien. Die zu verzeichnenden Preissteigerungen verdeutlichen den Rückgang der Holzressourcen in der Grafschaft bzw. die immer weiteren Anfuhrwege. Der Preisanstieg für einen Fuder Kohlen betrug im Zeitraum von 1477 bis 1497 im Mansfelder Revier rund 18% und im Eisleber rund 22%; im Jahre 1508 lag er bereits bei 25% bzw. 33%. Der Anteil der Holzkohle an den Produktionskosten für einen Zentner Schwarzkupfer stieg bis zu Beginn der 1530er Jahre auf rund 45% an.

Die Grafschaft Mansfeld war zunehmend auf den Holz- und Holzkohlenimport aus der umliegenden Region angewiesen. Der drastische Preisanstieg rührte in erster Linie von den weiten Transportwegen her, die aufgrund der schlechten Wegeverhältnisse bereits nach wenigen Kilometern zu einer Verdoppelung des Preises führen konnten. Die durchschnittliche Länge der Fahrwege betrug 1477 rund 8 km und stieg bis 1536 auf etwa 35 km an.

Die Mansfelder Grafen versuchten mit verschiedenen Maßnahmen, diesen Preisanstieg zu verlangsamen. Eine Polizeiverordnung von 1512 regelte die Höhe der Fuhrlöhne und 1524 veranlassten die Grafen die Instandsetzung der Wege zur Verbesserung der Infrastruktur. Das Mansfelder Grafenhaus vereinbarte im Jahre 1510 mit den Grafen zu Stolberg und Wernigerode Höchstpreise für die von dort zu liefernde Holzkohle. Neun Kübel Holzkohle sollten für die Mansfelder und Hettstedter Hüttenmeister 1 Gulden kosten; die Eisleber Hüttenmeister erhielten dagegen für 1 Gulden nur acht Kübel Holzkohle. Des Weiteren versuchten die Mansfelder Grafen den Holzkohlenverbrauch beim Verhütten der Kupferschiefer einzuschränken und legten 4 Schock (60) Fuder Kohlen als Höchstmaß für ein Feuer bzw. einen Schmelzofen wöchentlich fest.

Der Mansfelder Oberförster Spielberg berechnete den Jahresbedarf der Mansfelder Hütten um 1530 bei einer Produktion von 28 000–30 000 Zentner Rohkupfer auf 47 500 Fuder oder 513 000 Zentner Holzkohle, zu deren Herstellung 100 000–120 000 Festmeter Holz erforderlich waren. Spielbergs Abgaben zum Holzkohlenverbrauch dürften aber recht optimistisch gewesen sein. Eine Betriebskostenrechnung aus dem Jahre 1532/33 lässt hingegen bei einer jährlichen Produktion von rund 30 000 Zentner Schwarzkupfer einen Verbrauch von gut 65 000 Fuder Holzkohle erwarten.

Da die Wälder der Grafschaft Mansfeld diesen Bedarf nicht mehr decken konnten, musste die Holzkohle aus den Harzwäldern herbeigeschafft werden. Nach Spangenberg waren die wichtigsten Lieferanten die Herrschaften Stolberg-Wernigerode, Reinstein, Anhalt und Hohenstein; aber auch Walkenried, Werter und Asseburg lieferten Hölzer und vor allem Holzkohle in die Grafschaft Mansfeld. Die Fuhrleute brachten die Holzkohle aus dem hinteren Harz zunächst zu einem vom Mansfelder Grafenhaus unterhaltenen Depot in Harzgerode, von wo aus eine Holzkohlenstraße über Vatterode nach Mansfeld verlief. Sie erschloss die Waldgebiete im östlichen Harzvorland, im Unterharz, im südlichen Harzvorland sowie im Mittelharz mit der Umgebung um Hasselfelde und Elbingerode. Täglich fuhren etwa 260–270 Wagen mit Holzkohle die Klausstraße hinunter, um die Hütten mit Brennstoff zu versorgen. Über die Kohlenmenge, die allein über Rammelburg in die Grafschaft gebracht wurde, schrieb Spangenberg: »Nuhe kommen im Sommer alle Tage etliche hundert Fuder Kohlen die Straße hinab in die Grafschaft (denn diese Straße stehet weder Tag noch Nacht ledig).« Eine weitere Kohlenstraße oder Hohestraße führte weiter über Leimbach: »und gehet das ganze Jahr, beide Tag und Nacht, die Kohlenfuhre hindurch vom Harz auf die Hütten drinnen und davor gelegen.«

Das Mansfelder Grafenhaus profitierte von diesem regen Kohlentransport und erhob an einer Zollstation zwischen dem Trenckeberge und der Holzmark im Amt Rammelburg eine Einfuhrgebühr. Die Fuhrleute mussten von jedem Fuder Kohle ein »Mätzlein« entrichten, das in einem besonderen Schuppen gestürzt wurde. Die Grafen erhielten auf diese Weise jährlich vier bis fünf, manchmal auch sechs Schock Fuder Kohle im Werte 400–600 Gulden.

FLOSLIEFERUNGEN AUS DER GRAFSCHAFT STOLBERG-WERNIGERODE

Die Mansfelder Hütten bezogen das zum Verschmelzen der Kupferschiefer notwendige Floserz aus Stolberg-Wernigerode. Die Grafen zu Stolberg besaßen eine Monopolstellung bei der Belieferung der Grafschaft Mansfeld mit Flos. So schlossen die Mansfelder Grafen im Jahre 1510 mit den Grafen zu Stolberg-Wernigerode einen Vertrag über den Floserzbezug ab. Die Übereinkunft sah folgende Regelungen vor: Die Mansfelder und Hettstedter Hüttenmeister erhielten elf Zentner Flos für 1 Gulden, die Eisleber hingegen nur zehn Zentner. Zudem verpflichteten sich die Mansfelder Grafen, nur Flos aus Stolberg zu beziehen und verboten ihren Hüttenmeistern, in anderen Herrschaften Flos einzukaufen oder dort Flosbergwerke aufzunehmen. Das Mansfelder Grafenhaus behielt sich aber vor, in seiner Herrschaft solche Bergwerke aufnehmen zu dürfen.

Der jährliche Bedarf an Floserz lässt sich nur überschlagsmäßig ermitteln. Er dürfte nach einer sehr vorsichtigen Schätzung 1530 bei rund 6 000 Zentnern im Jahr gelegen haben. Fuhrleute mussten an der Zollstation in Rammelburg von jedem Fuder Floserz 25 Pfund als Zoll entrichten. Das Mansfelder Grafenhaus durfte nach einem kaiserlichen Bescheid von 1521 von jedem Kübel Flos, der durch die Grafschaft Mansfeld zu auswärtigen Verbrauchern transportiert wurde, 1 1/2 Silbergroschen als Wegegeld erheben.

DIE AUSFUHR VON SCHWARZKUPFER AUS DER GRAFSCHAFT MANSFELD

Die Grafschaft Mansfeld importierte nicht nur Güter und Waren, sondern sie exportierte auch ihr bedeutsamstes Bergwerks- und Hüttenprodukt Schwarzkupfer in großem Maße vor allem zu den thüringischen Seigerhütten. Eine Aufstellung der 1479 in Thüringen gegründeten Seigerhütte Eisfeld über die Rohkupferfuhren aus Eisleben im Mansfeldischen und die Bleifuhren aus Goslar weist für die Jahre 1481 bis 1512 insgesamt 2 090 Wagen auf. Leider gibt diese Auflistung nur die Gesamtzahl wieder; eine getrennte Aufschlüsselung nach Kupfer- und Bleifuhren erfolgte nicht.

Eine annähernde Vorstellung über die Höhe der Kupferfuhren lässt sich jedoch rechnerisch ermitteln. Der Bleiverlust der Seigerhütten betrug bei der Trennung des Silbers vom Kupfer auf 100 Zentner Rohkupfer etwa 37,3 Zentner Blei (37,29 %), der durch Bleizukauf wieder ersetzt werden musste. Wird diese Relation im Verhältnis zur Gesamtzahl der Fuhren gesetzt, so könnten von den 2 090 Wagen 780 auf Bleifuhren entfallen sein. Die Kupferfuhren würden nach dieser Berechnung bei etwa 1 300 Wagen liegen. Ein fünfspänniges Fuhrwerk konnte rund 40 Zentner laden, so dass in dem Zeitraum von 1481–1512 etwa 52 000 Zentner Rohkupfer aus Eisleben geliefert worden wären. Die durchschnittliche Jahreslieferung betrug rund 1 680 Zentner Schwarzkupfer. Die Seigerhütte Eisleben verarbeitete im Zeitraum von 1479–1509 jährlich etwa 1 000–2 500 Zentner Rohkupfer (Schwarzkupfer).

Die Geleitsrechnungen weisen für den Zeitraum vom 5. November 1525 bis zum 31. März 1526 genau 8123 Zentner Eisleber (Schwarz)Kupfer zu den Thüringer Seigerhütten aus. Diese beiden Momentaufnahmen geben eine konkrete Vorstellung von den Quantitäten an Schwarzkupfer wieder, die die Grafschaft Mansfeld in Richtung Thüringische Seigerhütten verließen. Die gesamte Schwarzkupferproduktion der Eisleber, Mansfelder und Hettstedter Hütten lag unter Berücksichtigung produktionstechnischer und konjunktureller Schwankungen bei etwa 25 000–30 000 Zentner im Jahr, die zu den Seigerhütten transportiert wurden. Die Schwarzkupferausfuhr aus der Grafschaft und der Schwarzkupfertransport waren wegen ihrer hohen ökonomischen Bedeutung für den europäischen Kupfermarkt von fast allen Abgaben befreit.

ZUSAMMENFASSUNG

Die Familie Luder konnte ihre Vorratskammer durchaus mit den landwirtschaftlichen Produkten der Grafschaft Mansfeld füllen. Das Angebot an Grundnahrungsmitteln umfasste eine weite Palette von Erzeugnissen wie Weizen, Roggen, Feldfrüchte, Gemüse und Salate sowie Äpfel oder Birnen. Die Grafschaft Mansfeld deckte ebenso die Grundversorgung mit Fleisch- und Fischprodukten ab. Eine partielle Eigenversorgung aus ihren ländlichen Besitzungen ist anzunehmen.

Der erhebliche Zuzug von Arbeitskräften für den Montansektor seit dem ausgehenden 15. Jh. und die Verwüstung weiter landwirtschaftlicher Nutzflächen durch den Bergbau machten allerdings seit dem beginnenden 16. Jh. eine Versorgung der Grafschaft Mansfeld mit auswärtigen Lebensmitteln immer notwendiger. Der Wochenmarkt in Hettstedt und der Jahrmarkt in Eisleben versorgten die Region mit externen Produkten. Das Mansfelder Grafenhaus richtete neben den schon bestehenden Ochsenmärkten in Heldrungen und Artern ab 1522 einen weiteren in Eisleben zur Fleischversorgung insbesondere der Berg- und Hüttenleute ein. Die Ochsen lieferten aber nicht nur Fleisch, sondern auch unentbehrliche Betriebsmittel wie Unschlitt oder Leder für die Berg- und Hüttenwerke.

Die Berg- und Hüttenwerke bezogen das notwendige Holz und die notwendige Holzkohle aus den Harzwäldern. Das zum Verschmelzen der Kupferschiefer notwendige Floserz lieferte die Grafschaft Stolberg-Wernigerode. Die Hütten führten das erzeugte Schwarzkupfer an die Seigerhütten in Thüringen ab. Der Montanbereich um Eisleben, Mansfeld und Hettstedt war durch den Import von Lebensmitteln für die Bevölkerung und Betriebsmitteln für das Berg- und Hüttenwesen sowie durch den Export von Schwarzkupfer fest im überregionalen Warenaustausch und Fernhandel verankert.

Literaturhinweise

Mück 1910; Spangenberg 1912; 1913-1925; WABr.

BIOGRAFIE UND REZEPTION

MICHAEL FESSNER

DIE FAMILIE LUDER IN MÖHRA UND MANSFELD

Archivalische Überlieferungen zum Elternhaus von Martin Luther

Die Ausgrabungen des Landesamtes für Denkmalpflege und Archäologie Sachsen-Anhalt am lutherischen Anwesen in Mansfeld haben in den letzten Jahren eine Vielzahl bemerkenswerter Funde zutage gefördert. Die zur Grabung parallel verlaufende historische Bauforschung zum dortigen Lutherhaus lieferte wichtige ergänzende Ergebnisse zu den archäologischen Befunden. Sowohl die Auswertung und Interpretation der Fundgegenstände als auch die historische Bauforschung zeigen, dass die Familie Luder in Mansfeld zu den wohlhabenden Einwohnern der Stadt zählte. Martin Luther wuchs in einem durchaus begüterten Haushalt auf.

Dieses Ergebnis überrascht auf den ersten Blick, da Martin Luther seine Eltern (Abb. 35) als sehr bescheiden beschrieb. Er hat sich in seinen Tischreden wiederholt über seine Vorfahren und sein Elternhaus geäußert.

1. »Ich bin der Sohn eines Bauern, meine Vorfahren, mein Vater sind rechte Bauern gewest, [...]. Darnach ist mein vater gegen Mansfelt getzogen vnd doselbes ein bergkheuer worden.« (WATR 5, 557 f. Nr. 6250)

2. »Mein Vater, als ich heranwuchs, ist er ein armer hewr gewesen. Die mutter hatt al yhr holtz auff den rucken eingetragen.« (WATR 3, 51 Nr. 2888a; b)

Martin Luther sagte zu seiner Herkunft, dass Vater, Großvater und Ahnen Bauern gewesen seien. Der Vater wäre nur ein einfacher Bauer, Bergmann und Hauer gewesen und seine Mutter hätte eigenhändig Holz aus dem Wald geholt. Martin Luthers Aussagen zum Elternhaus geben aber den sozialen Kontext seiner Herkunft nur unvollständig wieder, wie bereits die Ergebnisse der archäologischen und bauhistorischen Arbeiten aufzeigen.

Die archäologischen Befunde liefern jedoch nur eine Momentaufnahme, die mit Hilfe der historischen Forschung auf eine breitere inhaltliche und zeitliche Basis gestellt werden kann. Die interdisziplinäre Zusammenarbeit zwischen Archäologen und Historikern mit ihren unterschiedlichen Quellen als Arbeitsgrundlage – archäologische Sachzeugnisse und historiografische Überlieferungen – führt mit einer gemeinsamen Fragestellung zu weiteren vertiefenden Erkenntnissen. Der Historiker stützt sich bei seinen Untersuchungen im Wesentlichen auf die zeitgenössischen schriftlichen Überlieferungen in den einschlägigen Archiven.

Die zentrale Fragestellung, die zu beantworten war, lautete: Auf welcher ökonomischen Grundlage basierte der relative Wohlstand der Familie Luder in Mansfeld? Dazu war es notwendig, nicht nur die soziale Situation der Familie in Mansfeld im Umfeld der archäologischen Funde, sondern auch die sozioökonomische Herkunft des Vaters von Martin Luther – Hans Luder – als Bauer, Bergmann und Hauer aufzuarbeiten und mit den archäologischen Ergebnissen vergleichend zu analysieren und zu interpretieren. Im Folgenden soll diese Problematik in vier Schritten eine thesenartige Annäherung erfahren.

DIE FAMILIE LUDER IN MÖHRA

Die selbst heute immer noch so häufig geäußerte Auffassung, dass Hans Luder nur aus bescheidenen bäuerlichen Verhältnissen aus dem thüringischen Dorf Möhra stammte, lässt sich nach den vorliegenden schriftlichen Quellen nicht aufrecht erhalten. Die Bewohner von Möhra teilten sich nach einer Steueraufstellung des Jahres 1531 in drei unterschiedliche Vermögensschichten: Es gab eine kleine Schicht von gut situierten Bauern (11 %, < 200 Schock Salzunger Groschen), eine mittlere Schicht von Bauern (18 %; 100–200 Schock) und eine große Schicht von Kleinbauern (71 %; > 100 Schock).

Der Familienverband der Luders gehörte nach seinem Besitz zur ländlich-dörflichen Oberschicht in Möhra. Er lag mit einem Vermögen von 450 Schock Salzunger Groschen an dritter Stelle hinter den bäuerlichen Familien Barchfelt (Parchfelt oder Mentzer) mit 530 und Ziegeler (Ziegler) mit 593 Schock. Hans Luders jüngster und somit erbberechtigter

Abb. 35 Lucas Cranach d. Ä. (1472–1553), Hans Luder und seine Ehefrau Margaretha Luder, 1527.

Bruder (Klein)Heinz zählte mit einem Steueranschlag von 203 Schock Groschen mit zu den sieben Bauern in Möhra, die über 200 Schock zur Verteuerung angaben. Eine Bauernfamilie, die zur damaligen Zeit im ländlichen Raum Thüringens einen Besitz von mehr als 200 Schock Groschen ausweisen konnte, galt als begütert. Die vermögenden Mitglieder der Familie Luder waren finanziell in der Lage, einen zusätzlichen Knecht auf ihrem Bauernhof arbeiten zu lassen.

Zudem festigte die Familie Luder mittels Heiratsbeziehungen zu den anderen begüterten bäuerlichen Familien des Dorfes ihre hohe und angesehene soziale Position. Hans Luders Mutter stammte aus dem dortigen Geschlecht der Zieglers. Weitere verwandtschaftliche Beziehungen gab es zu den wohlhabenden Familien Kehr und Eckart. Eine weitere Steuerliste aus dem Jahr 1553 führt einen Heintz Kehr auf, der als Schwager von Luder bezeichnet wird. Sie nennt darüber hinaus einen Peter Eckart, der Wiesen und Äcker im Werte von 230 Gulden von seinem Schwager Heintzen Luder geerbt und gekauft hatte. Die Familie Luder stand wahrscheinlich auch in einem verwandtschaftlichen Verhältnis zur überaus begüterten Familie Barchfelt. Die Zieglers, Eckarts und Barchfelts zählten mit zu den alteingesessenen bäuerlichen Familien in Möhra und Umgebung.

Zwei weitere Steuerlisten aus den Jahren 1535 und 1553 festigen das Bild von einem relativ wohlhabenden bäuerlichen Familienverband der Luders in Möhra. Es ist davon auszugehen, dass sie eine Generation zuvor in den 1480er Jahren keine wesentlich schlechtere soziale Stellung im Dorf eingenommen hatten als in der 1. Hälfte des 16. Jh. Schon ein Zinsregister des Klosters Allendorf von 1499 weist ein Mitglied der Familie Luder mit einer Abgabe aus, die auf eine begüterte bäuerliche Existenz im Raum Möhra schließen lässt. Ein Aufstieg von einer minderbemittelten zu einer überaus wohlhabenden Bauernfamilie innerhalb einer Generation kann für das recht statisch aufgebaute ländlich-dörfliche Gesellschaftsgefüge im ausgehenden Mittelalter und in der frühen Neuzeit ausgeschlossen werden.

Die in der älteren, aber auch noch jüngsten Forschungsliteratur immer wieder getroffene Aussage, dass Hans Luder als ältester und damit als nicht erbberechtigter Sohn Möhra verlassen musste, um nicht als Knecht bei seinem jüngeren, erbberechtigten Bruder (Klein)Heinz zu arbeiten, lässt sich

Abb. 36 Kupferhammer in Thießen (Sachsen-Anhalt), 1603 erstmals erwähnt.

ebenfalls nicht aufrecht erhalten. Die vorliegenden Steuerlisten weisen aus, dass keiner der männlichen oder weiblichen Mitglieder der Familie Luder als Knecht oder Magd arbeiten musste. Sie besaßen zumindest ein kleines Haus, einen Garten und/oder ein wenig Vieh. Dieser Besitz ermöglichte es ihnen, ein bescheidenes aber selbstständiges Leben zu führen. Hans Luders Weggang aus seinem heimatlichen Umfeld in Möhra muss einen anderen Grund gehabt haben, als die bislang angenommene Benachteiligung in der Erbregelung.

DIE FAMILIE LUDER UND DAS BERG- UND HÜTTENWESEN IN MÖHRA

Hans Luder soll nach Martin Luthers Aussagen zur beruflichen Herkunft seines Vaters bereits als Berg- und Hüttenmann 1483 in die Grafschaft Mansfeld gekommen sein. Ein von der Forschung bislang völlig unbeachtetes Dokument von 1492 in einer Quellenedition zum Kloster Frauensee liefert den entscheidenden Hinweis zu den Aktivitäten der Familie Luder in der Kupferproduktion bzw. -verarbeitung in den 1470er oder 1480er Jahren. Diese Quelle führt den Verkauf einer zwischen Möhra und Ettenhausen gelegenen Mühle auf, die vormals eine Kupfermühle gewesen war und zu deren Besitzern u. a. Heinz Luder zählte. Die Kupfermühle sei aber aus Kupfermangel wieder aufgegeben und in eine Kornmühle umgewandelt worden.

Es kann sich bei Heinz Luder nur um den jüngsten erbberechtigten Bruder von Hans Luder handeln. Diese Quelle liefert zum einen den frühsten Hinweis auf die Existenz der Familie Luder in Möhra und zum anderen den ersten Anhaltspunkt für eine Verbindung der Familie Luder zur Kupfererzeugung bzw. -verarbeitung. Die Nennung der Kupfermühle und die Erwähnung von Heinz Luder würden allein noch nicht ausreichen, um diese direkte Zuordnung herzustellen. Martin Luthers Aussagen zur beruflichen Herkunft seines Vaters als Berg- und Hüttenmann lassen auf diesen Kausalzusammenhang schließen.

Wenn die Familie Luder einen Kupferhammer (Abb. 36) bei Ettenhausen betrieben hatte, so stellt sich die zwingende Frage, woher hat sie das zur Verarbeitung notwendige Kupfer bezogen? Der bedeutsamste Hinweis findet sich im Verzeichnis der Gerichtsbußen des Amtes Salzungen für das Jahr 1558. Ein Gerichtsurteil über Dorfbewohner aus Möhra führt als Ortsangabe einen Wasserlauf nach einem Hüttenhof auf. Eine topografische Beschreibung des Amtes Salzungen aus den 1670er Jahren liefert weitere und ergänzende Angaben. Es wird bei der Grenzbeschreibung des Dorfes von einem Hüttengraben hinauf bis an einen Bach und in einer anderen Quelle »von Möhra ausgeht, auf diesem alten Weg bis zu dem Hüttenhof« gesprochen. Diese Angaben lassen den begründeten Schluss zu, dass im Bezirk des Dorfes oder direkt an der Grenze zu Möhra eine Schmelzhütte zur Verhüttung des Kupferschiefers gestanden hat. Der Ortsname Hüttenhof ist bis heute etwa 6 km westlich von Möhra überliefert.

Die ältere und darauf aufbauend die neuere Forschung gehen davon aus, dass Hans Luder in den Kupferschiefergruben bei Kupfersuhl nahe Möhra gearbeitet und sich dort das notwendige berg- und hüttenmännische Wissen angeeignet hatte. Es gibt aber bislang keine direkten zeitgenössischen Quellenfunde, die diese Vermutung stützen. Die unmittelbare räumliche Nähe zu Möhra, zur Schmelzhütte beim Hüttenhof und zur Kupfermühle zwischen Möhra und Ettenhausen liefert jedoch einen indirekten Hinweis auf eine (mögliche) Kupferförderung bei Kupfersuhl im ausgehenden 15. Jh.

Ein montanarchäologisch gesicherter Abbau von Kupferschiefererzen fand im Raum Gumpelstadt statt. Weitere Abbaugebiete lagen bei Altenstein und Schweina, deren Kupferbergwerke erstmals 1441 erwähnt wurden. Die geförderten Erze wurden im nahen Hohen-Schweina verhüttet, deren Ansiedlung ebenfalls die Bezeichnung »Hüttenhof« oder »Hütte« wie in Möhra trug. Die Entfernung dieser Kupferschieferbergwerke nach Möhra beträgt rund 10 km.

Abb. 37 Petrografische Karte der Grafschaft Mansfeld, kolorierter Kupferstich von 1815.

Unzählige Pingen zeugen noch heute von einem älteren Bergbau im Raum Gumpelstadt. Schließlich legten die Bergleute einen Stollen am Igelsberg an. Das Stollenprofil und die Art und Weise der Eisen- und Schlägelarbeit deuten auf eine Auffahrung zur Mitte des 15. Jh. hin. Das Ausmaß der Grubenbauten und die eingesetzten bergmännischen Kenntnisse lassen auf eine professionelle bergmännische Ausführung schließen, die von erfahrenen Bergleuten vorgenommen wurde. Ein saisonaler Bergwerksbetrieb, den ortsansässige Bauern nur im Nebenerwerb ausführten, dürfte unwahrscheinlich gewesen sein.

Als Ergebnis lässt sich konstatieren, dass die Region um Möhra ein kleines bis mittleres spätmittelalterliches Kupferrevier war, das wahrscheinlich den lokalen und regionalen Markt mit Kupferprodukten versorgte. Die Kupferschiefer enthielten allerdings nur wenig Silber, so dass sich eine Seigerung (Entsilberung) nicht lohnte. Auch war das erzeugte Kupfer von keiner allzu guten Qualität, wie spätere Quellen berichten.

Hans Luders erfolgreiche Tätigkeit als Bergwerks- und Hüttenbetreiber im Mansfeld setzte eine gute Grundkenntnis sowohl des Bergwerks- als auch des Hüttenwesens voraus. Das Kupferrevier in Möhra und Umgebung mit seinen Kupferschieferbergwerken, seinen Schmelzhütten und seiner Kupfermühle boten die besten Voraussetzungen, sich dieses berg- und hüttenmännische Wissen anzueignen.

Das in Möhra und Umgebung erzeugte minderwertige Kupfer dürfte gegenüber dem besseren Garkupfer der Seigerhütten in Thüringen ab den 1460er Jahren kaum noch konkurrenzfähig gewesen sein. Die schlechte Absatzlage und die mühsame Gewinnung und Verhüttung der Kupferschiefer ließen aller Wahrscheinlichkeit nach einen rentablen Bergwerks- und Hüttenbetrieb in den 1480er Jahren kaum noch zu. Wenn er weiterhin als Berg- und Hüttenmann tätig sein wollte, blieb Hans Luder keine andere Möglichkeit, als in ein anderes Revier zu wechseln. Da im ausgehenden Mittelalter erfahrene Berg- und Hüttenleute begehrte Fachleute waren, dürfte er mit seinen beruflichen Erfahrungen ein gesuchter Experte gewesen sein. Hans Luder stand mit einem Wechsel in ein anderes Bergrevier auch über Territorialgrenzen hinweg ganz in der Tradition der Berg- und Hüttenleute, die, wenn sie dort bessere Einkommens- bzw. Investitionsmöglichkeiten sahen, diese Chance zum beruflichen Weiterkommen bzw. geschäftlichen Erfolg aufgriffen.

HANS LUDERS ÜBERSIEDLUNG IN DIE GRAFSCHAFT MANSFELD

Luther beschrieb später den beruflichen Ortswechsel seines Vaters wie folgt: »Der Vater war der Sohn eines Bauern in Morn [Möhra], zog er dann in die Ferne nach Eisenach. Ist dann mit Weib und Sohn nach Mansfeld abgereist und ist

Abb. 38 Rösten der Kupferschiefer: A – Der Erzhaufen; B – Der entzündete Erzhaufen; C – Ein Arbeiter, der Schiefer auf das Strauchwerk schafft.

ein Metallicus, ein Berghauer geworden.« Hans Luder war nach dieser Aussage nicht direkt nach der Grafschaft Mansfeld gezogen, sondern zunächst nach Eisenach.

Der Hauptgrund für seine Übersiedlung nach Eisenach dürfte der Bergbau gewesen sein. Ein im Staatsarchiv Weimar vorliegendes Repertorium vom Ende des 16. Jh. enthält Eintragungen über eine Reihe von Dokumenten aus der Zeit von 1466–1482, die bergbauliche Aktivitäten im Raum Eisenach ausweisen, so auch im Kupferbergbau. Hans Luder könnte als erfahrener Berg- und Hüttenmann nun sein berufliches Fortkommen in Eisenach gesucht haben. Diese bergbaulichen Aktivitäten besaßen aber eher den Charakter von Prospektionen. Ein dauerhafter Bergwerksbetrieb ist für das ausgehende 15. Jh. quellenmäßig nicht zu verzeichnen. Hans Luder kam sicherlich während seines Aufenthaltes in Eisenach mit der Familie Lindenmann in (geschäftlichen) Kontakt, der zur Heirat mit Margaretha Lindemann führte.

Die Heirat Hans Luders, einem Sohn aus der ländlich-bäuerlichen Oberschicht in Möhra, mit einer angesehenen Bürgertochter aus Eisenach, scheint auf den ersten Blick kaum der statischen gesellschaftlichen Ordnung des ausgehenden Mittelalters zu entsprechen. Die wenigen Überlieferungen, die zur Familie Lindemann vorliegen, deuten darauf hin, dass die Lindemanns in Eisenach entweder aus dem gehobenen Handwerker- oder Kaufmannsstand stammten. Die Familie nutzte im ausgehenden Mittelalter die Möglichkeit zum weiteren sozialen Aufstieg, indem sie ihren Söhnen eine akademische Ausbildung zum Juristen ermöglichte. Die bürgerlichen Akademiker besaßen an der Zeitenwende vom Mittelalter zur frühen Neuzeit gute Aufstiegschancen in den sich nun herausbildenden landesherrschaftlichen Verwaltungen, die dringend juristisch ausgebildete Verwaltungsfachleute benötigten.

Hans Luder scheint sich neben seiner Herkunft aus der ländlich-dörflichen Oberschicht noch als Unternehmer im Bergwerks- und Hüttenwesen in Möhra und dann in Eisenach engagiert zu haben. Auch er strebte einen sozialen Aufstieg als Bergwerks- und Hüttenbetreiber (Gewerke) an. Die Heirat Margaretha Lindemanns mit dem (aufstrebenden) Bergwerks- und Hüttenbetreiber Hans Luder passte durchaus in das damalige, allmählich aufbrechende Gesellschaftsgefüge, zumal die ländlich-städtisch geprägte Lebenswelt von Eisenach nur graduelle Unterschiede zu der der ländlich-dörflichen Oberschicht in Möhra aufwies.

Die Familie Lindemann war seit der 2. Hälfte des 15. Jh. mit einer zweiten Linie in Eisleben vertreten, zu der auch Antonius (Antonio) Lindemann, ein Onkel von Hans Luders Ehefrau Margaretha, zählte. Ein um das Jahr 1529 vom Mansfelder Grafen Hoyer abgefasster Bericht liefert drei wesentliche Informationen über ihn: erstens, dass Antonius Lindemann Bergmann war, zweitens, dass er vor 1500 der oberste Berg- und Hüttenverwalter(-beamte) in der Grafschaft Mansfeld war und drittens, dass Antonius Lindemann ein Hüttenmeister war, der in den 1480er Jahren die Hütte im Teufelsthal pachtete. Der Mansfelder Chronist Cyriacus Spangenberg gibt zu Antonius Lindemann noch eine weitere wichtige und ergänzende Auskunft: er besaß an der Hütte im Teufelsthal auch den größten Anteil. Diese Informationen werfen ein neues Licht auf die Familie Lindemann. Ein Zweig dieser Familie engagierte sich wie Hans Luder im Berg- und Hüttenwesen.

Die silberhaltigen Kupferschiefervorkommen in Hettstedt, Mansfeld und Eisleben (Abb. 37) boten neuen Investoren ein breites Feld für profitable wirtschaftliche Aktivitäten. Allerdings stritten seit den 1460er Jahren die Kurfürsten von Sachsen und die Grafen von Mansfeld um die Berghoheit über die Kupferschiefervorkommen. Beide Herrschaftshäuser hatten die ökonomische und vor allem die fiskalische Bedeutung der neuen Seigertechnologie zur Ausbeutung der sil-

Abb. 39 Schmelzofen mit Vorherd, in dem die gerösteten Schiefer zu Kupferstein verschmolzen werden.

Abb. 40 Rösten des Kupfersteins: A – Der Stadel; B – Das Holz; C – Der Kupferstein.

berhaltigen Kupferschiefer erkannt. Solche Rechtsstreitigkeiten führten in der Regel zur Verunsicherung bei möglichen Investoren. Nachdem diese Auseinandersetzung nach einem Schiedsspruch des Deutschen Kaisers im Mai 1484 beigelegt worden ist, herrschte wieder Rechtssicherheit. Der Schiedsspruch des Deutschen Kaisers stellte einen rechtlichen Kompromiss dar: Die sächsischen Kurfürsten bekamen das Bergregal in der Grafschaft Mansfeld zugesprochen, wohingegen diese dem Mansfelder Grafenhaus als Ausgleich das Recht zur Ausbeutung der Kupferschiefervorkommen überlassen mussten (Abb. 38–40).

Hans Luder nutzte diese Situation bereits im Vorfeld und verließ Eisenach spätestens im Sommer des Jahres 1483 in Richtung Eisleben, da schon erste Nachrichten über eine nahende Beendigung des Streits in die Öffentlichkeit gedrungen waren. Seine Übersiedlung in die Grafschaft Mansfeld geschah sicherlich auf Anraten Antonius Lindemanns. Dieser war als oberster Bergverwalter in der Grafschaft Mansfeld bestens über die nahende Einigung informiert. Er gab – modern gesprochen – Hans Luder die entsprechenden Insider-Tipps und vermittelte ihm die notwendigen geschäftlichen Kontakte zu Eisleber und Mansfelder Hüttenmeisterfamilien. Hans Luder fand in Hans Lüttich, der aus einer alteingesessenen Eisleber Hüttenmeisterfamilie stammte und der 1501 und 1504 das Amt des Stadtvogtes von Eisleben bekleidete, einen Geschäftspartner.

Die immer noch geäußerte These, dass Hans Luder zunächst nur als einfacher Bergmann nach Eisleben/Mansfeld kam und sich dort mühsam vom Hauer zum Bergwerks- und Hüttenbesitzer hochgearbeitet hatte, entspricht wohl eher einem romantisierenden Wunschdenken des 19. Jh. Die nüchternen ökonomischen Fakten widerlegen diese These eindeutig: Hans Luder hätte die jährliche Pachtsumme für ein Feuer von einem Hauerlohn kaum aufbringen können. Sein späterer Zins für ein Herrenfeuer betrug 100 Gulden (= 2 100 Groschen / 1 Gulden = 21 Groschen) im Jahr. Der Hauerlohn lag bei maximal 14 Groschen in der Woche. Hans Luder hätte bei einer durchschnittlichen jährlichen Arbeitszeit von 45 Wochen bestenfalls einen Jahreslohn von 630 Groschen (30 Gulden) erzielen können. Dieser Wochenlohn war aber so knapp bemessen, dass er nur für die Grundlebenshaltung einer Hauerfamilie ausreichte.

Die Hauer konnten keineswegs von ihrem Lohn Ersparnisse machen. Hans Luder hätte etwa 3 1/3 Jahre arbeiten müssen, um den jährlichen Pachtzins für ein Herrenfeuer aufbringen zu können. Es ist deshalb zwingend davon aus-

zugehen, dass Hans Luder nicht als mittelloser Mann nach Eisleben/Mansfeld kam, sondern aufgrund seines familiären und verwandtschaftlichen Hintergrundes bereits über das notwendige Betriebs- bzw. Startkapital verfügte.
Auch sein rascher sozialer Aufstieg und seine schnelle gesellschaftliche Integration in die Führungskreise der Stadt Mansfeld stützen diese Vermutung. Eine der wenigen erhaltenen Urkunden aus der frühen Zeit führt ihn 1491 als einer der »Vieren von der Gemeinde« Mansfeld auf. Hans Luder gehörte demnach spätestens nach sieben Jahren Aufenthalt in Mansfeld zur bürgerlichen Schicht der Hüttenmeister. Er war 1502 erneut oder immer noch Mitglied dieses Kollegiums. Des Weiteren ist davon auszugehen, dass er bereits 1491 als selbstständiger Hüttenmeister tätig war. Die Hüttenmeisterfamilien stellten in der Stadt Mansfeld die Mittel- und Oberschicht und besetzten unter sich die städtischen Verwaltungspositionen.

Hans Luder zählte zu Anfang des 16. Jh. zum Kreis der angesehenen Hüttenmeister in der Grafschaft Mansfeld, wie Spangenberg in seiner Chronik für das Jahr 1513 berichtet. Spätestens seit 1508 übte er die nicht unbedeutende bergamtliche Funktion eines Schauherrn (Geschworenen) in den Revieren Lerchenfeld, Steudenberg, Rödichen und Pfaffental aus, die er bis zu seinem Tode 1530 inne hatte. Da die Zahl der Schauherren bis zum Jahre 1521 auf vier begrenzt war und sie direkt dem Bergmeister (Bergvogt) unterstanden, zählte Hans Luder neben seiner Tätigkeit als Berg- und Hüttenwerksunternehmer mit zu den fünf höchsten Bergbeamten in der Grafschaft. Er könnte in dieser bergamtlichen Funktion des Öfteren mit den Mansfelder Grafen zusammengekommen sein, um mit ihnen über den Fortgang des Berg- und Hüttenwesens zu beraten, wie Matthäus Ratzeberger (Ratzenberger) in seiner Geschichte zur Familie Luther berichtete.

Hans Luder verdankte seine angesehene soziale und gesellschaftliche Stellung seinen verwandtschaftlichen Beziehungen sowie persönlichen und geschäftlichen Kontakten. Die verwandtschaftlichen Verbindungen über seine Frau Margaretha Lindemann eröffneten ihm den sozialen Einstieg in das gesellschaftliche Umfeld von Mansfeld und Eisleben. Die Heirat seiner Kinder in weitere Hüttenmeisterfamilien stärkte seine Einbettung in die Führungsschicht der Mansfelder und Eisleber Gesellschaft. So heiratete eine seiner Töchter in die alteingesessene Eisleber Hüttenmeisterfamilie Mackenrodt ein, die zum ratsfähigen Bürgertum der Stadt Eisleben zählte und mit Hans Mackenrodt 1512 ein Ratsmitglied stellte.

DAS WIRTSCHAFTLICHE FUNDAMENT DER FAMILIE LUDER IN MANSFELD

Das wirtschaftliche Fundament der meisten Hüttenmeister, so auch das von Hans Luder, basierte auf drei Säulen: erstens auf dem Hütten- und Bergwerksbetrieb, der sie allerdings spätestens seit den 1520er Jahren in zunehmende finanzielle Schwierigkeiten brachte, zweitens auf Grund- und Landbesitz, der auch für den Berg- und Hüttenbetrieb genutzt wurde und drittens auf Zinseinkünften aus Geldverleihgeschäften. Zudem eröffnete die Übernahme von Bergbeamtenfunktionen eine weitere vierte Einnahmequelle: Hans Luder bezog für seine Schauherrenposition 80 Gulden als jährliches Gehalt und erhielt als zusätzliches Einkommen einen prozentualen Anteil von den verhängten Strafgeldern.

Nach einer für Hans Luder gewinnbringenden Phase als Berg- und Hüttenbetreiber zu Beginn des 16. Jh. geriet er ab den 1520er Jahren wie viele andere Hüttenmeister immer mehr in die finanzielle Abhängigkeit einer Seigerhandelsgesellschaft. Er musste als Sicherheit für seine Schulden seine Berg- und Hüttenwerke als Pfand verschreiben. Diese Schuldverschreibung mit der »Schwarzer Gesellschaft« liegt bislang weder im Original noch als Abschrift vor. Parallele Schuldverschreibungen anderer Hüttenmeister geben aber hinreichend Auskunft über diese geschäftliche Praxis der Seigerhüttengesellschaften. Hans Luder arbeitete in seinen letzten Lebensjahren nur noch als Angestellter auf seiner eigenen Hütte und erhielt von der Schwarzer Seigerhandelsgesellschaft einen Jahreslohn von 50 Gulden. Dieser Betrag war sicherlich gegenüber seinen früheren guten Gewinnen recht gering bemessen, aber er lag noch auf dem Niveau des Jahreslohnes eines Bergvogts in der Grafschaft Mansfeld.

Hans Luder verdiente trotz seiner finanziellen Schwierigkeiten als Bergwerks- und Hüttenunternehmer immerhin noch 130 Gulden (Schwarzer Gesellschaft 50 Gulden, Schauherr mindestens 80 Gulden) im Jahr, wohingegen der Jahreslohn eines Hauers bestenfalls bei 30 Gulden lag. Die weiteren Einkünfte aus dem Landbesitz und Geldverleihgeschäft sicherten der Familie Luder eine vom Berg- und Hüttenwesen unabhängige Einnahmequelle. Diese war umso bedeutsamer für den wirtschaftlichen Erhalt der Familie, da die Profite aus dem Bergwerks- und Hüttenwesen fortfielen und sie zum überwiegenden Teil in die finanzielle Abhängigkeit der Seigerhüttengesellschaften geraten waren.

Hans Luder hinterließ bei seinem Tod im Jahre 1530 Güter im Werte von 1 250 Gulden, die im Wesentlichen aus seinen zwei Häusern bzw. seinem Doppelhaus in Mansfeld und seinen Landgütern bestanden. Er hatte nur seine Bergwerks- und Hüttenanteile gegenüber den Seigerhandelsgesellschaften als Schuldpfand verschrieben; seinen Privatbesitz hielt er strikt von seinem Betriebskapital getrennt. Hans Luder handelte mit Sicherheit umsichtiger als die anderen Hüttenmeister, da es ihm gelang, seinen Privatbesitz vor deren Zugriff zu bewahren.

Möglicherweise ging aber nach seinem Tod der Hütten- und Bergwerksbesitz zur Tilgung der Verlagsschulden auf die Schwarzer Seigerhandelsgesellschaft über, da sein Sohn Jacob Luder nicht die Hütten und Bergwerke seines Vaters übernahm und nur seine eigenen weiter betrieb. Die Zehntlisten für das Jahr 1534 weisen nun den Sohn des langjährigen Geschäftspartners und Schwiegersohns von Hans Luder – Georg Kaufmann – als Betreiber dieser Bergwerks- und Hüttenbetriebe aus. Georg Kaufmann musste die geschäftlichen Beziehungen zur Schwarzer Seigerhandelsgesellschaft weiterführen, um die von Hans Luder angehäuften Betriebsschulden abzutragen. Es ist daher davon auszugehen, dass er wie Hans Luder nur noch als angestellter Faktor dieser Seigerhandelsgesellschaft arbeitete.

ZUSAMMENFASSUNG UND EIN AUSBLICK AUF DEN WEITEREN VERBLEIB DER FAMILIE LUDER

Hans Luder kam aus einer wohlhabenden bäuerlichen Familie, die der ländlich-dörflichen Oberschicht in Möhra und Umgebung angehörte. Seine Frau Margaretha stammte aus der angesehenen bürgerlichen Familie Lindemann in Eisenach, deren Nachfahren in bedeutsame akademische Positionen aufstiegen. Die Heirat zwischen einem begüterten Mann aus der bäuerlichen Oberschicht, der bereits im Raum Möhra im Bergwerks- und Hüttenwesen unternehmerisch tätig war, und einer städtischen Bürgerstochter passte sehr gut in das ländlich-städtisch geprägte soziale und gesellschaftliche Gefüge der frühen Neuzeit.

Hans Luders gute Verbindungen über die verwandtschaftlichen Beziehungen seiner Frau begünstigten die Übersiedlung in die Grafschaft Mansfeld und den raschen Aufstieg in die dortige soziale Oberschicht der Hüttenmeisterfamilien. Die Heirat seiner Kinder in angesehene Hüttenmeisterfamilien, deren gegenseitige verwandtschaftliche Verflechtung und die vielfältigen öffentlichen Funktionen stärkten seine soziale Einbettung in Mansfeld. Er gehörte zu Beginn des 16. Jh. zum Kreis der angesehenen Hüttenmeisterfamilien in Mansfeld und in seiner Funktion als Schauherr war er einer der höchsten Bergbeamten in der Grafschaft Mansfeld.

Das wirtschaftliche Fundament der Familie Luder basierte auf vier Säulen: dem Bergwerks- und Hüttenbetrieb, dem Landbesitz, dem Geldverleihgeschäften und den Einnahmen aus seiner bergamtlichen Funktion als Schauherr. Hans Luder verstarb trotz seiner Verschuldung bei der Schwarzer Seigerhandelsgesellschaft als relativ wohlhabender Mann, da es ihm – im Gegensatz zu vielen anderen Hüttenmeistern – gelungen war, sein Betriebskapital vom Privatbesitz getrennt zu halten.

Martin Luthers Aussagen zu seiner Herkunft aus einer ärmlichen Bauern- und Bergmannsfamilie müssen zukünftig mit Vorsicht gewertet werden. Er kam in Wirklichkeit aus einer recht wohlhabenden Hüttenmeisterfamilie, die durch ihre weitläufigen verwandtschaftlichen, freundschaftlichen und geschäftlichen Beziehungen fest in der bürgerlichen Elite der Grafschaft Mansfeld verankert war.

Hans Luders Sohn Jacob führte die Hüttenmeistertradition fort. Er wurde aber ein Opfer der geänderten Wirtschaftspolitik der frühneuzeitlichen Landesherren. Diese drängten seit dem Beginn des 16. Jh. die privaten Unternehmer aus dem Bergwerks- und Hüttenwesen hinaus, um deren Erträge für sich selbst zu beanspruchen. Jacob Luder verlor zunächst seine Herrenfeuer in der Grafschaft Mansfeld in den 1550er Jahren, dann 1563/64 die mit seinem Sohn Fabian seit 1555 gemeinsam betriebene Schmelzhütte am Rammelsberg bei Goslar im Herzogtum Braunschweig-Wolfenbüttel. Sein Sohn Fabian war später – in den 1590er Jahren – infolge finanzieller Schwierigkeiten gezwungen, auch seine Beteiligungen an Zechen am Rammelsberg an den dortigen Landesherrn abzutreten.

Auch die weiteren Nachkommen der Familie Luder in Mansfeld mussten einen sozialen Abstieg hinnehmen. Sie gerieten wahrscheinlich ebenfalls in arge finanzielle Schwierigkeiten und hatten 1579 auf »Fürstlich Magdeburgischen Befehl« das Doppelhaus in Mansfeld mit einem Schätzwert von 1 600 Gulden an die Erben des Markus Müller abzutreten. Die Mitglieder der einstmals selbstständigen Hüttenmeisterfamilie Luder waren in der dritten und vierten Generation nur nach als Lohnabhängige im Mansfelder Bergbau beschäftigt. Im Jahre 1575 zählte die Familie Luder einen Geschworenen, zwei Steiger und drei Bergknechte auf den Mansfelder Zechen Bader und Hirschwinkel, an denen vormals Hans Luder mitbeteiligt war.

Literaturhinweise
Bartels u. a. 2007; Fessner 2007; Schlenker 2007a; Stahl 2007; WATR.

ANDREAS STAHL

NEUE ERKENNTNISSE ZUR BIOGRAFIE MARTIN LUTHERS

Möhra – Eisleben – Mansfeld – Wittenberg

Die jüngst untersuchten, sowohl archäologischen als auch baulichen Zeugnisse zu Martin Luther und seiner Familie in Eisleben, Mansfeld und Wittenberg offenbarten bisher unbekannte Fakten aus der Biografie des Reformators. Dabei wurden mit Bodenarchäologie und historischer Bauforschung neue wissenschaftliche Methoden in der Lutherforschung angewendet, obwohl diese in der Denkmalpflege Sachsen-Anhalts eine fast 200-jährige Tradition haben. Kaum bekannt ist die Tatsache, dass die als UNESCO-Welterbe ausgewiesenen Stätten unseres Bundeslandes bauliche Faksimile einer staatlich postulierten Lutherrezeption des 19. Jh. sind. Dies gilt auch für die anderen nicht ebenso explizit verehrten Orte des Lebens und Wirkens des Reformators in Mitteldeutschland. So überformte oder ignorierte die institutionelle Denkmalpflege damals noch vielfach original vorhandene Substanz und schuf damit bauliche Ikonen der Lutherverehrung. Die von jener Zeit geprägten Instandsetzungen sind heute signifikant und besitzen wiederum ihre eigene Denkmalwertigkeit. Dass sie damals vor dem Hintergrund einer historistischen Geschichtsschreibung über das Reformationszeitalter initiiert und sekundiert wurden, geriet in Vergessenheit. Der dabei einzementierte Forschungsstand blieb bis in die Gegenwart hinein Grundlage einer didaktischen Präsentation der Behausungen und des Alltagslebens der lutherischen Familie. Es ist somit auch ein Stück Vergangenheitsbewältigung seitens der Denkmalpflege unseres Landes, neue wissenschaftliche Erkenntnisse einer interessierten Öffentlichkeit zu präsentieren und bisherige Überlieferungen zur Biografie Martin Luthers zu korrigieren.

Seit über zehn Jahren widmet sich die Stiftung Luthergedenkstätten in Sachsen-Anhalt in Zusammenarbeit mit dem zuständigen Landesamt für Denkmalpflege und Archäologie der Aufarbeitung der baugeschichtlichen Defizite ihrer musealen Standorte. Die mit einer methodischen Neukonzeption einhergehenden Umbauten und Erweiterungen in Wittenberg und Eisleben waren mit archäologischen, restauratorischen und bauhistorischen Untersuchungen verbunden. Das Fundmaterial und die Dokumentationen bedurften der Bestätigung und Deutung durch schriftliche Quellen. Einschlägige Erfahrungen mit archivalischen Voruntersuchungen zu den Stätten der Reformation in Mitteldeutschland gab es bereits. Beispielhaft wurden so die schriftlichen Quellen zum Lutherhaus in Wittenberg von A.-M. Neser aufgearbeitet, wie etwa die städtischen Kämmereirechnungen ab 1504, ein Steuerverzeichnis und eine Hausrechnung von 1542. Sie ermöglichten seltene Einblicke in den Alltag des Reformators und bildeten die Grundlage für den 2002 von I. C. Hennen verfassten bauhistorischen Rundgang durch das Lutherhaus Wittenberg.

Die Stadt Mansfeld stand im Gegensatz zu Wittenberg und Eisleben traditionell im Schatten einer kontinuierlichen Erforschung der Lutherstätten. Kaum beachtet von der staatlichen Lutherverehrung in Preußen etablierte sich hier zu den Reformationsfeierlichkeiten im Jahr 1817 eine lokales Gedenken seitens der Stadt- und Kirchengemeinde, was 1878 zur Gründung eines Vereins zur Rettung des lutherischen Elternhauses und 1885 zu dessen Umbau in eine gemeinnützige Memorialstätte führte. Die didaktische Grundlage bildete auch hier ein veralteter Forschungsstand. Ein archäologischer Zufallsfund im Jahre 2003 rückte den authentischen Ort von Luthers Kindheit nun in den Mittelpunkt der neuen Untersuchungsmethoden, da sie der bauhistorischen Einordnung und Verifizierung bedurften. Angefangen wurde 2004 mit ersten Baubeobachtungen und archivalischen Voruntersuchungen. Es stellte sich heraus, dass das Einzeldenkmal »Elternhaus« zu einer großen Hofanlage gehörte, und sowohl die archäologischen als auch bauhistorischen Befunde widersprachen der zum Vater Martin Luthers überlieferten und viel zitierten Vita vom »armen Bergmann, der mühsam die soziale Stufenleiter erklomm«.

Begünstigt wurden die neuen Erkenntnisse von der Prämisse, dass Archäologie und Bauforschung des späten Mit-

Abb. 41 Möhra, »Stammhaus« der Familie Luther, 2008. Stark überformtes Gehöft am Kirchplatz ohne erkennbare lutherzeitliche Substanz, das nicht identisch mit dem Gebäude auf der Lithografie von 1846 (B 2) ist.

telalters und der frühen Neuzeit zur Klärung ihrer Befunde zunehmend schriftliche Überlieferungen heranziehen können. So sind – ebenso wie zu den anderen Lutherstätten – zur Bau- und Nutzungsgeschichte des Elternhauses die reformations- und lokalgeschichtlichen Quellen zur Familie Luder und der Stadt Mansfeld in den Bibliotheken und Archiven ermittelt und quellenkritisch nach Hinweisen durchleuchtet worden. Die Affinität zum Mansfelder Bergbau spielte dabei eine große Rolle, denn der darauf beruhende soziale Status von Luthers Vater war die entscheidende Prämisse für den Erwerb eines Hauses in der Stadt. Es blieb wiederum dem 1910 wiederentdeckten vierten Teil der Chronik von Cyriacus Spangenberg aus dem 16. Jh. zu verdanken, die wichtigsten Forschungsansätze zu liefern.

Für das Reformationszeitalter war die Bergbaustadt Mansfeld ein singulärer Ort. Obwohl Eisleben die Geburts- und Sterbestadt sowie Wittenberg das geistige und familiäre Zentrum des Reformators war, prägte die kleine Stadt die Kindheit Martin Luthers und war die Heimat seiner Familie. Dabei war der historische Ort eher ein lokaler Zufall; es hätte ebenso Eisleben oder Hettstedt sein können. Entscheidend war das kursächsische Milieu, in der die Grafschaft Mansfeld eingebettet war. Denn offenbar bereiteten die ökonomischen und politischen Konstellationen in Mitteldeutschland sowie die längst überfällige theologische Auseinandersetzung mit dem römisch-katholischen Papsttum den fruchtbaren Boden, aus dem der Sohn eines Mansfelder Hüttenmeisters zur weltgeschichtlichen Persönlichkeit emporstieg. Der Einfluss war wechselseitig, so war die Reformation in seiner Heimatstadt stets, wie der lokale Kirchenhistoriker Carl Krumhaar 1885 schrieb, von der Prämisse geprägt: »Mansfeld ist Luthers ›liebes Vaterland.‹ Die Mansfelder evangelische Kirche hat sich unter Luthers Augen und unter Luthers Einfluß entwickelt.«

Obwohl erst 1400 als »vallis Mansfelt« in der Halberstädter Archidiakonatsmatrikel aufgeführt, muss der Ort – wenngleich eingeschränkt durch den gräflichen Immediatstatus – Markt- und Stadtrecht gehabt haben. Zweifellos profitierte die kleine Stadt von der Lage an der alten Handelsstraße Hamburg-Nürnberg, die über Sangerhausen und Erfurt führte. Neben dem Bergbau war das Bierbrauen ein Haupterwerbszweig, zumal ein Privileg des »Bierzwangs« 13 umliegende Dörfer umfasste. Dazu kam die opulente Hofhaltung der Grafenlinien auf Schloss Mansfeld, an der sicher die Kaufleute und Handwerker der Stadt (um 1500 ca. 3 000 Einwohner) gut verdienten. In dieser Zeit wurden zahlreiche private und öffentliche Bauten errichtet, so u. a. das alte Rathaus, fünf Spitäler und Siechenhäuser (vor allem für die eingewanderten Hütten- und Bergknechte), die Stadtschule, Brot- und Fleischscharren sowie eine Wasserversorgung. Die in der Innenstadt in nordsüdlicher Richtung verlaufende Hauptstraße war baulich von den Behausungen reicher Hüttenmeister und gelehrter gräflicher Hofbeamter geprägt; darunter die Eltern Martin Luthers.

Die städtische Entwicklung spiegelt sich in den Berichten verschiedener Chronisten wider. Cyriacus Spangenberg beschrieb nach 1570 die Stadt folgendermaßen: »Das Thal oder Stadt Mansfeltt liegt in einem Tal unter dem Schloß Mansfeltt gegen Abends, doch auf einem Bühel [Hügel], so auf dreien Seiten, gegen Morgen [Osten], Mittag [Süden] und Abend [Westen] abhangende Gründe hat, und ist etlicher maßen in das Gevierte, doch länger denn breit gebauet, soviel dieses anlangend, was mit der Ringmauer umbfangen ist, und hat etwan ohne die Kirche sieben Türme gehabt, vier Tore und zwo Pforten. Aber sonst etliche Vorstädte, als: gegen Mittag den Neuen Markt und denselben dreifach: den Obern, Mitteln und Untern Neuen Markt samt Thalwand und dem Leimenloch; gegen Mitternacht [Norden] das Unterthal und auf der Rechten gegenüber den Schlossberg und die Häuser am Bornwege; gegen Morgen den Haynberg mit dem Flutgraben daran unter dem Schloß, und gegen Abend den Raben.« Äußerst bemerkenswert fügte Spangenberg dieser Beschreibung eine Stadtskizze mit Legende hinzu, die für diese Zeit sehr selten und auch von hohem lokalgeschichtlichem Wert ist (Abb. 26; B 5). Die vier Stadtviertel hatten je einen Vertreter im Magistrat. Diese so genannten Vierherren waren übrigens wichtig für die lutherische Familiengeschichte.

Als gemeinsame Immediatstadt der sich konfessionell adversativ bekennenden Mansfelder Grafen war die Reformationszeit in Mansfeld durchaus eine diffizile Angelegenheit. Auch wenn man sich prinzipiell nach langem Ringen in der Grafschaft auf ein konfessionelles Simultaneum einigte, war der Konflikt zwischen altem Glauben und erneuertem Evangelium lang und intensiv. Erinnert sei an – ohne sie ausführlich zu behandeln – Bildersturm, Bauernkrieg, Schmalkaldischer Krieg und Erbsündestreit. Letzterer war übrigens untrennbar mit Cyriacus Spangenberg persönlich und der Stadt Mansfeld lokal verbunden. Der Vater Martin Luthers erlebte den konfessionellen Wandel seiner Heimatstadt mit, ohne explizit als glühender Anhänger der Reformation in Erscheinung getreten zu sein. Zeitlich auch nicht anders möglich, weisen die wenigen schriftlichen Quellen zu Hans Luder außerhalb seines beruflichen Wirkens auf sein Engagement innerhalb der katholischen Kirchengemeinde hin. Des Reformators Bruder Jacob hingegen war als Mansfelder Schultheiß stark in diesen konfessionellen Umbruch eingebunden, da der eigentliche Ausbau der evangelischen Kirche in der Grafschaft erst in den Jahren 1540–1580 erfolgte.

Wenig bekannt ist der Bezug zwischen Luthers Elternhaus und einer damals sehr polemisch diskutierten populären Begebenheit, zumal es auch als Zeugnis der engen Verbindung der Mansfelder Reformatoren mit Luthers Familie gilt: Der Bergmann Georg Bohse fand 1538 in einem tiefen Schacht hinter Leimbach einen Kupferschiefer, auf dem man goldfarben das Konterfei des Papstes mit dreifacher Krone und Chorkappe zu erkennen glaubte. Während es für die Katholiken ein Wunder war, wähnten die Protestanten darin eine Offenbarung des Antichristen. Der Luthervertraute Michael Coelius diskutierte im lutherischen Hause mit dem Finder des päpstlichen Konterfeis die theologischen Aspekte und konnte ihm nach langer Überzeugungsarbeit dieses Bildnis abhandeln. Über Martin Luther, Graf Albrecht von Mansfeld und Kurfürst Johann Friedrich von Sachsen gelangte es dann zum französischen König, der solche Wundergegenstände sammelte. Dass auf der Rückseite des päpstlichen Abbildes auch Luthers Angesicht zu sehen war, kann nur ebenso eine Legende gewesen sein. Auf der von Johannes Mellinger 1571 angefertigten Karte der Grafschaft Mansfeld (Abb. 23) ist diese Legende zeichnerisch überliefert.

Da in der Regional- und Kirchengeschichte die Mansfelder Lutherzeit zwar ausführlich, aber je nach konfessionellem Duktus kontrovers behandelt wurde, kommt den gegenständlichen und schriftlichen Quellen des Elternhauses eine besondere Bedeutung zu. Es wurden authentische Zeugnisse und schriftliche Überlieferungen des Alltags und der Behausung der Familie untersucht, die uns neue Einblicke und Erkenntnisse zur Herkunft und Kindheit Martin Luthers ermöglichten. Die Verbindungen der Familie Luther zur Grafschaft und Stadt Mansfeld sind dabei von ausschlaggebender Bedeutung. Martin Luthers frühneuzeitliche Lebenswelt war, bis auf wenige Ausnahmen, das kursächsische Mitteldeutschland. Sein Leben und zeitgenössisches Wirken fand hier seine stärkste Ausprägung. Familie und Freunde, Kollegen, Mitstreiter und Widersacher kamen also aus einem regional eng begrenzten Umfeld.

Es ist allgemein bekannt, dass die frühe Familiengeschichte des Reformators, insbesondere die Biografie seines Vaters Hans Luder, vielfach im Dunkeln liegt: Es gibt Legenden, Beschönigungen und Entstellungen, die zwar nicht zeitgenössisch, aber stets theologisch-kontrovers bedingt sind. Zur Herkunft Hans Luders aus dem thüringischen Möhra und der Verwandtschaft seiner Frau Margarethe Lindemann mit dem Eisenacher Patriziat liegen alte und neue Untersuchungen vor, insbesondere diejenigen, welche parallel zur Bauforschung vertiefend Fragen der lutherischen Sozial- und Montangeschichte behandelten. Allein die Tatsache, dass Hans Luder eine Frau aus diesem exklusiven bürgerlichen Milieu ehelichte, zeugt davon, dass er sozial viel höher einzustufen ist, als bisher angenommen. Neu ist: Die beruflichen und finanziellen Grundlagen der Tätigkeit Hans Luders im Mansfeldischen wurden bereits in der thüringischen Heimat gelegt. Die von M. Fessner exemplarisch aufgearbeiteten Quellen sind ein innovativer Neuansatz zur Aufhellung der familiären Herkunft des Reformators. Geschärft durch diese neuen Erkenntnisse wird dem Betrachter von Möhra und Umgebung plötzlich bewusst, dass man sich hier in einer spätmittelalterlichen Bergbau- und Hüttenlandschaft befindet. Dabei mutet es fast nebensächlich an, dass die bisher stets kritiklos verwendete Abbildung des lutherischen »Stammhauses« in Möhra aus dem Jahr 1846 (vgl. B 2) augenscheinlich nicht identisch mit dem heute ausgewiesenen Baudenkmal (Abb. 41) ist!

Die Übersiedlung des Elternpaares (Abb. 35) nach Eisleben spätestens im Jahr 1483 und dann im Frühjahr 1484 nach Mansfeld ist eine Schlüsselsituation hinsichtlich der Untersuchung des authentischen Ortes von Luthers Kindheit. Das Motiv war – wie heute immer noch – mit der Verbesserung der Lebenssituation zu begründen. Das Geburtshaus in Eisleben wurde vor kurzem im Auftrag der Lutherstiftung

Abb. 42 Lutherstadt Eisleben, Geburtshaus Martin Luthers von der Straßenseite. Die undatierte Postkarte zeigt die Fassade nach dem Umbau 1693 mit Relieftafel.

Abb. 43 Lutherstadt Eisleben, Hofansicht des Geburtshauses nach dem Umbau 2007. Die Freistellung der Memorialstätte erfolgte schon unter Friedrich August Stüler 1864–1867.

großzügig umgebaut und erweitert. Die dabei beauftragten archäologischen Sondierungen und restauratorischen Untersuchungen im Vorderhaus beantworteten nicht nur baugeschichtliche Fragestellungen, sondern korrigierten auch eine bisherige Überlieferung, dass die Familie Hans Luders 1483 beim wohl mit Margarete verwandten Antonius Lindemann Unterkunft fand. Das heutige Areal mit dem 1693 als singuläre Memorialstätte wiedererrichteten und im 19. Jh. überformten (Abb. 42) und vor 1983 im Inneren stark veränderten Geburtshaus mit der neugotischen Lutherarmenschule stimmt nicht mit dem spätmittelalterlichen Grundstück zu Luthers Geburt überein. Das von C. Matthes untersuchte Geburtshaus mit kleinem Hof (Abb. 43) ist nicht das Wohnhaus des obersten gräflichen Hüttenbeamten! Dazu war es viel zu unscheinbar, zumal ein neuer archivalischer Fund das eigentliche Wohnhaus des Antonius Lindemann nicht im Eisleber Petriviertel lokalisierte. Sicherlich kann das Haus auch an die Lutherfamilie vermietet worden sein, aber diese Korrektur gibt den Spekulationen zur Datierung und den Umständen der Geburt Martin Luthers am 30. November 1483 neue Nahrung. An der Authentizität des Geburtshauses und dem Taufort an der Stelle der erst 1513 fertig gestellten Kirche St. Peter und Paul gibt es (bisher) keine Zweifel.

Was überliefern uns tatsächlich zeitgenössische Quellen zum Beruf des Vaters Hans Luder? Entgegen der Angaben als »armer hewr« oder »metallicus, ein berghauer« in den Tischreden Martin Luthers – als den kaum verifizierbaren, aber stets interpretierbaren Selbstzeugnissen des Reformators – stehen zeitnah in der 7. Bergpredigt des Johann Mathesius von 1558 die Benennung Martin Luthers als »im Thal eines Hüttenherrns son«, und Philipp Melanchthon bezeichnete den Vater 1561 als »magistraten vrbis Mansfeldensis«. Eine später zitierte Eintragung zum Vater im Kirchenbuch St. Petri zu Eisleben zur angezeigten Geburt Martin Luthers als »metallifossori« konnte nicht verifiziert werden. Wortwörtlich genommen setzten aber gerade hier die Forschungen an

Abb. 44 Mansfeld, Elternhaus Martin Luthers, vor 1983. Die Memorialstätte von 1885–1887 als Faksimile des Wohnhauses »eines armen Bergmannes«.

und kamen zu demselben Ergebnis: Hans Luder war zur Geburt seines Sohnes nicht ein einfacher Bergmann, sondern Hüttenmeister, und er gehörte frühzeitig zu den Honoratioren seiner Stadt Mansfeld.

Es wurde in der Forschung bisher kaum beachtet, dass er – wie W. Mück bereits 1910 mit dem Verweis auf die spezifischen territorialherrschaftlichen Lehnsverhältnisse des Bergregals in Mansfeld feststellte – Hüttenmeister sein musste, um in den Mansfelder Bergbau einsteigen zu können. Des Weiteren auch Investor, da der Kupferbergbau und die Verhüttung sehr kapitalintensiv waren. Finanzielle Sicherheiten bildeten die Grundlage dafür, dass die Mansfelder Grafen ihre Feuer an Hüttenmeister verpachteten und auswärtige Verleger ihre Kredite gewährten. Hans Luder wirtschaftete demzufolge nicht ausschließlich als Montanunternehmer, da die Gewinnausschüttung durch politische und montaneigene Risiken sehr schwankte. So erschloss er alternative Geldquellen und Rücklagen. Archivalisch nachgewiesen, ruhte der relative und pekuniäre Wohlstand der Familie Luder in Mansfeld auf drei Säulen, die miteinander verflochten waren: Hüttenwesen/Bergbau, Grundbesitz/Landwirtschaft und Kapitalanlage/Geldverleih.

Die nachweisliche Prosperität und Komplexität der Unternehmungen des Hans Luder konnten schriftlich fixiert, baulich lokalisiert und frühzeitig datiert werden. Insbesondere seine Hüttenfeuer und Bergbaugesellschaften, aber auch sein Grundbesitz und Schuldverschreibungen sind aus Handels- und Gerichtsbüchern zu belegen. Eine von M. Fessner nachgewiesene Tätigkeit als Schauherr in der gräflichen Bergverwaltung war eine zusätzliche Einnahmequelle. Natürlich bildete sich dieser Wohlstand erst allmählich heraus, doch der stand von Anfang an auf einer soliden Grundlage, die weit über die Möglichkeiten eines einfachen Bergmanns hinausgingen. So verwundert es nicht, dass die in Mansfeld verbreitete Überlieferung, dass er bis 1507 zur Untermiete bei der Familie Dienstmann am Stufenberg 2 wohnte, nicht verifiziert werden konnte. Selbst die für jenes Jahr datierten ersten schriftlichen Hinweise zu einem Wohnhaus der Familie Luder in Mansfeld müssen quellenkritisch neu interpretiert werden.

Diese zwei Notizen sind im Handelsbuch des Jahres 1507 überliefert. Hans Luder hatte vor 1507 einem Andreas Kelner ein Haus abgekauft, wozu noch eine Restschuld von 100 Gulden zu begleichen war. Zuvor bezahlte er »zeit seins lebens« das Haus ab. Da 1578 die Schätzung des Hauses bei 1 600 Gulden lag, kann dies – trotz Erweiterung und Wertsteigerung – durchaus ein sehr langer Zeitraum gewesen sein. Er kaufte nicht 1507 das Haus, wie oft fälschlich geschrieben, sondern bezahlte eine wohl Jahre zurück liegende Restschuld. Somit war Hans Luder lange vor 1507 im Besitz des Kelnerschen Hauses. Indessen darf man nicht ausschließen, dass der junge Martin Luther darin aufwuchs. Dieses Kelnerische Haus befand sich wohl anstelle der heutigen Adresse Lutherstraße 24 (vermutlich mit dem Zwischenraum zur Nr. 26).

Da dies noch keine klaren Belege für den authentischen Ort der Kindheit des Reformators waren, sehen wir uns die Quellen zur gesellschaftlichen Reputation des Vaters an. Bevor archivalisch Nachweise zu einem Haus auftauchten, zählte Hans Luder bereits lange zu den Honoratioren der Mansfelder Stadt- und Kirchengemeinde. Die von I. Roch-Lemmer untersuchte Altarstiftung vom 24. Juni 1491 benannte Hans Luder (da Leuder) als Vierherr der Gemeinde. Spangenberg erklärte anschaulich diese Bezeichnung aus der besonderen städtischen Selbstverwaltungsstruktur in Mansfeld, etwa vergleichbar mit der Funktion eines Viertelmeisters. So etabliert tauchte er archivalisch weiterhin 1497, 1502, 1505 und 1510 auf. Die erste urkundliche Erwähnung Hans Luders in Mansfeld im Jahre 1491 mit dem Kauf des Elternhauses zu verbinden, ist ein Irrtum – wenngleich ein Zusammenhang besteht. Hans Luder war als Vierherr:

a) eingeschriebener Bürger der Stadt Thal-Mansfeld,
b) besaß Haus und Vermögen,
c) wohnte – laut Reihenfolge der vier Stadtviertel – in der Innenstadt.

Bemerkenswert ist, dass die frühen urkundlichen Nachweise zu Hans Luder als »Vierherr« fast ausschließlich zu Altarweihen in der Stadtkirche St. Georg überliefert sind. Dies entspricht der archivalischen Provenienz jener Zeit, spiegelt aber auch die tief in der frühneuzeitlichen Gesellschaft verwurzelte Gläubigkeit wider, die traditionell unter den Montanbeschäftigten besonders verbreitet war. Die 1491 genannte Altarstiftung konnte durch eine Konfirmationsurkunde des Magdeburger Erzbischofs Ernst aus dem Jahre 1492 verifiziert werden. Weitere Altarweihen durch den Halberstädter Weihbischof Mathias Kanuti sind überliefert. Der damit einhergehende Ablasshandel diente wohl dem Neubau der Kirche und deren Innenausstattung. Folglich ist die Mansfelder Stadtkirche auch ein Monument vorreformatorischer Frömmigkeit der lutherischen Familie!

Fast unbeachtet blieben so Wallfahrtstraditionen der Berg- und Hüttenleute in Thüringen und Mansfeld sowie die Taten christlicher Nächstenliebe. Hans Luder war nachweislich vor 1505 in der Marienbruderschaft und 1510 in der barmherzigen Bruderschaft St. Georg – so steht er im Jahre 1509 in der Spendenliste seiner Stadtkirche.

Die gemeinsame Betreibung von Hütten und Schächten schloss die Hüttenmeister bei aller Konkurrenz enger zusammen, weswegen sie nicht nur als Nachlassverwalter der Teilhaber fungierten, sondern sich auch untereinander verschwägerten. Bereits Martin Luther gebrauchte für jene soziale Gruppe den Begriff »meyner freundtschafft«. Diese für die Mansfelder Region bis heute typische Diktion kennzeichnet ein sehr persönliches Beziehungsgeflecht familiärer, wirtschaftlicher und konfessioneller Art. Nach den spärlichen Kindheitserinnerungen Martin Luthers entstand vor 1500 eine lebenslange »Freundschaft« zu Nikolaus Oemler und Hans Reinicke – Söhne der reichsten Hüttenmeister. Sie waren Kinder einer sozialen Schicht.

Oemler, der den kleinen Martin huckepack zur Schule trug, wohnte übrigens zwischen dem Elternhaus und der Schule an der ansteigenden Hauptstraße. Als jetzige Lutherstraße war sie bevorzugter Wohnort der Mansfelder Hüttenmeister. Die Schule Martin Luthers wurde im 19. Jh. fälschlich im Rektoratshaus Lutherstraße 8 lokalisiert und denkmalpflegerisch vom preußischen Staat betreut – obwohl der zweigeschossige Bau über dem Sitznischenportal ein Relief des Drachen tötenden heiligen Georgs mit einer Datierung 1610 trägt. Die authentische Schule neben der Kirche wurde erst 1938 nach archivalischen Recherchen wiederentdeckt, doch der Verfall war nicht mehr aufzuhalten, so dass an dieser Stelle vor wenigen Jahren ein kompletter Neubau für die Stadtinformation mit Archiv errichtet wurde.

So bleibt in Mansfeld neben der Kirche nur das lutherische Anwesen als authentischer Ort der Kindheit des Reformators, auf den in einem nachfolgenden Beitrag eingegangen wird. Es gab nachweislich zwei Vorgängerbauten und mindestens drei lutherzeitliche Bauphasen, die letztlich zwei Häuser vereinigten. Nach dem Tod von Hans Luder im Jahre 1530 bewohnte es bis zu seinem Ableben 1571 der Bruder des Reformators, der Hüttenmeister und Schultheiß Jakob Luther. Nachdem 1578/79 die Familie das repräsentative Anwesen zur Schuldentilgung verlor, gehörte es noch angesehenen Personen, wie dem Eisleber Ratsherr Tobias Stoßnack oder dem Gutsherr Major Heinrich von Bülow, bevor es allmählich im 18. Jh. verfiel. Noch heute prägend sind der Abriss der Mittelachse oder eines Zwischenbaus im Jahre 1807 und der Ausbau der Nr. 26 zur Luthergedenkstätte 1885–1887 (Abb. 44).

Die exklusive städtebauliche Lage am Rabentor ist heute noch nachvollziehbar. Vom heutigen Hof nimmt man wie damals von den Fenstern des Ober- und Dachgeschosses über sich thronend das mächtige befestigte Schloss der Grafen von Mansfeld wahr. Dieser imposante Anblick prägte sicherlich das Gemüt des Kindes und fand vielleicht seinen Ausdruck in dem von Martin Luther 1529 geschriebenen und komponierten Kirchenlied: »Ein feste Burg ist unser Gott, ein gute Wehr und Waffen [...]«

Auch als Martin Luther 1497 seine Heimatstadt in Richtung Magdeburg und dann Eisenach verließ, blieb der familiäre und soziale Einfluss der Mansfelder »Freundschaft« auf seine Biografie immanent. Wenig untersucht ist die Eisenacher Jugendzeit in Hinblick auf die Beziehungen zu seinen Eltern. Das Cotta'sche Haus in der heutigen Bachstadt präsentiert sich seit 1956 als authentisches Lutherhaus, obwohl es schon stilistisch in der Renaissance signifikant überformt wurde.

Der von Kirchenhistorikern oft gebräuchliche Zeitpunkt des Wohlstandes Hans Luders erst auf 1501, dem Studienbeginn seines Sohnes in Erfurt festzumachen, wurde bereits entkräftet, zumal die Kontinuität einer Ausbildung spätestens seit 1497 nachvollziehbar ist. Interessant war dabei die Überlieferung, dass Martin Luther Rechtswissenschaften studieren sollte. Die oben genannten komplizierten Lehnsverhältnisse im Mansfelder Bergbau und der direkte Zugang zu den Landes- und Regalherren waren durchaus praktische Gründe, einen Juristen in der Hüttenmeisterfamilie zu haben. Für nichtadlige Familien war – neben der geistlichen – diese Laufbahn eine Möglichkeit, höhere gesellschaftliche Stel-

Abb. 45 Lutherstadt Wittenberg, »Das hintere Gebäute des Augustei, worin Luthers Wohnung«, Lithografie von E. Dietrich um 1826–1829. Es handelt sich um eine seltene Ansicht der Nordseite des Lutherhauses vor der regotisierenden Erneuerung nach Plänen von Friedrich August Stüler ab 1846.

Abb. 46 Lutherstadt Eisleben, Augustiner-Eremitenkloster St. Annen, 2008. Im Dachgeschoss mit Fachwerkzwerchhäusern befinden sich noch Mönchszellen von 1515/16.

lungen zu erreichen oder gar in den Amtsadel aufgenommen zu werden. Vorbild war zweifellos Philipp Drachstedt, Doktor der beiden Rechte, Assessor am Kaiserlichen Kammergericht zu Speyer und als Jurist bestallter Rat verschiedener Mansfelder Grafen, später auch bei Kardinal Albrecht von Brandenburg – und vor allem Hüttenmeister und Geschäftspartner des Vaters Hans Luder. Dieser wollte den Sohn in seiner sozialen Schicht fest verankern, wenn nicht sogar zum gräflichen Rat aufsteigen lassen. Dass Martin Luther am 18. Februar 1546 im Eisleber Haus des besagten Dr. Philipp Drachstedt starb, ist ein Fatum der Lebensgeschichte des Reformators.

Die Umstände des Klostereintritts Martin Luthers 1505 sind mannigfach in verschiedenen Versionen überliefert. Eine These, dass er sich damit auch der Heirat mit der Tochter eines Hüttenmeisters entzog, wurde jüngst wiederholt. Nicht bestätigt werden kann aber die Überlieferung, der Vater Hans Luder hätte erst viel später seinem Sohn die Wahl einer geistlichen Laufbahn verziehen. Dem widersprach nicht nur der demonstrative »Lutherzug« nach Erfurt zur Priesterweihe Martins im Jahr 1507, sondern auch ein verschollener Hinweis in den Wittenberger Kämmereirechnungen, der sich im Zusammenhang mit Recherchen zur Baugeschichte des dortigen Augustiner-Eremitenklosters (Abb. 45) wiederfand. So kann anhand der Kämmereirechnungen nachgewiesen werden, dass unmittelbar nach der Rückkehr Martin Luthers von der Wartburg ihn sein Vater zu Pfingsten 1522 in Wittenberg besuchte. Vertiefende Baubeobachtungen und die Archivforschung zu Wittenberg erbrachten unerwartete Erkenntnisse: sowohl zur Lokalisierung als auch zur wahrscheinlichen Datierung des »Turmes« am Wittenberger Augustinerkloster, in dem Martin Luther nach eigener Angabe die reformatorische Schlüsselerkenntnis über die »Gerechtigkeit Gottes« erlangte! Sie gehören somit zu den bemerkenswertesten Ergebnissen der Archäologie und Bauforschung in der Lutherforschung.

Martin Luther blieb seiner Heimat emotional wie auch kritisch verbunden, so bekannte er im Schreiben an die Grafen Philipp und Hans Georg von Mansfeld im Jahr 1542: »Aber ich bin ein Landeskind in der Herrschaft zu Mansfeld, dem es gebühret, sein Vaterland und Landesherrn zu lieben und das Beste zu wünschen, dazu auch ein öffentlicher Prediger, der da schuldig ist zu vermahnen, wo jemand, durch den Teufel verführt, nicht sehen kann, was er für Unrecht tut.« (WABr 10, 307). Noch in der Wittenberger Klosterzeit führte ihn sein Amt als Distriktsvikar nach Eisleben. Er war dort 1515/16 maßgeblich an der Einrichtung des Augustiner-Eremitenklosters in der Neustadt beteiligt. Es darf als besonderer Glücksfall gelten, dass vor kurzem durch die Bauforschung des halleschen Landesamtes die Authentizität des Konventshauses mit seinen lutherzeitlichen Klosterzellen bestätigt werden konnte, zumal es in Mitteldeutschland nichts Vergleichbares mehr gibt (Abb. 46).

In Eisleben wurde mit Hilfe der schriftlichen Quellen der jahrhundertelange Irrtum des authentischen Sterbeortes Martin Luthers korrigiert. Die Lutherstadt war und bleibt das »Bethlehem« und »Jerusalem« des Reformators. Als er sich

Abb. 47 Lutherstadt Eisleben, Museum »Luthers Sterbehaus« am Andreaskirchplatz, 2004. Der irrtümlich als Luthers Sterbehaus initiierte historisierte Umbau geschah 1863–1868 unter Friedrich August Ritter.

Abb. 48 Lutherstadt Eisleben, Markt 56, 2004. Das Stadtschloss der Mansfelder Grafen (ab 1570) ist der authentische Sterbeort Martin Luthers.

krank in Eiseskälte wiederholt am 23. Januar 1546 von Wittenberg nach Eisleben begab, war die Reise nicht nur durch widrige Wetterumstände, sondern auch durch das schier unmögliche Unterfangen belastet, die immanenten Streitigkeiten seiner »lieben« Landesherren, den Mansfelder Grafen, zu schlichten. Zwei seiner Söhne begleiteten ihn; er brachte sie übrigens bei seinem Bruder Jacob Luther im Elternhaus zu Mansfeld unter.

Die Stiftung Luthergedenkstätten in Sachsen-Anhalt und das Landesamt für Denkmalpflege und Archäologie Sachsen-Anhalt verband vor einigen Jahren ein gemeinsames Interesse an der Klärung der Authentizität des Sterbehauses Martin Luthers. Denn das Haus am Andreaskirchplatz 7 wurde 1840 als Denkmal »Sterbehaus« im preußischen Staat verzeichnet und nach dessen Ankauf 1862 anhand der Überlieferungen passend umgebaut (Abb. 47). Es konnte der Nachweis erbracht werden, dass die weltweit bekannte Luthergedenkstätte am Andreaskirchplatz in Eisleben nicht das Sterbehaus des Reformators ist! Martin Luther starb am 18. Februar 1546 im »Drachstedt'schen Haus« am jetzigen Markt 56 (Abb. 48). Überliefert ist hierzu das Hauszeichen des Hüttenmeisters Thile Rinck, dem Vorbesitzer, der es seinem Schwiegersohn Philipp Drachstedt vererbte. Bislang konnte nicht schlüssig geklärt werden, warum dann 1546 der Herbergswirt Johann Albrecht hieß. Das lange als verschollen geltende Testament des Philipp Drachstedt wurde vor kurzem aufgefunden. Demnach fiel das Haus nach dessen Tod 1539 an seinen Schwiegersohn, den Hüttenmeister Hans Stahl, der wiederum seinen Schwiegersohn Johann Albrecht dort wohnen ließ. Da sich Hans Stahl – wie die anderen Mansfelder Hüttenmeister – verschuldete, fiel das Sterbehaus Martin Luthers an einen Mansfelder Grafen, der an dieser Stelle nach 1570 sein Stadtschloss mit Kanzlei errichten ließ. Das gemeinsame Schicksal der Hüttenmeister und ihrer Familien in Mansfeld und Eisleben kann man also nicht zuletzt an der Bau- und Nutzungsgeschichte ihrer Häuser ablesen.

Mit Methoden der Archäologie und historischen Bauforschung konnten bisher unbekannte Erkenntnisse zum Leben und Wirken des Reformators erbracht werden. Die Herkunft aus dem thüringischen Möhra und der Status des Vaters in Mansfeld wurden ebenso korrigiert, wie die Bewertung des Geburtshauses oder die Authentizität des Sterbehauses in Eisleben. Baugeschichtliche Erkenntnisse zum Kloster Wittenberg sind von reformationsgeschichtlicher Relevanz und die Verifizierung der originalen Mönchszellen des Annenklosters in Eisleben gehörte zu den Überraschungen der gemeinsamen Arbeit von Archäologen und Bauforschern in der Denkmalpflege. Die traditionelle Lutherforschung wurde um neue Methoden und Ergebnisse bereichert, die sich vor allem an den gegenständlichen Hinterlassenschaften der Lutherzeit orientierten. Die archäologischen Funde in Eisleben, Mansfeld und Wittenberg waren ein besonderer Glücksfall, uns dies ins Bewusstsein zu bringen.

Literaturhinweise

Keil 1752; Krumhaar 1839/59; Mathesius 1558/1975; Melanchthon 1561/1975; Möllenberg 1906; Spangenberg 1913-1925; WABr.

MARTIN TREU

LUTHER-BILDER

Die Druckerpresse verhalf der Reformation Martin Luthers zum Durchbruch. Mit Blick auf seine Schriften ist dies eine Binsenweisheit. Weniger bedacht worden ist die Tatsache, dass mit ihrer Hilfe auch Porträts des Reformators – sei es als Kupferstich oder als Holzschnitt – unter das Volk gebracht wurden, die immens zur Popularität Luthers beitrugen. Weit über den Kreis der kleinen Minderheit der Lesekundigen hinaus bekam die neue Glaubensbewegung aus Wittenberg ein Gesicht.

Dabei liegen die Anfänge der später äußerst wirksamen Medienkampagne im Dunklen. Seit Luthers »Sermon von Ablass und Gnade« vom März 1518 befand er sich auf dem Weg zum erfolgreichsten Schriftsteller seiner Zeit. Die Flugschrift erlebte 22 Auflagen in zwei Jahren und wurde ins Dänische, Tschechische und Holländische übersetzt. Dies spiegelt ein spontanes Interesse der Leserschaft wider, deren Nerv der Reformator mit seinen Themen und seiner sprachlichen Gestaltung offensichtlich traf. Vor diesem Hintergrund liegt es nahe, auch ein Interesse am Aussehen des Autors zu vermuten. Wer Luthers Schriften las, wollte wissen, wie er aussieht.

Hier ergibt sich allerdings ein Problem. Der künftige Schöpfer der Lutherbilder, Lucas Cranach d. Ä., arbeitete seit 1509 als Hofmaler des Kurfürsten Friedrich III. von Sachsen in Wittenberg. Zumindest für seine Gemälde ist davon auszugehen, dass sie im herrschaftlichen Auftrag entstanden. Freie Grafik konnte sich nach den Bedürfnissen eines auch bürgerlichen Marktes richten. Im Falle des früh um Luthers Auftreten entbrannten Konflikts scheint es jedoch eher unwahrscheinlich, dass Arbeiten mit seinem Bildnis ohne Benehmen mit dem kursächsischen Hof entstanden. Dass sich davon nur Spuren erhalten haben, ordnet sich stringent in die Politik Friedrichs ein. Deren höchstes Ziel war es, sowohl Gegner als auch Freunde grundsätzlich im Unklaren zu lassen, welche Ziele mit welchen Mitteln zu verfolgen seien. So hatte Friedrich sich bei allen Anfragen in der Luthersache für neutral erklärt. Ob er sich als Anhänger des Reformators verstand, konnten und sollten schon die Zeitgenossen nicht wissen. Deswegen dürfte eine Klärung dieser Frage heute wohl kaum möglich sein.

Fassbar ist jedenfalls eine Initiative von Albrecht Dürer, der in einem Brief von 1520 dem kurfürstlichen Geheimsekretär Georg Spalatin mitteilte, dass er beabsichtige, von Luther ein Porträt im Kupferstich herzustellen, »zu einem langen Gedächtnis des christlichen Mannes«. Dazu ist es bekanntlich nicht gekommen, was bei der Frage nach dem »Realitätsgehalt« der späteren Lutherporträts noch eine Rolle spielen wird. Zusammen mit dem Brief übersandte Dürer drei Exemplare seiner Darstellung des Kardinals Albrecht von Brandenburg im Kupferstich. Es ist nun durchaus denkbar, dass Spalatin Dürers Anregung aufgriff, da er in allen Punkten, die Luther betrafen, durch den Kurfürsten als Vermittler benutzt wurde, um dessen Behauptung aufrecht erhalten zu können, dass er mit Luther nie direkten Kontakt gehabt habe. Mit Sicherheit wissen wir, dass Cranach im selben Jahr seine Fassung des Dürerschen Porträts des Kardinals Albrecht verfertigte und ein erstes Porträt von Luther. Für beide Arbeiten wählte er die ungewöhnliche Technik des Kupferstiches, der zwar eine detailreichere Darstellung, aber weniger Abzüge ermöglicht als der Holzschnitt.

1. LUTHER ALS MÖNCH VON 1520 (Abb. 49)

Im strengen Sinn ist dies nicht das erste Lutherbild. Bereits 1519 erschien auf einer Titelvignette einer Schrift zur Leipziger Disputation die Abbildung eines Mönches mit Doktorhut und spiegelverkehrter Inschrift »Doctor Martinus Luther Augustiner Wittenberg«. Dabei handelte es sich allerdings nicht um ein Porträt, sondern eher um ein Sinnbild.

Das kleinformatige Werk mit der Datierung 1520 zeigt Martin Luther im Brustbild nach rechts gewandt mit übergroßer Tonsur und Mönchskutte. Die Züge sind scharf ausgeprägt, die Wangenknochen treten ebenso hervor wie der

Abb. 49 Luther als Mönch, Lucas Cranach d. Ä., Kupferstich 1520.

markante Bogen der Augenbrauen. Die Augen liegen tief in ihren Höhlen und blicken weg vom Betrachter in die Ferne. Diese Darstellung deckt sich mit der Beschreibung eines Augenzeugens der Leipziger Disputation von 1519: »Martinus ist von mittlerer Gestalt. Er hat einen hageren Körper, gleichermaßen von Sorgen und Studien erschöpft, so dass der, der genau hinsieht, fast alle Knochen zählen kann. Er ist noch immer von jugendlichem und frischem Lebensalter und hat eine scharfe und deutliche Stimme.«

Luther war zum Zeitpunkt der Darstellung 37 Jahre alt und damit nach den Maßstäben der Zeit kein junger Mann mehr. Nach humanistischer Manier fügt Cranach ein lateinisches Distichon als Bildunterschrift hinzu, das in deutscher Übersetzung lautet: »Ein ewiges Abbild seines Geistes drückte Luther selbst aus, Cranach zeichnete nur die äußerliche und sterbliche Gestalt.« Der Verfasser dieses Verses ist unbekannt, zu denken wäre an Melanchthon, der seit 1518 in Wittenberg lehrte. Die in der Unterschrift genannte Unterscheidung zwischen innerlicher und äußerlicher Gestalt ist dagegen auch bei Dürer zu finden. Geschickt ist die Vokabel exprimit eingefügt, die den Eingeweihten an den ähnlichen Ausdruck für »drucken« denken lassen konnte und somit auf Luthers Erfolg als Autor anspielt. Die Verwendung eines lateinischen Verses dürfte die Nutzung des Bildes auf einen kleinen Kreis akademisch Gebildeter beschränkt haben. Tatsächlich sind aus dem ersten Abdruck von 1520 heute nur noch drei Exemplare erhalten, 30 weitere stammen aus einem Nachdruck von 1570.

Mit derselben Datierung findet sich eine weitere Version des Porträts, die lange für eine Werkstattarbeit gehalten wurde, heute aber als Werk Cranachs gilt. In einer Bogennische ist der Mönch mit deutlich weicheren Gesichtszügen dargestellt. Die linke Hand erhebt sich zum Redegestus, die rechte hält ein nur im Anschnitt erkennbares Buch. Damit dürfte wohl zum einen Rückbezug auf die Tradition signalisiert werden, zum anderen Bereitschaft zur Diskussion. Zusammen mit der Milderung der überscharfen Gesichtszüge der ersten Fassung ergibt sich ein deutlich konziliantere Luther. In dieser Form fand das Porträt weite Verbreitung und etliche Kopisten.

2. LUTHER MIT DEM DOKTORHUT

Noch vor dem Reichstag zu Worms im April 1521, auf dem Luther geächtet werden sollte, muss diese monumentale Darstellung entstanden sein. Wiederum verwendete Cranach den Kupferstich, jedoch stellte er den Reformator blattfüllend im Profil dar. Das war nun mehr als ungewöhnlich. Profildarstellungen kamen im 15. Jh. in Italien für Medaillen auf, die ausnahmslos Herrscherpersönlichkeiten gewidmet waren. Eine reine Profildarstellung eines Bürgerlichen erhebt also einen besonderen Anspruch. Dürer kommentiert diesen Anspruch indirekt, wenn er 1523 Luthers Gegner Albrecht von Mainz ebenfalls im Profil zeigt.

Neben dem dokumentierten Anspruch auf Herrschaft tritt der auf Gelehrsamkeit hervor, symbolisiert durch den Doktorhut, der geradezu überdimensioniert wirkt. Unter dem Bild findet sich abermals eine lateinische Inschrift, die zwar in der Form von der ersten Darstellung abweicht, im Inhalt aber wiederum den Unterschied von äußerer Gestalt und geistigem Inhalt betont. Diese Form der Darstellung wurde durch etliche Kopien sehr populär.

3. DAS ÄLTESTE GEMÄLDE (Abb. 50)

Vor 1525 gibt es von Luther nur drei Darstellungen in einem Gemälde. Das älteste dürfte ebenfalls auf die Zeit kurz vor dem Wormser Reichstag datieren und zeigt den Reformator wiederum mit dem Doktorhut und der Kutte des Mönches. Da das Bild mehrfach übermalt, auch vom originalen Holz-

Abb. 50 Luther mit dem Doktorhut, Lucas Cranach d. Ä., Öl auf Holz (auf Leinwand übertragen), um 1520.

Abb. 51 Martin Luther, Lucas Cranach d. Ä., Pergament/Papier auf Rotbuche, 1525.

grund auf Leinwand übertragen wurde, lassen sich weitergehende Überlegungen damit nicht verknüpfen. Fest steht nur, dass Luthers Popularität in Worms ihren Höhepunkt erreichte, was sich in einer Fülle von Kopien der bisherigen Cranachporträts niederschlägt.

4. »JUNKER JÖRG«

Unter diesem Namen lebte Luther nach seiner Verweigerung des Widerrufes in Worms von Mai 1521 bis März 1522 auf der Wartburg. Im Spätherbst 1521 kam er für einige Tage heimlich nach Wittenberg. Cranach nutzte die Gelegenheit, um ihn in seiner Tracht als Ritter zu porträtieren. Das volle Haupthaar und der Bart sollten den Reformator unkenntlich machen. Auf diesem Gemälde basiert ein Holzschnitt, der allerdings erst nach Luthers offizieller Rückkehr 1522 erscheinen konnte. Anders als in den vorangegangenen Grafiken besagt die lateinische Unterschrift den entschiedenen Bruch des Reformators mit Rom. Diesem Holzschnitt sollte eine Nachwirkung beschieden sein. Noch 1598 schuf Heinrich Göding d. Ä. eine Radierung, für die Cranachs Gemälde als Vorbild diente.

5. HOCHZEITSBILDER (Abb. 51)

Verglichen mit den anderen Reformatoren heiratete Luther verhältnismäßig spät, nämlich erst im Juni 1525. Die Hochzeit mit der ehemaligen Nonne Katharina von Bora löste einen Skandal aus. Wie nicht anders zu erwarten, sah die altgläubige Seite darin den Beweis, dass es Luther in Wirklichkeit nicht um die Reinheit des Evangeliums gegangen war, sondern nur um sein persönliches Wohlleben. Kritik kam aber auch von seinen Anhängern, allen voran Philipp Melanchthon, die sich allerdings weniger auf die Tatsache der Heirat an sich, sondern vielmehr auf die Person der Braut richtete, die als wenig geeignete Gattin galt.

Anlässlich der Hochzeit schuf Cranach ein Doppelrundbild des Ehepaares, das wegen seines kleinen Formates als private Gabe des Malers gelten könnte. Dagegen spricht jedoch, dass auch von diesem Bild mehrere Fassungen existieren. Der barhäuptige Reformator ist allerdings bis hin zu den Bartstoppeln sehr individuell aufgefasst. Das ursprünglich zugehörige Bildnis der Katharina ist in den Sammlungen des Lutherhauses nicht enthalten. Ihre Darstellung mit Netzhaube und ohne Schleier verweist auf ihren Status noch als Braut.

Abb. 52 Martin Luther, Lucas Cranach d. Ä. (Werkstatt), Öl auf Rotbuche, 1528.

Abb. 53 Katharina von Bora, Lucas Cranach d. Ä. (Werkstatt), Öl auf Rotbuche, 1528.

6. EHEBILDER (Abb. 52; 53)
In sehr viel größerer Anzahl haben sich Doppelporträts des Ehepaares Luther im Hochrechteckformat erhalten. Ihre malerisch geringere Qualität charakterisiert sie als Werkstattarbeiten. In Weimar befindet sich eine Schablone für den Lutherkopf (vgl. F 31), die nahelegt, dass die Werkstatt Formen der arbeitsteiligen Produktion nutzte. Von Cranach selbst ist die Schnelligkeit überliefert, mit der er arbeitete. Potenziert durch eine geschickt organisierte Werkstatt konnten so 60 Doppelporträts der Kurfürsten Friedrich und Johann als kleinformatige Gemälde in nur sechs Wochen des Jahres 1532 hergestellt werden.

Die Darstellung eines bürgerlichen Ehepaares stellt in Deutschland in der 1. Hälfte des 16. Jh. eher die Ausnahme als die Regel dar. Bezeichnenderweise gibt es keine authentische Darstellung der Gattinnen Philipp Melanchthons und Johann Bugenhagens.

Man wird also in diesem Fall mit der Einwirkung des Hofes zu rechnen haben. Kurfürst Johann, der in der Zeit von Luthers Heirat an die Regierung kam, galt – anders als sein Bruder – als erklärter Lutheraner. Offensichtlich verstand sich die Produktion der Ehebilder als offizielles Bekenntnis zur Rechtmäßigkeit der Ehe zwischen dem ehemaligen Mönch und der entlaufenen Nonne.

Für diese These spricht auch, dass die Ehebilder ausschließlich zwischen 1525 und 1529 datieren. Sie werden von Doppelporträts von Luther und Melanchthon ab 1530 abgelöst. Auf dem Augsburger Reichstag war deutlich geworden, dass zwischen den beiden theologische Differenzen bestanden. Die bildliche Einigkeit sollte dem propagandistisch entgegenwirken.

7. ALTERSBILDER (Abb. 54)
Ab 1541 entstand ein letzter Typus von Lutherbildern. Der Reformator ist gewöhnlich barhäuptig und in der Schaube dargestellt. Bei sonstigen Unterschieden sind der rote Zierkragen und das mit einer Schleife verzierte Hemd typisch. Da die Bilder meist vergrößerte Bruststücke sind und der Dargestellte die Fläche fast ganz ausfüllt, wirken die Porträts trotz verhältnismäßig kleiner Formate monumental. Luther wirkt älter, aber nicht wirklich alt.

Der Bildtyp passt zur Selbstmonumentalisierung, die bei ihm schon nach 1525 einsetzt. Auch wenn die Tischreden

Abb. 54 Martin Luther, Lucas Cranach d. Ä. (Werkstatt), Öl auf Rotbuche, um 1541.

erst nach seinem Tod gedruckt wurden, lassen sie doch erkennen, wie Luther in der zweiten Hälfte seines Lebens seine eigene Biografie als Exempel für die Wirksamkeit des Wortes Gottes betrachtete.

An diesem Punkt ermöglicht die Überlieferung näher auf die Frage einzugehen, inwieweit die Darstellungen Cranachs als naturgetreu gelten können. Schon in den Unterschriften der ersten Kupferstiche verweist der Meister selbst auf das Problem. Zwischen dem Aussehen Luthers und seiner Person klafft eine Lücke, die der Maler nur unzureichend zu füllen vermochte. Möglichst realistische Darstellungen galten nach dem Verständnis der Zeit als »Kunst-Stücke«, die besonderer Beachtung wert waren. Spalatin erzählt von einem Porträt des Kurfürsten Friedrich in einem Fenster des Jagdschlosses Lochau (heute Annaburg), das so naturalistisch gemalt war, dass die vorbeikommenden Bauern vor ihm den Hut zogen. Die von Cranach erhaltenen Skizzen von Vögeln oder Blumen verweisen auf eine detaillierte Naturbetrachtung.

Gerade aber in der Überlieferung der Lutherporträts kann von einem absichtslosen Naturalismus nicht ausgegangen werden. Die dem Künstler innewohnende Neigung zur Stilisierung verstärkt sich noch durch die vielfältigen Wiederholungen seiner Werkstatt. Eine 1545 entstandene Zeichnung des alten Luthers, wohl von der Hand eines Studenten, bestätigt diese Vermutung (Abb. 55). Hier geht es nicht um ein Kunstwerk, sondern um einen Naturalismus, der das Alter krass betont. Im Gegensatz zu Cranachs offiziösen Bildern sind die tiefen Falten im Gesicht Luthers deutlich zu erkennen, ebenso wie der Altersstar auf dem linken Auge. Auch das Haupthaar ist deutlich dünner als bei Cranach üblich. Da es von dieser Skizze drei Wiederholungen gibt, darf man ein wohl journalistisch anmutendes Interesse an der Weiterverbreitung vermuten. Durchgesetzt hat sie sich im entstehenden Kanon der Lutherbilder nicht.

8. DER TOTE LUTHER

Kurz nach seinem Tod am 18. Februar 1546 fertigte der hallesche Maler Lucas Furtenagel eine Zeichnung des toten Luthers an, die in mehreren Fassungen von ihm und anderen als Gemälde wiederholt wurde (vgl. F 1). Das Bild reiht sich ein in die Protokolle und Augenzeugenberichte zum Tode Luthers, um der Nachwelt zu überliefern, dass der Reformator friedlich und im Bekenntnis seiner Lehre gestorben sei. Dass Gegenteil wurde natürlich sofort von der altgläubigen Polemik behauptet, nach der Luther in Verzweiflung Selbstmord begangen habe.

Das Bild spielt in der späteren Überlieferung der Lutherporträts insofern eine wichtige Rolle, als es der »Ahnherr« derjenigen Darstellungen ist, die Luther als besonders dick darstellen. In Wirklichkeit war schon den Zeitgenossen aufgefallen, dass sich der Körper trotz der Winterzeit erstaunlich rasch zersetzte. Furtenagel hat also nur den Beginn der Verwesung festgehalten. Dazu kam ein bald missverstandenes Zitat eines Augenzeugen aus den 1530er Jahren, wonach Luther »von ziemlicher Feiste« gewesen sei. Anders als der heutige Sprachgebrauch meint diese Aussage, dass er nur mittelmäßig dick gewesen sei.

9. NEBENÜBERLIEFERUNGEN

Das Bild Luthers wird bis heute von den beiden Cranachs und ihrer Werkstatt geprägt. Versuche anderer Künstler einen eigenen Bildtyp zu entwickeln, scheiterten an der Prägekraft des Cranachschen Images. So konnte sich weder Holbein durchsetzten, der Luther als »Hercules Germanicus« zeigte, noch Hans Baldung Grien mit seiner Darstellung des Mönches mit Heiligenschein und Taube des Heiligen Geistes.

Abb. 55 Martin Luther im letzten Lebensjahr, Johannes Reiffenstein, Federzeichnung 1545.

Seit der ersten Darstellung von 1519 wurden Abbildungen Luthers, die sich nicht als Porträts im engeren Sinn verstanden, auf Titelholzschnitten von Flugschriften genutzt. Dabei muss die Figur oft durch eine Beischrift erklärt werden. Typisch sind die stets große Tonsur, das Mönchshabit und die Bibel als Attribut. Allerdings finden sich diese Darstellungen nach 1525 nur noch vereinzelt.

10. NACHWIRKUNGEN

Die Rezeption der Lutherbilder nach seinem Tod bis zur Gegenwart ist keineswegs erschöpfend untersucht. Mit Sicherheit lässt sich nur festhalten, dass es wohl keine Gestalt der deutschen Geschichte gibt, die so häufig und in so vielfältiger Weise dargestellt wurde. Mit wenigen Ausnahmen bezog sich die Nachwelt dabei immer wieder auf Cranach. Grundsätzlich sind es nur fünf Typen, auf die alle anderen Darstellungen zurückgreifen: Der Mönch en face, der Mönch im Profil, der Junker Jörg, die Hochzeitsbilder und Luther im Alter. Hinzu kommt das Totenbildnis, das zwar nicht aus Cranachs Werkstatt stammte, dem aber eine große Nachwirkung beschieden war.

Zu den scheinbar nicht auszurottenden Mythen der Geschichtsschreibung gehört die von der Bilderfeindlichkeit des Protestantismus. Richtig daran ist, dass ein ursprünglich enger Mitarbeiter Luthers, Andreas Bodenstein von Karlstadt, die Vernichtung religiöser Bilder und Skulpturen in den Kirchen forderte, wobei er sich aber in den lutherischen Territorien nur im Einzelfall, wie etwa dem Baltikum, durchsetzen konnte. Anders verlief die Entwicklung in der Schweiz, wo Zwingli selbst in Zürich die Orgel in der Hauptkirche zerstören ließ. Er und auch Jean Calvin nach ihm standen Porträts ebenso misstrauisch gegenüber, so dass auf reformierter Seite die Überlieferung schmal ist.

Ganz anders im Luthertum. Gerade die sächsischen Dorf- und Kleinstadtkirchen legen Zeugnis dafür ab, dass Luther in den religiösen Bildern Dinge sah, deren Gebrauch Gott frei gestellt hat. Ihre pädagogische Nutzung war besonders für die Laien sinnvoll. Deswegen stellte auch die Weiterverwendung sakraler Kunstwerke in der Regel für die Gemeinden kein Problem dar. Nur in Ausnahmefällen, etwa bei überzogenen Heiligendarstellungen, kam es zu Entfernungen.

Umgekehrt hielt Luthers Bild nach dem Tod des Reformators in vielen Kirchen Einzug. Auch hier wurde die Cranach-Werkstatt mit ihren Reformationsaltären maßgeblich. Das 1547 entstandene Retabel in der Wittenberger Stadtkirche zeigt den predigenden Luther in der Predella und in der Gestalt des Junkers Jörg im Mittelteil als Teilnehmer am letzten Abendmahl Christi. Solche Darstellungen wären im reformierten Bereich undenkbar.

Im letzten Drittel des 16. Jh. werden außerdem Lutherporträts in grafischer oder plastischer Form als Kirchenausstattung üblich und oft an prominenter Stelle platziert.

Schließlich begründete eine illustrierte Version von Ludwig Rabus populären »Historien der Heiligen auserwählten Zeugen Gottes«, Straßburg 1557, eine weitere Tradition. Dort finden sich Darstellungen einzelner Lebensstationen des Reformators, darunter sein Auftritt vor Kaiser und Reich 1521 in Worms und die Leipziger Disputation von 1519, bezeichnenderweise fehlt allerdings der Thesenanschlag. Diesen biografiebezogenen Darstellungsfolgen sollte vor allem im 19. Jh. eine reiche Nachwirkung beschieden sein.

Literaturhinweise
Beeskow 1996; Hofmann 1983; Koepplin/Falk 1976; Strehle/Kunz 1998; Treu 2007a.

MIRKO GUTJAHR

»NON CULTUS EST, SED MEMORIAE GRATIA«

Hinterlassenschaften Luthers zwischen Reliquien und Relikten

»[...] beim Verlassen des Wagens schloss ihn ein Priester in seine Arme, rührte dreimal sein Gewand an und berühmte sich im Weggehen, als hätte er eine Reliquie des größten Heiligen in Händen gehabt; ich vermute, es wird bald von ihm heißen, er tue Wunder.« (nach Kalkhoff 1886, 166).

Die Worte des päpstlichen Nuntius, der über Martin Luthers Auftreten beim Wormser Reichstag von 1521 berichtete, sollten sich als geradezu prophetisch erweisen, auch wenn erst lange nach Luthers Tod tatsächlich »Wunder« von ihm berichtet wurden. So beherbergte das Geburtshaus in Eisleben ein angeblich »unbrennbares Lutherbildnis«, in Apolda soll ein Lutherbildnis mehrfach »geweint« haben und Splitter von Möbeln aus den Lutherstätten in Wittenberg, Eisleben oder von der Wartburg halfen angeblich gegen Zahnleiden, wenn man sie als Zahnstocher benutzte.

Die große Zeit dieser wundertätigen »Reliquien« ist das 17. Jh., eine Epoche, in der der Druck auf die Protestanten durch das Erstarken der Gegenreformation wuchs. Gegen die katholischen Wunder mussten nun »protestantische Mirakel« herhalten, um das Wirken Gottes durch den Gottesmann Luther zu verdeutlichen.

So nimmt es kaum Wunder, dass zu diesem Zeitpunkt auch die Sammlung von Gegenständen, die tatsächlich oder angeblich aus dem Besitz Luthers stammten, einsetzte. Der sächsische Kurfürst Johann Georg I. soll etwa um das Jahr 1650 für einen Ring Luthers das Rittergut Hohburg bei Wurzen eingetauscht haben, was ihm harsche Kritik bei seinen Zeitgenossen einbrachte. Der Hallenser Philosoph und Theologe Johann Gottfried Zeidler habe Ende des 17. Jh. »Dr. Luthers Tintenfass besessen und benutzt«, welches er »für viel Geld nicht von sich gab«, da er einen Missbrauch des Gegenstands befürchtete.

Der Übergang zwischen Reliquienverehrung und Andenken war im frühen Protestantismus offenbar noch fließend. Luther selbst geißelte in seiner letzten Predigt die Verehrung der »Josephshosen« in Aachen, besaß aber nachweislich selbst einen der heiligen Elisabeth zugeschriebenen Glasbecher aus dem aufgelösten Wittenberger Heiltum, den er zu Umtrünken während seiner berühmten Tischrunden herumgehen ließ.

Konzentrierte sich jedoch der katholische Reliquienkult auf die unmittelbare Verehrung des Leibes der Heiligen bzw. von Objekten, die in enger Verbindung mit den Heiligen standen, suchte der sich entwickelnde protestantische »Dingkult« (S. Laube) neben fassbaren Objekten auch außermenschliche Faktoren zu »auratisieren«. So etwa im Fall der berühmten Lutherbuche bei Altenstein, die den Überfall auf Luther bei seiner Rückreise aus Worms »miterlebt« haben soll und aus der im 19. Jh. etliche Andenken wie Spazierstöcke, Tintenfässer und Pokale gefertigt wurden. Auch diverse »Luthersteine« oder sogar einzelne Landstriche – wie z. B. »Wo Luther fror« nahe Unterrißdorf bei Eisleben – konnten zum Fokus protestantischen Gedenkens werden.

Trotz des Anscheins einer »protestantischen Reliquienverehrung«, wie sie schon früh von katholischer Seite polemisierend bezeichnet wurde, muss diese doch im Verhältnis zur katholischen Heiligenverehrung differenziert betrachtet werden.

Während der katholische Reliquienkult eine Nähe zu den als dingliche Überreste noch immer präsenten Heiligen suchte und diese als Legitimierung des Anspruchs auf göttliches Heil sah, betonte die protestantische Kirche immer den Andenkencharakter der von ihnen bewahrten Memorabilien. Dennoch scheint, insbesondere bei den frühen Sammlern von Lutheralia, der Partizipationsgedanke – mit dem Objekt der Person des ehemaligen Besitzers selbst nahe zu kommen – immer eine gewisse Rolle gespielt zu haben. Man könnte somit von »säkularisierten Reliquien« sprechen. Zusammengefasst und offensichtlich schon im Bewusstsein jenes Angriffspunktes von altkirchlicher Seite ist diese Haltung in einer Inschrift des bronzenen Lutherepitaphs (ursprünglich für die Schlosskirche in Wittenberg bestimmt)

Supl. Bibl. Gothanae

GEORGI HENRICI GOETZI, D.
Superintend. Lubecensis,
De
RELIQUIIS
LUTHERI,
DIVERSIS IN LOCIS
ASSERVATIS,
SINGULARIA.

LIPSIÆ,
Apud CHRISTIANUM EMMERICHIUM,
ANNO M DCC III.

1071.

Abb. 56 Titelblatt eines der ersten »Reiseführer« von 1703 zu den Lutherstätten und Lutherreliquien. Die Bezeichnung von Luthers Hinterlassenschaften als »Reliquien« stellte für den Autor offensichtlich keinen Widerspruch dar.

ausgedrückt, das von Herzog Johann Wilhelm von Sachsen-Weimar in Auftrag gegeben worden war: »Non cultus est, sed memoriae gratia« – nicht der religiösen Verehrung, sondern dem Andenken sollte es dienen.

Erstaunlicherweise sind Versuche, die vorhandenen dinglichen Überreste aus dem Besitz Luthers zu katalogisieren, bis auf wenige sporadische Zusammenstellungen bis heute unterblieben (Abb. 56). Überraschend ist jedoch die große Anzahl der Objekte, die dem Reformator zugeschrieben werden, deren Authentizität sich jedoch bei näherem Hinsehen oft als zweifelhaft erweist. Eine vollständige Auflistung dürfte daher kaum zu erreichen sein, gelten doch viele Luther zugeschriebene Objekte als verschollen (falls sie überhaupt jemals existiert haben). Andere Stücke dürften auch noch unerkannt in diversen Sammlungen ruhen oder wurden intentional »entsorgt«. So berichtet Julius Leber 1796 über das Inventar des eigentlichen Luthersterbehauses (Eisleben, Markt 56) »Wenn Luther Eisleben besuchte, so pflegte er gewöhnlich in der sogenannten Canzley zu wohnen, wo man vor geraumer Zeit auch noch seinen Tisch, Stuhl, und sein Bette, und ein Instrument, dessen er sich bedient, zeigte, die man aber verbrennen musste, weil der große Haufe hier Nahrung für seinen Aberglauben fand«.

Eine besondere (und mit 17 Exemplaren die größte) Gruppe der angeblichen Hinterlassenschaften Luthers stellen die »Lutherbecher« dar. »Die Papisten moquieren sich, dass sich unter D. Luthers Haußrath so viel Becher und Gläser befanden, um geben ihm deswegen die Schuld, als wenn er ein guter Schmaußbruder gewesen« (Anonymus 1737).

Luther besaß nachweislich eine große Anzahl kostbarer Gefäße, die er als Geschenke von Freunden und Gönnern erhielt und auch zum Teil selbst weiter verschenkte (Abb. 57). Im Vordergrund stand für Luther offenbar aber nicht eine etwaige Wertschätzung als Kunstgegenstände, sondern vielmehr der Geldwert der Objekte, die sich im Notfall schnell in bare Münze verwandeln ließen. Dementsprechend erwähnt er diese Gefäße auch diverse Male in seinen Briefen in jenem Kontext, etwa wenn er an Ehefrau Käthe schreibt: »lass Dir es gut gehen, solange noch ein Becher da ist«.

1525 nahm Justus Jonas 26 Gulden für Doktorpromotionen entgegen, davon sollten 21 für den Kauf eines Bechers des »Doktor Martin« verwendet werden. Für 50 Gulden verpfändete Luther 1527 drei Pokale. Das Pfand für einen hinterlegten vierten Becher betrug 12 Gulden.

Während er 1532 noch von »vmb 200 gulden becher« spricht, schätzt Luther in seinem Testament von 1542 sein sachgebundenes Vermögen sogar auf etwa 1 000 Gulden, wobei neben den Bechern auch diverses »kleinot« wie Ketten, Ringe und Schenkgroschen (Medaillen) in die Berechnung mit einflossen.

Luthers Umgang mit Geld war aber offenbar noch immer der Besitzlosigkeit seiner Zeit als Augustinermönch geschuldet. So zeigte er gegenüber materiellem Besitz zeitlebens eine große Zurückhaltung und beugte sich nur unwillig ökonomischen Notwendigkeiten. »Mein Haushalt ist sehr merkwürdig, da ich mehr verzehre, als ich einnehme«, bemerkte er einmal selbst verwundert.

Zwar erhielt Luther regelmäßige Geldzuwendungen durch sein Professorengehalt und Geschenke, die nach vorsichtigen Schätzungen zwischen 1525–1546 insgesamt 6 600 Gulden ausmachten. Hinzu kamen weitere Zuwendungen in Form von Naturalien. Für seine Vorlesungen oder die Veröffentlichung seiner Schriften wollte er aber partout kein Honorar annehmen. So oblag es Katharina von Bora, durch Landwirtschaft und den Bursenbetrieb zusätzliches Einkommen zu generieren.

Da Luther nicht an materiellen Besitztümern hing, gab er diese oft und gerne an Bedürftige und Freunde weiter. Luthers freigiebige Ader missfiel indes seiner ökonomisch denkenden Ehefrau, so dass sie sogar einmal einen Becher, den er Johann Agricola schenken wollte, kurzerhand vor ihm versteckte. Anscheinend hatte er ihn gerade selbst erst als Geschenk eines Gönners aus Zwickau erhalten.

Abb. 57 Das so genannte Nesensche Lutherglas in einer amerikanischen Werbeanzeige von 1947. Die ursprünglich aus dem 13. Jh. stammende Bergkristall-Kuppa soll Luther dem Wittenberger Professor Wilhelm Nesen verehrt haben. Dessen Bruder ließ diese später in einen Silberpokal umarbeiten.

Andere Gegenstände wurden vom Reformator aufgrund ihrer Seltenheit oder Novität geschätzt. So erhielt er mehrfach etwa aus Nürnberg von Wenzeslaus Link, einem der ältesten Freunde und Mitstreiter Luthers, in Wittenberg nicht erhältliche Gerätschaften. In seinen Briefen bedankt sich Luther auch für die Übersendung mehrerer Uhren. Vom Nürnberger Abt Friedrich Pistorius erhielt Luther eine besondere Uhr, vermutlich eine der frühen Taschenuhren (vgl. A 1) oder eine Tischuhr. Die Rede ist von einer »einzigartigen metallenen Uhr«. Luther habe derartiges zuvor noch nie gesehen – was es eher unwahrscheinlich macht, dass es sich um eine Wanduhr (im adeligen Kontext schon relativ verbreitet und Luther durch häufige Aufenthalte an Fürstenhöfen sicherlich bekannt) gehandelt hatte. Dass im Umfeld des Reformators »Nürnberger Eier« tatsächlich Verbreitung fanden, zeigt die erhaltene Taschenuhr Philipp Melanchthons von 1530 mit der Inschrift PHIL.MELA.ALEIN.GOTT.DIE.EHR.1530 (heute im Walters Art Museum in Baltimore).

Einige der in Briefen und Tischreden erwähnten Objekte könnten sich auf Gegenstände beziehen, die auch im archäologischen Fundgut nachgewiesen wurden. So schickte etwa besagter Pfarrer Link 1527 im Auftrag Luthers Drechselwerkzeug (darunter einen Bohrer, E 6) aus Nürnberg nach Wittenberg und ein Jahr darauf »samia vasa«, vermutlich aufwändigere Tongefäße, möglicherweise sogar die in Fragmenten in den Grabungsfunden nachweisbare polychrome Hafnerware oder die (wortwörtlich samius – aus Samos stammend; glänzend) exotische Fayence aus dem türkischen Iznik (E 69). Auch die in den Briefen genannten Leuchter und Wandwasserbehälter (E 114) zum Händewaschen (»balnearius parva«) lassen sich im entsorgten Gelehrtenhaushalt nachweisen.

Die reichhaltige Überlieferung öffnete allerdings auch Tor und Tür für Fehlzuweisungen, wenn nicht gar Fälschungen, insbesondere bei den so genannten Lutherbechern.

Relativ sichere Zuweisungen lassen sich jedoch für einige Prunkgefäße postulieren, die anhand der Überlieferung oder über Inschriften an den Gefäßen selbst eine gewisse Glaubwürdigkeit gewinnen. Am bekanntesten ist vermutlich das bereits erwähnte Glas aus der Veste Coburg, das angeblich der heiligen Elisabeth gehörte und sich nachweislich im Wittenberger Heiltumsschatz befunden hatte (Abb. 58). Anhand einer Vorzeichnung Cranachs im »Weimarer Skizzenbuch zum Wittenberger Heiligtum« lässt sich das Glas, das zur Gruppe der so genannten Hedwigsgläser zählt und vermutlich im 13. Jh. in Syrien hergestellt wurde, eindeutig identifizieren.

Nach der Auflösung des Heiltums gelangte das Gefäß wahrscheinlich als Geschenk des sächsischen Kurfürsten Johann des Beständigen oder seines Sohnes Johann Friedrich des Großmutigen an Luther, der 1541 anlässlich eines Umtrunkes das gefüllte Glas »das einst sanct Elisabeth sollt gewesen sein« herumgehen ließ. 1910 soll es im Bestand der Sammlung der Veste Coburg unter ungeklärten Umständen wieder aufgefunden worden sein.

Auch für eine große Zahl weiterer Gefäße, wie etwa die aus Regensburg, Dresden, Basel und Leipzig stammenden Exemplare, ist eine vormalige Eigentümerschaft Luthers ziemlich sicher anzunehmen (F 7–10; 13).

Auffällig ist hier auch die Korrelation zwischen schriftlicher Überlieferung und überlieferten Objekten. Gleich in vier Gefäßen wollte man den Becher erkannt haben, den Luther 1546 in Halle seinem langjährigen Mitstreiter und Freund Justus Jonas mit den Worten verehrt haben soll: »Dat Vitrum vitreo Jonae Vitrum ipse Lutherus / Ut vitro fragili similem se noscat uterque« (Luther schenkt dem Jonas ein Glas, damit er erkenne, dass sie beide zerbrechlich wie Gläser seien), wie es in den Tischreden Erwähnung fand. Der aussichtsreichste Kandidat dürfte indes das Glas aus dem Germanischen Nationalmuseum Nürnberg sein, das noch Reste einer diesbezüglichen Umschrift zeigt (F 14).

Dennoch ist bei solchen Zuweisungen immer Vorsicht geboten. Widerlegt wurde etwa die lange geäußerte Behauptung, bei dem prächtigen Pokal der Greifswalder Universitätskustodie (F 11) handle es sich um das authentische Geschenk der Universität Wittenberg an Luther anlässlich seiner Hochzeit 1525, obwohl die vermutlich gefälschte Inschrift des Pokals solches behauptet: »Die löbliche Universität der churfürstlichen Statt Wittenberg verehret dieses Brautgeschenke Doctor Martino Luthern und seiner Jungfraw Kethe von Bore Anno MDXXV die Martis post Festum Johannis Baptistae.« Zwei in den Fuß eingeschlagene Goldschmiedemarken weisen den Pokal allerdings als Augsburger Arbeit um 1600 aus. Auch stilkritische (z. B. im Vergleich zu einem nahezu identischen Stück aus Frankfurt von 1592) und metallanalytische Untersuchungen legen eine um mehrere Jahrzehnte spätere Entstehungszeit als 1525 nahe. Ende des 17. Jh. gelangte der Pokal an den Greifswalder Theologen Johann Friedrich Mayer, dessen Erben ihn schließlich um 1800 an die Greifswalder Universität für 100 Reichstaler verkauften. Gerade dieses Beispiel zeigt anschaulich, dass es offenbar einen florierenden »Markt« für derartige (echte oder gefälschte) »Reliquien« Luthers gab.

Weitere Lutherbecher sind verschollen oder haben vielleicht überhaupt nie existiert. Ein pokalförmiges Glas, das Luther dem befreundeten Spalatin, dem Sekretär Friedrichs des Weisen, mit einem ähnlichen Trinkspruch wie beim Jonasglas verehrt habe, gilt schon seit dem 19. Jh. als verschollen. Von einem weiteren, das er dem Prediger Gilbert von Spaignart geschenkt habe, existiert immerhin noch eine Zeichnung – demnach handelte es sich um ein konisch zulaufendes Fadenglas auf gestauchtem Fuß im Façon de Venise-Stil. Das Vorhandensein ähnlicher Gläser im lutherischen Haushalt ließ sich bei der Grabung am Lutherhaus in Wittenberg tatsächlich nachweisen.

Über die Tischreden Luthers bekannt geworden ist das so genannte Katechismus-Glas, das ein Passglas mit drei umlaufenden Reifen gewesen sein soll (Abb. 59). Mal wird es als Sturzbecher, mal als Becherglas beschrieben. Die Zwischenräume zwischen den Reifen seien mit den »zehn Geboten«, dem »Glauben«, dem »Vaterunser« und dem »Katechismus gar aus« bezeichnet gewesen, so dass sich ein geistliches Trinkspiel durch das abschnittsweise Austrinken des Glasinhaltes ergab. Ob der Holzschnitt mit dem Katechismusglas von 1616 resp. 1618 auf einem tatsächlich vorhandenen Gefäß beruht oder nur nach den Beschreibungen angefertigt wurde, bleibt unklar.

Der erst gang Jn welchem angezaigt wirdt das wirdig hailigthumbs von Jungfrawen vnd witwen

Erstlich wirt hie gezaigt

Ein glaß Sante Elysabeth
Eyn partickel von yrem mantel
Eyn partickel von yrem kleydt
Ein partickel von yren haren
Viij andre partickel yres hailigen gebeins.
Zwen zehn von der heiligen Elizabeth.
Sũma xiiij partickel

Abb. 58 Ausschnitt aus dem Wittenberger Heiltumsbuch von 1509. Im Gegensatz zu den detailgenauen Vorzeichnungen von Lucas Cranach d. Ä. sind die Abbildungen der Reliquien in der Druckfassung stark verallgemeinert. Neben dem als Nuppenbecher dargestellten »Glaß sante Elysabeth« ist handschriftlich vermerkt: »Nach der Beseitigung der Abgötterei ist dieses Glas D. Luthero geschenkt worden […]«.

Ein lange Zeit in Wittenberg gezeigtes Glas soll Peter der Große bei seinem Besuch des Lutherhauses 1712 absichtlich zerstört haben, angeblich aus Ärger, das Gefäß nicht als Geschenk erhalten zu haben.

Ähnlich wie bei den Lutherpokalen ist die Masse der Luther oder seiner Frau Katharina zugeschriebenen Ringe nahezu unüberschaubar.

Als authentisch gelten zumindest der so genannte Siegelring Luthers aus dem Grünen Gewölbe Dresden und der bekannte Ehering Katharinas aus dem Stadtgeschichtlichen Museum Leipzig (E 1; 9). Da es sich vor allem bei letzterem um ein außerordentlich hochwertiges Stück der Goldschmiedekunst der Renaissancezeit handelt, verwundert es nicht, dass offenbar bereits im 16. Jh. und noch viel mehr in den darauf folgenden Jahrhunderten davon Kopien angefertigt wurden. Gegen die Authentizität weiterer Stücke, etwa der beiden Ringe aus dem Herzog Anton Ulrich-Museum Braunschweig (D 14; E 8), sprechen stilistische Gründe oder Unstimmigkeiten bei der Überlieferung.

Ferner wurden mehrere Löffel anhand von Inschriften der Person des Reformators zugewiesen. Davon stammt vermutlich nur der aufwändige Löffel von der Wartburg (F 26) mit einiger Sicherheit aus dem Besitz Luthers. Für die Zuweisung zwei weiterer Löffel aus Leipzig-Lindenau und Wolfenbüttel (F 25; 27) sprechen neben der Tradition nur die eingravierten Initialen des Reformators.

Abb. 59 Antilutherisches Flugblatt mit dem »Jubel Glaß« von 1618, das in den Folgejahren einige Neuauflagen erlebte. Luther wird darin in Anspielung auf die Katechismusglas-Anekdote als genusssüchtiger Säufer geschmäht.

Zu den Kleinoden, die in Luthers Testament erwähnt werden, gehören auch eine nicht näher bekannte Anzahl von »Schenkgroschen«, also Medaillen, mit Konterfeis bekannter Zeitgenossen und Gönner Luthers. 1528 bedankte sich Luther brieflich etwa für die Übersendung einer silbernen Medaille mit dem Bildnis des ehemaligen Abtes Pistorius aus Nürnberg.

Erhaltene Kleidungsstücke des 16. Jh. gelten als recht selten und sind nur unter besonderen Umständen tradiert worden, etwa wenn man sie (auch im Nachhinein) in Relation zu prominenten Persönlichkeiten setzen konnte. So wird in Wittenberg eine Mönchskutte des 16. Jh. gezeigt (D 1), die angeblich dem Reformator gehört haben soll. Ausgerechnet im katholischen Franziskanerkloster Ottobeuren wird zudem eine Kasel (D 8) verwahrt, die traditionell als diejenige bezeichnet wird, die Luther bei einer Messe während eines Besuchs des Augustinerklosters Memleben 1510 bei seiner Romreise getragen habe. Auch zwei Stofffetzen aus Wolfenbüttel und Nürnberg stammen angeblich von Kleidungsstücken Luthers (F 23; 24).

In der Dresdner Rüstkammer wird seit 1678 eine Seitenwaffe nebst Scheide aus Fischhaut verwahrt, die als »Hauswehr Doctor Martin Luthers« bezeichnet wird (E 5). Tatsächlich wird Luther, trotz der Freistellung von der Stadtverteidigung durch den Kurfürsten, eine solche Waffe besessen haben, um sich gegenüber Angriffen auf seine Person oder seine Familie zu verteidigen: »So mich jemand in meinem Haus übereilt, bin ich auch als ein Wirt schuldig, mich zu wehren, viel mehr auf dem wege […] darumb nehme ich kein messer mit auf die kanzel, sondern allein auf dem wege, wenn ich wandere und uber feld ziehe.«

In unmittelbare Nähe zu katholischer Praxis gerät schließlich die Verehrung von Objekten, die mit dem Tod des Reformators in naher Beziehung stehen.

Da von katholischer Seite noch zu Lebzeiten Luthers das Gerücht aufgebracht wurde, der Reformator sei vom Teufel geholt worden oder habe sich am Bettpfosten erhängt, beeilten sich seine Anhänger, den christlichen Tod Luthers minutiös herauszustellen. Im Gegenzug wurde der Ablauf seines Sterbens zum Vorbild des Heimganges eines protestantischen Christenmenschen schlechthin (Abb. 60).

Um den friedlichen Tod Luthers zu untermauern, wurden mehrere Bildnisse des aufgebahrten Luthers angefertigt, bevor man den Verstorbenen feierlich von Eisleben nach Wittenberg geleitete. Bei einem Zwischenhalt in Halle sollen darüber hinaus eine Totenmaske und Abformungen seiner Hände aus Wachs hergestellt worden sein, die noch heute in der halleschen Marktkirche gezeigt werden. Im so genannten Sterbehaus Luthers in Eisleben wird zudem das Bahrtuch gezeigt, das während besagter Prozession auf dem Sarg gelegen habe.

Da sich hartnäckig das Gerücht hielt, Luther sei gar nicht bzw. nicht mehr in Wittenberg beigesetzt, sondern man habe den Leichnam vor den anrückenden Truppen Karls V. in Sicherheit gebracht, wurde Luthers Grab mehrfach geöffnet. Zuletzt geschah dies trotz eines kaiserlichen Verbotes heimlich im Jahre 1892, wobei zwei Bausachverständige einen eisernen Sarggriff entnommen haben sollen, der seit 1912 im Lutherhaus gezeigt wird (F 5).

Schließlich sei auf das Kuriosum verwiesen, dass ein späterer Abschreiber von Luthers Schrift über die »kleinen Propheten« von 1525 einen Floh (F 30) entdeckt haben wollte, den er für einen beim Verfassen des Originalmanuskriptes zwischen die Seiten geratenen Plagegeist des Reformators hielt und deshalb fein säuberlich auf ein Papier aufgeklebt und mit Herkunftsangabe versehen seiner Abschrift beilegte.

Möglicherweise handelt es sich auch um einen gelehrten Scherz, schließlich erinnert diese Anekdote doch stark an die im protestantischen Milieu verbreitete Geschichte der Ratte aus dem katholischen Lyon, die in einem Sakramentshäuschen ein Ciborium umwarf, die darin befindlichen geweihten Hostien fraß und somit selbst zum Heiltum wurde.

Abb. 60 »Luthers letztes Bekenntnis« von W. Pape, 1905. Im vergrößerten Detail (links) erkennt man das »Lutherglas«, einen so genannten Buckelbecher des 16. Jh., der noch heute im Luthersterbehaus in Eisleben gezeigt wird (F 22). Die Szenerie ist an der Einrichtung des Sterbezimmers orientiert, die aber erst 1894 vom Kunstgewerbeprofessor Friedrich Wanderer im Stil des Historismus entworfen worden war.

FAZIT

»[...] ob wir gleich aller heiligen gebeine und heilige und geweyhete kleider auff einem hauffen hetten, so were uns doch nichts damit geholffen, Denn es ist alles tod ding, das niemand heiligen kan«. Dem Zitat Luthers aus dem großen Katechismus folgend, ließe sich gleichfalls fragen, was eine Sammlung der »Reliquien« Luthers an zusätzlichem Erkenntnisgewinn generierte. Schließlich – sola scriptura – betonten Luther und die Verfechter des Protestantismus nachdrücklich die Konzentration auf Wort und Schrift als alleinige Vehikel der Glaubenswahrheit, für deren Vermittlung keine Heiligen, geschweige denn deren Überreste mehr vonnöten seien.

Die große Zahl der tatsächlichen oder angeblichen Lutherreliquien zeugt aber davon, dass in der Praxis der Übergang vom verehrten Objekt zum verinnerlichten Wort noch lange nicht restlos erfolgte.

»Die Lutheraner halten nicht viel von Reliquiis. Von ihrem Heyland selbst haben sie nicht mehr als drey Stück, sein Wort, seine Tauffe, sein Nachtmahl. Es wird ihnen deswegen niemand nachsagen, als wenn sie mit dem Andencken des seel. Lutheri einige Abgötterey trieben. Unterdessen lassen sie jedoch nichts umkommen und verderben, wodurch etwa das Gedechtniß des großen Mannes kann erhalten werden.« (Anonymus 1737).

Löste man sich also offiziell zwar vom sündenvergebenden Charakter der Überbleibsel der Heiligen, existierte dennoch weiterhin ein tief sitzendes Bedürfnis zur Verehrung von mit der Geschichte der Reformation und der Reformatoren – allen voran Luther – verbundenen Objekten oder Orten, jetzt allerdings zur Vergegenwärtigung des historischen Geschehens der Reformation und des Wirkens der Reformatoren. Dabei spielte eine Überprüfung der objektiven Echtheit (vergleichbar den katholischen Heiligenreliquien) kaum eine Rolle. Besonders deutlich wird dies nicht zuletzt an dem berühmten Tintenfleck auf der Wartburg, der Luthers legendären Wurf mit dem Tintenfass nach dem Teufel bezeugen sollte, und der, immer wieder aufgefrischt, sogar auch an anderen protestantischen »Wallfahrtsorten« wie dem Lutherhaus Wittenberg, der Veste Coburg und sogar in Luthers Geburtshaus (!) in Eisleben zu besichtigen war. Schließlich dienten die Flecke damit der quasi »gesunkenen« Erinnerung an den Kampf Luthers gegen den Teufel mit dem Tintenfass, wenngleich auch mit letzterem ursprünglich das theologische Schrifttum Luthers gemeint war.

Ergaben und ergeben die historischen und anachronistischen Objekte zwar keine neuen Erkenntnisse zu historischen und geistesgeschichtlichen Abläufen, machten sie jedoch Luthers Wirken auch dinglich fassbar, im wahrsten Sinne des Wortes »begreiflich« und »anschaulich«.

Der auf den Tintenfleck bezogene Spruch Peters des Großen, den dieser über einer Tür im Lutherhaus mit Kreide anbringen ließ, könnte entsprechend also auch für den immanenten »Wahrheitsgehalt« der genannten Lutherreliquien gelten: »Mag sein, die Tinte ist aber noch neu«.

Literaturhinweise
Anonymus 1737; Goetze 1703; Gruppe 1974; Kalkhoff 1886; Küchenmeister 1896; Laube; 2002; 2007; Scribner 1986; WATR.

ARCHÄOLOGIE UND BAUFORSCHUNG

HANS-GEORG STEPHAN

ARCHÄOLOGIE DER REFORMATIONSZEIT

Aufgaben und Perspektiven der Lutherarchäologie in Sachsen-Anhalt

In den Jahren seit 2001 kamen in Luthers Wohnhaus im ehemaligen Augustinerkloster und späteren Kollegienhaus der Universität in Wittenberg bei Bau begleitenden Untersuchungen des Landesamtes für Denkmalpflege und Archäologie Sachsen-Anhalt Befunde und umfangreiche archäologische Fundkomplexe zutage, welche die konkrete Lebenswelt des Reformators und seines unmittelbaren Umfeldes beleuchten. Sie vermehren den Bestand an Luther-Realien sowie materiellen Zeugnissen aus der Metropole der lutherischen Reformation und der frühen Universität in ungeahnter Weise.

Obgleich Luther den Reliquienkult und die Bilderverehrung der alten Kirche ablehnte, wurden Erinnerungen an den Begründer des deutschen Protestantismus alsbald hoch geschätzt. Seine Stube in Wittenberg wurde pietätvoll bewahrt und entwickelte sich zu einem bis heute bedeutenden Ort der Erinnerung. Kritisch mit den aktuellen Erkenntnissen der modernen Geschichts-, Kunst- und Realienwissenschaften betrachtet ist so mancher mit Luther traditionell in Verbindung gebrachte Gegenstand allerdings ein Anachronismus! Aus streng theologischer Sicht ebenso wie retrospektiv aus dem Blickwinkel des gegen den Reliquien- und Bilderkult ankämpfenden Reformators selbst wirken derartige Objekte besonders fragwürdig. Allerdings räumte Luther – anders als Zwingli und Calvin – den Bildern einen erzieherischen Wert für den einfachen frommen Christenmenschen ein, auch wenn er das »Wort Gottes« und dessen Verkündigung, das Hören mithin weit höher schätzte als das eher emotionale Aspekte einschließende Sehen.

Dennoch ist gerade auch in einem Zeitalter der zunehmenden Visualisierung und Medialisierung die kritische Auseinandersetzung mit der konkreten Lebenswelt Luthers aktueller denn je. Umso mehr müssen wir uns heute fragen, was haben und kennen wir außerhalb seines schriftlich überlieferten Wortes wirklich von Luther, was ist glaubwürdig überliefert? Die archäologischen Neuentdeckungen in Luthers Elternhaus in Mansfeld, in Eisleben und vor allem auch in Luthers langjähriger Wirkungsstätte im ehemaligen Augustinerkloster in Wittenberg haben insofern eine Lawine ins Rollen gebracht und ermöglichen uns ganz ungeahnte Einblicke in Luthers konkrete alltägliche Umgebung.

Dadurch werden bekannte schriftliche Überlieferungen in neuem Lichte erscheinen, und die Archivarbeit im reichen Wittenberger Quellenfundus wird in Zukunft gewiss vielfältige neue Erkenntnisse erbringen.

Besaßen wir bisher, abgesehen von Martin Luthers zahlreichen schriftlichen Hinterlassenschaften, nur eine Hand voll ganz besonderer, z.T. authentischer, aber auch höchst fragwürdiger bis gänzlich unglaubwürdiger – weil eindeutig viel später zu datierender – Kleinodien und Gebrauchsgegenstände des großen Reformators, so haben uns die Funde und Befunde aus Schutt- und Bauschichten in Luthers Geburtshaus in Eisleben, in seinem Elternhaus in Mansfeld, aus einer Kloake und anderen Kontexten im ehemaligen Wittenberger Augustinerkloster, in Luthers Wohnhaus und dem Augusteum, dem großen Gebäudekomplex der späteren Universität, zahlreiche Einblicke in die Alltagswelt im unmittelbaren Umfeld des großen deutschen Reformators beschert.

Dabei ist es von untergeordneter Bedeutung, ob Luther, Luthers Eltern und Geschwister, seine Kinder oder Katharina von Bora, das Gesinde oder die Studenten und die zahlreichen Besucher in Luthers gastlichem Haus jedes einzelne Stück wirklich benutzt oder gekannt haben. Auch ob ein Teil der Gegenstände etwas älter oder etwas jünger ist, bleibt nachgeordnet. Federmesser, Schreibzeug, Leuchter, Schlüssel, Bohrer, Beschläge, Messer, Teller, Schüsseln, Töpfe, Krüge und Becher oder Trinkgläser, Ofenkacheln oder Dachziegel änderten nicht alle paar Jahre ihre Gestalt oder ihren Werkstoff. Wir sind in Europa gerade einmal seit einigen Jahrzehnten und in Sachsen-Anhalt erst seit wenigen Jahren dabei, Dynamik und Beharrung der archäologisch fassbaren Sachkultur im späten Mittelalter und in der frühen Neuzeit differenzierter und detaillierter als dies bisher üblich und möglich war, zu erfor-

Abb. 61 Ensemble von Dreibeintöpfen (Koch- und Vorratsgeschirr) der Zeit um 1500 aus Luthers Elternhaus in Mansfeld, regionale unglasierte gelbe und graue Irdenware.

schen. Die zeitliche Einordnung schlichter Gebrauchsgegenstände kann in der Regel nicht auf fünf oder zehn Jahre genau erfolgen. Das ist schließlich auch von der Sache her plausibel, denn die meisten Sachgüter des Alltags unterlagen keinem derart raschen Wandel, dass sich ihre Werkstoffe und ihre Form innerhalb weniger Jahre fortlaufend veränderten. Die teils langsamen, teils rasch erfolgten Stufen der Innovation und Beharrung in der Lebenswelt des 15. und 16. Jh. zu erforschen, hat die Archäologie in Europa erst seit wenigen Jahren und Jahrzehnten in breiterem Umfang begonnen.

Wir sind seit 2005 am Institut für Kunstgeschichte und Archäologien Europas (Professur für Archäologie des Mittelalters und der Neuzeit) der Martin-Luther-Universität Halle-Wittenberg mit Unterstützung des Landesamtes für Denkmalpflege und Archäologie Sachsen-Anhalt sowie des Landesmuseums für Vorgeschichte dabei, ausgehend von den großen Fundkomplexen in Mansfeld (Abb. 61) und Wittenberg die archäologische Sachkulturforschung in Mitteldeutschland für die epochale Wendezeit des 15. bis 16. Jh. mit Nachdruck voranzutreiben. Bodenfunde aus dieser Zeit wurden bislang allenthalben in Europa wenig beachtet und selten umfassend ausgewertet. Die Archäologie des späten Mittelalters und der Neuzeit ist in Deutschland bisher kaum etabliert. Noch immer geraten vielfach bedeutende Fundkomplexe im schlimmsten und unmittelbaren Sinne unter die Räder oder werden nicht gebührend sorgfältig geborgen, dokumentiert und beachtet. Noch allzu sehr steht die Archäologie im Banne der frühen Epochen, wo sie andere Disziplinen nicht stört und die mythischen Nebel der Vergangenheit, die Faszination weit zurückliegender archaischer und vielfach wenig bekannter Zeiten oder exotischer Kulturen keine besondere Rechtfertigung für die Aktivitäten der Archäologie erheischen.

Was man aus derartigen, auf den ersten Blick zumeist unscheinbaren Funden und Befunden im Fächer übergreifenden Forschungsansatz an Erkenntnissen gewinnen kann, hat das Internationale Symposium zu Luthers Lebenswelten im September 2008 gezeigt. Ich bin überzeugt davon, dass die begonnenen Forschungen zu Wittenberg und Mansfeld entscheidend dazu beitragen werden, unsere Vorstellung vom persönlichen dinglichen Lebensumfeld Martin Luthers,

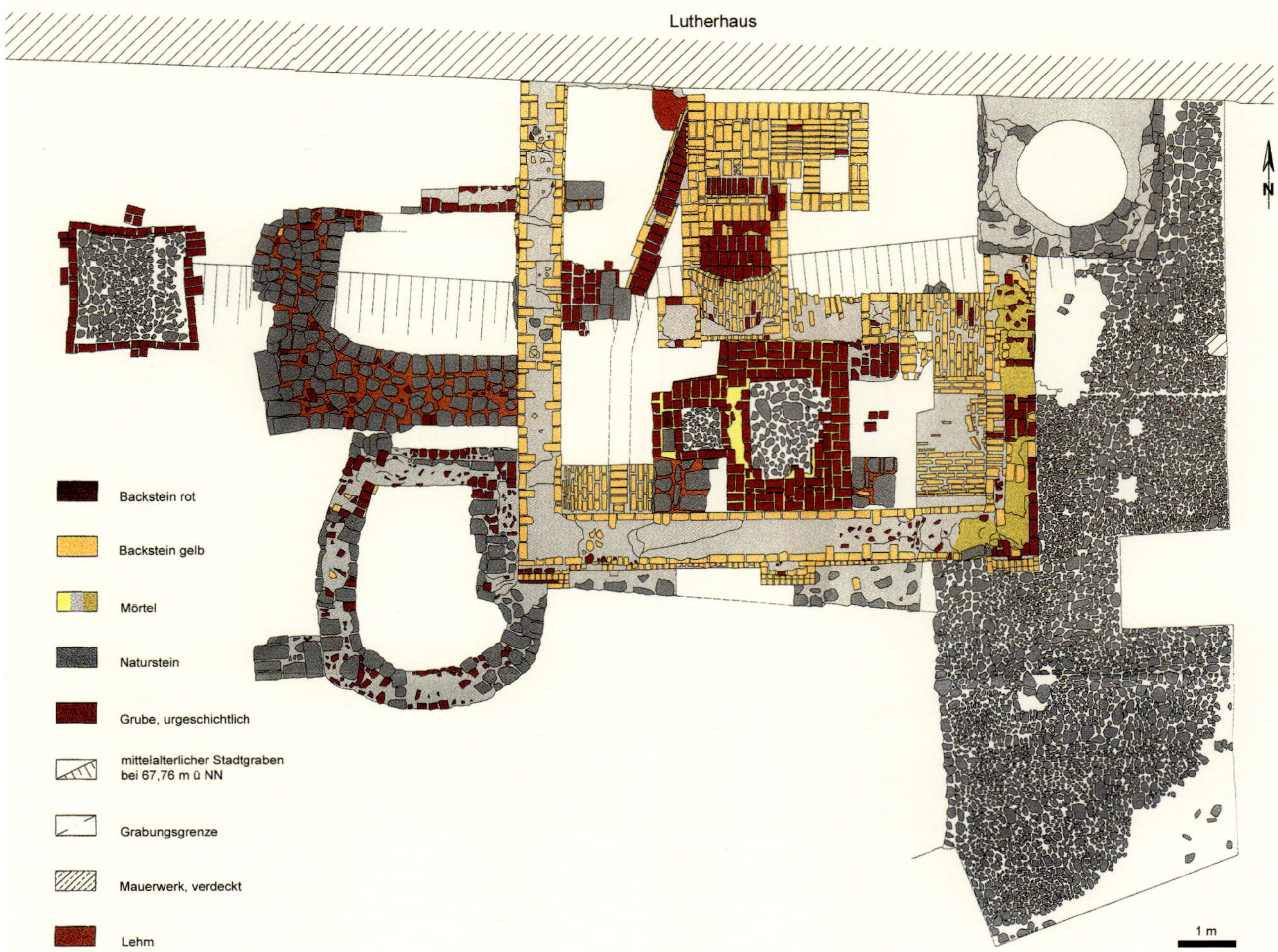

Abb. 62 Plan der Grabungsbefunde am Lutherhaus (ehemaliges Augustiner-Eremitenkloster) in Wittenberg mit dem turmartigen Anbau am Südflügel der Klausur und weiteren Befunden der frühen Neuzeit wie Brunnen, Kloake, Pflaster usw.

befreit von manchen Mythen, weitaus konkreter und in vielerlei Hinsicht realistischer werden zu lassen als dies bislang möglich war. Vollkommen verloren geglaubte, unscheinbare, aber auch wunderschöne Gegenstände des täglichen Lebens sind in großer Fülle wieder greifbar. In Zukunft werden Fächer übergreifende wissenschaftliche Arbeiten gerade auch im musealen Kontext höchst eindrucksvoll die Alltagskultur nicht nur aus dem Umkreis der Reformatoren und der frühen Universität Wittenberg, sondern auch von zahlreichen Menschen aus unterschiedlichen sozialen Schichten und verschiedenen Kleinräumen in Mitteldeutschland und angrenzenden Regionen an der Wende vom Mittelalter zur Neuzeit wieder erstehen lassen. Wir dürfen darauf gespannt sein!

Die im Vergleich zu den Funden aus Luthers Elternhaus in Mansfeld noch wesentlich umfangreicheren Befunde und Funde aus Wittenberg sind bislang nicht abschließend bearbeitet, aber so weit gesichtet, dass hier erste Ergebnisse und Eindrücke vermittelt werden können. An einem bauhistorisch bemerkenswerten kleinen turmartigen Gebäude mit Latrine, das an den Südtrakt des Augustinerkonventes angefügt ist – dem mutmaßlichen ehemaligen Priorat sowie vielleicht Luthers spätere »Turm- bzw. Studierstube«, in dem er ungestört vom lebhaften Treiben im Hauptgebäude arbeiten konnte und überlieferungsgemäß sein entscheidendes Erlebnis für die Ausbildung der reformatorischen Theologie hatte –, und in dessen Vorgelände, kamen sehr stark mit Abfällen von Küche und Tafel angereicherte Schichten der 1. Hälfte bis Mitte des 16. Jh. zutage.

Sie enthielten vor allem Keramik, aber auch Metall und Knochen, in geringerem Umfang Glas und wenige organische

Reste. Insgesamt haben wir bei unserer ersten Sichtung fast 50 000 Objekte überwiegend aus den Grabungen unter Leitung von H. Rode im Garten des Lutherhauses in den Jahren 2004/05 (Abb. 62) erfasst, von denen der größere Teil in die Zeit um 1500–1560/70 gehört sowie einen Teil der im Lutherhaus gefundenen Materialien, die dort um 1630 entsorgt wurden und bei Grabungen 2001/02 zutage kamen.

Die etwa 40 000 Funde des 16. Jh. aus dem Lutherhaus in Wittenberg schließen zeitlich an die Funde aus Luthers Elternhaus in Mansfeld an. Die Gegenstände spiegeln den Übergang zur Neuzeit, die gestiegenen Ansprüche in der Wohnkultur, in Küche und Tafelsitten, Einflüsse von zunehmender Bildung breiterer Schichten, politische Verhältnisse und Mentalitäten der Reformationszeit, Humanismus und Renaissance, und – ganz klar – auch Luthers Theologie, etwa in Gestalt von Ofenkacheln (Abb. 63) oder Wandbrunnen mit reichen Darstellungen aus der Bibel, wider. An diesen Öfen dürfte der Reformator mit seiner großen Tischgesellschaft gesessen, gespeist, getrunken, doziert und diskutiert haben. Die spätgotischen Ofenkacheln mit wunderbaren Heiligendarstellungen bilden einen starken Kontrast dazu und sind dem 1502/03 gegründeten Augustiner-Eremitenkloster zuzuordnen.

Abb. 63 Polychrom glasierte Ofenkachel aus dem Lutherhaus in Wittenberg mit einer Darstellung der Eva in Rahmenwerk der Frührenaissance (1530er Jahre).

Es ist höchste Zeit, die »Archäologie der Neuzeit und der Reformation« im klassischen, Fächer übergreifenden Sinn, die andernorts – so z. B. in Großbritannien und Skandinavien – bereits seit einigen Jahren verstärkte Aufmerksamkeit gefunden hat, auch im Ursprungsland der lutherischen Reformation endlich wissenschaftlich ernst zu nehmen und nachhaltig anzugehen. Bodenfunde sind vereinzelt seit dem 17./18. Jh. in Wittenberg geborgen worden. Stadterneuerungsmaßnahmen wurden seit der 2. Hälfte des 20. Jh. überwiegend von ehrenamtlichen Pflegern und seitens des Stadtmuseums archäologisch begleitet. Ab 1990 konnten zahlreiche denkmalpflegerisch erforderliche Untersuchungen durchgeführt werden. Dabei wurde eine Vielzahl von Befunden dokumentiert und eine enorme Fülle von Funden (nach derzeitigem Kenntnisstand schätzungsweise weit über 250 000 Einzelobjekte) geborgen. Die Mehrzahl der Materialien ist allein in Akten und Depots greifbar (und damit praktisch unbekannt!). Eine erste Sichtung konnte Anfang 2008 begonnen werden. Nur verschwindend wenige Materialien und Ergebnisse sind in Fundnotizen und knappen Vorberichten publiziert.

In den allermeisten europäischen Städten ist der Stand der wissenschaftlichen Aufarbeitung der Bodenfunde des Mittelalters und der Neuzeit ähnlich schlecht wie in Wittenberg – in vielen Orten wurden bislang nur wenige oder keine Materialien sichergestellt. Die Auswertung von großen Datenmengen stellt eine logistische Herausforderung dar, der sich die deutsche Archäologie zwar bewusst ist, deren Bewältigung aber für das Mittelalter und die Neuzeit bisher nur sehr selten gelang. Ursache dafür ist die immer noch geringe Etablierung und Akzeptanz der jüngeren Epochen in der deutschen Archäologie. Dabei ist insbesondere für das späte Mittelalter und noch mehr für die Neuzeit zu berücksichtigen, dass im wahrsten Sinne seitens der Archäologie und hinsichtlich der Vernetzung der Sachkulturforschung erst noch Grundlagenforschung betrieben werden muss.

Diese ist in der modernen Archäologie stets höchst arbeitsintensiv und für das 15., 16. und 17. Jh. erheblich aufwändiger als entsprechende Arbeiten in seit Generationen etablierten Sparten der Wissenschaft. Aus all diesen Gründen sind Themen wie sie seitens der Archäologie in Wittenberg angegangen wurden und in Zukunft intensiviert erforscht werden sollen bisher in Deutschland und allgemein in Europa so gut wie nie in Langzeitprojekten bearbeitet worden. Derartige Pilotprojekte sind gerade zum jetzigen Zeitpunkt sinnvoll und notwendig, um die schier unübersehbaren Datenmengen angemessen auszuwerten und die methodischen Möglichkeiten und Grenzen der Archäologie im historischen Umfeld Wittenbergs, Deutschlands und Europas auszuloten. Auf dieser Grundlage können zudem die anstehenden bodendenkmalpflegerischen und die anzustrebenden Forschungsgrabungen optimal geplant und durchgeführt werden.

Wittenberg stellt dabei insbesondere im Zeitalter der Reformation einen Untersuchungsgegenstand von ganz besonderem Potenzial auch für die Archäologie dar. Es liegen umfangreiche Materialien von zahlreichen Grundstücken und aus dem öffentlichen Raum (Straßen, Markt, Rathaus, Kirchen, Schloss, Friedhöfe, Befestigungsanlagen) aus dieser einzigartigen Blütezeit der Stadt vor. Die zumeist schlichten Objekte der archäologisch fassbaren Alltagskultur bilden ein Korrektiv zu den relativ wenigen erhaltenen, überwiegend aufwändigen Gegenständen des gehobenen profanen Bedarfs bzw. aus dem sakralen Bereich. Zudem sind aus dem 16. Jh. fast überall in Europa, so auch in Wittenberg, kaum bürgerliche Einrichtungsgegenstände der Zeit vor etwa 1650 oberirdisch überliefert. Untersuchungen von Bauhölzern, Tierknochen und Pflanzenfunden lassen Rückschlüsse auf klimatische Bedingungen, Energie- und Umweltkrisen, Vegetation und Nutzpflanzen, Tierhaltung, Domestikationsstand und Ernährungsgewohnheiten zu.

Dabei wird der Vergleich mit der schriftlichen Überlieferung hochinteressant sein, wie erste Abgleiche zeigen. In Kooperation mit der Bauforschung sind z.B die Heiz- und Kocheinrichtungen in historischen Häusern, die Raumfunktionen sowie die Wasserversorgung und -entsorgung archäologisch zu erforschen.

Die in großer Anzahl vorhandenen archäologischen Funde umfassen vielfältige Werkstoff- und Funktionsgruppen. Eine dominierende Rolle für die von der Archäologie selbst ausgewerteten Materialien spielt schon allein zahlenmäßig die Keramik. In erheblichen Mengen und z.T. vorzüglicher Qualität sind jedoch auch Glas und Metall, daneben Knochenartefakte, selten organische Materialien wie Holz vertreten. Unter den Metallfunden befinden sich Lettern (Abb. 64) und sonstige Hinterlassenschaften einer Druckerei des 16. Jh. Keramik tritt in allen denkbaren Ausprägungen auf, von der Baukeramik und der einfachen Irdenware für Küche und Bevorratung über Trinkgeschirr aus Steinzeug bis hin zu Fayencen aus Italien und der Türkei; darunter befinden sich mutmaßlich Geschenke an Martin Luther.

Von besonderer Bedeutung ist in diesem Kontext die Nähe Wittenbergs zu Bad Schmiedeberg. Archäologische Neuentdeckungen seit 2000 weisen dort eines der leistungsfähigsten Töpfereizentren Mittel- und Ostdeutschlands für das 14.–16. Jh. nach. Um 1300–1350 wurde dort vermutlich durch aus dem Weserbergland ausgewanderte Töpfer eine Steinzeugproduktion aufgenommen. Um 1500–1550 lassen sich in erheblichem Umfang wahrscheinlich Produkte Schmiedeberger Töpfer, u. a. reich verzierte Ofenkacheln der Spätgotik und Frührenaissance, z. B. im Lutherhaus nachweisen. Nach erhaltenen Rechnungen lieferten die Schmiedeberger Töpfer im 16. Jh. in großem Umfang Baustoffe, Kacheln und Gefäße nach Wittenberg, so ins kurfürstliche Schloss, an das Augustinerkloster und an die Universität.

Hinsichtlich der Sachkultur des 16. Jh. spielen die in großer Anzahl von vielen Stellen in der Stadt vorhandenen Fragmente von Bildkacheln und Wandbrunnen (Abb. 81), die vielleicht speziell für Schreiber zum Lösen von Gallustinte in besonderer Menge notwendig waren, im Lutherhaus eine herausgehobene Rolle. Die Wasserbehälter und Kachelöfen scheinen als Träger reformatorischer Dekorationsprogramme – z.T. wohl speziell nach Modeln bzw. Vorlagen der Cranach-Werkstatt – eine zentrale Rolle bei der Ausbildung einer spezifisch protestantischen Wohnkultur gespielt zu haben. Während ansonsten weitgehend nur Gedrucktes erhalten ist, sind anhand von Bodenfunden Ofenkacheln mit reformatorischen Bildern in ganz Mittel- und Nordeuropa, bis ins Baltikum und nach Siebenbürgen zu verfolgen. Eine große Stärke der Archäologie liegt in der Möglichkeit, vergangene Lebenswelten in ausgewählten Aspekten im wahrsten Sinne wieder greifbar zu machen.

Von ganz erheblicher Bedeutung ist für die Archäologie die Chance, in Kooperation mit der Bauforschung in Wittenberg eine langjährige kontinuierliche forschungsorientierte Zusammenarbeit an einem Platz mit besonders reichhaltigem historischem Baubestand zu pflegen. Dies wird beiderseits für die Erkenntnis und die Weiterentwicklung von gemeinsamen Fragestellungen und Methoden höchst fruchtbar sein. Ähnliches gilt für die vorrangig mit Schriftzeugnissen arbeitenden Disziplinen. Insbesondere mit der Mittleren und Neueren Geschichte werden sich zahlreiche Synergieeffekte

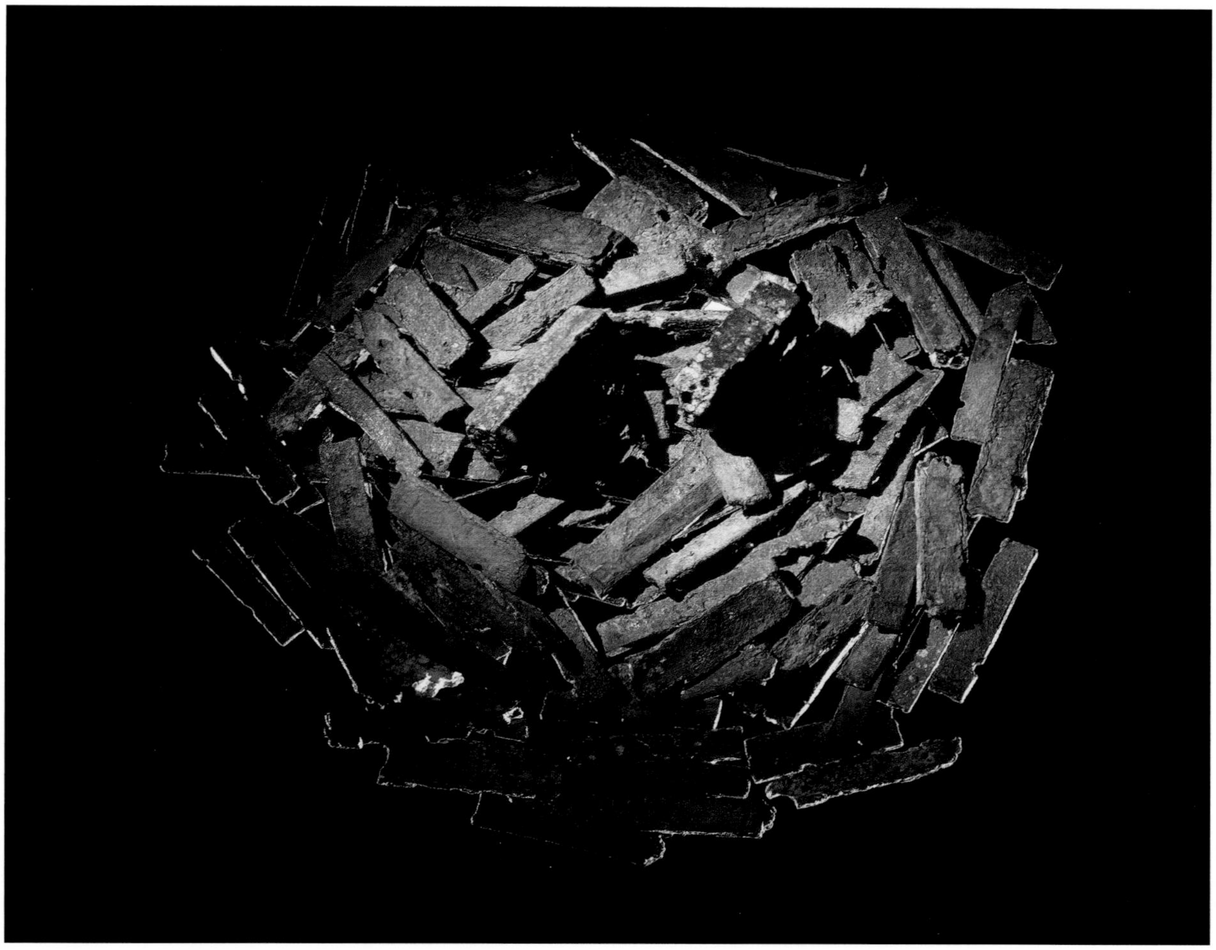

Abb. 64 Bleilettern, Bodenfunde aus einer der zahlreichen Druckereien im Wittenberg des Reformationszeitalters aus der Bürgermeisterstraße.

ergeben, auch wenn die Materialien und Erkenntnisse oft nicht deckungsgleich sein können, weil die Ausgangssituation und die Fragestellungen vielfach ganz andersartig sind. Nur in wenigen anderen Orten des deutschen Sprachraumes ist für das 16. Jh. eine derart reiche schriftliche Überlieferung erhalten wie in Wittenberg – und kann diese bei der historischen Einordnung eines umfangreichen archäologischen Materialbestandes genutzt werden.

Selbst wenn die Archäologie nur in sehr begrenztem Umfang zu theologischen und geistesgeschichtlichen Fragestellungen im engeren Sinne Beiträge leisten kann, so ist ihr Potenzial für das Hinterfragen vermeintlich unangefochtener traditioneller Hypothesen und Theorien und angeblich gesicherter Ergebnisse der Forschung doch auf manchen Gebieten nicht zu unterschätzen. Archäologische Funde und Befunde bedürfen stets der Interpretation, aber sie sind fast immer nicht zu einem bestimmten Zweck hinterlassen worden. Sie sind somit unverfälschte Zeugen vergangener Lebenswelten. Ihr Stellenwert als Mittel zur Rekonstruktion der realen Verhältnisse im Wittenberg des 16. Jh. im steten Ideenaustausch mit den anderen beteiligten Disziplinen ist hoch. Nach der Überwindung des »Historismus« und mehr als einem halben Jahrhundert der Vernachlässigung der älteren deutschen Geschichte im Bewusstsein der Medien und der breiten Öffentlichkeit sollten wir die Herausforderung annehmen, mit Methoden der modernen Wissenschaft neue Grundlagen zur Geschichte Wittenbergs zu erarbeiten und diese in jeglicher Weise weiter zu vermitteln. Die Visualisierung von Geschichte durch dreidimensionale Überreste des täglichen Lebens ist eine große Chance. Nach unseren Erfahrungen wird sie von der breiten Öffentlichkeit bei qualitativ angemessener Umsetzung mit Begeisterung und Staunen angenommen.

Literaturhinweise

Knape 2007; Meller u. a. 2008; Schlenker u. a. 2007.

CHRISTIAN MATTHES

DIE ARCHÄOLOGISCHE ENTDECKUNG DES LUTHERGEBURTSHAUSES IN EISLEBEN

Wahrscheinlich am 10. November 1483 wurde Martin Luther in der Langen Gasse 16 in Eisleben geboren. Die Lange Gasse, die 1872 in Lutherstraße umbenannt wurde, liegt außerhalb des wohlhabenden Marktviertels am südöstlichen Rand der Altstadt. Nach der zuständigen Pfarrkirche, in der Martin Luther getauft wurde, hieß dieses Viertel auch Petriviertel. Über das Geburtshaus selbst war bislang wenig bekannt, da es 1689 in einem großen Stadtbrand zugrunde ging. Von Melanchthon wurde der Geburtsort als »domicilium« angesprochen. Dieser als »Wohnstätte« zu übersetzende Begriff kann ein Hinweis auf ein kleineres Gebäude sein, dass sich inhaltlich vom damals verwendeten lateinischen Begriff »domus« (Haus) absetzte. Bestätigt wurde dies in der von den Stadtschreibern und Stadtvögten verfassten Stadtchronik (Chronicon Islebiense). Darin heißt es, dass im Jahr 1601 ein vorhergehender Stadtbrand weite Teile des Marktviertels zerstörte, aber auch in den Straßen des Petriviertels wütete. Da der Geburtsort Martin Luthers zu diesem Zeitpunkt schon einen hohen symbolischen Wert besaß, wurde der ersten Schadensmeldung ein weiterer Absatz angefügt, in dem berichtet wird: »Dass kleine Hauss, darinne der selige Mann D. Martinus Luther gebohren, die Kirche darinnen Er getauft, dass Hauss darinnen er gestorben, vngeachtet wie hefftig die Brvnst vmb und vmb gewutet, ist durch Gottes güte vngezweifelt zu einer gueten andeutunge, erhaltenn wordenn«.

»Gottes güte« endete jedoch beim Stadtbrand des Jahres 1689. Die Stadtchronik berichtet, dass die gesamte südliche Altstadt abbrannte. Betroffen waren »127 Wohnhäuser, unter welchen auch das Haus befindlich war, in welchem Herr D. Martin Luther gebohren worden, und welches bisher immer vom Feuer verschonet geblieben war«. In einem handschriftlichen Nachtrag zum Brandjahr 1601 wurde ferner vermerkt, dass »das Hauss, darinnen der selige Mann Hr. Dr. Lutherus gebohren, auff den Grund ausgebrant« sei. Diese Beschreibung ist von Bedeutung, da sie eine vollkommene ebenerdige Zerstörung des Geburtshauses Martin Luthers belegt. Bis 1689 befand sich das Geburtshaus in Privatbesitz. Das Gebäude wurde vom Stadtrat durch ein auf Holz gemaltes Bildnis Luthers kenntlich gemacht. Der bauliche Zustand des Geburtshauses missfiel jedoch dem Stadtrat so stark, dass er dieses Bild abhängen ließ. Vier Tage später brannte das Stadtviertel mit samt dem Geburtshaus ab. Das Lutherbildnis wurde als »unverbrannter Luther« anschließend mystifiziert. Der Stadtrat nutzte die Chance, sich das Grundstück, auf dem Luther geboren worden war, anzueignen, indem er der Besitzerin die sonst üblichen Wiederaufbauhilfen verweigerte und sie damit zum Verkauf zwang.

Auf dem Grundstück wurde 1693 durch die Stadt Eisleben ein neues Gebäude errichtet. Es bekam im Gegensatz zu dem vorher vorhandenen Wohngebäude jedoch eine Fülle von neuen Funktionen zugewiesen: Es sollte Erinnerungsraum für Martin Luther sein, aber auch Armenschule und Bibliothek (Abb. 65). Dieses Gebäude ist heute als das »Luthergeburtshaus« bekannt und steht in der Lutherstraße 16. Es wurde bis in das 20. Jh. hinein mehrfach umgebaut und verändert. Ende des 19. Jh. wurde mit Beginn der Denkmalpflege die Frage nach der Authentizität des Gebäudes gestellt. Mit zunehmender zeitlicher Entfernung zum Brandjahr 1689 deklarierte man immer mehr Gebäudeteile als lutherzeitlich. Alles begann mit dem Irrtum, dass das Bildnis des »unverbrannten Luthers« noch während des Brandes am Hause gehangen hätte und folglich noch aufgehende Gebäudeteile nach dem Brand bestanden haben müssen. Im 19. Jh. wurden dann einzelne Gebäudereste für ein vollständig erhalten gebliebenes Untergeschoss erklärt. Einzelne Räumlichkeiten erhielten zudem noch verschiedene Bedeutungen zugeschrieben, so dass am Ende ein Raum als »Geburtszimmer Luthers« bezeichnet wurde. Trotz mancher erhobener Bedenken, die sich auf besagten Satz der Stadtchronik bezogen, dass das Gebäude bis auf den Grund abgebrannt sei, wurde und wird diese Auffassung bis in das 21. Jh. hinein tradiert.

Abb. 65 Eisleben, Blick auf das Areal um das »Luthergeburtshaus« von Nordosten. Im Bildhintergrund ist der Turm der dem Viertel Namen gebenden Petrikirche zu erkennen, davor die Lutherarmenschule des 19. Jh. Rechts im Bild das Luthergeburtshausmuseum mit Hofanlage und links der Neubau des Besucherzentrums in der Halleschen Straße 4/6.

Letztendlich konnte die Frage, inwieweit Teile des originalen Luthergeburtshauses noch im Nachfolgebau von 1693 stecken, nur durch Archäologie und Bauforschung geklärt werden.

In den Jahren 2006 und 2007 wurde das Museum um das »Luthergeburtshaus« herum neu gestaltet. Im Vorfeld der Baumaßnahmen fanden archäologische Untersuchungen statt. Betroffen waren die angrenzenden Grundstücke des so genannten Luthergeburtshauses und dieses selbst (Abb. 66).

Das Erdgeschoss des heutigen, 1693 errichteten Gebäudes besteht aus vier Räumen (Abb. 67). Unter diesen Räumen befinden sich drei Gewölbekeller, die vom Hof durch einen Gang unterhalb der Diele erschlossen werden. In der Diele wurde in den 1980er Jahren eine Fußbodenheizung eingebaut, wobei man leider die archäologischen Schichten undokumentiert zerstörte. Als im Jahr 2006 die Fußböden des anschließenden Schulzimmers (S) saniert werden mussten, zeichneten sich dort Spuren eines größtenteils ungestörten älteren Dielenfußbodens ab. 42 Steinpodeste waren auf einem festen gipshaltigen Bauschutt errichtet worden und bestanden zumeist aus Ziegeln, selten Kalkstein, und waren in einen gelblichen Kalkmörtel gesetzt. Die Podeste bildeten ein regelmäßiges Raster und dienten als Subkonstruktion für die Dielen tragenden Balken des Schulzimmers. An der südlichen Wand des Raumes kam ferner die Bodenplatte eines Ofens zum Vorschein und auch die Reste von renaissancezeitlichen und barocken Kacheln traten zutage, die vermutlich von jenem Ofen stammen. Heute steht dort fälschlicherweise der Nachbau eines mittelalterlichen Ofens, der sich im Vorgängerbau, dem originalen Luthergeburtshaus, an anderer Stelle befand (Abb. 68)

Unter den Steinpodesten konnte ein Brandhorizont entdeckt werden. Neben einem teilweise durch Hitzeeinwirkung ziegelrot verfärbten Stampflehmboden beinhaltete er auch zwei »in situ« liegende verkohlte Holzbalken (Abb. 68). Ihre Verlängerung weiter westlich war herausgerissen worden. Deutlich sichtbar blieb jedoch ein Negativabdruck, der mit Bauschutt verfüllt war. Somit ließen sich die ursprüngliche Mindestlänge der Balken und daher die ehemalige Raumgröße rekonstruieren. Zwei weitere Balken zeichneten sich durch Holzkohlespuren im Lehm ab. Diese, in regelmäßigen Abständen von ca. 90 cm verlegten Hölzer dienten als Widerlager für eine Dielung. Zusammen mit dem Lehm ist somit ein Fußbodenhorizont dokumentiert, der – da kein Brand nach dem Wiederaufbau von 1693 innerhalb des Hauses

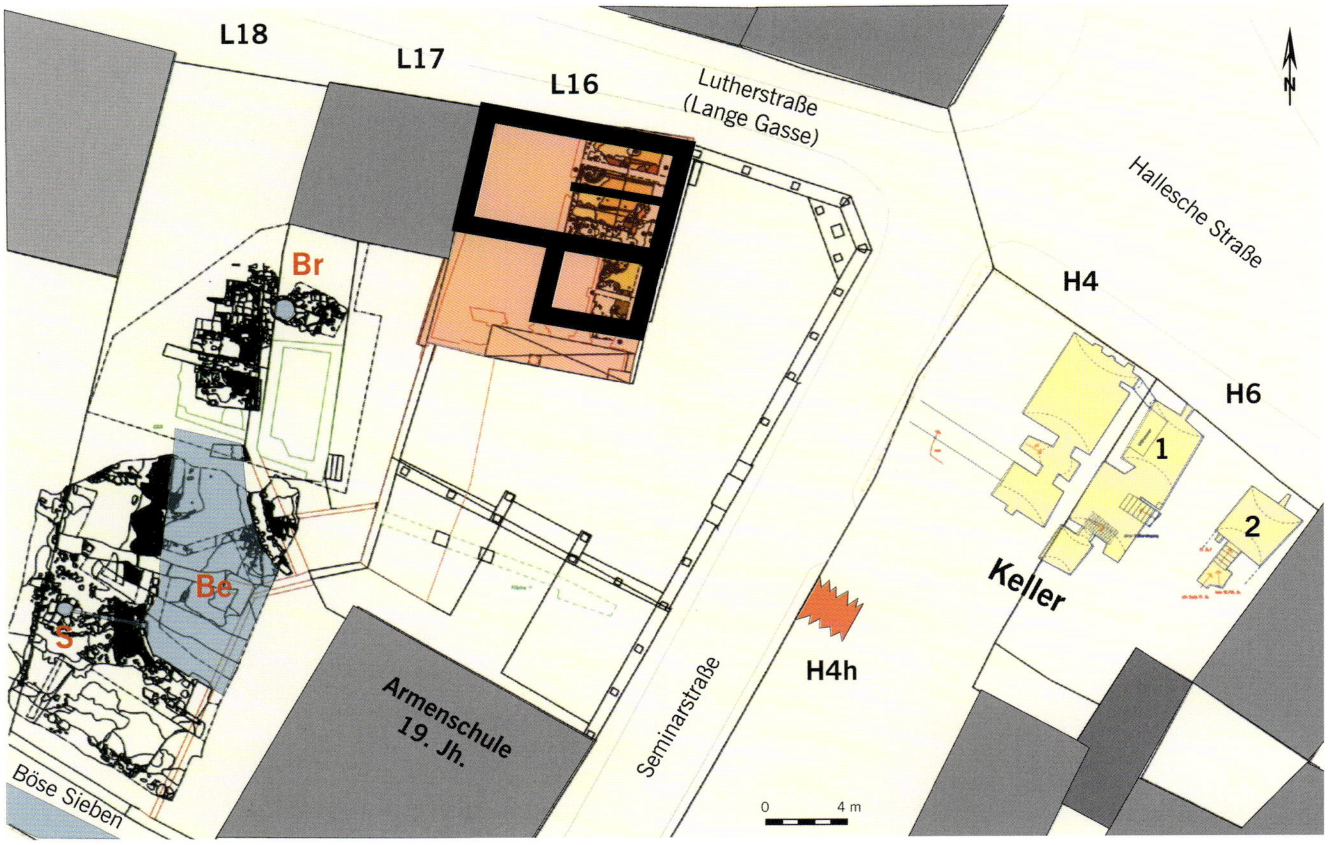

Abb. 66 Eisleben, Gesamtübersicht und Lage der Grabungsflächen mit Einzeichnung der aufgedeckten Befunde. Die rot unterlegte Fläche zeigt den Standort des 1693 errichteten »Luthergeburtshauses«, schwarz eingezeichnet ist die Grundrissrekonstruktion des 1689 abgebrannten Vorgängerbaus.

bekannt ist – als Rest des Vorgängergebäudes angesprochen werden kann. Dieser bedeckte im Schulraum (S) eine Fläche von etwa 3,6 x 4,6 m. Zu den Wänden des Nachfolgebaus hin brachen die Befunde ab. Sie wurden durch Baugruben für die Mauern des heute dort stehenden Luthergeburtshausmuseums von 1693 gestört. So ließen sich keine Aussagen über die Außenmauern des Vorgängergebäudes mehr machen. Gleichzeitig stellte sich die Frage, ob dieser Fußboden auch den lutherzeitlichen Begehungshorizont des Gebäudes darstellt, zumal mittelalter- und frühneuzeitliche Böden oftmals eine Vielzahl von Schichten aufweisen.

Um die Originalsubstanz der UNESCO-Welterbestätte zu schonen, wurde nur ein kleiner, zu den Fußbodenschichten versetzt liegender Suchschnitt angelegt. Dieser zeigte, dass der Fußboden nur als einphasiges Schichtenpaket ausgebildet war. Es besteht aus einer 30–50 cm starken Schüttung über der aus Stein gebauten Gewölbekappe des Kellers sowie einem aus einer 4–10 cm mächtigen dunkelbraunen sandigen Schotterschicht mit kleinen blauschwarzen Schlackesteinen und aufliegendem Fußbodenlehm. Die Einphasigkeit legt den Schluss nahe, dass der Lehmfußboden lutherzeitlich ist.

Die Funde bestätigten dies. Aus der stratigraphisch untersten Schicht konnte eine spätmittelalterliche Wandungsscherbe aus graubeiger mittelharter Irdenware geborgen werden. Der obere Lehmfußboden umfasste dann das Keramikspektrum des 15.–17. Jh., also der Bestandszeit des Luthergeburtshauses. Dazu zählen oxidierend gebrannte Keramik und mit stark gesprenkelter, gelbbrauner und olivgrüner Glasur versehene Wandungsscherben des 15. bzw. 16. Jh. Am Übergang vom Lehmfußboden zum Bauschutt wurden eine Zähl- oder Kippermünze sowie eine kleine unleserliche Münze – vermutlich beide aus dem 16. Jh. – gefunden. Ferner kam im über dem Lehm liegenden Bauschutt eine kleine 4,3 cm hohe helltonige Figur eines alten dickleibigen Mannes – jedoch ohne Kopf – zutage, wie sie für den Zeitraum von Mitte des 15. bis Mitte des 16. Jh. charakteristisch ist.

Die Untersuchung von Holzproben der verkohlten Balken erbrachte neben dem Nachweis von Nadelholz – wahrscheinlich Fichte oder Lerche – bei der ^{14}C-Datierung leider kein eindeutiges Ergebnis, was durch die natürlichen Schwankungen des Kohlenstoffisotopengehalts begründet ist. Das kalibrierte Alter liegt bei um 1500 oder um 1600 und bestätigt zumindest die Vermutung, dass es sich bei den freigelegten Befunden um Reste des 1689 abgebrannten Baues handelt. In der Diskussion ist allerdings zu berücksichtigen, ob die verkohlten Balken möglicherweise eine zweite Fußbodenphase

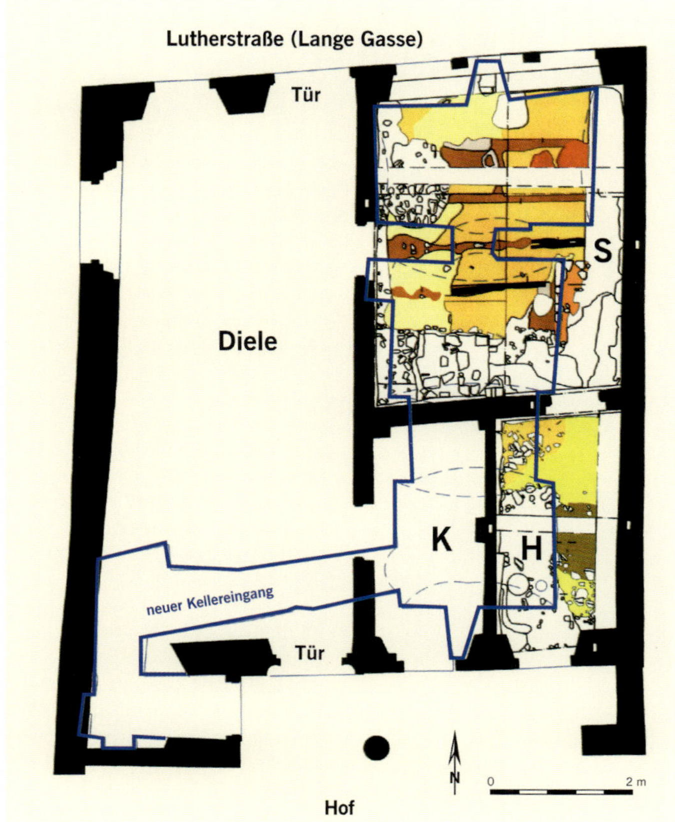

Abb. 67 Eisleben, Grundriss des »Luthergeburthauses« mit Einzeichnung der Grabungsflächen sowie den lutherzeitlichen Befunden.

dieses Hauses darstellen, wobei der Lehmfußboden um 1500 oder etwa 100 Jahre später durch eine Dielung modernisiert worden ist. Ebenso ist nicht auszuschließen, dass der Vorgängerbau erst um 1500 errichtet wurde, da die Keramik bislang nur unscharf in das 15./16. Jh. datiert werden kann. Schenkt man jedoch der Stadtchronik glauben, dass das Geburtshaus Martin Luthers bis 1689 immer vom Feuer verschont geblieben sei, so gewinnt die Vermutung an Gewicht, es handele sich bei den ergrabenen Resten wirklich um das originale Luthergeburtshaus, denn der Neubau eines Hauses um 1500, an einer Stelle, die 1498 vom großen Stadtbrand verschont geblieben ist, erscheint doch sehr unwahrscheinlich.

Ein verkohlter Holzbalken liefert durch eingelassene Zapfenlöcher Hinweise auf eine Fachwerkwandkonstruktion innerhalb des Gebäudes. Nun war nicht auszuschließen, dass eben dieser Balken aus einem abgerissenen älteren Haus herausgenommen und in Zweitverwendung als Unterlegbalken für die Dielen verwendet wurde. Zwei Dinge sprachen aber dagegen: Zum einen wurden im Bauschutt Wandreste mit verziegeltem Lehm und Holzbalkenabdrücken gefunden, zum anderen lag der Balken mit dem Zapfen genau über einer zwei Kellerräume trennenden Mauer (Abb. 67, vgl. mit dem blau eingezeichneten Kellergrundriss). Damit war die Mauer statisch nach unten abgesichert. Daraus folgt, dass das 1689 abgebrannte Luthergeburtshaus an dieser Stelle längsseitig, etwa in der Mitte in zwei Räume geteilt war. Der hintere Raum besaß an seiner östlichen Wand eine erhabene Lehmplatte. Sie belegt den tatsächlichen Standort eines Ofens im 15./16. Jh. Der im Hinterzimmer (H) aufgefundene Fußboden aus Lehm befand sich dagegen auf einem niedrigeren Niveau als im vorderen Zimmer, so dass man hier einen im östlichen Hofareal liegenden Seitenflügel annehmen kann. Die Trennung zum Vorderhaus erfolgte vermutlich im Bereich der heutigen Zwischenmauer zwischen den Räumen H und S. Durch den Bau eines neuen Kellereingangs 1693 wurde leider ein Großteil der lutherzeitlichen Befunde im Hinterzimmer (H) und der Küche (K) zerstört.

Legt man die heutigen Grundstücksgrenzen zugrunde und fügt die (archäologisch nicht auswertbare) westliche Gebäudehälfte hinzu, so ist eine Vorderhausgröße von ca. 10,2 x 6 m zu erschließen. Dieses kleine Ausmaß korrespondiert mit der Aussage aus der Stadtchronik für das Jahr des Stadtbrandes von 1601, in der von einem kleinen Haus gesprochen wird.

An der östlichen Grundstücksgrenze befand sich, etwas unter dem Niveau des Vorderhauses, ein kleines Seitenflügelgebäude. Es ragte ca. 4 m in den Hof hinein und war – legt man den darunter befindlichen Keller zugrunde – 3 bis 4 m breit.

Alle Gebäudeteile, die sich unterhalb des erhaltenen lutherzeitlichen Fußbodens befinden, müssen älter als oder gleich alt wie dieser sein. Folglich sind die heute noch vorhandenen Keller im vorderen und mittleren Gebäudeteil vollständig, im hinteren Bereich teilweise im Original erhalten. Sie sind die ältesten noch aufrecht stehenden Baureste des originalen Luthergeburtshauses. Ferner befindet sich in der nordwestlichen Ecke des mittleren Kellerraums eine zugemauerte Nische, die auf einen älteren Zugang über einen steilen Einstieg oder einen Abgang aus dem Bereich der heutigen Diele hinweist.

Die Grabungen auf dem hinteren Gelände der Lutherstraße 18 und der angrenzenden Nummer 17 erlauben einen Einblick in die spätmittelalter- bis frühneuzeitliche Gestalt der anschließenden Grundstücke (Abb. 66). Die lutherzeitliche Oberfläche lag hier unter 1,5–2 m Schotter, der vermutlich nach dem Stadtbrand von 1689 zum Schutz vor Hochwasser der südlich des Grundstückes vorbei fließenden »Bösen Sieben« (mittelalterlich »Wilderbach«) flächig aufgetragen wurde. Auch auf den Grundstücken der Halleschen Straße war der Schotter nachweisbar. Die heutige Gelände-

Abb. 68 Eisleben, Befundsituation während der Ausgrabungen im Schulraum (S) im Luthergeburtshaus im Blick von Norden: Fußbodenlehm, verkohlte Holzbalken und in der Bildmitte links das ursprüngliche Ofenpodest; vor der hinteren Wand die Ofengründung des Nachfolgebaus von 1693.

oberfläche steigt somit zur »Bösen Sieben« an, während die spätmittelalterliche sanft dorthin abfiel; es fand also eine Reliefumkehr statt.

Im mittleren Hofbereich der Lutherstraße 18 wurden unter dem Schotter Gebäudereste mit Funden des 14./15. Jh. angetroffen, die eine Hinterhofbebauung belegen. Ferner wurde ein Brunnen (Br) entdeckt, der an der Grundstücksgrenze von Lutherstraße 17 und 18 lag und wohl bis zum 16. Jh. beiden Anrainern diente.

Einen Großteil des Hinterhofareals der Lutherstraße 18 nahm ein großes Wasserbecken ein (Be). Es wurde auf 10 x 4,6 m freigelegt; seine östliche Begrenzung konnte jedoch nicht erfasst werden, da es unter das Grundstück der hinter dem »Luthergeburtshaus« befindlichen Lutherarmenschule des 19. Jh. zog. Das Wasserbecken wurde im Osten durch eine Mauer begrenzt, die die Grundstücke Lutherstraße 17 und 18 trennte. Im Westen endete das Becken an aufrecht gestellten Steinplatten, die auch einen gepflasterten Weg begrenzten. Er zog im Süden bogenförmig um das Becken und lief nach Norden genau auf die Tordurchfahrt des in den 1990er Jahren abgerissenen Vorderhauses Lutherstraße 18 zu. Südlich des Weges deuten Lehmplatten Werkplätze oder Gebäude an, die in funktionalem Zusammenhang mit dem Wasserreservoir standen, da es von eben jener Seite aus über eine Stufe zugänglich war. Das Becken war durch einen steingebauten Kanal, der unter dem gepflasterten Weg durchführte, mit einem brunnenartigen Sickerschacht (S) verbunden. Der Sickerschacht wurde im 16. Jh. mit Steinplatten abgedeckt und verblieb so bis zur Ausgrabung; er war kaum verfüllt. Aus seiner untersten Verfüllschicht kamen – wie vom Boden des Beckens – Randscherben von Topfkacheln mit rechteckiger Mündung zutage, welche die Anlage in das 15. Jh. datieren. Da das Aufnahmevolumen des Sickerschachtes im Vergleich zur Größe des Beckens gering war, ist anzunehmen, dass der Behälter nur flach mit Wasser gefüllt wurde. Eine Interpretation dieser technischen Anlage ist mangels Parallelen schwierig. Eine aufgefundene Leinsamenkapsel kann als schwaches Indiz für eine Flachsröste gelten. Nach einer Überflutung durch die »Böse Sieben« wurde das Becken im 16. Jh. aufgegeben und verfüllt.

Für das neue Besucherzentrum wurden auf den Grundstücken Hallesche Straße 4 und 6 ebenfalls archäologische Sondierungen durchgeführt. Neben den bekannten Überresten der dort kürzlich abgerissenen Gebäude, wurden Fundamente einer frühneuzeitlichen Hinterhofbebauung sowie spätmittelalterliche bis frühneuzeitliche Keller aufgedeckt (H 4; 6). Der Keller der Halleschen Straße 4 bestand aus einem großen Vorder- und Hinterraum, die durch einen kleineren Raum getrennt waren. In diesen kleinen Raum führte ursprünglich eine steile Stiege, die spätestens im 18. Jh. durch einen großzügig angelegten Gang abgelöst wurde. Damit bestehen Parallelen mit der Kelleranlage im Luthergeburtshaus. Typologische Merkmale und Funde aus den randlich begleitenden Schichten datieren wahrscheinlich die Kelleranlage in ihrem Ursprung in das 16. Jh. Die beiden Keller der Halleschen Straße 6 zeigen eine frühere Teilung des Grundstückes an. Sie besaßen niedrig ansetzende Gewölbekappen aus Lehm, rotem Sandstein und Flussgeröllen (Quarzit und Granit), wodurch sich das Baumaterial von der Kelleranlage des benachbarten Hauses unterscheidet. Zudem spricht die im Lehm gefundene, beigefarbene Irdenware für eine ältere, nämlich spätmittelalterliche Datierung (15. Jh.). Keller 1 bestand aus mehreren Räumen, während Keller 2 nur einen Raum umfasste. Es sind bei beiden Kellern verschiedene Umbauphasen nachweisbar. Die Keller dokumentierten Bauphasen, die vor 1689 liegen, und somit auch spätmittelalter- und frühneuzeitliche Gebäudestrukturen.

In einem weiteren Schnitt im Hinterhofbereich konnten Überreste eines nur 1,4 m breiten Nebengebäudes mit Lehmfußboden festgestellt werden (H4h). Nachdem dieses Gebäude im 16. Jh. abgebrannt war, wurden die Überreste mit Schotter überdeckt. In ihm fand man eine kleine, aus Ton hergestellte Schwanenfigur (F 35).

Folgende Ergebnisse lassen sich aus den archäologischen Grabungen ableiten: Im 1693 errichteten Luthergeburtshausmuseum wurden Reste des 1689 abgebrannten Vorgängerbaus aufgefunden. Keramische Funde datieren das Gebäude in das 15.–17. Jh. Es dürfte damit lutherzeitlich sein. Mit hoher Wahrscheinlichkeit handelt es sich bei dem aufgefundenen Bau um das Geburtshaus Martin Luthers. Die archäologischen Befunde zeigen an, dass das Gebäude erheblich kleiner war als sein heute noch stehender Nachfolgebau. Betrachtet man die Keller der benachbarten Häuser Hallesche Straße 4 und 6 sowie die Größe der Nachbargrundstücke 15 und 17, lässt sich eine kleinteilige spätmittelalterliche Bebauung in der Umgebung des Luthergeburtshauses erschließen. Eine gewerbliche Nutzung der umliegenden Grundstücke dokumentiert ein großes flaches Wasserbecken im Hinterhof der Lutherstraße 18. Dies alles sind Indizien für ein vorstädtisches Viertel außerhalb der wohlhabenden Marktsiedlung. Hier wurde Martin Luther geboren; insofern ist er ein »Kind der Vorstadt« gewesen. Verwunderlich ist das nicht, da sein Vater zu diesem Zeitpunkt erst am Anfang seiner Hüttenmeisterkarriere stand. Nur wenig später zog die Familie Luther mit ihrem Baby Martin in ein deutlich größeres und aufwändiges Haus nach Mansfeld um. Es wäre schön, wenn die Grabungsergebnisse auch in die aktuelle Ausstellung im Luthergeburtshausmuseum einfließen könnten.

Literaturhinweise

Größler/Sommer 1882; Matthes 2007; 2008; Neser 2007; Philipsen 2007; Steffens 2002; Wäsche 2007.

ANDREAS STAHL / BJÖRN SCHLENKER

LUTHERARCHÄOLOGIE IN MANSFELD

Ausgrabungen und begleitende Bauforschungen am Elternhaus Martin Luthers

Die Lokalisierung des lutherischen Anwesens im heutigen Stadtgebiet von Mansfeld kann mit Hilfe der historischen Topografie und der archivalischen Überlieferungen eindeutig auf das Grundstück Lutherstraße 24, 25 und 26 fixiert werden. Dafür ist ein im 16. Jh. ganz selten vorkommender detaillierter Stadtplan mit Legende der entscheidende anschauliche Beleg (Abb. 26). Vor 1571 wurde von Cyriacus Spangenberg als unmittelbarem Zeitzeugen diese bekannte Stadtskizze angefertigt. In der beigefügten Legende steht im Wiener Original bei Nr. 33: »Jacob Luthern Schultheißen, Doctor Martin Luthers Brudern Behausung so von ihrer beide Vatern Hans Luthern enfenght erbauen«. Die bereits im 19. Jh. postulierte These von »zweien ins eins gebrachte Haus« kann gut belegt werden, denn, seit 1510 nachgewiesen, wurde für das lutherische Anwesen ein Fixlehen an die Kirche in Vatterode entrichtet – zunächst in Hühnern, dann in Getreide und Geld. In der evangelischen Kirchenvisitation 1542 war dann auch von zwei lutherischen Häusern die Rede, für die das Fixlehen eingezogen wurde. Erst 1885 ist dieses Lehen erloschen. Jene Überlieferung ist die singuläre Quelle für die Bau- und Nutzungsgeschichte des Anwesens: Veränderungen des Fixlehens weisen auf Bauphasen und verschiedene Adressaten auf Besitzerwechsel hin.

Topografisch ist heute an dieser Adresse eine große Hofanlage zu lokalisieren, in der es noch signifikant aufgehendes Mauerwerk der Lutherzeit gibt (Abb. 69). Sowohl die noch sichtbare, östlich verlaufende Stadtmauer mit dem inneren Rabentor (heute Lutherstraße 27) als auch die Baulücke des südlich gegenüber gelegenen alten Gasthofes sind auf dem Spangenberg-Plan nachvollziehbar. Auch Befunde auf dem westlichen Nachbargrundstück (hier die Nr. 22) können mit Beschreibungen »des Canzlers Georgen Lauterbecks Behausung« in Übereinstimmung gebracht werden. Auf dieses Grundstück springt heute das lutherische Anwesen mit einem Seitenflügel hinüber. Ältere archäologische Befunde wiesen neben dem lutherischen Grundstück am nordöstlichen Rand der Innenstadt die alte Straßenführung zu den Stadttoren entlang der Stadtmauer nach. Jüngeren archäologischen Sondierungen zufolge gab es zwischen dem Hof und der inneren Stadtmauer eine unbebaute Lücke, die sicherlich die Erreichbarkeit der Stadtbefestigung diente. Gleichzeitig markierte der abknickende, noch klar erkennbare Verlauf der Stadtmauer auch die Abgrenzung des Hofareals nach Norden und Osten. Die markante südliche Straßenfront war mit einem zusammengefügten Vorderhaus geschlossen, von dem heute die zwei von einem Zwischenraum getrennten Gebäude überliefert sind: Lutherstraße 24 und 26 (Abb. 70).

Entgegen einiger Überlieferungen ist am Museumsbau (»Luthers Elternhaus«, Nr. 26) noch klar aufgehendes Mauerwerk der Lutherzeit erkennbar. Noch 1885–87 wurde mit dem Umbau zur Memorialstätte gravierend in die Bausubstanz eingegriffen, insbesondere zur Einbringung neuer Fenster. Beim genauen Hinschauen erkennt man in der Nordostecke der Hoffassade zur anstoßenden inneren Stadtmauer eine schmale rundbogige Türöffnung des Vorgängerbaus.

Das heute noch bewohnte Haus Nr. 24 konnte angesichts der dicken Putzschale nicht genau auf älteres Mauerwerk befundet werden; dennoch ist auch hier, wie an der westlichen Giebelseite zum Nachbargrundstück, lutherzeitliche Substanz zu vermuten. Eine Wärmethermografie ergab, dass in der Straßenfassade dieses Hauses u. a. eine rundbogige Portalöffnung steckt. Ein bemerkenswerter Befund, denn so kann sich das in die Hoffassade der Nr. 26 um 1836 eingebaute ehemalige Straßenportal durchaus an dieser Stelle befunden haben.

Der ursprünglich kleinere Hof war flankiert von Stall- und Wirtschaftsgebäuden, nördlich abgeschlossen von einer Fachwerkscheune, hinter der sich bis oder entlang des Abhangs zur Stadtmauer ein großer Hausgarten befand. Ein heute überbautes Stallgebäude an der Westseite ist – wenngleich stark überformt – lutherzeitlich, ebenso wie einige Grundstücksmauern. Die Scheune selbst wurde 1807 abge-

Abb. 69 Luftaufnahme der nördlichen Innenstadt von »Thalmansfeld«. Familie Luder/Luther residierte hier seit dem Ende des 15. Jh., bis die Erben Jakob Luthers das große Anwesen (Rahmen) 1578 verkaufen mussten. Links oben im Bild die Stadtkirche St. Georg.

rissen und/oder teilweise mit einer klassizistischen »Mairie« (französisches Bürgermeisterhaus) überbaut, der ehemalige Hausgarten dahinter zeitgenössisch in einen Lustgarten umstrukturiert. Dieser gehört zum, im Hofareal signifikanten, Wohnhaus Nr. 25.

Bisher wurde das straßenseitige Wohnhaus Nr. 26 als eigentliches »Elternhaus« isoliert betrachtet, zumal es seit 1840 als Denkmal in der preußischen Provinz Sachsen ausgewiesenen war. Es ist nicht, wie scheinbar am Hofportal ablesbar, ein Anbau von 1530 oder gar Wirtschaftsgebäude, denn dem widersprechen mehrere Argumente. Die Bauuntersuchungen erbrachten Hinweise auf einen Vorgängerbau, einschließlich mehrerer Bauphasen. Zudem handelt es sich um ein funktionales Wohnhaus mit Kellern, Küche, Stube und Kammer sowie separatem (!) Eingang. Mit westlich angrenzender Toreinfahrt war es ursprünglich unter einem gemeinsamen Dach Teil des Vorderhauses. Angesichts der unten genannten Überlieferung eines Hauszeichens mit Initialen von 1530 drängt sich hier die These als Altenteil für Hans und Margarethe Luder auf. Als letztes Argument sei das heutige Portal in der hofseitigen Nordfassade genannt, das diesen Bauabschluss datiert. Nach zeitgenössischen Überlieferungen aus dem 19. Jh. stammt es vom 1807 teilweise abgerissenen Vorderhaus. Es wurde geborgen und erst 1836 von dem Besitzer, einem preußischen Kreisbauinspektor, an die jetzige Stelle eingefügt (Abb. 71). Die nachträglich eingebrachte Spolie zur Datierung heranzuziehen, ist deshalb abwegig.

Am Portal selbst besteht ein offenkundiger Widerspruch in der Heraldik zweier Bauplastiken: das Wappen mit Rose und Armbrustbügel mit Initialen des Jacob Luder und der Jahreszahl 1530, darüber das formenkundlich ältere Hauszeichen mit gekreuzten Bergwerkshämmern. Eine naturwissenschaftliche Dünnschliffuntersuchung belegte in Verbindung mit archivalischen Recherchen und restauratorischen Untersuchungen die wahrscheinliche Originalität der beiden seitlichen Bogensteine des Portals. Im Rahmen der Instandsetzung des Lutherhauses wurden 1886 jedoch

Abb. 70 Mansfeld, die zwei Gebäudeteile des Elternhauses von Martin Luther im Sommer 2007 von der Straßenseite. Die Baulücke zwischen den Häusern entstand erst nach dem Abriss des Mitteltraktes 1807.

Abb. 71 Mansfeld, das »Lutherhaus« von der Hofseite aus gesehen, vor 1983. Das repräsentative Portal dürfte früher die Straßenseite des Anwesens geziert haben.

aus alten Werksteinen ein Bogenstein mit neuem Wappen und Inschrift sowie das inzwischen verrottete ursprüngliche Hauszeichen mit den Bergwerkshämmern, zu dem die Jahreszahl 1530 mit verschwundenen Initialen des Hans Luder gehörte (!), neu angefertigt und eingesetzt. Ein Irrtum des 19. Jh. wurde quasi einzementiert, als man dieses Haus zum baulichen Faksimile der unkorrekt überlieferten Vita Hans Luders umbaute.

Als spektakulär sollte sich die Auswertung eines erstmals verformungsgerecht angefertigten Aufmaßes erweisen. Die Grundrisse und Schnitte offenbaren unbekannte Bauzusammenhänge der zwei bisher isoliert betrachteten Gebäude an der Straßenfront. Eine horizontale Angleichung über dem Erdgeschoss und in etwa gleiche Giebelbreiten ließen schon durchaus auf ein gemeinsames Ober- bzw. Dachgeschoss schließen. Überraschend waren jedoch die Befunde zum bislang kaum bekannten Gewölbegang unter den Häusern Nr. 24 und 26. Das Aufmaß lokalisiert in großer Tiefe Keller von zwei separaten Vorgängerbauten an der Straßenfront, die sich in den Grundrissen deutlich außerhalb der darüber liegenden Umfassungsmauern befinden. Sie waren aber dennoch in die später neu darüber errichteten Häuser eingebunden. Klar ist, dass beide Keller – und damit beide Häuser – miteinander verbunden waren (Abb. 72).

Letztlich sind dies eindeutige Belege für die These von »zweien ins eins gebrachte Haus« und bestätigen die straßenseitige Ausdehnung des lutherischen Anwesens. Zugleich belegen die Befunde mehrere Bauphasen des straßenseitigen Gebäudeensembles. Nach jetzigem Kenntnisstand gab es (mindestens) zwei Vorgängerbauten, die man ab der 2. Hälfte des 15. Jh. unter Einbehaltung der tiefen Keller überbaute. Ob sie giebel- oder traufständig zur Straße standen, ist unklar. Spätestens Anfang des 16. Jh. wurden gravierende Umbauten vorgenommen. Die Stratigraphie der archäologischen Fundgrube und die Archivalien datieren für das wohl ehemals Kelnersche Haus in einen Zeitraum zwischen 1506–1510. Wahrscheinlich hatte Hans Luder dann noch alle Häuser erworben und zusammengefügt; wie wir nun wissen, nicht nur unter einem gemeinsamen (Obergeschoss und) Dach, sondern auch im Kellerbereich. Letztlich wurde nicht nur kurz vor dem Tod Hans Luders im Jahr 1530 am Vorderhaus umgebaut und/oder erweitert, sondern auch zu Lebzeiten Jakob Luders, dem jüngeren Bruder des Reformators. Dies ist aber nur aus naheliegenden Gründen am unbewohnten Haus Nr. 26 nachgewiesen, wie nicht nur die Rezeptionsgeschichte zum Portal sowie die Datierungen der nachträglich eingesetzten Tonnengewölbe und der Sandsteingewände in den Kellern belegten. Auch das jüngst geborgene Verfüllmaterial in den oberen Kellern dieses Hauses datiert die archäologisch bemerkenswerten Funde in die Zeit des 2. Drittel des 16. Jh.

Die Zusammenführung zweier Vorgängerbauten zu einem traufständigen Gebäude mit großer Hofanlage war unter den vermögenden Mansfeldischen Hüttenmeistern nicht ungewöhnlich. So wurde in Eisleben das repräsentative

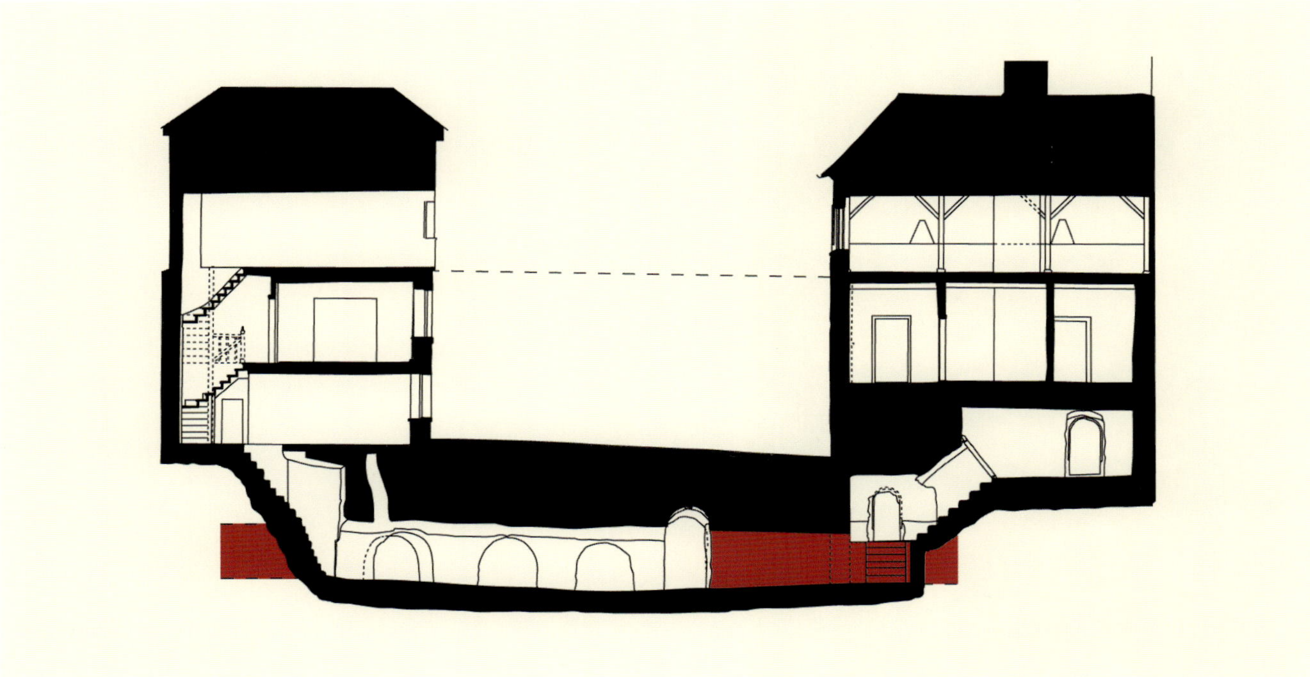

Abb. 72 Mansfeld, Längsschnitt der bestehenden Gebäudeteile des Elternhauses von Martin Luther. Während der obertägige Mitteltrakt zu Beginn des 19. Jh. abgerissen wurde, sind die beiden Häuser unterirdisch immer noch durch einen Kellergang verbunden.

Haus des Dr. Philipp Drachstedt am Markt 56 schon von dessen Schwiegervater Thile Rinck, ebenfalls ein Hüttenmeister, vor 1517 zu einem Gebäude zusammengefasst. Drachstedt war nicht nur Geschäftspartner von Hans Luder und Vorbild für die von ihm gewünschte juristische Laufbahn seines Sohnes. In diesem Haus am Markt starb auch Martin Luther im Jahre 1546. Und der daneben zum Eisleber Andreaskirchplatz hin liegende, langgestreckte Bau war ebenfalls aus mehreren Häusern entstanden; darunter die von Hüttenmeister Hans Lüttich, für dessen Kinder Hans Luder die Erbanteile verwaltete. Einige der Mansfelder Grafen richteten später nicht zufällig in diesen repräsentativen Häusern ihre Stadtschlösser und Kanzleien ein.

In Mansfeld sind die im Stadtzentrum an der Lutherstraße liegenden traufständigen Hüttenmeisterhäuser von Reinicke, Kaufmann oder Oemler noch heute im Straßenbild ablesbar und übertrafen aber zumeist in ihrer Größe und Wertigkeit das lutherische Anwesen. Dies muss man sich in Kubatur und Aussehen wie den damals gegenüber gelegenen Gasthof »Goldener Ring« vorstellen – dem Straßengefälle angepasst mit Souterrain und tief unterkellert; daher auch traufständig mit hohem Satteldach und sicherlich zweigeschossig mit einem Fachwerkaufsatz. Durch die Umbauphasen war es mit asynchron angeordneten Fenstern verschiedener Größe und mit mehreren rundbogigen Portalen versehen, wovon das künstlerisch ausgeprägteste in die Wohnräume des Hauses führte. Im wohl vorhandenen niedrigen Fachwerkobergeschoss befanden sich, vielleicht in Form von Bohlenstuben, die behaglichen Wohnräume der Familie. Zur Hofseite lag eine, der Personenzahl und Reputation des lutherischen Haushaltes angemessene, vielleicht teilweise offene Küche. Definitiv hatte das Vorderhaus auch eine Tordurchfahrt zur Hofanlage.

Es gab also nachweislich auf der Straßenseite zwei Vorgängerbauten, die dann über mindestens drei lutherzeitliche Bauphasen verfügte, die letztlich optisch und funktional die zwei Häuser vereinigten. Nach dem Tod von Hans Luder bewohnte es bis zu seinem Ableben 1571 sein Sohn Jakob Luther, ein angesehener Hüttenmeister und Schultheiß. Nachdem jedoch dessen Nachfahren 1578/79 das repräsentative Anwesen für Schuldentilgungen verloren hatten, gehörte es noch angesehenen Personen, wie dem Eisleber Ratsherr Tobias Stoßnack oder dem Major Heinrich von Bülow, bevor es allmählich im 18. Jh. verfiel. Noch heute prägend sind der Abriss der Mittelachse bzw. des Zwischenbaus im Jahre 1807 und der Ausbau der Nr. 26 zur Luthergedenkstätte in den Jahren 1885–87.

Mit Methoden der Historischen Bauforschung konnten bisher unbekannte Erkenntnisse zum Elternhaus des Reformators erbracht werden. Der archivalisch korrigierte soziale Status des Vaters spiegelt sich baulich dabei in einer großen Hofanlage wider, in der noch Bausubstanz der Lutherzeit vorhanden ist, die nach Wittenberg zu den authentischsten Zeugnissen der Alltagsgeschichte der Familie Luther gehörten.

Abb. 73 In dem Mansfelder Befund konnten fast 1 600 Eisennägel geborgen werden. Dieses hohe Aufkommen kann nur dadurch erklärt werden, dass im Haushalt unbrauchbar gewordenes, mit Nägeln durchsetztes Bauholz verfeuert wurde.

Auslöser für die vorliegenden baugeschichtlichen Untersuchungen waren eben jene Ausgrabungen auf besagtem Grundstück, die im Herbst 2003 stattfanden. Auf den archäologischen Befund selbst wird an dieser Stelle nicht eingegangen. Vielmehr soll gezeigt werden, wie weitreichend die Informationen sind, die bei sorgfältiger Auswertung aus einem reichhaltigen Fundmaterial abgeleitet werden können. Sie ermöglichen nun ungeahnte Einblicke in das Privatleben der Familie Martin Luthers.

Die Auswertung von über 7 000 Tierknochen ergab mit den nachgewiesenen Haustieren Rind, Schwein und Schaf/Ziege (C 24) das übliche Spektrum für Mittelalter und frühe Neuzeit. Von Interesse ist allerdings die prozentuale Gewichtung der Arten. Offensichtlich war im Hause Luther das Hausschwein (mit 60%) der beliebteste Fleischlieferant. Die Knochen stammen zumeist von jungen, gerade erwachsenen Tieren, die zum einen ein wirtschaftlich »vernünftiges« Schlachtgewicht besaßen, zum anderen ein Fleisch von hoher geschmacklicher Qualität lieferten, das bekanntlich Martin Luther noch in späteren Jahren überaus schätzte. An zweiter Stelle liegen mit 30% die Knochen von Schafen oder Ziegen (nur wenige Knochen des Skeletts erlauben eine Unterscheidung der beiden Arten), die wenigsten Knochen stammen vom Rind (10%). Von ganz überragender Bedeutung war im Hause Luther der Verzehr von Hausgeflügel, was durch 2 000 (!) Knochen repräsentiert wird (C 25). Die Wertschätzung hochwertiger Speise zeigt sich auch hier in aller Deutlichkeit. Mit weitem Abstand am häufigsten verzehrte man Gänse, daneben öfters junge (!) Hühner, gelegentlich Enten und Tauben.

Das in Mansfeld erfolgte Sieben des Aushubs ermöglichte nicht zuletzt das Auffinden zahlloser Fischknochen (C 28; 29). Neben den nachgewiesenen, damals als hochwertiger betrachteten Süßwasserfischen Karpfen, Brassen, Plötze, Rapfen, Hecht, Zander, Flussbarsch und Aal konnten auch die Importfische Hering, Dorsch und Scholle identifiziert werden. Diese Meeresfische gelangten sicher als Salzhering und in getrocknetem Zustand, also als Stockfisch, nach Mansfeld. Von Interesse sind die nachgewiesenen Fischarten nicht zuletzt deshalb, weil sie zwar als Delikatessen zählten, gleichzeitig jedoch auch einen gewichtigen Teil der Fastenspeise darstellten. Das kirchliche Verbot des Verzehrs von Fleisch galt an weit über 100 Tagen des Kirchenjahres, womit die Bedeutung von Fisch, der von diesem Verbot ausgenommen war, eindrücklich wird.

Durch einen Befund von größter Seltenheit im Küchenabfall der Luthers kann auch der Verzehr von Singvögeln belegt werden (C 27). Nachgewiesen sind die Arten Singdrossel, Dorngrasmücke und Goldammer, häufiger sind Rotkehlchen und Buchfink vorhanden. Das Verspeisen von Kleinvögeln war bis weit in das 19. Jh. auch in Deutschland eine Selbstverständlichkeit und darf in der Zeit um 1500 nicht verwundern. In Mansfeld kann aber sogar der Beweis geführt werden, dass diese Vögel von Mitgliedern des Haushaltes selbst gefangen wurden: Unter den Funden waren auch kleine, aus Gänseknochen gefertigte Pfeifen, wie man sie – in gleichartiger Ausführung, jedoch zumeist nicht aus Knochen – bis in das 20. Jh. hinein beim Fang von Vögeln als Lockinstrumente einsetzte. Spektakulär ist weiterhin der Nachweis, dass diese Pfeifen (C 30) selbst vor Ort hergestellt worden sind. Unter den Gänseknochen befinden sich mehrere, gezielt abgetrennte Gelenkenden von Langknochen, die bei der Erzeugung der für die Pfeifen benötigten Knochenröhren entstanden sind.

Die durchgeführten botanischen Untersuchungen waren von großem Aussagewert (C 31–40; 93–95). Neben Nachweisen der Getreidearten Roggen, Nacktweizen und Gerste liegen auch solche für diverse Sammel- (Holunder, Pflaume, Schlehe, Haselnuss, Himbeere) und Heilpflanzen (Schlafmohn, Johanniskraut, Bilsenkraut) vor. Auch Weintrauben und Feigen wurden im lutherischen Haushalt verzehrt. Bemerkenswert ist der Umstand, dass unverkohlte Samen aus dem Befund vorliegen. Um abzusichern, dass es sich hier nicht um eingeschlepptes rezentes Material handelt, wurden einige ^{14}C-AMS-Datierungen in Auftrag gegeben, die letztlich eine Datierung in die Zeit um 1500 bestätigten.

Die Auswertung der Keramik ist von besonderem Interesse, da die Irdenware der frühen Neuzeit in Mitteldeutschland bisher kaum aufgearbeitet worden ist. So war es auch während der Grabung selbst kaum möglich, die Ware annähernd zufriedenstellend zu datieren. Nach den nun vorliegenden Untersuchungen ist die Küchenkeramik von einer zweckdienlichen einfachen Form und stammt aus den Jahren unmittelbar um 1500. Der Grapen – ein Dreibeintopf, der direkt in die Glut des Herdes gestellt werden kann – überwiegt bei weitem. Für diese Töpfe liegt auch eine größere Zahl unglasierter Deckel vor. Anhand zweier Bruchstücke kann belegt werden, dass die Luthers zudem im Besitz metallener Grapen gewesen sind. Solche Stücke waren immerhin so wertvoll, dass sie regelmäßig in den Testamenten jener Zeit Erwähnung finden.

Die Keramik des gedeckten Tisches ist verhältnismäßig schwach vertreten. Hier liegt der Verdacht nahe, dass wohl auch andernorts Haushaltsabfälle deponiert worden sind. Immerhin belegen einige Scherben von Waldenburger Steinzeug – Waldenburg war ein bedeutender Töpferort in Sachsen – das Vorhandensein verschiedener Formen von Tischkeramik. Besondere Erwähnung verdienen Bruchstücke eines so genannten Igelgefäßes (C 54). Bei solchen handelt es sich um Repräsentations- oder Scherzgefäße von größter Seltenheit, die bei festlichen Anlässen die Tafel zierten. Zwei große, gelb glasierte Teller mit Fahne können als Auftrageteller zum Tischgeschirr gerechnet werden. Eine grün glasierte Randscherbe stammt von einem pokalartigen Gefäß, das gemeinhin als Salznapf zu deuten ist. Nachweise gläserner Behältnisse liegen in einer recht geringen Zahl vor, die kaum repräsentativ sein dürfte. Immerhin lassen sich nach genauerer Untersuchung Stangengläser, Nuppengläser und Rippenbecher nachweisen. Stangen- oder Passgläser dienten auf der festlichen Tafel – sicherlich nicht im täglichen Gebrauch – dem Biergenuss, aus den beiden anderen Glasformen trank man eher Wein.

Abb. 74 Die glasartige Kupferschlacke ist ein Abfallprodukt, das bei der Verhüttung von Kupfer anfällt. Sie ist dann über 1 000 °C heiß und kann zum Erhitzen von Wasser verwendet werden.

Neben Tierknochen, botanischen Großresten und der Küchenkeramik geben auch weitere, zunächst unscheinbare Funde Aufschluss über das Geschehen in der Küche der Familie Luther. Unter den Funden spielen Gegenstände aus Eisen eine besondere Rolle. Auffallend sind besonders die Nägel, von denen im Befund nahezu 1 600 Stück geborgen werden konnten (Abb. 73). Die Deutung einer solchen Menge bereitet naturgemäß Schwierigkeiten. Allerdings dürfte anzunehmen sein, dass die Nägel noch in Verbindung mit Holz zur Deponierung gelangt sind. Wie viele Quellen berichten, war Feuerholz in Mansfeld – wie in allen Bergbaugebieten – ein kostbares Gut. Es ist daher gut vorstellbar, dass man gerne auf unbrauchbar gewordenes Bauholz zurückgriff, das gegebenenfalls mit Nägeln gespickt war. So sind beispielsweise auf Gemälden jener Zeit des Öfteren mit Nägeln beschlagene Fensterläden zu erkennen. Wurden solche verbrannt, konnten schnell einige hundert Nägel mit der Asche auf den Abfall gelangen.

In unmittelbarem Zusammenhang mit der Herdasche fanden sich große Mengen von Bruchstücken der Kupferschlacke (Abb. 74). Glühende Kupferschlacke diente den Hüttenarbeitern noch in den 1920er Jahren als Heiz- und Kochmaterial. In der Mitte des 19. Jh. wurde in Hettstedt für einige Jahre der Badebetrieb aufgenommen: Mit glühender Schlacke erhitztes Badewasser sollte bei Gicht, Rheumatismus und ähnlichen Beschwerden Linderung bringen. Die älteste Quelle zum Thema stammt wiederum aus dem 16. Jh. Mit Bezug auf ein Ereignis im Jahr 1484 berichtet Spangenberg in seiner Chronik ohne erkennbares Erstaunen von einem Schlackebad. Es liegt daher fast auf der Hand, dass auch im Haushalt des Hüttenmeisters Hans Luder auf die rund 1 000 °C heiße Schlacke zurückgegriffen wurde, um kostengünstig zu heizen oder Wasser zu erhitzen.

Auffällig ist die Vielfalt der erhaltenen Bruchstücke von Messern (C 52). Zum überwiegenden Teil handelt es sich um Fragmente recht kleiner, oft reich verzierter Tafelmesser. Mehrere Griffe weisen eine Beschalung mit Knochen auf. Andere besaßen Griffschalen aus Holz. Von besonderem Reiz sind Zierelemente aus Messing, wie sie bei mehreren Stücken vorkommen. Allein diese aufwändigen, zumeist filigranen Exemplare zeigen, dass im Hause Luther ein gewisser Wohlstand herrschte, den man zumindest an der festlichen Tafel auch entsprechend zeigte.

Eine Anzahl von Funden lässt sich treffend der Betätigung »Handarbeit«, somit vornehmlich den weiblichen Mitgliedern des Haushalts zuordnen. Hierzu gehören neben einem perfekt erhaltenen Fingerhut auch ein Spinnwirtel, eine Schere sowie eine Näh- und eine Stecknadel (C 84–88). Der Spinnwirtel wirkt in diesem Ensemble eher befremdlich, da kaum davon auszugehen ist, dass im Haus zur Herstellung von Garnen im größeren Rahmen gesponnen worden ist. Die übrigen Gegenstände jedoch repräsentieren den üblichen Satz der Gerätschaften, die man zur Reparatur oder auch zum Schneidern von Textilien benötigte.

Da das Fundmaterial mit guten Argumenten einem bestimmten Haushalt zugewiesen werden kann, ist der Nachweis von Spielzeug von besonderem Reiz. Besonders zu erwähnen ist ein Pfeifvogel (C 60), den man mit Wasser füllte, um so trillernde, gut modulierbare Töne zu erzeugen. Daneben liegen tönerne Murmeln vor (Abb. 75). Diese machen aufgrund unterschiedlicher Größen und unregelmäßiger Formen den Eindruck, die Kinder des Hauses hätten sie sogar selbst angefertigt und im Küchenfeuer der Mutter gebrannt. Zwei weitere Teile von Spielzeugen sind bedeutend schwerer zu deuten. Bei einem handelt es sich um den Fingerknochen eines Rindes, der im Bereich seiner breiteren Gelenkfläche eine Bohrung aufweist (C 61). Derartig überarbeitete Knochen waren Teile eines Kegelspiels. In das Loch füllte man flüssiges Blei, wodurch die Knochen eine gewisse Standfestigkeit erhielten. Mehrere solcher Kegel wurden in eine Reihe gestellt, um sie dann mit einem weiteren Knochen gezielt umzuwerfen. Eine solche Szene ist treffend auf dem bekannten Gemälde »Die Kinderspiele« von P. Brueghel dargestellt. Obwohl sich besagte Szene im Hintergrund des Bildes befindet, ist selbst die Form der Kegelknochen noch exakt zu erkennen.

Ein kleiner, in seiner größten Ausdehnung nur 1,7 cm messender Gegenstand aus Knochen besitzt zwei gegenläufig angelegte, unterschiedlich große Bohrungen, die ihn als »technischen« Gegenstand charakterisieren; bei genauer Betrachtung erweist sich der Fund als Miniaturausführung einer Armbrustnuss (C 64). Die Nuss einer Jagd- oder Kriegsarmbrust bestand im Mittelalter aus Geweih. Mittels einer metallenen Achse war sie im Schaft – der »Säule« – der Armbrust fixiert. Auf der Oberseite befand sich eine Rast zur Aufnahme der Sehne, während der Abzugsbügel an der Unterseite der Nuss ansetzte und es ermöglichte, den Schuss auszulösen. Wegen der geringen Größe des Fundes liegt es auf der Hand, dass es sich um das Fragment einer Spielzeugarmbrust handelt. Nachweise dafür sind von allergrößter Seltenheit; lediglich in der Malerei oder auf Stichen sind gelegentlich spielende Kinder mit »kindgerechten« Armbrüsten dargestellt.

Einige Funde gewähren einen Blick auf das Sicherheitsbedürfnis gerade der wohlhabenderen Bevölkerung der damaligen Zeit in Mansfeld. Aufgrund verschiedener schriftlicher Quellen sind wir über die Geschehnisse in Mansfeld überdurchschnittlich gut informiert. Wieder ist es die Mansfeldische Chronik Spangenbergs, die zahllose Hinweise auf Geschehnisse in der Stadt liefert. Hinzu kommt der glückliche Umstand, dass im Landeshauptarchiv Sachsen-Anhalt in Magdeburg noch Gerichtsbücher der Stadt Mansfeld vorliegen, die genauestens Aufschluss über die Straftaten der damaligen Zeit geben. Da es den Bergleuten nicht untersagt war Waffen zu tragen, kamen solche schon bei geringfügigsten Anlässen zum Einsatz – oft mit tödlichem Ausgang. Außerdem waren Einbrüche, Diebstähle und Raubvergehen nach Aussage der genannten Quellen geradezu an der Tagesordnung. So nimmt es nicht Wunder, dass sich auch im Fundmaterial diverse Gegenstände diesem Themenbereich – im weitesten Sinne – zuordnen lassen. Besonders augenscheinlich ist der Zusammenhang im Fall eines Fundes, bei dem es sich auf den ersten Blick um den Griff eines schweren Mes-

Abb. 75 Murmeln aus gebrannter Irdenware. Das Murmelspiel begeisterte auch die Kinder im Elternhaus Martin Luthers.

sers mit auffälligem Knauf handelt (C 97). Wie sowohl vollständige Exemplare in diversen Sammlungen als auch bildliche Darstellungen aus der 1. Hälfte des 16. Jh. jedoch zeigen, handelt es sich bei dem in Mansfeld ausgegrabenen Fragment um den Griff einer Bauern- oder Hauswehr, einer einschneidigen Blankwaffe der damaligen Zeit. Somit ist davon auszugehen, dass nicht nur der Bergmann, sondern auch der Hüttenmeister bewaffnet das Haus verließ. Gerade die wohlhabenden Bürger der Stadt werden das Bedürfnis gehabt haben, ihren Besitz hinreichend zu sichern. Hiervon zeugen auch zwei Schlüssel, von denen der größere als regelrechter Haustürschlüssel zu betrachten ist. Eiserne Vorhängeschlösser stellen als Bodenfunde eine regelrechte Rarität dar. Zwei derartige Schlösser mit rechteckigem Kasten (C 99) belegen, dass man auch im Hause Luther bemüht war, sein Eigentum vor unberechtigtem Zugriff zu schützen.

Neben den erwähnten Eisenfunden stammen aus dem Befund weitere zahlreiche Gegenstände aus diesem Material, die kulturhistorisch hohen Stellenwert besitzen. Von besonderem Reiz sind hier ein vollständig erhaltener Spatenschuh (C 3) sowie einige merkwürdig erscheinende Gegenstände mit »Stollen«, die als Schuheisen interpretiert werden (C 2), ohne dass entsprechende Stücke in der Literatur belegt werden konnten. Es ist gut vorstellbar, dass die Bergleute Sicherheitsschuhe aus Holz trugen, die mit derartigen Eisen beschlagen waren, um ein Ausgleiten auf unsicherem Untergrund zu verhindern. Merkwürdiger Weise tragen die Bergleute auf allen Stichen des berühmten Werkes »Zwölf Bücher vom Berg- und Hüttenwesen« von G. Agricola leicht erscheinende Lederschuhe, die sicherlich keinem Sicherheitsaspekt gerecht wurden. Ob die Darstellung des Schuhwerks bei Agricola als authentisch anzusehen ist, müsste gegebenenfalls explizit untersucht werden.

In den Bereich des Hüttenwesens könnte ein kleines Pistill aus Messing (C 5) verweisen. Feinere Mörser mit entsprechenden Stößeln fanden im Probierwesen vielfach Verwendung, so dass eine solche Nutzung hier anzunehmen ist.

Von außerordentlichem Interesse zur Schilderung der Lebenswelt der Luthers in Mansfeld ist ein zunächst vollkommen unscheinbarer Fund. Er besteht aus unglasiertem gebranntem Ton. Aufgrund der Facettierung seiner Oberfläche sowie dem erkennbaren Ansatz einer ausgebrochenen Öse kann das Fragment treffend als Bruchstück eines Aachhorns interpretiert werden (C 90). Solche Blashörner – daher ihr Name – gelten in der Forschung als Signet einer Wallfahrt nach Aachen. Außerdem verdichten sich Hinweise auf eine Nutzung im Rahmen abergläubischer Handlungen. Dies zeigt sich treffend in einem Zitat aus dem 17. Jh. aus den Predigten des Konrad Dietrich von Ulm: »An vielen Orten hat man Wetterhörner gehabt, welche man zu Ach in Brabant geweihet und man daher Achhörner genennet.«

Hiermit ist zum einen der Bezug zu den Wallfahrten nach Aachen hergestellt, zum anderen zeigt sich mit dem Begriff »Wetterhorn« aber auch die Seite des Aberglaubens, handelt es sich doch bei einem solchen um ein Mittel zur Abwehr von Blitz und Donner. Aachen war in Mittelalter und früher Neuzeit eines der bedeutendsten christlichen Zentren Mitteleuropas. So gewährte Papst Leo X. im Jahr 1515 für eine Wallfahrt nach Aachen denselben Ablass, wie für Rom und Jerusalem. Im Zentrum der Verehrung standen vier bedeutende Reliquien, die man seit 1349 in einem siebenjährigen Turnus (so z. B. 1496, 1503 und 1510) den Gläubigen wies. Von außerordentlicher Eindringlichkeit ist die Beschreibung einer solchen Weisung aus dem Jahr 1510: »Wenn man sie [die Reliquien] zeigt und entfalter, fangt das Volk an, auf den Hörnern zu blasen, so daß man den lieben Gott nicht hatte donnern hören [...] und es ist niemand da, dem nicht die Haare zu Berge stehen und Tränen in die Augen treten. Dazu ertönt der Schal von Trompeten und zahllosen Hörnern. In Aachens Umgegend wurden nämlich kleine Hörner aus Thon gebacken«. Demnach wurden in der Gegend um Aachen tatsächlich entsprechende Hörner produziert, wofür auch archäologische Quellen bekannt sind. Der Fund vom Lutherhaus eröffnet so eine völlig neue Sichtweise auf die Religiosität der Familie Martin Luthers, der sich in späteren Jahren bekannterweise als vehementer Gegner des Wallfahrtswesens äußerte.

Da das Fundmaterial aus Mansfeld bereits ausführlich publiziert worden ist, sollen im Folgenden nur noch zwei bedeutende Kategorien von Funden besprochen werden. Während die bisher vorgelegten Gegenstände recht zwanglos als »normaler« Hausabfall betrachtet werden können, handelt es sich bei den hier zu erwähnenden Trachtbestandteilen und Münzen um Dinge, die bei ihrer »Deponierung« noch einen erheblichen Wert besaßen. Da beide Gruppen zudem in einer durchaus stattlichen Zahl vorkommen, ist zu hinterfragen, wie und vor allem warum man diese Dinge entsorgte.

Geradezu spektakulär ist der Fund von über 300 Gegenständen aus Messing. Zu einem überwiegenden Teil handelt es sich um Elemente, die in unmittelbarem Zusammenhang mit der damaligen – tendenziell eher weiblichen – Festtagstracht stehen. Besonders stechen unter diesen Funden die Beschläge hervor. Am häufigsten sind florale blütenförmige Motive, doch kommen auch kreuz- und schildförmige Applikationen vor. Seltener sind gestreckte und abstrakte Formen. Viele der Beschläge weisen Niete auf, die in der Regel eine Länge von 3 mm aufweisen. Somit ist klar, dass sie auf ein Material geheftet waren, das eben jene Dicke aufwies. Hier ist besonders an Lederwaren (Gürtelriemen, Gürteltaschen etc.) zu denken.

Von größter Bedeutung und Seltenheit ist ein nahezu 18 cm langer Beschlag aus Messingblech, dessen Lederunterlage noch gut erhalten ist (C 11). Er zierte das Ende eines breiten Lederriemens und besteht streng genommen aus mehreren Teilen. Den Hauptteil bildet ein in Blech gestanzter Buchstabe, bei dem es sich um ein Minuskel-d handelt. Demgegenüber stellen ein halbmondförmiger Abschluss sowie eine erhaltene Rosette ergänzenden Zierrat dar. Offensichtlich handelt es sich bei diesem Fund um den Endbeschlag eines prächtigen Gürtels. Naturlich stellt sich die Frage, welche Bedeutung der Buchstabe D haben könnte. Leicht kann hier der Verdacht aufkommen, es handelt sich um eine Initiale. Tatsächlich war es in der Zeit um 1500 ein beliebter Brauch, die Tracht in Form von Schmuckstücken oder Stickereien mit Initialen zu ergänzen. Besonders häufig ist diese Sitte auf Porträts zu erkennen, die anlässlich einer Hochzeit angefertigt wurden. Berühmt ist in diesem Zusammenhang Dürers Bildnis der Elsbeth Tucher, die auf dem Brusttuch eine Spange mit den Initialen ihres Bräutigams Niklas Tucher trägt. Die Möglichkeit, wer im Elternhaus Luthers für den Anfangbuchstaben D in Frage kommt, ist schnell gefunden: Die »Kernfamilie« bestand nach bisherigem Erkenntnisstand aus den Eltern Hans und Margarethe Luther (eigentlich Luder), zwei Söhnen (Martin und Jacob) und drei Töchtern, von denen eine Dorothea hieß. Somit liegt es im Rahmen des Denkbaren, dass der Endbeschlag und zumindest ein Teil der übrigen Messingbeschläge von einem Gürtel stammen, der einer Schwester Martin Luthers gehörte.

Riemenschnallen (C 74) liegen in verschiedensten Ausführungen vor. Neben den aus Messing bestehenden Stücken konnten auch sechs Exemplare aus Eisen geborgen werden. Besonders sticht eine gut 4 cm lange Schnalle hervor, deren Riemenbeschlag mit Blumendarstellungen versehen ist. Während Blüten verhältnismäßig häufig als Ornament dienen, ist die Darstellung ganzer Blumen – also mit Stängel und Blättern – von größter Seltenheit.

Mit 60 Exemplaren, darunter 26 vollständige Stücke, bilden die Heftel (C 81) eine repräsentative Fundgruppe. Bei den Hefteln handelt es sich um zumeist mehrere Zentimeter lange Nadeln, die mit einem kugelförmigen Kopf versehen sind. Sie dienen im wahrsten Sinne des Wortes als Heftnadeln, mit deren Hilfe Hauben gesteckt und Kleidung in Form gebracht wurde. Vielfach raffte man die Falten der Kleidung, indem man sie aufwändig von Hand legte und mit Hilfe besagter Nadeln fixierte. Dieser Aufwand wurde selbstredend nicht bei der Alttagskleidung betrieben, sondern war allein der Festtagsgewandung vorbehalten.

Mit 75 vollständigen Exemplaren und über 70 Fragmenten fällt die Anzahl der Nestelhülsen (C 80) noch stattlicher aus. Die Funktion dieser Gegenstände ist auf den ersten Blick nur schwer zu erschließen. Streng genommen handelt es sich lediglich um durchschnittlich 2 cm lange Röhrchen, die man aus dünnem Messingblech fertigte. Ihre Deutung ergab sich erst, nachdem in einigen Stücken pflanzliche Fasern festgestellt werden konnten. Einmal auf die Spur gekommen, sind auf vielen Gemälden der Zeit – besonders auf solchen von P. Brueghel – entsprechende Gegenstände zu erkennen. Bei Nestelhülsen handelt es sich um Versteifungen, die an Enden von Riemen angebracht wurden, nicht zuletzt auch, um das Ausfransen dieser Enden zu vermeiden. Sie nahmen damit dieselbe Funktion ein, wie die Kunststoffhülsen an den Enden moderner Schnürsenkel. Riemen spielten in der Tracht der Jahre um 1500 eine nicht zu unterschätzende Rolle. Da man Knöpfe nur selten verwendete, war es häufig erforderlich, das Verschließen von Kleidungsstücken

Abb. 76 Die fast 300 Silbermünzen (Wert ca. 1 Gulden) aus dem Elternhaus Luthers sind wegen ihres geringen Silbergehaltes zumeist schlecht erhalten.

mit Hilfe von Riemen zu gewährleisten. Diese Funktion übernahmen natürlich auch metallene Haken und Ösen, die ebenfalls im Fundmaterial vertreten sind.

Waren schon die metallenen Trachtbestandteile eine große Überraschung, wurde diese durch insgesamt knapp 300 Silbermünzen noch übertroffen (Abb. 76). Die ersten Stücke konnten bereits an der Oberkante des Befundes sichergestellt werden. Insgesamt streuten die Pfennige über den gesamten Befund, das letzte Stück wurde an der tiefsten Stelle geborgen. Nach der wissenschaftlichen Bearbeitung handelt es sich bei den Münzen bis auf wenige Ausnahmen um Eisleber Hohlpfennige, also Kleingeldprägungen. Die Mansfelder Grafen ließen die nur einseitig gestempelten Münzen aus Silberblech bereits in der 1. Hälfte des 15. Jh. prägen. Da sie dazu neigten, den Silbergehalt dieser Währung illegal immer weiter zu vermindern, wurde ihnen das Fertigen der Gepräge im Jahr 1526 verboten. Somit sind die Münzen kaum geeignet, das vorliegende Fundensemble genauer zu datieren. Hohlpfennige stellten die kleinste Einheit des Münzspiegels dar, waren aber immerhin aus Silber und somit sicher zu kostbar, um sie einfach im Abfall zu entsorgen.

Die Zusammensetzung des Fundmaterials in Mansfeld ist höchst ungewöhnlich und aus archäologischer Sicht kaum nachvollziehbar. Wie gezeigt werden konnte, handelt es sich ganz offensichtlich um Küchen- und Hausabfall, zu dem neben den Tierknochen und der Keramik auch ein Großteil der Eisennägel und die Kupferschlacke gerechnet werden können. Eindeutig aus dem üblichen Rahmen fallen die zahlreichen Silbermünzen sowie die metallenen Trachtbestandteile. Gerade die zuletzt genannten Funde – Münzen und Trachtapplikationen – sind von besonderem Interesse, da solche bei Ausgrabungen in mittelalterlichen Städten gewöhnlich nur sehr selten und – abgesehen von Schatzfunden – vor allem vereinzelt zutage treten. Eine Ausnahme bilden Grabungen in Kirchen, bei denen mit einiger Regelmäßigkeit diese Fundgattungen geborgen werden können. Dieser Umstand ist jedoch leicht zu begründen, trug man doch bevorzugt beim Kirchgang die festliche Tracht. Die Häufung der Münzen ist dadurch zu erklären, dass man in der Kirche des Öfteren zur Geldbörse griff, um den unvermeidlichen Klingelbeutel zu bestücken. Waren Kleinmünzen hierbei erst einmal heruntergefallen, verschwanden sie nicht selten in den Ritzen des Kirchenfußbodens bzw. der Dielung. Selbstredend ist das geschilderte Szenario keine Erklärung für das gehäufte Vorkommen derartiger Funde im Abfall der Luthers. Die Vorstellung, dass in einem Haushalt sukzessive knapp 300 Münzen und mehrere hundert Trachtbestandteile verloren gehen und auf den Abfallhaufen gelangen, ist abwegig. Bei genauerer Betrachtung wird klar, dass es sich um ein einmaliges Ereignis gehandelt haben muss, das dazu führte, dass wir nach 500 Jahren in der Lage waren, eine derartige Konzentration vergleichsweise wertvoller Gegenstände in einem Befund zu bergen. Das archäologische Fundmaterial selbst gibt keine weiteren Hinweise auf die Umstände der Deponierung. Dennoch existieren Quellen, die vielleicht bei der Deutung des Befundes bzw. der »Ausnahmefunde« weiterhelfen könnten: »Do ich erstlich ein Monch wardt, do wollte mein Vater auch tolle werden, War ubel zufrieden und wolt mirs nicht gestatten, unnd ich wolts gleichwol auch mit seinem wissen und willen thun. Do ichs ihm schriebe, antwort er mir schriefftlich widder und hies mich Du. Zuvor hies er mich Ir, weil ich Magister war, und sagte mir allen gonst und und Veterlichen willen gar abe. Do kam ein Pestilentz, das ime zwen Söne sturben, und kriegt potschaft, ich sollt auch gestorben sein, Lebe aber noch, so lang als Got will.«

Bei dem in dieser Form 1548 durch Valentinus Bavarus tradierten Zitat soll es sich um eine Überlieferung zu Luthers Predigt vom 20. Januar 1544 handeln. Wer dieser Bavarus (»ein Bürger zu Naumburg«) war, liegt trotz einiger Recherchen im Dunkeln, doch ist es wahrscheinlich, dass es sich um einen Schüler und Kostgänger Luthers in Wittenberg handelte, der dieses Zitat – wie üblicher Weise auch bei den »Tischreden« geschehen – notierte. Warum es scheinbar keinen Eingang in die Kritische Gesamtausgabe der Werke Martin Luthers – vulgo Weimarana – fand, konnte erst nach einer Rückfrage bei G. Hammer, einem der »Neubearbeiter« der Kritischen Gesamtausgabe, ermittelt werden: Das Zitat wird – nur in der Formulierung von Bavarus abweichend – durchaus in der Werkausgabe erwähnt, wird aber hier von Georg Rörer, einem tatsächlichen Schüler und Vertrauten Luthers, nach dem Passus »und hies mich ›Du‹, prius ›vos‹, Et sagt mir veterlich trewe ab« mit den Worten »et ab aliis admonitus etc.« abgekürzt. Der Rest des Zitates erschien ihm offensichtlich nicht überliefernswert; viel interessanter scheint hier das Motiv des zürnenden Vaters gewesen zu sein. Wie es also scheint, haben mindestens zwei Personen die Ausführungen Luthers mit eigenen Worten aufgeschrieben. Die »Echtheit« dieses Zitates rückt somit in den Bereich des Wahrscheinlichen. So wird der Tod zweier Brüder Martin Luthers auch von M. Brecht, dem Verfasser der bedeutenden Lutherbiographie aus den 1980er Jahren, vollkommen selbstverständlich übernommen.

Aufschlussreich ist an diesem Zitat ferner, dass Hans Luder berichtet worden sein soll, auch sein Sohn Martin – gerade im Erfurter Kloster ansässig – sei an der Pest gestorben. Tatsächlich ist überliefert, dass im Jahre 1505, also dem Eintrittsjahr Luthers in den Orden der Augustinereremiten, in Erfurt die Pest wütete und zahlreiche Opfer forderte. Ein letztes Indiz in der »Beweiskette« liefert Spangenberg in seinem ersten, 1572 in Eisleben erschienen Buch der Mansfelder Chronik: »1505: War ein nasser Sommer / daruber kam die Seuche / so etliche Jahr lang albereid gewert / noch heftiger unter das Viehe«.

Mit den aufgeführten Argumenten erscheint es statthaft anzunehmen, dass der Tod zweier Brüder Luthers im Mansfelder Elternhaus eine historische Tatsache ist. Nun regt ein derartiges Katastrophenszenario zur Überlegung an, ob die Pest der Auslöser für die Deponierung der Ausnahmefunde gewesen sein kann. Die Ursachen der Pest – bzw. der Krankheiten, die man unter diesem Begriff subsumierte – waren dem damaligen Menschen nicht bekannt. Immerhin war es durchaus gebräuchlich, Kleidung, Wäsche, Bettzeug, Bettstroh, das mit der Pest infizierte Kranke in Gebrauch hatten, zu verbrennen. Wie bereits ausgeführt, waren die Trachtbestandteile aus dem Mansfelder Befund Stücke einer reich verzierten Kleidung. Der Umstand, dass Münzen und Trachtteile inmitten von Küchenabfällen, durchmengt mit Holzasche, geborgen wurden, legt nahe, dass derartige Kleidungsbestandteile im Küchenfeuer – eventuell auch außerhalb mit anschließender Entsorgung der Reste auf dem gängigen Abfallhaufen – verbrannt worden sind. Für diese Annahme spricht eindeutig ein kleines verkohltes Textilfragment in Leinwandbindung.

Im Jahr 1505 brach in zahlreichen Städten des Reiches – u. a. auch in Erfurt – die Pest aus, die bald auch Mansfeld heimsuchte. Mansfeld lag zur damaligen Zeit an einer der wichtigsten Verkehrsachsen zwischen den Hansestädten im Norden und den Handelszentren im Süden. Das Mansfelder Anwesen der Familie Luther befand sich nahe dem unteren Stadttor an der Hauptverkehrsader der Stadt und zudem gegenüber dem »Goldenen Ring«, einem stark frequentierten Gasthaus. So ist es nicht weiter verwunderlich, dass auch die Luthers nicht verschont blieben. Im Lauf der Epidemie erkrankten zwei Brüder Martin Luthers und starben. Das Totenzimmer wurde beräumt und alle darin verwahrten Gegenstände beseitigt. In der Verzweiflung überantwortete man auch die reich verzierten Kleidungsstücke und Lederwaren dem Feuer. Selbst eine am Gürtel befestigte Geldbörse fand keine Beachtung und wurde mit verbrannt. Verbliebene Asche und die durch die Hitze angelaufenen Kleingegenstände warf man anschließend auf den Misthaufen im Hofgelände, wo üblicherweise die Küchenabfälle lagerten.

Martin Luther war bis heute eine Persönlichkeit, deren Facetten uns überwiegend durch das Schrifttum überliefert sind. Eigene Werke füllen Regale, die Anzahl und Vielfalt der Schriften über ihn ist gewaltig. Umso überraschender erscheint es, wie dürftig die Informationen zur eigenen Familie, zur Kindheit oder zur sozialen Herkunft des Reformators sind. Als berühmteste Selbstzeugnisse sind zwei Zitate aus den Tischreden von Bedeutung, nach denen der Vater (Hans Luder) aus einem Bauerngeschlecht stamme und als armer Häuer, also einfacher Bergmann, nach Mansfeld gezogen sei.

Wie die nun vorliegenden Untersuchungen zu den archäologischen Hinterlassenschaften, zur Baugeschichte des elterlichen Anwesens und zu den archivalischen Hinterlassenschaften zeigen, entsprechen die (angeblichen) Aussagen Luthers nicht den tatsächlichen Gegebenheiten. Ob Martin Luther selbst in Bezug auf seine Jugend und Herkunft ein klassisches »Understatement«, eine Tiefstapelei, betrieb oder ob die Mitschriften seiner Tischgenossen nicht exakt seinen Aussagen entsprechen, lässt sich heute nicht mehr klären. Tatsache ist, dass schon die thüringische Kernfamilie durchaus wohlhabend war und dass Hans Luder, als er im Berg- und Hüttenwesen der Grafschaft Mansfeld tätig wurde, bereits Vorkenntnisse besessen haben muss. Die gehobene soziale Stellung in Mansfeld fußte auf verschiedenen, voneinander weitgehend unabhängigen, aber miteinander verbundenen wirtschaftlichen Standbeinen. Die archäologischen Funde vom Elternhaus wurden von den Erkenntnissen der daraufhin erfolgten bauhistorischen und archivalischen Forschungen bestätigt. Martin Luther stammte aus einem Elternhaus, in dem vielleicht kein übermäßiger Reichtum herrschte, das aber durchaus als wohlhabend zu bezeichnen ist. Sein Vater war als Hüttenmeister, Vierherr und Schauherr des Grafenhauses eng mit der Administration der Stadt Mansfeld und der Grafschaft verbunden.

Man darf gespannt sein, inwieweit diese neuen Erkenntnisse künftig in der Reformationsforschung Beachtung finden. Es kann an dieser Stelle nicht thematisiert werden, wie sich bereits in der ostdeutschen Geschichtsschreibung im Vorfeld des Lutherjubiläums 1983 das offizielle Lutherbild auf Grundlage eines veralteten Forschungsstandes relativierte. Immerhin sind spätestens seit damals selbst dem Laien verschiedene Äußerungen Luthers bekannt, die nach der bisher gängigen Einschätzung seiner sozialen Herkunft vollkommen überzogen wirkten. Besonders trifft dies auf seine Parteinahme im Bauernkrieg zu, wenngleich diese auch auf dem Schock über den Flächenbrand an Mord und Verwüstung fußte. In der Schrift »Wider die räuberischen und mörderischen Rotten der Bauern« werden die Führer des Reichsheeres aufgerufen, mit aller Härte und dem Segen Gottes gegen die Bauern vorzugehen: »Drum, lieben Herren, loset hie, rettet hie, helft hie! Erbarmet euch der armen Leute! Steche, schlahe, würge hie, wer da kann! Bleibst du druber tot, wohl dir! Seliglichern Tod kannst du nimmermehr uberkommen, denn du stirbst in Gehorsam göttlichs Worts und Befehls (Röm. am 13.) und im Dienst der Liebe, deinen Nähisten zu retten aus der Hellen und Teufels Banden.«

Anhand der nun vorliegenden Ergebnisse von Archäologie und Bauforschung tut sich hier ein noch nicht diskutierter Widerspruch auf: Ist man bis heute davon ausgegangen, der Sohn eines armen Bauern, der sich vom Bergmann zum Hüttenmeister hochgearbeitet habe, hätte diese Worte verfasst, wissen wir nun, dass Martin Luther mit den Aufständischen des Bauernkrieges tatsächlich nur wenig gemein hatte. Er stammte aus einer sozialen Schicht, die bei einem Sieg des radikalen Gedankenguts eines Thomas Müntzers nur hätte verlieren können.

Literaturhinweise
Haasis-Berner 1994; Größler/Brinkmann 1893; Jacobs 1869; Krabath 2001; Krumhaar 1855; Scheel 1929; Schlenker u. a. 2007; Spangenberg 1913–1925; Stievermann 2000; Tamboer 1999.

Reinhard Schmitt / Mirko Gutjahr

Das »Schwarze Kloster« in Wittenberg

Bauforschung und Archäologie im und am Kloster der Augustiner-Eremiten und Wohnhaus Martin Luthers

In der weltgeschichtlichen Stellung des Reformators Martin Luther gründend, erfuhr dessen Wohnhaus in Wittenberg spätestens seit der 100-Jahrfeier der Reformation im Jahre 1617 eine größere Würdigung; die Beschäftigung mit jenem nahm dann seit dem 19. Jh. stark zu. Inzwischen ist die Literatur über den Bau, seine Geschichte und das Leben seines berühmten Bewohners längst Legion. Das heutige Gebäude, der Südflügel des späteren, zur Universität gehörigen »Augusteums«, war dabei unbestritten das ehemalige Klostergebäude, in dem Luther lebte und wirkte (Abb. 77).

Das auf Veranlassung des sächsischen Kurfürstens Friedrich der Weise ab 1503/04 errichtete Kloster der Augustiner-Eremiten lag im Südosten Wittenbergs, unmittelbar an die mittelalterliche Stadtmauern gelehnt. Von Anfang an war eine traditionelle dreiflüglige Klausur mit der Kirche auf der vierten Seite geplant. Im Norden sollte an Stelle einer spätmittelalterlichen hölzernen Hospitalkirche die neue und größere Klosterkirche entstehen. Sie war aber nur in den Fundamenten des Altarraumes fertig gestellt und ist beim Festungsbau 1526, als das Kloster bereits seit vier Jahren aufgelöst war, abgebrochen worden.

Während die Baugestalt der Klosterkirche völlig unbekannt ist, besitzen wir von der durch die Mönche zunächst noch genutzten Holzkirche immerhin eine allgemein gehaltene Beschreibung aus der Mitte des 16. Jh.

Bereits nach vier Jahren (1508) war das noch heute stehende Gebäude unter Dach und Fach, wie eine gefügekundliche Analyse der Dachkonstruktion ergab, die während umfangreicher bauhistorischer und restauratorischer Untersuchungen in den Jahren 1997 bis 2008 erfolgte. In einem Buch über Wittenberg von Andreas Meinhard heißt es im gleichen Jahr, also zu einem Zeitpunkt, als zumindest der Südflügel des Klosters im Rohbau fertig war: »Auch ist ein neues Kloster der Mönche vom Orden des Heiligen Augustinus vorhanden, das in der Nähe eines neuen Kollegiums an einem schönen Ort mit nicht geringer Kunst und Sorgfalt errichtet worden ist [...] Was für ein herrliches Kloster werden die Väter des Ordens des heiligen Augustinus hier vollenden, an einem Ort, der kaum weniger schön und lieblich ist als der des Collegiums [...]. Sieh dir den Ort der zukünftigen Kirche an«.

In den Neubau bezog man auf der Ostseite und an der Südwestecke je einen Turm und im Süden einzelne Mauerabschnitte der älteren Stadtbefestigung ein, von den Hospitalgebäuden einen Raum im Nordwesten des Gebäudes (Abb. 78). Der Innenausbau hat sich offensichtlich bis zur Auflösung des Klosters hingezogen. Dieser neue südliche Klausurflügel enthielt außer einem Kellerraum im Erd- und Obergeschoss die wichtigsten Wohn- und Arbeitsräume der Mönche, den Kapitelsaal, den Speisesaal (Refektorium), die Küche und den Schlafsaal (Dormitorium). Eine genaue Raumzuordnung ist aber nicht in jedem Fall möglich. Der im Südwesten des Erdgeschosses gelegene Raum diente eventuell als Winterrefektorium. In einer Nische der Westwand wurden während der Untersuchungen Wandmalereien entdeckt, die eine Kreuzigungsdarstellung aus dem frühen 16. Jh. enthalten – die einzige klosterzeitliche Wandfassung im Gebäude und somit des gesamten Klosters!

Wahrscheinlich sollten der Kapitelsaal und der Schlafsaal später in den Ostflügel verlegt werden, wo sie üblicherweise untergebracht waren.

In beiden Geschossen ermöglichte ein mit einer Holzdecke versehener Kreuzgang die Verbindungen zwischen den einzelnen Räumen. Der Gang im Erdgeschoss weitete sich im Westen in eine größere Halle. Vom Maßwerk der hofseitigen Öffnungen hat sich ein Rest nur hinter dem jüngeren Treppenturm erhalten. Gleichzeitig mit der Errichtung des Südflügels wurden die Vorbereitungen für den Bau des westlichen und östlichen Klausurflügels begonnen. Das bestätigen die direkten Bauanschlüsse auf der Nordseite des Gebäudes, die kurzzeitig freigelegt werden konnten. Die spitzbogige Tür im Osten der Nordwand führte ursprünglich ins Erdgeschoss des

Abb. 77 Wittenberg, Lutherhaus, Ansicht von Norden (2008).

Ostflügels. Weshalb die Mönche – entgegen der üblichen Bauweise, mit dem Ostflügel zu beginnen – zunächst den Südflügel fertig stellen ließen, bleibt unbekannt. Nachdem 1519 die Küche erneuert wurde, folgte der Ostflügel 1519/20, den man über den ehemaligen Stadtgraben hinaus errichtete.

Dass eine Küche erst nach 1519 erbaut worden ist, kann nur bedeuten, dass sie damals an jener Stelle im Südflügel eingerichtet oder modernisiert wurde. Einen Vorgänger muss es auf jeden Fall gegeben haben.

Wie weit indes der Ost- und der Westflügel tatsächlich bezugsfertig ausgebaut wurden, ist nicht eindeutig zu sagen. Immerhin zeigt eine Ansicht Johann Heinrich Heuchers aus dem frühen 18. Jh. noch die grabenseitige Gebäudewand des Ostflügels mit einer Reihe von Fenstern im Obergeschoss. Auf einem Stadtgrundriss aus dem Jahre 1623 könnten sogar noch Reste des einstigen Gebäudes erkennbar sein.

Für alle wesentlichen Baumaßnahmen liegen in den Kämmereirechnungen der Stadt und in den Amtsrechnungen genügend Hinweise auf umfängliche Materiallieferungen vor.

In den Jahren 1515 und 1516 entstand auf der Südseite des Klostergebäudes ein etwa quadratischer Anbau von ca. 9 x 9 m Fläche (Abb. 79). Dieser enthielt im Untergeschoss eine Latrine und eine Heizstelle für darüber liegende Räume. Außerdem wurde ein zuvor errichteter Brunnen mit genutzt, der erstmals 1563 Erwähnung fand. Grundrisse von Keller- und Erdgeschoss des Lutherhauses von den Architekten Friedrich Gustav Brennhausen und Gottlieb Gause (1843) zeigen noch den Anbau von 1515/16, so wie er 2004/05 bei den Ausgrabungen wieder aufgedeckt werden konnte (Abb. 80). Der turmartige Bau ist leider nach dem Abbruch um 1850 nur bis Fußbodenhöhe des Erdgeschosses erhalten geblieben. So kann über die Räume im Obergeschoss nichts Näheres ausgesagt werden. Unstrittig ist jedoch inzwischen, dass Luther in diesem, seinem »turris«, und wohl in den oberen Räumen die grundlegenden Ideen seines reformatorischen Gedankenguts entwickelt hat (»Diese kunst hatt mir der Heilige Geist auff diesem thurm geben.«). Diese neuen Befunde sind eine großartige Entdeckung – weniger baugeschichtlich als vielmehr reformationsgeschichtlich! Denn seit dem 19. Jh. galt der inzwischen auch archäologisch nachgewiesene kleine Turm der Stadtmauer, der an die Südwestecke des Lutherhauses grenzt, als jener Ort.

Bereits die älteste überlieferte Ansicht Wittenbergs von 1536/37 zeigt den Anbau, der bis zur Mauerkrone des Obergeschosses reichte und mit einem Giebel und Satteldach überdeckt war.

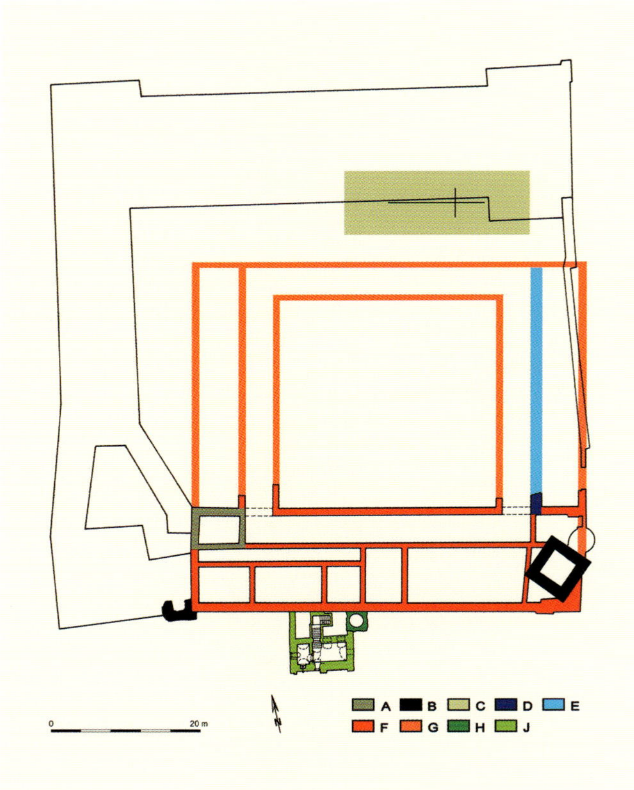

Abb. 78 Wittenberg, Lutherhaus, schematisierter Grundriss des ehemaligen Augustiner-Eremitenklosters mit Darstellung der Baubefunde: A – Baurest des Heilig-Geist-Hospitals; B - Stadtmauertürme; C - vermutete Lage der Hospitalkirche und der Klosterkirche; D - vermutlich östliche Stadtmauer; E – Stadtmauer (ergänzt); F - Mauern des südlichen Klausurflügels, erhalten im Lutherhaus; G - östlicher und westlicher Klausurflügel sowie nördlicher Kreuzgang (Ergänzungen); H - Brunnen; I – Südanbau.

Schwieriger ist es jedoch, für den Südanbau Parallelen zu finden: für einen an einen Klausurflügel außen quasi »angehängten«, turmartigen Bau (vergleichbar den Ausluchten und Standerkern, wie sie seit der Zeit um 1500 an Profanbauten häufiger anzutreffen sind). Weder in der Klosterbaukunst im Allgemeinen, noch in der Architektur des Augustiner-Eremitenordens fanden sich bislang ähnliche Baulösungen. Im Erfurter Kloster der Augustiner-Eremiten besaß allerdings das zu Beginn des 16. Jh. errichtete neue Priorat (also auch hier die Wohnung des Priors) einen kleineren Vorbau. Detailliertere Aussagen sind nicht möglich, zumal das Gebäude 1821 abgerissen worden ist.

Der Wittenberger Anbau scheint als Aufenthaltsort (auch) für Luther gedient zu haben, der als Distrikts- oder Provinzialvikar des Ordens in Mitteldeutschland von Mai 1515 bis April 1518 (und danach als Reformator ohnehin!) eine hohe Stellung inne hatte, die ihn neben, wahrscheinlich sogar über den Prior des Klosters stellte. Der Bau besaß auf jeden Fall eine herausragende Lage, ähnlich übrigens wohl auch der des westlich gelegenen und seit 1502 errichteten Collegium Fridericianum (des »Alten Collegiums«). Beide Türme werden sogar in einem Bericht von 1526 erwähnt: »[...] dem stück whall bis an das schwartz closter, zu dem den thorm hinder dem selben closter, nach seiner hohe, auch den thorm hinder dem newen collegio [...]«. Eine vergleichende Analyse solcher Anbauten an klösterlichen, aber auch profanen Gebäuden wie der Wittenberger Universität ist daher ein Desiderat der Forschung.

Über den Standort der Kirche kann nur vermutet werden, dass er sich nördlich des Ostflügels befunden haben muss. Es fällt beim heutigen Augusteum auf, dass der Bau im Südosten nicht unterkellert ist. Vielleicht standen in diesem Bereich die bereits errichteten Fundamente der Klosterkirche und ihr hölzerner Vorgänger.

Eine weitere Klärung der Baugeschichte des heutigen »Lutherhauses« gelang: Dieses Gebäude, also der südliche Klausurflügel des Augustiner-Eremitenklosters, besitzt neben dem Keller- und dem Erdgeschoss zwei Obergeschosse. Innerhalb einer »klassischen« Vierflügelanlage gibt es aber dazu wohl kaum eine Parallele aus dem Mittelalter. Es drängte sich daher der Verdacht auf, dass das zweite Obergeschoss zu einem späteren Zeitpunkt aufgebaut worden sein könnte. Zunächst bestätigten gründliche Analysen der Dachkonstruktion, dass diese tatsächlich nach ihrer Errichtung 1508 und vor einer statisch-konstruktiven Sicherung in der Mitte des 19. Jh. unter der Leitung des bedeutenden Baumeisters Friedrich August Stüler vollständig abgebaut und anschließend wieder neu errichtet worden ist. Da während der bauhistorischen Untersuchungen keine Gelegenheit bestand, das Außenmauerwerk des Gebäudes ohne Putz analysieren zu können, bot sich eine Alternative zur Klärung der Problematik an: Infrarotaufnahmen mit einer Wärmebildkamera zeigten im Frühjahr 2008 überraschend, dass das Mauerwerk des zweiten Obergeschosses deutlich anders als das darunter befindliche gefügt worden ist. Es ist dabei von einer ummauerten Fachwerkkonstruktion auszugehen. Außerdem waren die ehemaligen rundbogigen Öffnungen zu den beiden übereinander liegenden Kreuzgängen des Ost- und Westflügels erkennbar.

Ohne künftige Untersuchungen des vom Putz zu befreienden Mauerwerks muss offen bleiben, wie der Ostgiebel von 1508 gestaltet war, ob Teile des im 19. Jh. stark überarbeiteten Blendmaßwerkes aus jener Zeit stammen, ob der kleine, leicht vorspringende Wendelstein auf der Ostseite aufgestockt oder gar erst nachträglich hinzugefügt worden ist.

Der Beweis war erbracht: Auch der südliche Klausurflügel besaß ursprünglich lediglich ein Obergeschoss! Es

Abb. 79 Wittenberg, Lutherhaus. Der Südanbau (Blick von Südwesten) ist nachträglich in den Stadtgraben und an einen kurz zuvor errichteten Brunnenturm angebaut worden. Erst um 1540 wurde der Graben verfüllt und um den Anbau sowie einen kleinen Gartenbereich eine neue Mauer der Stadtbefestigung herumgebaut, um Luthers Anwesen zu schonen.

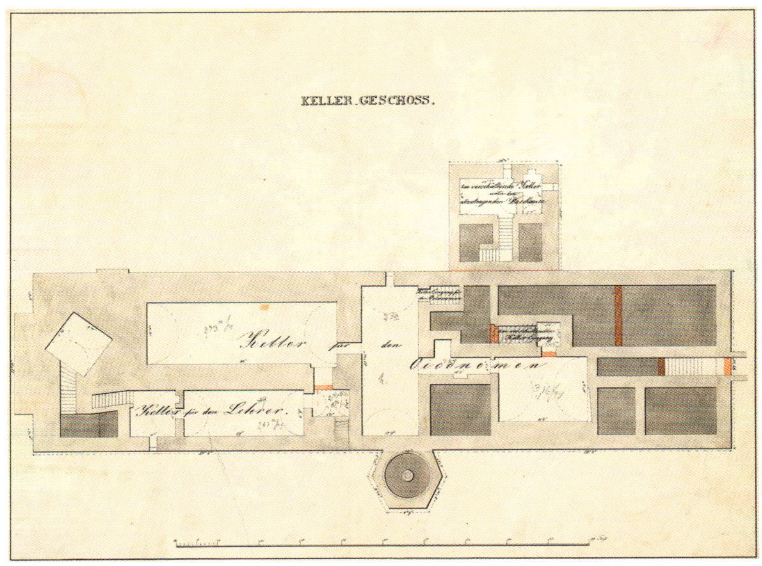

Abb. 80 Der Grundriss des Kellergeschosses des Lutherhauses von den Architekten Friedrich Gustav Brennhausen und Gottlieb Gause (1843) zeigt noch den Anbau von 1515/16, so wie er 2004/05 bei den Ausgrabungen wieder aufgedeckt werden konnte.

stellte sich jedoch sofort die Frage, wann das zweite Obergeschoss hinzugekommen sein könnte. Auf historischen Ansichten von 1611 und 1626/29 liegt die Mauerkrone des Anbaus im Vergleich mit der Darstellung von 1536/37 um ein Geschoss tiefer. Zwischenzeitlich ist der Anbau in seiner Höhe jedoch nicht reduziert, sondern vielmehr das Gebäude um ein Geschoss erhöht worden! Streng genommen kann beim derzeitigen Kenntnisstand die Aufstockung nur zwischen 1536/37 und 1611 sicher eingegrenzt werden.

Zwei Möglichkeiten bieten sich aber an, um den Zeitpunkt genauer zu fassen. Um 1540 wurde am Dach des Hauses für 130 Gulden gearbeitet; dazu erfolgten umfangreiche Lieferungen an Baumaterial. Doch wozu benötigte Familie Luther ein weiteres Wohngeschoss? Für studentische Quartiere, die »Käthe« Luther vermietete? Beim Besuch der pommerschen Herzöge Ernst Ludwig und Barnim im Jahre 1563 wurden immerhin das Erdgeschoss, das erste Obergeschoss und darüber sieben Stuben von Studenten erwähnt: »I. f. g. haben ihre Wohnung in Doctoris Martini seliger Behusunge und ist vor i. f. gn. erstlich eine große Eßstube, darnach eine getefelte stube, daran zwei Kammern, worin der Magister, Edelleute und Jungen schlafen; darnach haben i. f. g. an derselben getefelten Stuben ein klein stubelin zu zween Dischen, da beide, meine g. H. alleine inne sint und darbei eine kammer mit dren spanbetten, da i. f. g. und ich slafen. Unten im hause ist eine gute kuchen, darin ein schöner Brunne. So isst auch sonst vor i. f. g. ein guter keller, das i. f. g. mit gemechern zymlich vorsehen. Beschwerlich sei jedoch nach der jungen Fürsten und seinem Dafürhalten, dass über ihnen sieben Stuben von allerlei Studenten: Franzosen, Pollacken, Schwaben und Franken bewohnt würden, welche ihren Ein- und Ausgang vor den Stuben der Herzoge her hätten; zu Zeiten allerlei Tumult erhöben, tags und nachts ein- und ausliefen; der eine pfeiffet, der andere singet [...]«. Lagen diese Stuben im zweiten Obergeschoss oder im Dachgeschoss?

Für eine Aufstockung sind aber auch die ersten zwei Jahre nach der Übereignung des gesamten Anwesens an die Wittenberger Universität im Jahre 1564 in Betracht zu ziehen. In den leider erst ab 1565 erhaltenen Baurechnungen ist ausführlich von Arbeiten am Dach und an einem neuen hofseitigen Wendeltreppenturm die Rede. Da dieser bis ins zweite Obergeschoss führt, muss spätestens zu diesem Zeitpunkt das neue Geschoss bereits vorhanden gewesen sein. Doch zwischen dem Erwerb seitens der Universität und der Fertigstellung des Treppenturmes im November 1566 verbleibt fast zu wenig Zeit, um ein gesamtes Geschoss aufzubauen und dabei den vorhandenen Dachstuhl ab- und anschließend wieder aufzurichten. Sicherheit besteht also hinsichtlich des Zeitpunkts der nachträglichen Aufstockung noch nicht; die Jahre 1564–1566 besitzen indes die größere Wahrscheinlichkeit.

Nachdem sich der Konvent im Jahre 1522 aufgelöst hatte, erhielt Martin Luther die Gebäude zwei Jahre später und im Jahr 1532 endgültig zur Nutzung übereignet. Bis zu seinem Tode 1546 bewohnten er und seine Familie mehrere Räume im Westteil des Südflügels. Zwischen 1532–1542 ließ der

Abb. 81 Keramischer Wasserkasten aus dem Lutherhaus in Wittenberg mit seitlichen Haken zur Wandbefestigung. Das Motiv auf der Schauseite zeigt eine Kernthese der neuen protestantischen Lehre: Allein der Kreuzestod Christi erlöst den sündigen Menschen.

Hausherr dort mehrfach umbauen: Zwei neue Keller (wobei einer nach Teileinsturz im Jahre 1532 zu reparieren war), Stuben und Kammern wurden für 320 Gulden neu- bzw. ausgebaut. Für »das newe Haus« mussten sogar 400 Gulden ausgegeben werden – eine beträchtliche Summe. Es lässt sich nicht verifizieren, ob damit ein weiterer Ausbau in einem der beiden seitlichen Klosterflügel gemeint war. Die 1542 genannte »obere Stube« darf sicher mit dem seit 1617 als »Lutherstube« gewürdigten Raum des Gedenkens an den großen Reformator identifiziert werden. Zur ursprünglichen Ausstattung gehören insbesondere die Wandvertäfelungen und die umlaufende Sitzbank; die Bretterdecke war damals noch schlicht gehalten. Der in der Fensternische eingebaute Sitz sowie der große Tisch dürften ebenfalls lutherzeitlich sein.

Außerdem wurde der nordwestliche Erdgeschossraum durch den Einbau eines Kreuzgratgewölbes in zwei Geschosse unterteilt. Das spätgotische Hofportal mit der Jahreszahl 1540 könnte den Abschluss der Arbeiten anzeigen.

Wer den Südanbau, in dem Luther sein »Turmerlebnis« hatte, nach 1522 nutzte, bleibt unklar. Ebenso unsicher ist, was aus den nur teilweise fertig gestellten Klausurflügeln im Osten und Westen wurde. Luther beklagte sich immerhin 1542, dass ein Drittel seines Hauses noch nicht nutzungsfähig sei. Bezog sich diese Äußerung auf den östlichen oder westlichen Klausurflügel? Oder dachte er nur an den Südflügel (er sprach vom »großen Closter haus«), von dem zwei Drittel genutzt wurden? Die spätere Geschichte der beiden Seitenflügel konnte bisher anhand der ausgewerteten schriftlichen Quellen noch nicht geklärt werden.

Sowohl die Gebäude und Räume des Augustiner-Eremitenklosters als auch das Wohnhaus Martin Luthers verband ein Schicksal: nicht völlig fertig ausgebaut und nutzungsfähig geworden zu sein. Erst die Universität nahm den gesamten Südflügel in Gebrauch und baute ihn entsprechend ihrer Bedürfnisse aus und um.

Einen besonderen Reiz gewinnt die Erforschung vergangener Lebensrealitäten, wenn es gelingt, bauhistorische, archäologische und historische Beobachtungen über Identifikationen, also mit der Zuordnung zu historischen Persönlichkeiten, miteinander zu verbinden und in der Zusammenschau zu neuen Ergebnissen zu gelangen. Der Vergleich der materiellen mit der schriftlichen Überlieferung ermöglicht dabei einerseits den Abgleich und eine kritische Bewertung der unterschiedlichen Quellen, andererseits erlauben die Sachzeugnisse aber auch einen Einblick in historische Abläufe, die entweder überhaupt nicht oder durch den subjektiven Blickwinkel des Verfassers verfälscht in die Schriftüberlieferung mit eingeflossen sind. Die Ausgrabungen in den Lutherstätten Mansfeld und Wittenberg sind somit ein besonderer Glücksfall, da hier die überaus reichhaltige schriftliche Überlieferung zur Person des Reformators Martin Luther auf eine große Materialfülle trifft: So umfassen die Wittenberger Funde von Anfang bis Mitte des 16. Jh. an die 40 000 Objekte und stellen somit eine breite Datenbasis dar, die bislang allerdings nur in ersten Ansätzen erfasst werden konnte.

Im Jahre 1524 hatte Martin Luther vom sächsischen Kurfürsten die Nutzung des aufgelösten Augustinerklosters als Wohn- und Arbeitsstätte zugesprochen bekommen, in dem er mit Unterbrechungen schon seit 1508 lebte. Die Umwandlung von einem monastischen Komplex in das »erste protestantische Pfarrhaus« brachte nicht nur langjährige umfangreiche Baumaßnahmen mit sich, sondern auch die nahezu komplette Neuanschaffung des Hausrates: »Es ist am Anfang des Evangeliums [d.h. zu Beginn der Reformation – Anm. d. Verf.] so verwüstet worden, dass ich für das übrige mir geschenkte nicht 20 Gulden hätte geben wollen, wollts auch

Abb. 82 Eine Buchschließe aus dem Lutherhaus in Wittenberg mit der Darstellung einer Frau in kurzem Kleid und breitem Barett. Die ungewöhnlich große Zahl an Buchschließen (E 144) aus der Grabung lässt an eine umfangreiche Bibliothek denken.

dafür wohl besser angeschafft haben. Ist auch bis auf diesen Tag nicht aufgehöret wegzuschleifen Kannen, Schüsseln, Bratspieße, Töpfe und was jedermann hat erwischen können, und das Meine mit dazu«, rechtfertigte sich Luther später hinsichtlich des Verbleibs des klösterlichen Inventars. Neue »Hausgeräte« erhielt er demnach meist als Geschenke von Gönnern oder schaffte sie selbst an.

Doch das Lutherhaus war nicht der bescheidene und beschauliche Wohnsitz einer kleinen Kernfamilie um Luther, wie man sie im 19. Jh. noch so gerne imaginierte, sondern dürfte aufgrund vielfältiger haushälterischer, handgewerblicher und landwirtschaftlicher Aktivitäten einem Großbetrieb geglichen haben.

Als die Universität 18 Jahre nach dem Tod von Martin Luther das Anwesen 1564 von den hoch verschuldeten Söhnen erwarb, hatte dies neben einer erneuten weitgreifenden baulichen Umgestaltung offenbar auch die Entsorgung des noch vorhandenen Hausrates des Reformators zur Folge. Laut der Aussage eines Zeitgenossen sei davon ohnehin nicht mehr viel in benutzbarem Zustand gewesen. So berichtete der Hofmeister Christian Küssow ein Jahr vor dem Verkauf über den desolaten Zustand des Anwesens: »Wie meine gn(ädigen) hern hier ankomen, ist nichts im huse gewesen, ohn Spinde, Benke, Tische seint zerbrochen.«

Anscheinend warf man während der Baumaßnahmen die Reste des Gelehrtenhaushaltes direkt aus den Fenstern des Lutherhauses in den südlichen Garten. Das Material scheint dabei zunächst östlich vom »Lutherturm« eingebracht worden zu sein, bevor man es auf die gesamte Fläche des südlichen Gartenareals gleichmäßig verteilte, welches von der so genannten Gartenmauer, eigentlich einer Stützmauer gegen den ab 1540 errichteten Befestigungswall, umgeben war und die Nutzung des dadurch stark verkleinerten Areals erheblich einschränkte.

Das bei den archäologischen Ausgrabungen in den Jahren 2004/05 geborgene Fundmaterial aus der 1. Hälfte des 16. Jh. spiegelt die verschiedenen Funktionsbereiche des Lutherhauses deutlich wider: Neben der Wohnstatt für geschätzte 35–50 Mitglieder des Haushaltes, diente das Anwesen dem repräsentativen Empfang illustrer Gäste (den berühmten Tischrunden), dem akademischen Lehrbetrieb und der Unterbringung von Studenten. Die von Luthers Ehefrau Katharina (geb. von Bora) betreuten ökonomischen Aktivitäten umfassten Land- und Gartenwirtschaft, Brauwesen, Fischfang und die Versorgung des Nutzviehs (immerhin der größte Viehbestand des Ortes) und nicht zuletzt die Obhut über die Küche.

Naturgemäß überwiegt, wie bei einem derartigen städtischen Haushalt zu erwarten, die Keramik. Die Masse der geborgenen Gefäßbruchstücke besteht hauptsächlich aus gelbbraun und grün glasierter Irdenware. Das Formenspektrum reicht dabei von Töpfen mit Standboden über Dreibeintöpfe und -pfannen bis hin zu großen glasierten Tellern, die vermutlich ebenso wie die glasierten und unglasierten großen Schüsseln als Serviergeschirr dienten.

Kleine Schalen und Näpfe weisen auf die Zubereitung von Speisen des täglichen Bedarfs, etwa von Frischkäse hin. Große und kleine topfartige Krüge dienten zur Aufbewahrung und zum Ausschenken von Flüssigkeiten. Eine Besonderheit innerhalb der Irdenware, vermutlich aus dem süddeutschen Raum, ist der polychrome Humpen mit plastischen Auflagen von Ranken und Blüten (E 64).

Eine überraschend kleine Rolle spielt das Steinzeug, das fast ausschließlich aus sächsischer Produktion (Waldenburg und evtl. Bad Schmiedeberg) stammt. Darunter sind meist einfache und unverzierte Gebrauchsformen wie Krüge und Flaschen. Nur selten finden sich auflagenverzierte Gefäße,

Abb. 83 Grün glasiertes Schreibset aus der Grabung am Lutherhaus in Wittenberg (z. T. ergänzt). Auf der schalenförmigen Platte mit gezacktem Rand sind kleine Behältnisse aufgebracht, die als Gefäße für Tinte, Löschsand und zur Aufbewahrung von Schreibfedern dienten.

etwa solche mit Ranken und Blattwerk, Eicheln und vereinzelt Eulen, aber auch ein Gesichtskrug mit blattartigen Auflagen, die die damals beliebte Produkte aus dem Rheinland imitierten.

Eine große Zahl an so genannten Salbtöpfchen, den typischen Apothekenabgabengefäßen (E 147) der frühen Neuzeit, erinnert an die häufigen und z. T. chronischen Erkrankungen Luthers. Bekanntlich betrieb Lucas Cranach d. Ä. neben seiner florierenden Malerwerkstatt in Wittenberg auch eine Apotheke und versorgte den befreundeten Reformator mit allerlei Arzneien.

Die einzigartige Stellung des Lutherhaushaltes unterstreicht der Fund zweier bislang in Deutschland archäologisch noch nie nachgewiesener exotischer Fayencen: Neun porzellanartige Fragmente (E 69) mit weißer Glasur und blauviolettem Dekor gehören offenbar zu einer Fayence-Kanne, die ursprünglich im Gebiet des westtürkischen Iznik (dem antiken Nicäa) produziert wurde. Luther erhielt sie wahrscheinlich als fürstliches Geschenk. Vermutlich aus Venedig (oder süddeutschen Werkstätten, in oberitalienischer Manier gefertigt) stammt zum anderen eine fast ebenso wertvolle kleine Fayence-Schüssel mit weißblauer Verzierung (E 67). In Dekor und Machart ähnelt diese den aufwändigen Hochzeitstellern Nürnberger Patrizierfamilien, die jene nachweislich aus der Lagunenstadt bezogen. Dabei leitet sich diese Art Keramik wohl ursprünglich vom blauweißen chinesischen Ming-Porzellan ab, das über den osmanischen Raum bis nach Oberitalien Einfluss auf die Keramikgestaltung genommen hatte. Beim Umbau zum Universitätsgebäude entfernte man offensichtlich eine große Zahl von Kachelöfen, wie die erhebliche Menge an Ofenkeramik im Fundgut beweist. Historisch belegt ist der 1565 erfolgte Einbau eines neuen Ofens und neuer Fenster in »Doctori Lutheri seligen studerium«. Ein Großteil der Bruchstücke lässt sich auf eine Vielzahl relativ schlichter Öfen aus grün glasierten Blattnapfkacheln, aber auch auf mehrere Öfen mit Heiligen- und Kurfürstendarstellungen zurückführen (E 92–103). Einige polychrome Kacheln und Kachelbruchstücke mit der Darstellung von biblischen Gestalten nach den Holzschnittserien des Nürnberger Kleinmeisters Erhart Schön gehören offenbar zu einem repräsentativen Prunkofen. Ausgerechnet einer von Luthers größten Gegenspielern, Kardinal Albrecht von Brandenburg, besaß einen offenbar modelgleichen Kachelofen in seiner Residenz auf der Moritzburg in Halle (E 109). Zwei der Kacheln aus dem Wittenberger Komplex weisen Datierungen auf, die einen Einbau des Prunkofens im Lutherhaus um 1536 nahelegen. Das passt auch zur schriftlichen Überlieferung der Bautätigkeiten, die von einer Renovierung der Lutherstube in diesem Jahr sprechen.

Zu einer besonderen Fundgruppe – auf den ersten Blick leicht mit den grün glasierten Reliefkacheln zu verwechseln – gehören die gut zwei Dutzend keramischen kastenförmigen

Wasserbehälter (Abb. 81). Auf den Schauseiten der so genannten Wandbrunnen wurde protestantisches Gedankengut dargestellt: Das am besten erhaltene Exemplar zeigt etwa die von Lucas Cranach d. Ä. mehrfach dargestellte »Gesetz und Gnade«-Allegorie, die vermutlich auf eine Anregung Luthers selbst zurückgeht und ein deutliches Bekenntnis zur neuen Glaubensrichtung darstellt.

Die am Gesamtaufkommen gemessen zweitgrößte Fundgruppe der Tierknochen gibt einen Einblick in die Ernährungsgewohnheiten im Lutherhaus: Neben Rind, Schwein und Ziege wurden auch verschiedene Arten von Geflügel und Fischen verzehrt (E 34–37). Zwar ist Luthers Abneigung gegen Wildbret in seinen Briefen und in den Tischreden gut belegt, die Knochen von Kaninchen und Rotwild zeigen jedoch, dass derartiges Fleisch auch verzehrt wurde. Hochwild wie Hirsch und Reh bezog Luther wohl von adligen Gönnern und kam vermutlich nur zu festlichen Anlässen auf den Tisch.

»Die Papisten moquieren sich, dass sich unter D. Luthers Haußrath so viel Becher und Gläser befanden, um geben ihm deswegen die Schuld, als wenn er ein guter Schmaußbruder gewesen« heißt es in der Alte und Neue Curiosa Saxonica von 1737. Tatsächlich erscheint der Anteil von Hohlgläsern, die allerdings stark fragmentarisch vorliegen, mit insgesamt ca. 1 600 Bruchstücken (was etwa 100 Gefäßen entsprechen dürfte) innerhalb der gesamten Fundmenge relativ hoch. Das Material zeigt ein für die 1. Hälfte des 16. Jh. typisches Spektrum an Gefäßen, angefangen von birnenförmigen Flaschen, hohen Keulen- und Stangengläsern für den Bierkonsum bis hin zu Nuppengläsern, die vornehmlich dem Weingenuss dienten. Seltener, aber für die Zeit nicht unüblich, waren etwa das nur in Bruchstücken erhaltene, beutelförmige Gefäß aus siegellackrotem Glas (E 77) und die Rippenschalen in z. T. kräftigen Farbtönen.

Besondere Kostbarkeiten in Luthers Geschirrschrank dürften die mutmaßlich aus Venedig stammenden oder zumindest von venezianischen Vorbildern abgeleiteten hochwertigen Fadengläser sein, die ein eindruckvolles, an Spitzenstoffe erinnerndes Dekor aus alternierenden weißen breiten Fäden und Rautennetzmustern besaßen.

Die relativ hohe Zahl von Buchschließen (Abb. 82) und Eckbeschlägen aus Messing deuten auf eine große intensiv genutzte Bibliothek hin. Drei beinerne Griffe von Federmessern (E 142) und keramische grün glasierte Schreibsets mit aufmontierten Schälchen und Tintenfässchen (Abb. 83) verweisen hingegen auf eine rege Schreibtätigkeit im Hause Luthers.

Eine große Anzahl keramischer Leuchter, Öllämpchen sowie Tüllen von aufwändigeren Kerzenleuchtern aus Buntmetall (E 120; 122) zeugt vom auch in den Schriftquellen überlieferten erhöhten Lichtbedarf.

Einige wenige Gegenstände lassen sich möglicherweise als persönlicher Besitz von Angehörigen des Lutherhaushalts identifizieren, darunter beispielsweise ein goldener Ring mit verlorenem Stein aus einer Schicht der 1. Hälfte des 16. Jh., der einer Dame gehobenen Standes gehört haben dürfte (E 10). Auch eine kleine Kette aus Buntmetall und ein zweireihiger Kamm aus Elfenbein (E 129) sind sicher der weiblichen Bewohnerschaft zuzurechnen. Ein Messer mit silbernem Griffbeschlag erinnert an die wertvollen Tafelmesser, die Luther aus Böhmen erhalten haben soll. Wie auch aus Mansfeld, so liegt aus dem Wittenberger Befund eine kleine Lockpfeife vor (E 7). Vogeljagd im Lutherhaus ist nicht zuletzt durch die satirische »Klageschrift der Vögel« für Luthers Verwalter Wolf Sieberger gut belegt.

Die schlichte Entsorgung von Objekten aus Luthers Besitz trotz der schon zu dessen Lebzeiten einsetzenden Verehrung verwundert aus heutiger Sicht und ist erklärungsbedürftig. Anscheinend galt die Wertschätzung (zumindest in diesem Fall) vor allem der Person und dem Werk des Reformators, weniger seiner materiellen Hinterlassenschaft. Schließlich seien seine Schriften die »besten Reliquiis«, die niemand »gegen alle Schätze in Rom, Compostela und Loretto zu vertauschen begehret«. Dem gegenüber stand die seit 1655 belegte, aber ausdrücklich als »Memoria« verstandene Verehrung der Lutherstube und des Lutherhauses als Erinnerungsort der Reformationsgeschichte.

Die Reformation lässt sich heute aus kulturwissenschaftlicher Sicht als Kulminationspunkt eines langen Veränderungsprozesses von der spätmittelalter- zur frühneuzeitlichen Gesellschaft begreifen. Die Bedeutung der archäologischen Quellen aus den Lutherstätten Mansfeld und Wittenberg liegt u. a. darin, diesen Prozess an genau den Orten nachvollziehbar zu machen, von denen aus einer der Hauptimpulse zum strukturellen Wandel ausging. Eine der Hauptaufgaben einer »Archäologie der Reformation« wird künftig auch darin liegen, bei der Betrachtung des Einflusses der Konfession auf die Sachkultur diesen Wandel im Vergleich zur Sachüberlieferung aus den Lutherhäusern zu konkretisieren.

Literaturhinweise

Bellmann u. a. 1979; Heling 2003; Hennen 2002; Kunzelmann 1974; Laube 2007; Neser 2005; Rhein u. a. 2006; Scholkmann 2007; Stephan 2008; Voigt 1928; 1930; Wentz 1941; Werner 1971; Winterhager 2002.

AUSBLICK

HELMAR JUNGHANS

NEUE ERKENNTNISSE UND NEUE FRAGEN ZU MARTIN LUTHERS LEBEN UND UMWELT

Baugeschichtliche und archäologische Forschungen in Lutherstadt Eisleben, Mansfeld und Lutherstadt Wittenberg am Anfang des 21. Jh. haben bemerkenswerte Funde zutage gefördert. Zunächst ist eine Antwort auf folgende Frage zu geben: Welche Erkenntnisse über Luthers Leben werden durch die archäologischen Forschungen sowie den von ihr angeregten Untersuchungen bestätigt, vertieft und veranschaulicht?

Wer sich in Eisleben »Luthers Geburtshaus« näherte, entdeckte nicht allzu weit vom Markt entfernt ein Gebäude in der 1872 so benannten Lutherstraße, das für die Zeit um Luthers Geburt als stattlich gelten konnte. Daher drängte sich manchem Besucher die Frage auf: Wie haben seine nach Martin Luthers Aussage zu dieser Zeit armen Eltern darin eine Unterkunft finden können? Besucher konnten sich vorstellen, dass Luthers Eltern jemand gefördert hatte, der in Eisleben großen Einfluss besaß. Spätestens seit der australische Lutherforscher Ian Siggins 1981 die Bedeutung von Luthers Mutter und deren Familie für die wirtschaftliche Entwicklung des jungen Paares herausgestellt hatte, ließ sich dabei an Anton Lindemann denken. Dieser Onkel von Martin Luthers Mutter war nicht nur Hüttenbesitzer, sondern zugleich oberster Bergverwalter in der Grafschaft Mansfeld. Neuerdings ist auch die Vermutung ausgesprochen worden, dass Luthers Vater über ein »nicht geringes Startkapital« verfügte, als er nach Eisleben kam, »um im Eisleber oder Mansfelder Berg- und Hüttenwesen zu investieren«. Träfe dies zu, hätte die Familie keine Hilfe benötigt, in ein stattliches Haus zu ziehen.

Die archäologische und baugeschichtliche Forschung hat nun Fakten in diese Überlegungen eingebracht, die Luthers Eislebener Wohnung in einem anderen Licht erscheinen lässt (Abb. 84). Das Gebäude, das Luthers Eltern bezogen, gehörte 1483 nicht zum Stadtkern, dem Marktviertel. Dieses umgab eine mittelalterliche massive Stadtmauer, welche die wohlhabenderen Bürger schützte. Luthers Geburtshaus lag vielmehr in der Südvorstadt. Die Vorstädte waren zwar auch durch eine Einfriedung geschützt, die aber erst ab 1512 durch einen zweiten Mauerring ersetzt wurde. Die Kirche St. Peter und Paul – Luthers Taufkirche, die der Südvorstadt die Bezeichnung Petriviertel gab – war das einzige herausragende Gebäude dieses Stadtviertels.

Es war seit langem bekannt, dass Luthers Geburtshaus am 19. Juli 1689 abbrannte. Es herrschte jedoch die Überzeugung, dass es zwar ausgebrannt wäre, das Mauerwerk jedoch stehen und damit der Umfang und die Deckenhöhe des Erdgeschosses erhalten geblieben seien. Im Gegensatz dazu brachten die in Vorbereitung für die Sanierung von Luthers angeblichem Geburtshaus vor 2007 vorgenommenen archäologischen Untersuchungen ein völlig unerwartetes Ergebnis: Das Feuer hat Luthers Geburtshaus 1689 völlig zerstört. Nur die Kellerräume stammen noch aus dem 15. Jh. Sein Grundriss war »erheblich kleiner« als der des heutigen Gebäudes. Aufgrund der freigelegten Spuren wurde er auf 10,2 x 6 m berechnet. Ob das Erdgeschoss von einem Mauerwerk oder einem damals sehr oft verwendeten Fachwerk umgeben wurde, lässt sich nicht mehr feststellen. Nur im Innern ist ein Fachwerk als Trennwand nachweisbar. Die archäologischen Erkenntnisse bestätigen damit die Behauptung von Luthers Freund und Mitreformator Philipp Melanchthon, Luthers Geburtshaus sei ein »domicilium« – d. h. ein kleines Haus – gewesen. Nun könnte freilich auch jemand annehmen, Melanchthon habe hier nur eine rhetorische Übertreibung Luthers, dass seine Eltern anfangs arm waren, übernommen. Glücklicherweise hat die von den Stadtschreibern und Stadtvögten verfasste Eisleber Chronik festgehalten, dass der Stadtbrand von 1601 zwar auch in Straßen des Petriviertels gewütet, aber das »kleine Hauss, darinne der selige Mann D. Martinus Luther gebohren« verschont habe. Die archäologische Forschung bestätigt also nicht nur die Zuverlässigkeit der Ortschronik, sondern auch Melanchthons, dessen Aussagen zu Luthers Leben oft leichtfertig beiseite geschoben werden.

Abb. 84 Straßenseitige Front des »Luthergeburtshauses« in Eisleben nach dem Umbau 2007 im Blick von Nordwesten.

Luthers Geburtshaus bzw. das an seiner Stelle stehende Haus – seit Luthers Geburt bis zum Stadtbrand von 1689 waren immerhin über 200 Jahre vergangen – blieb in Privatbesitz. Die Stadt hielt aber die Erinnerung an Luther fest, indem sie eine noch erhaltene Holztafel anbringen ließ, die Luther zwischen dem Heiland und der Lutherrose zeigte und informierte, dass Luther hier geboren und in St. Peter getauft worden sei. Nach dem Brand 1689 erwarb die Stadt das Grundstück. Sie ließ aber nicht den ursprünglichen Bau wieder herstellen, sondern ein dem Gedenken an Luthers Geburt würdiges Gebäude errichten. Es ist somit eine Zeuge der – wie man heute zu sagen pflegt – Memorialkultur des 17. Jh. in Eisleben.

Das zum Reformationsfest 1693 eingeweihte Gebäude enthielt im Erdgeschoss einen Schulraum und im Obergeschoss den »Schönen Saal«, dessen Ausstattung an die Reformation erinnerte und in dem die Armen allsonntäglich ein wenig Geld und Brot erhielten. Eisleben hatte sich damit eine Erinnerungsstätte an Martin Luther und die lutherische Reformation geschaffen. Sie fand das Interesse von Besuchern und hatte auch ihre eigene Geschichte von Erhaltungsarbeiten und Umgestaltungen, die für das jeweilige Lutherbild aufschlussreich sind. Dabei nahm die museale Nutzung kontinuierlich zu, so dass diese sich schließlich auf das ganze, zu Luthers Zeit zum Bach hin abfallende Grundstück – ja sogar darüber hinaus – erstreckt. Vor der Wiedereröffnung am 9. März 2007 ist nicht nur das 1693 eingeweihte Gebäude, sondern auch die 1817 gebaute Lutherschule saniert, ein dem heutigen Tourismus angemessener Verbindungsbau zwischen beiden Gebäuden eingebracht und eine neue Dauerausstellung aufgebaut worden. Die archäologischen Ergebnisse haben die Stiftung Luthergedenkstätten in Sachsen-Anhalt dazu veranlasst, das 1996 anerkannte Weltkulturerbe »Luthers Geburtshaus« mitsamt dem dazugehörigen Grundstück und Gebäuden mit »Luthergeburtshausmuseum« zu benennen. Sie haben zugleich Klarheit darüber gebracht, dass aus der Beschaffenheit von Luthers wirklichem Geburtshaus allein nicht auf die wirtschaftliche Situation seiner Eltern geschlossen werden kann.

Während die archäologische und baugeschichtliche Forschung die bisherigen Annahmen in Bezug auf Luthers Geburtshaus als unzutreffend erwiesen und über das ursprüngliche Geburtshaus fast nichts entdeckt haben, erweitern sie unsere Kenntnisse über das Mansfelder Wohnhaus seiner Eltern und deren Leben darin erheblich.

Im Frühjahr 1507 – wahrscheinlich am Sonntag Cantate, das war der 2. Mai – feierte Martin Luther im Augustinerkloster zu Erfurt seine Primiz, d. h. seine erste Messe als Priester. Er hatte von 1501 bis 1505 an der Erfurter Universität das Grundstudium absolviert und mit dem Grad eines Magister artium erfolgreich abgeschlossen. Entsprechend dem Wunsch seines Vaters nahm er danach das Jurastudium auf. Zu dieser Zeit gewannen studierte Juristen an Bedeutung. Nicht nur im Bergbau waren sie gefragt, sondern auch die Fürsten zogen sie als Räte an ihre Höfe. Da Luthers Vater zu dieser Zeit gute Beziehungen zum Bergbau sowie zu den Mansfelder Grafen hatte, schien ihm das Jurastudium geeignet, Martin eine vielversprechende Karriere zu eröffnen. Wie Luther in seinem Widmungsbrief zu seiner Schrift über die Mönchsgelübde am 21. November 1521 seinen Vater erinnerte, hatte dieser die feste Absicht, Martin durch eine ehrenhafte und reiche Ehe zu binden. Aber dessen Streben war nicht auf eine erfolgreiche Karriere ausgerichtet, sondern darauf, Gewissheit zu erlangen, dass Gott ihm gnädig gesonnen ist. Daher brach er sein Jurastudium ab und begab sich am 17. Juli 1505 in das Erfurter Augustinerkloster, um Mönch zu werden. Sein Vater war tief verletzt, zürnte ihm und fand sich nur schwer damit ab.

Trotzdem ließ er es sich nicht nehmen, an der Primiz seines Sohnes und der anschließenden Feier teilzunehmen. Er schickte sogar 20 Gulden in die Klosterküche, um die 20 Personen, mit denen er anreiste, freizuhalten. Dass dies eine ansehnliche Summe war, ist daraus zu ersehen, dass ungefähr zur selben Zeit der vorzügliche Gelehrte Christoph Scheurl von Kurfürst Friedrich dem Weisen mit einer Vergütung von 80 Gulden jährlich an der Wittenberger Universität als Professor für Kirchenrecht angestellt wurde. Wenn damit auch deutlich wird, dass Luthers Vater zu einem gewissen Wohlstand gekommen war, lässt sich daraus doch kaum eine konkrete Vorstellung über die Lebensverhältnisse seiner Familie ableiten. Hier hat nun die archäologische Grabung vieles zutage gefördert, was Anschauungen von dem Wohnhaus und der Lebensweise der Lutherfamilie in Mansfeld vermittelt.

Nachdem 1807 aus dem Lutherhaus auf den heutigen Grundstücken Lutherstraße 24–26 das mittlere Stück abgerissen worden war, wurde das von der Straße aus gesehene rechte Gebäude als Luthers Elternhaus seit 1840 als staatliches Denkmal anerkannt (Abb. 85). Infolge der Rundbogenpforte auf der Hofseite nahm man an, Martin Luthers Bruder Jakob habe es 1530 wohl nach dem Tod seines Vaters errichtet. Aufgrund der archäologischen und baugeschichtlichen Untersuchungen des Grundstückes, das Luthers Vater besaß, hat sich ein ganz neues Bild ergeben: Er fügte nämlich zwei Gebäude, die bereits im 15. Jh. auf Vorgängerbauten errichtet worden waren, zusammen und brachte sie unter ein gemeinsames Dach. Das heute als Luthers Elternhaus angesehene Gebäude war also tatsächlich Teil des Hauses von Luthers Vater. Der heutige Bau enthält noch Mauerwerk aus dieser Zeit. Die Rundbogenpforte mit der Jahreszahl 1530 stand vermutlich an der Straßenseite des abgebrochenen Teils und wurde erst 1836 an der heutigen Stelle auf der Hofseite eingebracht. Sie bezeugt also einen der Bauabschnitte innerhalb des ehemaligen Lutherhauses, nicht den Neubau des noch erhaltenen Gebäudes.

Wenn auch die einzelnen Bauabschnitte nicht mehr nachweisbar sind, so ist doch immerhin deutlich, dass Hans Luder keinen Neubau vornahm, sondern Altbauten seiner wachsenden Familie entsprechend seinen finanziellen Möglichkeiten anpasste. Aufschlussreich ist, dass er 1507 nach dem Tod von Andres Kelner eine Restsumme von 100 Gulden beglich, nachdem er vorher schon für das von ihm erworbene Haus abgezahlt hatte. Daraus kann man vermuten, dass er einerseits nicht in der Lage war, den Kaufpreis gleich beim Erwerb zu zahlen, und dass er andererseits 1507 über das notwendige Geld verfügte. Dafür sprechen auch die für die Zeit von 1506 bis 1510 angenommenen Baumaßnahmen.

Es bleiben aber mangels Quellen auch noch Fragen offen: Wohin zogen Luthers Eltern, als sie 1484 nach Mansfeld kamen? Wann erwarben sie ihr erstes Haus? War es das Haus von Andres Kelner? War es eines der Häuser, die Luthers Vater nach Erwerb eines Nachbargrundstückes zusammenbaute? Oder hat er 1507 die Restsumme beglichen, das ehemalige Kelnerhaus verkauft und ein anderes an der Hauptstraße erworben? Vielleicht lassen sich darauf noch Antworten finden. Zunächst können keine Schlüsse gezogen werden, in welcher wirtschaftlichen Lage sich Luthers Eltern befanden, als sie in Mansfeld eintrafen.

Einen vielseitigen Einblick in die Lebensweise gewährt der Inhalt einer Grube auf dem Gelände des Lutherhauses, der 2003 ausgehoben wurde und nun teilweise ausgestellt wird. Es handelt sich um Küchenabfälle eines Abfallhaufens, der in diese Grube geworfen wurde. Reste von Pflanzen sowie Knochen vom Rind, Schwein, Schaf/Ziege und Geflügel sowie Gräten von Salz- und Süßwasserfischen lassen auf eine wohlversorgte Küche schließen, in der bevorzugt Gänse und Fische zubereitet wurden. Eine Besonderheit stellen Metallteile dar, mit denen die Kleidung geschmückt wurde. Da sie sich in Verbindung mit Asche befanden, wird vermutet, dass die Kleidung, die sie schmückten, verbrannt wurde. Als Grund dafür wird angenommen, dass die Einrichtung von Zimmern verbrannt wurde, in denen Menschen der Pest erlegen waren. Das könnte auch erklären, dass etwa 300 geringwertige Münzen (C 101) bzw. Teile von ihnen mit entsorgt worden sind, die als »Barschaft einer Magd oder eines Bediensteten« angesehen werden. Der Kleidungsschmuck weist allerdings eher auf Wohnräume der Hausherrin als auf eine Magdkammer hin. Das erinnert daran, dass zwei Brüder Martin Luthers 1505 der Pest erlagen. Keramikscherben lassen erkennen, welches Geschirr verwendet wurde. Aus seiner Beschaffenheit wird geschlossen, dass es in einem Zeitraum von plus/minus 20 Jahren entsorgt wurde.

Murmeln und ein für ein Kegelspiel hergerichteter Knochen veranschaulichen das Spiel der Kinder (C 59; 61). Ein bearbeiteter Knochenteil lässt sogar auf eine Armbrust für Kinder (C 64) schließen. Lockpfeifen (C 30) und zahlreiche Knochen von Singvögeln belegen, dass Singvögel für den eigenen Bedarf gefangen wurden. Das Bruchstück eines Aachhorns (C 90) erinnert an die Frömmigkeit der Hausbe-

Abb. 85 Blick von Südwesten auf das »Elternhaus« von Martin Luther in Mansfeld, 2007.

wohner. Aachhörner wurden von Wallfahrern erworben, die nach Aachen zogen, um Ablass zu erwerben. Daheim konnten sie dann auch abergläubisch als Wetterhorn dienen, um Blitz und Donner abzuwehren.

Leider reichen die Fundstücke nicht aus, ein genaues Jahr zu bestimmen, an dem der Abfallhaufen in die Grube geworfen wurde. Es ist immerhin vorstellbar, dass dies im Zusammenhang mit einer Pestwelle geschah. Möglich ist, dass ältere Bestandteile schon von Vorbesitzern stammen. Es ist auch nicht unmöglich, wenngleich weniger wahrscheinlich, dass der Abfallhaufen sich auf einem von Hans Luder erworbenen Grundstück befand und im Zug der Übernahme in die Grube entsorgt wurde. Diese Ungewissheit hat aber keine große Bedeutung. Wenn auch nicht von jedem Fundstück bewiesen ist, dass es aus dem Haushalt der Lutherfamilie stammt, gewährt es doch wertvolle Einblicke in den Alltag einer sozialen Schicht, zu der Hans Luder mit seiner Familie nachweislich mindestens seit 1507 gehörte.

Hans Luder hat sich mit seiner Familie an der damaligen Hauptstraße niedergelassen, die innerhalb der Stadtmauer zum Markt führte. Sie wurde von Hüttenmeistern bevorzugt, denn auch die Familien Reinicke, Oemler, Kaufmann und Lauterbeck hatten vermutlich stattlichere Häuser in dieser Straße, an deren Ende vor dem Stadttor Luthers Vater sein Anwesen ausbaute. Dieser vertrat mindestens seit 1491 als Viertelsmeister des inneren Stadtviertels die Interessen der Bürgerschaft. Er genoss also Ansehen, reihte sich unter die Hüttenmeister ein und knüpfte auch familiäre Beziehungen zu ihnen.

Über die Stationen seiner beruflichen Entwicklung ist leider sehr wenig bekannt. Martin Luther hat in Tischreden nach dem Tod seiner Eltern erklärt, sie seien arm gewesen. Der Vater sei ein armer Häuer gewesen, die Mutter habe ihr Brennholz auf dem Rücken heimgetragen. Wer diese Aussagen mit den durch die Funde veranschaulichten Lebensumständen von Luthers Eltern im Jahre 1507 vergleicht, muss einen großen Widerspruch empfinden. Hier gilt es, zwischen dem zu unterscheiden, was daraus abgeleitet worden ist, und dem, was Luther meinte. Conrad Cordatus, der von 1526 bis 1528 und 1531/32 in Luthers Haus wohnte, kannte die familiären Verhältnisse sicher recht gut. Seine Aufzeichnung ist in zwei Abschriften überliefert. In der einen heißt es, der Vater sei in »seiner Jugend« ein armer Häuer gewesen, in der zweiten, die Eltern seien »anfangs« arm gewesen (WATR 3, 51 Nr. 2888a; b). Johannes Mathesius wohnte 1540 in Luthers Haus. Er überliefert, Luther habe arme Eltern gehabt. Sein Vater sei ein Bauernsohn in Möhra gewesen. Von dort sei er mit seiner Frau und einem Sohn nach Mansfeld gekommen und »metallicus, ein berckhauer« (WATR 5, 95 Nr. 5362) geworden. Lassen sich diese Aussagen mit den inzwischen erforschten sozialen Verhältnissen der Herkunft des Ehepaares in Einklang bringen?

Jede Interpretation der Tischreden steht vor dem Problem, dass in der Regel der Kontext fehlt. Luther hat gewiss nicht nur einen oder zwei Sätze zu dem Gegenstand geäußert, sondern der Nachschreiber hat das für ihn Wichtige festgehalten und gewissermaßen ein Ergebnisprotokoll angefertigt, das bearbeitet und von Abschreibern verändert wurde. Aus der Nachschrift des Mathesius ist zu entnehmen, dass Hans Luder nicht gleich nach seiner Heirat nach Eisleben zog, sondern seine Familie schon vorher gegründet und bereits einen Sohn hatte. Das lässt sich gut der Annahme zuordnen, dass er anfangs im Kupferschieferabbau in Kupfersuhl bei Möhra gearbeitet hat. Wenn sein Vater an diesem Bergbau beteiligt war, arbeitete er sozusagen in einem Familienbetrieb. Der Ertrag war aber so bescheiden, dass er keine Zukunftsperspektive bot, so dass Hans Luder und sein jüngerer Bruder (Klein-)Hans ihr Glück im aufblühenden Mansfelder Bergbau suchten. Das drängt die Vermutung auf, dass sie vom Bergbau in ihrer Heimat vielleicht leben, aber nicht unbedingt riesiges Kapital bilden konnten.

Was ist unter einem Häuer zu verstehen? Im engeren Sinne handelt es sich um den Bergmann, der vor Ort das Erz mit Schlägel und Eisen aus dem Felsen »haute«. Aber es wurde damit auch jemand bezeichnet, der mit dem Bergwerksbetreiber Verträge abschloss, Knechte einstellte und selbst mitarbeitete. Im heutigen Sprachgebrauch übte er – wenn auch in einem anderen Arbeitsverhältnis – die Funktion eines Steigers aus.

Sehr umfangreich ist das Bedeutungsfeld von »arm«. Das Begriffspaar »arm und reich« bzw. »arm und wohlhabend« ist sehr differenzierungsbedürftig, wenn es um konkrete Aussagen geht. Luther wollte gewiss nicht sagen, dass seine Eltern der damaligen Armenfürsorge bedurften, und möglicherweise auch nicht, dass sein Vater als Häuer vor Ort Erz abschlug. Vielleicht lässt sich das Gemeinte doch aus Hinweisen auf den Kontext erheben. Luthers Aussagen zur Armut seiner Eltern sind nicht zu seinem eigenen sozialen Status als Grundbesitzer und als zu dieser Zeit gemeinsam mit Philipp Melanchthon bestbezahlter Professor der Wittenberger Universität in Beziehung gesetzt. Daher ist es vermutlich unzutreffend, sie als rhetorische Hervorhebung seines eigenen sozialen Aufstieges zu deuten. Dass seine Mutter Holz aus dem Wald geholt haben soll, befremdet. Er muss das nicht aufgrund eigener Anschauung behauptet haben. Die Eltern können das auch über ihre Anfänge ihren Kindern erzählt haben, um sie zu einem sparsamen und fleißigen Leben zu motivieren. Denn in einer Tischrede heißt es: »So haben sie uns erzogen.« (WATR 3, 51 Nr. 2888a). Offenbar mit Erfolg, wie eine Tischrede vom Mai 1532 über seine Lebenseinstellung verrät: »Ich habe noch nie gesehen, dass wer zu einer Sache Lust gehabt hat und ihr mit Fleiß nachgegangen ist, dabei arm geworden wäre.« (WATR 2, 134 Nr. 1561). Er gelangte zu der im Mai 1532 geäußerten Überzeugung, dass sich seit der Zeit der Jugend seiner Eltern die Lebenseinstellung wesentlich verändert habe. Denn er behauptete: Seine Eltern hätten »beschwerliche Arbeiten standhaft durchgehalten, welche die Welt nicht mehr erträgt.« (WATR 3, 51 Nr. 2888b).

Luthers Vater stammte aus einem Bauernhof in Möhra, das zu den größeren Anwesen gehörte und dort einen überdurchschnittlichen Vermögenswert besaß. Trotzdem kann man kaum von einem Bauerngut reden oder dessen Besitzer zu den Großbauern zählen. Möhra umfasste ungefähr 500 ha, auf denen 44 Bauern wirtschafteten. Der größte Hof hatte 20 ha. Es handelte sich also um eine für die mitteldeutschen Gebirge typische Landwirtschaft, die von der besitzenden Familie betrieben wurde und bei Bedarf auch einen Knecht oder eine Magd mit Familienanschluss aufnahm. Das Vermögen bestand vor allem in Gebäuden, Vieh und dem zugehörigen Land. Das Auskommen der Familie war gesichert und ermöglichte zusätzlich wohl auch erste Investitionen in das lokale Berg- und Hüttenwesen. Ob jedoch auch Kapital im Investieren im Mansfelder Bergbau vorhanden war, ist eine andere Frage. Viele Bauernkinder erbten aber – und erben noch – eine für ihr Leben wichtige Mentalität. In einem Familienbetrieb wächst jedes Mitglied in den täglichen Entscheidungsprozess hinein, was jeweils zu tun ist. Und jeder erlebt Erfolg und Misserfolg am eigenen Leibe. Das erzieht oft zu einem verantwortungsvollen Verhalten und zum Fleiß.

Abb. 86 Das »Lutherhaus« in Wittenberg in einer Ansicht von Norden, 2008.

Außerdem entsteht das Bestreben, möglichst selbstständig zu handeln. Wer den väterlichen Hof nicht erben und nicht in einen anderen einheiraten kann, strebt dann an, sich eine möglichst unabhängige Stellung zu erarbeiten. In Luthers Vater war diese Mentalität offenbar stark ausgeprägt.

Luthers Mitteilungen besagen zunächst, dass seine Eltern – besonders am Anfang ihrer Ehe – hart gearbeitet und ihren Haushalt äußerst sparsam geführt haben. Dass deren Eltern sie mit dem für einen Ehestand Nötigen versehen hatten, lässt sich vermuten, auch wenn über ihre konkrete finanzielle Situation um 1480 nichts bekannt ist. Die Bauern waren von dem schwankenden Ertrag der Ernten abhängig, über die wirtschaftliche Lage der in Eisenach lebenden Eltern von Luthers Mutter ist nichts zu ermitteln, weil ein Stadtbrand dort 1636 alle Archivalien vernichtet hat. Wenn Martin Luthers Eltern von ihren Eltern berufsfördernde Mittel – unter welchen Bedingungen auch immer – erhalten haben, muss er das nicht erfahren haben. Es wurde aber offenbar wenig ausgegeben, um das Leben behaglicher zu machen, was für den Aufstieg zum Hüttenmeister wichtig war. Luthers Vater hat offenbar durch sein Auftreten und seine Kenntnisse Vertrauen gefunden, das Anton Lindemann durch seinen Einfluss leicht fördern konnte. Dieser vermochte nicht nur, ihn für öffentliche Ämter zu empfehlen und ihn auf günstige Gelegenheiten hinzuweisen, Hüttenfeuer zu erwerben, sondern auch seine Kreditwürdigkeit zu bestätigen. In dem am Ende des 15. Jh. aufblühenden Mansfelder Kupferbergbau waren fähige und zuverlässige Bergleute sicher gesucht. Der soziale Aufstieg von Luthers Vater war zu dieser Zeit keinesfalls einmalig, aber er war mit einem hohen Risiko verbunden. Als die Erträge im Kupferbergbau zurückgingen, belasteten ihn die Kreditschulden sehr schnell erheblich. 1529 führten die Mansfelder Grafen in einem Schreiben an Kurfürst Johann von Sachsen Luthers Vater als Beispiel dafür an, dass nicht alle Hüttenmeister reich geworden seien. 1529/30 wiesen die Grafen Ernst und Hoyer den Grafen Albrecht mit Bezug auf Luthers Vater auf die Problematik lebenslanger Schulden hin. Diese Äußerungen lassen vermuten, dass er kaum Eigenkapital eingebracht hatte. Das legt auch die Tatsache nahe, dass sein Bruder (Klein-)Hans, der mit ihm ins Mansfelder Revier kam, ein einfacher Berghauer blieb. Möglicherweise konnte Hans Luder sein Eigenkapital auch nicht zur Schuldentilgung heranziehen, da es in Geldverleihgeschäften und Grundstücken gebunden war.

Im Zusammenhang mit der Sanierung des Wittenberger Lutherhauses (Abb. 86) und der 2003 erfolgten Eröffnung der Neugestaltung seiner Dauerausstellung fanden baugeschichtliche und archäologische Untersuchungen statt, die z.T. aufsehenerregende Dinge zutage förderten.

Bodenfunde ergaben, dass das ab 1503/04 errichtete Augustinereremitenkloster nicht nur als Vierflügelanlage geplant war, sondern nach der Errichtung des erhaltenen Südflügels der Bau des Ost- und des Westflügels begonnen wurde. Allerdings war nicht festzustellen, wie weit sie ausgeführt worden sind. Von der Klosterkirche, die den Nordflügel bilden sollte, wurden Fundamente des Chorraumes ermittelt, die aber schon 1526 dem Ausbau der Stadtbefestigung zum Opfer fielen. Damit ist bewusst geworden, dass die Bautätigkeit der Mönche umfangreicher war, als bisher angenommen wurde. Dadurch ist es aber noch schwieriger, archivalische Angaben zum Kauf von Baumaterial für das Kloster oder Hinweise in Briefen mit bestimmten Bauabschnitten in Verbindung zu bringen.

Als Sensation angesehen wurde 2001 die Freilegung des Fundamentes von dem Stadtbefestigungsturm an der Südwestecke des Lutherhauses, in dem Luthers Arbeitszimmer vermutet wurde, das er nach seiner Berufung zum Theologieprofessor 1512 nutzte. Bereits während der Vorbereitung auf das Lutherjahr 1983 war in der Südwestecke des ersten Obergeschosses ein Durchgang mit rundbogig schließendem Sandsteingewände in den Stadtmauerturm freigelegt worden. Er galt als Zugang zu Luthers Studierzimmer, das man in diesem Turm vermutete. Man glaubte hier das »stüblin« lokalisiert zu haben, in welchem Luther nach jahrelangem Nachdenken darüber, was der Apostel Paulus unter »Gerechtigkeit Gottes« verstanden habe, eine grundlegende Einsicht überkam: Gottes Gerechtigkeit besteht nicht darin, dass Gott von mir Gerechtigkeit nach seinen hohen, von mir nicht erfüllbaren Maßstäben fordert. Es geht nicht darum, unter großen Anstrengungen – einschließlich der mönchischen Askese – sich Gott mit verdienstvollen Werken zu nähern, um seine Gnade zu verdienen. Gott kommt vielmehr auf den Menschen zu, erweist ihm seine Gnade, sieht ihn als gerecht an und macht ihn gerecht, so dass er als Gerechter leben und handeln kann. Der Mensch muss nur auf Gottes Verheißungen in Christus vertrauen, d. h. an ihn glauben, und Gott an sich handeln lassen. Wie sich zunehmend zeigte, war damit die Grundlage der spätmittelalterlichen Kirche, Theologie und Frömmigkeit erschüttert. Diese Einsicht ließ Luther 1515/16 in seine Vorlesung über den Brief des Paulus an die Römer einfließen. Angesichts der epochalen Bedeutung von Luthers Turmerlebnis genoss – und genießt z.T. noch immer – dieses Fundament als Zeuge des geschichtlichen Ortes besondere Aufmerksamkeit.

Als man 2004 begann, den idyllisch vorgestellten Luthergarten an der Südseite des Lutherhauses herzurichten, gab es eine Riesenüberraschung: Dort hat es einen solchen Garten bis ins 19. Jh. nicht gegeben. Das Gelände reichte nur bis an den Fuß der Stadtmauer, auf der die Südwand des Lutherhauses steht, und fiel nach der Elbe zu ab. Es wurde ein quadratisches Untergeschoss von etwa 9 x 9 m freigelegt, das zwei tonnengewölbte Räume – in dem kleineren eine Latrine – und eine Treppe enthält. Das nicht mehr vorhandene Erdgeschoss hatte laut Überlieferung zwei gewölbte Räume und in dem kleineren eine Fußbodenheizung. Das Lutherhaus hatte sowohl im Erdgeschoss als auch im ersten Obergeschoss einen Zugang.

Dieses Gebäude hat laut Überlieferung später als Waschhaus und als Küche gedient und wurde im 19. Jh. bis auf den Boden des Erdgeschosses abgetragen. Die Ausführung des Baues weist aber daraufhin, dass es ursprünglich – vermutlich 1515/16 – für eine herausgehobene Nutzung errichtet wurde; aber für welche? Es ist einleuchtend, dass es sich um ein Priorat gehandelt haben könnte. Es wird aber auch erwogen, dass es für Luther als Distriktvikar gebaut wurde und der Lutherturm sei, von dem Luther im Zusammenhang mit seiner zur Reformation führenden Entdeckung der Gerechtigkeit Gottes berichtet hat. Es ist aber zu berücksichtigen, dass ein Distriktvikar nur auf drei Jahre gewählt wurde – Luther war es von 1515 bis 1518 –, ein Prior aber dauernd zur Mönchsgemeinschaft gehörte. Es ist auch möglich, dass in einem Priorat noch Platz für eine Studierstube des Theologieprofessors war. Einleuchtend ist jedenfalls die Annahme, dass Luther dieses Gebäude spätestens bezog, nachdem die Mönche das Kloster 1522 verlassen hatten. Das Auffinden des Südanbaus hat also wiederum neue Erkenntnisse, zugleich aber auch neue Fragen gebracht, einschließlich der Diskussion über den Ort der reformatorischen Entdeckung. Dabei darf nicht übersehen werden, dass Luther bereits vor der Errichtung des Südanbaus als Professor in der Nachfolge des Johann von Staupitz eine Studierstube benutzt haben muss und seine reformatorische Erkenntnis, so wie er sie 1545 beschreibt, bereits in seiner Römerbriefvorlesung vorhanden ist. Somit ist die Lokalisierung von Luthers Turmerlebnis noch nicht abschließend geklärt.

Auch über die Nutzung des Lutherhauses vom Bau bis in die Gegenwart konnten neue Erkenntnisse gewonnen werden, ohne dass sie für jeden Raum durchgehend ermittelbar war. So erhielt der heute »Refektorium« genannte Raum erst 1565 seine Größe. Denn als die Universität das Lutherhaus 1564 gekauft hatte und es als Wohnhaus für Stipendiaten einrichtete, wurde eine Trennwand entfernt, so dass der Raum um ein Joch länger wurde. Die Bezeichnung »Großer Hörsaal« für den darüber liegenden Raum brachte erst Julius Jordan auf, der das Lutherhaus von 1912 bis 1924 als Konservator leitete. Während die Stipendiaten im Haus wohnten, wurde er als »Aula« bezeichnet. Für einen Hörsaal im Lutherhaus gibt es für keine Zeit eine Überlieferung. Die heutige Bezeichnung suggeriert den Besuchern, Luther habe dort seine Vorlesungen gehalten, obwohl er in der Regel in Räumen der Universität lehrte. Daher wäre es angebracht, die ältere Bezeichnung »Aula« wieder aufzunehmen.

Es gibt aber noch mehr offene Fragen: Das zweite Obergeschoss des Lutherhauses ist nachweislich später aufgeführt worden, nachdem der Bau bereits sein Dach erhalten hatte. Aber wann? Luther hat wohl weder Bedarf noch Mittel gehabt, ein weiteres Geschoss aufzuführen. Bei alten Stadtansichten ist es immer schwierig, zu beurteilen, wie genau sie angefertigt worden sind. Es ist trotzdem festzuhalten, dass auf der Stadtansicht Wittenbergs im Reisebuch des Pfalzgrafen Ottheinrich 1536 der Giebel des Südanbaus über der Traufe des Lutherhauses steht, auf dem Holzschnitt von 1611 dagegen die Traufe bis zum Dachfirst des Südanbaus reicht. Diese Beobachtung lässt vermuten, dass das Lutherhaus nach Verkauf an die Universität 1564 für die Stipendiaten aufgestockt wurde. Luther hätte dann im Südflügel des ehemaligen Klosters außer dem Erdgeschoss nur ein Obergeschoss und ein Dachgeschoss zur Verfügung gehabt. Sein Besitz, zu dem aber auch weitere Gebäude gehörten und den er nach eigenen Angaben auch nicht vollständig nutzte, erscheint also etwas bescheidener, als bisher angenommen.

Bei der Freilegung des Südanbaus förderten die Archäologen völlig unerwartet zahlreiche Zeugen der Alltagskultur des Lutherhauses zutage. Als es nach dem Verkauf an die Universität 1564 zum Stipendiatenwohnhaus umgebaut wurde, scheint es entrümpelt worden zu sein. Das Ausgeräumte warf man in den Hof zwischen dem Untergeschoss des Südanbaus und der Stadtmauer. Die zahlreichen Fundstücke stammen aus der Nutzung des Gebäudes durch die Mönche, die Familie Martin Luthers und seines Sohnes Martin. Eine darüber liegende Schicht wird auf eine ähnliche Aktion um 1630 angesetzt. Es ist zwar nur in wenigen Fällen möglich, einzelne Gegenstände einem bestimmten Eigentümer zuzuweisen, aber es lassen sich immerhin einige begründete Vermutungen anstellen. Es geht aber vorrangig nicht darum, im Widerspruch zu Luthers eigener Überzeugung Lutherreliquien aufzufinden. Wichtiger ist, dass ein einmaliger Einblick in die Alltagskultur der Bewohner eines Areals von 1504 bis 1630 in einer mitteldeutschen Stadt ermöglicht wird, deren Zeugen mit Hilfe einer breiten schriftlichen Überlieferung unser Wissen bereichernd interpretiert werden können. Umgekehrt können schriftliche Aussagen über Dinge des täglichen Lebens vergegenständlicht werden. Veränderungen an der Ofenkeramik veranschaulichen sogar den Einfluss der reformatorischen Theologie auf die Gestaltung der Wohnräume. Auch der studentische Alltag wird anschaulich.

Die baugeschichtlichen und archäologischen Untersuchungen an Lutherstätten haben nicht nur neue Tatbestände ans Licht gebracht, sondern zugleich eine intensive Forschung zu Luthers Umwelt und zur Alltagskultur der frühen Neuzeit in Mitteldeutschland angeregt. Die bereits gewonnenen Erkenntnisse und die zu erwartenden Antworten auf die neuen Fragen werden in Zukunft die Darstellung der Umwelt Luthers und seiner mitteldeutschen Zeitgenossen verdienstvoll bereichern. Der Ausstellungskatalog wird für die Erforschung der frühen Neuzeit in Wittenberg und darüber hinaus in Mitteldeutschland sowie besonders von Luthers Leben und seiner Umwelt eine anregende verdienstvolle Fundgrube sein.

Literaturhinweise

Hennen 2002; Hänsgen 1984; Knape 2000; 2007; Schlenker u. a. 2007; Treu 2005; WATR. Zudem konnten die Beiträge des vorliegenden Bandes herangezogen werden.

KATALOG

KAPITEL A

ZEIT IM UMBRUCH

Der Werdegang der Familie Martin Luthers ist ohne eine gewisse Kenntnis der historischen Zusammenhänge ebenso wenig zu verstehen, wie sein eigener akademischer Werdegang und die Reformation als solche. Die Zeit um 1500 ist eine Phase des Umbruchs, in der die alte Ständegesellschaft ins Wanken gerät und das Bürgertum an Macht gewinnt. In Rom erobern Sprösslinge von Kaufmannsfamilien (Borgia, Medici) den Heiligen Stuhl und mit der Entdeckung Amerikas entsteht nach und nach ein vollkommen neues Weltbild.

Nachdem Maximilian I., ein Habsburger, das Amt des Kaisers innehatte, und dieser 1519 verstarb, machte sich der König von Frankreich, François I., Hoffnung auf die Kaiserwürde. Letztlich setzte sich der Enkel Maximilians, Karl V., König von Spanien, bei der Wahl durch. Finanziert wurde sein Wahlkampf – es galt, sich die Stimmen der Kurfürsten zu sichern – durch das Augsburger Kaufmannshaus der Fugger, die hierfür weitreichende Privilegien erhielten. Vor der Wahl Karls V. war übrigens Friedrich der Weise von Sachsen der Wunschkandidat weiter Kreise, doch lehnte er diese Ehre ab.

Durch die Wahl Karls V. entstand eine für Frankreich ungünstige Situation, da der Machtbereich des Kaisers sein Reich von Osten und Süden quasi umschloss. Hierin ist einer der Gründe zu sehen, dass zwischen 1521–1544 vier Kriege zwischen Frankreich und dem Habsburger Herrschaftsgebiet ausgetragen wurden. Dabei schreckte François I. nicht davor zurück, sich mit dem Osmanischen Reich zu verbünden. Kaum bekannt ist der Umstand, dass die Osmanen 1453 das Byzantinische Reich erobert hatten und somit ihr Herrschaftsgebiet bis unmittelbar an die Grenzen des Heiligen Römischen Reiches Deutscher Nation ausweiteten; nicht zu vergessen die (erfolglose) Belagerung von Wien 1529 und ein erneuter Vorstoß 1532 in die Steiermark. Selbstverständlich muss auch die Eroberung des seit dem 8. Jh. bestehenden Sultanats von Granada (1492) und die damit verbundene endgültige Vertreibung der Mohammedaner von der Iberischen Halbinsel in diesem Zusammenhang gesehen werden.

Es darf daher nicht verwundern, dass die Reformation in diese Zeit fällt bzw. zu dieser Zeit erfolgreich sein konnte. Der Kaiser des Reiches verfügte nicht über ein stehendes Heer, sondern war darauf angewiesen, dass sich die Reichsstände mit ihren Truppen an kriegerischen Unternehmungen beteiligten. Unter den Ständen herrschte jedoch große Unzufriedenheit, woran nicht zuletzt ein zunehmender Einfluss der Kirche und eine damit verbundene Ausweitung der Kirchenterritorien Schuld waren. Bekanntlich schlossen sich große Teile der Stände bald den Lehren Luthers an – jedoch nicht immer aus hehren religiösen Gründen. Zu häufig kam es vor, dass Landesherren sich zur neuen Lehre bekannten um zugleich den Kirchenbesitz ihrer Gegend zu annektieren.

Wegen der geschilderten außenpolitischen Zwänge konnte Karl V. diesen Entwicklungen nur bedingt entgegenwirken. Letztlich trugen auch technische Entwicklungen der Zeit, allen voran der Buchdruck, zur Verbreitung der Reformation bei. [BS]

A 1 HALS- ODER SACKUHR

Gehäuse Messing, Kupfer, vergoldet, im Deckel gravierte Sonnenuhr, inneres Gehäuse und Zeiger Eisen, Werk mit Drehmomentregelung mittels Stackfreed, Messing, Namensgravur, vmtl. Besitzersignatur Aron Loufeau; Deutschland oder Schweiz, wohl 16. Jh.
L. 7,0 cm; B. 4,9 cm; H. 3,0 cm
Stiftung Moritzburg – Kunstmuseum des Landes Sachsen-Anhalt, Inv. Nr. Mo.KHW.M. 366/2u

Martin Luther besaß zumindest eine mechanische Uhr. Er wertete sie als eine der wichtigsten menschlichen Erfindungen überhaupt (WATR 1, 523 Nr. 1036). Neben Augsburg war Nürnberg im 16. Jh. das bedeutendste Zentrum der Uhrmacherei in Europa. Deshalb wurden die tragbaren Hals- oder Sackuhren allgemein als »Nürnberger Eierlein« bezeichnet. Sie waren zunächst ein wichtiges Statussymbol der Aristokratie. Ihre Erfindung wird Peter Henlein (1480–1542) zugeschrieben, der Uhrentyp ist jedoch erst nach seinem Tod sicher nachweisbar. Die Zuverlässigkeit der frühen Taschenuhren ist recht gering, da der nicht eigenschwingende Gangregler trotz der Verwendung eines Stackfreeds durch einen ungleichmäßigen Antrieb beeinflusst wird. Der Stackfreed ersetzt die aufwändige Konstruktion der Schnecke bzw. Darmsaite und erlaubt eine flache Konstruktion. Diese Technik wurde vor allem in Deutschland und der Schweiz in der Zeit von 1540–1640 verwendet. (UD)

A 2 DER NAUMBURGER MÜNZSCHATZ

498 Münzen, geprägt zwischen 1470/71 (Matthiasgroschen o. J. der Stadt Goslar) und 1562 (Taler, Sachsen, August, Münzstätte Dresden)
davon 91 Taler, 30 Halbtaler, 63 Vierteltaler, 3 Achteltaler, 1 12-Kreuzer, 1 Doppelschreckenberger, 152 Schreckenberger, 147 Groschen, 10 Halbe Groschen
LDA Sachsen-Anhalt, Grabung Naumburg Kleine Jakobsgasse, Inv. Nr. 2006:12311 (Gefäß); 12312 (Münzen)

Die Hauptmasse des Komplexes bilden mit 391 Exemplaren sächsische und thüringische Gepräge, vertreten sind insgesamt 41 Münzstände: Haus Habsburg, Böhmen 13, Kärnten 1, Niederösterreich 1, Oberösterreich 3, Tirol 2; Augsburg, Reichskammermünzstätte 2; Stadt Augsburg 1; Königreich Böhmen 1; Markgrafschaft Brandenburg in Franken 5; Herzogtum Braunschweig-Wolfenbüttel 1; Erzstift Bremen 1; Stadt Donauwörth 4; Stadt Erfurt 1; Stadt Goslar 1; Bistum Halberstadt 2; Stadt Hamburg 1; Grafschaft Hohnstein 2; Herzogtum Jülich-Cleve-Berg-Ravensberg 3; Stadt Kaufbeuren 5; Stadt Kempten 7; Erzstift Köln 2; Landgrafschaft Leuchtenberg 3; Stadt Lübeck 1; Stadt Lüneburg 1; Bistum Lüttich 1; Grafschaft Mansfeld 23; Herzogtum Mecklenburg 1; Abtei Murbach und Lüders 1; Grafschaft Öttingen 2; Bistum Regensburg 1; Stadt Regensburg 1; Kurfürstentum Sachsen, ernestinische Kurlinie bis 1547 178, albertinische Kurline ab 1547 109; Sachsen, ernestinisches Gesamthaus 40; Herzogtum Sachsen-Alt-Gotha 64; Erzstift Salzburg 1; Stadt Schwäbisch Hall 1; Grafschaft Stolberg 1; Stadt Thann (Elsaß) 1; Bistum Würzburg 1; Niederlande, Stadt Nijmwegen 3, Deventer, Kampen und Zwolle, gemeinsame Gepräge 2, Abtei Thorn 1; Schweiz, Stadt Solothurn 1, Stadt Zürich 1.

Der sensationelle Fund wurde 2005 bei archäologischen Untersuchungen von Kellergewölben abgerissener Häuser in der Kleinen Jakobsgasse in der Innenstadt von Naumburg gemacht. Die in einem Keramiktopf deponierten Münzen stellen ein mittleres Vermögen dar, das innerhalb einer Generation in der 1. Hälfte des 16. Jh. zusammengetragen wurde. Insgesamt handelt es sich um eine Zeit ausgesprochener Armut weiter Kreise der Bevölkerung, die sich in den politischen und religiösen Auseinandersetzungen der Reformation widerspiegelt. Die sehr kleine Zahl bisher entdeckter Schatzfunde aus der 1. Hälfte des 16. Jh. verdeutlicht, dass in der Regel und vor allem auf dem Land keine Überschüsse zu erzielen waren, die zurückgelegt werden konnten.

Im Fund kommen außer einigen sächsischen Halbgroschen nur guthaltige und somit wertbeständige Großsilbergepräge vor, die nicht im täglichen Kleinhandel benötigt oder zu erzielen waren. Die deutliche Dominanz von Münzen aus dem mitteldeutschen Raum zeigt, dass sich die Wirtschaftsbeziehungen des Verbergers nur wenig darüber hinaus erstreckt haben dürften. Dennoch weist die Vielfalt der Münzstände auf einen überregionalen Handel hin. Ihre Erhaltung ist bestechend, so dass nur eine sehr kurze Umlaufzeit der meisten Gepräge angenommen werden muss.

Die Naumburger Peter- und Paulsmesse war bis in das 17. Jh. eine der führenden Handelsmessen in Deutschland und verlieh der Stadt lebhafte wirtschaftliche Impulse. Ab 1374 genossen Naumburger Kaufleute im gesamten Reich kaiserliche Privilegien. 1524 erfolgte ein ausdrückliches Messeprivileg durch Kaiser Maximilian I. für die an zwei wichtigen Handelsrouten, dem Königs- und dem Frankenweg, gelegenen Stadt. Den Handel mit Tuchen, Pelzen, Garnen, Getreide, Hopfen, Waid, Bier und Wein reflektiert der Münzfund in einzigartiger Weise. (UD)

A 3 GÜRTELKETTE

Silber, feuervergoldete Glieder, Bergkristall: facettiert, geschliffen, montiert, Schließe: gegossen, vergoldet, Verzierungen graviert; vmtl. Halle, Mitte bis Ende 16. Jh.
L. 128 cm
Stiftung Moritzburg – Kunstmuseum des Landes Sachsen-Anhalt, Inv. Nr. Mo.KHW.E.121

Die vergoldeten Glieder der prachtvollen Gürtelkette sind vierflügelig montiert und mit Voluten verziert. Im Inneren bergen sie kleine Bergkristallperlen. Paarweise wechseln sich die Glieder mit geschliffenen Bergkristallkugeln ab. Auf der plastisch gearbeiteten goldenen Schließe ist der auferstehende Christus dargestellt. Das Ende der Kette krönt ein wie die Glieder gearbeitetes Gefäß, das eine weitere, mit kleinen Kristallkügelchen umgebene, geschliffene Bergkristallkugel birgt. Die großzügige reizvolle Wirkung dieser Kette wird vor allem durch die nur außerordentlich selten verwendete Materialkombination von Bergkristall und Gold erreicht.

Die Kette stammt wie das folgende Exemplar (vgl. A 4) aus dem im Sommer 1901 entdeckten Schmuckfund von Halle, Poststraße (heute Hansering) 12. Aus den Fundumständen schloss bereits Max Sauerlandt, dass beide in Halle gearbeitet sein dürften. Somit überliefert der Fund herausragende Zeugnisse einer ausgesprochenen Blütezeit der halleschen Goldschmiedekunst, die vor allem durch die Aufträge der erzbischöflichen Mäzene getragen wurde. (UD)

Literatur: Dräger 1997, 35; 105; Dräger 2000, 86 Nr. 61; Wipplinger 1972, 33 f.

A 1

A 2

A3

A4 GÜRTELKETTE

Silber, gezogen, teilvergoldet, Schließe: gegossen, ziseliert, vergoldet, montiert; Monogrammist PA oder PN; vmtl. Halle, 1. Hälfte 16. Jh.
L. 95,5 cm
Stiftung Moritzburg – Kunstmuseum des Landes Sachsen-Anhalt, Inv. Nr. Mo.KHW.E.119

Die Kette ist aus vierfach in Spiralen gezogenen, silbernen Gliedern, die mehrfach durch vergoldete Verbindungsstücke mit Kartuschen unterbrochen sind, zusammengesetzt. Die vergoldete Schließe schmückt ein plastisch gearbeiteter Rhombus mit der Darstellung der Heiligen Barbara.

Diese und die etwas jüngere Kette (vgl. A 3) scheinen Solitäre innerhalb der erhaltenen profanen Zeugnisse der deutschen Goldschmiedekunst des 16. Jh. zu sein. Sie hatten keine praktische Funktion; diese war bei der üblichen engen Schnürung der Taille überflüssig. Die Gürtelketten waren reine Schmuckobjekte, die an Ordensketten erinnern. Der Schmuck diente zur Verdeutlichung des persönlichen Reichtums und des gesellschaftlichen Standes. Eine ursprüngliche Beziehung zum Bergbau ist durchaus anzunehmen, weil die dargestellte Heilige Barbara dessen traditionelle Schutzpatronin ist. (UD)

Literatur: Dräger 2000, 86 Nr. 60

A5 ZUM BLOCK GEBUNDENE BLEILETTERN AUS OBERURSEL

Blei, Bindung modern; 1. Viertel 17. Jh.
H. ca. 0,25 cm (Schrift)
Vortaunusmuseum Oberursel

Eine der wichtigsten technologischen Errungenschaften war die Entwicklung des Buchdrucks mit beweglichen Lettern auf Papier, die eine kostengünstige und schnelle Verbreitung von schriftlich fixierten Ideen ermöglichte. Gerade die Anhänger der Reformation wussten diese neue mediale Form für ihre Zwecke zu nutzen, allen voran Luther, dessen Drucke im 16. Jh. allein schon ein Drittel der Gesamtauflage gedruckter Literatur ausmachte.

Bei Grabungen innerhalb der St. Ursulakirche in Oberursel im Taunus wurden 1978 in einer Aufschüttung 107 Lettern und Blindstücke aus Blei gefunden. Sie stammen aus der benachbarten Druckerei, etwa 80 m südöstlich der Kirche gelegen, die 1622 im Zuge des Dreißigjährigen Krieges bei einem Stadtbrand zerstört wurde. Die Druckerei war 1557 von Nicolaus Henricus eingerichtet worden, der vor allem solche Schriften der orthodoxen Lutheraner druckte, die von der Zensur im nahegelegenen Frankfurt nicht zugelassen wurden. Ab 1590 publizierte er auch die ersten regelmäßig erscheinenden, lutherisch ausgerichteten Nachrichtenperiodika, die so genannten Messrelationen.

In einem der Urseler Drucke aus dem Jahr 1619 waren tatsächlich alle im Letternfund vorhandenen Antiquabuchstaben in allen fünf vorhandenen Schriftgrößen nachweisbar.

Einige der Lettern hingen bei der Auffindung noch zusammen und ergaben für den Druck lateinischer Texte häufige Endungen wie »ius« und »onis«; die Vermutung, dass es sich um eine ehemalige zusammenhängende Texteinheit gehandelt haben könnte, ließ sich jedoch aufgrund der Art und Anzahl der im Fund vorkommenden Buchstaben nicht bestätigen. (MG)

Literatur: Kopp 1990; Pelgen 1996, 203–208

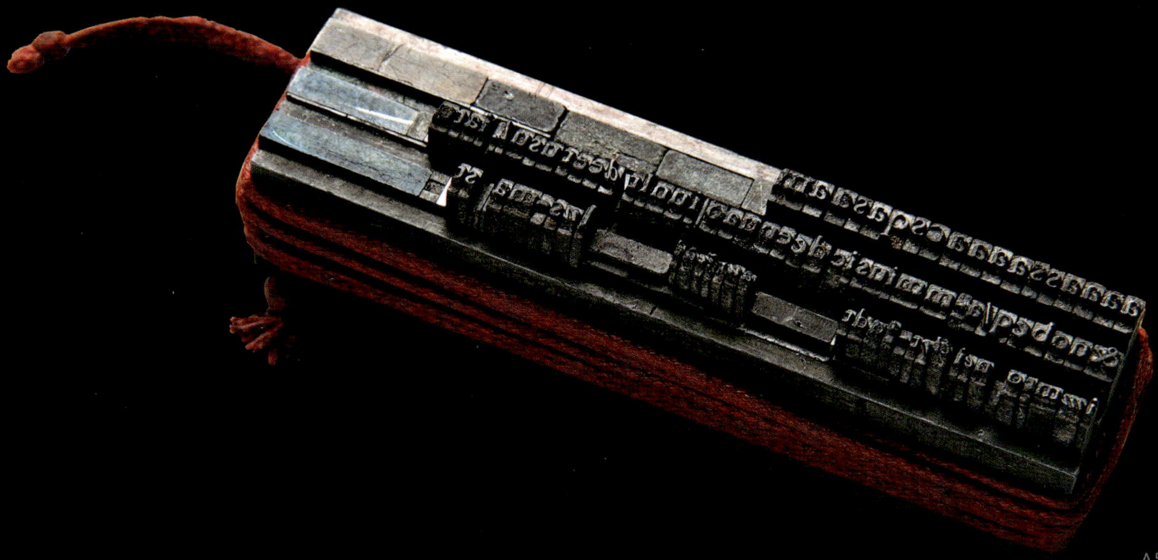

A5

A4

KAPITEL B

DIE HERKUNFT MARTIN LUTHERS – MÖHRA, EISLEBEN, MANSFELD

Schenkt man den 1566 erschienenen »Tischreden Doctor Martin Lutheri« des Johannes Aurifaber Glauben, stammt der Reformator aus ärmlichen bäuerlichen Verhältnissen. Zwar bestanden in jüngerer Zeit auch unter Reformationshistorikern durchaus Zweifel an diesen Aussagen, doch fehlte es letztlich an »harten Fakten«, diese Bedenken zu untermauern. Neueste Ergebnisse aus Archäologie, historischer Bauforschung und Archivalienkunde erlauben es nun, ein ganz neues, authentisches Bild der Jugendzeit des Reformators zu zeichnen.

Die Vorfahren Martin Luthers waren im thüringischen Möhra ansässig, wo sie den Quellen zufolge fünf Höfe mit ausgedehntem Landbesitz ihr Eigen nannten. Die Familie gehörte somit der ländlichen Oberschicht an. Nach lokalem Anerbenrecht war der jüngste Sohn erbberechtigt. Zwar war Hans Luder als ältester Sohn am Erbe beteiligt – zumeist in Form einer Auszahlung –, doch musste er sich nach einem anderen Betätigungsfeld umsehen. In der Regel wurde der Werdegang der Söhne bereits vom Vater in die Wege geleitet.

Neu ist ein Beleg, nach dem Familie Luder im ausgehenden 15. Jh. auch einen Kupferhammer betrieb. Ob die Familie selbst im lokalen Kupferbergbau aktiv war, lässt sich bisher nicht beweisen, doch sprechen vielerlei Fakten dafür. Der spätere wirtschaftliche Erfolg Hans Luders in Mansfeld wäre ohne spezielle Sachkenntnis nicht denkbar gewesen. Nach einer Aussage Martin Luthers zog sein Vater zunächst von Möhra nach Eisenach, wo ebenfalls Kupfer abgebaut und verarbeitet wurde. Hier heiratete er Margarethe Lindemann, die Tochter eines Eisenacher Patriziers. Nach den vorliegenden Fakten war der Vater Martin Luthers also keineswegs der Sohn armer Bauern; ebenso wenig hat er als Häuer unter Tage gearbeitet.

Der Umzug der jungen Familie nach Eisleben – außerhalb des Kurfürstentums Sachsen, in die Grafschaft Mansfeld – erfolgte nicht durch Zufall. Ein Onkel Margarethes, Antonius Lindemann, war höchster Bergbeamter der Grafschaft und wird seine Verwandten mit dem nötigen Insiderwissen versorgt haben. Somit war Eisleben nur eine kurze Zwischenstation nach Mansfeld. Bedeutung gewinnt diese Etappe dadurch, dass in Eisleben am 10. November 1483 Martin Luther zur Welt kam.

Die Wohnung der Luders lag in der Langen Gasse im Petriviertel. Bekannt ist, dass das ursprüngliche Geburtshaus im Jahre 1689 bis auf die Grundmauern abbrannte. Am selben Ort errichtete man eine Gedächtnisstätte, die noch heute Bestand hat. Ausgrabungen im Inneren des Hauses erbrachten einen Brandhorizont, verkohlte Balken und Dielenreste in originaler Lage, einige spätmittelalterliche Keramik und Fensterglas sowie die Gewissheit, dass das Geburtshaus Martin Luthers in seinen Ausmaßen wesentlich bescheidener als das als Memorialstätte errichtete Gebäude war. Schon wenige Monate nach der Ankunft in Eisleben zog Familie Luder nach Mansfeld. Hier pachtete Hans Luder von den ansässigen Grafen mehrere »Feuer« und wurde Unternehmer. [BS]

B 2

B 1 JOHANNES AURIFABER: TISCHREDEN (ohne Abb.)

Holz, Leder, Papier, Messing; Frankfurt am Main, 1568
B. 42 cm; H. 32 cm (aufgeklappt)
Marienbibliothek Halle, Sign. Ulr. 14

Die »Tischreden Doctor Martin Lutheri« stellen landläufig die wohl am häufigsten zitierte Sammlung der Überlieferungen Martin Luthers dar. Ihr Herausgeber, Johannes Aurifaber (~1519–1575), hatte selbst in Wittenberg studiert und war ab 1545 der letzte Famulus Luthers. Viele der in den Tischreden überlieferten Zitate stammen aus eigenen Aufzeichnungen, doch sammelte er für sein Werk die Notizen verschiedenster Autoren. Die Tischreden erschienen erstmals 1566 in Eisleben, also exakt 20 Jahre nach dem Tod des Reformators. Der Inhalt dieses Werkes ist heute nicht unumstritten. Sicherlich handelt es sich bei den meisten Aufzeichnungen um Zitate Martin Luthers, doch ist – wie bei allen sekundären Quellen – jeweils auch die Intention des Aufzeichnenden zu hinterfragen. So konnte z. B. nachgewiesen werden, dass Aurifaber selbst allzu deftige Worte Luthers sprachlich »schönte«, damit aber zugleich deren Inhalt verfälschte. Ohne Zweifel stellen also die Predigten oder auch Briefe Luthers aus eigener Feder die eindeutigen Quellen dar, während die Tischreden zwar ein ungeheures Spektrum an Informationen bieten, deren Inhalt aber jeweils zu hinterfragen ist. (BS)

Literatur: Jens 2003

B 2 WOHNHAUS DER GROSSELTERN MARTIN LUTHERS

Papier, Lithografie; Mitte 19. Jh.
B. 39 cm; H. 28 cm
LDA Sachsen-Anhalt, Sammlung

Die Bildunterschrift unter der Darstellung des Dorfes lautet »Das Stammhaus Dr. Martin Luthers zu Möhra«. Offenbar gelangte nach dem Reformationsjubiläum von 1817 und dem 300. Todestag Luthers (1846) auch der Herkunftsort der Familie Martin Luthers in den Blickpunkt des Interesses. Die wohl älteste Darstellung des Wohnhauses der Luthers in Möhra stammt von T. Rothbarth. Die farbige Lithografie wurde Mitte des 19. Jh. angefertigt, doch sind im Kunsthandel gelegentlich auch einfarbige Abdrucke zu haben, die unter Umständen geringfügig älter als die Farbdrucke sind.

B3

Im Übrigen ist das heute in Möhra als Stammhaus ausgewiesene Gebäude (vgl. Abb. 41) nicht mit dem auf der Lithografie abgebildeten Gebäude identisch. Eine intensive bauhistorische Forschung zur Klärung dieser Fragestellung steht indes noch aus. (BS)

B3 »UNVERBRANNTER LUTHER«

Öl auf Holz; 1583
H. 99 cm; B. 55 cm; T. 14,5 cm
Stiftung Luthergedenkstätten in Sachsen-Anhalt, Museum Geburtshaus Eisleben, Inv. Nr. GH G 2238

Das vermutlich 1583 wohl von einem unbekannten Eisleber Maler geschaffene Lutherporträt ist eines der wenigen erhaltenen originalen Ausstattungsstücke aus dem Luthergeburtshaus vor dessen Zerstörung im Eisleber Stadtbrand 1689. Ursprünglich hing es außen über der Eingangstür, um den Ort von Luthers Geburt auch für auswärtige Besucher zu markieren. Es ist somit ein Beleg für die frühe Wertschätzung und Monumentalisierung der Eisleber Lutherstätten.

Als das Bild nach dem Brand unversehrt aufgefunden wurde, verbreitete sich schnell die Mär vom »unverbrannten Luther«. Schließlich sei ja auch der Reformator selbst dem Feuer des Scheiterhaufens entgangen, so dass dieses »Wunder« als göttliches Zeichen gegenüber den Gegnern der Reformation gedeutet werden konnte. In Wahrheit hatte der Magistrat der Stadt Eisleben das Bild kurz vor dem Brand abnehmen lassen, da er die Würde des Reformators mit der damals in dessen Wohnhaus eingerichteten zweifelhaften Schankwirtschaft für unvereinbar hielt. Da man das Bild 1693 nach dem Wiederaufbau – nun als Gedenkstätte für Luther unter städtischer Leitung – wieder ins Geburtshaus zurückbrachte, glaubte man in späterer Zeit, auch das Gebäude selbst oder zumindest das Erdgeschoss sei dem Feuer entgangen. Nach den Ergebnissen der archäologischen und bauhistorischen Untersuchungen muss aber, abgesehen vom Keller, von einem Totalverlust des originalen Geburtshauses ausgegangen werden. (MG/CP)

Literatur: Scribner 1986, 38–46; Neser 2007, 88–93

B4

B4 FUNDE AUS LUTHERS GEBURTSHAUS IN EISLEBEN

Irdenware, Steinzeug, Glas; um 1500
L. 3,8–9,2 cm (Keramik); 6,5 x 5,3 cm (Glas)
LDA Sachsen-Anhalt, Grabung Geburtshaus Eisleben, Inv. Nr. 345/471; 364/515; 367/500; 367/505; 376/513

Bei den von C. Matthes durchgeführten Ausgrabungen im Geburtshaus Martin Luthers konnten einige Funde aus der Zeit um 1500 geborgen werden. Fünf Scherben von Irdenware stammen aller Wahrscheinlichkeit nach von Küchengeschirr. Eines dieser Gefäßfragmente weist den Stumpf eines Fußes auf. Hiermit liegt der Nachweis vor, dass es sich um das Bruchstück eines Grapen, eines Dreibeintopfes, handelt. Diese stellten in Spätmittelalter und früher Neuzeit die klassischen Kochtöpfe dar, die aufgrund ihrer »Beine« direkt in die Glut des Herdes gestellt werden konnten.

Eine kleine Wandscherbe stammt von einem Steinzeuggefäß und stellt somit den Überrest eines Tischgefäßes dar. Der Form nach könnte es sich um einen Krug gehandelt haben. Die Beschaffenheit des Scherbens verweist auf die sächsische Steinzeugtöpferei Waldenburg.

Die Glasscherbe stammt von der Fensterverglasung des lutherischen Geburtshauses. Es handelt sich eindeutig um Flachglas, wie es auch bei den Grabungen am Elternhaus in Mansfeld vielfach nachgewiesen werden konnte. (BS)

Literatur: Matthes 2007; Schlenker 2007

B5 SPANGENBERG-CHRONIK

Handschrift auf Papier; 1547–1572.
B. 49 cm; H. 37 cm (aufgeschlagen)
Österreichisches Staatsarchiv, Haus-, Hof- und Staatsarchiv, Handschriftensammlung
AT-OeStA/HHStA HS W 481

Der Theologe und Historiker Cyriacus Spangenberg (geb. 07.06.1528 in Nordhausen, gest. 10.02.1604 in Straßburg) schuf mit seiner »Mansfeldischen Chronica« eine singuläre Quelle zur Erforschung der Geschichte des Mansfelder Landes. Als Pfarrer in Eisleben, Schlossprediger in Mansfeld und nach dem Tod von Michael Coelius 1559 Generalsuperintendent der Grafschaft verarbeitete er in der Chronik eigene Beobachtungen für den letzten Aufzeichnungszeitraum von 1547–1572.

Das Manuskript stammt aus dem Nachlass des Reichshofrats-Agenten Johann Löw, der die Geschäfte des Fürsten Peter Ernst von Mansfeld, Gouverneur von Luxemburg, beim Reichshofrat führte und zu Beginn des 17. Jh. in Prag gestorben ist. Diese originale Papierhandschrift in zwei Bänden galt lange Zeit als verschollen, obwohl einzelne Inhalte in der Mansfelder Lokalgeschichtsschreibung im 19. Jh. zitiert wurden. Sie konnte 1906 von Walter Mück im kaiserlichen Hof- und Staatsarchiv in Wien aufgefunden werden. Ein von Pastor Max Könnecke transkribierter Teil wurde vom Verein für Geschichte und Altertümer der Grafschaft Mansfeld, vornehmlich durch Rudolf Leers und Carl Rühlemann, herausgegeben und erschien 1925 in der Zeitschrift des Vereins.

Diese Chronik ist erstmalig in der Öffentlichkeit zu sehen. Sie spielte im Jahr 2003 eine tragende Rolle zur Klärung der Authentizität des Sterbehauses Martin Luthers in Eisleben. (AS)

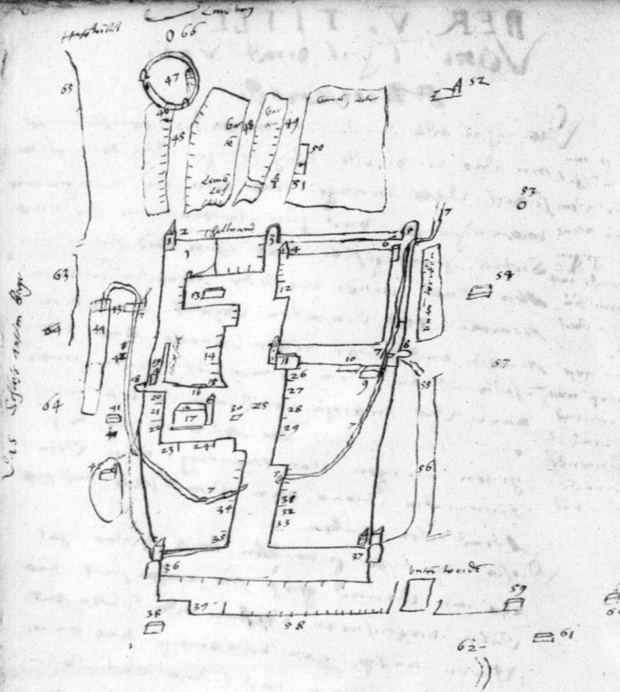

Erklerung der Cipphren

1 Ist der platz da anno 1229 das Nonnen Clo-
ster von G. Burckharte von Mansfelt dem [illegible] Orden
Namens angefangt aber doch nach [illegible] alles vom
gelegenheit halben gen Rodardesdorff und darnach
anno [illegible] gen Helfte verlegt wurde. und so der
dieser ort noch mit dem Closterholtz.

2. Ist der Thurn so daselbst vom alten Closter gebawet
nach an der [illegible] seite

3. Ist das Oberthor da mann nach Eisleben, Sanger-
hausen [illegible] hinausgehet

4. Der Thurn darneben.

5. Das Hundtthor von der gassen daran also genant

6. Der Thurn darneben darinnen es eingefangnus sein

7. Der Thalbach so daselbst inn die Stadt fleust

8. Das Pfortlein dadurch mann in [illegible]
gehn nach Vackerode und dem Hartz gehe

9 Das Ober Brothause. 10 Der Brotbencke.

11 Das Rathause mit seinem Thurn:

12 Martin Kauffmans Hause daraus Wolff
von Veltheim bey nachtlicher weile wolte ge-
[illegible] von den Bürgern geholten und
[illegible] gericht wurd. Anno. 1566

13. Das Gemeine Backhause. daraus man wochentlich
der armen eine anzal Brots gibt.

14. Der Obere Gasthoff.

15. Etwan Otten von Nevendorffs Hause welches
derselbe erbauet. darnach der Cantzler [illegible]
[illegible] und Burckhart Schenck der Schultheiss bewonet

KAPITEL C

MANSFELD

Luthers Vater war Bergwerksbetreiber und Hüttenunternehmer. Die Pacht für ein so genanntes »Herrenfeuer« (ein solches bestand aus Hütte und Bergwerk) betrug 100 Gulden. Hinzu kamen erhebliche Betriebskosten. Angestellte Berg- und Hüttenleute mussten entlohnt werden, für den Betrieb waren Pferde sowie die Anschaffung von Holz, Holzkohle und Flussmittel unerlässlich. Familie Luder muss somit über ein beträchtliches Grundkapital verfügt haben. So kaufte Hans Luder auch bald ein Haus in der Innenstadt von Mansfeld. Dessen Lage ist uns durch einen Stadtplan aus dem 16. Jh. überliefert.

Hans Luder gelangte schnell zu Ansehen: 1491 wurde er erstmals als »Vierherr«, also als Mitglied der Stadtverwaltung genannt. Eine solche Position war der bürgerlichen Oberschicht vorbehalten.

Die Familie verfügte über erheblichen Landbesitz. Es ist davon auszugehen, dass dieser z. T. landwirtschaftlich genutzt wurde. Ein weiteres wirtschaftliches Standbein war der Geldverleih. Dies war zwar verpönt, doch galt ein Zins bis zu einer Höhe von fünf Prozent gemeinhin als nicht verwerflich. Nahezu unbekannt ist bisher die Tatsache, dass Hans Luder auch die Funktion eines Schauherrn inne hatte. Hiermit war er als Bergbeamter für das Grafenhaus tätig und bezog ein Jahresgehalt von 80 Gulden sowie prozentuale Anteile an den von ihm verhängten Strafgeldern.

Den Quellen nach zu urteilen, war Hans Luder auch maßgeblich am Sozialwesen der Stadt beteiligt. Zusammen mit anderen Hüttenmeistern gründete er die Mansfelder Marienbruderschaft und war an der Stiftung eines Marienaltars für die Stadtkirche St. Georg beteiligt. Durch eine geschickte Heiratspolitik baute er das Beziehungsgeflecht innerhalb des Unternehmertums der Grafschaft weiter aus.

Die Funde aus Mansfeld stammen aus einem einzigen Befund, dem die Bezeichnung »Grube« in Wahrheit nicht gerecht wird. Da er auf dem Grundstück der Luders lag und die Funde in eine Zeit datieren, als die Familie hier auch tatsächlich lebte, ist es sicher, dass der geborgene Abfall wirklich von der Familie des Reformators stammt.

Der Befund zeigte sich im gelblichen Lösslehm als dunkelbraune Verfärbung. Schon an der Oberfläche kamen erste Silberpfennige sowie kleinste Knochen von Singvögeln und Fischen zutage. Aus diesem Grund wurde das gesamte Sediment bis zu einer Stärke von 3 mm gesiebt. So sind uns auch die kleinsten Hinterlassenschaften erhalten geblieben.

Die Funde lagen in einem humushaltigen, stark mit Holzasche durchsetzten Sediment. Vereinzelte große Brocken von Lösslehm enthielten hingegen keine Funde. Organische Anhaftungen an Eisengegenständen legen Zeugnis davon ab, dass sie in einem feuchten, mit Pflanzenresten durchsetzten Milieu lagerten – im Abfallhaufen auf dem Hofgelände, der einem Kompost- oder Misthaufen heutiger Gepflogenheit geähnelt haben dürfte. (BS)

C1 BERGEISEN (»FIMMEL«)

Eisen; um 1500
L. 15 cm
LDA Sachsen-Anhalt, Grabung Elternhaus Mansfeld, Inv. Nr. 2004:9232 i

Ein 15 cm langer, gestreckt-trapezförmiger Gegenstand weist an seinem breiteren Ende deutliche Stauchungen auf, so dass hier eine meißelähnliche Funktion in Betracht gezogen werden kann. Demnach könnte es sich um das Fragment eines Bergeisens, eines so genannten Fimmels, handeln. Diese Gerätschaften zeichnen sich dadurch aus, dass sie kein Schaftloch besitzen und mit Hilfe eines Fäustels getrieben wurden. Da der potenzielle Schneiden- oder Spitzenbereich nicht erhalten ist, kann letztlich nicht eindeutig geklärt werden, ob es sich hier um ein profanes Werkzeug oder um einen Gegenstand aus dem Bergwesen handelt. (BS)

Literatur: Schlenker 2007

C2 SCHUHEISEN

Eisen; um 1500
L. 7,3 cm; 7,4 cm; 10 cm
LDA Sachsen-Anhalt, Grabung Elternhaus Mansfeld, Inv. Nr. 2004:9232 i

Zweifelsohne erinnern diese Gegenstände auf den ersten Blick entfernt an Hufeisen. Wegen ihrer gestreckten Form kommt diese Deutung nicht in Frage, doch wäre zu diskutieren, ob es sich hier nicht um Schuheisen handeln könnte.

Das größte Stück ist genau 10 cm lang und 2,1 cm breit. An seinen Enden sind trianguläre stollenartige Zapfen zu erkennen. Mit Hilfe zweier Löcher könnte man diese Leiste z. B. an Holzpantinen angebracht haben. Im Profil ist zu erkennen, dass der Gegenstand konkav einschwingt, so dass die Zapfen regelrechte Dornen bilden. Zwei weitere Exemplare sind deutlich kleiner, weisen aber dieselben Merkmale auf.

Die angesprochene Interpretation erscheint im Wesentlichen plausibel, dürfte doch stabiles und vor allem rutschsicheres Schuhwerk vor allem bei der Arbeit im Berge von Bedeutung gewesen sein. Bei einer diesbezüglichen Durchsicht der Stiche im Bergbuch von Georg Agricola könnte der Eindruck aufkommen, die Bergleute hätten durchweg spitz zulaufende, leichte Lederschuhe ohne dickere Sohlen getragen. Zumindest aus heutiger Sicht ist dies schwer vorstellbar. (BS)

Literatur: Schlenker 2007

C3 SPATENSCHUH

Eisen; um 1500
L. 22,5 cm; B. 17,5 cm
LDA Sachsen-Anhalt, Grabung Elternhaus Mansfeld, Inv. Nr. 2004:9232 i

Obwohl sie zum täglichen Leben gehört haben dürften, sind eiserne Spatenschuhe in der Literatur nicht allzu häufig anzutreffen. Sicherlich war es die verhältnismäßig große Menge an Eisen, die dazu führte, dass unbrauchbar gewordene Stücke umgeschmiedet oder weiterverarbeitet wurden. Dies könnte eine Erklärung dafür sein, dass Spatenschuhe zwar nicht gerade selten sind, aber auch nicht zu den alltäglichen Fundstücken gehören. Der Sinn dieser tatsächlich altertümlich anmutenden Gegenstände lag in der Materialersparnis. Bestehen moderne Spaten in der Regel aus rechteckigem Blatt und einer angeschmiedeten Tülle zur Aufnahme des Stiels, fertigte man im Mittelalter den ganzen Spaten aus Holz – also Stiel mit Blatt – und versah lediglich den eigentlichen Schneidenbereich mit einer eisernen »Manschette«.

Der Mansfelder Fund ist nahezu vollständig erhalten. Mit seiner Länge von 22,5 cm und einer größten Breite von 17,5 cm vermittelt er ein eindrückliches Bild vom Aussehen dieses Gerätes. Der Befestigung des Holzstiels diente eine in der Mitte des Spatenschuhs angebrachte taschenförmige Aussparung, in welche das hölzerne Blatt eingeführt werden konnte. Vier nachweisbare Löcher belegen, dass die Fixierung am hölzernen Schaft zusätzlich mit Hilfe von Nägeln erfolgte. Bemerkenswert ist der Umstand, dass das Holzblatt bei diesem Spaten sehr klein ausgefallen ist. Seine Länge kann, bei einer Breite von 10 cm, allenfalls 12,5 cm betragen haben. Streng genommen wurde daher bei der Fertigung dieses Spatenschuhs lediglich das Schmieden der Tülle umgangen. (BS)

Literatur: Schlenker 2007

C4 SEBASTIAN MÜNSTER: COSMOGRAPHIA (ohne Abb.)

Leder, Holz, Papier, Messing; 1556
B. 23 cm; H. 34 cm; T. 9 cm
Marienbibliothek Halle, Sign. Z 2.23

Sebastian Münster (1488–1552) trat 1505 dem Franziskanerorden bei. Intensive Studien der Altsprachen und Naturwissenschaften (Mathematik, Astronomie, Geografie) führten ihn über Löwen, Freiburg, Rouffach und Basel nach Pforzheim, wo er 1512 zum Priester geweiht wurde. Die folgenden Jahre lehrte er an den Ordenshochschulen in Tübingen und Basel, bis er als Professor für Hebräisch an der Universität Heidelberg tätig wurde. 1529 trat er aus dem Franziskanerorden aus und folgte einem Ruf an die Universität Basel. Dort konvertierte er zum Protestantismus und heiratete 1530 die Witwe des Buchdruckers Adam Petri. Münster widmete sich nun geografischen Studien, mit dem Ziel, eine Beschreibung der gesamten damaligen Welt zu erarbeiten. Um dies bewerkstelligen zu können, verpflichtete er über 100 Mitarbeiter, die in seinem Namen Reiseberichte und Ortsansichten sammelten und anfertigten. 1544 erschien im familieneigenen Verlag die erste Ausgabe der Cosmographia, einem der bedeutendsten Werke der frühen Neuzeit. Vor allem die detaillierten Städteansichten sind heute für Archäologen eine wertvolle Quelle zur Lokalisierung einzelner Gebäude. (BS)

C5 PISTILL

Messing; um 1500
L. 8,3 cm
LDA Sachsen-Anhalt, Grabung Elternhaus Mansfeld, Inv. Nr. 2004:9232 l/141

Ein singulär vorliegender Fund entzieht sich bis heute einer schlüssigen Interpretation. Es handelt sich hier um einen länglichen Gegenstand mit kreisrundem Querschnitt, der aus Messing gegossen wurde. Auffällig ist die keulenartige Grundform, an deren dünnerer Seite ein 5 mm langer Zapfen herausgearbeitet wurde. Dieser Zapfen wirkt leicht konisch. Bemerkenswert sind facettenartige Spuren am dickeren kolbenförmigen Ende, welche auf eine – wie auch immer geartete – Nutzung dieses Bereiches hindeuten könnten. Anfängliche Überlegungen, der Fund habe möglicherweise als Griff eines Petschafts oder als »Federhalter« eines Schreibutensils gedient, konnten nicht bestätigt werden. In der Literatur waren trotz intensiver Recherche keine vergleichbaren Gegenstände nachzuweisen. Lediglich in dem berühmten Werk des Georg Agricola ist ein Gerät abgebildet, welches in seiner Grundform dem vorliegenden Fund zumindest sehr nahe kommt. Es handelt sich hier um ein metallenes Pistill, das mit einem quer stehenden, offenbar hölzernen Griff versehen ist.

Pistille dieser Art fanden im Probierwesen zur Herstellung der so genannten Kapellen – kleiner Tiegelchen – Verwendung. Im Hause des Hüttenmeisters Hans Luder ist ein solcher Gegenstand somit gut denkbar. Der allerdings sehr klein erscheinende Zap-

C3

C1

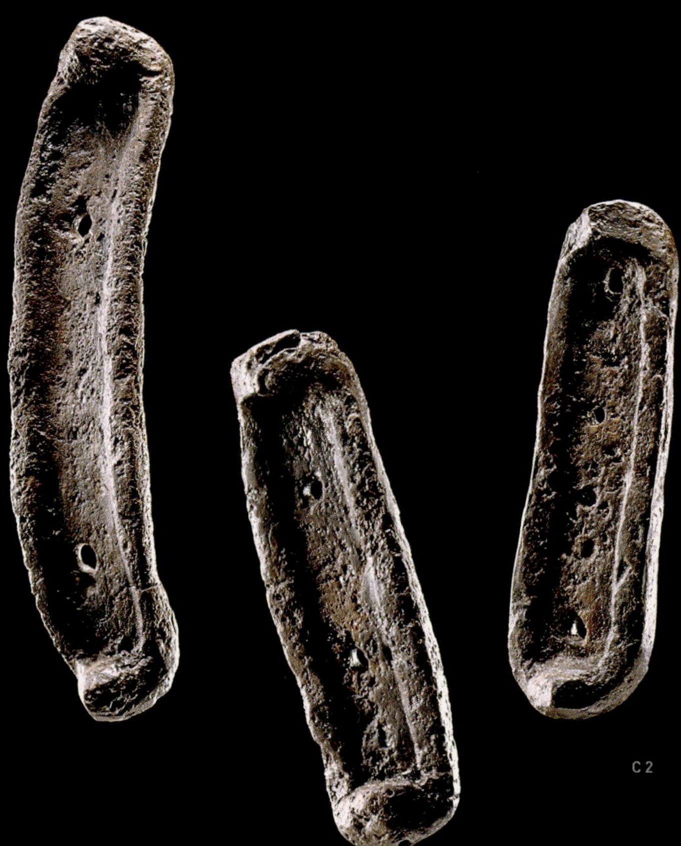

C2

C5

fen des Fundes könnte somit zur Fixierung des Griffteils gedient haben. Die Abnutzungen am kolbenförmigen Ende wären durch die Verwendung als Pistill zwanglos zu erklären. (BS)

Literatur: Schlenker 2007

C6 WAGENBESTANDTEILE

Eisen; um 1500
L. 7,5 cm; 12,1 cm
LDA Sachsen-Anhalt, Grabung Elternhaus Mansfeld, Inv. Nr. 2004:9232 i

Zwei Eisenfunde könnten Bestandteile von Wagen darstellen. Das größere Stück scheint vollständig erhalten zu sein. Auf einer Seite wurde hier eine offene Tülle geschmiedet, deren größter Durchmesser bei 2,5 cm liegt. Ein noch vorhandener Nagel mit rechteckigem Kopf belegt, dass diese Tülle offenbar dazu diente, den Gegenstand auf einem hölzernen »Gestänge« zu befestigen. Den Abschluss bildet ein durchlochter, flach gehämmerter Bereich. In seiner Ausführung erinnert der Fund auffällig an das Achsstück einer Deichsel. Als Bestandteile von Wagen sind solche auch auf diversen Stichen in dem Bergbuch Agricolas zu entdecken. Allerdings wird gerade bei Betrachtung dieses Werkes klar, dass es sich hier ebenso um das Achsstück einer Wasserkunst oder einer anderen Mechanik eines Bergwerks oder der Hütte handeln könnte.

Ähnlich ist die Situation bei einem ebenso weitgehend vollständig erhaltenen Fund zu sehen, der gleichfalls eine Schäftungstülle aufweist. Seine Befestigung erfolgte hier aber nicht mit Hilfe eines Nagels. Vielmehr scheint es, dass man den Abschluss der Tülle einseitig in Form einer Laffe ausschmiedete und diese nach Einsetzen des Holzes nach innen hämmerte. Die hakenförmige Öse dieses Fundes kam dadurch zustande, dass man eine Spitze mit rechteckigem Querschnitt ausschmiedete und entsprechend nach innen bog. (BS)

Literatur: Schlenker 2007

C7 HUFEISEN

Eisen; um 1500
L. 11,2 cm; 11,5 cm
LDA Sachsen-Anhalt, Grabung Elternhaus Mansfeld, Inv. Nr. 2004:9232 i

Der Verzehr von Pferdefleisch war im Mittelalter verpönt. Tatsächlich konnten im Befund auch keinerlei Knochen von Pferden nachgewiesen werden. Der Besitz von Pferden ist jedoch mittels dreier Hufeisen zu belegen. Ihre geringe Größe zeigt, dass es sich um recht zierliche Tiere handelte. Es ist daher nicht von der Hand zu weisen, dass es sich womöglich weniger um Hufeisen von Reitpferden, sondern vielmehr um solche von Arbeitspferden handelte, wie sie im Bergbau oder auf der Hütte zum Einsatz kamen, wo große Tiere eher hinderlich gewesen wären. (BS)

Literatur: Schlenker 2007

C8 DRAHTRÖLLCHEN ALS KLEIDUNGSAPPLIKATION (ohne Abb.)

Messing; um 1500
Dm. 0,4–0,5 cm; Materialstärke 0,3 mm
LDA Sachsen-Anhalt, Grabung Elternhaus Mansfeld, Inv. Nr. 2004:9232 l/278–294

Drahtobjekte dieser Art sind in archäologischen Fundmaterialien bisher vollkommen unbekannt. Es handelt es sich um Wicklungen, die einen Durchmesser von lediglich 0,4–0,5 cm aufweisen. Somit entsteht der Eindruck, man hätte mit ihnen Gegenstände geringen Durchmessers umwunden. Da der Draht in originalem Zustand goldfarben war, ist es denkbar, dass er die Enden von Riemen zierte, indem man diese mit dem Draht umwickelte. Möglich ist auch, dass sie als federnde Spiralen eine Brautkrone schmückten. (BS)

Literatur: Schlenker 2007, Abb.

C9 FLINDERN

Messing; um 1500
L. 1,3 cm (Grundblech); 2,1 cm; 2,3 cm (Flatterbleche)
LDA Sachsen-Anhalt, Grabung Elternhaus Mansfeld, Inv. Nr. 2004:9232 l/149–150

Den so genannten Flindern kommt unter den Funden vom Lutherhaus eine besondere Rolle zu. Auch als »Flitter« bezeichnet, spricht man seit Anfang des 20. Jh. von »Pailletten«, ein Begriff, der noch heute für entsprechende Kleidungsapplikationen gebräuchlich ist und deren Sinn darin besteht, mit ihren blanken Oberflächen auffällige Lichteffekte zu erzeugen. Der heute nicht mehr gebräuchliche Begriff »Flitter« ist aber wiederum im Wort »Flitterwochen« enthalten, auf dessen Begrifflichkeit kurz eingegangen werden soll.

Bei der Recherche nach gleichartigen Ziergegenständen war eine volkskundliche Publikation zu Brautkränzen und Brautkronen von 1934 besonders aufschlussreich (Bramm 1934). Obwohl diese Arbeit im Rahmen einer nationalsozialistisch geprägten Volkskunde entstand, ist doch die Materialvorlage dieser Quellengattung von besonderer Bedeutung. Wie aus den zahlreichen Abbildungen derArbeit eindrücklich hervorgeht, sind die Parallelen zu den spätmittelalterlich-frühneuzeitlichen Funden aus Mansfeld geradezu frappierend, obwohl die dargestellten Brautkronen und deren Bestandteile eher dem 18. bis frühen 20. Jh. entstammen dürften.

Neben ihrer Funktion zur Verzierung des Brautschmuckes wurde Flitter im Mittelalter aber auch zur Ausstaffierung andersartiger Kleidungsbestandteile verwendet. Nach einer Erfassung von S. Krabath sind mit Flitter verzierte Riemenwaren, Kleidungsstücke und Hauben spätestens seit dem 15. Jh. nachzuweisen. Die Brautkrone gilt als Symbol der Jungfräulichkeit, gleichzeitig wird dem Flitter selbst eine Unheil abwehrende und die Fruchtbarkeit fördernde Bedeutung beigemessen. Reizvoll ist der Umstand, dass diese Haube der Krone der Jungfrau Maria entlehnt ist, die ihrerseits wiederum ursprünglich als »signum maiestatis« der Muttergottes diente (Bramm 1934, 170). Da dem Flitter gleichzeitig eine apotropäische, Glück verheißende und zugleich die Fruchtbarkeit fördernde Wirkung nachgesagt wird, erscheint es nicht unwahrscheinlich, dass der Begriff »Flitterwochen« dadurch entstanden ist, dass hiermit der Zeitraum benannt wurde, in dem die Braut ihre Krone nach der Hochzeit eben noch trug.

Dass die Flitterbleche nicht unbedingt und zwangsläufig mit Trachtbestandteilen – sehr wohl aber dem Hochzeitsbrauchtum – in Zusammenhang stehen müssen, zeigt ein Zitat aus der Feder des Abraham a Santa Clara von 1711: »Man gebrauchet solche Messinge Flitter oder Flinder meist zu Zierath, und werden sie zu Nürnberg zum Zeichen der Hochzeit-Festinnen vor die Braut- und Copulations-Häußer häuffig gestreuet, auch von denen Aberglaubischen und Einfältigen eine fruchtbare Ehe daraus prognosticiret, wann solche die vorbey lauffender Kinder lustig aufklauben« (zitiert nach Bramm 1934, 183). (BS)

Literatur: Bramm 1934; Krabath 2001; Schlenker 2007

C6

C7

C9

C 10

C 10 BRAUTKRONE
Pappe, Baumwolle, Goldborte, Klöppelspitze, Metallfolie; 19. Jh.
H. 14 cm
Fränkische Schweiz-Museum Tüchersfeld, Inv. Nr. E 2669

Eine Brautkrone versinnbildlicht die Jungfräulichkeit der Braut. Ihren auffälligen, zumeist glitzernden, gelegentlich bunten Bestandteilen wird eine Unheil abwehrende und Fruchtbarkeit fördernde Bedeutung beigemessen. Reizvoll ist der Umstand, dass diese Haube der Krone der Jungfrau Maria entlehnt ist, die ihrerseits wiederum ursprünglich als »signum maiestatis« der Muttergottes diente. So wird Maria in Malerei und Skulptur häufig mit einer Krone dargestellt. In zahlreichen »Trachtregionen« Deutschlands war die Brautkrone ein fester Bestandteil der Brautausstattung. Wie viele Mansfelder Funde belegen, trug offenbar auch die Mansfelder Braut der Zeit um 1500 eine Krone.

Das Exemplar aus den Beständen des Fränkische Schweiz-Museums dürfte erst aus dem 19. Jh. stammen. Dennoch zeigen sich Details, die den Mansfelder Funden überraschend nahe kommen. Insbesondere trifft dies auf Flatterbleche und Drahtspiralen zu. So vermittelt diese Krone aus volkskundlichem Zusammenhang ein treffendes Bild, wie in lutherischer Zeit ein entsprechendes Stück unter Umständen im Mansfeldischen ausgesehen haben könnte. (BS)

Literatur: Fränkische Schweiz-Museum 1994; Schlenker 2007, 44 f.

C 11 GÜRTELENDBESCHLAG MIT BUCHSTABENAPPLIKATION
Messing auf Leder; um 1500
L. 17,8 cm
LDA Sachsen-Anhalt, Grabung Elternhaus Mansfeld, Inv. Nr. 2004:9232 l/300

Der Fund ist insgesamt 17,8 cm lang. Bei genauerer Betrachtung wird klar, dass er sich aus mehreren Teilen zusammensetzt, die man mit Hilfe kleiner Metallstifte auf einen Lederriemen nietete. Als Einzelelemente sind zunächst ein Buchstabe zu nennen, des Weiteren die anhängende Zierapplikation (Breite: 8 cm) sowie eine Rosette, die ursprünglich ein Pendant besessen hat, das aber verloren gegangen ist – hier liegt lediglich noch ein Niet vor. Alle Teile bestehen aus geprägtem Blech. Das Leder ist vor allem im Bereich des dem Buchstaben anhängenden »halbmondförmigen Endbeschlages«

C 11

C 12

gut erhalten. Es ist hier sorgfältig, dem Verlauf der bogenförmigen Applikation folgend, geschnitten, so dass es sich hier um einen gewollten Abschluss handelt. Aufgrund der Orientierung des Buchstabens – es handelt sich um ein Minuskel-d – ist ersichtlich, dass es sich bei diesem Fund um einen hängend angebrachten Ziergegenstand gehandelt haben muss; genauer: Das Endstück einer Gürtelgarnitur.

Der Gürtel der damals gebräuchlichen Frauentracht war meist schmal und hing locker über die Hüfte. Besonders auffällig war der Umstand, dass der Riemen oft bis tief über den glockenförmigen Rock hing. Beschwert wurde er durch einen massiveren Endbeschlag der meist reich verziert war. Das Mansfelder Exemplar stellt einen Gegenstand von größter Seltenheit dar, der in dieser Ausführung einmalig ist. (BS)

Literatur: Schlenker 2007

C 12 TÜRSCHLÜSSEL

Eisen; um 1500
L. 15,5 cm
LDA Sachsen-Anhalt, Grabung Elternhaus Mansfeld, Inv. Nr. 2004:9232 i

Wie es bei der Beschreibung technischer Geräte oft der Fall ist, bereitet auch bei den Schlüsseln die Benennung einzelner Bestandteile Schwierigkeiten. Es wird daher auf die Bezeichnungen zurückgegriffen, die in einer Monografie über Schlüssel Verwendung finden (Brunner 1988).

Bei dem vorliegenden Schlüssel handelt es sich um einen (Haus-)Türschlüssel. Da auch ein Teil des Griffes (der Reide) erhalten ist, kann seine Länge mit 15,5 cm als nahezu authentisch angesehen werden. Der Schaft (Dorn) dieses Schlüssels ist massiv und läuft in einer Spitze aus. Der Bart ist vollständig erhalten und mit mehreren Aussparungen versehen. Leider lässt sich die Form der Reide nicht genau rekonstruieren. Da es sich bei diesem Schlüssel um ein typisches spätmittelalterliches Exemplar zu handeln scheint, könnte es sich um einen rauten- oder herzförmigen Griff gehandelt haben.

Neben seiner eigentlichen Funktion besaß vor allem der Haustürschlüssel eine symbolische Bedeutung. Er ist Zeichen der häuslichen Gewalt. Wie auf zeitgenössischen Darstellungen von Frauen häufig zu erkennen ist, trug die Herrin des Hauses die Schlüssel neben der Börse offen am Gürtel. (BS)

Literatur: Brunner 1988; Schlenker 2007

C 18

C 14

C 13 GRAPEN (ohne Abb.)
Irdenware; um 1500
H. 20 cm
LDA Sachsen-Anhalt, Grabung Elternhaus
Mansfeld, Inv. Nr. 2004:9232 a/12

Die Masse der Grapen wird in dem Themenbereich ausgestellt, in den sie gehören: die Küche. Neben seiner eigentlichen Funktion als Kochtopf, der mit Hilfe seiner drei Beine direkt in der offenen Feuerstelle positioniert werden konnte, besitzt er aber auch eine weitere Bedeutung. Die Küche war das Reich der Hausfrau. Auch wenn wir davon ausgehen dürfen, dass Margarethe Luder auch Mägde beschäftigte, arbeiteten diese doch unter der Aufsicht der Hausherrin. Selbstredend wurden auch die Töchter früh in die Geheimnisse des Haushaltes eingeweiht. (BS)

C 14 KUGELTÖPFE
Irdenware; um 1500
H. 29,6 cm (Kugeltopf); 18 cm (gehenkelter Kugeltopf, Abb.)
LDA Sachsen-Anhalt, Grabung Elternhaus
Mansfeld, Inv. Nr. 2004:9232 a/4; 18

Kugeltöpfe waren in der Jugendzeit Martin Luthers eine schon veraltete Gefäßform. Mit einem annähernd runden Boden versehen, boten sie aber nicht zu verachtende Vorteile. Von den beiden auf dem Grundstück der Luthers gefundenen Kugeltöpfen diente nur einer als Kochtopf. Das kleinere Stück weist deutliche Schmauchspuren auf, wodurch die Nutzung zum Kochen von Speisen klar zu belegen ist. Dem größeren Topf fehlen solche Merkmale. Demnach ist es wahrscheinlich, dass er als Vorratsgefäß Verwendung fand. (BS)
Literatur: Stephan 2007

C 15 GRAPEN – DER KOCHTOPF DER ZEIT
Irdenware; um 1500
H. 12,2–20,1 cm
LDA Sachsen-Anhalt, Grabung Elternhaus
Mansfeld, Inv. Nr. 2004:9232 a/1–3; 9–11; 14–16; 20–23

Der Grapen – oder Dreibeintopf – ist der klassische Kochtopf des Spätmittelalters. Aufgrund seiner drei Beine war es möglich, ihn direkt in oder an die Glut des Herdfeuers zu stellen. Vorbild für diese irdenen Töpfe sind bronzene Grapen, die aber höchst kostspielig waren. Das kleinste Exemplar in Mansfeld weist eine Höhe von nur 12,2 cm auf. Die Höhe der übrigen Grapen liegt zwischen 16–20 cm, sie erscheinen hiermit einigermaßen »genormt«.

Die Kochgeräte kommen in verschiedener Machart vor. Die einfachsten Exemplare weisen keine Glasur auf, wobei auch glasierte Grapen eher selten erscheinen. Außergewöhnlich ist das Vorkommen klingend hart gebrannter Gefäße mit leicht glänzender Oberfläche. Diese Warenart ist bisher kaum bekannt; es scheint sich um eine technische Vorstufe zum »echten« Steinzeug zu handeln. (BS)
Literatur: Stephan 2007

C 16 TOPFDECKEL (ohne Abb.)
Irdenware; um 1500
Dm. 13,2–16,4 cm
LDA Sachsen-Anhalt, Grabung Elternhaus
Mansfeld, Inv. Nr. 2004:9232 f/28; 30; 31

Alle Mansfelder Grapen besitzen eine so genannte Deckelkehle, einen Absatz auf der Innenseite des Randes, der dazu diente, das Verrutschen eines Deckels zu verhindern. Tatsächlich findet sich im Fundmaterial eine Vielzahl vollständiger und fragmentierter Topfdeckel. Sie liegen in zwei Typen vor, die alle einen Knauf besitzen. Neben den flach aufliegenden Formen zeigen andere eine deutlich gewölbte Kegelgestalt. Die Topfdeckel sind unglasiert, doch existieren auch Bespiele von klingend hart gebrannten, leicht glänzenden Stücken in fast steinzeugartiger Qualität. (BS)
Literatur: Stephan 2007

C 15

C 17 BRUCHSTÜCKE VON METALLGRAPEN (ohne Abb.)
Messing; um 1500
L. 3,5–4 cm (Fuß); 3,2 cm (Randscherbe)
LDA Sachsen-Anhalt, Grabung Elternhaus Mansfeld, Inv. Nr. 2004:9232 l/142

Insgesamt liegen aus dem Befund lediglich zwei Belege für den Besitz metallener Gefäße vor, wie sie in wohlhabenden Haushalten zum Standard gehörten. Bei einem handelt es sich um den Fuß eines bronzenen Grapen, dessen Standfläche andeutungsweise in Tatzenform ausgearbeitet ist. Im Bereich der Bruchfläche sind im Kern Reste unsachgemäß aufgeschmolzenen Metalls zu erkennen. Demnach dürfte es sich hier um einen Fehlguss handeln. Dünn auslaufende Bruchränder erwecken zudem den Eindruck, dass dieser Fuß an den Grapen angelötet wurde. Ob dies bereits im Rahmen seiner Herstellung oder bei einer späteren Reparatur erfolgte, bleibt unklar. Wie entsprechende Spuren belegen, wurde der Fuß nach dem Guss intensiv mit einer Feile überarbeitet.

Bei dem zweiten Fund handelt es sich um die Randscherbe eines metallenen Gefäßes. Aufgrund seiner Form dürfte es sich um das Fragment eines Grapen handeln. Metallene Dreibeintöpfe gehörten mit Sicherheit zu den beständigsten Küchenutensilien des Spätmittelalters und der Neuzeit. So ist auch mit weit längeren Laufzeiten als bei der Keramik zu rechnen – unter Umständen über Generationen! Entsprechend finden diese wertvollen Gefäße auch in den Testamenten jener Zeit immer wieder Erwähnung. Die Form des Gefäßkorpus scheint von chronologischer Relevanz zu sein, doch lässt sich diese nicht über erhaltene Bruchstücke ableiten. Auch der Ort der Herstellung bleibt im Dunkeln, wenngleich es nicht ausgeschlossen erscheint, dass auch im »Metallzentrum« Mansfeld entsprechende Gusserzeugnisse produziert wurden. (BS)

Literatur: Krabath 2001; Schlenker 2007

C 18 METALLGRAPEN
Buntmetall; 14. Jh.
H. 15,2 cm
LDA Sachsen-Anhalt, Grabung Schloss Jessen, Inv. Nr. 98:266

Vollständige Metallgrapen sind als Bodenfunde von großer Seltenheit. Noch in der frühen Neuzeit besaßen sie einen so hohen Materialwert, dass sie in Testamenten regelmäßig als Erbmasse Erwähnung finden. In den Boden gelangten sie daher meist nur im Rahmen von Katastrophenszenarien oder als Behältnisse für vergrabene Preziosen. Der Jessener Fund wurde bei einer Ausgrabung im dortigen Schloss geborgen und stammt aus einem Brandhorizont des 14. Jh. Der Grapen besitzt drei unterschiedlich ausfallende Beine, deren Enden nicht in Form von Tatzen ausgebildet sind. Er zeigt eine ausgeprägt bauchige Form, von der sich die Halszone scharf absetzt. Die kantigen Henkel ragen nur leicht über den Rand hinaus. Gut zu erkennen ist eine Gussnaht, die das Gefäß vertikal umläuft. Auffällig ist dabei, dass der Gusszapfen auf der Unterseite nicht überarbeitet oder abgeschliffen wurde. (BS)

Literatur: Krabath 2001; Rode 1996

C 19 BRATTIEGEL (ohne Abb.)
Irdenware; um 1500
Dm. 29,2 x 36,8 cm
LDA Sachsen-Anhalt, Grabung Elternhaus Mansfeld, Inv. Nr. 2004:9232 a/6

Eine unregelmäßig ovale Schüssel mit abgerundetem Boden kann mit guten Argumenten als »Brattiegel« bezeichnet werden. Sie besitzt einen nach außen umgeschlagenen, verdickten Rand, der an einer Seite zu einer Ausgusstülle geformt ist. Die Schüssel besteht aus Irdenware, die nicht glasiert wurde. Schmauchspuren auf ihrer Außenseite belegen eine Verwendung als Kochgeschirr. Aufgrund ihrer ovalen Form ist es gut vorstellbar, dass sie beim Braten von Geflügel oder sonstigen Fleischspeisen Verwendung fand. (BS)

Literatur: Stephan 2007

C 20 DREIBEINPFANNE

Irdenware; um 1500
L. 23 cm
LDA Sachsen-Anhalt, Grabung Elternhaus
Mansfeld, Inv. Nr. 2004:9232 a/13

Neben den Grapen wurden im Spätmittelalter gelegentlich auch Pfannen mit Beinen versehen. Indem man sie direkt über die Glut des Küchenfeuers stellte, war es möglich, die Hitze optimal auszunutzen. Schmauchspuren auf der Unterseite belegen eine dementsprechende Verwendung. Die Mansfelder Dreibeinpfanne ist zudem mit einer Grifftülle versehen, die es ermöglichte, einen Holzgriff als Verlängerung anzubringen. Auf ihrer Innenseite weist sie eine gelbliche Bleiglasur auf. (BS)

Literatur: Stephan 2007

C 21 KLEINE SCHÜSSELN (ohne Abb.)

Irdenware; um 1500
Dm. 9,5 cm; 19 cm
LDA Sachsen-Anhalt, Grabung Elternhaus
Mansfeld, Inv. Nr. 2004:9232 a/17; 19

Schüsseln kommen im Fundmaterial von Mansfeld verhältnismäßig selten vor. Rekonstruierbar waren insgesamt nur zwei Exemplare. Die größere Schüssel zeigt eine gelbliche Innenglasur. Auf ihrer Außenseite sind keinerlei Schmauchspuren zu erkennen, womit ein Hinweis gegeben ist, dass diese Schale nicht als Kochgeschirr Verwendung fand. Möglicherweise rührte man in der Schüssel Speisen an oder sie diente zum Lagern von Zutaten.

Das kleinere Exemplar hat einen Durchmesser von nicht einmal 10 cm. Sie weist keine Glasur auf, ebenso wenig sind auf der Außenseite Schmauchspuren des Küchenfeuers auszumachen. In der Literatur werden derartige Schüsselchen gerne mit der Käseherstellung in Zusammenhang gebracht. (BS)

Literatur: Stephan 2007

C 22 EISENNÄGEL (Abb. 73)

Eisen; um 1500
Länge: 2,5–4 cm
LDA Sachsen-Anhalt, Grabung Elternhaus
Mansfeld, Inv. Nr. 2004:9232 k

Schon im Verlauf der Ausgrabung musste die große Zahl kleinerer Eisennägel auffallen, die im Befund zutage kam. Ingesamt handelt es sich um weit über 1 500 Exemplare. Da nahezu alle Nägel im Kopf- oder Spitzenbereich leicht verbogen sind, ist in Zusammenhang mit den vielfach nachgewiesenen Küchenabfällen zu fragen, ob es sich hier auch um Überreste des Herdfeuers handelt. Angesichts einer in Bergbauzentren stets erforderlichen Sparsamkeit in Bezug auf die Feuerungsmittel erscheint es denkbar, dass auch morsches oder ansonsten unbrauchbar gewordenes Bauholz verfeuert wurde. Die zwischen den Küchenabfällen zahlreich aufgefundenen Eisennägel wären auf diese Weise zu erklären. (BS)

Literatur: Schlenker 2007

C 23 DÜSE EINES BLASEBALGS

Messing; um 1500
L. 6,3 cm
LDA Sachsen-Anhalt, Grabung Elternhaus
Mansfeld, Inv. Nr. 2004:9232 l/140

Aus der Abfallschüttung liegt ein Gegenstand vor, der auf den ersten Blick nicht leicht zu interpretieren ist. Es handelt sich um eine 6,3 cm lange, konisch zulaufende Röhre, die aus Messing besteht. Ihr Durchmesser liegt am schmaleren, original erhaltenen Ende bei 1 cm, während sie am breiteren Ende eine Bruchfläche aufweist und knapp 1,3 cm misst. Es handelt sich hier um einen gegossenen Gegenstand, dessen Oberfläche anschließend intensiv mit einer Feile überarbeitet worden ist. Im oberen Viertel ist eine streifenförmige Umwicklung aus Bast zu erkennen. Dies könnte bedeuten, dass die Röhre mittels einer Umschnürung an einem Gegenstand befestigt war, andererseits könnte es sich bei der Wicklung auch um eine Dichtung handeln. Das würde wiederum bedeuten, dass die Röhre in eine größere Höhlung eingezapft war.

Ein unmittelbar vergleichbarer Gegenstand konnte in der Literatur nicht ermittelt werden, doch erinnert er in seiner gestreckt-konischen Form auffällig an Bestandteile eines Konushahnes, also Zapfhahnes, wie sie aus dem Mittelalter in vielfältiger Ausprägung bekannt sind. Es erscheint daher denkbar, dass es sich bei dem vorliegenden Fund um den abgebrochenen Spund eines solchen Hahnes handelt. Mit dem Nachweis der Bastwicklung könnte es sich demnach um das sekundär verwendete Fragment eines Zapfhahnes handeln. Wie diese sekundäre Nutzung ausgesehen hat, lässt sich naturgemäß schwer nachvollziehen, doch wäre z. B. eine Verwendung als Düse eines Blasebalgs sinnvoll und gut vorstellbar. Blasebälge waren in den Hütten Mansfelds sicher eine Selbstverständlichkeit, doch ist auch der Einsatz vor allem kleinerer Exemplare in der Küche nicht von der Hand zu weisen. (BS)

Literatur: Schlenker 2007

C 24 HAUSSÄUGETIERE

Knochen; um 1500
L. 2,5–10,2 cm
LDA Sachsen-Anhalt, Grabung Elternhaus
Mansfeld, Inv. Nr. 2004:9232 s

Die »Luthergrube« enthielt auch viele Tierknochen, vor allem von Haussäugetieren, die meisten von ihnen im fragmentierten Zustand. Sie wurden beim Portionieren größerer Fleischstücke zerschlagen und stellen Küchenabfall dar. Fast 60 % der Knochen stammen vom Schwein, gut 30 % von Schafen und/oder Ziegen und nicht einmal 10 % vom Rind. Schafe und Ziegen werden als Einheit betrachtet, da ihre Unterscheidung im archäologischen Fundmaterial stets problematisch ist. War eine sichere Zuordnung möglich, so erwiesen sich diese Knochen stets als solche vom Schaf. Ziegen waren nicht zu belegen, was jedoch nicht heißen muss, dass sie in den Mansfelder Funden tatsächlich fehlen. Nicht vertreten sind Pferd und Hund, was im vorliegenden Fall nicht verwundert. Lediglich ein Katzenschädel befindet sich noch unter den Knochen der Haussäugetiere.

Der hohe Anteil von Funden des Schweins fällt auf, denn normalerweise dominiert in den Knochenabfällen der damaligen Zeit das Rind. Die Mansfelder Schweineknochen repräsentieren vorrangig Schlachtstücke von Tieren zwischen einem und zwei Jahren, die in diesem Alter bereits gut bemuskelt sind und deren Fleisch noch zart und schmackhaft ist. Fleisch dieser Qualität hatte, nicht anders als heute, seinen Preis, und Hans Luder muss in der Lage gewesen sein, ihn zu zahlen. Auch daran zeigt sich, dass man es hier mit einer wirtschaftlich gut gestellten Familie zu tun hat.

Unter den Rinderknochen befinden sich viele Rippenstücke, die meisten sind ca. 10 cm lang (Abb.). Wahrscheinlich handelt es sich um die Reste von Suppenfleisch, das in einheitlich große Portionen zerteilt wurde, etwa um daraus Fleischbrühe zu kochen, die Grundlage vieler Speisen war. Auch alle anderen Körperregionen sind durch Knochen belegt. Dasselbe trifft für die Funde vom Schwein und den Schafen/Ziegen zu, für letztere mit der Einschränkung, dass kein einziges Zehenglied vorhanden ist. Dies ist darauf zurückzuführen,

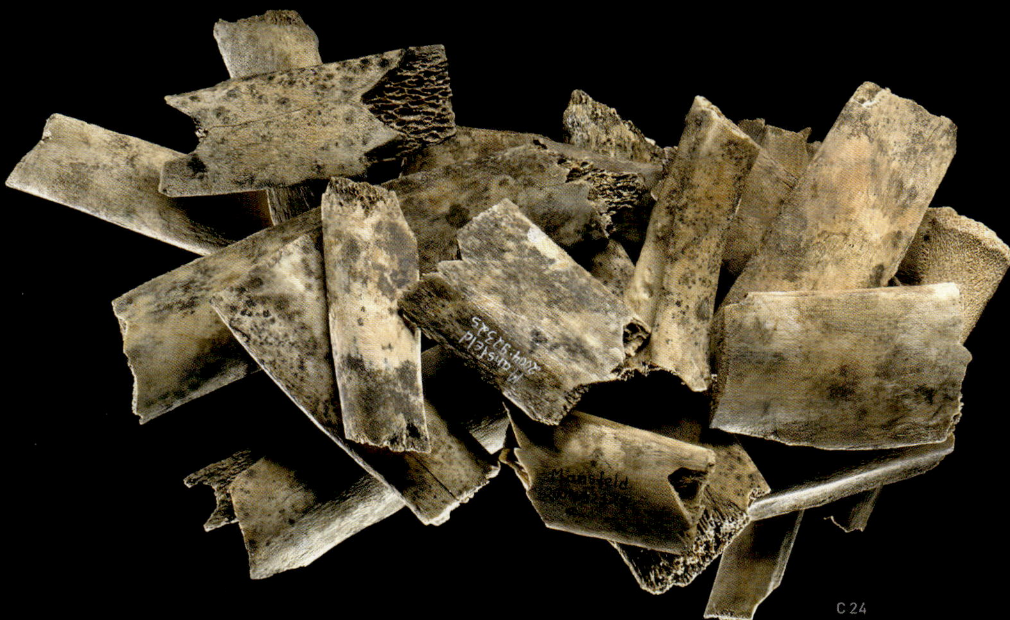

C 24

C 23

C 20

C 28

dass die unteren Extremitätenabschnitte beim Häuten der geschlachteten Tiere am Fell verblieben. [HJD]
Literatur: Döhle 2007

C 25 HAUSGEFLÜGEL

Knochen; um 1500
Dm. 1 cm (Luftröhrenringe, Abb.)
LDA Sachsen-Anhalt, Grabung Elternhaus Mansfeld, Inv. Nr. 2004:9232 s

Hausgeflügel macht knapp ein Drittel aller Tierreste aus. Nachgewiesen sind Gans, Ente, Huhn und Taube. Den weitaus größten Anteil hat die Gans (Abb.), die in den Funden fast dreimal so häufig vertreten ist wie das Huhn. Dies überrascht ein wenig, denn in anderen Fundkomplexen vergleichbarer Zeitstellung dominieren stets Hühnerknochen gegenüber denen von Gänsen. Offensichtlich genoss Gänsefleisch im Hause Hans Luders besondere Wertschätzung. Da schlachtreife Gänse, im Gegensatz zu Hühnern, nur im Spätherbst und allenfalls noch zu Jahresbeginn zu haben waren, muss ihr Anteil an der häuslichen Tafel in der kalten Jahreszeit beträchtlich gewesen sein. Die Hühnerknochen stammen zu etwa einem Drittel von Jungtieren. Man legte demnach auch beim Geflügel Wert auf qualitätsvolles Fleisch.

Nur wenige Knochen stammen von Enten und Tauben. Unter den Taubenknochen befinden sich auch einige von jungen, wohl noch nicht flüggen Tieren. Deren Fleisch wird auch heute als Krankenspeise sehr geschätzt, da es leicht verdaulich ist. [HJD]
Literatur: Döhle 2007

C 26 WILD (ohne Abb.)

Knochen; um 1500
L. 2,3–6,3 cm
LDA Sachsen-Anhalt, Grabung Elternhaus Mansfeld, Inv. Nr. 2004:9232 s

Nur sehr wenige Knochenfunde stammen von Wildtieren, sieht man von den vielen Singvogel- und Fischknochen einmal ab. Die einzige Wildsäugetierart ist der Feldhase, von dem vier Knochen gefunden wurden. Auch klassisches Federwild fehlt bis auf drei Funde vom Rebhuhn und einen vom Birkhuhn völlig. Wildfleisch spielte demnach in Hans Luders Haushalt keine Rolle.

Feldhasen und Rebhühner kommen auch heute noch im östlichen Harzvorland vor, wenngleich ihre Bestände in letzter Zeit spürbar abgenommen haben. Das Birkhuhn ist dagegen mittlerweile aus dem Gebiet, wie auch andernorts in Deutschland, völlig verschwunden. Im Harz gingen die Birkhuhnbestände offenbar schon in der 1. Hälfte des 16. Jh. zurück. Eine Ursache war sicher der zunehmende Jagddruck auf dieses Federwild der Hohen Jagd.

Neben den erwähnten jagdlich relevanten Arten finden sich einzelne Reste weiterer Wildvogelarten: vom Grau- oder Fischreiher ein Unterschnabel, von der Saatkrähe ein Brustbeinfragment und von der Elster zwei Oberschenkelknochen. In der Küche fanden diese Vögel sicher keine Verwendung, so dass die Reste auf anderem Weg in den Abfall gelangt sein müssen. Möglicherweise wurde der Reiher als potenzieller Fischdieb erlegt, während den Krähenvögeln als »Unglücksbringern« und »Galgenvögeln« wohl schon damals eine tiefe Abneigung entgegen gebracht wurde, so dass man sie bekämpfte, wo immer sich dazu eine Gelegenheit bot. [HJD]
Literatur: Döhle 2007

C 27 SINGVÖGEL

Knochen; um 1500
L. 1,2–2 cm
LDA Sachsen-Anhalt, Grabung Elternhaus Mansfeld, Inv. Nr. 2004:9232 s

Bereits während der Ausgrabung fielen kleinste, oft sehr dünne, zumeist unfragmentierte Knochen auf, die sich als Reste von Kleinvögeln erwiesen. Um auch die allerkleinsten von ihnen nicht zu übersehen, entschloss sich der Ausgräber, den Grubeninhalt zu sieben. Bei den Vogelknochen handelt es sich um Reste von Singvögeln in der Größe von Sperlingen oder darunter. Nur wenige stammen von größeren Vertretern der Sperlingsvögel: von Drosseln. Am häufigsten ist der Buchfink (Abb.) vertreten, gefolgt vom Rotkehlchen. Von beiden Arten sind Dutzende Individuen belegt. Des Weiteren fanden sich einzelne Knochen der Goldammer, der Dorngrasmücke sowie von Drosseln, als einzige Art ist die Singdrossel nachgewiesen.

Es handelt sich hierbei um Singvogelarten, die auch heute im Harz und seinem östlichen und nördlichen Vorland zu den häufigsten überhaupt gehören. Während Buchfink, Rotkehlchen und Singdrossel ausgesprochene Waldbewohner sind, bevorzugen Goldammer und Dorngrasmücke offenere Lebensräume wie Waldränder und Gebüsche sowie extensiv genutzte Obstanlagen. Die drei erstgenannten Arten leben heute auch in Städten, wo ihnen Parks, Friedhöfe und größere Gärten adäquaten Lebensraum bieten.

Die vielen Singvogelknochen deuten darauf hin, dass diese Tiere im Haushalt der Familie Luder verwertet wurden. Es ist davon auszugehen, dass die Vögel aus der unmittelbaren Umgebung von Mansfeld stammen und hier gefangen wurden.

C 27

C 25

Der Vogelfang war in damaliger Zeit offenbar eine beliebte Freizeitbeschäftigung, zumal er kleine Nebeneinnahmen in Aussicht stellte. Aber auch der professionell betriebene, erwerbsmäßige Vogelfang ist zu jener Zeit aus dem Harz überliefert. So wurden in der 1. Hälfte des 16. Jh. in den Forstämtern Elbingerode und Wernigerode jährlich tausende Vögel, vor allem Singvögel, gefangen. Allein in den Jahren 1554–1556 wurden an die Burg Plesse bei Göttingen fast 15 000 Vögel geliefert. Dass der Vogelfang sehr populär war, ja sogar eine gewisse Volkstümlichkeit besaß, kommt in den für den Vogelfänger verwendeten Namen (Vogelhans, Finkenhans, Vögelchen, Vogler) zum Ausdruck. (HJD)

Literatur: Döhle 2007

C 28 SÜSSWASSERFISCHE

Knochen; um 1500
L. 3-6,2 cm; Dm. 0,5–1,1 cm (Schuppen, Abb.)
LDA Sachsen-Anhalt, Grabung Elternhaus
Mansfeld, Inv. Nr. 2004:9232 s

Da zur Bestimmung von Fischknochen spezielle Kenntnisse und eine entsprechende Vergleichssammlung notwendig sind, wurde für diese Aufgabe D. Heinrich von der Universität Kiel hinzugezogen. Es konnten neben den Süß- auch Salzwasserfische nachgewiesen werden.

Ein großer Teil der Funde war Karpfenfischen zuzuordnen, von denen jedoch nur relativ wenige bis zur Art bestimmt werden konnten. Im Einzelnen sind Karpfen, Brassen, Plötze, Schleie, Döbel, Aland und Rapfen belegt. Vom Hecht stammen die meisten Knochen, gefolgt vom Flussbarsch, hier auch durch Schuppen belegt (Abb.), und Aal. Der Zander ist nur durch wenige Funde vertreten. Die nachgewiesenen Arten stammen sicherlich aus der näheren Umgebung, so beispielsweise aus der nahe gelegenen Wipper oder auch dem weiter entfernten Süßen und Salzigen See östlich von Eisleben. Alle Arten kommen auch heute noch in Sachsen-Anhalt vor, auch der weniger bekannte Rapfen (oder Schied). Er ist ein räuberisch lebender, bis zu 70 cm langer Karpfenfisch, dessen gegenwärtige Verbreitung in Sachsen-Anhalt sich im Wesentlichen auf das Einzugsgebiet der Elbe beschränkt. (HJD)

Literatur: Döhle 2007

C 29 SALZWASSERFISCHE (BZW. MEERESFISCHE)

Knochen; um 1500
L. 2,2–11,2 cm
LDA Sachsen-Anhalt, Grabung Elternhaus
Mansfeld, Inv. Nr. 2004:9232 s

Einen beträchtlichen Anteil an den Fischknochen stellen Meeresfische, insbesondere Heringe. Diese sind z. B. an den pergamentartigen Unterkiefern (Abb.) und filigranen Wirbeln zu erkennen. Von den gut 1 300 bestimmbaren Fischknochen stammen allein 473 vom Hering, 235 von Plattfischen (darunter Scholle) und 35 vom Dorsch. Die Heringe wurden in gesalzenem Zustand in den mitteldeutschen Raum gehandelt. So erhielt der Mansfelder Graf Hoyer IV. im Winter 1506/07 fünf Tonnen flämische Heringe. Der Dorsch erreichte als Stockfisch unser Gebiet und wurde vor dem Trocknen geköpft. Bezeichnenderweise wurde in den Küchenabfällen nicht ein einziger Knochen vom Kopfskelett gefunden. Dasselbe gilt für die Plattfische, die man vor dem Einsalzen ebenfalls köpfte.

Seefisch konnte in großen Mengen ins Binnenland gehandelt werden, nachdem man geeignete Methoden zur Haltbarmachung gefunden hatte. So erklärt sich auch, dass Meeresfische deutlich billiger waren als Süßwasserfische. (HJD)

Literatur: Döhle 2007

C 30 LOCKPFEIFEN

Gänseknochen; um 1500
L. 3,6–4,7 cm
LDA Sachsen-Anhalt, Grabung Elternhaus
Mansfeld, Inv. Nr. 2004:9232 r

Aus dem Befund stammen drei Pfeifen, die aus Langknochen von Gänsen hergestellt wurden. Die Anfertigung vor Ort wird eindrücklich durch entsprechende Produktionsabfälle bewiesen. Wie diese belegen, erfolgte die Herstellung der Pfeifen, indem man die Gelenkenden abtrennte, um so die gewünschte, von Natur aus hohle Knochenröhre zu erhalten. Gut zu erkennen ist, dass das Abtrennen zumeist durch das ringförmige Einkerben der Knochensubstanz erfolgte; nur in einem Fall ist der Einsatz einer Säge zu belegen. Bei den Pfeifen handelt es sich um sehr einfache Exemplare, mit denen nur ein leiser, fast zirpender Ton erzeugt werden konnte. Zu diesem Zweck brachte man in der Mitte der Röhre lediglich ein kleines, rundes Loch an. Die Herstellung einer einen lauteren Ton erzeugenden Kernspaltpfeife – in ihrem Aufbau ähnlich einer Blockflöte – wäre mit geringfügig größerem Aufwand ebenfalls möglich gewesen, doch lag dies offenbar nicht in der Intention des Schnitzers. Hieraus ist zu folgern, dass sehr bewusst auf einen leisen Ton abgezielt wurde.

Entsprechende Pfeifen sind gelegentlich auf Jagdstillleben des Barock, wie z. B. bei Pieter Boel (1626–1674) dargestellt. Wie deutlich zu erkennen ist, handelt es sich auch hier um eine Knochenröhre mit einfachem Loch, wobei das Anblasen der Pfeife mit Hilfe eines ledernen Balges bewerkstelligt wurde. Gleichartige, aus Knochen gefertigte Lockpfeifen waren noch zu Beginn des 20. Jh. im Fachhandel erhältlich.

Wie sich durch die vor Ort hergestellten Lockpfeifen und die archäozoologischen Untersuchungen belegen lässt, muss sich unter den Bewohnern des lutherischen Hauses ein leidenschaftlicher Vogelfänger befunden haben. Allem Anschein nach diente nämlich der Vogelfang nicht primär dem Nahrungserwerb, sondern war in erster Linie Leidenschaft und Passion. (BS)

Literatur: Schlenker 2007

C 31 CEREALIEN

verkohlte Getreidekörner; um 1500
Gerste *(Hordeum vulgare)*, L. bis 5,2 mm; Nacktweizen *(Triticum aestivum)*, L. bis 4,8 mm;
Roggen *(Secale cereale)*, L. bis 4,3 mm (Abb.)
LDA Sachsen-Anhalt, Grabung Elternhaus
Mansfeld, Inv. Nr. 2004:9232 s

Getreide war seit Beginn des Neolithikums bis zu der im 18. Jh. erfolgten Einführung der Kartoffel in Mitteleuropa das Grundnahrungsmittel des Menschen. Im ausgehenden Mittelalter und zu Beginn der Neuzeit waren Roggen und Weizen die vorherrschenden Brotgetreide. Beide Getreide sind frei dreschend, d. h. beim Dreschen zerbricht die Ährenspindel und die nackten Getreidekörner fallen aus den Spelzen der Ährchen heraus.

In der Luthergrube von Mansfeld befanden sich neben verkohlten Getreidekörnern auch Spindelfragmente von Roggen. Man kann deshalb annehmen, dass im Hofgelände von Hans und Margarethe Luder Getreide gedroschen wurde. Urteilt man nach der Fundhäufigkeit, so war bei der Familie Luder Roggen neben Weizen und Gerste das bedeutsamere Getreide. Der Weizen gilt in den neuzeitlichen Kräuterbüchern als »Herrenkorn«. Gerste wurde früher nicht nur wie heutzutage als Vieh-

C 29

C 30

C 31

C 33

futter, sondern wahrscheinlich auch zum Brotbacken verwendet. Ferner nutzte man in den letzten Jahrhunderten die Zweizeilgerste vorrangig als Malz für die Bierherstellung. Die verkohlten Getreidereste von Mansfeld sind ein Indiz dafür, dass in der Luthergrube verkohlter Siedlungsabfall von Haus und Hof entsorgt wurde. (MH)

Literatur: Hellmund 2007

C 32 DILL *(ANETHUM GRAVEOLENS)*

(ohne Abb.)
unverkohlte Früchte; um 1500
L. bis 3,2 mm
LDA Sachsen-Anhalt, Grabung Elternhaus
Mansfeld, Inv. Nr. 2004:9232 s

Heutzutage ist vor allem die Nutzung der grünen Pflanzenteile des Dills als Salatwürze bekannt. Darüber hinaus weisen die Früchte des Dills verschiedene offizinelle Wirkungen, etwa bei der Behandlung von Halserkrankungen, auf. Dill zählt zu den ältesten bereits seit den jüngeren Phasen der Jungsteinzeit belegten Nutzpflanzen in Mitteleuropa. In Mansfeld sind unverkohlte Früchte des Dills nachgewiesen. (MH)

Literatur: Fuchs 1543/2001; Hellmund 2007

C 33 ECHTE FEIGE *(FICUS CARICA)*

unverkohlte Steinkerne; um 1500
L. bis 1,5 mm
LDA Sachsen-Anhalt, Grabung Elternhaus
Mansfeld, Inv. Nr. 2004:9232 s

Die Feige gilt in Mitteldeutschland als Importpflanze, denn nur frostresistente Sorten überstehen die Klimabedingungen des hiesigen Winters im Freien. Feigen liefern ein schmackhaftes Obst. Sie wurden vorrangig als getrocknete Früchte verzehrt. Erst in jüngerer Zeit werden sie als druckempfindliches Frischobst gehandelt.

Feigen werden im Mittelmeergebiet seit langem kultiviert. In Mitteleuropa ist die Feige nicht einheimisch. Vereinzelt gedeihen Feigensträucher aber an geschützten Standorten in klimatisch günstigen Gebieten, so auch im Mansfelder Land. Des Weiteren werden aus den Früchten auch Teemischungen zu arzneilichen Zwecken zubereitet. Der historische Nachweis von Feige in Mansfeld spricht für einen gewissen Luxus im Haushalt von Hans und Margarethe Luder. (MH)

Literatur: Diener 1955; Hellmund 2007

C 34 PFLAUME *(PRUNUS INSITITIA)*

(ohne Abb.)
verkohlte Fragmente des Steinkerns; um 1500
L. bis 1 cm
LDA Sachsen-Anhalt, Grabung Elternhaus
Mansfeld, Inv. Nr. 2004:9232 s

Die schmackhaften und süßen Pflaumenfrüchte werden gerne roh verzehrt, außerdem gekochten Speisen sowie Backwaren zugegeben. Es handelt sich hierbei um ein von Menschen eingeführtes Obstgehölz, das im römischen Gebiet Mitteleuropas seit nahezu 2 000 Jahren kultiviert wird. Die früher beschriebenen älteren Nachweise, etwa für das Neolithikum, werden mittlerweile bezweifelt. (MH)

Literatur: Hellmund 2007

C 35 WEINSTOCK *(VITIS VINIFERA)*

mineralisierter Samen; um 1500
L. bis 5,6 mm
LDA Sachsen-Anhalt, Grabung Elternhaus
Mansfeld, Inv. Nr. 2004:9232 s

Der Weinanbau hat im Saale-Unstrut-Gebiet eine mehr als tausendjährige Tradition. Mittlerweile sind auch zahlreiche archäologische Funde von Wein aus dem Mittelalter Sachsen-Anhalts bekannt geworden. Lutherzeitlicher Wein wurde nun auch an allen drei archäobotanisch untersuchten

»Lutherorten« Mansfeld, Eisleben und Wittenberg nachgewiesen. Die Weinbeeren werden als Obst verzehrt oder aber aus den süßen Früchten wird in einem aufwändigen Verfahren Wein in Form des Getränk hergestellt. Vom Wein sind auch Heilwirkungen beschrieben worden. (MH)

Literatur: Hellmund 2007

C 36 SCHWARZER HOLUNDER ***(SAMBUCUS NIGRA)***

unverkohlte Steinkerne; um 1500
L. bis 3,8 mm
LDA Sachsen-Anhalt, Grabung Elternhaus Mansfeld, Inv. Nr. 2004:9232 s

Schwarzer Holunder ist oftmals im archäobotanischen Fundgut belegt. So wurden auch in Mansfeld unverkohlte Steinkerne des Schwarzen Holunders geborgen. Anhand einer Radiokarbondatierung von neun Steinkernhälften wurde ermittelt, dass diese unverkohlten Rückstände aus Mansfeld tatsächlich in die Zeit um 1500 datieren und nicht jünger sind.

Der Schwarze Holunder liefert ein an Vitamin C reiches Obst für Mus, Saft oder Suppen. Des Weiteren sind die weißen Blüten essbar. Holundersträucher wachsen am Wegesrand, an Waldsäumen und in Gärten. (MH)

Literatur: Düll/Kutzelnigg 1994; Hellmund 2007

C 37 HIMBEERE ***(RUBUS IDAEUS)***

unverkohlte Steinkerne; um 1500
L. bis 2,4 mm
LDA Sachsen-Anhalt, Grabung Elternhaus Mansfeld, Inv. Nr. 2004:9232 s

Die Himbeere liefert süße und schmackhafte Sammelfrüchte mit kleinen Steinkernchen. Diese wurden im ausgehenden Mittelalter vorrangig an Wildpflanzen gesammelt. Himbeere wurde erst später in Gärten kultiviert. Auch können die im Frühjahr und Sommer gesammelten Blätter zu Tee verarbeitet und als Arznei verwendet werden. Die Himbeere zeigt stickstoffreichen Boden an. (MH)

Literatur: Diener 1955

C 38 GEMEINE HASELNUSS ***(CORYLUS AVELLANA)*** (ohne Abb.)

unverkohlte Haselnuss-Schale; um 1500
L. bis 1,5 cm
LDA Sachsen-Anhalt, Grabung Elternhaus Mansfeld, Inv. Nr. 2004:9232 s

Haselnüsse werden roh verzehrt und oftmals auch als Backzutat verwendet. Aus den ölreichen Samen kann wertvolles Speiseöl gewonnen werden, das heutzutage auch als Bestandteil von Kosmetika genutzt wird. Darüber hinaus können die biegsamen Haselruten zum Flechten von Körben als auch zu so genannten Wünschelruten verwertet werden. In Mansfeld wurde ein unverkohltes Schalenfragment der Haselnuss gefunden. Haselnuss ist in Mitteleuropa seit dem frühen Holozän heimisch. (MH)

Literatur: Düll/Kutzelnigg 1994; Hellmund 2007

C 39 WALD-ERDBEERE ***(FRAGARIA VESCA)*** (ohne Abb.)

unverkohlte Nüsschen; um 1500
L. bis 0,8 mm
LDA Sachsen-Anhalt, Grabung Elternhaus Mansfeld, Inv. Nr. 2004:9232 s

Die kleinen Sammelfrüchte der Wald-Erdbeere sind äußerst schmackhaft und reich an Vitamin C. Die während der Blütezeit gesammelten und getrockneten Blätter können zudem zu einem arzneilich wirksamen Tee aufgegossen worden. Erdbeerpflanzen wachsen in Wäldern, auf Wiesen und in Gärten. Wahrscheinlich handelt es sich bei den in Mansfeld gefundenen unverkohlten Resten der kleinen Nüsschen um solche der wild wachsenden und nicht um eine kultivierte Form. Die Wald-Erdbeere ist ebenso wie die Himbeere und die Schlehe ein einheimisches Gehölz. (MH)

Literatur: Diener 1955.

C 40 SCHLEHE, SCHWARZDORN *(PRUNUS SPINOSA)* (ohne Abb.)

verkohlte Steinkerne; um 1500
L. bis 6 mm
LDA Sachsen-Anhalt, Grabung Elternhaus Mansfeld, Inv. Nr. 2004:9232 s

Die Schlehensträucher fallen vor allem im Frühjahr in der Landschaft durch ihre zeitig erscheinenden zahlreichen weißen Blüten an den noch unbelaubten Sprossen auf. Diese Blüten sind offizinell als Teezubereitung etwa zur Blutreinigung nutzbar. Die Früchte der Schlehe sind wesentlich kleiner als jene der Pflaume und viel herber im Geschmack. Sie sind besser genießbar, wenn sie im Herbst durch die ersten Fröste mürbe geworden sind. Sie können zu Marmelade oder Mus verarbeitet werden. In Mansfeld wurden verkohlte Steinkerne von Schlehe geborgen. (MH)

C 41 AUFTRAGETELLER

Irdenware, glasiert; um 1500
Dm. 31 cm; 33 cm
LDA Sachsen-Anhalt, Grabung Elternhaus Mansfeld, Inv. Nr. 2004:9232a/6; 7

Glasierte Teller stellen in der Zeit um 1500 in Mitteldeutschland eine echte Seltenheit dar. In anderen Gegenden Deutschlands schon gebräuchlich, setzten sie sich in unserem Raum erst allmählich durch. Die beiden vorliegenden Teller ähneln sich stark. Beide besitzen eine ausgeprägte Fahne. Sie bestehen aus heller Irdenware und sind außen gelblich-braun glasiert. Wegen ihrer Form und Größe handelt es sich um Auftrageteller, auf denen Geflügel, Fisch oder auch der beliebte Schweinebraten serviert wurde. Neben derartigen Tellern dürften die Luders auch solche aus Holz, vielleicht auch aus Zinn besessen haben. (BS)

Literatur: Stephan 2008

C 42 ZWEI FRAGMENTE VON STEINZEUGKRÜGEN (ohne Abb.)

Steinzeug; Waldenburg, um 1500
H. 7,3 cm; 8 cm; B. 3,3 cm; 4 cm
LDA Sachsen-Anhalt, Grabung Elternhaus Mansfeld, Inv. Nr. 2004:9232 b; e

Aus der Grabung am Elternhaus von Martin Luther in Mansfeld stammt u. a. das Fragment eines Standfußes aus Steinzeug, an dessen Außenseite sich ein einzeiliger Rollstempeldekor befindet. Auch ein Teil der über dem Fuß eingezogenen, sich konisch nach oben fortsetzenden Wandung ist erhalten. Neben den bekannten Wellenfüßen stellt diese Ausformung einen weiteren Typus der Fußgestaltung dar. Sie kann meist geringvolumigen Gefäßen wie Trichter- oder Zylinderhalsbechern zugewiesen werden. In diesem Fall kommt aufgrund des Bodendurchmessers von ca. 8,5 cm eine großvolumige Form wie Krug oder Flasche in Frage.

Das Randfragment kann anhand seiner charakteristischen Ausformung einem Krug bzw. einer Kanne zugewiesen werden. Erhalten geblieben sind neben dem einfachen gekehlten Bandhenkel noch die Reste des ausbiegenden verdickten Randes und des konischen Halsprofils. Der Henkel setzt an einer scharfkantigen Leiste unterhalb des Randes an. Als Verzierung dient ein Rollstempeldekor aus Rhomben, der sich unterhalb der Leiste befindet und mindestens zweizeilig aufgebracht war. Anhand von Vergleichstücken lassen sich diese Krüge bzw. Kannen meist bauchigen Gefäßkörpern mit einfachen Standböden zuordnen, die vom späten 15. Jh. bis ins 16. Jh. datieren. Aufgrund der Verzierung des Stückes ist anzunehmen, dass es nicht nur der Bevorratung diente, sondern auch auf der Tafel verwendet wurde. (NH)

Literatur: Scheidemantel/Schifer 2005; Stephan 2007

C 43 KRUG

Steinzeug, 16. Jh.
H. 19,9 cm; Dm. 7,7 cm (Mündung); 8,6 cm (Boden)
Stadtgeschichtliches Museum Leipzig, Inv. Nr. KS 151

Der einhenklige Krug mit Standboden besteht aus sehr hart gebranntem Steinzeug und besitzt einen geraden Hals sowie eine kaum ausgeprägte Schneppe am Rand. Eine breite Wulst umläuft die Mitte des Halses, an der ein breiter Henkel ansetzt. Die Schulter ist durch zwei Rädchenmuster, schräg ziehende Rillen, verziert. Das leicht einziehende Unterteil blieb dagegen ohne Dekor. Hergestellt wurde der Krug vermutlich in einer Waldenburger Werkstatt. Ähnlich dürfte der nur in Fragmenten erhaltene Krug aus dem Fundgut vom Elternhaus Luthers (vgl. C 42) ausgesehen haben. (MG)

C 44 FRAGMENT EINES SALZNAPFES (ohne Abb.)

Irdenware, glasiert; um 1500
H. 5,3 cm; Dm. 10,5 cm (rekonstruiert)
LDA Sachsen-Anhalt, Grabung Elternhaus Mansfeld, Inv. Nr. 2004:9232 b

Eine zunächst unscheinbare Randscherbe erweist sich bei genauerem Hinsehen als kleine Besonderheit. Im Profil ist zu erkennen, dass es sich bei der außen grün glasierten Scherbe um das Bruchstück eines pokalartigen Gefäßes handelt, das entfernt einem modernen Weinglas (»Römer«) ähnelte. Wie auf spätmittelalterlichen Gemälden gelegentlich zu erkennen ist, handelte es sich bei derartigen Töpfereiprodukten um Salznäpfe, die auf der Tafel zentral positioniert jedem der Speisenden zugänglich waren. (BS)

Literatur: Stephan 2007

C 45 SCHÄLCHEN AUF FUSS

helle Irdenware, innen glasiert; 15.–17. Jh.
H. 9 cm (mit Fuß); Dm. 11 cm (Rand)
Museum Göltzsch, Rodewisch, Inv. Nr. 670/54

Der Fundort dieses Gefäßes geht auf eine 1450 erstmals erwähnte Wasserburg (»Der Sitz, genannt die Göltzsch«) zurück, die 1937–1939 unter der Leitung des späteren sächsischen Landeskonservators Hans Nadler (1910–2005) großflächig archäologisch untersucht worden war und deren Anfänge wohl in das späte 13. Jh. zurückreichen. Wie die Masse der dort geborgenen Funde stammt auch das vorliegende pokalartige Schälchen auf Fuß aus der Verfüllung des inneren Burggrabens. Es besitzt einen nach innen abgeschrägten glatten Rand, der in eine konische Wandung übergeht. An die Bodenunterseite ist ein Hohlfuß angarniert. (MB)

Literatur: Bundszus 2004; 2006; Seifert 1985

C 46 SCHERBEN VON NUPPENGLÄSERN

Glas; um 1500
L. 1,4 cm; 2,3 cm; 2,7 cm; 3 cm
LDA Sachsen-Anhalt, Grabung Elternhaus Mansfeld, Inv. Nr. 2004:9232 n

Nuppenbecher können im Fundmaterial durch vier vereinzelt vorliegende Nuppen nachgewiesen werden. Die Besonderheit derartiger Becher besteht darin, dass auf der eigentlich glatten Wandung des Glases

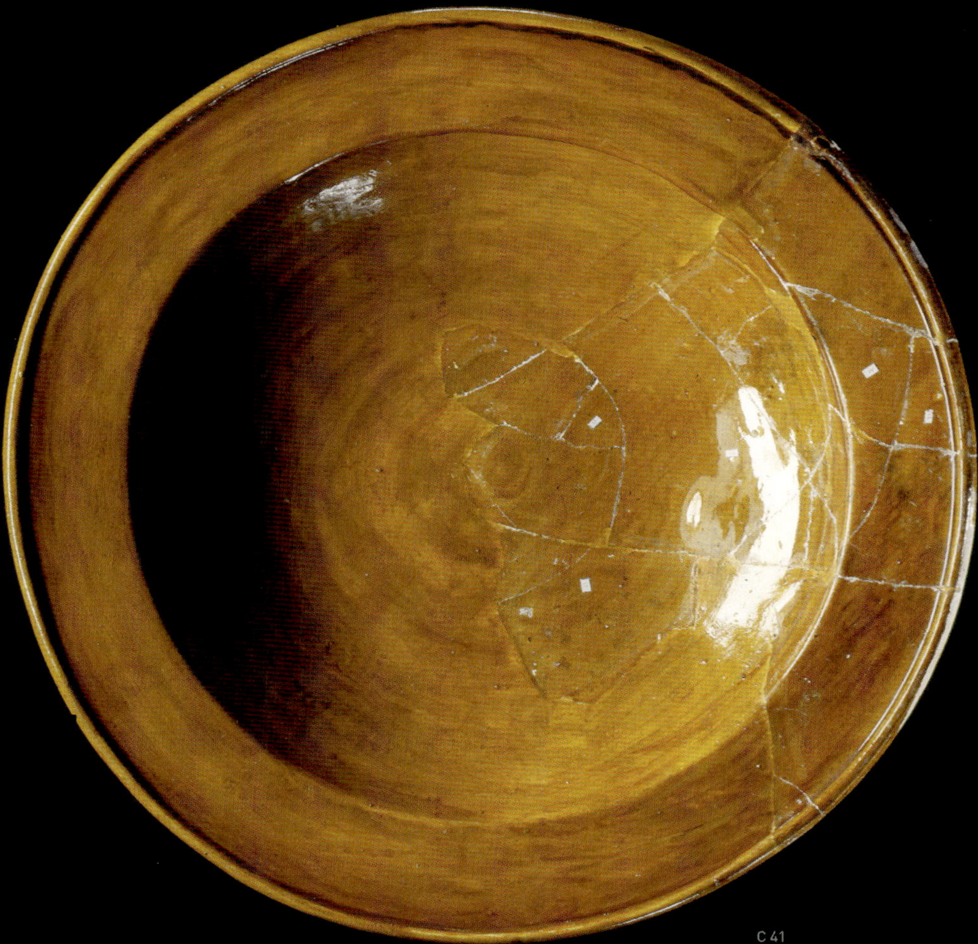

C 41

C 43

C 45

C 48

C 46

tropfenförmige Glasnuppen angebracht wurden, die dem Gefäß einen besonderen Reiz verliehen. Eine spätgotische Ausprägung des Nuppenbechers wird wegen seiner markanten Form gern als »Krautstrunk« bezeichnet. Die vorliegenden Fragmente weisen eine grünliche, für das so genannte Waldglas typische Färbung auf. (BS)

Literatur: Schlenker 2007

C 47 NUPPENGLAS

Glas; 16. Jh.
H. 11,7 cm
LDA Sachsen-Anhalt, Grabung Naumburg Markt, Inv. Nr. 2001:2198 b

Alkoholkonsum hatte in Mittelalter und früher Neuzeit eine andere Bedeutung, als dies heute der Fall ist. Natürlich waren Wein und Bier einerseits ein Genuss- und Rauschmittel, andererseits waren sie aber auch als »keimfreie« Getränke begehrt. Wasser konnte vor allem im städtischen Bereich vielfach so kontaminiert sein, dass der Genuss gewisse Gefahren barg.

Nuppengläser waren in verschiedenartiger Ausprägung vom Hochmittelalter bis in die frühe Neuzeit ein überaus beliebter Glastyp. Kennzeichnend sind die aus Glasmasse bestehenden, warzenförmigen Tropfen, die man auf die eigentlich glatte Außenfläche der Gläser aufbrachte. Hierbei dürfte es sich primär um Zierelemente handeln, vielleicht gewährleisteten sie sekundär auch einen besseren Griff. Im Gegensatz zu den langen schmalen Stangengläsern dürften die Nuppengläser überwiegend dem Genuss von Wein gedient haben.

Eine Latrine am Naumburger Markt enthielt eine Vielzahl von Glasfragmenten, von denen sich einige zu mehr oder weniger vollständigen Gläsern ergänzen ließen. Es handelt sich überwiegend um Nuppen- und Stangengläser, doch konnten vereinzelt auch hochwertigere Glasgefäße festgestellt werden.

Die Oberfläche des vorliegenden dunkelgrünen Glases ist mit ausgesprochen großen Nuppen versehen. Gut 1 cm unter dem Rand ist zudem ein Zierelement in Form eines feinen umlaufenden Glasfadens zu erkennen. (BS)

C 48 FRAGMENTE VON STANGENGLÄSERN

Glas; um 1500
L. 1,7–3 cm; Dm. 9,7 cm (Fuß)
LDA Sachsen-Anhalt, Grabung Elternhaus Mansfeld, Inv. Nr. 2004:9232 n

Neben Fadenglas und Krautstrunk, die zumeist dem Genuss von Wein dienten, konnte im Mansfelder Fundmaterial auch das gebräuchliche Bierglas durch einige Fragmente nachgewiesen werden. Es handelt sich bei diesem Typ um das so genannte Stangenglas, das einen tellerförmigen Fuß besaß und 30–40 cm hoch sein konnte. Einige Scherben verfügen über gekerbte Leisten oder horizontal verlaufende Fadenauflagen. Jene Leisten werden gemeinhin als »Pässe« angesprochen, die angeblich dazu dienten, die in einem Zug getrunkene Menge zu bemessen. Diese Form des Glases wird in der Literatur zumeist als Passglas bezeichnet. (BS)

Literatur: Schlenker 2007

C 49 STANGENGLAS

Glas; 16. Jh.
H. 33 cm (Fuß ergänzt)
LDA Sachsen-Anhalt, Grabung Naumburg Markt, Inv. Nr. 2001:2198 a

Trinkgläser spielen in vielerlei Szenen der spätmittelalterlichen und frühneuzeitlichen Malerei eine Rolle. Vor allem auf Gemälden des 16./17. Jh. ist häufig das Stangenglas zu erkennen, welches überwiegend dem Genuss von Bier diente. Derartige Gläser konnten eine stattliche Größe aufweisen. Oft handelt es sich um überdimensionierte Stangen, die, um die Standfestigkeit zu gewährleisten, ausladende Füße aufweisen. Häufig sind die glatten Oberflächen der Gläser mit gerippten Leisten, den so genannten

C 50

C 47

C 49

C 53

Pässen, versehen. Diese werden gerne als Marken für zünftige Trinkspiele interpretiert. Neben den Pässen sind die Gefäße häufig mit feinsten Glasfäden verziert.

Der Naumburger Befund – es handelte sich offenbar um eine Latrine – enthielt eine Unmenge an Glasbruch. Die Scherben lassen sich überwiegend zu Stangen- und Nuppenglasern ergänzen. Bei vorliegendem Stück handelt es sich um ein so genanntes Keulenglas aus grünlichem Waldglas; der Glaskorpus verjüngt sich zum Rand dergestalt, dass es eine keulenartige Form erhält. Seine Verzierung besteht aus feinen gerippten Glasleisten und umlaufenden Glasfäden. [BS]

C 50 FRAGMENT EINES FADENRIPPENBECHERS

Glas; um 1500
L. 1,8 cm
LDA Sachsen-Anhalt, Grabung Elternhaus Mansfeld, Inv. Nr. 2004:9232 n

So winzig die vorliegende Glasscherbe auch erscheinen mag, weist sie doch genügend Merkmale auf, exakt identifiziert zu werden. Leicht zu erkennen ist ein auf die eigentliche Scherbe aufgebrachter Glastropfen, der sich rüsselartig nach unten erstreckt. Aufgrund dieser Eigenart ist davon auszugehen, dass es sich hier um das Fragment eines so genannten Fadenrippenbechers handelt. Derartige Gläser stammen anscheinend aus Böhmen und sind offensichtlich von größter Seltenheit. [BS]

Literatur: Schlenker 2007; Stephan 1972

C 51 FADENRIPPENBECHER (ohne Abb.)

Glas; 13./14. Jh.
H. 10 cm (Bodenscherbe); 10,7 cm (Randscherbe)
Fachdienst Bauordnung, Denkmalschutz und Archäologie, Göttingen, Inv. Nr. Weender Str. 26, Bef. 6 Gl. 34–36

Latrinen, also die mittelalterlichen Toiletten, können sich für die Archäologie als regelrechte Goldgruben erweisen. So auch eine besonders »aromatische« Grube in der Weender Straße in Göttingen. Sie bestand aus einem rechteckigen, aus Kalksteinbruchsteinen errichteten Schacht von 2,36 x 1,65 m Seitenlänge. Seine Sohle lag in einer Tiefe von 4 m unter der heutigen Oberfläche. Die Latrine enthielt neben zahlreichen keramischen Funden auch höchst bedeutende Gegenstände aus Holz. Besonders hervorzuheben ist darunter eine hervorragend erhaltene Blockflöte.

Von besonderer Güte sind auch die Glasfunde, unter denen die Fadenrippenbecher mit gleich mehreren Exemplaren hervorstechen. Becher dieser Art besitzen eine glatte Wandung, auf die man Glastropfen setzte, die in noch zähflüssigem Zustand rüsselartig auszogen worden sind. Über diese »Rüssel« wickelte man einen feinen blauen Glasfaden, der beim Ausblasen des Glases aufriss und so auf den Rüsselfortsätzen tropfenförmige Applikationen hinterließ. Die Funde aus Göttingen weisen zudem eine außerordentlich feine Glasqualität – ohne Blasen und Einschlüsse – auf. Die Becher sind noch nicht vollständig restauriert, doch könnte es sich insgesamt um 4–5 Exemplare handeln.

Fadenrippenbecher sind eine zwar durchaus geläufige Form des Bechers, bisher aber von einer ausgesprochenen Seltenheit. Insgesamt verdichten sich die Hinweise darauf, dass es sich wohlmöglich um Produkte böhmischer Glashütten handelt. [BS]

Literatur: Arndt 1994

C 52 MESSER

Eisen, Knochen, Holz, Messing; um 1500
L. 2,6–17,5 cm
LDA Sachsen-Anhalt, Grabung Elternhaus Mansfeld, Inv. Nr. 2004:9232 i

Überraschend ist im Mansfelder Befund das häufige Vorkommen von Messerfragmenten. Neben zahlreichen Bruchstücken von Klingen sind vor allem 14 Grifffragmente von Bedeutung, da diese Auskunft über das damalige Aussehen der Messer geben. Nur ein vollständig erhaltenes Stück mit Resten einer Holzbeschalung erweckt den Eindruck, es könne sich hier um ein einfaches Küchenmesser gehandelt haben. Die übrigen Griffe stammen von Tafelmessern, wie sie bei Tisch Verwendung fanden. Besonders augenfällig ist dies bei Griffen mit ornamentierten knöchernen Griffschalen; andere weisen Reste von Holzschalen auf, daneben aber auch aufwändig gestaltete Applikationen aus Messing. Verschiedentlich scheinen die Messer von außerordentlich geringer Größe gewesen zu sein und erinnern so an moderne Obstmesser.

Wie viele andere Funde belegen auch die Messerfragmente, dass im Hause Luder Wert auf eine gediegene Tischkultur gelegt wurde. Die Tafel als luxuriös zu bezeichnen wäre sicherlich übertrieben, doch deutet sich bei diesen Funden ein gewisser Wohlstand der Familie an. [BS]

Literatur: Schlenker 2007

C 52

C 53 ZWEI TAFELMESSER

Eisen, Holz, Messing; 16. Jh.
L. 19,5 cm; 20,2 cm
Deutsches Klingenmuseum Solingen,
Inv. Nr. 2006.M.038; 069

Tafelmesser der frühen Neuzeit haben – im Gegensatz zu Waffen – in nur wenigen Exemplaren die Zeit überdauert. Sie befinden sich zumeist in privaten oder öffentlichen Sammlungen und genießen wegen ihrer kulturhistorischen Aussagekraft eine nicht geringe Wertschätzung. Dem Messer kam bei Tisch im 16. Jh. eine größere Bedeutung zu, als gemeinhin angenommen. Ein Grund hierfür liegt in der Tatsache begründet, dass das Messer neben dem Löffel das wichtigste Speiseutensil darstellte, während die Verwendung einer Gabel nahezu unbekannt war. Löffel und Messer gehörten außerdem zum persönlichen Besitz und wurden anlässlich eines Gastmahles auch selbst mitgebracht.

Die renommierte Sammlung Marquardt befindet sich seit 2003 im Klingenmuseum Solingen. Im Bestand dieser einmaligen Kollektion sind zwei Messer, die in ihrer Qualität den in Mansfeld gefundenen Exemplaren recht nahe kommen. Beide besitzen hölzerne Griffplatten und reichhaltige Messingapplikationen, ohne in ihrer Reichhaltigkeit an »höfische« Exemplare heranzureichen. Wie die Messergriffe aus Mansfeld dürften auch sie aus einem gehobenen bürgerlichen Umfeld stammen. (BS)

Literatur: Marquardt 1997

C 54 FRAGMENTE EINES IGELGEFÄSSES (ohne Abb.)

Steinzeug; Waldenburg, um 1500
L. 3,1–6,7 cm
LDA Sachsen-Anhalt, Grabung Elternhaus Mansfeld, Inv. Nr. 2004:9232 e

Die drei zusammenpassenden Steinzeugfragmente stellen vermutlich den Fuß eines so genannten Igelgefäßes dar. Zum gleichen Stück kann auch noch das Fragment einer Platte gezählt werden. Von dieser ausgehend, setzte sich der dreieckig ausgeschnittene Fuß nach oben fort. Auf halber Höhe geht sie in ein horizontales Band mit Kerbschnittverzierung über; von dort aus ziehen Stege nach oben. Aufgrund der extremen Kleinteiligkeit der verbliebenen Steinzeugfragmente kann nicht festgestellt werden, ob noch mehr Bruchstücke dieses Fußes im Mansfelder Fundgut vorhanden sind. Die Funktion der sehr fragilen Fußgestaltung ist nicht eindeutig klar. Ob sie nur zusätzlich den repräsentativen Charakter eines an sich schon aufwändig gestalteten Igelgefäßes unterstreichen sollte oder einem speziellen Zweck diente, lässt sich nicht erschließen. Aufgrund ihrer sehr markanten Form lassen sich die Igelgefäße dem westsächsischen Töpfereistandort Waldenburg zuweisen, wo sie vom späten 15. bis ins 16. Jh. produziert und europaweit exportiert wurden. (NH)

Literatur: Scheidemantel/Schifer 2005; Stephan 2007

C 55 IGELGEFÄSS

Steinzeug; Waldenburg, 15./16. Jh.
Gefäß: H. 23,8 cm (erhalten); max. Dm. 14 cm;
Deckel: H. 8,2 cm (erhalten); Dm. 8 cm (erhalten)
Museum Göltzsch, Rodewisch,
Inv. Nr. 289/53; 1345/98

Dieses Gefäß von der Rodewischer Schlossinsel gehört zu den ganz wenigen, fast vollständig erhaltenen Igelgefäßen und weist starke Ähnlichkeit mit dem Mansfelder Exemplar (vgl. C 54) auf. Über dem angesetzten, von Dreiecken durchbrochenen Fuß befindet sich der eiförmige Gefäßkörper. Knapp oberhalb des planen Bodens sind drei Ösenhenkel, jeweils mit einem losen Tonring versehen, angebracht. Die Gefäßwandung schmücken flächig angebrachte Applikationen: Die beiden größten Auflagen stellen bärtige Gesichter dar und sind sich gegenüberliegend angebracht; die übrige Wandungsfläche ist mit aufgesetzten, rund 0,5 cm hohen Tonkegeln (»Stacheln«) verziert. Von der steil konisch einziehenden Randzone fehlt der obere Teil, dieser ist aber durch Vergleichsfunde als glatter Rand rekonstruierbar. Die Mündung jener Gefäßform eignete sich für Stülpdeckel wie sie auch in Rodewisch gefunden wurden (s. u.).

Eine genaue Funktion der Igelgefäße ist bislang noch unbekannt. Ob es sich um ein Gefäß mit Unheil abwehrendem Charakter handelt, lässt sich nur vermuten. Da einerseits die Igel im Volksglauben als resistent gegenüber Giften galten, andererseits das Waldenburger Steinzeug säurebeständig ist, gewann die These an Bedeutung, dass die Gefäße u. a. zur Verwahrung von »gefährlichen« Substanzen gedient haben könnten. Allerdings ist auch ein Einsatz derartiger Gefäße bei (uns heute nicht mehr bekannten) Tisch- oder Trinkritualien denkbar.

Der Deckel mit pilzförmigem Knauf ist nur unvollständig erhalten; der untere Teil der Zarge fehlt und ist mit bemaltem Gips ergänzt. Die flach kegelförmige Deckelkalotte und die steil kegelförmige Zarge wurden als separat gefertigte Teile aneinander montiert. Am Übergang zur Zarge bildet die Kalotte einen Fingerdruck-gedellten aufgestellten Rand aus. Knapp unterhalb dieser Leistenzier sitzt eine umlaufende Doppelrille.

Da einerseits die Verwendung derartiger Deckel Gefäße mit hoher und recht schlanker Hals- bzw. Randpartie erfordert und andererseits die aufwändige Formung und Dekorierung an eine Nutzung zusammen mit hochwertigen Keramiken denken lässt, wird ein Gebrauch solcher Deckel bei Igelgefäßen vermutet. (MB)

Literatur: Horschik 1978; Scheidemantel/Schifer 2005; Seifert 1985, 16

C 56 FENSTERGLAS

Glas; um 1500
Dm. max. 11 cm (Flachglas); 11,5 cm (Butzenscheibe)
LDA Sachsen-Anhalt, Grabung Elternhaus Mansfeld, Inv. Nr. 2004:9232 m

Die Verglasung von Fenstern war ein Luxus, der in der Zeit um 1500 einer kleinen Bevölkerungsschicht vorbehalten war. In den städtischen Zentren sicher deutlich weiter verbreitet als in ländlichen Gegenden, war sie aber bei weitem nicht nur dem Adel vorbehalten, sondern auch einer bürgerlichen Schicht, die sich aus Kaufleuten, wohlhabenden Handwerkern und – speziell in Mansfeld – wohl auch den Hüttenmeistern zusammensetzte.

Kaum bekannt ist der Umstand, dass auch Fensterglas in der frühen Neuzeit ein Produkt der Glasbläser war. Zur Gewinnung des so genannten Tafelglases blies man einen zylinderförmigen Schlauch (»Zylinderblasverfahren«), der – längs aufgetrennt – flach ausgewalzt wurde und so das gewünschte plattenförmige Endprodukt ergab. Daneben existierten die bekannteren Butzenscheiben, kreisrunde Scheibchen, die ebenfalls – im so genannten Schleuderverfahren – geblasen wurden. Beiden Glastypen dieser Zeit war eines gemein: da es den Glasbläsern nicht möglich war, Glasscheiben in Größe der Fenster zu produzieren, setzte man die Scheiben aus einzelnen Segmenten zusammen, indem sie mit Hilfe von Bleiruten gefasst wurden.

Die einzige kreisrunde Butzenscheibe besteht aus durchscheinendem grünlichem Glas und besitzt einen Durchmesser von 11,5 cm. Wie für derartige Scheibchen üblich, misst sie im Zentrum 5 mm, während

C 55

sie im Außenbereich nur noch knapp 2 mm dick ist und mit einem produktionsbedingt hohl erscheinenden, wulstartigen Rand abschließt.

Das Tafelglas liegt in deutlich größerer Fragmentzahl vor. Die meisten Stücke weisen einen hellgrünlich durchscheinenden Farbton auf. Die ursprüngliche Form der Scheiben lässt sich lediglich erahnen: insgesamt scheint es sich meist um rautenförmige bis rechteckige Flachglasscheiben gehandelt zu haben. Das größte Bruchstück weist noch eine Seitenlänge von 11 cm auf. Dreizehn Fragmente besitzen einen bogenförmigen Abschluss, so dass hier Bruchstücke kreis- oder bogenförmig zugeschnittener Scheiben vorliegen dürften. Lediglich eine der grünlichen Scherben – sie besitzt drei konkav einziehende, bogenförmige Flächen – kann mit einiger Sicherheit als Rest einer Zwickelscheibe zwischen den runden Butzenscheiben angesprochen werden.

Von besonderem Interesse sind zwei kleine Scherbchen, die eine durchscheinende leuchtende Rotfärbung aufweisen. Hier handelt es sich um so genanntes Überfangglas. Bei dieser Technik wird eine mit Kupferoxid gefärbte Glasmasse mit einem neutral getönten Glas verschmolzen. Der Glasbläser taucht seine Pfeife zunächst in die Rotglasschmelze, um hieraus einen so genannten Kölbel zu formen. Anschließend ummantelt man ihn mit einer größeren Menge farblosen Glases. Wird nun dieses Glasgemenge in dem bereits beschriebenen Zylinderblasverfahren ausgeblasen, entsteht ein farbloses Tafelglas mit einem dünnen, farbigen Auftrag. Eine rote Glasschicht wird so untrennbar mit dem eigentlichen Trägerglas verbunden. [BS]

Literatur: Almeling 2000; Schlenker 2007

C 57 ZIMMERMANNSNÄGEL

Eisen; um 1500
L. 4–10,8 cm
LDA Sachsen-Anhalt, Grabung Elternhaus Mansfeld, Inv. Nr. 2004:9232 k

Neben über 1500 kleineren Eisennägeln (vgl. Abb. 73) stammen aus dem Befund auch 17 geschmiedete Exemplare, die aufgrund ihrer Größe und Massivität hervorstechen. Verglichen mit Nägeln moderner Herstellung dürfte es sich hier um so genannte Zimmermannsnägel handeln, die bei der Verbindung grober Balken und Bauhölzer Verwendung fanden. Allem Anschein nach gelangten auch sie in Verbindung mit Brennholz in den Abfall: morsche oder unbrauchbar gewordene Bauhölzer fanden als Brennmaterial eine Zweitverwendung; darin enthaltene Nägel wurden zusammen mit der Herdasche entsorgt. [BS]

Literatur: Schlenker 2007

C 58 FRAGMENTE VON NAPFKACHELN

(ohne Abb.)
Irdenware; um 1500
Dm. 9,5–14,5 cm
LDA Sachsen-Anhalt, Grabung Elternhaus Mansfeld, Inv. Nr. 2004:9232 g

Eine Anzahl unscheinbarer Scherben kann aufgrund ihrer markanten Form und Machart einem einfachen Typus der Ofenkachel zugerechnet werden. Es handelt sich um so genannte Napfkacheln, die einen runden Standboden sowie eine quadratische Mündung besaßen. Die Mansfelder Stücke be-

C57

C59

stehen aus mäßig hart bis hart gebrannter Irdenware, die nicht glasiert wurde. Diese Art der Kachel wurde so am Ofen montiert, dass die quadratische Öffnung nach außen zeigte und die Oberfläche des Ofens erheblich vergrößerte. Es handelte sich bei jenem Ofen keinesfalls um ein repräsentatives Exemplar, vielmehr ist ein solcher in einem einfachen Wohnraum oder der Küche denkbar. (BS)

C 59 MURMELN

gebrannter Ton; um 1500
Dm. 1,1–1,5 cm
LDA Sachsen-Anhalt, Grabung Elternhaus Mansfeld, Inv. Nr. 2004:9232 g

Das Spiel mit Murmeln war ein beliebter Zeitvertreib für jung und alt. Über die genaue Art des Spiels zur Zeit des kleinen Luthers lässt sich nur spekulieren; die verschiedenen Varianten sind unerschöpflich. Recht bekannt ist die Darstellung des Murmelspiels auf der Zeichnung Brueghels »Kirchweih in Hoboken«. Hier dient den Kindern ein in den Boden gestecktes Messer als Fixpunkt. Gewinner ist, wer mit seiner Murmel dem Ziel am nächsten kommt.

Die bei den Ausgrabungen in Mansfeld geborgenen Exemplare wurden von Hand geformt und anschließend gebrannt. Auffällig ist die geringe Normierung, was darauf hindeuten könnte, dass dieses Spielzeug von den Kindern selbst gefertigt wurde. (BS)

Literatur: Schlenker 2007

C 60 PFEIFVOGEL

weißer gebrannter Ton; um 1500
H. 6,5 cm
LDA Sachsen-Anhalt, Grabung Elternhaus Mansfeld, Inv. Nr. 2004:9232 g

Das Exponat besteht aus zwei zusammengehörigen Fragmenten einer Figurine, die aus weiß gebranntem Ton gefertigt ist. In rekonstruiertem Zustand weist sie eine Höhe von 6,5 cm auf. Das kleinere Bruchstück lässt bei genauerem Hinsehen den Kopf eines Vogels erkennen, während der weitaus größere Korpus aus einem Standfuß und dem Körper eines Vogels mit angedeuteten eingeritzten Flügeln besteht. Auf der Brust ist ein kleines, gezielt herbeigeführtes Loch zu erkennen, welches zur Interpretation des Fundes herangezogen werden kann. Vielfach auch als Rasseln bezeichnet, dürfte es sich in diesem Fall um Fragmente einer Vogelpfeife handeln, die, mit Wasser gefüllt, trillernde Töne erzeugte. (BS)

Literatur: Schlenker 2007; Schütte 1982

C 61 KNOCHENKEGEL

Finger-/Fußknochen Rind; um 1500
L. 6,6 cm
LDA Sachsen-Anhalt, Grabung Elternhaus Mansfeld, Inv. Nr. 2004:9232 r

Der Knochen weist bis auf einige Hiebspuren, die von einem Beil oder Haumesser herrühren dürften, seine natürliche anatomische Form auf. In der proximalen Gelenkfläche ist jedoch eine gezielt angebrachte Bohrung zu beobachten. Der Fund an sich wäre schwer zu deuten, doch sind z. B. aus Schleswig entsprechende Gegenstände bekannt, deren Besonderheit darin liegt, dass in die durch das Bohrloch freigelegte

Markhöhle flüssiges Blei gegossen wurde, das einen Pfropfen bildete und so dem Knochen ein zusätzliches Gewicht verlieh.

Für Funde dieser Art liegen verschiedenartige Interpretationen vor, doch erscheint die eines Kinderspielzeugs am plausibelsten. Gestützt wird jener Ansatz durch eine Szene auf dem Gemälde »Die Kinderspiele« von Pieter Brueghel d. Ä. Im Hintergrund ist eine Gruppe von Kindern zu erkennen, die damit beschäftigt sind, aufgestellte Kegel der beschriebenen Art mit Hilfe eines weiteren, als Wurfgeschoss verwendeten Kegels abzuschießen. Die Rinderknochen hätten sicherlich auch ohne Bleifüllung ihre Funktion erfüllt, doch wurde ihre Standfestigkeit auf diese Weise erheblich optimiert. (BS)

Literatur: Schlenker 2007; Ulbricht 1984; Vilsteren 1987

C 62 KEGEL AUS RINDERKNOCHEN

Rinderknochen, Blei; 14./15. Jh.
L. 4,7–5,5 cm
Städtische Museen – Kulturhistorisches Museum Rostock, Grabung Rostock Stadtkern 179, Inv. Nr. KHMR 1986/49

Bei Ausgrabungen in der Innenstadt von Rostock kam in einem Holzschacht des 15. Jh. eine Vielzahl auffälliger Knochen zutage. Es handelt sich um die Fingerknochen von Rindern, wissenschaftlich als Phalangen bezeichnet. Erst bei genauem Hinsehen erschließt sich dem Spezialisten, dass diese Häufung nicht mit der Entsorgung einfachen Schlachtabfalls in Zusammenhang steht. All diesen Knochen ist gemein, dass sie eine deutliche Politur aufweisen. Sie wurde nicht gezielt herbeigeführt, sondern entstand durch länger währendes Anfassen und Führen mit der bloßen Hand. Bei einigen Stücken bohrte man die untere Gelenkfläche auf und füllte das so entstandene Loch mit Blei. Andere weisen auf ihrer Oberfläche bewusst angebrachte Ritzungen auf. Es handelt sich auch bei diesen Knöchelchen um Bestandteile eines Kegelspiels. Die Bleifüllung diente der Standfestigkeit, die des Öfteren festgestellten Ritzungen dürften Besitzermarken darstellen. (BS)

Literatur: Lehmkuhl/Schäfer 2005; Schlenker 2007

C 63 ZWEI SCHELLEN

Messing; um 1500
Dm. 2,4 cm; 2,5 cm
LDA Sachsen-Anhalt, Grabung Elternhaus Mansfeld, Inv. Nr. 2004:9232 l/144; 145

Während sich manche Funde mehr oder weniger eindeutig als Teile der Kindeswelt zu erkennen geben, entziehen sich andere einer genaueren Zuordnung. Hierzu gehören auch zwei aus Messingblech gefertigte Schellen. Beide Exemplare weisen vielfach Dellen auf, sind aber ansonsten gut erhalten. Wie zeitgenössische Darstellungen dokumentieren, gehörten Schellen durchaus in den Bereich von Spielzeug und Spiel, doch waren sie – wie andere Beispiele belegen – auch aus der Welt der Erwachsenen nicht wegzudenken.

Wie in Spätmittelalter und früher Neuzeit nicht anders zu erwarten, war auch die Herstellung von Schellen (zumindest in Nürnberg) ein spezialisiertes Handwerk. Auf dem entsprechenden Stich in Jost Ammanns Ständebuch ist der »Schellenmacher« gerade damit befasst, mit einem Rundeisen Blechstücke auszustanzen. Diese wurden anschließend in ein Gesenk getrieben, wodurch entsprechende Kalotten entstanden, von denen nur noch jeweils zwei zu einer Schelle zusammengefügt werden mussten. Auf dem Stich ist auch ein mit Steckenpferd und Schellenkranz versehenes Kind abgebildet, womit sich gleich eine erste Verwendungsmöglichkeit für die Schellen offenbart. In ähnlicher Anwendung waren auch mit Schellen versehene Bälle bekannt. Ebenso kannte man entsprechend ausgestattete »Schnullerpfeifen«.

Dass der Phantasie keine Grenzen gesetzt sind, zeigt auch die Darstellung eines Mädchens auf dem Gemälde »Der Bauerntanz« von Pieter Brueghel d. Ä., das hier eine Schelle am Ärmel ihres Kleides trägt. Gleichfalls ist verschiedentlich belegt, dass

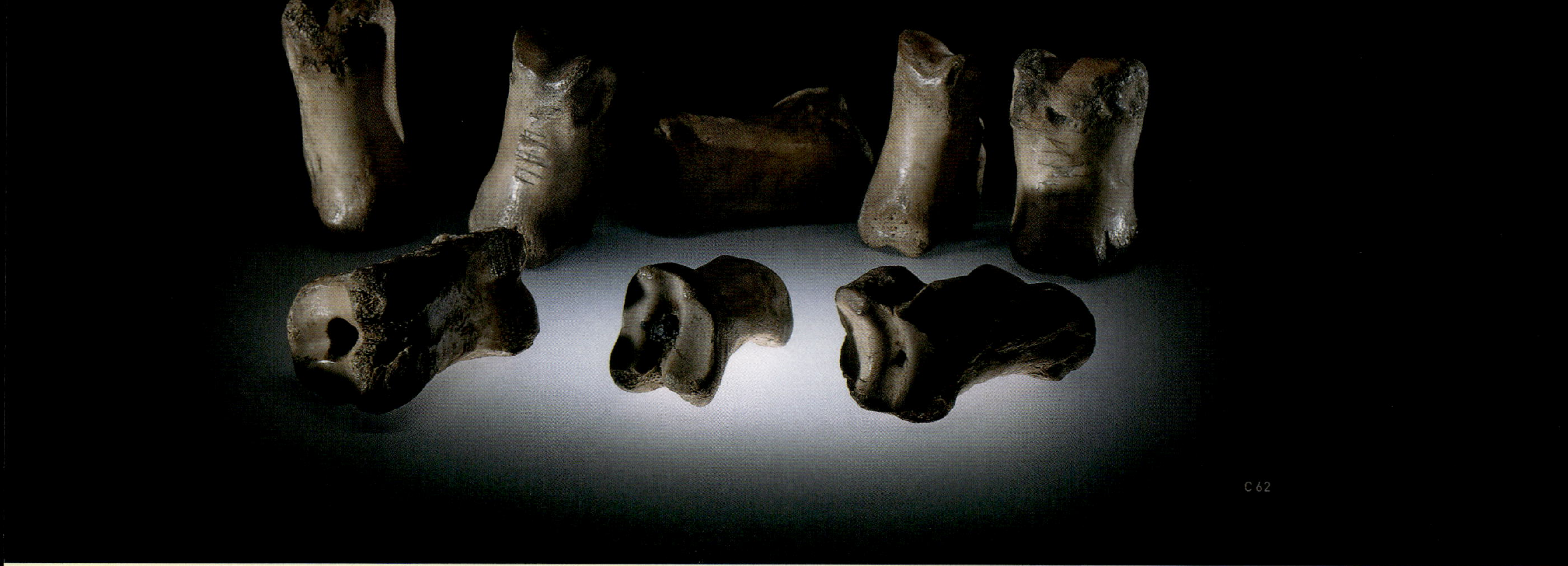

C 62

auch Erwachsenentracht und -gürtel gern mit Schellen verziert wurden. Wie vielfältig die Möglichkeiten zur Anbringung von Schellen letztlich waren, zeigt auch der Vers im bereits zitierten »Ständebuch«, in dem außerdem das Schlittenzeug und die Narrenkappe genannt werden. Wie die beiden im Befund geborgenen Schellen genau Verwendung fanden, muss also letztendlich offen bleiben. (BS)

Literatur: Schlenker 2007

C 64 NUSS EINER SPIELZEUGARMBRUST

Knochen; um 1500
H. 1,2 cm; B. 1,5 cm; T. 1 cm
LDA Sachsen-Anhalt, Grabung Elternhaus Mansfeld, Inv. Nr. 2004:9232 r

Ein kleiner, aus Knochen gefertigter Gegenstand wäre bei der Durchsicht der Funde fast übersehen worden. Erst bei genauerer Betrachtung wurde klar, dass es sich hier um einen bewusst gefertigten Gegenstand handelt. Seine Interpretation bereitete zunächst einige Schwierigkeiten. Letztlich dürfte es sich jedoch um die so genannte Nuss einer Armbrust handeln.

Die Armbrust war eine der verheerendsten Neuerungen in der Kriegsführung des Mittelalters. Sie war jedoch nicht nur militärisch von Bedeutung, auch bei der Jagd wurde sie bevorzugt eingesetzt. So sind reich mit Elfenbein- und Knochenplatten verzierte Armbrüste in den historischen Sammlungen Deutschlands keine Seltenheit. Sie stammen meist aus dem 15./16. Jh. und stellen häufig Meisterwerke der Handwerkskunst dar. Technisch verhältnismäßig einfach anzufertigen, erforderte neben dem Bogen vor allem das Abzugsystem hohe Anforderungen an die Stabilität. So bestand das eigentliche Schloss – mit einer Rast zum Einlegen der Sehne – zumeist aus Geweih. Aus demselben Material war bei älteren Exemplaren auch der lang gestreckte Abzugsbügel gefertigt, der bei renaissancezeitlichen Waffen in den meisten Fällen bereits aus Eisen bestand.

Der vorliegende Fund ist aus Knochen gefertigt. Wegen seiner geringen Dimensionierung kann es sich hier nur um das Bestandteil einer Spielzeugwaffe mit entsprechend geringerer Spannkraft gehandelt haben. Mit einer von den bisher bekannten Exemplaren leicht abweichenden Form bleibt die hier bevorzugte Interpretation spekulativ, aber letztlich vertretbar. Die Oberfläche des Gegenstandes ist vollkommen überarbeitet. Seine Form ist grob als rechteckig zu beschreiben, wobei eine der Längsseiten leicht einzieht und so – bereits interpretierend – die Rast für die Bogensehne darstellen könnte. Dieser Deutung folgend, wäre die quer zu der Fläche verlaufende Bohrung (Durchmesser: 3,5 mm) schlüssig als Achse zur Befestigung in der hölzernen Schäftung anzusprechen. Eine weitere ausgebrochene Bohrung mit größerem Durchmesser (ca. 6 mm) dürfte als Widerlager für die Abzugstange gedient haben. Wegen der geringen Größe dieser »Nuss« kann es sich bei einer entsprechenden Armbrust keinesfalls um ein Gerät für den jagdlichen oder gar kriegerischen Einsatz, sehr wohl aber um ein Kinderspielzeug gehandelt haben. (BS)

Literatur: Schlenker 2007

C 65 VIER ROSETTEN

Messingblech; um 1500
Dm. 1,5–1,6 cm
LDA Sachsen-Anhalt, Grabung Elternhaus Mansfeld, Inv. Nr. 2004:9232 l/168; 169; 196; 197

Blütendarstellungen spielten in Kunst und Alltagswelt des Mittelalters eine besondere Rolle. Neben einem bloßen Ziercharakter besaßen sie auch einen bedeutenden symbolischen Aussagewert, wie er nicht zuletzt auch in den Attributen der Heiligen zu erkennen ist. So ist neben der Lilie vor allem die Rose als Symbol der Muttergottes Maria zu sehen, wobei diese in der Antike ausgerechnet ein Attribut von Aphrodite bzw. Venus – also den antiken Liebesgöttinnen – war.

Von besonderer Schönheit sind vier aufwändig gestaltete Rosetten. Es handelt sich aufgrund der charakteristischen Anordnung von Blüten- und Kelchblättern eindeutig um Rosen. Dargestellt ist hier die Wildform oder einfache Züchtung mit einem einfachen Kranz von Blütenblättern (im Gegensatz zu den modernen »gefüllten« Rosenformen). Als randlich angebrachte, leicht kugelige Applikationen sind zusätzlich auch die Kelchblätter angedeutet. Die Rosetten erinnern in ihrer Erscheinungsform geradezu frappierend an die Rose im Wappen Martin Luthers, doch war diese Darstellung der Rose schon weit vor seiner Zeit geläufig und somit keineswegs eine Schöpfung des Reformators, sondern ein gängiger Bestandteil der damaligen Heraldik.

Auf den ersten Blick nahezu identisch, unterscheiden sich die Rosetten bei genauerem Hinsehen in wesentlichen Merkmalen. Streng genommen handelt es sich um zwei verschiedene Typen. Diese Aussage bezieht sich zum einen auf die künstlerische Ausführung der Blütenform, zum anderen auf die technische Lösung, wie die Fixierung auf dem Trägermaterial erfolgte. Bei den zwei etwas feiner wirkenden Rosetten werden die Blütenblätter durch ausladende, palmettenartig angeordnete Punzen gebildet. Bei beiden Exemplaren sind zwei Heftlöcher auszumachen, die mit einem Abstand von 0,8 cm in das Blech getrieben wurden. Ein vollständig erhaltener Nietstift mit flach gehämmertem Kopf weist eine Länge von 0,4 cm auf (Messung ohne Kopf), wobei unter Berücksichtigung der Innenwölbung dieser Applikation 1 mm abzuziehen ist. Mit dieser Beobachtung kann sicher davon ausgegangen werden, dass das Trägermaterial, auf das die Rosette geheftet war, eine Stärke von etwa 3 mm besessen hat. Textiles Material fällt somit – vielleicht einmal abgesehen von dicken Wollstoffen und Filz – aus. Hingegen sind 3 mm eine heute noch übliche Dicke bei der Fertigung stabilerer Lederwaren wie Gürtelriemen oder Taschen.

Die beiden anderen Rosetten weichen in ihrer Ornamentik leicht von den bereits beschriebenen Stücken ab. Dies betrifft vor allem die Stilisierung der Blütenblätter. Zudem ist in der Mitte ein kreisförmiges Ornament auszumachen, in dessen Zentrum das Heftloch angebracht ist. In der zentralen Lochung eines Stückes steckt ein Stift aus Buntmetall, der verdeutlicht, dass man die Rosetten mit Hilfe eines Nietes fixierte. Die Länge des Stiftes liegt mit erhaltenen 3 mm in einem Bereich, der auch hier eine Befestigung auf Textil eher ausschließt und eine auf Leder (ggf. auf Filz) wahrscheinlich macht. (BS)

Literatur: Schlenker 2007

C 66 14 EINFACHE ROSETTEN

Messingblech; um 1500
0,7 x 1,0 cm–1,3 x 1,4 cm
LDA Sachsen-Anhalt, Grabung Elternhaus Mansfeld, Inv. Nr. 2004:9232 l/154–167

Es handelt sich hier um leicht asymmetrisch gefertigte Rosetten mit jeweils fünf Blütenblättern, die in kugeliger Form ausgeführt sind. Abgesehen von einem Exemplar, dessen Größe geringer ausfällt, sind die anderen erhaltenen Stücke in Form und Maß vollkommen identisch. Auch die übrigen Fragmente gehören offenkundig zu dieser »Serie«, die sicher mit Hilfe einer Schablone ausgestanzt und anschließend gepunzt wurde. Die Materialstärke liegt zwischen 0,2–0,3 mm.

Obwohl es auf den ersten Blick nicht so erscheint, ist die jeweilige Lage der zentralen Lochungen in allen überprüfbaren Fällen vollkommen identisch. Auch dieser Umstand spricht für eine genormte Herstellung – oder moderner ausgedrückt: Serienproduktion. Zwei erhaltene Nietstifte weisen eine Länge von je 4 mm auf. Unter Berücksichtigung der gegebenen plastischen Aufwölbung der Rosetten ist davon auszugehen, dass das Trägermaterial eine Stärke von ca. 3 mm besessen hat. (BS)

Literatur: Schlenker 2007

C 67 VIER ROSETTEN, SONDERFORMEN

Messingblech; um 1500
Dm. 0,9–1 cm
LDA Sachsen-Anhalt, Grabung Elternhaus Mansfeld, Inv. Nr. 2004:9232 l/146; 151–154

Während einige Formen der Rosetten in mehreren Exemplaren vorliegen, kommen andere nur als Einzelstücke vor. Vier kreuzförmige Beschläge erscheinen auf den ersten Blick ähnlich, bei genauerem Hinsehen eröffnet sich jedoch eindeutig die Anfertigung unter Verwendung verschiedener Punzen. Ein blütenförmiger Beschlag mit hoch gewölbtem Blütenboden und stummelartigen Blütenblättern ist von besonderem Interesse, da in diesem Fall nicht darauf abgezielt wurde, eine Rose darzustellen. Vielmehr scheint es sich um die Umsetzung eines Korbblütlers zu handeln. (BS)

C 68 SIEBEN ROSETTEN AUF EISENNIETEN

Eisen und Messingblech; um 1500
Dm. 1,1–1,3 cm
LDA Sachsen-Anhalt, Grabung Elternhaus Mansfeld, Inv. Nr. 2004:9232 l/301–307

Die Beschläge waren bei ihrer Bergung so stark korrodiert, dass sie zunächst nicht als solche zu erkennen waren. Es handelte sich lediglich um kleine, stark aufgeblühte Brocken von Eisenoxid, aus denen gelegentlich eingeschlossene Buntmetallapplikationen herausschauten. Erst die höchst sorgfältige Herangehensweise bei der Restaurierung hatte zum Ergebnis, dass es sich hier um einen einzigartigen Beschlagtyp handelt, wie er auch in der überregionalen Literatur nicht ausfindig gemacht werden konnte.

Ihre Größe war offenbar variabel und liegt bei den vorliegenden Stücken zwischen 1,1–1,3 cm. Sechsblättrige Messingrosetten dienen hier als Applikationen auf scheibenförmig-knopfartigen Beschlägen mit leicht wulstigem Rand. Da sie vor der Restaurierung lediglich aus unansehnlichen Rostaufblühungen bestanden und zudem magnetisch reagieren, darf davon ausgegangen werden, dass sie aus Eisen gefertigt sind. Bei vier Exemplaren ist zu erkennen, dass man die Messingbestandteile dieser »Kombinationsbeschläge« mittels einer eisernen Niete auf die eiserne Trägerplatte heftete. Zwar liegen hierfür keine Indizien vor, doch ist anzunehmen, dass die Beschläge mit Hilfe dieser Nieten gleichzeitig auf ein Trägermaterial – vermutlich Lederriemen – geheftet wurden.

Die Kombination von Eisen und Messing zur Herstellung von Ziergegenständen erscheint merkwürdig, doch besteht die Möglichkeit, dass die Eisenteile der Beschläge geschwärzt oder verzinnt gewesen sind und so in Verbindung mit goldfarbenem Messing einen höchst reizvollen Eindruck vermittelten. (BS)

Literatur: Schlenker 2007

C 66

C 68

C 65

C 67

C 69 MASKENBESCHLÄGE (»ANGESICHTLEIN«)

Messingblech; um 1500
Dm. 1,1–1,3 cm
LDA Sachsen-Anhalt, Grabung Elternhaus Mansfeld, Inv. Nr. 2004:9232 l/187–189

Von besonderem Reiz sind drei weitere Beschläge, die bei einer ersten Durchsicht zunächst für blütenförmige Beschläge gehalten wurden. Bei genauerer Betrachtung mussten aber Grate auffallen, die sich über die Schauseite erstrecken und nicht mit Blütenbestandteilen in Einklang zu bringen sind. Die wahre Gestalt dieser Stücke zeigte sich erst nach der Restaurierung. Demnach handelt es sich hier um Beschläge mit Gesichtsdarstellungen – in der Architektur als Maskaron bekannt. Bei einem in der Mitte gefalteten Beschlag sind deutlich Brauen, Nase und Augen eines menschlichen Antlitzes zu erkennen. In Zusammenhang mit einer etwas wirr erscheinenden »Frisur« könnte gar an ein Medusenhaupt gedacht werden! Ein zweiter Beschlag lässt in seiner Ausführung eher an einen Löwenkopf denken. Leider wurde hier der Befestigungsniet ohne Rücksicht auf das Motiv durch das Blech getrieben, so dass nicht schlüssig zu entscheiden ist, ob das Gesicht eines Menschen oder eines Tieres dargestellt ist. Allerdings könnte es sich bei der Lappung des Randes – hier wurde zunächst an Blütenblätter gedacht – durchaus auch um eine Löwenmähne handeln.

Das Motiv auf dem dritten Beschlag ist am besten mit einem Stierkopf zu vergleichen. Dass derartige Beschläge auf Gürteln geläufig waren, zeigt sich eindrücklich in Nürnberger Testamenten, in denen von »1 schwarz sammaten Porten, beschlagen mit vergulten Angesichtlein« und »1 schlechten sameten Porten mit Kunterfey beschlagen« die Rede ist. (BS)

Literatur: Schlenker 2007; Zander-Seidel 1990

C 70 ZIERBESCHLÄGE (ohne Abb.)

Messingblech; um 1500
L. 1–6,5 cm
LDA Sachsen-Anhalt, Grabung Elternhaus Mansfeld, Inv. Nr. 2004:9232 l/215–220; 222–226

Während die meisten Messingbeschläge in ihrer Ornamentik Blütenmotive aufgreifen, liegen – zumeist als Einzelstücke – auch ganz andersartige Exemplare vor. Mehrere dieser Beschläge nehmen auf antike Stilelemente wie Palmette und Eierstab Bezug. Das mit 6,5 cm größte Zierelement ist streifenförmig und neben linearen, architektonisch wirkenden Elementen auch mit einem floralen, an Ähren erinnernden Muster versehen. Von besonderem Reiz ist das Bruchstück eines kranzförmigen Beschlages.

Alle Stücke bestehen aus dünn ausgetriebenem Messingblech. Für ihre Herstellung war es jeweils erforderlich, eigens entsprechende Punzen und Gegenpunzen anzufertigen. Nietlöcher und vereinzelt erhaltene Nieten mit einer Länge von rund 3 mm belegen, dass diese Beschläge zur Verzierung hochwertiger Lederwaren dienten. (BS)

Literatur: Schlenker 2007

C 71 SCHILDFÖRMIGE BESCHLÄGE

Messingblech; um 1500
L. 1,2–1,4 cm
LDA Sachsen-Anhalt, Grabung Elternhaus Mansfeld, Inv. Nr. 2004:9232 l/227–231

Ein weiterer Typ unter den Buntmetallbeschlägen soll als »schildförmiger Beschlag« bezeichnet werden. Es handelt sich um insgesamt fünf Exemplare, die gleichartig erscheinen, aber doch deutliche Unterschiede aufweisen. Trotzdem erlauben das gemeinsame Erscheinungsbild und die Art ihrer Fixierung, sie zu einem Typus zusammenzufassen. Die Grundform bildet jeweils ein Dreieck, das in vier Fällen mit einem weiteren »Aufsatz« in Form eines Halbkreises bzw. Rechtecks versehen ist. Diese Beschläge sind weitgehend unverziert, doch sind die Ränder von drei Exemplaren mit einem dezenten Perlrand versehen. Die Nietlöcher befinden sich jeweils im oberen Drittel des Beschlags. Einer der Beschläge ist noch mit einem Niet versehen, der wiederum nahe legt, dass derartige Beschläge auf ein Trägermaterial geheftet waren, das eine Dicke von 3 mm besessen haben muss. (BS)

Literatur: Schlenker 2007

C 72 BESCHLAG MIT PFLANZENMOTIV

Messingblech; um 1500
Dm. 1,2 cm
LDA Sachsen-Anhalt, Grabung Elternhaus Mansfeld, Inv. Nr. 2004:9232 l/48

Singulär ist ein runder Messingbeschlag mit floralem Motiv. Von einem Astbündel zweigen kreuzförmig je drei kugelförmige Blüten (oder Trauben?) ab. Ein gepunzter Perlkranz umrahmt das Ornament. Zwei randlich gelegene Heftlöcher wurden ohne Rücksicht auf die Zierelemente eingestanzt. (BS)

Literatur: Schlenker 2007

C 73 BESCHLAG MIT BLÜTEN-ORNAMENTIK

Silberblech; um 1500
Dm. 1,4 cm
LDA Sachsen-Anhalt, Grabung Elternhaus Mansfeld, Inv. Nr. 2004:9232 l/147

Insgesamt schlecht erhalten, sind die Ränder dieses silbernen Beschlages so angegriffen, dass über die ursprüngliche Form nur spekuliert werden kann. Allerdings sprechen alle Merkmale für einen runden Beschlag. Besonders attraktiv ist bei diesem Fund die mit einzelnen Blüten reich verzierte Oberfläche. Aufgrund des verwendeten Edelmetalls dürfte es sich hier um einen Zierbeschlag handeln, der an besonders augenfälliger Stelle angebracht war. (BS)

Literatur: Schlenker 2007

C 74 ZWÖLF RIEMENSCHNALLEN

Messing, Eisen; um 1500
L. 1,1–4,1 cm
LDA Sachsen-Anhalt, Grabung Elternhaus Mansfeld, Inv. Nr. 2004:9232 i; l/198–203; 206

Angesichts der Vielzahl an Beschlägen, die Gürtelriemen zierten, verwundert es nicht, dass sich unter dem Fundmaterial auch mehrere Riemenschnallen befinden. Auffälligerweise handelt es sich durchweg um sehr kleine zierliche Exemplare. Wenngleich im Einzelfall nicht zu entscheiden ist, ob die Schnallen nun an Taschen, Schuhwerk oder Leibriemen angebracht waren, so stammen sie wohl hauptsächlich von Gürtelriemen. Diese besaßen damals jedoch eine andere Funktion als heute, wo sie vor allem der korrekten Befestigung der Hose dienten. In Spätmittelalter und früher Neuzeit hatten sie überwiegend den Zweck, die Gürteltasche, eine Börse, die Schlüssel des Hauses oder auch ein Messer zu befestigen. Es war daher nicht erforderlich, die Gürtel allzu breit anzulegen. Hinzu kommt der Aspekt, dass man sich bei Verwendung schmaler Riemen große – und damit kostspielige – Schnallen sparen konnte.

Bei Betrachtung zeitgenössischer Gemälde können diese Aspekte vielfach nachempfunden werden. Der Gürtelriemen liegt zumeist locker über der Hüfte und ist für heutiges Empfinden ausgesprochen schmal. Aus dem Befund stammen zwölf Riemenschnallen von unterschiedlicher Qualität. Das hochwertigste Exemplar ist 4,1 cm lang und besteht aus Messing. Der Riemenbeschlag ist in seltener Manier mit Blumen verziert, der Schnallenrahmen wurde tordiert.

C 73

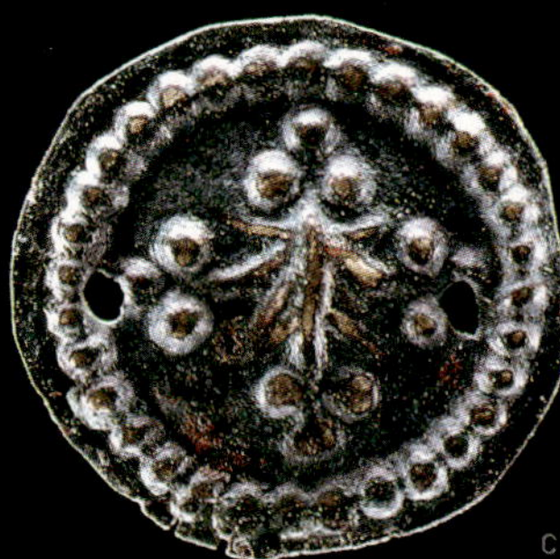
C 72

C 69

C 71

C 75

Neben diesem Ausnahmestück kommen zwei Schnallenformen in doppelter Ausführung vor. Bei einem Typ handelt es sich um so genannte Doppelschnallen, der andere Typus fällt durch seinen nierenförmigen Rahmen auf. Neben den aus Messing gefertigten Stücken liegen sechs Exemplare aus Eisen vor. Diese müssen nicht zwangsläufig von minderer Qualität gewesen sein; entsprechend brüniert, geschwärzt oder gebläut sind sie durchaus von großer Attraktivität gewesen. [BS]

Literatur: Schlenker 2007

C 75 LEDERGÜRTEL MIT MESSINGBESCHLÄGEN

Messing auf Leder; spätmittelalterlich
L. 77 cm; B. 3,4 cm
Museum of London, Inv. Nr. 89.65

Bei Ausgrabungen in der Innenstadt Londons konnte ein höchst spektakulärer Ledergürtel geborgen werden. Da es ein überaus reich verziertes Stück ist, geht man davon aus, dass es sich um den Schwertgurt eines Adeligen handelt. Lediglich die Gürtelschnalle ist nicht erhalten.

Die Oberfläche des fast 3,5 cm breiten Riemens ist noch mit 154 Beschlägen verziert, die aus einer nicht näher analysierten Messinglegierung bestehen. Bei den randlichen Beschlägen handelt es sich um vierblättrige Exemplare, die entfernt an solche erinnern, wie sie in Mansfeld geborgen werden konnten. Die zentralen ringförmigen Applikationen weisen Reste einer Versilberung auf. Es handelt sich bei diesem Fund um ein Stück von äußerster Seltenheit. Das Leder überdauerte nur aufgrund günstigster Erhaltungsbedingungen – hier die Feuchte im Grundwasserbereich der Themse.

Überaus interessant ist, dass der Lederriemen Spuren einer Ummantelung aus Textil aufweist. Der Gürtel besaß demnach ursprünglich ein vollkommen anderes Aussehen als heute. Eine genauere Datierung dieses Stückes liegt nicht vor. Sicherlich handelt es sich um ein spätmittelalterliches Exemplar. [BS]

Literatur: Egan/Pritchard 2002

C 76 GLIEDER VON ZIERKETTEN

(ohne Abb.)
Messing; um 1500
L. 1,7–3,7 cm (gestreckte Glieder)
LDA Sachsen-Anhalt, Grabung Elternhaus
Mansfeld, Inv. Nr. 2004:9232 l/237–244

Acht Metallgegenstände müssen bei genauerer Betrachtung als Teile von Ketten gedeutet werden. Aus Messing gefertigt und von feiner Qualität, handelt es sich wohl um Bestandteile von Zierketten. Ob diese um den Hals getragen wurden oder ob sie Bestandteile der Tracht – etwa in Form von Verschlusskettchen – darstellen, lässt sich letztlich nicht mehr klären. Besonders naheliegend wird die Interpretation als Kettenbestandteil angesichts zweier S-förmig gebogener Glieder, die noch im Verband vorliegen. Bei einem weiteren Stück sind die Glieder mittels zurechtgebogener Ösen verbunden. Bei den übrigen Exemplaren dürfte es sich um Glieder entsprechender Ketten handeln, deren Ösen sich durch Zug geöffnet haben. [BS]

Literatur: Schlenker 2007

C 77 GLASPERLEN

Glas; um 1500
Dm. 0,9 cm (max.)
LDA Sachsen-Anhalt, Grabung Elternhaus
Mansfeld, Inv. Nr. 2004:9232 r

Besonders ist eine größere, vollständig erhaltene Perle (Dm. 0,9 cm; H. 0,7 cm) zu erwähnen, die aus rötlichem Glas gefertigt ist. Bedauerlicherweise ist ihre Oberfläche vollkommen korrodiert, doch deuten sich noch verschiedentlich Facetten an. Daneben liegen zwei Fragmente weiterer Glasperlen vor, wenngleich diese ausgesprochen schlecht erhalten sind. Lediglich bei einem Stück sind die Reste einer originalen Oberfläche zu erahnen, wobei hier eine marmorierte Struktur vorzuliegen scheint. Sie erinnert stark an eine so genannte Kraquelierung, wie sie von verbranntem Feuersteinmaterial bekannt ist. Demnach könnte es sich bei der Oberflächenstruktur auch um die Folge starker Hitzeeinwirkung handeln.

In welcher Funktion diese größeren Perlen verwendet wurden, lässt sich auch bei ihnen nicht einfach erschließen. Perlen und Glieder von Zierketten (vgl. C 76) könnten jedoch zu einer Kette gehört haben, wie sie im Sommer 2007 während einer Friedhofsgrabung in Hettstedt geborgen worden ist (vgl. C 78). [BS]

Literatur: Schlenker 2007

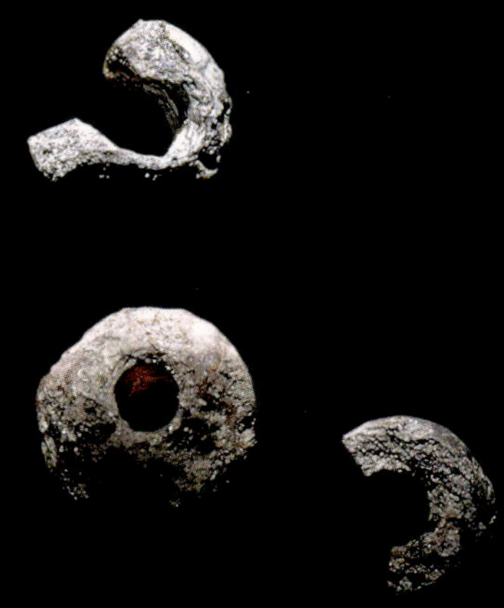

C 77

C 74

C 78 KETTE

Messing, Glas; spätmittelalterlich
L. ca. 50 cm
LDA Sachsen-Anhalt, Grabung Hettstedt St. Jacobi, Inv. Nr. 104/469

Bei archäologischen Untersuchungen 2007 im Zuge der geplanten Neugestaltung der Treppenanlage nördlich der spätgotischen Stadtkirche St. Jacobi zwischen Markt und der höher gelegenen Rathausstraße in Hettstedt wurden auf einer verhältnismäßig kleinen Fläche ca. 600 menschliche Skelette freigelegt. Während die jüngeren Gräber in der Flucht der spätgotischen Halle ausgerichtet waren, könnten geringe Differenzen in der Ausrichtung der älteren Gräber in Zusammenhang mit einer Orientierung an Vorgängerbauten stehen. Die Gräber lagen in mehreren Schichten übereinander; es entstand der Eindruck, dass man vermeiden wollte, bei Anlage einer neuen Grablege ältere Bestattungen zu stören.

Die Datierung einzelner Gräber ist schwierig, da zeitlich bestimmbare Beifunde fehlen. Nur in Ausnahmefällen wurden in den Gräbern Gegenstände gefunden, die mit den Toten unmittelbar in Verbindung gebracht werden konnten. So enthielt ein Grab eine Jacobsmuschel, die seinen Träger als Pilger zum Grab des Heiligen Jacobus nach Santiago de Compostela ausweist.

Aus Grab 104 stammt eine Kette. Diese fand sich am rechten Fußgelenk des oder der Toten. Nach der Fundlage ist davon auszugehen, dass sie auch als Fußkette getragen und nicht im Zusammenhang mit der Bestattung am Fuß abgelegt wurde. Das Skelett fand sich in der üblichen Rückenlage. Die linke Hand lag auf dem Unterleib und die rechte etwas darüber. Schädel und Oberkörper waren bei der Anlage eines modernen Fundaments zerstört worden. Sargreste wurden nicht beobachtet.

Die Kette konnte teilweise zusammenhängend geborgen werden. Dennoch sind einige Kettenglieder nur zerbrochen erhalten. Unter der Voraussetzung, dass alle vorhandenen Teile gefunden wurden, hat die Kette aus ursprünglich 38 Gliedern bestanden. Ähnlich wie die aus der »Luthergrube« in Mansfeld geborgenen Einzelglieder bestanden diese aus kurzen Buntmetalldrahtstücken, die an den beiden Enden zu Ösen umgebogen und ineinander gehängt waren. Bei einer Länge der Einzelglieder von 1,3–1,6 cm ergibt sich eine Gesamtlänge der Kette von ca. 50 cm.

Zur Kette gehört eine Anzahl von Perlen. Diese bestehen aus einem nicht durchscheinenden schwarzen Glas. Sie sind leicht oval und weisen einen Durchmesser von 0,9 cm auf. Das Glas ist von einer schlechten Qualität. Aus diesem Grund und weil die Volumenzunahme der korrodierenden Kettenglieder zu einer regelrechten Sprengwirkung führte, liegt die Mehrzahl der Perlen nur in stark fragmentiertem Zustand vor. Die Bruchstücke gehören zu 18–20 Perlen. Das bedeutet, dass auf jedem zweiten Kettenglied eine Perle gesessen haben muss. Bestätigt wird das durch den Befund. Die wenigen noch an der Originalstelle sitzenden Perlen und Perlenreste finden sich nie auf benachbarten Kettengliedern und bei größeren Abständen ist die Zahl der Zwischenglieder immer ungerade.

Auch für die Glasperlen liegen Vergleichsstücke aus der Grube vom Mansfelder Lutherhaus vor. Wenngleich die Mansfelder Perlen in Farbe und Form nicht ganz mit denen der Hettstedter Kette übereinstimmen, so entsprechen sie diesen doch in der Größe. Gemeinsam ist ihnen auch die mindere Qualität der Glasmasse, auf die der schlechte Erhaltungszustand zurückzuführen ist.

Angesichts der erhaltenen Fragmente ist es wahrscheinlich, dass eine ähnliche Kette im Hause Luder in Mansfeld vorhanden war.

Es bleibt die Frage nach der Funktion der Kette. Bei einer Länge von etwa 50 cm konnte man sie als Halskette benutzen. Es war aber nicht möglich, die Kette beim Anlegen über den Kopf zu streifen. Man hätte die Öse eines Gliedes aufbiegen müssen, denn ein irgendwie gearteter Verschlussmechanismus war nicht erkennbar. Ohne Hilfe dürfte das etwas mühsam gewesen sein.

Bei einer Nutzung als Fußkette, wie es die Fundsituation ohnehin belegt, wäre bei einfacher Tragweise die Länge viel zu groß. Als praktisch wird es sich erwiesen haben, die Kette doppelt um den Fuß zu legen. In diesem Fall war aber ebenfalls das Öffnen der Kette durch das Aufbiegen einer Öse erforderlich, was aber am Fuß sicher leicht zu bewerkstelligen war.

Nicht ausgeschlossen ist, dass die Kette primär gar nicht als Schmuck genutzt wurde, sondern als Rosenkranz. Gegen diesen Verwendungszweck spricht jedoch die Lage im Grab. Einen Rosenkranz würde man im Bereich der Hände des Toten erwarten. (OK)

Literatur: Schlenker 2007; Spieler 1995

C 79 HAKEN UND ÖSE

Messing; um 1500
L. 1,1–1,9 cm
LDA Sachsen-Anhalt, Grabung Elternhaus Mansfeld, Inv. Nr. 2004:9232 l/170–172; 174; 175; 177; 178

Bei der Durchsicht mittelalterlicher Fundmaterialien fällt auf, dass Knöpfe als Verschlüsse von Kleidungsstücken kaum eine Rolle spielen. Auch bei einer Sichtung zeitgenössischer Malerei wird dieses Bild durchweg bestätigt: der Knopf scheint erst in der Neuzeit von größerer Bedeutung gewesen zu sein! Dies verwundert zunächst, stellt doch der Knopf selbst keinen technischen Aufwand dar, der im Mittelalter hätte mit Leichtigkeit bewältigt werden können. Vielleicht ist es das Knopfloch, das die damaligen Schneider davon abhielt, diese Verschlussart zu verwenden. Mag das Umsäumen eines Knopfloches zwar verhältnismäßig aufwändig sein – unmöglich war es sicher nicht.

Die wohl am häufigsten über archäologische Funde nachweisbare Methode zum Verschließen von Kleidungsstücken ist die mit Hilfe von Haken und Öse. Häufig verwendete man auch nur Ösen, die dann mit Bändern verschnürt wurden. Beide Teile – Haken und Öse – fertigte man in der Regel aus Buntmetalldraht. Die Herstellung dieser einfachen Hilfsmittel erfolgte, indem man den Draht in der Mitte umbog und anschließend die beiden freien Enden zu einfachen seitlichen Ösen formte. Die freie Drahtschlaufe wurde anschließend entweder geweitet, um die eigentliche Öse zu bilden, oder flach gehämmert und zur Bildung eines Hakens gebogen. Mittels der kleinen seitlichen Ösen auf die Kleidung genäht, bildeten Haken und Öse einen einfachen, aber effektiven Verschluss, wie er noch heute bei diversen Kleidungsstücken Verwendung findet. (BS)

Literatur: Schlenker 2007

C 80 NESTELHÜLSEN

Messingblech; um 1500
L. 1,9–3,5 cm
LDA Sachsen-Anhalt, Grabung Elternhaus Mansfeld, Inv. Nr. 2004:9232 l/63–138

Eine in Mansfeld sehr häufig vorkommende Fundgattung gab bei ihrer Deutung zunächst Rätsel auf. Es handelt sich bei diesen Funden um kleine, aus einem Stück Blech geformte Metallröhrchen. Erst als sich im Bruch eines fragmentierten Stückes Fasern zu erkennen gaben, war eine Ansprache möglich.

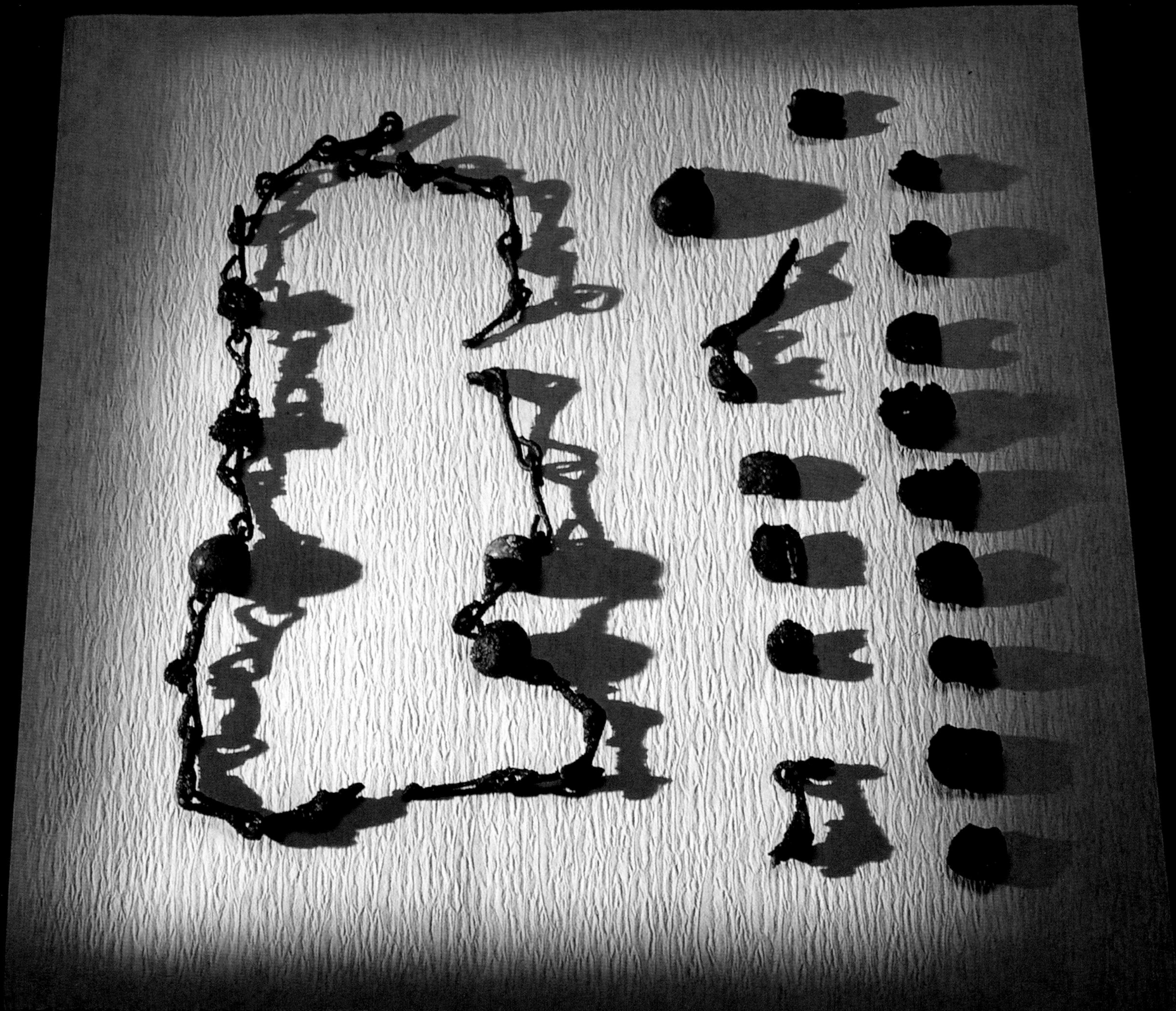

C 78

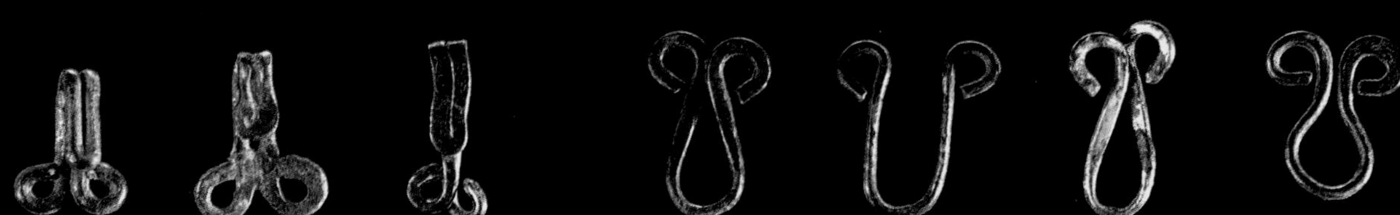

C 79

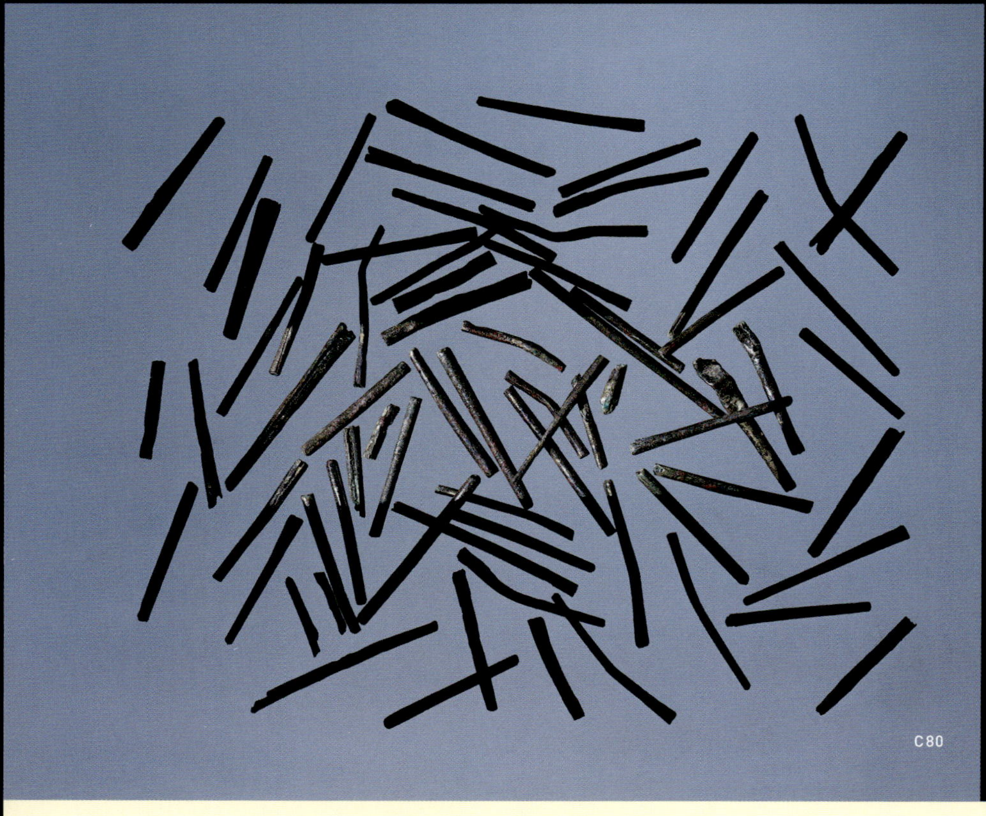
C80

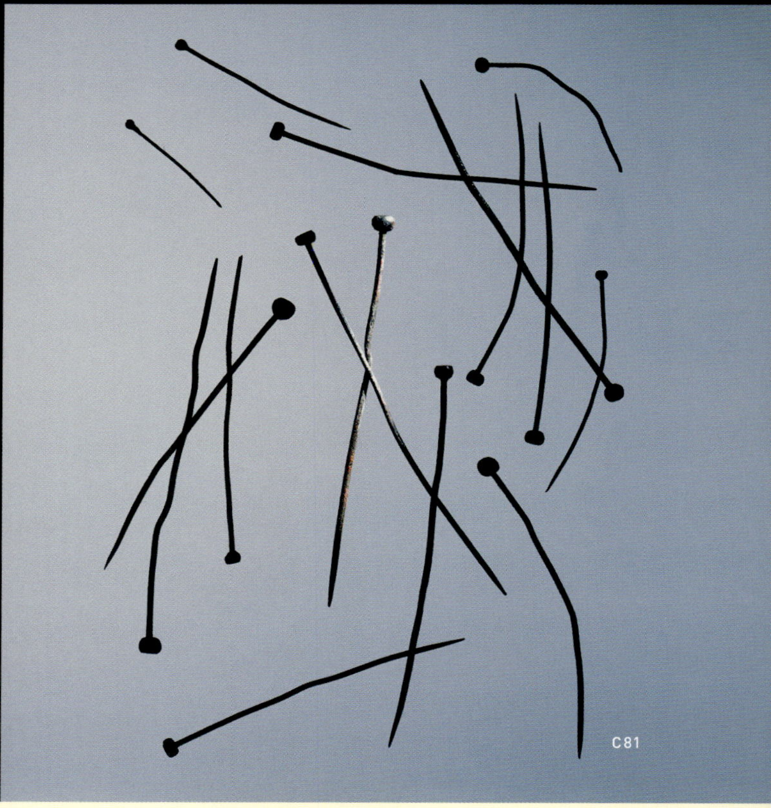
C81

Der im Ständebuch Jost Ammans aufgeführte Nestler ist auf dem Stich damit beschäftigt, mit einem ringförmigen Messer Riemen aus einer Tierhaut zu schneiden. Es darf daher nicht verwundern, dass die Berufsbezeichnung des »Riemenschneiders« synonym mit der des Nestlers verwendet wurde. Besonders aufschlussreich ist in diesem Zusammenhang der von Hans Sachs verfasste Vers: »Köllisch Nestel/vernitet mit fleiß [...]«. Bei den Metallröhrchen handelt es sich nämlich um Nestelhülsen, also Metallversteifungen von Riemenenden. In ihrer Funktion vergleichbare Hülsen kennen wir heute noch an den Schnürsenkeln des Schuhwerks!

Mit Endhülsen versehene Riemen spielten offenbar in der Mode eine besondere Rolle, wenn sie auch in der Malerei nur selten dargestellt sind. Sehr häufig begegnen sie jedoch auf Gemälden von Pieter Brueghel d. Ä. Sicherlich waren sie auch im Bereich der Miederware (vgl. C 79) von einiger Bedeutung. Wiederholt sind sie an den Hosenbünden sowie an den Verschnürungen der Hosenlatze der Männer zu erkennen. Wenngleich hier schon der Eindruck aufkommen könnte, die Riemen hätten bereits einen zierenden Charakter besessen – sie waren im Originalzustand blank, also goldfarben! –, wird dies durch ein Detail des Gemäldes »Die Bauernhochzeit« deutlich. Hier ist an der roten Kopfbedeckung eines Mannes ein ganzes Bündel von Bändern zu erkennen, deren Enden mit zierenden Nestelhülsen versehen sind.

Insgesamt konnten 75 vollständige Nestelhülsen geborgen werden. Bei den meisten Exemplaren handelt es sich um glatte Röhrchen, die eine zylindrische bis konische Form aufweisen. Nur eine Hülse zeigt eine verzierte, tordiert erscheinende Oberfläche. Die Torsion wird jedoch lediglich durch entsprechend schräg in das Blech gepresste Rillen vorgetäuscht. Eine weitere Hülse zeigt bei genauerem Hinsehen regelmäßige »Striche«, die kaum auf produktionsbedingte Vorgänge zurückzuführen sind. Es dürfte sich demnach auch um eine Form der Verzierung handeln.

Vier der Nestelhülsen weisen eine technische Besonderheit auf, die bei den übrigen Stücken nicht zur Anwendung kam. In ihrem oberen Bereich – dem »dickeren Ende« – ist jeweils eine durchgehende feine Lochung festzustellen. In zwei Fällen ist in dieser Lochung jeweils noch ein feiner Messingstift zu erkennen. Dadurch ist belegt, dass neben dem reinen »Einklemmen« des Fadens eine zweite Methode der Befestigung existierte: das Fixieren der Nestelhülse durch das Vernieten mit Hilfe feiner Messingstifte.

Angesichts der Tatsache, dass neben den komplett erhaltenen Nestelhülsen noch 79 weitere Fragmente sichergestellt werden konnten, wird deutlich, welch große Bedeutung diese Gegenstände in der lokalen Mode der damaligen Zeit besessen haben müssen. (BS)

C 81 HEFTNADELN (»HEFTEL«)

Messing; um 1500
L. 2,5–8,2 cm
LDA Sachsen-Anhalt, Grabung Elternhaus Mansfeld, Inv. Nr. 2004:9232 l/1–26

Der Beruf des Heftelmachers wird treffend in dem von Jost Ammann illustrierten Ständebuch von 1568 beschrieben. Die hier zu besprechenden Nadeln werden mit dem Begriff »Steckhefft auß Messing drat« hinreichend erklärt: Es handelt sich um Steck- oder Heftnadeln, die aus Messingdraht gefertigt wurden. Auch die Funktion dieser Nadeln wird in dem Vers von Hans Sachs genannt: »Dass die Kleider glatt ligen an«.

Es handelt sich demnach bei dieser Fundgruppe um Gegenstände, deren Funktion darin bestand, die Kleidung »in Form zu bringen«; d. h. Hauben zu stecken und zu halten, Falten zu werfen etc. Bei der Durchsicht zeitgenössischer Malerei entsteht der Eindruck, dass die Heftel zwar verwendet wurden, aber nicht dazu gedacht waren, gesehen zu werden.

Dass man die Stecknadeln tatsächlich zur Fixierung von Hauben und Schleiern ver-

wendete, zeigen sehr eindrücklich einige Frauenporträts aus dem 15. Jh. Hier sind vor allem Werke von Robert Campin (~1375–1444) und Rogier van der Weyden (~1400–1464) zu berücksichtigen. Wieder einmal ist es Pieter Brueghel d. Ä., der in seinen Werken verschiedene Beispiele für vielleicht ungewöhnlichere Verwendungen der Heftel bietet. Besonders reizvoll ist die Darstellung eines kleinen Mädchens auf dem Gemälde »Die Bauernhochzeit«. Hier ist auf dem Rücken eine Stecknadel zu sehen, die eine Borte (zur Befestigung der Schürze?) hält. Leider schlecht zu erkennen sind zwei Nadeln, die auf dem Gemälde »Die Anbetung der Könige« von 1564 zu entdecken sind. Sie befinden sich auf dem Wams eines bärtigen Mannes und dienen hier eindeutig als Verschluss. Diese Beispiele mögen genügen, um zu verdeutlichen, dass die Heftel in vielfältigster Weise verwendet wurden. Wie aus verschiedenen Quellen hervorgeht, waren sie schon im Mittelalter ein ausgesprochenes Massenprodukt, das beispielsweise von der Stadt Köln fassweise gehandelt wurde. Der Befund am Lutherhaus zeichnet sich auch in dieser Kategorie durch einen ausgesprochenen Fundreichtum aus.

Als Besonderheiten sind zwei Nadeln zu erwähnen, die aufgrund ihrer Form den Eindruck erwecken, gezielt gebogen worden zu sein. Dies gilt vor allem für ein Exemplar, dessen Schaft mehrfach gewunden ist, wobei die Spitze in eine so entstandene Schlaufe ragt. Es ist anzunehmen, dass diese Form der dauerhaften Fixierung eines Kleidungsstückes oder Accessoires diente. Die zweite Nadel weist eine parabelförmige Biegung auf. Auch diese dürfte gezielt herbeigeführt worden sein. (BS)

Literatur: Krabath 2001; Schlenker 2007

C 82 PERLEN AUS KNOCHEN (ohne Abb.)

Knochen; um 1500

Dm. 0,4 cm

LDA Sachsen-Anhalt, Grabung Elternhaus Mansfeld, Inv. Nr. 2004:9232 r

Wie bei zahlreichen Ausgrabungen nachgewiesen werden konnte, wurden im Mittelalter vor allem auch die Perlen von Rosenkränzen aus Knochen hergestellt. Eingehende Untersuchungen an Abfällen der Paternosterherstellung in Konstanz haben belegt, dass man zu ihrer Fertigung vor allem die Mittelhand- und Mittelfußknochen (Metapodien) von Hausrindern verwendete. Zu diesem Zweck wurden zuerst die Gelenkenden abgesägt. Aus der so entstandenen Knochenröhre spaltete man nun mit dem Beil einzelne Segmente heraus, bis dem Paternosterer – einem spezialisierten Handwerker – länglich-flache Knochenspäne vorlagen. Die Rohform der Perlen entstand durch den Einsatz eines speziellen Bohrers mit drei Dornen, wobei man mit dem etwas längeren mittleren die zentrale Bohrung anbrachte, während die außen stehenden »Flügel« des Bohrers die Perle aus dem Rohmaterial frästen.

Knochen ist als Material durchaus nicht zu unterschätzen, da diese in den Schlachtereien jederzeit verfügbar waren. Mit entsprechenden Hilfsmitteln entfettet, wurden die eigentlich unansehnlichen Rohknochen rein weiß und konnten sorgfältig poliert auch als Ersatz für das weit wertvollere Elfenbein verwendet werden. Zwar darf auch für die fünf Knochenperlen aus dem Befund angenommen werden, dass sie von einem spezialisierten Handwerker hergestellt worden sind, doch scheint es wegen ihren geringen Größen höchst unwahrscheinlich, dass es sich hier um die Perlen eines Rosenkranzes handelt. Zu diskutieren wäre auch ihre Funktion als Teile einer Halskette. Bei der Sichtung zeitgenössischer Malerei muss jedoch auffallen, dass die Perlenkette offenbar nur selten dargestellt worden ist – was sicherlich nicht heißt, dass es solche nicht gegeben hat. Von größerer Bedeutung scheint aber die Perlenstickerei zu sein, die vor allem auf Porträts immer wieder zu beobachten ist. Da es sich bei den Perlen um sehr zierliche Stücke handelt, erscheint es nicht ausgeschlossen, dass sie von einer entsprechenden Stickerei stammen. (BS)

Literatur: Schlenker 2007

C 83 SMARAGDGRÜNE GLASPERLE

Glas; um 1500
Dm. 0,4 cm
LDA Sachsen-Anhalt, Grabung Elternhaus
Mansfeld, Inv. Nr. 2004:9232 o

Perlen dieser Art sind von einiger Seltenheit und treten bei archäologischen Ausgrabungen nur ausnahmsweise zutage. Das Mansfelder Exemplar besitzt – wie die Knochenperlen – einen Durchmesser von nur 0,4 cm. Besonders auffällig ist ihre durchscheinend smaragdgrüne Färbung. Auch hier ist es wahrscheinlich, dass sie zu einer Perlenstickerei gehörte. (BS)

Literatur: Schlenker 2007

C 84 SPINNWIRTEL

Irdenware, glasiert; um 1500
Dm. 2,5 cm
LDA Sachsen-Anhalt, Grabung Elternhaus
Mansfeld, Inv. Nr. 2004:9232 g

Fast klischeehaft hat man beim Stichwort »Mittelalter« das Bild der Edelfräulein vor Augen, die ihren Tag damit verbringen, Altartücher zu sticken, um nebenbei gelegentlich einmal zur Laute zu greifen. Wie sich aber in zahlreichen zeitgenössischen Darstellungen zeigt, spielten textile Arbeiten vor allem in den niederen Ständen eine tatsächlich bedeutende Rolle. So ist die mit Spinnrocken und Spindel versehene Frau auf Gemälden der Zeit ein immer wiederkehrendes Motiv.

In Mittelalter und der frühen Neuzeit spann man die Wolle mit Hilfe der Handspindel. Wie nicht zuletzt auch häufig auf Fotografien volkskundlichen Inhalts ersichtlich ist, konnte das Spinnen der Wolle mit der Handspindel quasi beiläufig erledigt werden, wobei es offenbar möglich war, noch andere Arbeiten »nebenbei« zu verrichten. So nimmt es auch nicht Wunder, dass Bestandteile dieser Spindeln – die zumeist tönernen Spinnwirtel – zu den regelmäßig geborgenen Kleinfunden des Mittelalters zählen, während die Spindelachse – vornehmlich aus Holz, seltener aus Knochen gefertigt – nur in wenigen Fällen erhalten ist.

Dem Abfallmaterial aus der Lutherstraße entstammt ein vollständig erhaltener Spinnwirtel aus ockerfarben glasiertem Ton, das Achsloch misst 0,8 cm im Durchmesser. (BS)

Literatur: Schlenker 2007

C 85 FINGERHUT

Messing; um 1500
Dm. 1,8 cm
LDA Sachsen-Anhalt, Grabung Elternhaus
Mansfeld, Inv. Nr. 2004:9232 l/143

Kaum ein Gegenstand bedarf weniger Erklärung als der Fingerhut, obwohl es sich hier doch um ein Handwerksutensil handelt, das heute kaum noch in Gebrauch ist. Trotz einer mittlerweile mechanisierten Herstellung ist die Form der Fingerhüte seit dem Mittelalter gleich geblieben. Der vorliegende Fundgegenstand ist überaus gut erhalten. Er weist einen größten Durchmesser von 1,8 cm auf, seine Höhe beträgt 1,7 cm.

Die Herstellung von Fingerhüten war, dem Ständebuch Jost Ammanns zufolge, ein spezialisiertes Handwerk. Auf dem Blatt »Der Fingerhüter« sind Vers (aus der Feder von Hans Sachs) und Stich von besonderer Aussagekraft. Insgesamt werden zwei Arbeitsschritte ersichtlich. Das als Rohmaterial dienende Messingblech wurde zur Erzeugung der Rohform in ein eisernes Gesenk getrieben, anschließend wurden die »Löchlein«, welche die Oberfläche des Fingerhutes charakteristisch aufrauen, mit Hilfe einer Punze eingeschlagen. Wie feine Faltspuren im Inneren des Mansfelder Fingerhutes zeigen, erfolgte seine Fertigung tatsächlich in der von Ammann und Sachs geschilderten Weise; allerdings wurde er, wie entsprechende kreisförmige Spuren nahe legen, anschließend überdreht oder aber sorgfältig ausgeschliffen. Die »Löchlein« brachte man mit äußerster Sorgfalt an. Die hierbei verwendete Punze dürfte – ähnlich einem Meißel – eine schmale schneidenartige Arbeitskante besessen haben. Die einzelnen Kerben winden sich, ausgehend von der Öffnung des Hutes, spiralförmig über der Oberfläche. Der Mündungsrand wird zudem durch eine fein eingeschnittene Rille geziert. (BS)

Literatur: Schlenker 2007

C 86 NÄHNADEL (ohne Abb.)

Messing; um 1500
L. 3,9 cm
LDA Sachsen-Anhalt, Grabung Elternhaus
Mansfeld, Inv. Nr. 2004:9232 l/62

Das Nähen mit Nadel und Faden wird durch einen Fund belegt, bei dem es sich wahrscheinlich um den Schaft einer Nähnadel handelt. Anders als bei den Heftnadeln (»Heftel«) ist bei diesem Stück die Spitze durch wiederholtes Nachschleifen mehrfach facettiert. Am oberen Ende liegt eine Bruchfläche vor, die in ihrem Zentrum leicht gekerbt erscheint, so dass es sich hier um den Ansatz eines Öhrs handeln dürfte. (BS)

Literatur: Schlenker 2007

C 87 STECKNADEL (ohne Abb.)

Messing; um 1500
L. 2,6 cm
LDA Sachsen-Anhalt, Grabung Elternhaus
Mansfeld, Inv. Nr. 2004:9232 l/61

Neben den zahlreichen Heftnadeln liegt eine weitere aus Messing gefertigte Nadel vor, bei der es sich, bei einer Länge von nur 2,6 cm, um eine regelrechte Stecknadel – in Zusammenhang mit der Handarbeit – handelt. Die Besonderheit dieses Stückes besteht darin, dass der »Kopf« durch das flüchtige Flachhämmern des stumpfen Drahtendes zu Stande kam. Die Spitze weist keine Spuren eines Nachschärfens auf. (BS)

Literatur: Schlenker 2007

C 88 SCHERE

Eisen; um 1500
L. 10,7 cm
LDA Sachsen-Anhalt, Grabung Elternhaus
Mansfeld, Inv. Nr. 2004:9232 i

Einer der Funde, die erst nach ihrer Restaurierung identifiziert werden konnten, erwies sich als Fragment einer Schere. Die Klingen – nomenklatorisch exakt als Blätter zu bezeichnen – sind nicht erhalten. Der Fund weist daher nur eine Länge von 10,7 cm auf. Erhalten ist lediglich eines der Augen (»Grifflöcher«), welches quadratisch ausgeschmiedet ist.

Gemäß ihrer technischen Ausführung handelt es sich hier um eine Scharnierschere, bei der man die zwei Teile des Instruments mit Hilfe einer Schraube oder durch Vernieten miteinander verband. Diese heute noch gebräuchliche Form der Schere scheint unter den Bodenfunden von einer gewissen Seltenheit zu sein, doch ist sie in der bildenden Kunst des Spätmittelalters gelegentlich anzutreffen. Viel geläufiger scheint hingegen die Bügelschere – gern auch als »Schafschere« bezeichnet – gewesen zu sein, die den Vorteil hatte, dass man sie in einem Stück schmieden konnte. (BS)

Literatur: Schlenker 2007

C 90

C 91

C 92

C 93

C 89 **KLEINER TOPF** (ohne Abb.)
Irdenware; um 1500
H. 8,5 cm; Dm. 8,5 cm
LDA Sachsen-Anhalt, Grabung Elternhaus Mansfeld, Inv. Nr. 2004:9232 a/8

Als Einzelstück kommt aus dem Mansfelder Befund ein kleines, gut rekonstruierbares Töpfchen mit flachem Boden. Es besteht aus weißlicher Irdenware, innen ist es mit einer grünen Bleiglasur versehen. Da sich auf der Außenseite keinerlei Schmauchspuren befinden, ist eine Verwendung als Kochtopf ausgeschlossen. Vielleicht handelt es sich um ein kleines Trinkgefäß, möglicherweise wurden in ihm auch Gewürze oder ähnliche Spezereien verwahrt. Auch eine Verwendung als Honigtopf liegt im Bereich des Möglichen. (BS)

Literatur: Stephan 2007

C 90 **AACHHORN**
Irdenware; um 1500
L. 10,5 cm + Ergänzungen
LDA Sachsen-Anhalt, Grabung Elternhaus Mansfeld, Inv. Nr. 2004:9232 g

Ein kleiner und auf den ersten Blick höchst unscheinbarer Fund erwies sich bei genauerem Hinsehen als Gegenstand von hohem kulturhistorischen Wert. Primär handelt es sich um das Fragment eines tönernen Signalhorns. Das Bruchstück ist lediglich 10,5 cm lang, weist aber trotzdem genügend Eigenheiten auf, die es erlauben, eine genaue Ansprache vorzunehmen. Als augenfälligstes Merkmal ist die vielfach facettierte Oberfläche zu nennen, daneben ist mit den Überresten einer Aufhängeöse ein weiteres Indiz dafür gegeben, dass es sich bei diesem Stück um das Fragment eines Hornes mit polygonalem Querschnitt handelt, das in der Literatur zumeist unter dem Begriff Aach- oder Wetterhorn zu finden ist. Das vorliegende Bruchstück besteht aus hellem beigefarbenem Ton und zeigt keinerlei Hinweise auf eine Glasur oder Bemalung, wie sie andernorts gelegentlich festgestellt werden kann. Wie entsprechende Spuren auf der Innenseite des Fragmentes zeigen, wurde die langgestreckte Form erzeugt, indem man Tonwülste um einen nicht näher identifizierbaren Gegenstand (evtl. ein Seil) wickelte.

Natürlich können Signalhörner in vielfältiger Weise verwendet worden sein. Gerade bei den tönernen facettierten Hörnern verdichten sich aber Hinweise auf eine Nutzung im Rahmen religiöser oder abergläubischer Handlungen. Dies zeigt sich treffend in einem Zitat aus dem 17. Jh.: »An vielen Orten hat man Wetterhörner gehabt, welche man zu Ach in Brabant geweihet und man daher Achhörner genennet« (Haasis-Berner 1994, 20). Hiermit ist zum einen der Bezug zu den Wallfahrten nach Aachen hergestellt, ebenso zeigt sich mit dem Begriff »Wetterhorn« aber auch die Seite des Aberglaubens, handelte es sich doch um ein Mittel zur Abwehr von Blitz und Donner.

Aachen stellte in Mittelalter und früher Neuzeit eines der bedeutendsten christlichen Zentren Mitteleuropas dar. Im Mittelpunkt der Verehrung standen hier vier bedeutende Reliquien, die seit 1349 in einem siebenjährigen Turnus (so z. B. 1496, 1503 und 1510) den Gläubigen gezeigt wurden. Von außerordentlicher Eindringlichkeit ist die Beschreibung einer solchen Weisung aus dem Jahr 1510: »Wenn man sie [die Reliquien] zeigt und entfalter, fangt das Volk an, auf den Hörnern zu blasen, so daß man den lieben Gott nicht hatte donnern hören [...] und es ist niemand da, dem nicht die Haare zu Berge stehen und Tränen in die Augen treten. Dazu ertönt der Schal von Trompeten und zahllosen Hörnern. In Aachens Umgegend wurden nämlich kleine Hörner aus Thon gebacken«. (nach Tamboer 1999, 30). (BS)

Literatur: Haasis-Berner 1994; Jansen 1995; Schlenker 2007; Tamboer 1999

C 91 **DREI AACHHÖRNER**
Ton, Bleiglasur; 14.–16. Jh.
L. 33 cm; 20 cm; 18 cm
Hetjensmuseum Düsseldorf, Deutsches Keramikmuseum, Inv. Nr. LR 646; 1572; 1574

Auf die kulturhistorische Bedeutung von facettierten Signalhörnern – zumeist als so genannte Aachhörner zu identifizieren – ist bereits bei der Beschreibung des Mansfelder Fragmentes ausführlich eingegangen worden. Ergänzend hierzu ist zu erwähnen, dass die Produktion derartiger Signalhörner in Langerwehe, nahe Aachen gelegen, mittlerweile nachgewiesen ist. Die Werkstätten waren neben ihrer alltäglichen Keramikproduktion sicherlich zu einem guten Teil damit beschäftigt, den Bedarf der Pilger an Aachhörnern zu decken. Charakteristisch für die Langerweher Keramik ist ein nahezu weißer Ton. Die Mündungen der Hörner sind häufig mit einer Bleiglasur versehen; typisch sind deren facettierte Oberflächen. Während die einfachen Hörner eine gestreckte, leicht gebogene Form aufweisen, existieren seltener auch gewundene Exemplare. Da die Herstellung jener Hörner deutlich aufwändiger war, dürfte es sich hier um eine kostspieligere Variante gehandelt haben. Nicht zu vergessen ist in diesem Zusammenhang natürlich der Umstand, dass es auch Hörner aus Horn oder gar Metall gegeben haben wird. (BS)

Literatur: Haasis-Berner 1994; Jansen 1995; Schlenker 2007

C 94

C 95

C 92 KUPFERSCHLACKE
Schlacke; um 1500
Dm. 0,5–12 cm
LDA Sachsen-Anhalt, Grabung Elternhaus Mansfeld, Inv. Nr. 2004:9232 q

Schon während der Grabung musste auffallen, dass die Schlackebrocken häufig kaum als solche zu bergen waren, da sie zumeist in vollkommen zersplittertem Zustand im Befund lagen (vgl. auch Abb. 74). Hierbei handelte es sich um Fragmente von Exemplaren, die ursprünglich einen Durchmesser von 20–25 cm besessen haben müssen. Am Stück geborgen werden konnten in der Regel nur deren massive Kernbereiche. Die Schlacke weist größtenteils eine dunkle Färbung auf, gelegentlich sind türkisfarben-bläuliche Bänderungen und rötliche Partien oder Bruchstücke auszumachen.

Im Mansfeldischen war es noch zu Beginn des 20. Jh. üblich, Wasser mit Hilfe glühender Schlacke zu erhitzen. Ärmere Berg- und Hüttenleute ersparten sich kostspieliges Brennmaterial, indem sie – offenbar kostenfrei – glühende Schlacke mit nach Hause nahmen, um damit zu heizen und zu kochen. Die älteste literarische Erwähnung eines Schlackebades stammt von Cyriacus Spangenberg und bezieht sich auf das Jahr 1484. Der Umstand, dass die in der Abfallschüttung vorgefundene Kupferschlacke vielfach mit Sprüngen durchzogen war, lässt darauf schließen, dass sie auch tatsächlich zum Erhitzen von Wasser verwendet worden ist. Die noch glühende Schlacke dürfte beim Abschrecken im kalten Wasser blitzartig erstarrt und gesprungen sein.

Die Frage, ob die heiße Schlacke vor Ort angeliefert oder ob das Wasser bereits in der Hütte erhitzt wurde, lässt sich letztlich nicht beantworten. Die Verwendung von Hüttenschlacke zum Erhitzen von (Bade-)Wasser mag zunächst verwundern, doch kann sicher davon ausgegangen werden, dass Brennholz in einem durch Berg- und Hüttenwesen geprägten Landstrich ein kostenträchtiger Faktor gewesen ist. So werden in den Quellen auch wiederholt Klagen über steigende Holzkohlepreise laut. Für die Zeit um das Jahr 1510 wird für die Hütten des gesamten Mansfelder Landes ein Holzkohlebedarf von 42 000 t pro Jahr angenommen, was einer abgeholzten Waldfläche von 5 km² entsprechen soll. Deshalb wurden im Laufe der Zeit die Transportwege – und damit die Kosten – immer höher. Die Nutzung der in der Hütte als Abfallprodukt anfallenden glühenden Schlacke erscheint angesichts dieser Überlieferungen gut nachvollziehbar und plausibel. (BS)

Literatur: Kahn 2000; Mirsch 2003; Schlenker 2007; Spangenberg 1912, 234

C 93 SCHWARZES BILSENKRAUT *(HYOSCYAMUS NIGER)*
unverkohlte Samen; um 1500
L. bis 1,5 mm
LDA Sachsen-Anhalt, Grabung Elternhaus Mansfeld, Inv. Nr. 2004:9232 s

In Mitteldeutschland ist das Schwarze Bilsenkraut ruderal verbreitet. Heutzutage wird es aber kaum beachtet. In früheren Jahrhunderten galt es als sagenumwobene Heil- und Giftpflanze, die insbesondere auf der beruhigenden und schmerzstillenden bzw. der anregenden und halluzinogenen Wirkung beruht. Wie so oft, ist diesbezüglich die Dosis entscheidend. Als Mittel gegen Zahnschmerzen war Bilsenkraut bereits in der babylonischen Heilkunst bekannt. Das Bilsenkraut wurde noch im Mittelalter als anregende, bisweilen gefährliche Bierwürze (»Pils«) verwendet. Wegen des berauschenden Effektes war Bilsenkraut eine der wesentlichen Ingredienzien der so genannten Hexensalben. Aufgrund der einschläfernden Eigenschaften wurde das Kraut von den mittelalterlichen Badern in hoher Dosis bei chirurgischen Eingriffen geschätzt. Das Bilsenkraut ist seit dem Neolithikum in Mitteleuropa nachgewiesen. In Mansfeld fanden sich unverkohlte Samen. (MH)

Literatur: Düll/Kutzelnigg 1994; Hellmund 2007

C 94 ECHTES JOHANNISKRAUT/ TÜPFEL-HARTHEU *(HYPERICUM PERFORATUM)*
unverkohlte und verkohlte Samen; um 1500
L. bis 1 mm
LDA Sachsen-Anhalt, Grabung Elternhaus Mansfeld, Inv. Nr. 2004:9232 s

Das echte Johanniskraut wächst ebenfalls auf Ruderalflächen. Die Pflanze ist auch heute noch eine bedeutsame Heilpflanze. Als Johanniskrautöl und als Zutat zur Herstellung von Antidepressiva wird das Tüpfel-Hartheu genutzt. Die gelben Blüten enthalten einen roten Farbstoff, der beim Zerreiben freigesetzt wird. Es ist bemerkenswert, dass in Mansfeld sowohl unverkohlte als auch verkohlte Pflanzen nachgewiesen werden konnten. Eine Erklärung hierfür ist möglicherweise eine Verwendung des Johanniskrautes bei einem so genannten Johannisfeuer. In diesem Aberglauben wird der teilweise dem Feuer übergebenen Pflanze eine Unheil und Erkrankung abwehrende Wirkung nachgesagt. (MH)

Literatur: Düll/Kutzelnigg 1994; Hellmund 2007

C 95 SCHLAF-MOHN (*PAPAVER SOMNIFERUM*)

unverkohlte Samen; um 1500
L. bis 0,8 mm
LDA Sachsen-Anhalt, Grabung Elternhaus Mansfeld, Inv. Nr. 2004:9232 s

Im Unterschied zu den Mohnarten der Ackerbegleitflora ist der Schlaf-Mohn eine vielseitig nutzbare Kulturpflanze. Die Mohnsamen sind ölhaltig und ergeben ein gehaltvolles Nahrungsmittel. Mohnsamen werden auch als Würze für Backwaren und Süßspeisen verwendet. Darüber hinaus ist der Schlaf-Mohn eine bedeutende Heil- und Drogenpflanze. Er kann beruhigen, den Schlaf befördern bzw. im Gegenteil auch belebend oder sogar halluzinogen wirken. Mohn wurde darüber hinaus als Schmerzmittel eingesetzt. In Mansfeld kamen unverkohlte Samen des Schlaf-Mohns zutage. Der Schlaf-Mohn wird in Deutschland heutzutage nicht mehr kultiviert. Er ist aber als Zierform in manchen Gärten bzw. selten als Bewuchs von Brachflächen anzutreffen. (MH)

Literatur: Fuchs 1543/2001; Hellmund 2007

C 96 GERICHTSBUCH VON MANSFELD (THALMANSFELDISCHES GERICHTSBUCH)

Handschrift auf Papier, 147 BL.; 1502–1510
H. 34 cm; B. 45 cm (aufgeschlagen)
Landeshauptarchiv Sachsen-Anhalt, Abteilung Magdeburg, Rep. Cop. Amtsbücher, Nr. 427e

Das Gerichtsbuch der Stadt Mansfeld (auch Thalmansfeld genannt) gehört zur archivalischen Gattung der Amtsbücher. Die Buchform als Verwaltungsschriftgut setzte sich im hohen Mittelalter gegenüber den Schriftrollen durch und ist eine Vorform der seriellen Verwaltungsarbeit. Lokal wie regional gibt es mannigfache Bezeichnungen dieses Schriftgutes.

Das Mansfelder Amtsbuch enthält vor allem für die Jahre 1502–1510 Vorgänge der Strafgerichtsbarkeit (Gerichtsbuch). Im Gerichtsbuch sind handschriftliche Belege über Verhandlungen vor Gericht enthalten, einschließlich Eintragungen über kriminelle Vorgänge, Streitigkeiten und Strafgelder.

Als Immediatstadt der Mansfelder Grafen war die städtische Gerichtsbarkeit zugleich die der Landesherren. Vorfälle, die das Hüttenwesen und den Bergbau betrafen, wurden hingegen vor dem Berggericht verhandelt. Ebenso abgesondert waren die Protokolle der freiwilligen Gerichtsbarkeit, so die Handelbücher mit den Eintragungen von Heiratsverträgen, Testamenten, Hypotheken, Nachlassinventaren usw., und/oder Erbbücher, die vor allem Kaufverträge für Häuser, Bauerngüter und Grundstücke in einer Gemeinde enthielten.

Im Mansfelder Gerichtsbuch sind so die Gewalttätigkeiten von Hans Luder d. J. überliefert. Der Verwandte Martin Luthers, wahrscheinlich der Onkel (Klein-)Hans, tauchte in den Thalmansfeldischen Gerichtsbüchern zwischen 1499–1513 allein elfmal wegen Trunkenheit, Körperverletzung und Beleidigung auf. Er wurde übrigens nach Spangenberg 1536 in der Schenke zu Annarode im Streit erschlagen. (AS)

C 97 GRIFF EINER BAUERNWEHR

Eisen; um 1500
L. 19,8 cm
LDA Sachsen-Anhalt, Grabung Elternhaus Mansfeld, Inv. Nr. 2004:9232 i

Der Griff eines schweren Messers wurde zu Beginn der Auswertungsarbeiten als Teil eines Küchenmessers betrachtet. Der Schmied setzte den Griff deutlich von der Klinge ab. Er weist – im Gegensatz zur keilförmigen Klinge – einen rechteckigen Querschnitt auf und erscheint massiv. Den hinteren Abschluss bildet ein aufgeschmiedeter bogenförmiger und an seiner unteren Seite leicht ausschwingender Knauf. Der Griff besitzt keine Nietlöcher. Es ist daher auszuschließen, dass hier einmal Griffplatten angebracht gewesen sind. Sehr wohl denkbar ist aber, dass man ihn zur besseren Handhabung mit organischem Material – vielleicht Lederriemen – umwickelt hat. Wegen seiner außerordentlichen Massivität – die Klinge weist eine Rückenstärke von 0,9 cm auf – stellte sich bei diesem Stück die Frage, ob es sich nicht doch um eine Waffe handeln könnte. Immerhin sind in der zeitgenössischen Grafik öfters so genannte »Bauernwehren« mit gleichartigen Griffabschlüssen nachgewiesen. Dass die erwachsenen Bewohner des lutherischen Haushaltes zumindest gelegentlich Waffen getragen haben, ist durchaus nicht von der Hand zu weisen. Sicherlich nicht ohne Grund berichtet Spangenberg in seiner Chronik vielfach von Messerstechereien, Morden und Überfällen. Diese waren offenbar an der Tagesordnung und so dürfte es nicht verwundern, wenn sich gerade wohlhabende Personen mit Stich- oder Hiebwaffen ausgerüstet haben. (BS)

Literatur: Schlenker 2007

C 98 BAUERNWEHR

Eisen, Holz (modern); 1. Hälfte 16. Jh.
L. 67 cm
Privatsammlung

Die Waffe wurde im Jahr 2004 im Kunsthandel erworben. Sie ist von besonderer Bedeutung, da sie dem in Mansfeld ausgegrabenen Fragment (vgl. C 97) auffallend ähnlich ist. Auch hier endet der Griff in einem geschwungenen Eisenknauf. Bei den Griffschalen und einer Eisenzwinge mit Parierstange im unteren Griffbereich handelt es sich um Ergänzungen jüngeren Datums. Insgesamt vermittelt dieses Exemplar einen hervorragenden Eindruck vom Aussehen der »Langen Messer« des ausgehenden Mittelalters und der frühen Neuzeit. Da es sich bei diesem Typus um die Bewaffnung der nichtadeligen Bevölkerung handelt, sind sie nur selten verwahrt worden und daher von ausgesprochener Seltenheit. Während die Schwerter des Adels in der Regel zweischneidig sind, weisen die Waffen der niederen Stände lediglich eine Schneide auf.

Die Breite der kaum korrodierten Klinge liegt bei maximal 3 mm, die größte Dicke des Klingenrückens beträgt 0,7 cm. Die 53,4 cm lange, scharf geschliffene Klinge weist drei stabförmige Schmiedemarken mit einziehenden Schmalseiten und mittigen Querbalken auf.

Nach Angaben des Kunsthandels soll die Waffe aus der 1. Hälfte des 16. Jh. stammen. Eine Herkunft aus Süddeutschland ist wahrscheinlich. (BS)

C 99 VORHÄNGESCHLÖSSER

Eisen; um 1500
Schlosskästen: L. 5,8 cm; H. 3 cm; T. 2,4 cm (a); L. 5,6 cm; H. 2,9 cm; T. 3,1 cm (c);
Bügel: L. 4,5 cm (b); 5,5 cm (d)
LDA Sachsen-Anhalt, Grabung Elternhaus Mansfeld, Inv. Nr. 2004:9232 i

Als Funde von außerordentlicher Seltenheit konnten in Mansfeld auch Bestandteile von Vorhängeschlössern geborgen werden. Selbst in einer Monografie, die sich ausschließlich dem Thema »Schlüssel und Schlösser« widmet, sind nur wenige Vorhängeschlösser des 16. Jh. beschrieben, die sich in diversen europäischen Museen befinden (Mandel 1993, 84–87). Es sind insgesamt vier Fragmente, die separat vorlagen und deren Zusammengehörigkeit aus diesem Grund nicht gesichert ist. Immerhin handelt es sich jeweils um zwei Gehäuse und zwei Bügel. Es ist daher anzunehmen,

C 99

C 97

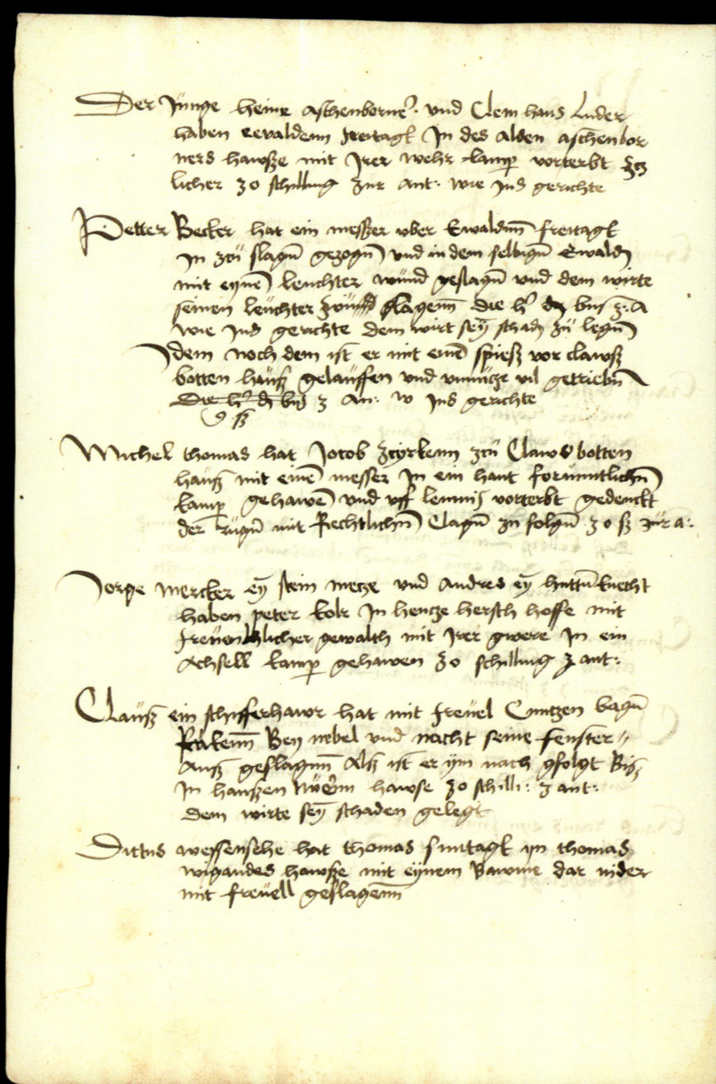

Der junge Heinz aschenborner und Clem Hans Luder
haben Ewaldem freitagk in des alden aschenbor
ners hawsse mit irer wehr kamp vorterbt [illegible]
licher 30 schilling zur ant. wie ins gerichte

Petter Becker hat ein messer ober Ewaldum freitagk
in zu slagen gezogen und in dem selbigen Ewaldt
mit eyme leuchter verwund geslagen und dem wirte
seinen leuchter zuwund slagen die [illegible] bus z. a
wie ins gerichte dem wirt sin schaden zu legen
Item noch dem ist er mit eine spieß vor clauß
botten hauß gelauffen und unnutze vil getrieben
~~Die [illegible]~~ bus z an. w ins gerichte
9 ß

Michel thomas hat Jocob Zyrlern zu Claus botten
hauß mit eine messer in ein hant forumtlichen
kamp gehawe und uff lemnis vorterbt gedenckt
der tugend mit frechtlichen clagen zu folgen 30 ß z a.

Jorge mercker ey stein metze und Andres ey huttenknecht
haben peter Cole in hentze hersth hoffe mit
frevenlicher gewalth mit irer gwere in ein
achsell kamp gehawen 30 schilling z ant.

Clauß ein schuchhawer hat mit frevel Contzen Bagen
[illegible] bey nebel und nacht seine fenster
auß geslagen als ist er ym nach gfolgt bis
in hansen [illegible] hawse 30 schill. z ant.
dem wirte sin schaden gelegt

Dithus [illegible] hat thomas [illegible] ym thomas
[illegible] hawsse mit eynem [illegible] dar nider
mit frevell geslagen

C 96

C 98

dass hier zwei Schlösser zur Deponierung gelangten.

Die Gehäuse besitzen eine rechteckige Grundform und weisen nahezu identische Maße auf. Beide Schlosskästen sind oben offen, so dass ihre »Deckel« vermutlich aus einem vergänglichen Material gefertigt waren. Wie entsprechende Nahtstellen zeigen, verlötete man zur Herstellung der Kästen einzelne rechteckige Eisenplättchen. Im Inneren sind Reste der technischen Ausstattung der Schlösser vorhanden. Diese sind jedoch zu geringfügig, um ihre mechanische Funktionsweise erkennen zu lassen. Auf einer der Breitseiten ist jeweils ein Schlüsselloch vorhanden. Diese fallen ausgesprochen klein aus, zudem ist eine »schlüsselgerechte« Form nicht zu erkennen.

Die beiden Bügelreste bestehen aus flach geschmiedeten Eisenstreifen. Während der eine Bügel an einem seiner Enden lediglich eine leichte Verdickung aufweist, zeigt das andere Exemplar an dieser Stelle einen flach gehämmerten, dornartigen Abschluss, bei dem es sich um den zum Verschluss dienenden Zapfen handeln dürfte.

Vorhängeschlösser mit kastenförmigem Gehäuse scheinen als Bodenfunde von ausgesprochener Seltenheit zu sein. So konnten in der Literatur so gut wie keine Entsprechungen ausfindig gemacht werden. Dass Schlösser dieser Art im Spätmittelalter durchaus geläufig waren, ist jedoch über die Malerei jener Zeit zu belegen. Besonders Tafelbilder, auf denen der »Kettenheilige« St. Leonhard dargestellt ist, sind in Bezug auf Schlösser eine wahre Fundgrube. (BS)

Literatur: Mandel 1993; Schlenker 2007

C 100 SCHLÜSSEL (ohne Abb.)

Eisen; um 1500
L. 4,9 cm; 15,5 cm
LDA Sachsen-Anhalt, Grabung Elternhaus Mansfeld, Inv. Nr. 2004:9232 i

Von zwei in Mansfeld gefundenen Schlüsseln besitzt das kleinere Stück einen Hohldorn, d. h. hohlen Schaft, einen mehrfach gesägten Bart und zeigt Reste eines Gesenks. Mit diesem Begriff wird eine Verdickung unterhalb des Griffs (die so genannte Reide) beschrieben, die bei diesem Exemplar nicht mehr vorhanden ist. Reste von stark korrodiertem Buntmetall könnten dafür sprechen, dass im Bereich des Gesenks eine Messing- oder Bronzemanschette angebracht gewesen ist. Es dürfte sich um einen Schlüssel zum Verschließen eines Möbelstücks, einer Truhe oder einer Schatulle handeln.

Im Gegensatz dazu diente das größere Exemplar sicherlich als (Haus-)Türschlüssel. Da hier auch ein Teil der Reide erhalten ist, kann seine Länge mit 15,5 cm als nahezu authentisch angesehen werden. Der Schaft (Dorn) dieses Schlüssels ist massiv und läuft in einer Spitze aus. Sein Bart ist vollständig erhalten und mit mehreren Aussparungen versehen. Leider lässt sich die Form der Reide nicht konkret rekonstruieren. Da es sich bei diesem Schlüssel um ein gotisches Exemplar zu handeln scheint, könnte ein rauten- oder herzförmiger Griff angebracht gewesen sein. (BS)

Literatur: Brunner 1988; Schlenker 2007

C 101 FUNDMÜNZEN AUS LUTHERS ELTERNHAUS IN MANSFELD

etwa 300 Kleinmünzen; spätes 15. Jh.
187 bestimmbare Münzen, davon 161 Hohlpfennige der Grafschaft Mansfeld, Münzstätte Eisleben, Gepräge nach dem Vertrag von 1459;
9 Hohlpfennige des Fürstentums Anhalt, Münzstätten Köthen oder Zerbst; 6 einseitige kursächsische Pfennige, 1 Münzstätte Freiberg oder Gotha, nach 1475, 1 Münzstätte Zwickau, ab 1478, 4 Löwenpfennige 1482–1495, Münzstätten Freiberg (2), Schneeberg und Zwickau (2);
1 kursächsischer Hohlpfennig, 1461/62, Münzstätte Freiberg; 1 kursächsischer Hohlheller 1475–1482, Münzstätte Gotha; 4 Niederlausitzer Vinkenaugen, 1425–1440; 2 Kronenpfennige, evtl. Görlitz, 15. Jh.; 3 sekundär versprengte Kleinmünzen des 18. Jh., Sachsen-Coburg-Saalfeld, Pfennig 1772, Münzstätte Coburg; Wismar, 3 Pfennig 1743, unbestimmbarer Pfennig 1790
LDA Sachsen-Anhalt, Grabung Elternhaus Mansfeld, Inv. Nr. 2004:9232 t

Die aus vielen Bruchstücken und Fragmenten bestehende, auf insgesamt etwa 300 Pfennige hochzurechnende Fundmasse streute lose in der Abfallgrube über die gesamte Fläche und Tiefenprofile und ist deshalb in verschiedener Hinsicht einzigartig (vgl. Abb. 76). Vertreten sind ausnahmslos die kleinsten Nominale: Pfennige, Heller und geringstwertige Vinkenaugen. Dieses Geld galt gemeinhin als »schlecht« und konnte nur für den lokalen Kleinhandel genutzt werden.

Den hauptsächlichen Fundanteil bilden nicht genau datierbare Eisleber Pfennige, die in zeitgenössischen Quellen auch als Thüringer Pfennige aus Eisleben bezeichnet werden. Das einfache Münzbild zeigt in Varianten einen Helm mit zwei Adlerflügeln. Die Prägung dieser Münzen reicht bis in das beginnende 16. Jh. hinein.

Die jüngsten datierbaren Gepräge sind zwei einseitige sächsische Pfennige, zwischen 1482–1495 in Zwickau und Schneeberg geschlagen. Der gesamte Geldwert ist nicht gering, so dass eine verlorene Haushaltskasse oder eine Barschaft eines Angestellten von Hans Luder vermutet werden kann. Nach der Mansfelder Chronik von Cyriacus Spangenberg kosteten um 1475 z. B. fünf Eier 1 Pfennig, ein Pfund Butter ca. 8 Pfennig und 2,5 Pfund Hühnerfleisch etwa 6 Pfennig. Die Jahre der Verbergung des Fundkomplexes um 1500–1510 bezeichnete der Mansfelder Chronist als »gar wohlfeile« und »gute« Zeit, in der die Ernten offenbar gut und die Preise für Lebensmittel niedrig waren.

Literatur: Dräger 2007

C 102 HOHLPFENNIGFUND VON DOMNITZ

132 bestimmbare Münzen; Mitte 15. Jh.
davon 81 vollständig und 51 als Bruchstücke erhalten, sowie 3,07 g Fragmente, 131 Eisleber Hohlpfennige (zwei Typen), 1 anhaltischer Hohlpfennig, verborgen in der 2. Hälfte des 15. Jh.
Fundgefäß »Hessische Krause«, graubraunes Steinzeug, teilweise salzglasiert, Verzierung Spiralfurchen, H. 10,4 cm; Dm. 9,7 cm (max.)
Stadt Eisleben, Regionalgeschichtliches Museum, Inv. Nr. V 8451-8583 G (Münzen); V 187 (Krause)

Entdeckt wurde der Münzfund bereits 1876 beim Ausheben eines Grabes zwischen den Schenkelknochen eines Skeletts auf dem Kirchhof von Domnitz (Saalekreis). Die Fundmasse bilden bis auf einen anhaltischen Hohlpfennig ausschließlich die kleinen Eisleber Hohlpfennige, die auch den Fundkomplex vom Elternhaus Martin Luthers in Mansfeld dominieren. Der hier vorliegende Fund bietet den bisher einzigen archäologischen Vergleich eines solch reinen Heimatfundes dieser Zeit in der Region. (UD)

Literatur: Kluge/Stoll 1982; Stoll 1985

C 101

C 102

C 103 MÜNZEN DER GRAFEN VON MANSFELD

Silber, geprägt; Münzstätte Eisleben
Groschen 1515 (c) und 1517 (d), erster Taler 1521 (a)
Gemeinsame Gepräge der Grafen Günther IV., Ernst II., Hoyer VI., Gebhard VII. und Albrecht VII., gemeinsam 1486–1526
Halber Taler 1532 (b)
Gemeinsames Gepräge der Grafen Hoyer VI., Gebhard VII., Albrecht VII. und Phillip II., gemeinsam 1531–1540
Stiftung Moritzburg – Kunstmuseum des Landes Sachsen-Anhalt, Inv. Nr. LMK 10022; 10041; 10068; 10025

Die seit dem 10. Jh. bestehende Münzstätte in Eisleben, eine der produktivsten im Reich, prägte bis zum Jahr 1521 ausschließlich Pfennige und Groschen. Dann folgten nach sächsischem Vorbild die neuen Großsilbermünzen, die Guldengroschen bzw. Taler. Bis 1540 erfolgte die Ausmünzung durch die Grafen gemeinschaftlich.

Hauptsächliches Bildmotiv bzw. Sinnbild der Mansfelder Münzen ist der Schutzpatron des gräflichen Hauses, der den Drachen tötende Heilige Georg. Die ältesten Taler tragen auf der Satteldecke des Pferdes die Inschrift »Ora pro nobis«, mit der die Fürbitte des Schutzheiligen erbeten wurde, die sich allerdings mit der Durchsetzung der Reformation verlor. Auf der Kehrseite ist in verschiedenen Varianten das Wappen der Grafschaft dargestellt. (UD)

Literatur: Tornau 1937, Nr. 27; 32; 56 a; 116 a

C 104 TRACHTBESTANDTEILE

Messing; vmtl. 16. Jh.
L. 2,6 cm; 3.8 cm (Flatterbleche); 2,8 cm (Nadel); 2,6 cm (Nestelhülse); 0,9 cm (Beschlag)
LDA Sachsen-Anhalt, Grabung Langeneichstädt St. Nicolai, Inv. Nr. 132/2006

Metallene Trachtbestandteile kommen verhältnismäßig selten bei archäologischen Ausgrabungen zutage. Mit einiger Regelmäßigkeit werden aber solche Gegenstände bei Grabungen in Kirchenschiffen gefunden, wo sie oft mit einer größeren Menge von Kleinmünzen vergesellschaftet sind. Dieser Umstand ist leicht zu erklären: Beim Kirchgang wurde meist die landesübliche Tracht getragen. Verloren gegangene Applikationen verschwanden des Öfteren unerreichbar im Bretterboden der Kirche. Gleiches gilt für die Münzen. Einmal für die Bestückung des Klingelbeutels gezückt und heruntergefallen, konnten auch sie häufig nicht wieder geborgen werden. (BS)

Literatur: Schlenker 2007

C 105 EISERNER PESTKORB VOM RATHAUS IN NIENBURG

Eisen, geschmiedet; 16. oder 17. Jh.
H. 29,3 cm; Dm. 27,7 cm (Boden); 31,4 cm (Rand)
Museum Nienburg

Der lokalen Tradition zufolge wird der am Rathaus aufgehängte schmiedeeiserne Korb mit Pestzeiten in Verbindung gebracht. Möglicherweise wurde er während der schweren Epidemien des 16. Jh. oder in Zeiten des Dreißigjährigen Krieges zum Verbrennen von Räucherwerk auf den Straßen oder in den Wohnungen von infizierten und der Krankheit erlegenen Personen genutzt. Da man eine Ansteckung über die Luft vermutete, empfahl die zeitgenössische medizi-

C 109

C 103

nische Literatur das Ausräuchern mit aromatischen Kräutern, was die Luft reinigen sollte. Aus heutiger Sicht sinnvoller dürfte hingegen das gleichzeitige Verbrennen der Kleidung und des textilen Hausrates von Pestkranken gewesen sein.

Die zweite Deutung, in dem Korb seien die abgeschlagenen Häupter zum Tode Verurteilter zur Schau gestellt worden, krankt schon an der mangelnden Sichtbarkeit einer derartigen Präsentation.

In jüngerer Zeit diente der Korb umherziehenden Handwerkern als Wahrzeichen, die zuhause auf Verlangen der Zunft dieses Merkmal als Beweis ihres Aufenthaltes in der Fremde nennen können mussten. (MG)

Literatur: Bulst 1985

C 106 HAUBE EINES PESTARZTES

Leder, Sackleinen, Glas; Ende 16. Jh. oder später
H. 67 cm
Privatsammlung

Die aus ehemals gewachstem Sackleinen bestehende Haube besitzt in Halshöhe eine Kordel zum Zuziehen des Kopfteiles, ein angenähtes Schulterteil sowie ein ledernes Gesichtsfeld. Letzteres besteht aus einer mit kreisförmigen Lederstücken angenähten »Brille« aus runden Glasscheiben aus farblosem Waldglas. Der schnabelförmige Nasenschutz aus Leder hat eine Länge von 20,3 cm und ist mit Atemlöchern ausgestattet.

Pestmasken mit schnabelförmigem Nasenschutz waren im 16. und 17. Jh. ein wichtiger Bestandteil der Schutzbekleidung von Pestärzten. Die im Schnabel untergebrachten, mit ätherischen Essenzen getränkten Woll- und Wattebausche sollten den Arzt beim direkten Kontakt mit den Infizierten vor einer Ansteckung schützen.

Wie eine erste bekannte Darstellung aus dem Jahr 1656 belegt, kennzeichneten zudem ein langer Mantel, ein breitkrempiger Hut sowie ein langer Stab die Pestärzte. Die venezianischen Karnevalsmasken mit den langen Nasen gehen in ihrer Form auf diese Pesthauben zurück.

Luther wurde selbst Zeuge mehrerer Pestausbrüche: 1505 erlebte er in Erfurt nicht nur den Tod zweier seiner Professoren und vermutlich eines Kommilitonen, auch zwei Brüder in Mansfeld fielen dieser Pest zum Opfer. 1527 brach die Pest auch in Wittenberg aus. Die Wittenberger Universität flüchtete am 2. August nach Jena. Luther hingegen blieb und nahm sogar Kranke in sein Haus auf. Als im Herbst die Virulenz der Krankheit nachließ, schrieb Luther aus Wittenberg: »In der Unterstadt, wo die Fischer wohnen, hörte die Pest schon auf; dort fangen die Hochzeiten und ihre Schmäuse wieder an; aber Sicherheit ist noch nicht da. Denn vor 8 Tagen war in der Stadt die Pest fast alle, kaum gab es an einzelnen Tagen einzelne Leichenbegräbnisse, aber plötzlich änderte sich die Luft, innerhalb zweier Tage waren an einem Tage 12 Leichenbegräbnisse gleichzeitig.« Auch Luther folgte dem damals gängigen Erklärungsmuster, nach dem sich die Krankheit über »vergiftete Luft« verbreite, vor denen man sich (möglicherweise schon seit dem 16. Jh., nachweisbar seit dem 17. Jh.) durch derartige Hauben zu schützen suchte. (MG)

Literatur: Feuerstein 2005; Vasold 1991

C 105

C 106

C 110

C 108

C 107 JOHANNES MATHESIUS: VON DER PESTILENCZ

Holz, Pergament, Papier; 1597
H. 10,5 cm; B. 15,4 cm (aufgeklappt)
Marienbibliothek Halle, Sign. K 3.78

Johannes Mathesius (1544–1607) war der Sohn von Johannes Mathesius d. Ä., einem Weggenossen Martin Luthers. 1551 begann er sein Studium an der Universität in Wittenberg, wo er 1564 die Prüfungen zum Magister ablegte. Eine Reise nach Italien nutze er, um Medizin zu studieren. In Bologna erwarb er den Doktorgrad. 1575 berief ihn Kurfürst August von Sachsen als Professor für Medizin an die Universität Wittenberg; 1578 wurde er gar zum Rektor ernannt. Wegen Richtungsstreitigkeiten innerhalb der protestantischen Kirche verließ er Sachsen, um schließlich als Professor der Medizin in Danzig tätig zu werden. Sein 1597 in Hamburg erschienenes Buch »Von der Pestilencz« gilt als eines seiner Hauptwerke. (BS)

C 108 TEXTILFRAGMENT

Leinenfasern; um 1500
1,2 x 1,8 cm
LDA Sachsen-Anhalt, Grabung Elternhaus Mansfeld, Inv. Nr. 2004:9232 r

Ein winziges verkohltes Stofffragment liefert den Beweis, dass im lutherischen Küchenfeuer – zumindest gelegentlich – auch Textilen verbrannt worden sind. Die Herstellung des Stoffes erfolgte in einfacher Leinwandbindung. Wie fein der Stoff in ursprünglichem Zustand war, ist nicht mehr exakt zu ermitteln. Tatsache ist, dass Leinengewebe beim Verkohlen deutlich schrumpfen – das Mansfelder Fragment wird deshalb etwas grober gewesen sein, als es heute erscheint. (BS)

Literatur: Hertel 2007

C 109 REST EINES VERZIERTEN LEDERRIEMENS

Leder, Messing; 1. Hälfte 16. Jh.
L. ca. 50 cm; B. 3 cm
LDA Sachsen-Anhalt, Grabung Mansfeld Lutherhaus-Keller, Inv. Nr. 2008:4/91

Die gute Erhaltung von Lederresten im Boden ist selten und bedarf besonderer Umstände, z. B. eine hohe und permanente Feuchtigkeit. Daneben spielte bei der ausgezeichneten Erhaltung dieses Riemens wahrscheinlich der Einfluss von Buntmetalloxiden eine wesentliche Rolle.

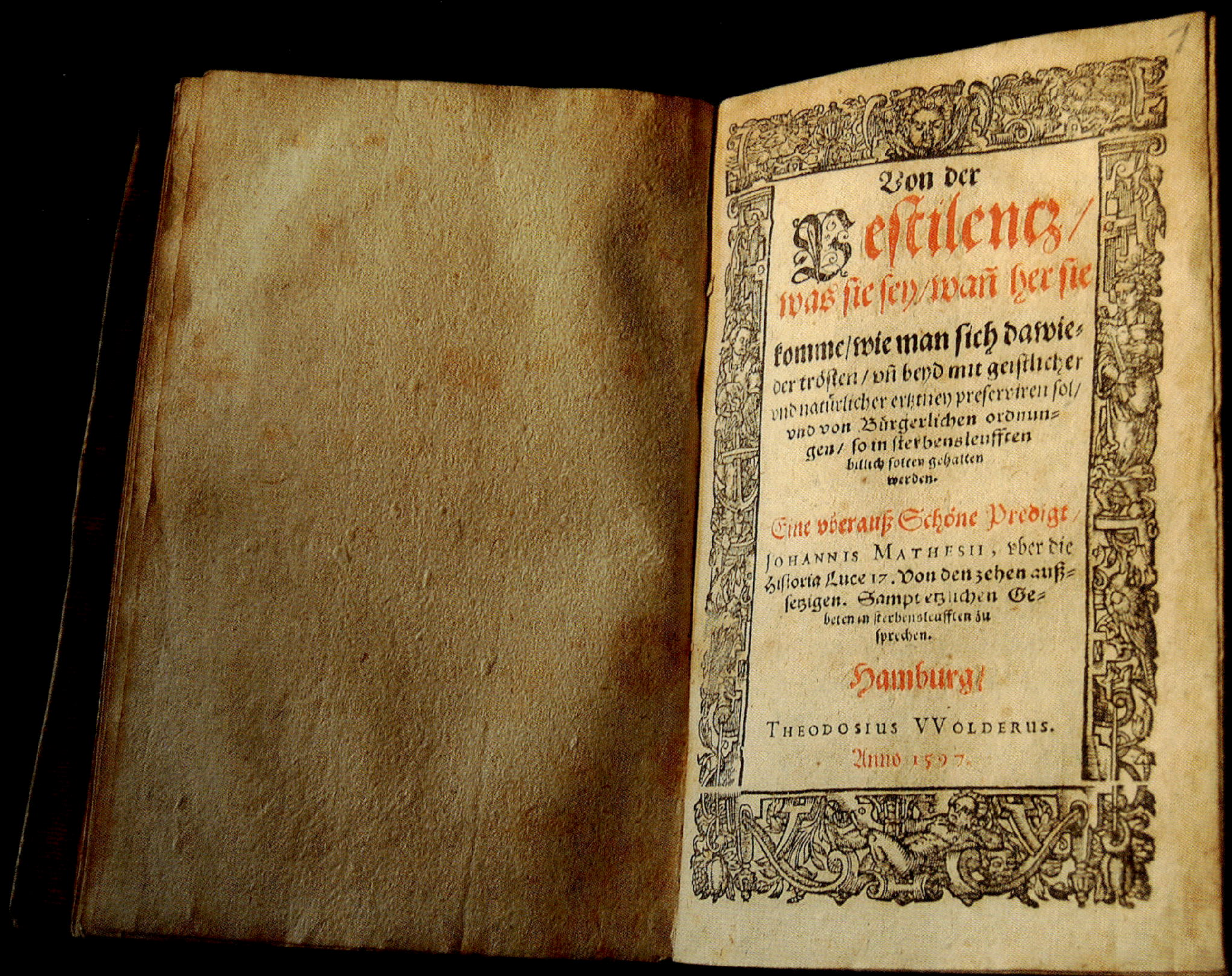

C 107

Die Riemenbreite ähnelt einigen Riemenschnallen, die bereits in Mansfeld gefunden worden sind. Auch die Dicke des Leders entspricht mit ca. 3 mm einigen dieser relativ kleinen Gürtelbeschläge.

Einzigartig ist die Verzierung des Lederriemens: man erkennt paarweise angeordnete Eicheln, die je an einem stilisierten kleinen Ast hängen. Die Anbringung der Eicheln erfolgte durch Nieten im oberen Hülsenbereich. Drei Nietenreihen am rechten und linken Riemenrand sowie in der Mitte runden die Verzierung ab.

Vergleichsfunde hierzu sind bislang unbekannt. Eicheln spielen in der Heraldik erst ab dem 18. Jh. eine wichtige Bedeutung, obwohl die Eiche als Baum bereits von den Griechen dem Göttervater Zeus zugeordnet wurde und seitdem in der Überlieferung eine tragende Rolle gespielt hat. Möglicherweise war der Riemen Bestandteil eines längeren Gürtels, von dem der verzierte Teil lose herabhing. Ebenso ist es möglich, dass der Lederriemen an einer Tasche oder einem Pferdehalfter angebracht gewesen ist. (IV)

C 110 WEIBLICHE FIGUR

Pfeifenton; 1. Hälfte 16. Jh.
H. 6,2 cm (erhalten)
LDA Sachsen-Anhalt, Grabung Mansfeld
Lutherhaus-Keller, Inv. Nr. 2008:I/1

Die Figur wurde hohl in einem Model gepresst, anschließend gebrannt und wahrscheinlich in mehrfacher Stückzahl hergestellt. Gewand und Ausführung kennzeichnen die Figur trotz des fehlenden Kopfes als weiblich. Vergleichbare Plastiken legen eine Deutung als Heilige nahe. Denkbar wäre, dass sie von einer Wallfahrt als Beleg oder Andenken mitgenommen wurde und somit auch ein Symbol der Volksfrömmigkeit ist.

Bei genauerer Betrachtung erkennt man einen Gegenstand in ihren Händen, an dem Reste einer Bemalung vorhanden sind. Das Utensil scheint nicht unbedingt Teil eines Gürtels zu sein, sondern könnte auch einen Rosenkranz darstellen. Nur zwei weibliche Heilige werden im 15. Jh. ausschließlich mit diesem Attribut versehen: die Gottesmutter Maria und die Heilige Monika. Zu Monika gäbe es im Hause Luder eine gute Verbindung: Sie war die Mutter des Heiligen Augustinus, dem Ordenstifter des gleichnamigen Ordens, in den der junge Martin Luther eintrat. Von den Mitgliedern dieses Ordens wurde Monika auf besondere Art und Weise verehrt. (IV)

KAPITEL D

LUTHER ALS MÖNCH – ABLASSSTREIT

Vermutlich wurde Martin Luther 1491, also im Alter von sieben Jahren in Mansfeld eingeschult. 1497 verließ er seine Heimatstadt, um zunächst in Magdeburg und dann in Eisenach weiterführende Schulen zu besuchen. Im Sommersemester 1501 schrieb er sich an der Universität Wittenberg ein. Nachdem er bereits 1502 das Baccalaureat ablegte, erlangte er 1505 den Magister der freien Künste. Damit war das eigentliche Studium abgeschlossen, doch stand an der Universität der Weg für weitere Spezialisierungen offen. So immatrikulierte er sich – wohl auf Wunsch seines Vaters – im selben Jahr an der juristischen Fakultät.

Einen Monat nach Semesterbeginn reiste Martin Luther zu seinen Eltern nach Mansfeld. Auf dem Rückweg ereignete sich bei Stotternheim eines der Schlüsselszenarien der Reformation: In unmittelbarer Nähe des Wandernden schlug ein Blitz ein, der daraufhin in Todesangst gelobte, Mönch zu werden.

Mittlerweile wird die Authentizität dieses Ereignisses auch innerhalb der Reformationstheologie hinterfragt. Martin Luther war zum Zeitpunkt seines Klostereintritts mit 22 Jahren im heiratsfähigen Alter. Es ist daher möglich, dass Hans Luder seinen Sohn nach Mansfeld zitiert hatte, um ihn von seiner bevorstehenden Verehelichung zu unterrichten. Martin Luther erinnerte sich später in einem Schreiben an seinen Vater »Deine Absicht war es sogar, mich durch eine ehrenvolle und reiche Heirat zu fesseln«. Vielleicht erfolgte also der Klostereintritt Luthers als Reaktion auf einen Streit mit dem Vater und möglicherweise anlässlich einer unerwartet eintretenden Todesgefahr auf dem Rückweg nach Erfurt.

Gefördert durch seinen Ordensoberen, Johannes von Staupitz, machte Luther in seinem Orden rasch Karriere. Nachdem er 1507 zum Priester geweiht worden war, wurde er 1510 – nach seiner Romreise – von Erfurt nach Wittenberg versetzt, wo Kurfürst Friedrich der Weise 1502 eine Universität, die Leucorea, gegründet hatte. Hier erwarb er auf Anweisung seines Priors den theologischen Doktorgrad (1512) und übernahm den theologischen Lehrstuhl für Bibelexegese. Außerdem wurde er zum Klosterprediger und zum Vikar seines Ordens ernannt. Nach einer Selbstaussage von 1516 scheint Luther zu dieser Zeit eher ein überarbeiteter Klostermanager und Hochschullehrer, als ein sich selbst kasteiender, von Schuldgefühlen geplagter, ständig zweifelnder Mönch gewesen zu sein.

Papst Leo X., ein Medici, saß seit 1513 auf dem Heiligen Stuhl. Um den Neubau des Petersdomes zu finanzieren, forcierte er den Ablasshandel. Kardinal Albrecht von Brandenburg, durch die Finanzierung seiner Ernennung zum Bischof von Mainz und Magdeburg bei den Augsburger Fuggern hoch verschuldet, organisierte den Verkauf des Petersablasses in seinem weltlichen und kirchlichen Machtbereich. Die eine Hälfte des Erlöses stand ihm selbst zu, die andere diente dem Papst zur Verwirklichung seiner ehrgeizigen Bauprojekte. Geradezu berüchtigt wurde der Ablassprediger Johann Tetzel, dessen offensive Verkaufspraxis Martin Luther zur Aufstellung seiner Thesen veranlasste. Neuerdings ist die Faktizität des legendären Thesenanschlages wieder in den Bereich des Möglichen gerückt. Eigentlich wollte Luther damit zum innerkirchlichen Disput aufrufen. Zu diesem Zweck übersandte er seine Thesen auch an Kardinal Albrecht.

Die 95 Thesen entwickelten sich zum »Selbstläufer«. Vielfach abgedruckt fanden sie im ganzen Reich Beachtung. Nach eigenen Aussagen wurde Luther von dieser Entwicklung selbst völlig überrollt. Um gewisse Missverständnisse auszuräumen und zum besseren Verständnis für Laien (die Thesen waren in Latein gehalten) verfasste er 1518 sein Werk »Ein Sermon von Ablaß und Gnade«, von dem mindestens 25 zeitgenössische Druckfassungen existieren. Im Juli desselben Jahres erhielt er eine Vorladung nach Rom. Sein Landesherr, Friedrich der Weise, konnte dies jedoch abwenden; stattdessen erfolgte in Augsburg ein »Verhör« durch den päpstlichen Nuntius Cajetan. Da sich Luther weigerte, seine Lehren zu widerrufen, kam es zum Eklat.

1519 starb Kaiser Maximilian I. Die politischen Auseinandersetzungen um seine Nachfolge hielten den Vatikan zunächst davon ab, konkreter gegen Luther vorzugehen. Im Juni 1520 wurde Martin Luther dann jedoch mit der Bulle »Exsuge Domine« zum Ketzer erklärt und zum Widerruf aufgefordert. Durch den Reichsherold Kaspar Sturm erhielt er die Vorladung, sich vor Kaiser Karl V. und dem Reichstag in Worms zu verantworten. Nachdem er sich auch vor dem Kaiser geweigert hatte, seine Lehre zu widerrufen, machte er sich – immer noch unter Geleitschutz – auf den Rückweg nach Wittenberg. Per Wormser Edikt und einer Bulle des Papstes war er unter die Reichsacht gestellt und zudem exkommuniziert worden. Friedrich der Weise wäre somit gezwungen gewesen, Luther auszuliefern. Um dies zu umgehen, ließ er den Gebannten entführen, um ihn auf der Wartburg in Sicherheit zu bringen. Unter dem Decknamen »Junker Jörg« übersetzte er hier das Neue Testament in die deutsche Sprache.

In seiner Abwesenheit kam es 1522 in Wittenberg unter Andreas Bodenstein von Karlstadt zu radikalen Umsetzungen der Lehre Luthers und zum Bildersturm. Entgegen dem Rat seiner Vertrauten verließ Luther die Wartburg und bezog seine alte Zelle im Wittenberger Kloster. Von hier aus brachte er die Reformation letztlich wieder in ruhigere Bahnen. [BS/MG]

D 2

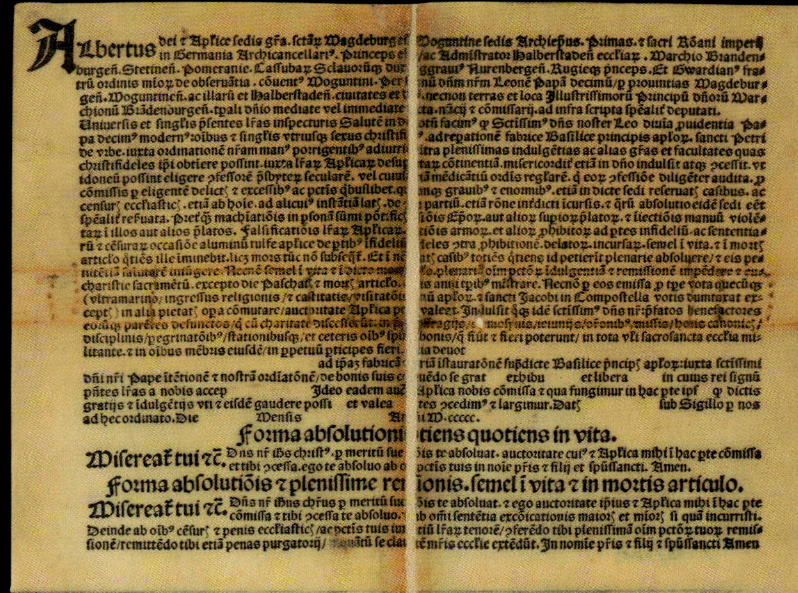

Albertus dei et Apostolice sedis gratia ...

Forma absolutionis totiens quotiens in vita.

Misereatur tui etc.

Forma absolutionis et plenissime remissionis semel in vita et in mortis articulo.

Misereatur tui etc.

D 3

D 1 LUTHER-KUTTE

Kutte eines Augustiner-Eremiten, angeblich von Luther getragen

Wollstoff; 16. Jh.

L. 138 cm; B. 62 cm

Stiftung Luthergedenkstätten in Sachsen-Anhalt, Inv. Nr. K 373

Nach den Wittenberger Ordensstatuten besaß kein Mönch ein Anrecht auf eine bestimmte Kutte. Falls er nach der Reinigung eine schlechtere erhielt – so die Vorschrift – sollte er dies in Dankbarkeit und Demut hinnehmen. Da Luther als Universitätsprofessor direkt vom Kurfürsten eingesetzt war, verhielt es sich auch bei der Frage nach einer Kutte anders. Schon 1519 ist ein Antrag Luthers an den Hof wegen eines neuen Gewandes überliefert, der aber aufgrund der Bürokratie vorerst nicht entschieden wurde. So dauerte es bis 1521 als klar war, dass Luther unmöglich in seiner verschlissenen Kutte Kaiser Karl V. auf dem Reichstag zu Worms entgegentreten konnte. Beim anschließenden Aufenthalt auf der Wartburg kleidete sich Luther bekanntlich als Ritter. In dieser Verkleidung als Junker Jörg kehrte er auch im März 1522 wieder nach Wittenberg zurück. Neuere Untersuchungen im Ausgabenbuch des Wittenberger Magistrats belegen, dass die Stadt zu diesem Zeitpunkt mehr als acht Gulden für eine neue Kutte für Luther zahlte. Dabei dürfte es sich um das ausgestellte Stück handeln (MT).

Literatur: Treu 2003, 49

D 2 GEWÖLBESCHLUSSSTEIN VOM AUGUSTINERKLOSTER ERFURT

Sandstein; 1502–1516

H. 26 cm; Dm. 44 cm

Evangelisches Augustinerkloster, Erfurt

Luther bewohnte nach seinem Klostereintritt von 1505–1511 das Erfurter Augustinerkloster, dessen Bibliotheksanbau zwischen 1502–1516 errichtet wurde. Der Gewölbeschlussstein mit dem Bildnis des heiligen Augustinus zierte ursprünglich das südliche Schiff dieses Anbaus. Bei der Bombardierung Erfurts am 25. Februar 1945 wurde der Bibliotheksbau des Augustinerklosters, der bis dahin in seiner spätgotischen Ausstattung erhalten geblieben war, nahezu vollständig zerstört. Aus den Trümmern konnten nur wenige Architekturteile geborgen werden, darunter die vier Gewölbeschlusssteine mit der Darstellung der Kirchenväter.

Augustinus (354–430), dargestellt in den Insignien seines Amtes mit Tiara und Stab, war Bischof im nordafrikanischen Hippo Regius. Auf seine Schriften beruft sich die Ordensregel der Augustiner-Eremiten, nach der auch Martin Luther während seiner Zeit als Mönch lebte. (MG)

Literatur: Wartburg 1996, 176

D 3 ABLASSZETTEL

Beichtformular

Pergament, Vordruck unausgefüllt; 1515

L. 14,5 cm; B. 18,9 cm

Stiftung Luthergedenkstätten in Sachsen-Anhalt, Urk./3213

Zur Tilgung seiner Schulden in Rom hatte der Erzbischof von Mainz und Magdeburg, Kardinal Albrecht von Brandenburg, 1515 einen Ablass in Rom erwirkt, der angeblich zum Bau der Peterskirche dienen sollte und von dem Augsburger Bankhaus Fugger vorfinanziert wurde. Gegen eine Gebühr erhielten die Gläubigen ein Formular, das ihnen einmal im Leben und auf dem Totenbett umfangreiche Vorteile bei der Ablegung der Beichte gewährte. Der Name des Käufers und die Kaufsumme wurden mit der Hand eingetragen. Die fehlende Handschrift belegt, dass dieser Beichtbrief nie zum Einsatz kam. Insgesamt sind von den Formularen jener Kampagne nur fünf Exemplare erhalten, die alle als Makulatur in Bucheinbänden überliefert wurden. (MT)

D1

D 4 KASEL ALBRECHTS VON BRANDENBURG

Lampas (Damast), Futter Leinenkörper, Goldfaden, Flussperlen; Florenz, 1. Hälfte 16. Jh. (Gewebe); Hans Plock, 1530–1535 (Stickerei)
L. 101 cm (Vorderteil); 127 cm (Rückenteil)
Domschatz Merseburg, Vereinigte Domstifter zu Merseburg und Naumburg und des Kollegiatstifts Zeitz, Inv. Nr. 3

Die Ornamentik der überaus wertvollen Kasel soll aus der Werkstatt des Hans Plock, eines in Halle (Saale) wirkenden Seiden- und Perlenstickers stammen. Ihre ehemalige Pracht lässt sich nur noch erahnen. Bei dem Gewebe handelt es sich um Lampas, einen Damaststoff, der aus Florenz stammt. Ursprünglich war er vollkommen goldfarben. Bei den heute rot erscheinenden Partien handelt sich es um das durchscheinende Untergewebe, von dem sich das symmetrisch aufgebaute, zweiarmige Rankenwerk abhob. Das Kaselkreuz auf dem Rückenteil wurde in aller Pracht ausgeführt. Gold- und Perlenstickereien bilden Ranken- und Ornamentformen der Renaissance. Das Wappen des Auftraggebers und Eigentümers ziert den Schnittpunkt des Kreuzes. Darüber ist der Kardinalshut Albrechts zu erkennen.

Kaseln dieser Qualität stellten eine unglaubliche Kostbarkeit dar. Die wertvollen Stoffe importierte man in der Regel, die Ausführung der Prunkornate wurde jedoch zumeist einheimischen Handwerkern überlassen. Eigenen Aufzeichnungen zufolge will Hans Plock für Kardinal Albrecht eine Prunkkasel im Wert von 100 000 Gulden angefertigt haben – in damaliger Zeit eine unglaubliche Summe. (BS)

Literatur: Cante 2006

D 5 GROSSES THRONSIEGEL ALBRECHTS VON BRANDENBURG

Blei; Benedikt Braunskorn d. Ä., 1532
Dm. 12,5 cm
Stadtarchiv Halle, Urk. 6.3.1535

Großes Thronsiegel, in der Mitte der sitzende Kardinal in vollem Ornat, mit der nimbierten Taube über der Mitra und Kreuzstab und Schwert in den Händen vor einer Renaissancepilasterarchitektur, die von drei musizierenden Engeln bekrönt wird. Der mittlere hält einen Schild mit der Datierung 1532; rechts und links zwei auf den Kardinal zuschreitende, geflügelte Genien mit Krumm- und Kreuzstab in antiker Rüstung; unter Albrecht das große, dreizehnfeldige Wappen mit den Herzschilden für Mainz, Magdeburg und Halberstadt; Umschrift: »:S[igillum] : REVERENDISSIMI : ET : ILLVSTRISSIMI : DOMINI : DOMINI ALBERTI : TIVLI : SANCTI : PETRI : ADVINCVLA : SACROSANCTE : ROMANAE : ECCLESIAE : PRESBVTERI : CARDINALIS : ET : ENGATI : NATI : ARCHIEPISCOPI : MOGVNTINI : ET : MAGDEBVRGENSIS : PRINCIPIS : ELECTORIS : SACRI : ROMANI : IMPERII : PER : GERMANIAM : ARCHICANCELLARII : AC : PRIMATIS : ADMINISTRATORIS : ECCLESIAE : HALBERSTATENSIS : MARCHIONIS : BRANDENBVRGENSIS : STETINENSIS : POMERANIAE : CASSVRORVM : ET : SCLAVORVM : DVCIS : BVRGGRFII : NORIGENSIS : AC : RVGIA : PRINCIPIS« (Siegel des hochwürdigsten und erlauchtesten Herrn, Herrn Albrechts Rechtstitel: des Heiligen Petrus, des Herrn Heiliger Römischer Kirche Ältester Kardinal und Diener, Erzbischof von Mainz und Magdeburg, Kurfürst des Heiligen Römischen Reiches, in Germanien Erzkanzler und Primas, Administrator des Bistums Halberstadt, Markgraf von Brandenburg, von Stettin, Pommern, der Cassuben und Wenden Herzog, Burggraf zu Nürnberg und Fürst von Rügen.)

Im Gegensatz zum ersten Thronsiegel Albrechts aus dem Jahr 1516 ist der Kardinal hier schematischer und mit weniger Porträttreue dargestellt. Die Bedeutungsperspektive hat der Siegelstecher allerdings zugunsten Albrechts wirkungsvoller gegliedert. Am 27. Juni 1532 bezahlte Hans von Schenitz Braunskron in Nürnberg »die zwey gross sygel«. (RJ)

Literatur: Gessert 1925/26, 163 ff.; Kohlhaussen 1968, 49, Nr. 157

D 6 SO GENANNTE ABLASSTRUHE TETZELS

Eichenholz mit Eisenbeschlägen; vmtl. 15./16. Jh.
L. 82,5 cm; B. 40,7 cm; H. 47,5 cm
Städtisches Museum Braunschweig, Inv. Nr. B 31

Laut alter braunschweigscher Überlieferung handelt es sich bei der kleinen Truhe aus den städtischen Beständen um die authentische Truhe des Ablasspredigers Johann Tetzel, mit der dieser die Gelder aus dem Ablasshandel eingesammelt hätte. Schon Mathäus Merian beschrieb sie Mitte des 17. Jh. in seiner »Topographia und eigentliche Beschreibung der vornehmsten Städte, Schlösser etc in den Herzogtümern Braunschweig und Lüneburg« (1638). Die Kiste ist außen und innen mit breiten Eisenblechen beschlagen und besitzt zwei eiserne Trageringe an den Schmalseiten sowie ursprünglich drei Schlösser an der Frontseite, von denen sich aber nur das Hauptschloss einschließlich des zugehörigen Schlüssels erhalten hat. Zusätzlich verhinderte eine geheime Arretierung das unbefugte Öffnen des mehrtourigen Zuhalteschlosses durch Uneingeweihte. Eine Verwendung der Truhe als Sammelbehälter bei Ablasspredigten ist gut vorstellbar, obwohl eine Zuweisung an den Ablassprediger Tetzel, der im ausgehenden 16. Jh. Fokus vielfältiger Legenden und Schwänke wurde, letztlich offen bleiben muss. (MG)

Literatur: Christiani 1983; Immenkötter 1983

D 7 HAUSZEICHEN DES HANS VON SCHÖNITZ (SCHENITZ)

Halbfayence, Tonplatte mir reliefverzierter, aus einer Form gepresster Oberfläche, in sich gefärbte Zinn-Bleiglasuren auf geschrühtem Grund; Nürnberg, vmtl. Werkstatt Paul Preuning, 1532
H. 79,5 cm; B. 54 cm
Stiftung Moritzburg – Kunstmuseum des Landes Sachsen-Anhalt, Inv. Nr. Mo.KHW. Fa. 545

Das Hauszeichen wurde 1913 vom Gebäude »Kühler Brunnen« in das Museum übernommen. Die mit Glasuren in Blau, Gelb, Weiß, Grün und Schwarz bemalte Reliefplatte zeigt in einem Rahmen aus Akanthusblättern unter einem hängenden Band mit der Inschrift »HANS . V . SCHENItZ« dessen Hauswappen mit einem aufsteigenden Löwen auf blaugelbem, diagonal geteiltem Grund. Das Wappenschild halten zwei Fabelwesen inmitten reicher Ornamentik. Es wird von einer Helmzier mit Krone und Löwen überfangen. Unter einem profilierten Querstab flankieren zwei Wappen die Inschrift: »ZVV FROM WILLIK VND VIL VERTRAVEN SCHWECHT KURTZET VND BRING FT GROSSEN RAVEN. 1532.« (Zu fromme Willfährigkeit und zu viel Vertrauen schwächt, kränkt und bringt große Reue; Übertragung unter Einbeziehung der Inschrift auf dem Porträtgemälde aus dem Jahr 1533)

Karl V. erneuerte auf dem Regensburger Reichstag 1532 den alten Adelstitel für Hans von Schönitz. Der Großkaufmann tätigte für Albrecht von Brandenburg seit 1520 diverse Geschäfte. 1528 übernahm er vom Kardinal Schuldbriefe gegen ein Lehen, wurde dessen Kämmerer und leitete die Bauvorhaben in Halle. 1534 folgte das Zerwürfnis mit dem Kardinal, der Schönitz 1535 schließlich hinrichten ließ. Diese Hinrichtung wurde von der reformatorischen Partei als Justizskandal gebrandmarkt.

D5

D4

D 6

Die Zuschreibung der repräsentativen Tafel zur Werkstatt der Hafnerfamilie Preuning in Nürnberg erfolgte aufgrund typischer stilistischer Merkmale und der farbkräftigen Glasuren. Nicht auszuschließen ist allerdings auch eine mitteldeutsche Herkunft. Die Größe der Kachel ist in dieser Zeit einzigartig. (UD)

Literatur: Gründig/Dräger 2006

D 8 LUTHERS PREDIGTKASEL

geschnittener und ungeschnittener Samt, Metall- und Seidenfaden; Anf. 16. Jh.
L. 128 cm; B. 88 cm (Kasel); L. 130 cm; B. 20 cm (Stola); L. 50 cm; B. 16 cm (Manipel)
Ottobeuren, Katholische Pfarrkirchenstiftung »St. Alexander und Theodor«

Im bayerischen Benediktinerkloster Ottobeuren wird bis heute eine Kasel aufbewahrt, die das Kloster mitsamt weiteren Messgewändern und Mobiliar aus dem aufgelösten Augustinerkloster Memmingen übernommen hatte. Sie trägt ein Granatapfelmuster und ist in Bassgeigenform zugeschnitten. Dieses Messgewand aus dem frühen 16. Jh., zu dem eine Manipel und eine Stola gehören, soll der Überlieferung nach der junge Augustinermönch Martin Luther getragen haben, als er auf dem Weg nach Rom 1510 im Kloster Memmingen Station machte und dort die Messe las.

Aus der antiken Alltagsbekleidung hatte sich bis zum 6. Jh. die liturgische Kleidung entwickelt, die im 9. Jh. in der gesamten abendländischen Kirche Verbreitung fand. Von einfachen Stoffen ausgehend, wurden immer aufwändigere Materialien, Dekore, Stickereien und Besätze verwendet. Der heute noch gültige Farbkanon gilt schon seit dem 12. Jh. So steht die liturgische Farbe grün etwa für Hoffnung und Wachstum und wurde zu allen normalen Sonn- und Werktagen des Kirchenjahres getragen. (MG)

Literatur: Kunzelmann 1972, 463

D 9 LUTHERS BRIEF AN ALBRECHT VON BRANDENBURG

Autograph auf Papier; 31. Oktober 1517
L. 31 cm; B. 21 cm
Riksarkivet, Stockholm

Am 31. Oktober 1517 schickte Martin Luther ein formal sehr unterwürfig gehaltenes Schreiben an Kardinal Albrecht von Brandenburg, in dem er ihn aufforderte, gegen die in Albrechts Namen getätigten, Luthers Meinung nach irrigen Ablasspredigten vorzugehen und seine diesbezüglichen Anweisungen zurückzunehmen. Allerdings griff er nicht den Ablass als solchen an, sondern nur die falschen Versprechungen der Prediger, die fälschlich vorgeben würden, mit dem Ablass könne man sich nicht nur von den Sündenstrafen, sondern von aller Schuld frei kaufen. Zur Unterstützung seiner Meinung legte er eine Liste mit Thesen bei, die im handschriftlichen Original nicht erhalten blieb, aber schon sehr schnell in den Druck gelangte und damit weite Verbreitung fand (vgl. D 10). (MG)

Literatur: Brecht 1981; Immenkötter 1983, 167 Nr. 204; WABr 1, 108–115; 187 f.

D8

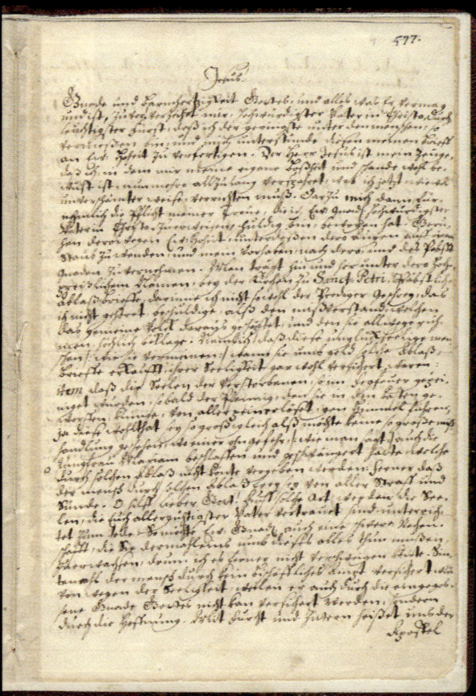

D7

D 10 95 THESEN GEGEN DEN ABLASS

Typendruck auf Papier; Leipzig, 1517
H. 40 cm; B. 28 cm
Evangelische Kirchgemeinde St. Michael, Zeitz

Als Disputationsgrundlage zur Klärung der Ablassfrage legte Luther 95 Thesen seinem Brandbrief an Albrecht von Brandenburg am 31. Oktober 1517 bei. Obwohl das Schreiben seinen ursprünglichen Zweck verfehlte, eine theologische Grundsatzdiskussion über die Ablasspraxis innerhalb der Kirche anzuregen, stellt die Veröffentlichung der Thesen unbestreitbar den Beginn der Reformation dar. Dass sie tatsächlich an die Wittenberger Schlosskirchentüren, die damals als eine Art »Schwarzes Brett« für die Wittenberger Universitätsmitglieder dienten, angeschlagen wurden, ist seit den 1960er Jahren in Zweifel gezogen worden. Der kürzliche Fund eines zeitgenössischen Zitats des Lutherassistenten Georg Rörer macht die Faktizität des Thesenanschlages allerdings wieder wahrscheinlicher.

Ob es 1517 einen nicht überlieferten Wittenberger »Urdruck« der Thesen gab, von dem sich die erhaltenen späteren Drucke herleiten, ist ungeklärt. Vermutlich dürfte sich der Inhalt der Thesen zunächst brieflich verbreitet haben, bevor es an verschiedenen Orten zur Drucklegung kam. Das Plakat aus Zeitz gehört zu den frühesten Ausgaben und wurde noch vor Ende 1517 von Jacob Thanner in Leipzig gedruckt. Die populäre Wirkung der Thesen entfaltete sich aber erst mit Luthers auf Deutsch verfasster Schrift »Ein Sermon von Ablass und Gnade« vom März 1518. Die Zählung der Thesen geht mithin nicht auf Luther, sondern auf die späteren Setzer zurück. Der Leipziger Druck kommt durch andere Unterteilung nur auf 87 Thesen, die zeitgleiche Nürnberger Ausgabe hingegen auf 95. (MG)

Literatur: Brecht 1981, 188–195; Immenkötter 1983, 168 Nr. 205; Treu 2007

D 11 ZWEI REKTORENSZEPTER DER UNIVERSITÄT WITTENBERG

Silber, teilweise feuervergoldet; Nürnberg, 1509
L. je 87 cm
Martin-Luther-Universität Halle-Wittenberg, Zentrale Kustodie, Inv. Nr. MLU-Ku 2 A; 2 B

Die Wittenberger Rektorenszepter sind spätgotische Arbeiten des Nürnberger Goldschmiedemeisters Paul Müllner (Möller). Darauf befinden sich zwei gravierte Wappenschilde mit dem sächsischen Rautenkranzwappen und dem Amtswappen des Erzmarschalls des Heiligen Römischen Reichs Deutscher Nation. Friedrich der Weise als Universitätsstifter hat wohl die Szepter für die Universität anfertigen lassen. Dafür spricht das Erzmarschallwappen. Die mit Akanthus geschmückten Bekrönungen sind stilistisch mit den Szeptern der Universitäten Tübingen, Freiburg i. Br. und Basel vergleichbar. (RTS)

D 12 MATRIKELBUCH DER UNIVERSITÄT WITTENBERG MIT EINSCHREIBUNG LUTHERS

Pergamenthandschrift, 224 Bl.; 1502–1555
Folio
Universitäts- und Landesbibliothek Sachsen-Anhalt, Sign. Yo 1

Der erste Matrikelband, »matricula prima« 1502–1552, der Universität Wittenberg, ist eine von zehn Pergamenthandschriften, die in großformatigen, kalligrafisch gestalteten und mit Rollen-, Platten- und Einzelstempeln reich verzierten Schweinsledereinbänden über Holzdeckel eingebunden sind. Die überwiegende Zahl ist mit Messingschließen und Eckbeschlägen – wie im vorliegenden Band – versehen. Die Matrikelbände gelangten nach der Vereinigung der Universität Wittenberg mit der halleschen Universität (1817) im Jahre 1823 in die hallesche Universitätsbibliothek.

Wie alle Matrikelbände ist auch die »matricula prima« mit zahlreichen Farbminiaturen als Semestertitel ausgestattet. Sie enthält einen Katalog der gewählten Rektoren und Listen der Immatrikulierten, die von einem Schreiber nach dem Immatrikulationsakt in die Matrikel übertragen wurden.

Der Innendeckel ist mit einer kolorierten Federzeichnung von Lucas Cranach d. Ä. (1472–1553) – »Weltgericht« – geschmückt. Wegen der Ähnlichkeit mit anderen datierbaren Werken Cranachs kann von einer Entstehungszeit in den ersten Wittenberger Jahren des Künstlers ausgegangen werden. Die Zeichnung zeigt Christus als Weltenrichter, auf einem rot-gelb-grün farbigen Bogen sitzend, der die Weltkugel, auf der Landschaftsdarstellungen leicht angedeutet sind, umgibt. Ein Lilienzweig (links) und eine Schwertspitze (rechts) berühren den Kopf Jesu. Links neben dem Bogen ist die fürbittende Maria kniend dargestellt. Durch Beschädigungen sind rechts von der dargestellten männlichen Figur nur noch Kopf und Hand zu sehen (Johannes?). Unter dem Bogen stehen die drei ersten Zeilen des Johannes-Evangeliums (Vulgata-Text): »In principio erat verbum et Verbum erat apud Deum et Deus erat verbum.« Der untere Bildteil zeigt die Auferstehung der Toten: Während auf der linken Seite die Seligen von Engeln aufgenommen werden, nehmen auf der rechten Seite die Teufel die Verdammten in Empfang. Umrahmt wird das Bild, mit Ausnahme des unteren Teils, von Wolken mit kleinen amorettenartigen Engeln, von denen einer die Posaune bläst. Auf der Weltkugel und unter ihr sind in späterer Zeit mit anderer Tinte einige Buchstaben und die Jahreszahl 1563 eingetragen. Auf Folio 19 v mit der mehrfarbigen historisierten Initiale A im gerandeten Rahmen findet sich der Eintrag Luthers in die Matrikel für das Jahr 1508.

Zu den besonders erwähnenswerten Miniaturen zählen zwei Darstellungen. Der Semestertitel Folio 10, eine Gouache, mit dem Wappen des Vincentius Ravennas (1. Hälfte 16. Jh.) aus dem Jahre 1504 stellt in szenischer Verdichtung die Rektorwahl mit der Szepterübergabe dar. Der Semestertitel Folio 107, ebenfalls eine Gouache, zum Wintersemester 1531/32, mit dem Familienwappen des Rektors Ullrich Schilling von Cannstadt (1482–1553), umgeben von schmückendem Beiwerk wie Krone und Helmzier. Um das Wappen sind vier Medaillons, gemalt von Lucas Cranach d. Ä., mit Porträtdarstellungen von Persönlichkeiten des Reformationszeitalters gruppiert: oben die Reformatoren Martin Luther und Philipp Melanchthon, unten die Humanisten Rudolf Agricola und Erasmus von Rotterdam. (MvC)

D 13 MARTIN LUTHER: EIN SERMON GEPREDIGT ZU LEIPZIG AUF DEM SCHLOSS AM TAGE PETRI UND PAULI

Druck auf Papier, [4] Bl.; Leipzig, Wolfgang Stöckel, 1519
Quart
Stiftung Luthergedenkstätten in Sachsen-Anhalt, Inv. Nr. Ag 4° 188 u

Was eigentlich als Disputation zwischen Andreas Bodenstein von Karlstadt, Kollege Luthers an der Wittenberger Universität, und dem Theologen und Vizekanzler der Universität Ingolstadt Dr. Johann Maier von Eck, einem der hartnäckigsten Gegner der Reformation, geplant gewesen war, wurde schnell zum Schlagabtausch zwischen Eck und Luther, die sich schon zuvor mit handschriftlichen Streitschriften auseinandergesetzt hatten. Man einigte sich auf die Pleißenburg in Leipzig als Austragungsort der Disputation. Aus dem vom 27. Juni bis

¶ Amore et studio elucidande veritatis, hec subscripta disputabuntur Wittenburge Presidente R. P. Martino Luther Eremitano Augustiniano Artiũ et S. Theologie Magistro, eiusdemq; ibidem lectore Ordinario. Quare petit vt qui non possunt verbis presentes nobiscum disceptare / agant id literis absentes.
In Nomine dñi nostri Ihesu Christi. Amen.

1 Dñs et magister noster Jhesus Christus, dicendo penitẽciã agite &c. omnẽ vitam fidelium, penitentiam esse voluit.
2 Qd verbũ de penitẽtia sacramẽtali (.i. cõfessionis et satisfactionis que sacerdotum ministerio celebratur) non potest intelligi.
3 Nõ tñ solã intẽdit interiorẽ: immo interior nulla est, nisi foris operetur varias carnis mortificationes
4 Manet itaq; pena donec manet odiũ sui (.i. penitẽtia vera intus) scz vsq; ad introitum regni celorum.
5 Papa nõ vult nec põt: vllas penas remittere, preter eas, q̃s arbitrio vel suo vel canonum imposuit.
6 Papa nõ potest remittere vllã culpam, nisi declarando et approbando remissaz a deo. Aut certe remittendo casus reseruatos sibi, quibus contẽptis culpa prorsus remaneret.
7 Nulli prorsus remittit deus culpã, quin simul eũ subijciat: humiliatũ in omnibus: sacerdoti suo vicario.
8 Canones penitentiales solũ viuentibus sunt impositi: nihilq; morituris f̃m eosdem debet imponi.
9 Inde bñ nobis facit spũssanctus in papa, excipiendo in suis decretis sẽꝑ articulum mortis et necessitatis.
10 Indocte et male faciũt sacerdotes ij, qui morituris pñias canonicas in purgatorium reseruant.
11 Zizania illa de mutanda pena Canonica: in penaz purgatorij, videtur certe dormientibus Episcopis seminata.
12 Olim poene canonice nõ post, sed ante absolutionẽ imponebant, tãq̃ tentamenta vere contritionis.
13 Morituri: per mortẽ oĩa soluũt: et legibus canonũ mortui iam sunt: hñtes iure earum relaxationem.
14 Imperfecta sanitas seu charitas morituri: necessario secum fert, magnũ timorem, tantoq; maiorem: quanto minor fuerit ipsa.
15 Hic timor et horror, satis est, se solo (vt alia taceã) facere penã purgatorij, cũ sit proximus desperationis horrori
16 Videnf infern⁹: purgatoriũ, celũ differre, sicut desꝑatio: ꝓpe desꝑatio: securitas differunt.
17 Necessariũ videt aĩab⁹ i purgatorio sicut minui horrorẽ: ita augeri charitatẽ
18 Nec probatũ videtur vllis: aut rõnibus aut scripturis, q̃ sint extra statũ meriti: seu augende charitatis.
19 Nec hoc probatum esse videf, q̃ sint de sua beatitudine certe et secure saltem omnes: licet nos certissimi simus.
20 Igitur Papa per remissionẽ plenariã oĩm penarũ: nõ simpliciter oĩm intelligit, sed a seipso tantũmodo impositarum.
21 Errant itaq; indulgẽtiaz ꝑdicatores ij, qui dicunt per Pape indulgẽcias, hominem ab omni pena solui et saluari
22 Quin nullam remittit aĩabus in purgatorio: quã in hac vita debuissent, f̃m Canones soluere.
23 Si remissio vlla oĩm omnino penarũ, potest alicui dari, certum est eam non nisi perfectissimis .i. paucissimis dari.
42 Falli ob id necesse est, maiorẽ ptẽ populi: per indifferentẽ illam et magnificã pene solute promissionem.
25 Qualẽ potestatẽ habet Papa in purgatoriũ generaliter: talẽ habet: quilibz Eṗus et Curatus in sua Diocesi et parochia specialiter.
26 Optime facit Papa, q̃ nõ ptãte clauis (quã nullã hz) sed per modũ suffragij dat animabus remissionem.
17 Hominem predicant, qui statim: vt iactus nũmus in cistam tinnierit: euolare dicunt animam.
18 Certum est nũmo in cistam tinniente: augeri questũ et auariciã posse: suffragium aũt ecclesie est in arbitrio Dei solius.
19 Quis scit si omnes anime in purgatorio velint redimi, sicut de S. Seuerino et paschali factum narratur.
20 Nullus securus est de veritate sue cõtritionis: multo minus de consecutione plenarie remissionis.
21 Q̃ rarus est vere penitẽs: tã rarus est vere indulgẽcias redimẽs. i. rarissim⁹
22 Damnabuntur ineternũ cũ suis magistris: qui ꝑ lr̃as veniarum securos sese credunt de sua salute.
23 Cauendi sunt nimis, qui dicunt venias illas Pape: donum esse illud Dei inestimabile quo reconciliatur homo deo.
24 Gratie enĩ ille veniales: tantũ respiciunt penas satisfactionis sacramentalis ab homine constitutas.
25 Non christiana ꝑdicant: qui docẽt: q̃ redempturis animas vel confessionalia nõ sit necessaria contritio.
26 Quilibet Christianus vere cõpunctus: hz remissionem plenariam a pena et culpa: etiam sine literis veniarum sibi debitam
27 Quilibet verus christianus siue viuus siue mortuus: hz participationẽ omnium bonorum Christi et ecclesie: etiã sine literis veniarum a Deo sibi datã
28 Remissio tamẽ et participatio Pape: nullo modo est contẽnenda, quia (vt dixi) est declaratio remissionis diuine.
29 Difficillimũ est etiam doctissimis Theologis: simul extollere veniarum largitatẽ et cõtritionis veritatem coram populo.
30 Contritionis veritas penas querit et amat. Veniarũ autem largitas relaxat et odisse facit saltem occasione.
31 Caute sunt venie Apostolice ꝑdicande: ne populus false intelligat, eas preferri ceteris bonis operibus charitatis
32 Docendi sunt christiani: q̃ Pape mens non est: redemptionem veniarum vlla ex pte comparandã esse operibus misericordie.
33 Docendi sunt Christiani: q̃ dans pauperi: aut mutuans egenti, melius facit, q̃ si venias redimeret.
34 Quia p opus charitatis crescit charitas et fit homo melior: f per venias nõ fit melior: sed tantũmodo a pena liberior.
35 Docendi sunt christiani, q̃ qui videt egenũ et neglecto: dat pro venijs non indulgentias Pape: sed indignationem Dei sibi vendicat.
36 Docendi sunt christiani: q̃ nisi superfluis abundent: necessaria tenenf domui sue retinere: et nequaq̃ ꝓpter venias effundere.
37 Docendi sunt Christiani, q̃ redemptio veniarum est libera: non precepta
38 Docẽdi sunt Christiani, q̃ Papa sicut magis eget: ita magis optat: in venijs dandis, ꝓ se deuotam orõnem: q̃ promptam pecuniam.
39 Docendi sunt Christiani, q̃ venie Pape sunt vtiles: si nõ in eas cõfidant: f nocentissime: Si timorem dei per eas amittant.
40 Docẽdi sunt Christiani q̃ si Papa nosset exactiões venialiũ ꝑdicatoꝝ, mallet Basilicã S. Petri i cineres ire, q̃ edificari: cute carne ꝛ ossib⁹ ouiũ suaꝝ.
41 Docẽdi sunt Christiani, q̃ Papa sicut debet ita vellet: etiã vẽdita (si op⁹ sit) Basilica S. Petri, de suis pecunijs dare illis: a quorũ plurimis quidã concionatores veniarum pecuniam eliciunt.
42 Vana est fiducia salutis ꝑ literas veniarũ etiã si Commissarius: immo Papa ipse suam animam ꝓ illis impignoraret.
43 Hostes Christi et Pape sunt ij: qui propter venias ꝑdicãdas verbũ dei in alijs ecclesijs penitus silere iubent.
44 Iniuria fit v̓bo Dei: dũ in eodẽ f̃mõe: equale vel longius tp̃s impenditur venijs q̃ illi.
45 Mens Pape necessario est q̃ si venie (qd̃ minimũ est) vna cãpana: vnis põpis et ceremonijs celebrantur.
46 Euãgeliũ (qd̃ maximũ est) centũ cãpanis: cẽtũ põpis: centũ ceremonijs ꝑdicetur.
47 Thezauri ecclesie: vnde Papa dat indulgentias: neq; satis nominati sunt: neq; cogniti apud populum Christi.
48 Tempales certe nõ esse patet q̃ nõ tam facile eos ꝓfundũt: sed tantũmodo colligũt multi Concionatorum.
49 Nec sunt merita Christi et sanctorũ: q: hec semꝑ sine Papa: opantur gratiam hominis interioris: et crucẽ mortem infernumq; exterioris.
50 Thesauros ecclesie S. Laurentius dixit esse: pauperes ecclesie: sed locutus est vsu vocabuli suo tempore.
51 Sine temeritate dicim⁹ claues eccl'ie (merito Cristi donatas) eẽ thesauꝝ istũ
52 Clarũ est enĩ q̃ ad remissionẽ penarũ et casuũ sola sufficit ptãs Pape.
53 Verus thesaurus ecclesie est sacrosanctũ Euangeliũ glorie et gratie Dei.
54 Hic aũt est merito odiosissimus: quia ex primis facit nouissimos.
55 Thesaur⁹ aũt indulgẽtiaꝝ merito est gratissim⁹: q: ex nouissimis facit priores.
56 Igitur thesauri Euãgelici rhetia sunt: quibus olim piscanf viros diuitiarũ.
57 Thesauri indulgentiaꝝ rhetia sunt: quib⁹ nũc piscabãtur diuitias virorum.
58 Indulgentie: quas Cõcionatores vociferantur maxias grãs: intelliguntur vere tales: quo ad questum ꝓmouendum.
59 Sunt tamẽ re vera minime ad gratiam Dei et Crucis pietatem compate.
60 Tenentur Epi et Curati veniarũ Apostolicarũ Cõmissarios cũ oĩ reuerentia admittere.
61 Sed magis tenenf oĩbus oculis intendere: oĩb⁹ auribus aduertere: ne ꝓ cõmissione Pape sua illi somnia ꝑdicent.
62 Contra veniarũ Aplicaꝝ veritatẽ: qui loquif: sit ille anathẽa et maledictus
63 Qui vero cõtra libidinẽ ac licentiã verboꝝ Concionatoris veniarũ: curam agit: Sit ille benedictus.
64 Sicut Papa iuste fulminat eos: qui in fraudẽ negocij veniarum quacunq; arte machinantur
65 Multo magis fulminare intendit eos: qui per veniarum ꝑtextum in fraudẽ sancte charitatis et veritatis machinantur.
66 Opinari venias papales tantas esse vt soluere possint hominẽ: etiã si quis ꝑ impossibile Dei genitricem violasset Est insanire.
67 Dicim⁹ cõtra q̃ venie Papales: nec minimũ venialium peccatorum tollere possunt: quo ad culpam.
68 Quod dicif: nec si S. Petrus mõ Papa esset: maiores grãs donare posset: est blasphemia in S. Petrum et Papam.
69 Dicimus cõtra: q̃ etiaz iste et quilibet Papa maiores hz: scz Euangelium: virtutes: grãs curationũ &c. vt .1. Corin: 12.
70 Dicere crucem armis Papalibus insigniter erectam: Cruci Christi equiualere: Blasphemia est.
71 Rationẽ reddent Epi: Curati: et Theologi: Qui tales sermones in populũ licere sinunt.
72 Facit hec licentiosa veniarũ ꝑdicatio: vt nec reuerentiã Pape facile sit etiam doctis viris redimere a calũnijs: aut certe argutis questiõibus laicorum.
73 Scz cur Papa nõ euacuat purgatoriũ, ꝓpter sanctissimã charitatẽ et summã animaꝝ necessitatẽ vt cãm oĩm iustissimã: Si infinitas animas redimit ꝓpter pecuniam funestissĩ: ad structuram Basilice vt causam leuissimam.
74 Itẽ cur ꝑmanent exequie et anniuersaria defunctorũ: ꝛ nõ reddit: aut recipꝑ
75 ꝑmittit bñficia ꝓ illis instituta: cũ iam sit iniuria ꝓ redemptis orare.
76 Itẽ que illa noua pietas Dei et Pape: q̃ impio et inimico ꝓpter pecuniã cõcedunt: animã piam et amicam dei redimere: Et tñ ꝓpter necessitatẽ ipsiusmet pie et dilecte anime: nõ redimũt eam gratuite charitate.
77 Itẽ Cur Canones pñiales, reipsa et nõ vsu: iã diu in semet abrogati et mortui. Adhuc tñ pecunijs redimunf ꝑ cõcessionẽ indulgẽtiaꝝ tãq̃ viuacissimi.
78 Itẽ Cur Papa cuius opes hodie sunt opulentissimis Crassis crassiores Nõ de suis pecunijs magis q̃ pauperũ fideliũ struit vnã tm̃ Basilicã S. P.
79 Item: Quid remittit: aut ꝑticipat Papa his: qui per cõtritionẽ ꝑfectam, ius habent plenarie remissionis et participationis.
80 Item Quid adderetur ecclesie boni maioris. Si Papa sicut semel facit: ita centies in die cuilibet fidelium has remissiones et participationes tribueret
81 Ex quo Papa salutem querit animaꝝ ꝑ venias magis q̃ pecunias: Cur suspendit literas et venias iam olim cõcessas: cum sint eque efficaces.
82 Hec scrupulosissima laicoꝝ argumẽta: sola ptãte cõpescere: nec reddita rõne diluere. Est ecclesiã et Papã hostib⁹ ridendos exponere et infelices christianos facere.
83 Si ergo venie f̃m spiritum et mentem Pape ꝑdicarentur: facile illa omnia soluerentur immo non essent.
84 Valeãt itaq; oẽs illi ꝓphete: q dicũt populo Christi: pax pax et nõ est pax
85 Bñ agãt oẽs illi ꝓphete qui dicũt populo Christi: Crux crux: et nõ est crux.
86 Exhortandi sunt Christiani vt Caput suum Christũ per penas: mortes: infernosq; sequi studeant.
87 Ac sic magis per multas tribulationes intrare celum: q̃ per securitatem pacis confidant.

1517.

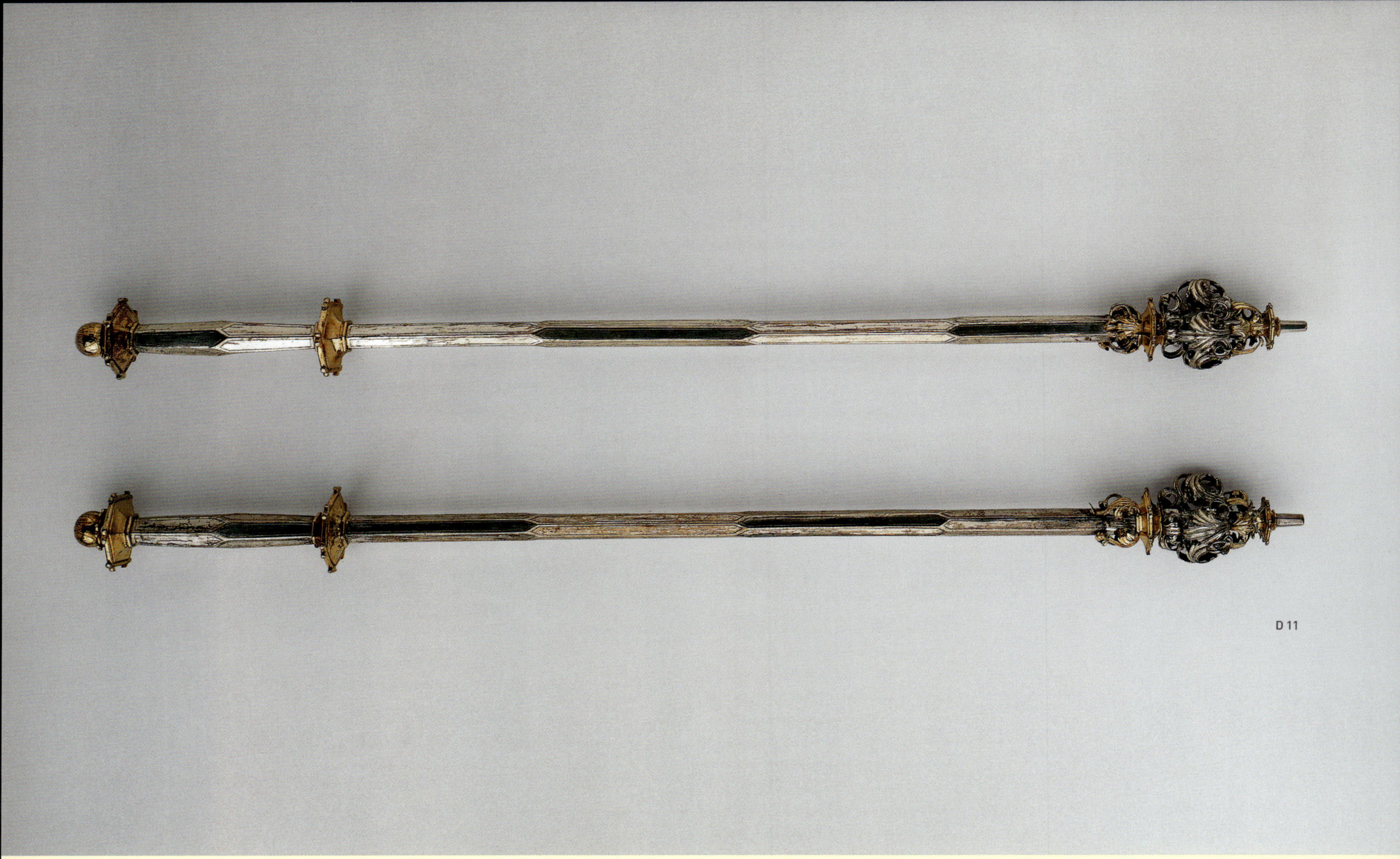

D 11

zum 3. Juli 1519 dauernden Streitgespräch glaubten am Ende beide Parteien als Sieger hervorgegangen zu sein.

Am Peter- und Paulstag, dem 29. Juni, hatte Luther auf Wunsch des Rektors der Universität Wittenberg, Herzog Barnim von Pommern, eine Predigt über Mt 16, 13–19 gehalten, in der er die von Christus übertragene Vollmacht an Petrus nicht nur für den Papst, sondern für die gesamte Christenheit reklamierte. Wegen dieser Predigt in der Folge heftig angegriffen, sah Luther sich genötigt, sie beim Leipziger Drucker Stöckel in überarbeiteter Version herauszugeben. Der Titelholzschnitt der Schrift zeigt umgeben vom z. T. falsch herum gesetzten Schriftband »DOCTOR. MARTINVS.LVTTER. AVGVSTINER: WITTENB:« und eines Wappens mit der Lutherrose den predigenden Augustinermönch mit Kutte und Doktorhut – die älteste bekannte Darstellung Martin Luthers. (MG)

Literatur: Henschke 1996, 11 f.; 130 B 12

D 14 DOKTORRING MARTIN LUTHERS

Gold, Bergkristall über gemalter Folie; 1512 (?)
Dm. 3 cm (außen); 2,3 cm (innen)
Herzog Anton Ulrich-Museum Braunschweig,
Kunstmuseum des Landes Niedersachsen
Inv. Nr. Kos 220

Neben dem angeblichen Verlobungsring Luthers wird im Herzog Anton Ulrich-Museum der so genannte Doktorring Martin Luthers verwahrt. Der massiv goldene Siegelring mit perlschnurartig abgesetztem Kopf trägt ein aus Bergkristall geschliffenes Wappen mit drei ineinander greifenden schwarzen Ringen (als Zeichen der Trinität) vor hellem Wappenschild. Oberhalb des Wappens finden sich zwei kleine goldene Blumen, daneben die Jahreszahlen »15« und ehemals angeblich »12«. Laut der von Bernoulli veröffentlichten Reisebeschreibung eines gewissen D. J. C. C. Oelrich von 1750 seien darüber auch noch die Initialen »MLD« zu sehen gewesen.

Die drei verschlungenen Ringe, die einer Rose gleichen, erklärte er als ursprüngliches Wappen Luthers, aus dem dieser das spätere Lutherwappen entwickelt haben soll.

Angeblich habe Luther diesen Ring von Kurfürst Johann Friedrich von Sachsen zur Promotion erhalten – allerdings war letzterer im Jahr 1512 gerade mal neun Jahre alt. Vermutlich meinte Oelrich den Kurfürsten Friedrich III. oder es liegt eine Verwechslung mit dem jüngeren Dresdner Siegelring vor. Nach Luthers Tod sei das Stück an den Kurfürsten zurückgegangen. August der Starke habe ihn dann später zusammen mit dem so genannten Verlobungsring Luthers (vgl. E 8) Herzog Rudolf August von Braunschweig-Wolfenbüttel zugeeignet. (MG)

Literatur: Bernoulli 1782; Juncker 1706; Riegel 1875; Wex 1996, 68 f.

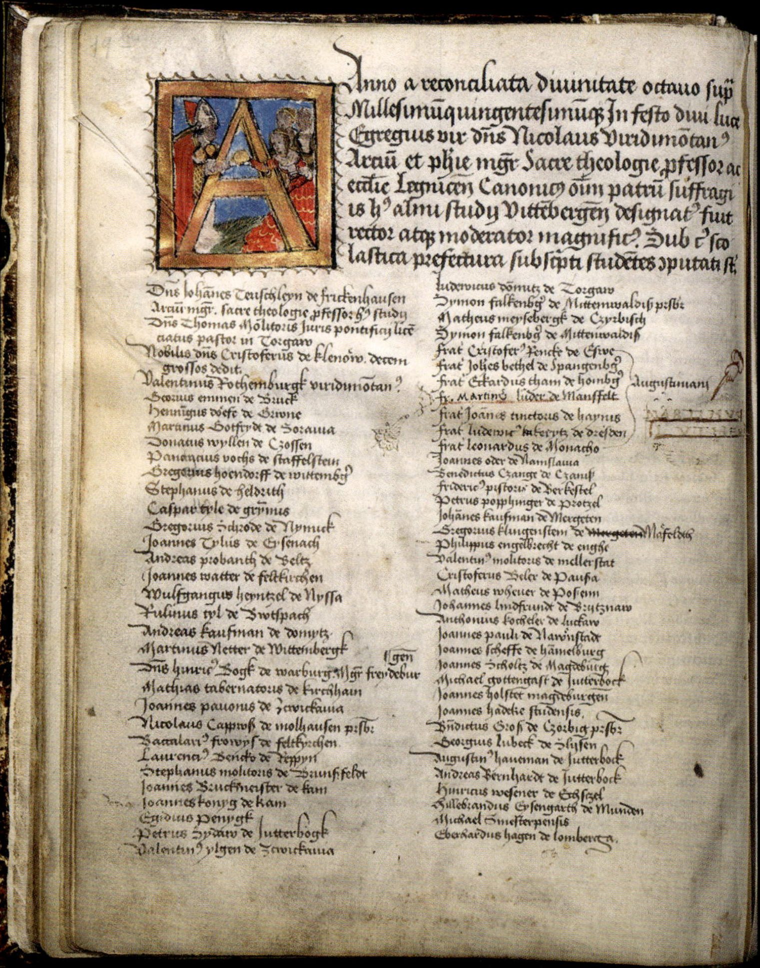

D 12

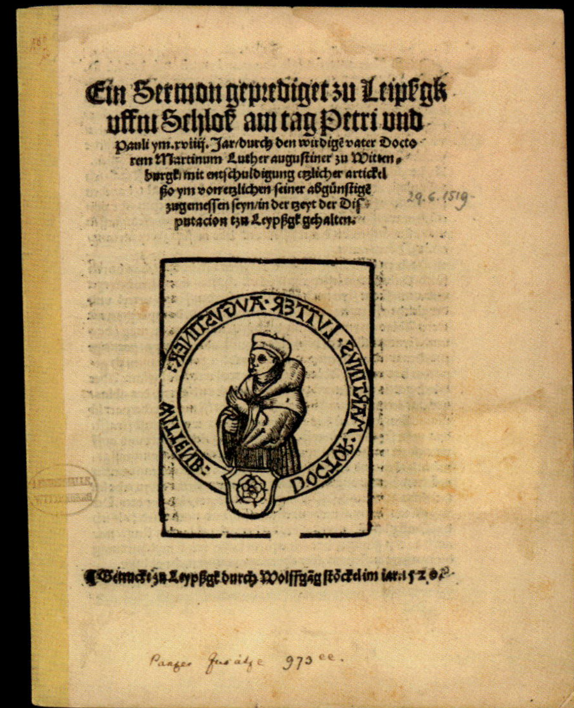

D 13

D 15 ANGEBLICHES SCHWERT DES REICHSHEROLDS KASPAR STURM

Stahl; Ende 16. Jh

L. 190 cm, B. 40 cm (Parierstange)

Wetterau-Museum Friedberg/Hessen

Der Reichsherold Kaspar Sturm (~1475–1548) sollte Martin Luther zum Reichstag nach Worms begleiten. Nachdem er sich in kurmainzischen Diensten bis zum »lebenslänglichen Diener« von Kardinal Albrecht von Mainz hochgearbeitet hatte, wurde er 1520 von Kaiser Karl V. zum »Ehrenhold« des Reiches ernannt und mit dem Beinamen »Teutschland« belegt. Als offizieller Vertreter des Herrscherwillens hatte er nicht nur über das Hof- und Turnierzeremoniell zu wachen sowie Chroniken und Wappenbücher zu verfassen, sondern auch Botengänge im Namen des Kaisers zu erledigen. Da Sturm sich schon vor dem Geleit Luthers mit der Kurie überworfen hatte, wurde die Entscheidung, ausgerechnet ihn zu schicken, vom päpstlichen Nuntius Alexander heftig kritisiert. Dennoch trat Luther unter seinem Geleit am 2. April 1521 die Reise nach Worms an, die sich zu einem wahren Triumphzug für Luther entwickeln sollte. Um einen formalen Fehler zu vermeiden, hielt sich Luther jedoch streng an die vorgeschriebene Route und schlug auch eine Einladung Franz von Sickingens auf die Ebernburg ab. Trotz Luthers Weigerung auf dem Reichstag zu Worms, zu widerrufen, und der daraufhin über ihn verhängten Reichsacht, galt das ihm zugesagte sichere Geleit durch Sturm auch für die Rückreise nach Wittenberg. Da Luther aber schon bei seiner Abreise aus Worms am 26. April in die bevorstehende Scheinentführung auf die Wartburg durch Männer des sächsischen Kurfürsten eingeweiht war, entließ er den Reichsherold bereits zwei Tage später im hessischen Friedberg.

Nach lokaler Überlieferung gelangte das Schwert Sturms, ein 4 kg schwerer Zweihänder, über Sturms Sohn Philipp Jakob in die Reichsstadt Friedberg. Seine Nachkommen genossen bis ins 18. Jh. als Besitzer des Schwertes die Befreiung von den »Fronfasten« (einer Stadtsteuer) sowie von den Wachen.

Der von einem Friedberger Buchhändler im 19. Jh. für 200 Gulden erworbene und dem Wetterau-Museum gestiftete Bidenhänder gehört zum so genannten deutschen Typ, bei dem sich die Enden der Parierstange schneckenförmig aufrollen. Dieser Typus war allerdings um 1520 noch nicht verbreitet. Neueren Erkenntnissen zufolge dürfte das Schwert nicht vor dem Anfang des 17. Jh. entstanden sein. (MG)

Literatur: Bott 1983; Dreher 1910; Hessen-Thüringen 1992; Hoffmann 2005; Kolde 1906; Wartburg 1996

D 16 HEILIGENFIGUREN

Sandstein, mit Resten der originalen Farbfassung und Vergoldung; 2. Hälfte 14. Jh.
Korpus einer weiblichen Heiligen (a), hinzugesetzter Frauenkopf (b), Frauenkopf (c), Fragment einer Figurengruppe (d; e)
H. 90 cm (a); ca. 25 cm (b); ca. 25 cm (c); L. 33 cm (d); 30 cm (e)
LDA Sachsen-Anhalt, Grabung Magdeburg Gouvernementsberg 3/4

Im Laufe der Neugestaltung des Gouvernementsberges zwischen Domplatz und Schleinufer stieß man 2003 in Magdeburg bei Abbrucharbeiten auf einen nicht nur für die lokale Kunstgeschichte höchst wertvollen Fund. Innerhalb einer Natursteinmauer fand man die frontal eingemauerte Skulptur einer weiblichen Figur. Obwohl der vom Rumpf getrennte Kopf anatomisch richtig auf den Körper gesetzt worden war, gehörten beide Teile ursprünglich nicht zusammen.

Insgesamt wurden 34 Fragmente von weiteren, vorwiegend weiblichen Heiligenfiguren, steinernen Platten sowie von Architektur- und Ausstattungsteilen gefunden. Hinzu kamen ca. 180 kleinere Funde sowie eine Vielzahl an Epitaphbruchstücken.

Die Objekte sind durch Bestoßungen bzw. Abschlagungen stark beschädigt oder nur fragmentarisch erhalten. Dadurch können die wenigsten Figuren ikonographisch zugeordnet werden; nur die Figuren einer Maria mit Kind sowie eine Heilige Ursula, erkennbar an einem Pfeil, sind bisher eindeutig bestimmbar.

Die noch erhaltene Farbfassung ist geschädigt und abgängig. Seit 2005 wurden die Fragmente nach und nach von den großflächig anhaftenden Mörtel- und Krustenauflagerungen befreit und die noch erhaltenen Farbreste gesichert.

Der Skulpturenfund, der in die 2. Hälfte des 14. Jh. zu datieren ist, befindet sich noch im vom wechselnden Zeitgeschmack unveränderten Originalzustand. So lassen sich weder plastische Umarbeitungen noch Überarbeitungen der Polychromie in Form von Übermalungen oder Abwaschungen erkennen. Geschützt durch den Mörtel konnte die Farbfassung bis heute erhalten bleiben, die u. a. noch Zinnober (Rot), Azurit (Blau), Malachit (Grün), Bleiweiß, Ocker und Vergoldungen aufweist.

Bisher konnte noch nicht genauer untersucht werden, woher die Abschlagungen an den Magdeburger Figuren stammen. Doch deutet bei dem Skulpturenkopf mit Kopfschleier die Fehlstelle im Bereich der Nase darauf hin, dass die Beschädigung durch mehrmaliges Aufschlagen mit einem anderen Gegenstand verursacht wurde. Vergleicht man den beschädigten Fund mit Werken, die eindeutig Opfer des Bildersturms wurden, so lassen sich Ähnlichkeiten bei der Art und Platzierung der Beschlagungen im Gesicht feststellen.

Luthers Predigten und Schriften gegen die Anbetung der Bilder und die Schrift Andreas Bodensteins von Karlstadt »Von der abtuhung der Bylder« bildeten den Ausgangspunkt der Bilderstürmerei. Luther verurteilte 1520 im »Sermon von den guten Werken« die Bilderverehrung als Form eines falschen Glaubens: »Das ist ursach, warumb ich so offt widder solcher werck, pompen, pracht, menige geredt und sie furworffen habe [weil] unter tausent nit einer ist, der nit sein trawen drein setzt, vormeynt dadurch gottis huld zuerlangen und seiner gnad furtzukommen, [...] welchs got nit leiden kann, der sein huld umbsunst vorsprochen«. Bodenstein äußerte sich noch unerbittlicher gegen die Heiligenverehrung und forderte offen die Zerstörung von kirchlichen Kunstwerken: »Das wir bilder in Kirchen un gots heußern habe/ist unrecht/ und wider das erste gebot. Du solst nicht frombde gotter haben. Das geschnitzte und gemalthe Olgotzen uff den altarien stehnd ist noch schadelicher und Teuffellischer.«

Grafiken aus dieser Zeit veranschaulichen, mit welcher Zerstörungswut die Bilderstürmer bei der Entfernung von Kunstwerken an bzw. in Kirchen vorgingen. Statuen wurden von ihren erhöhten Standorten mit Seilen herunter gerissen, so dass sie beim Aufprall auf den Boden zerbrachen, oder die Skulpturen wurden direkt mit Werkzeugen entfernt und dabei zerstört bzw. beschädigt. Obwohl die Bilderstürme etwa in Magdeburg (1524) und Wittenberg (1522) gut belegt sind, waren die ikonoklastischen Auseinandersetzungen wohl weit weniger verbreitet, als in der älteren Literatur angenommen. Nicht zuletzt lässt sich dies an der Vielzahl gut erhaltener Bildwerke aus der Zeit vor der Reformation ersehen. Luther selbst war nur gegen die Anbetung, nicht gegen die Fertigung und den Besitz von Bildern gewesen und versuchte mäßigend auf die Bilderstürmer einzuwirken.

Es ist anzunehmen, dass auch die Skulpturen des Magdeburger Fundes Opfer des Bildersturmes sind. Nachdem sie von ihrem ursprünglichen Standort entfernt und längere Zeit an einem Platz aufbewahrt worden sind, gelangten sie vermutlich im 18. Jh. als Baumaterial in die Mauer am Gouvernementsberg. Bisher konnte noch nicht geklärt werden, von welcher Magdeburger Kirche die Fragmente stammen. (KS)

Literatur: Besener 2005; Karlstadt 1522; Schnitzler 1996; Steller 2005; WA 6, 211

D 15

D 16

D 14

KAPITEL E

WITTENBERG

Auf Drängen seines Ordensoberen Johann von Staupitz war Martin Luther (nach einem ersten Studienaufenthalt 1508/09) 1511 endgültig nach Wittenberg übergesiedelt, um dort 1512 zum Doktor der Theologie promoviert zu werden und die Nachfolge Staupitz' als Bibelprofessor anzutreten. Zugleich übernahm er auch das Amt des Wittenberger Subpriors und eines Studienleiters des Wittenberger Generalstudiums der Augustiner-Eremiten.

Als Arbeitsraum stand ihm eine Stube innerhalb eines turmartigen Anbaus an das Augustiner-Eremitenkloster zu, die – nach Luthers eigenen Angaben – eine Wand- oder Bodenheizung und einen separaten Abort besaß und von der aus er einen freien Blick auf die Elbe hatte. Hier soll seinen Aussagen zufolge auch das »Turmerlebnis«, der Prozess des reformatorischen Durchbruchs, stattgefunden haben, der schließlich zum Thesenanschlag an Allerheiligen 1517 und letztlich zum Bruch mit der Amtskirche führte.

Nach den turbulenten Jahren, die dem Ablassstreit folgten, war Luther 1522 aus seinem Exil auf der Wartburg nach Wittenberg zurückgekehrt und bezog wie zuvor das Augustiner-Eremitenkloster, das mittlerweile geplündert und bis auf einen weiteren Mitbruder Luthers verlassen war.

Trotz des gerade erst zu Ende gegangenen Bauernkrieges (bei dem sich Luther nachdrücklich auf die Seite der Fürsten gestellt hatte) und zur Bekräftigung seines Bruchs mit Rom heiratete er 1525 Katharina von Bora, eine aus dem Zisterzienserinnenkloster Nimbschen entlaufene Nonne. Diese verstand es binnen kurzem, trotz ihrer behüteten adeligen Herkunft, das ehemalige Kloster in einen funktionierenden Wirtschaftshof mit Viehhaltung, Nutzgärten und Braukellern umzuwandeln. Zusätzliche Einkommen bildeten Luthers Professorengehalt, die Vermietung von Zimmern an betuchte Studenten und nicht zuletzt die vielen Zuwendungen reicher Gönner.

Sukzessive gestalteten die Luthers bis 1540 den Südflügel des Klosters in das »erste protestantische Pfarrhaus« um. Zusätzlich stattete man die Räumlichkeiten mit Geräten, Möbeln, Hausrat und repräsentativen Kachelöfen aus. Mit weiteren An- und Neubauten, Grundstückszukäufen und Kellerausbauten wurden weitere wichtige Funktionsräume geschaffen.

Nach Luthers Tod im Jahre 1546 verkauften Luthers Kinder das sich mittlerweile in einem desolaten Zustand befindliche Anwesen 1565 an die Universität, die es abermals in erheblichen Maße umgestaltete; der Anbau des Treppenturms an der Nordseite und die Erhöhung um ein weiteres Stockwerk erfolgten offenbar zu diesem Zeitpunkt. Auch die nun nicht mehr benötigte (und offenbar nicht mehr brauchbare) Ausstattung ließ die Universität entfernen und im angrenzenden südlichen Garten entsorgen. In Unkenntnis seiner historischen Bedeutung trug man Anfang des 19. Jh. im Zuge einer historisierenden Umgestaltung auch den nunmehr als einfache Waschküche angesehenen »Lutherturm« bis zu den Kellermauern ab und schüttete das Areal ringsherum meterhoch auf.

Dieser Anbau wurde erst 2004/05 bei den Ausgrabungen am Lutherhaus wiederentdeckt. Das geborgene umfangreiche Fundmaterial lässt sich zum großen Teil in den Zeitraum zwischen 1500 und 1565 einordnen und zeugt von einem großen multifunktionalen Haushalt. In den etwa 40 000 Funden des 16. Jh. finden sich wichtige Hinweise zu Ernährung, Küche und festlicher Tafel, zu Wirtschaftsweise und repräsentativem Wohnkomfort, aber auch zu Bekleidung, Erziehung, Medizin und sogar dem akademischen Schaffen im Wittenberger Lutherhaus. [MG]

E 1 SIEGELRING MARTIN LUTHERS

Gold, Karneol; 1530
H. 4 cm; Dm. 2,6 cm
Grünes Gewölbe – Staatliche Kunstsammlungen Dresden, Inv. Nr. VIII 97

Gut überliefert ist die Sammlungsgeschichte zum Siegelring Martin Luthers im Grünen Gewölbe Dresden. 1530 hielt sich Luther anlässlich des Augsburger Reichstages auf der Veste Coburg auf (näher heran durfte er sich als Gebannter nicht nach Augsburg wagen). Auf seiner Rückreise aus Augsburg übergab der sächsische Kurprinz Johann Friedrich in Coburg den goldenen Ring mit dem vom Reformator selbst kreierten Rosen-Wappen in rotem Karneol an Luther, der ihn fortan stets am rechten Zeigefinger trug. Allerdings sei er ihm zu groß gewesen, schrieb er etwas später an Melanchthon, woraus er ersehe, dass er nicht zum Tragen von Gold bestimmt sei.

Die Komponenten seines selbst kreierten Wappens erklärt Luther so: »Das erst sollt ein Kreuz sein, schwarz im Herzen, das seine natürliche Farbe hätte, damit ich mir selbs Erinnerung gäbe, daß der Glaube an den Gekreuzigten uns selig machet. Denn so man von Herzen glaubt, wird man gerecht. Ob's nun wohl ein schwarz Kreuz ist, mortifizieret und soll auch wehe tun, dennoch läßt es das Herz in seiner Farbe, verderbt die Natur nicht, das ist, es tötet nicht, sondern erhält lebendig [...] Solch Herz aber soll mitten in einer weißen Rosen stehen, anzuzeigen, daß der Glaube Freude, Trost und Friede gibt, darum soll die Rose weiß und nicht rot sein; denn weiße Farbe ist der Geister und aller Engel Farbe. Solche Rose stehet im himmelfarben Felde, daß solche Freude im Geist und Glauben ein Anfang ist der himmlische Freude zukünftig, jetzt wohl schon drinnen begriffen und durch Hoffnung gefasset, aber noch nicht offenbar. Und in solch Feld einen goldenen Ring, daß solch Seligkeit im Himmel ewig währet und kein Ende hat und auch köstlich über alle Freude und Güter, wie das Gold das höchste, köstlichste Erz ist.« (MG)

Literatur: Arnold 1967; Greve 2004, 150 f. Nr. 207; WABr 5, 444 f. Nr. 1628

E 2 MESSER

Eisen; 1. Hälfte 16. Jh.
L. 16 cm (erhalten); max. B. 2,5 cm
LDA Sachsen-Anhalt, Grabung Lutherhaus Wittenberg 2004/05, Inv. Nr. 106/70b

Die 11,3 cm lange, an der Spitze abgebrochene Schneide lässt keine Schmiedemarke erkennen. Der Klingenrücken misst maximal 2 mm, die Schneide ist noch heute ausgesprochen scharf. Auffälligstes Merkmal ist der 4,7 cm lange Griffdorn. Dieser setzt nicht am Klingenrücken, sondern in der Mitte der Klinge an, wie dies üblicherweise bei den zweischneidigen Dolchen der Fall ist. Der eigentliche Griff bestand sicherlich aus organischem Material und wurde lediglich auf den Dorn gesteckt. Obwohl dieses Messer auf den ersten Blick recht unscheinbar ist, dürfte es sich bei genauerem Hinsehen doch um ein hochwertigeres Stück gehandelt haben. Es könnte als feineres Gebrauchsmesser – vielleicht zum Auftrennen von Papierbögen, Nachschärfen von Federn oder ähnlichem – verwendet worden sein. (BS)

Literatur: Holtmann 1993

E 3 GRIFF EINES MESSERS

Eisen, Holz, Messing; 1. Hälfte 16. Jh.
L. 11,3 cm
LDA Sachsen-Anhalt, Grabung Lutherhaus Wittenberg 2004/05, Inv. Nr. 106/70a

Der Griff besteht aus einer Metallplatte, auf die man mit Hilfe von Messingnieten die hölzernen Griffschalen heftete. Am Ansatz der Klinge, die nur noch auf einer Länge von 2,2 cm erhalten ist, sind Reste einer Messingzwinge zu erkennen. Der Rest der Messerklinge weist keine Spuren einer Schmiedemarke auf. Vor allem die Form der Klinge sowie die Messingzwinge deuten darauf hin, dass es sich hier nicht um ein einfaches Gebrauchsmesser gehandelt haben dürfte; vielmehr ist eine Verwendung bei Tisch – als Speisemesser – vorstellbar. (BS)

Literatur: Holtmann 1993

E 4 BESCHLAG EINES MESSERGRIFFS

Silber; 1. Hälfte 16. Jh.
L. 7 cm
LDA Sachsen-Anhalt, Grabung Lutherhaus Wittenberg 2004/05, Inv. Nr. 106/71b

Der Beschlag stammt von einem hochwertigen Messergriff. Er besitzt eine gestreckte trapezoide Form, ist jedoch nicht in seiner ursprünglichen Länge erhalten. Da die drei vorhandenen Metallstifte eine Länge von nahezu 1 cm aufweisen, ist davon auszugehen, dass die eigentlichen Griffschalen aus Holz bestanden. Auf der Rückseite des Beschlagbleches sind keine Negative der auf der Sichtseite zu erkennenden Verzierung vorhanden. Sie sind deshalb vermutlich gegossen, nicht getrieben worden.

Die Ornamentik selbst ist schwer zu interpretieren. Es scheint sich um ein typisch renaissancezeitliches florales Bildprogramm, unter Umständen in Anlehnung an das bekannte Vasenmotiv, zu handeln. Immerhin wird durch die Auswahl des Rohmaterials und die Ausführung der Verzierung deutlich, dass es sich bei diesem Messer um ein sehr hochwertiges Stück gehandelt haben muss, das sicherlich bei Tisch Verwendung fand. (BS)

Literatur: Holtmann 1993

E 5 HAUSWEHR LUTHERS

Rückenklinge mit Schlagmarken, Gefäß: Eisen, geschwärzt, Gehilze mit Fischhaut, Scheide: Holz, Leder schwarz, Pergament; deutsch, um 1520–1540 (vor 1546)
L. 86 cm (gesamt); 74 cm (Klinge); Gew. 700 g
Rüstkammer – Staatliche Kunstsammlungen Dresden, Inv. Nr. IX 19

Dem Zugangsverzeichnis zur Dresdner Kunstkammer von 1678 nach stammt die dort als »alte Blötze« bezeichnete Blankwaffe aus dem persönlichen Besitz des Reformators Martin Luther. »Plötze« war seinerzeit die gängige Bezeichnung für eine Seitenwehr mit Rückenklinge. Einem Inventarvermerk in der Rüstkammer zufolge soll die Wehr von Luther bereits im 1623 aufgestellten, 1945 leider verbrannten Nachlassverzeichnis der Kurfürstin-Witwe Sophie (1568–1622) im Grünen Gewölbe berücksichtigt gewesen sein. In der Kunstkammer war sie zusammen mit anderen Lutherandenken in einem Kabinettschrank verwahrt. Einen direkten Bezug der Waffe zur Person Luthers stellt auch der Handschriftentext auf dem Pergamentschild an der Scheide her: »D. Marti[n] Luthers sel: Haußw[e]hr«. Die Einfügung »sel[ig]« weist die Textfassung in die Zeit nach Luthers Tod. In der Beschriftung findet sich außerdem die aus dem 16. Jh. stammende Bezeichnung »Hauswehr«. Sie folgt dem der Waffe implizierten ausschließlichen Gebrauch bei der Abwehr von Hausfriedensbruch. Eine im Sächsischen Hauptstaatsarchiv Dresden verwahrte »Wunderliche Rechnung gehalten zwischen

E1

E2

E3

E4

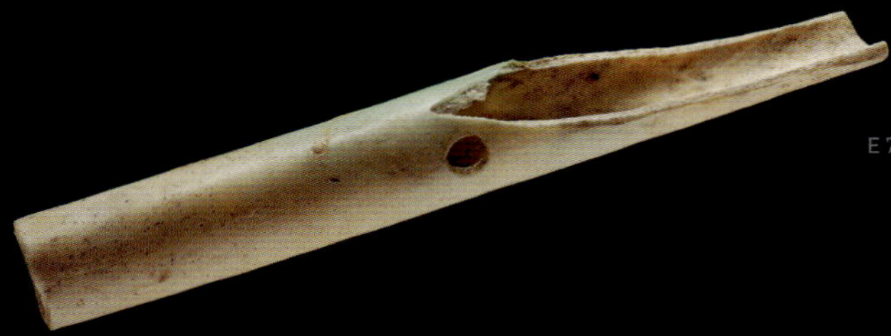

E 7

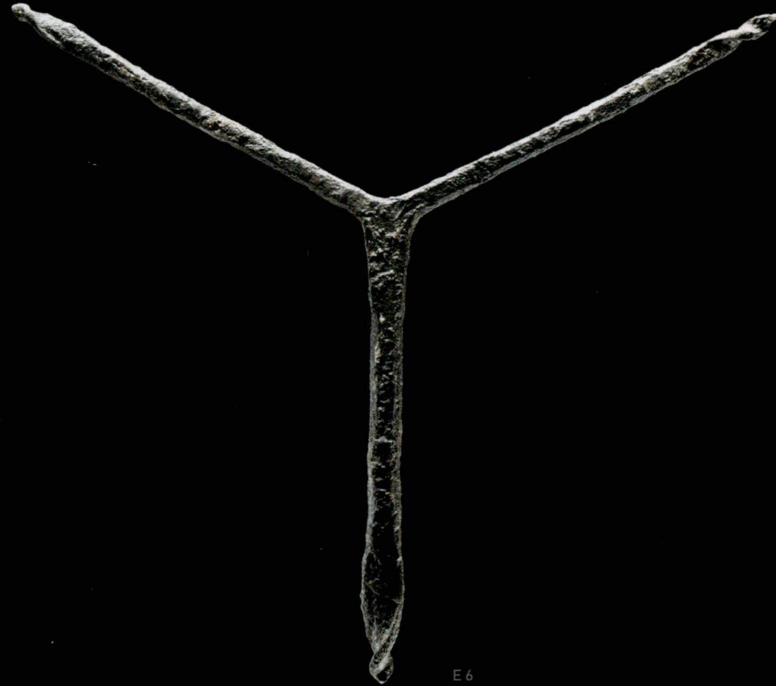

E 6

Doc. Martin vnd Kethen« schließt neben vielen anderen Leistungen auch solche eines Klingen- und eines Messerschmieds, also von Gewerken, denen die Herstellung von blanken Seitenwehren oblag, ein.

Ein aktiver Waffenbesitz Luthers darf insbesondere für die Zeit von dessen Aufenthalt als »Junker Jörg« auf der Wartburg, wo der in Acht und Bann Geschlagene Unterschlupf vor Verfolgung gefunden hatte, angenommen werden. Dem Reformator sollen bei dessen Rückkehr nach Wittenberg in einer Jenaer Herberge zwei Schweizer Studenten begegnet sein. Der eine von ihnen, Johannes Kessler (1502–1574), gibt die Episode mit dem nicht sogleich Erkannten wieder: »Wir vermeinten aber nicht anders, denn es wäre ein Reiter, so er nach Landesgewohnheit dasaß in einem roten Schlepplein (Schlepphut), in bloßen Hosen und Wams, ein Schwert an der Seite, mit der rechten Hand auf des Schwertes Knopf, mit der anderen das Heft umfangend.« Zugunsten einer glaubwürdigen Verkleidung als Edelmann konnte Luther nicht auf ein Schwert verzichten. Entsprechend erscheint Luther auch auf mehreren Bildnissen von Lucas Cranach d. Ä. mit Schwert.

Ritterschwert und Hauswehr waren im Statuswert und in den Funktionsteilen grundsätzlich voneinander unterschieden. Das vom Ritter zu Pferd stets mitgeführte Schwert hatte ein gerades Kreuzgefäß sowie eine zu Hieb und Stich ausgelegte, längere zweischneidige Klinge. Die im eigenen Wohnhaus bereit gehaltene bürgerliche Wehr war mit einem handlichen Bügelgriff und einer kurzen, vornehmlich zum Hieb ausgelegten Rückenklinge ausgestattet. Die Hauswehr wies nicht von ungefähr eine Verwandtschaft zu den auf den Nahkampf (Balgen) ausgerichteten Katzbalgern und Raufdegen der Landsknechte jener Zeit auf. Die genannten Typen sind in der Dresdener Rüstkammer mit exemplarischen Belegen vertreten. Luther selbst bekennt sich in seiner Schrift »Ob Kriegsleute auch in seligem Stand sein können« ausdrücklich zum gerechten Gebrauch von Waffen. Deren Benutzung schloss er auch für sich persönlich nicht aus, indem er schreibt: »Wenn mich ein Dieb in meinen 4 Pfehlen antreffe bei der Nacht, so mus ich mich weren« (Zitate nach Kroener 1982, 90 f.). (JCvB)

Literatur: Bäumel 2004; Enke 2005, 70 Nr. 1/34 (Kommentar von Bloh); Hantzsch 1902; Hettner Büttner 1872; Kroener 1982; Quandt 1834

E 6 BOHRER

Eisen, geschmiedet; 1. Hälfte 16. Jh.
L. 10 cm; 10 cm; 11 cm (Arme)
LDA Sachsen-Anhalt, Grabung Lutherhaus Wittenberg 2004/05, Inv. Nr. 106/2 i

Anfang 1527 bat Luther seinen langjährigen Freund Wenzeslaus Link um die Zusendung von Werkzeugen »von der Art Eures kunstreichen Nürnbergs«. Er habe nämlich mit seinem Diener Wolf (Sieberger) die Kunst des Drechselns angefangen und benötige nun etliche Instrumente zum Bohren und Drehen. Damit folgte er einem Trend, der sich, den Vorbildern König Philipps des Guten von Burgund und Kaiser Maximilians I. nacheifernd, durch die zeitgenössischen Fürstenhäuser zog. Gewisse handwerkliche Tätigkeit, wie das Schlossern, Schmieden und das Drechseln galten nicht nur als hoffähig, sondern, insbesondere durch die im Kunsthandwerk eingesetzten frühen automatischen Maschinen, als Darstellung der Herrschaft über die Natur und somit als eine Ausdrucksmöglichkeit herrschaftlicher Repräsentation. Friedrich der Weise etwa soll Armbrüste, Armbrustbolzen und auch Rosenkränze als fürstliche Geschenke selbst hergestellt haben. Der in der Wittenberger Grabung gefundene dreiarmige eiserne Bohrer, der Pendants etwa in Oberösterreich hat, könnte sehr gut aus einer Nürnberger Schmiede stammen. (MG)

Literatur: Paravicini 2005; WABr 4, 149 Nr. 1066

E 7 LOCKPFEIFE

Gänseknochen; 1. Hälfte 16. Jh.
L. 6,1 cm
LDA Sachsen-Anhalt, Grabung Lutherhaus Wittenberg 2004/05, Inv. Nr. 24/4af

Wie in Mansfeld konnte auch bei den Grabungen in Wittenberg eine Lockpfeife geborgen werden. Sie besteht aus dem Schaftstück eines Gänseknochens und ist mit

E5

einem Loch versehen. Besonderen Reiz gewinnt dieser Wittenberger Fund dadurch, dass sich Martin Luther 1534 in seiner »Klageschrift aller frommen und ehrbaren Vögel an Dr. Martinus Luther gegen seinen Diener Wolfgang Sieberger« explizit zum Vogelfang äußerte. Sein Famulus Sieberger war offenbar der Leidenschaft des Vogelfanges so verfallen, dass er seinen häuslichen Pflichten nicht mehr zufriedenstellend nachkam. Als Reaktion hierauf verfasste Luther seine berühmte Klageschrift, in der sich die Vögel bei ihm über seinen Diener beschweren. Sollte es sich hier um eine der Lockpfeifen des Hausdieners Luthers handeln? (BS)

Literatur: Schlenker 2007; Treu 2004

E 8 SO GENANNTER VERLOBUNGS- BZW. TRAURING LUTHERS

Gold, Diamant, Rubin, emailliert und z. T. noch bemalt; vmtl. 2. Hälfte 16./Anf. 17. Jh.
H. 2,7 cm; Dm. 2,3 cm (außen); 1,9 cm (innen)
Herzog Anton Ulrich-Museum Braunschweig, Kunstmuseum des Landes Niedersachsen
Inv. Nr. Kos 221

Vom so genannten Verlobungsring Luthers im Herzog Anton Ulrich-Museum Braunschweig entstanden – wie auch vom Ehering der Katharina von Bora – etliche Nachbildungen im Zuge der späteren Lutherverehrung.

Der Ring besteht aus zwei ineinander passenden Hälften (so genannter Gimel- oder Doppelring), die in einer blau und schwarz emaillierten, rechteckigen Schildfassung einen Diamanten (als Symbol der Treue) und einen Rubin (als Symbol der Liebe) tragen. Auf der Innenseite der Ringhälften findet sich die Inschrift »WAS.GOT.ZVSAMEN.FIEGT/SOL.KEIN:MENSCH.SCHEIDEN«. Die auf den Schildfassungen eingravierten Buchstaben »CVB« und »MLD« sind als Initialen für »Catharina von Bora« und »Martin Luther Doktor« gedeutet worden. Allerdings gelten die rechteckigen Schildfassungen erst für das letzte Viertel des 16. Jh. bis in das erste Jahrzehnt des 17. Jh. als typische Form, was eine Verbindung des Doppelrings zu Luther und seiner Frau eher unwahrscheinlich macht. Der Ring soll schließlich 1703 als Geschenk des polnischen Königs an Herzog Rudolf August von Braunschweig-Lüneburg gelangt sein. (MG)

Literatur: Juncker 1706; Küster 1741, 106; Wartburg 1996, 243; Wex 1996, 70

E 9 HOCHZEITSRING KATHARINAS VON BORA

Gold, Rubin; 1525
Dm. 1,9 cm
Stadtgeschichtliches Museum Leipzig, Inv. Nr. Me 288

Als authentisch gilt der im Stadtgeschichtlichen Museum Leipzig verwahrte Ring der Katharina von Bora. Er ist filigran und aufwändig gearbeitet, trägt einen Rubin in Krappenfassung und zeigt neben dem Gekreuzigten sämtliche »Arma Christi«, also die Gerätschaften, mit denen Christus gemartert worden sein soll: Geißelsäule mit Fesseln, Ruten, Leiter, den unter den Soldaten verspielten Rock und die zugehörigen Würfel, Nägel und Hammer, Stab mit Essigschwamm und Lanze, einen spottenden Juden und das Schwert, mit dem Paulus einem Soldaten das Ohr abgeschlagen haben soll. Auf der Unterseite des Schwertes findet sich das Hochzeitsdatum 1525, im Inneren des Rings ist »Catharina v Boren D. Martinus Lutherus 13. Jun. 1525« eingraviert. Angeblich aus dem Nachlass Katharinas stammend, wurde der Ring 1743 für 1 000 Gulden zur Michaelimesse in Leipzig (zunächst erfolglos) angeboten und gelangte schließlich in den Besitz einer Leipziger Familie. Im 19. Jh. kam er durch Schenkung an die Stadtbibliothek Leipzig und von dort in die Städtischen Sammlungen.

Da es sich um ein außerordentlich hochwertiges Stück der renaissancezeitlichen Goldschmiedekunst handelt, nimmt es nicht Wunder, dass offenbar bereits im 16. Jh. (und noch viel mehr in den darauf folgenden Jahrhunderten) zahlreiche Kopien dieses Ringes angefertigt wurden. (MG)

Literatur: Dura 2006, 108 f.; Kroker 1907, 197–218; Wartburg 1996, 243

E 10 GOLDENER RING

Gold, gegossen und getrieben; 1. Hälfte 16. Jh.
H. 2,4 cm; Dm. 1,9 cm (innen)
LDA Sachsen-Anhalt, Grabung Lutherhaus Wittenberg 2004/05, Inv. Nr. 130/1

Der zierliche Goldring mit rundem Querschnitt trug ursprünglich einen Stein in einer so genannten vierbogigen Krappenfassung. Solche durchbrochenen Fassungen erlaubten eine gute Sichtbarkeit und Durchleuchtung des Steins. Nachteil dieser Steinfassung ist ihre relativ große Empfindlichkeit und die Gefahr, den Stein zu verlieren. Offenbar war dies auch hier der Fall, denn der ursprünglich wohl in seiner Grundfläche quadratische Stein ist anscheinend – absichtlich? – aus der Fassung gebrochen worden und nicht erhalten. Vermutlich gehörte der Ring einer Dame von gehobenem gesellschaftlichem Rang, vielleicht sogar Katharina von Bora selbst. Auf dem Doppelporträt von Lucas Cranach von 1526 (Wartburg-Stiftung) anlässlich der Hochzeit von Luther und Katharina wird sie mit einem ähnlichen Ring dargestellt, den ein blauer Stein in Krappenfassung ziert. (MG)

E 11 ROSENKRANZ

Holz, Schnur, gedrechselt; 16. Jh. (?)
L. 46 cm
Stiftung Luthergedenkstätten in Sachsen-Anhalt, Inv. Nr. K 2

Die Sitte, regelmäßig bestimmte Gebete zum Zweck der Meditation zu sprechen, ist keineswegs auf das Christentum beschränkt. Als Hilfe beim Abzählen dienen auch im Islam und Hinduismus Gebetsschnüre oder -ketten.

Das ursprüngliche Gebetsbuch der Christenheit, besonders in seiner monastischen Form, stellte der Psalter mit den 150 Psalmen dar. Allerdings erwies sich die gewünschte tägliche Rezitation des Psalters selbst bei den strengen Orden als kaum durchführbar. Mit dem Aufblühen der Marienfrömmigkeit erfuhr auch der Mariengruß durch die Einbindung in die römische Messliturgie eine Aufwertung.

Die Kombination aus Lukas 2, 28: »Gegrüßet seiest Du, Maria, voll der Gnaden« und Lukas 2, 42: »Gebenedeit bist du unter den Frauen und gebenedeit ist die Frucht deines Leibes«, später noch erweitert am Schluss durch die Namensnennung »Jesus«, wurde unter dem Namen »Ave Maria« zum volkstümlichen Gebet, bevorzugt von Laien und in weiblichen Orden.

Entsprechend der Anzahl der Psalmen bildete die fünfzigfache Wiederholung einen Rosenkranz, was sich auch in der Anzahl der Kugeln an der Gebetsschnur widerspiegelt. In der endgültigen Form nach 1569 wurden die Mariengebete in 15 Dekaden eingeteilt, an deren Anfang jeweils ein Vaterunser stand. Jede Dekade war meditativ einem »Geheimnis« aus Leben, Sterben und Auferstehung Christi zugeteilt, so dass sich Marienfrömmigkeit und Betrachtung des Wirkens Jesu vereinigten.

Mit der Reformation verschwand diese Form des Gebetes, während sie sich in den katholisch gebliebenen Gebieten noch verstärkte. Luther konnte der als Leistung

E 10

E 8

E 9

E 11

verstandenen Frömmigkeitsübung nichts abgewinnen, zumal auch die darin angesprochene Marienfrömmigkeit nach reformatorischem Verständnis überzogen war.

Ob es sich bei dem im Besitz der Stiftung Luthergedenkstätten befindlichen Rosenkranz wirklich um ein Stück aus dem 16. Jh. handelt, ist nicht zu beweisen. Noch weniger, dass er aus dem Nachlass der Katharina von Bora stammt, wie man im 19. Jh. meinte. (MT)

E 12 SCHLÜSSEL

Eisen; 1. Hälfte 16. Jh.
L. 11,6 cm
LDA Sachsen-Anhalt, Grabung Lutherhaus Wittenberg 2004/05, Inv. Nr. 106/2 h

Die ältesten Schlüssel Mitteleuropas sind uns aus der späten Bronzezeit bekannt. Dies zeigt, wie früh offenbar das Bedürfnis bestand, seinen Besitz zumindest symbolisch für den Außenstehenden unzugänglich zu machen. Im Mittelalter waren Schloss und Schlüssel natürlich gang und gebe. In der Tracht der Zeit stellt der Schlüssel gar ein regelrechtes Symbol häuslicher Gewalt dar: Die Frau des Hauses trug die Schlüssel ihres Haushaltes zusammen mit der Börse und anderen Accessoires offen am Gürtel. Der Wittenberger Schlüssel ist mit Griff, der »Reide«, Schaft und Bart hervorragend erhalten. Der Schaft endet in einem so genannten Hohldorn, der auf einen Zapfen innerhalb des Schlosses gesteckt werden musste. (BS)

Literatur: Brunner 1988; Schlenker 2007

E 13 SPINNWIRTEL (ohne Abb.)

Irdenware; 1. Hälfte 16. Jh.
Dm. 3 cm
LDA Sachsen-Anhalt, Grabung Lutherhaus Wittenberg 2004/05, Inv. Nr. 4x

Bevor sich im Verlauf des 16. Jh. das schon 300 Jahre zuvor erfundene Spinnrad durchsetzte, wurden die Garne mit Hilfe einfacher Handspindeln gezwirnt. Diese bestanden aus einer zumeist hölzernen Achse sowie einem Wirtel, der in der Regel aus gebranntem Ton gefertigt wurde. Der Spinnwirtel diente gleichsam als Schwungrad, welcher die Rotation der Spindel gewährleistete. Das Wittenberger Exemplar ist zu zwei Drittel erhalten und weist keine Glasur auf. Es belegt, dass auch im lutherischen Haushalt zumindest gelegentlich Garne hergestellt wurden. (BS)

Literatur: Schlenker 2007

E 14 SPINDEL MIT SPINNWIRTEL

Holz, Keramik; 12./13. Jh.
L. 18,6 cm; Dm. 2,8 cm (Wirtel)
LDA Sachsen-Anhalt, Grabung Halle Schülershof, Inv. Nr. 87:1009 q

Während tönerne Spinnwirtel in mittelalterlichen Fundkomplexen mit einiger Regelmäßigkeit zutage treten, ist es ein besonderer Glücksfall, wenn dazu noch eine Spindel aus organischem Material geborgen werden kann. Solche sind in manchen Fällen aus Knochen, häufiger jedoch aus Holz gefertigt worden. Die am Schülershof in Halle gefundene Spindel stammt aus Schichten des 12./13. Jh., die hier im unmittelbaren Grundwasserbereich liegen. Deshalb sind die organischen Materialien in großer Menge erhalten geblieben.

Die Spindel besitzt einen sorgfältig geschnitzten Schaft, der sich in seinem unteren Drittel leicht verdickt, um dann nach unten spitz zuzulaufen. Umlaufende Rillen, die vielleicht eingebrannt sind, zieren den »geschwollenen« Schaftbereich. Lediglich die obere Spitze ist abgebrochen, ansonsten ist der Fund vollständig. Der Wirtel besteht aus weißlichem Ton und ist mit Sorgfalt gearbeitet.

Spindeln dieser Bauart stellten seit der Jungsteinzeit das gebräuchliche Gerät zum Verzwirnen von Fäden dar. Erst im Verlauf des 16. Jh. setzte sich eine revolutionäre Erfindung durch: das Spinnrad. (BS)

Literatur: Schlenker 2007

E 15 SPATENSCHUHE (ohne Abb.)

Eisen; 1. Hälfte 16. Jh.
20,5 x 22 cm; 16 x 9,5 cm
LDA Sachsen-Anhalt, Grabung Lutherhaus Wittenberg 2004/05, Inv. Nr. 106/70c; 155a

Es ist heute kaum noch vorstellbar, dass vielerorts noch im 20. Jh. die Blätter von Spaten nicht vollständig aus Metall bestanden. Wie auf zeitgenössischen Gemälden gelegentlich beobachtet werden kann, schnitzte man Schaft und einen Teil des Blattes aus Holz; lediglich die unmittelbare Schneide bestand aus Eisen. Aus Wittenberg liegen zwei Exemplare solcher Eisenschuhe vor. Eins davon unterscheidet sich kaum von dem in Mansfeld gefundenen Stück. Auch hier läuft das Blatt, ähnlich wie bei einer modernen Schaufel, spitz zu. Der andere Fund weicht in seiner Form wesentlich von diesem Muster ab, da die Schneide eine geradezu rechteckige Form aufweist. Somit handelt es sich bei diesem Fund um den Überrest eines Spatens mit flach abschließendem Blatt, der schon die Form eines modernen Spatens besaß. (BS)

Literatur: Schlenker 2007

E 16 SPATEN

Eisen, geschwärzt (Spatenschuh), Birnbaum, farbig gefasst, bemalt (Blatt/Stiel); deutsch, vmtl. Dresden, um 1560–1580
L. 126 cm
Staatliche Kunstsammlungen Dresden, Rüstkammer, Inv. Nr. P 70; Provenienz: Inventar Kunstkammer 1587, BL. 207

In der Rüstkammer sind zwei an der Holzfassung mit Früchten und Blüten bemalte Spaten überliefert, die sich in dieser Besonderheit im Inventar der Kunstkammer von 1587 auffinden lassen: »2 Grün gemahlete beschlagene Spaten«. Die Bemalung der Schaustücke demonstriert symbolisch reiche Ernte. Die Ausführung als Paar findet sich auch an anderen Gartengeräten aus der Dresdener Kunstkammer, darunter zwei Kernsetzer mit den auf den Kurfürsten August und seine Gemahlin Anna weisenden, gegeneinander gestellten Initialen »AA«. Analog dazu könnten auch die beiden Spaten dem Kurfürstenpaar zugedacht gewesen sein. Die persönlichen landwirtschaftlichen Aktivitäten beider waren dem protestantischen Arbeitsethos verpflichtet. In Ostra bei Dresden unterhielten sie ein eigenes Mustervorwerk mit landesweiter Ausstrahlung. (JCvB)

Literatur: Bäumel 2004a; Hager 1916

E 17 BRONZEGLÖCKCHEN

Bronze; 1. Hälfte 16. Jh.
H. 3,1 cm
LDA Sachsen-Anhalt, Grabung Lutherhaus Wittenberg 2004/05, Inv. Nr. 106/76 b

Während bei den Grabungen in Mansfeld zwei Schellen aus Messing zutage kamen, konnte in Wittenberg ein bronzenes Glöckchen geborgen werden. Mit einer Höhe von nur 3,1 cm handelt es sich um ein höchst zierliches Exemplar. Seine Herstellung erfolgte durch Guss, anschließend wurde der Rohling innen und außen fein überdreht. Wie entsprechende Spuren belegen, bearbeitete man die Aufhängeöse mit Hilfe einer Feile und brachte sie so in die entsprechende Form. Der Klöppel ist nicht erhalten. Reste von Messingdraht, wie sie im Innern der Glocke zu erkennen sind, könnten von der Aufhängung stammen.

E 17

E 16

E 12

E 14

E 18

E 21

E 23

Die Verwendung dieser Glocke bleibt spekulativ. Gut vorstellbar wäre allerdings, dass Haustiere mit derartigen Geläuten versehen wurden. (BS)

E 18 PFÄNNCHEN MIT GRAPENFÜSSEN
Irdenware, grün glasiert; 1. Hälfte 16. Jh.
L. 13 cm (ohne Griff); 19 cm (mit Griff);
B. 11 cm; H. 10,5 cm
LDA Sachsen-Anhalt, Grabung Lutherhaus
Wittenberg 2004/05, Inv. Nr. 143/139

Das kleine, innen grün glasierte Pfännchen ist nur teilweise erhalten, ein großer Teil der Wandung und einer von ursprünglich drei Grapenfüßen fehlen. Typisch ist die seitlich angefügte Tülle, in die ein Holzstab hineingesteckt und womit das Pfännchen in die Glut des Herdfeuers geschoben werden konnte. Von der intensiven Nutzung zeugt noch die stark verrußte Unterseite. (MG)

E 19 PFANNE MIT GRAPENFÜSSEN
Irdenware, gelb glasiert; 15. / 16. Jh.
Dm. 22,2 cm (Mündung); H. 11,5 cm
Städtische Sammlung Leipzig, Inv. Nr. KS 183

Großer Tiegelgrapen mit drei Beinen, Tüllengriff und wulstförmigem umgeschlagenem Rand und umlaufenden waagerechten Riefen. Durch die Glasur im Inneren ist das Gefäß für Flüssigkeiten undurchlässig. (MG)

E 20 HENKELFRAGMENTE VON TÖPFEN ODER GRAPEN (ohne Abb.)
Irdenware, innen grün bzw. gelbbraun glasiert;
1. Hälfte 16. Jh.
a) H. 7,9 cm; B. 6,6 cm; T. 4 cm (a); H. 6,8 cm;
B. 7,7 cm; T. 3,8 cm (b)
LDA Sachsen-Anhalt, Grabung Lutherhaus
Wittenberg 2004/05, Inv. Nr. 106/59 i

Zwei Wandungsfragmente mit Henkeln zweier innen grün respektive gelbbraun glasierter kleiner Töpfe oder Grapen. Die meisten der tausenden von Keramikfunden aus dem Lutherhausgarten in Wittenberg weisen einen hohen Grad der Fragmentierung und eine breite Streuung auf. Offenbar wurden die Schuttberge, auf denen hauptsächlich Keramik landete, nach ihrer Aufschüttung planiert und die Fragmente dadurch weiträumig auf der Fläche verteilt. (MG)

E 21 KLEINER TOPF MIT FLACHEM STANDBODEN
Irdenware, innen gelbbraun glasiert;
1. Hälfte 16. Jh.
H. 15 cm; B. 15 cm (mit Henkel); Dm. 11 cm
(Mündung); 8 cm (Boden)
LDA Sachsen-Anhalt, Grabung Lutherhaus
Wittenberg 2004/05, Inv. Nr. WB 2

Fast vollständig erhaltener Topf aus einer der nachlutherzeitlichen Schichten mit wulstartigem Rand, leicht bauchiger Form und flachem Standboden. Ein breiter gekehlter Henkel verbindet den Rand mit dem gewölbten Bauchumbruch. Waagerechte Riefen umlaufen das Gefäß bis zur Schulter.

E 22

E 19

Innen ist der Topf mit gelblich brauner, bräunlich gesprenkelter Glasur versehen.

Auf der dem Henkel gegenüberliegenden Seite zeugen Rußspuren vom Gebrauch des Gefäßes: Es stand am Rand des Herdfeuers und wurde vermutlich zum Aufwärmen oder Warmhalten von Speisen oder Getränken benutzt. (MG)

E 22 FRAGMENT EINES GRAPEN

Irdenware, innen gelbraun glasiert; 1. Hälfte 16. Jh.
H. 10 cm (mit Fuß), B. 7,5 cm (erhalten)
LDA Sachsen-Anhalt, Grabung Lutherhaus Wittenberg 2004/05, Inv. Nr. 106/27

Die einfachen keramischen Grapentöpfe waren metallenen Vorbildern nachempfunden. Die Füße (aufgrund der Stabilität fast immer drei) erlaubten es, das Gefäß zum effektiven Kochen direkt in oder an die Glut zu stellen. Auf die Ränder konnten Deckel aufgelegt werden. Das einfache und günstig herzustellende Kochgerät war im Mittelalter und in der Neuzeit weit verbreitet, änderte seine Form über die Zeit kaum und diente zur Bereitung von Breien oder Soßen. In Luthers Haushalt waren wohl einige Dutzend Grapen vorhanden. (MG)

E 23 GRAPEN

graue Irdenware, reduzierend mittelhart gebrannt, Bauch geriefelt, innen braungelbe Bleiglasur; mitteldeutsch, 15. bis frühes 16. Jh.
H. 20 cm
Stiftung Moritzburg – Kunstmuseum des Landes Sachsen-Anhalt, Inv. Nr. Mo.KHW.Ke 186

Das zeittypische Gefäß eines Dreibeintopfes wurde im Jahr 1917 bei Ausgrabungen im Haus von Hans von Schönitz, dem Kühlen Brunnen in der halleschen Nicolaistraße, entdeckt. Die seit dem späten 14. Jh. auftretende innere Bleiglasur zur Abdichtung der porösen Oberfläche ist bei diesem Grapen vorhanden. Die der Renaissance verpflichtete spätere Außenglasur fehlt dem Stück jedoch noch. Rußablagerungen auf der Außenseite bieten einen Hinweis auf die ursprüngliche Funktion als Kochtopf, der auf seinen drei Füßen im offenen Herdfeuer stand. (UD)

E 24 ZWEI RANDSCHERBEN GROSSER SCHÜSSELN (ohne Abb.)

Irdenware, unglasiert; 1. Hälfte 16. Jh.
L. 16 cm; B. 10 cm (a); L. 19 cm; B. 8 cm (b)
LDA Sachsen-Anhalt, Grabung Lutherhaus Wittenberg 2004/05, Inv. Nr. 143/142a

Die großen unglasierten Schüsseln können zur Aufbewahrung, Zubereitung oder zum Servieren von Lebensmitteln gedient haben. (MG)

E 25

E 29

E 25 SCHÜSSEL MIT AUSGUSS

helle Irdenware, unglasiert; 15./16. Jh.
H. 12 cm; Dm. 22,5 cm (Rand); 18 cm (Boden)
Museum Göltzsch, Rodewisch, Inv. Nr. 64/53

Bei dem Gefäß handelt es sich um einen 1939 in Rodewisch, OT Röthenbach, am Uferbereich des so genannten Eulenteiches geborgenen, fragmentiert erhaltenen Lesefund, der mit bemaltem Gips ergänzt ist. Die henkellose Schüssel besitzt einen Standboden und eine bauchige Wandung. Letztere wird oberhalb der Bauchmitte von zwei breiten umlaufenden Rillen gegliedert. Der Kragenrand mit innenseitig ausgearbeitetem Deckelfalz ist in einem Teilabschnitt zu einem Ausguss zusammengedrückt. (MB)

E 26 FRAGMENTE VON FETTPFANNE UND BRÄTER

Irdenware, innen gelb glasiert; 1. Hälfte 16. Jh.
Fettpfanne (a): L. 29 cm; B. 12 cm (ohne Tülle); 20 cm (mit Tülle); Bräter (b): L. 19 cm; B. 10 cm (ohne Griff); 15 cm (mit Griff)
LDA Sachsen-Anhalt, Grabung Lutherhaus Wittenberg 2004/05, Inv. Nr. 142/a; 67/1c

Von der so genannten Fettpfanne ist nur eine Ecke des ursprünglich rechteckigen, gelb glasierten Gefäßes mit relativ flachen Rändern und Tülle zur Aufnahme eines hölzernen Griffes erhalten. Die Fettpfanne diente zum Auffangen überschüssigen Fettes beim Bratvorgang über dem offenen Feuer. Es konnte so nicht ins Feuer tropfen und gleichzeitig war Fett zum regelmäßigen Begießen des Fleisches zur Hand.

Das Fragment eines Bräters (so genannte Gänsepfanne oder Saurüssel) besitzt eine Handhabe und ist mit einer gelben Glasur überzogen. Derartige Gefäße, meist leicht oval geformt und mit einem Deckel versehen, dienten zur Zubereitung großer Fleischstücke wie Gänse- oder Schweinebraten. Oftmals sind sie mit einer schnauzenförmigen, sich verjüngenden Mündung zum Ausschütten von überschüssigem Fett versehen. Die geringe Schwärzung der Unterseite weist entweder auf eine geringe Nutzungszeit oder darauf hin, dass der Bräter kaum in direkter Feuernähe gestanden hat, vielleicht also auch in einem Backofen Verwendung fand.

Beide Formen entstanden als auf der Töpferscheibe gedrehte, flaschenartige Gefäße, die man nur noch mit einem Draht der Länge nach halbieren und Standflächen und Grifftüllen anbringen musste. Die Grundformen lebten fast unverändert bis ins 19./20. Jh. fort. (MG)

Literatur: Kluttig-Altmann 2006, 293 f.

E 27 BRÄTER

Irdenware, gelb glasiert; 17. oder 18. Jh.
L. 44 cm; B. 30 cm; H. 10 cm
LDA Sachsen-Anhalt, Grabung Lutherhaus Wittenberg 2004/05, Inv. Nr. WB 6

Längsrechteckige gelb glasierte Pfannenform mit hoher Wandung und Kehle zur Aufnahme eines Deckels. Bräter wurden oft aus stärker belastbarem Material wie dickwandiger Irdenware, später auch aus Gusseisen und emailliertem Eisenblech angefertigt. Der aus einer nachlutherzeitlichen Schicht aus dem Lutherhausgarten Wittenberg stammende, nahezu vollständige Bräter zeigt die lange Konstanz dieser Gebrauchsform. (MG)

Literatur: Kluttig-Altmann 2006, 293 f.

E 28 KLEINER NAPF (ohne Abb.)

Irdenware, unglasiert; 1. Hälfte 16. Jh.
H. 4,3 cm
LDA Sachsen-Anhalt, Grabung Lutherhaus Wittenberg 2004/05, Inv. Nr. 185/188

Fragment eines Napfes mit geradem, leicht verdicktem Rand und abgesetzter Standfläche. Derartige Keramik diente zur Herstellung oder Aufbewahrung von Lebensmitteln, z. B. von Frischkäse. (MG)

E 29 KLEINER NAPF

Irdenware, unglasiert; 1. Hälfte 16. Jh.
H. 6 cm; Dm. 10 cm (Rand); 5,5 cm (Boden)
Museum Göltzsch, Rodewisch, Inv. Nr. 14/53

Kleiner konischer Napf mit leicht ausbiegendem Rand, unverziert und mit Standboden versehen, aus der Wasserburg Rodewisch im Vogtland. (MB)

E 30 PFANNENGRIFF

Bronze; 1. Hälfte 16. Jh.
L. 17 cm; B. 6 cm; Dm. 4 cm (Tülle)
LDA Sachsen-Anhalt, Grabung Lutherhaus Wittenberg 2004/05, Inv. Nr. 143/146 b

Die relativ große Grifftülle, die für die Aufnahme eines hölzernen Stiels diente, dürfte zu einer schweren Pfanne gehört haben. Die seitlichen bügelartigen Verstrebungen sollten für zusätzliche Stabilität sorgen, konnten aber offenbar ein Abbrechen des an die Pfanne angesetzten Tüllenteils nicht verhindern. (MG)

E 26

E 30

E 27

E 31 ZWEI FRAGMENTE VON WETZSTEINEN (ohne Abb.)

Sandstein, geschliffen; 1. Hälfte 16. Jh.
L. 9,4 cm; B. 3,7 cm (a); L. 6,2 cm; B. 2 cm (b)
LDA Sachsen-Anhalt, Grabung Lutherhaus Wittenberg 2004/05, Inv. Nr. 106/75

Wetzsteine aus Sandstein mit abgerundeten Kanten wurden zum Schleifen von Messern gebraucht. Bei beiden Exemplaren sind die Enden offenbar infolge starken Gebrauchs schräg abgebrochen. Das kleinere Fragment weist auf einer Schmalseite eine tiefe, längs ziehende Rille auf, die für das Schärfen von Klingen wenig sinnvoll erscheint. Möglicherweise wurden damit spitze Geräte wie etwa Nadeln geschärft. (MG)

E 32 FRAGMENT EINES GROSSEN VORRATSGEFÄSSES (ohne Abb.)

Irdenware, unglasiert; 1. Hälfte 16. Jh.
H. 14 cm; B. 27,5 cm
LDA Sachsen-Anhalt, Grabung Lutherhaus Wittenberg 2004/05, Inv. Nr. 134/99 a

Töpfe in dieser Größe dürften weniger der Zubereitung oder dem Ausschank von Speisen als vielmehr der Bevorratung gedient haben. Die fehlende Innenglasur deutet darauf hin, dass in den Gefäßen eher trockene Lebensmittel, wie z. B. Getreide, gelagert wurden. (MG)

E 33 GROSSER DOPPELHENKELTOPF

Irdenware, innen glasiert, schwach reduzierend gebrannt (»Vogtländische Glimmerware«); 15./16. Jh.
H. 38,8 cm; Dm. 24,8–25,8 cm (Rand); 30,5 cm (max.); 17,1–17,4 cm (Boden)
Museum Göltzsch, Rodewisch, Inv. Nr. 240/53

Das bauchige hochschultrige Gefäß mit dunkelgelb-hellbrauner Innenglasur entstammt der Verfüllung des inneren Grabens der ehemaligen Wasserburg Göltzsch. Sein gekehlter, nicht unterschnittener Kragenrand ist auf der Außenseite mit einer umlaufenden Furche verziert. Die beiden randständigen Bandhenkel sitzen auf der Gefäßschulter auf. Der Standboden weist eine Bodenmarke auf (Radkreuz, Dm. 2 cm); derartige Bodenmarken kommen im Sächsischen Vogtland bei der Silberglimmerware bis in die Neuzeit vor. Rußspuren belegen den Gebrauch des Topfes an offener Feuerstelle. (MB)

Literatur: Bundszus 2004; 2006; Seifert 1985

E 34 WILD (ohne Abb.)

Knochen; 1. Hälfte 16. Jh.
L. 4,1–6,5 cm
LDA Sachsen-Anhalt, Grabung Lutherhaus Wittenberg 2004/05, Inv. Nr. 106/77

Nur zwei Arten ließen sich in den Wittenberger Funden nachweisen: Rothirsch und Feldhase. Während sich vom Rotwild lediglich sieben Knochen fanden, ist der Hase mit immerhin 29 Fundstücken vertreten. Mit diesen beiden Arten sind Hochwild und Niederwild gleichermaßen vertreten. Die Jagd auf Ersteres war bekanntlich höher gestellten Persönlichkeiten vorbehalten. So mag Martin Luther das eine oder andere Stück Rotwild von ihm wohl gesonnenen Adligen (Landesherren) geschenkt bekommen haben. (HJD)

E 35 HAUSSÄUGETIERE

Knochen; 1. Hälfte 16. Jh.
L. 4,8–19,4 cm
LDA Sachsen-Anhalt, Grabung Lutherhaus Wittenberg 2004/05, Inv. Nr. 106/77

Den größten Teil der aus Befunden der 1. Hälfte des 16. Jh. geborgenen Tierknochen stellen erwartungsgemäß die Haussäugetiere. Sie sind in der für Küchenabfall charakteristischen Weise zerschlagen. Gut die Hälfte besteht aus Rinderknochen, knapp ein Drittel aus Resten von Schafen und/oder Ziegen und nur acht Prozent entfallen auf das Schwein. Von einer Katze fand sich ein Beckenknochenfragment.

Anders als in Mansfeld, stellt hier das Rind den Hauptanteil der Knochenfunde. Viele stammen von Kälbern. Schafe und/oder Ziegen erreichen in Wittenberg dieselben Fundanteile wie in Mansfeld. Die Schulterblätter dieser kleinen Hauswiederkäuer wurden beim Portionieren der gut bemuskelten oberen Abschnitte der Vorderläufe in annähernd gleich große Fragmente zerlegt (Abb.). Man war offenbar darauf bedacht, einheitlich große Fleischstücke zu erhalten. Extremitätenenden von Schafen/Ziegen sind in den Funden nicht vertreten. Dies überrascht nicht, handelt es sich hierbei doch um Mittelhand- oder Mittelfußknochen sowie um Zehenglieder, die, anders als beim Rind und Schwein, so gut wie kein verwertbares Fleisch tragen und beim Häuten der Tiere am Fell blieben. (HJD)

E 36 HAUSGEFLÜGEL (ohne Abb.)

Knochen; 1. Hälfte 16. Jh.
L. 2,8–8,3 cm
LDA Sachsen-Anhalt, Grabung Lutherhaus Wittenberg 2004/05, Inv. Nr. 106/77

Nicht ganz ein Fünftel der bestimmbaren Tierknochen stammt vom Hausgeflügel. Erwartungsgemäß ist das Huhn am häufigsten vertreten. Nur knapp halb so viele Funde liegen von der Gans vor. Die Ente ist mit sechs, die Taube mit zwei Knochen belegt. Damit ließen sich auch in den Wittenberger Funden alle Geflügelarten nachweisen. Das Truthuhn, das Ende des 15. Jh. spanische Seefahrer aus Amerika nach Europa brachten, erreichte um 1530 auch Deutschland, fehlt aber im Wittenberger Fundgut. (HJD)

E 37 FISCHE (ohne Abb.)

Knochen; 1. Hälfte 16. Jh.
L. 2,9–8,4 cm
LDA Sachsen-Anhalt, Grabung Lutherhaus Wittenberg 2004/05, Inv. Nr. 106/77

Reste von Fischen wurden in den Wittenberger Küchenabfällen in weitaus geringerem Maße gefunden als in Mansfeld. Vom Karpfen und Hecht fanden sich einige Knochen, andere Süßwasserfische konnten nicht nachgewiesen werden. Auch Meeresfische sind belegt: Scholle und Dorsch. Vermutlich war Fisch auch in Wittenberg regelmäßiger Bestandteil der alltäglichen Tafel, häufiger jedenfalls, als es angesichts der wenigen tatsächlichen Belege den Anschein hat. Da die Grabungen seinerzeit unter großem Zeitdruck verliefen, bestand keine Möglichkeit, den Aushub durchgehend zu sieben. Somit mögen viele Kleinfunde, darunter auch viele der fragilen Fischknochen, einfach übersehen worden sein. Dies erklärt sicher auch, warum andere sehr kleine Knochen und Knochenfragmente, darunter solche von Singvögeln, die in Mansfeld in großer Anzahl zutage traten, hier durchweg fehlen. (HJD)

E 38 MESSER

Eisen; 1. Hälfte 16. Jh.
L. 12,1 cm
LDA Sachsen-Anhalt, Grabung Lutherhaus Wittenberg 2004/05, Inv. Nr. 106/21

Auf den ersten Blick unscheinbar, besitzt dieser Gegenstand bei genauem Hinsehen doch einen gewissen Reiz. Primär handelt es sich um das Fragment eines kleinen

E 38

E 35

E 33

Messers, dessen Spitze abgebrochen ist. Die Klinge ist leicht geschwungen und ausgesprochen scharf geschliffen. Der Griffteil ist deutlich schmaler als die Klinge und zeigt somit die Merkmale eines Griffdorns, auf den der eigentliche Griff gesteckt werden konnte. Dem war aber nicht so, denn diesen Teil hatte man beim Schmieden flach ausgehämmert und anschließend mit Nietlöchern versehen: Hier verfügte das Messer einst über Griffschalen – wahrscheinlich aus organischem Material (Holz, Horn o. ä.). Der Schmied versah das Werk mit seiner Marke. Deutlich zu erkennen ist ein Herz, das horizontal von einem Pfeil durchbohrt wird. [BS]

E 39 MESSER

Messing, Holz, Eisen; um 1500
L. 20,5 cm
Deutsches Klingenmuseum Solingen,
Inv. Nr. 2006.M.034

Obwohl nur ein mögliches Tafelmesser aus der Grabung am Lutherhaus in Wittenberg vorliegt, ist damit zu rechnen, dass Luther eine größere Anzahl kostbarer Messer besaß. Ende 1536 erhielt er z. B. von den Ältesten der Brüderkirche in Mähren zwölf kunstvoll gefertigte Messer aus Böhmen.

Einen guten Eindruck vom Aussehen derartiger Tafelmesser erlaubt ein Exemplar aus einer ehemaligen niederländischen Privatsammlung. Das Messer besitzt einen aus zwei Messingschienen gebildeten Griff mit eingelegten Holzstreifen. Im Holz befinden sich Messingstreifen, in die eine – leider nicht mehr lesbare – gotische Inschrift graviert ist. Der Knauf wird aus einer durchbrochenen ornamentierten Messingplatte gebildet. [MG]

Literatur: Marquardt 1997, 197 Nr. 34; WABr 7, 586

E 40 MESSER

Zinn, Horn, Eisen; um 1500
L. 15 cm (erhalten)
Deutsches Klingenmuseum Solingen,
Inv. Nr. 2006.M.061

Das Messer stammt wie das vorherige Exemplar (vgl. E 39) aus der ehemaligen niederländischen Privatsammlung und verfügt nicht mehr über die volle Schneidenlänge, da die Spitze offensichtlich abgebrochen oder abkorrodiert ist. Es hat einen flachen, mit Horneinlagen versehenen Griff, der vier gravierte Platten trägt. Zu erkennen sind die Heilige Apollonia und ein nach links gewandter Jünglingskopf auf der einen, ein Buch mit Laubwerk auf der anderen Seite. Auch dieses Exemplar vermittelt einen Eindruck vom Tafelbesteck jener Zeit und könnte in dieser Form durchaus im Lutherhaushalt gebräuchlich gewesen sein. [MG]

Literatur: Marquardt 1997, 199 Nr. 61

E 41 FRAGMENT EINER SCHALE ODER EINES TELLERS (ohne Abb.)

Irdenware, braun glasiert; 1. Hälfte 16. Jh.
B. 24 cm
LDA Sachsen-Anhalt, Grabung Lutherhaus
Wittenberg 2004/05, Inv. Nr. 207/197 f

Ähnlich wie in Luthers Elternhaus in Mansfeld kommen auch beim Lutherhaus in Wittenberg mehrfach monochrome gelbbraun oder grün glasierte Teller und flache Schüsseln vor, teilweise mit Wellenlinien auf der abgeknickten Fahne (Tellerrand). Diese relativ schlichten flachen Geschirre sind für das späte 15. bis mittlere 16. Jh. typisch.

Zeitgenössische Darstellungen von Tafelszenen zeigen vor den Speisenden meist keine Keramikteller, sondern flache Platten, in den meisten Fällen wohl aus Holz. Flache tellerartige Schalen dienten dann oft als Serviergeschirr. [MG]

Literatur: Kluttig-Altmann 2006, 201 f.

E 42 SCHÜSSEL

Irdenware, innen grün glasiert; 1. Hälfte 16. Jh.
H. 8,5 cm; max. Dm. 27 cm
LDA Sachsen-Anhalt, Grabung Lutherhaus
Wittenberg 2004/05, Inv. Nr. 106/21

Tiefe, innen und am Rand grün glasierte Schüssel. Der Rand ist an einer Stelle schon vor dem Brennen eingedrückt gewesen, was aber den Käufer des Gefäßes anscheinend nicht gestört hat. [MG]

E 43 KLEINER KRUG

Irdenware, innen gelb glasiert; 1. Hälfte 16. Jh.
H. 9 cm; D. 10 cm
LDA Sachsen-Anhalt, Grabung Lutherhaus
Wittenberg 2004/05, Inv. Nr. 106/a

Der kleine, innen gelb glasierte Krug mit abgebrochenem Henkel könnte als Schankgefäß oder auch direkt als Trinkbecher gedient haben. [MG]

E 44 HENKELTOPF

helle Irdenware, innen glasiert; 16. Jh.
H. 18 cm; Dm. 16 cm
Museum Göltzsch, Rodewisch, Inv. Nr. 214/53

Das stark bauchige Gefäß besitzt einen ausbiegenden gekehlten Kragenrand mit Deckelfalz und randständig angarniertem Bandhenkel. Die stark bauchige Wandung wird von einem breiten Drehriefenband bedeckt und geht in einen Standboden über. Die Innenglasur, die bei der Aufbringung auch auf die Randaußenseite lief, erscheint dunkelgelb-hellbraun. Rußspuren zeigen an, dass der Henkeltopf an offener Feuerstelle benutzt wurde. [MB]

Literatur: Bundszus 2004; 2006; Seifert 1985

E 45 FRAGMENTE EINER GROSSEN KANNE (ohne Abb.)

Irdenware, unglasiert, rötlich-braune
Bemalung; 1. Hälfte 16. Jh.
Dm. 26,5 cm (max.)
LDA Sachsen-Anhalt, Grabung Lutherhaus
Wittenberg 2004/05, Inv. Nr. 207/197 a

Große hochschultrige Kanne aus gelber Irdenware mit Ausguss. Ein breiter gekehlter Henkel verbindet Kragenrand und gewölbten Bauchumbruch. Die Kanne besitzt einen zylindrischen Hals, zwei z. T. ineinanderlaufende rötlich-braune Bänder umlaufen die Schulter. Das Unterteil zieht leicht ein und besitzt einen Standboden. [MG]

E 46 FRAGMENT EINES FLACHEN WEITMUNDIGEN TOPFES (DOSE)

Steinzeug; Waldenburg, 1. Hälfte 16. Jh.
H. 8 cm; Dm. 10,2 cm (max.); 9,2 cm (Fuß)
LDA Sachsen-Anhalt, Grabung Lutherhaus
Wittenberg 2004/04; Inv. Nr. 106/36

Zum neuzeitlichen Aufbewahrungs- und Tafelgeschirr gehören flache weitmundige Töpfe. Sie wurden meist multifunktional genutzt und dienten z.B. zur Aufbewahrung von Schmalz, Butter oder Salz. Die Lebensmittel wurden dann auch auf der Tafel in solchen Gefäßen gereicht. Die meisten Stücke sind walzenförmig und weisen einen einfachen Standboden auf, es kommen allerdings auch konische und leicht bauchige Gefäße vor. Allen Stücken gemein ist eine deutliche Drehstufe, die in einen nach innen abgesetzten einbiegenden Rand übergeht. Als Verschluss diente ein so genannter Kappendeckel, der an eine flache Schale mit steiler Wandung erinnert. Dass diese auch

E39

E40

E43

E42

E 47

E 44

E 46

Dosen genannten Gefäße nicht einem einheitlichen Zweck dienten, zeigen die unterschiedlichen Größen. Es kommen kleine Stücke mit einem Randdurchmesser von ca. 7 cm, aber auch große Gefäße mit über 20 cm vor; ihr Fassungsvermögen variiert zwischen 200–4 000 ml. (NH)

Literatur: Scheidemantel/Schifer 2005

E 47 FLACHER WEITMUNDIGER TOPF (DOSE)

Steinzeug; Waldenburg, 16. Jh.
H. 5,7 cm; Dm. 7,5 cm (Mündung); 7,2 cm (Boden)
Stadtgeschichtliches Museum Leipzig, Inv. Nr. KS 193

Als ein spezifisches Produkt des westsächsischen Töpferhandwerks ist dieser Topf anzusehen. Das vollständig erhaltene Gefäß besitzt einen geraden Standboden und eine sich konisch nach oben weitende Gefäßwandung. Der stark nach innen einfallende gerade Rand diente zur Aufnahme eines Kappendeckels, der sich nicht erhalten hat. Die Gefäßoberfläche, die bis auf den Rand eine hellbraune Anflugglasur trägt, ist zusätzlich mit einer Rollstempelverzierung dekoriert. Die Ausprägung des Rollstempels als römisches Zahlenmuster XII gilt als charakteristisches Dekor der Steinzeugprodukte aus dem westsächsischen Waldenburg und tritt vermehrt ab der frühen Neuzeit auf. Das Gefäß diente wohl der Bevorratung und könnte aufgrund der Verzierung auch einen Platz auf der Tafel gefunden haben. (NH)

Literatur: Scheidemantel/Schifer 2005

E 48 DREI AUFLAGENVERZIERTE FRAGMENTE (ohne Abb.)

Steinzeug; Waldenburg, 1. Hälfte 16. Jh.
L. 7,7 cm; B. 6,4 cm
LDA Sachsen-Anhalt, Grabung Lutherhaus Wittenberg 2004/05, Inv. Nr. 133/93 a

Diese Bruchstücke von auflagenverziertem Steinzeug stehen für eine kleine Anzahl von aufwändig plastisch verzierten Fragmenten aus dem Fundgut der Grabung im Garten des Lutherhauses in Wittenberg. Die drei Stücke zeigen aufgelegte Ranken, an deren Enden sich zwei Eichelpaare befinden. Erst ab dem 16. Jh. ging man dazu über, Steinzeuggefäße mit solch reichem Dekor zu versehen.

Eines der Zentren, von denen diese Entwicklung ausging, war Köln, doch beschränkte sich die Anwendung jener Verzierungsart nicht auf ein Gebiet. So stellte man auch in Siegburg, Raeren und Waldenburg derartig aufwändige Gefäße her. Vermutlich erfolgte die Übernahme verschiedener rheinischer Motive in Westsachsen im Verlauf oder ab der Mitte des 16. Jh. Ob es sich um einen direkten Kontakt oder indirekte Beeinflussung handelte, ist unklar. (NH)

Literatur: Horschik 1978; Klinge 1979; 1996

E 49 BARTMANNSKRUG

Steinzeug; Köln, 1. Hälfte 16. Jh.
H. 21 cm
Hetjensmuseum Düsseldorf, Deutsches Keramikmuseum, Inv. Nr. LR 417

Der gut erhaltene Bartmannskrug besitzt einen niedrigen profilierten Fuß, der in einen birnenförmigen Gefäßkörper übergeht. Nach der konisch geschwungenen Schulterpartie folgt ein hoher gerader Hals, der kurz unterhalb des Randes eine Leiste aufweist. Der Gefäßkörper ist durch eine ganze Anzahl von plastischen, Flächen deckenden Auflagen verziert, die charakteristisch für die Kölner Steinzeugproduktion ab dem 16. Jh. sind. Auf dem Gefäßbauch ist ein Rankenwerk aus Eichenlaub und Eicheln aufgebracht, das sich bis zur Gefäßschulter fortsetzt. Der Hals ist durch eine anthropomorphe Darstellung verziert. Sie zeigt das Gesicht eines Mannes, dessen Bart bis auf den Gefäßbauch reicht.

Die Ausbildung dieses Gefäßtypus erfolgte ab dem Beginn des 16. Jh. in Köln und auch der birnenförmige Gefäßkörper stellt eine typische Form des rheinischen Produktionszentrums dar. Alle Versuche, die Darstellung des Bartmann-Gesichts, das häufig auf Krügen und Kannen zu beobachten ist, zu deuten, blieben bislang ohne Erfolg. (NH)

Literatur: Klinge 1979; Reineking von Bock 1964; 1986

E 49

E 50 FRAGMENTE EINES GESICHTS-GEFÄSSES

Steinzeug; Waldenburg, 1. Hälfte 16. Jh.
H. ca. 30 cm
LDA Sachsen-Anhalt, Grabung Lutherhaus Wittenberg 2004/05, Inv. Nr. 106/b

Als Überbleibsel eines aufwändig gestalteten Gesichtsgefäßes können diese Fragmente eines Steinzeugkruges gedeutet werden. Aus den Bruchstücken lässt sich ein keulenförmiger Gefäßkörper rekonstruieren, der auf einem hohen, kantig geschnittenen Fuß ruht. Die Oberfläche des Gefäßes ist über und über mit ovalen Auflagen verziert, die eine abstrahierte Blattstruktur besitzen. Weiterhin finden sich die Ansätze eines eingeritzten Bartes und einer plastisch aufgesetzten Nase, die sich – durch Vergleiche – zu einem Gesicht mit Bart rekonstruieren lassen. Die Halspartie verengt sich konisch zum Rand hin und besitzt kurz unterhalb desselben eine Leiste sowie eine leichte Drehstufe und eine Riefe. An der Drehstufe ist der Ansatz eines nicht mehr erhaltenen Henkels erkennbar. Der gerade Rand könnte zur Aufnahme eines Bajonettdeckels gedient haben. Allerdings erlaubt die aufwändige Dekoration des Stückes, auch an eine metallene Deckelmontierung zu denken.

Einem bekannten Typus lässt sich das Stück nur schwer zuweisen. Im weiteren Sinn kann eine Verbindung zu den als Igel bezeichneten Exemplaren aus der westsächsischen Produktion des späten 15. bis frühen 16. Jh. gesehen werden; hier gibt es eine Übereinstimmung in der Fußausbildung. Allerdings erinnern die blattförmigen Auflagen weniger an Stacheln als vielmehr an Reliefauflagen rheinischer Gefäße. (NH)

Literatur: Scheidemantel/Schifer 2005

E 51 GESICHTSKRUG

Steinzeug; Waldenburg, spätes 15. Jh. / 1. Hälfte 16. Jh.
H. 28 cm; D. 16 cm
Stadtgeschichtliches Museum Leipzig, Inv. Nr. KS 364

Dieser 28 cm hohe Krug wird aufgrund der anthropomorphen Verzierung auch als »Bartmann« bezeichnet. Bis auf den abgebrochenen Henkel und den fehlenden Verschluss ist das Stück gut erhalten. Der leicht ausgezogene Fuß ist wellenförmig gestaltet; er ist relativ niedrig und geht in einen kugeligen Gefäßkörper über. Darauf folgt ein gerader Hals, der durch zwei plastische Leisten profiliert ist. Nach oben schließt das Gefäß mit einem steilen, leicht nach innen gezogenen Rand ab. Der gesamte Gefäßkörper zeigt Drehriefen und eine rotbraune Anflugglasur.

Die rotbraune Flammung entstand durch Salz, das sich als Spurenelement in der Asche des Feuerholzes befand und so während des Brennprozesses auf die Gefäßoberfläche gelangte. Eine andere Möglichkeit besteht darin, dass man Salz von außen in den Ofen zugab.

Als plastische Verzierung tritt auf dem Hals und der Schulter eine bärtige Gesichtsdarstellung auf, die teils eingeritzt und teils durch Auflagen gebildet wird. Solche Steinzeuge wurden als repräsentative Schankgefäße zur Darreichung von Getränken vom späten 15. bis zum 16. Jh. genutzt. (NH)

Literatur: Scheidemantel/Schifer 2005

E 52 FRAGMENT EINES AUFLAGEN-VERZIERTEN GEFÄSSES

Steinzeug; Waldenburg, 1. Hälfte 16. Jh.
H. 9 cm; Dm. 6,5 cm (Fuß)
LDA Sachsen-Anhalt, Grabung Lutherhaus Wittenberg 2004/05, Inv. Nr. 106/38

Dieses ungewöhnlich anmutende Gefäß aus Steinzeug ist nur in geringem Umfang erhalten. Das Fragment besteht aus einem flachen Boden der sich in einem hohen, vertikal kannelierten Fuß nach oben fortsetzt. Auch ein Teil der ausbauchenden Wandung ist erhalten. Die Oberfläche des Gefäßes zieren sternförmige Rosetten. Obwohl nur ca. ein Drittel des ehemaligen Gefäßes erhalten ist, kann man schon am charakteristisch gestalteten Fuß und der Auflagenverzierung erkennen, dass es sich um einen Krug handeln könnte, der ähnlich dem folgenden Exemplar (vgl. E 53) gestaltet war. Möglicherweise ist auch ein keulenförmiger Gefäßkörper zu ergänzen, der im oberen Drittel Angarnierungen und Ritzungen in Form eines bärtigen Gesichtes aufwies. (NH)

Literatur: Scheidemantel 2004; Scheidemantel Schifer 2005

E 53 AUFLAGENVERZIERTER KRUG

Steinzeug; Waldenburg, 16. Jh.
H. 17,7 cm (erhalten); Dm. 11,5 cm (max.); 8,8 cm (Boden)
Museum Göltzsch, Rodewisch, Inv. Nr. 312/53

Der auf der Schlossinsel gefundene, eiförmige Krug besitzt eine hohe, konkav einschwingende Fußzone, welche leicht schräg kanneliert ist. Die Schulter- und Bauchzone bedecken aufgesetzte sternförmige und schwarzbraun engobierte Rosetten. Die Halszone ist durch zwei schmale umlaufende Furchen abgesetzt.

Der Krug ist nicht vollständig erhalten: der Rand sowie der überwiegende Teil der Halszone fehlen und sind mit bemaltem Gips ergänzt. Allerdings legen Vergleichsfunde aus Zwickau und Leipzig den Verdacht nahe, dass das Gefäß in seinem oberen Abschluss falsch rekonstruiert wurde und ursprünglich nicht einen, sondern zwei umlaufene Grate besaß. (MB)

Literatur: Horschik 1978, 430 f. Nr. 14; Bundszus 2004; 2006; Seifert 1985, 16

E 54 FLASCHE (ohne Abb.)

Steinzeug; Waldenburg, 1. Hälfte 16. Jh.
H. 11 cm; Dm. ca. 9 cm (max.); 5 cm (Fuß); 3,5 cm (Hals)
LDA Sachsen-Anhalt, Grabung Lutherhaus Wittenberg 2004/05, Inv. Nr. 106/c

Eine einfache Gebrauchsform des späten 15.–18. Jh. stellen Flaschen dar. Auch sie sind in ihrer spezifischen Form und Größe sehr unterschiedlich. Allen Stücken ist eine relativ schmale Mündung gemein, auch liegt die größte Ausbauchung meist im oberen Drittel des Gefäßkörpers. Einige Flaschen besitzen einen ausladenden Fuß, bei anderen geht die Wandung direkt in einen ebenen Standboden über. Sie dienten zur Bevorratung von Flüssigkeiten. Welche Substanzen man darin aber nun genau verwahrte, kann nicht nachvollzogen werden. Aufgrund der Säureresistenz des Steinzeuges kämen besonders säurehaltige Essenzen in Betracht, die sich z. B. im Apotheken- oder Laborkontext finden.

Die Gefäßoberfläche eines Stückes zeigt durch partiell verbrannte Glasurflächen Spuren großer Hitzeinwirkung. Auch die olive Farbgebung der Gefäßoberfläche lässt den Schluss zu, dass die wohl ursprünglich braun intendierte Oberfläche einer zu großen Hitze im Brennofen ausgesetzt war. Dennoch wurde das Gefäß im Verbrauchermilieu aufgefunden. Es ist also davon auszugehen, dass es trotz seiner augenscheinlichen Mängel als minderwertiges Produkt verkauft wurde. (NH)

Literatur: Kluttig-Altmann 2006; Kranzfelder 1982; Scheidemantel/Schifer 2005

E 53

E 51

E 52

E 50

E 55 FRAGMENT EINES WELLENFUSS-KRUGES

Steinzeug; Waldenburg, 1. Hälfte 16. Jh.
H. 19 cm; Dm. 7 cm (Fuß)
LDA Sachsen-Anhalt, Grabung Lutherhaus Wittenberg 2004/05, Inv. Nr. 74/a

Dieses Fragment mit Wellenfuß stellt eines der Schankgefäße aus dem Fundgut im Garten des Lutherhauses in Wittenberg dar. Das bis auf die Halspartie und den Henkel erhaltene Stück besitzt einen weit ausgezogenen Wellenfuß und einen keulenförmigen Gefäßkörper. Die Oberfläche ist durch eine Anflugglasur rotbraun geflammt und zeigt vom Fuß bis zum Bauch Drehriefen.

Aufgrund der hohen Brenntemperatur von über 1200 °C, der das Gefäß ausgesetzt war, erfolgte eine Sinterung des Scherbens, was zur Wasserundurchlässigkeit führt. Deshalb benutzte man Steinzeuggefäße besonders häufig zur Lagerung und zum repräsentativen Ausschank von Flüssigkeiten.

Zu bemerken ist, dass dieses Stück mit einer ehemailigen Gesamthöhe von knapp 25 cm und einem Volumen von ca. 350 ml eher ein kleines Exemplar darstellt, in dem wohl hochprozentige Spirituosen serviert wurden. (NH)

Literatur: Scheidemantel/Schifer 2005

E 56 WELLENFUSSKRUG

Steinzeug; Waldenburg, 15. Jh.
H. 20 cm
LDA Sachsen-Anhalt, Grabung Halle Alter Markt, Inv. Nr. 94:3178

Diese schlanke Steinzeugform kann als Schankgefäß bezeichnet werden und diente der Bewirtung an einer Tafel. Obwohl das Gefäß keinen Ausguss besitzt, wird es dennoch als Jacobakanne bezeichnet. Der ausgezogene Wellenfuß setzt sich in einem gerieften Körper nach oben fort. Die Gefäßwandung verläuft konisch bis zum relativ weit oben liegenden Maximaldurchmesser und geht dann in einen langen, ebenfalls konischen Hals über, der durch einen nach innen abgesetzten Rand seinen Abschluss findet. Zusätzlich verfügt das Stück über einen gekehlten Bandhenkel, der auf Hals und Schulter aufsetzt.

Die Bezeichnung als Jacobakanne geht auf eine Legende über die holländische Gräfin Jacoba zurück. Sie soll während ihrer Gefangenschaft im Schloss Teylingen bei Sassenheim in der heutigen Provinz Südholland zum Zeitvertreib Steinzeugkannen getöpfert haben. Obwohl schon seit dem Ende des 19. Jh. die Herkunft dieser Stücke aus rheinischen Töpfereien allgemein anerkannt wurde, blieb die Bezeichnung »Jacobakannetjes« für die schlichten Steinzeugkannen/-krüge des 14. und 15. Jh. erhalten und wurde auch auf ähnliche Stücke anderer Produktionszentren übertragen. (NH)

Literatur: Alkemade/Schelling 1732; Klinge 1996; Reineking von Bock 1986; Scheidemantel/Schifer 2005

E 57 BEUTELBECHER (KRAUSE)

Faststeinzeug; vmtl. Bad Schmiedeberg, 1. Hälfte 16. Jh.
H. 8 cm; max. B. 5 cm
LDA Sachsen-Anhalt, Grabung Lutherhaus Wittenberg 2004/05, Inv. Nr. 74/14 c

Aus dem Fundspektrum der Grabung im Garten des Lutherhauses in Wittenberg sticht das Fragment eines so genannten Beutelbechers heraus. Obwohl es sich hierbei nur um einen Überrest handelt, kann daran doch die Gefäßform rekonstruiert werden. Der Boden des Stückes ist leicht gewölbt. Die beutelförmige Wandung, mit dem größten Durchmesser kurz über dem einfachen Standboden, besitzt eine quadratische Stempelzier aus jeweils vier Punkten, die an Dekore der spätmittelalterlichen Falke Gruppe erinnert. Bis auf eine Drehstufe unmittelbar am Gefäßrand bleibt die konvexe Halspartie schmucklos. Dieser Absatz ist wahrscheinlich funktionell bedingt und diente möglicherweise zur Anbringung einer Metallmontierung.

Die manganrote Oberfläche des Stückes entstand durch eine eisenhaltige Engobe, die vor dem Brand aufgebracht wurde. In einem noch wenig bekannten Töpfereistandort – Bad Schmiedeberg in Sachsen-Anhalt – versah man die Gefäße mit einem solchen Überzug. Aber nicht nur dort, sondern auch in südniedersächsischen Töpferorten und im bayerischen Creußen arbeitete man mit jener Farbgebung. Diese ca. 100–250 ml fassenden Beutelbecher fanden aufgrund ihrer sehr ansprechenden Gestaltung vom 14. bis zum 16. Jh. Verwendung als repräsentative Trink- und Tafelgeschirre oder wurden als besondere Schaustücke ausgestellt. (NH)

Literatur: Horschik 1993

E 58 DREI FRAGMENTE EINES SCHERZGEFÄSSES

Steinzeug; Waldenburg, 1. Hälfte 16. Jh.
L. 4 cm; B. 1,2 cm (a); L. 4,5 cm; B. 1,2 cm; (b); L. 1,9 cm; B. 1,2 cm (c)
LDA Sachsen-Anhalt, Grabung Lutherhaus Wittenberg 2004/05, Inv. Nr. 106/44

Einen kleinen Blick auf die Tischgepflogenheiten im Hause Luther in Wittenberg liefern drei röhrenförmige Fragmente eines Scherzgefäßes. Sie bildeten möglicherweise die Randpartie eines Trinkgefäßes. Die verschiedenen Öffnungen verursachten beim Trinken glucksende oder blubbernde Geräusche. Möglich war auch, dass Unkundige gar nicht an den Inhalt gelangten oder sich die Flüssigkeit auf ihre Kleidung ergoss, was in geselliger Studentenrunde sicher für einiges Gelächter sorgte. Vergleichbare Stücke wurden im Rheinland und in Südniedersachsen ab dem 15. Jh. produziert, sie blieben aber nicht auf diese Räume beschränkt. So lassen sich die Fragmente aus Wittenberg aufgrund der Scherbeneigenschaften eher einem westsächsischen Herstellungsort zuweisen. (NH)

Literatur: Stephan 1992

E 59 SCHERZGEFÄSS

Steinzeug; Siegburg, 15. Jh.
H. 17,5 cm; B. 13 cm; T. 14 cm
Hetjensmuseum Düsseldorf, Deutsches Keramikmuseum, Inv. Nr. LR 230

Das ungewöhnlich anmutende Gefäß kann der Gruppe der so genannten Scherzgefäße zugeordnet werden. Es besitzt einen ausladenden Wellenfuß, eine keulenförmige Gefäßwandung und eine hohe Halspartie. Der Rand ist röhrenförmig ausgearbeitet, hier setzt eine waagerechte Tülle an. Auf Schulter und Bauch sind vertikal plastische Bänder aus Ton aufgelegt, zwischen denen im Schulterbereich je eine aufgelegte Rosette sitzt. Die Wandung der Halspartie wird durch geometrisch ausgeschnittene Elemente geschmückt.

Aufgrund der komplizierten Gestaltung mit Durchbrüchen, Röhren und Tüllen gestattete dieses Stück wohl nur dem Eingeweihten und noch nüchternen Benutzer schadensfrei den Inhalt zu leeren, ohne sich zu bekleckern oder komische Geräusche zu verursachen. In mehr privater und weniger offizieller Runde sorgten die missglückten Versuche mit Sicherheit zur Aufheiterung der übrigen Gäste und zur Hebung der Stimmung. (NH)

Literatur: Stephan 1992

E 57

E 56

E 55

E 58

E 60

E 60 FRAGMENT EINES SCHERZ-GEFÄSSES IN SCHUHFORM

Irdenware, innen und außen grün glasiert; 1. Hälfte 16. Jh.
L. 6,4 cm; B. 4,5 cm; H. 3 cm
LDA Sachsen-Anhalt, Grabung Lutherhaus Wittenberg 2004/05, Inv. Nr. 141/123 0

Das fragmentarisch erhaltene Gefäß gehört in die Gruppe der meist sehr individuell ausgeführten Scherzgefäße, die in Zusammenhang mit der Trinkkultur der Renaissance stehen. Oftmals waren Gefäße so geformt, dass dem Trinker bestimmte Hürden gestellt wurden, wie beispielsweise aus dem Trinkgefäß zu trinken, ohne sich zu bekleckern oder ohne das Behältnis abstellen zu können – immer zur Erheiterung der umsitzenden Zechkumpanen. Noch heute erfreuen sich solche Trinkstiefel (wenngleich mittlerweile aus Glas) großer Beliebtheit.

Von der ursprünglichen Gestalt des Scherzgefäßes ist nur noch die untere Partie erhalten, die die typische Form eines Kuhmaulschuhs zeigt. Dabei handelt es sich um eine Schuhform, die in der 1. Hälfte des 16. Jh. in Mode kam und ihren Namen vom breiten vorderen Abschluss der Fußbekleidung erhielt. Nach den zeitgenössischen Darstellungen zu urteilen, hat auch Luther selbst solche Kuhmaulschuhe getragen (vgl. F 3). (MG)

Literatur: Stephan 2008

E 61 SCHERZGEFÄSS IN SCHUHFORM

Irdenware, grün glasiert; vmtl. 17. Jh.
H. 7 cm
Hetjensmuseum Düsseldorf, Deutsches Keramikmuseum, Inv. Nr. LR 1632

Es handelt sich um ein kleines, grün glasiertes Gefäß aus weißgelbem Ton in Form eines länglichen Stiefels mit eingedrückter ornamentaler Verzierung und – anstatt einer Schnalle – einem aufgelegten bärtigen Gesicht am Spann. Trotz seines geringen Fassungsvermögens ist eine Verwendung als Trinkgefäß im Vergleich zu ähnlichen kuriosen Behältnissen nicht auszuschließen, wenngleich auch eine Verwendung als Federhalter oder kleine Vase denkbar wäre.

Scherzgefäße waren in Renaissance und Barockzeit beliebte Bestandteile herrschaftlicher Trinkkultur, die von den nichtadeligen Ständen gerne nachgeahmt wurden. So lassen sich sowohl aus wertvollen als auch weniger edlen Materialien gefertigte Scherzgefäße nahezu jeglicher Couleur finden, die in Form alltäglicher Gebrauchsgegenstände, als Tier- oder Menschenfiguren, oft aber auch mit erotischen Motiven ausgeführt wurden. (MG)

E 62 FRAGMENTE VON STEINZEUG, DURCHBROCHEN, MIT HENKEL

Steinzeug; vmtl. Waldenburg, 1. Hälfte 16. Jh.
a) H. 8 cm; B. 7,5 cm; T. 5 cm (mit Henkel) (a); H. 5,5 cm; B. 3,5 cm; T. 1,5 cm (b)
LDA Sachsen-Anhalt, Grabung Lutherhaus Wittenberg 2004/05, Inv. Nr. 106/32

Eine sehr aufwändig verzierte, doppelwandige Steinzeugform ist anhand dieser Fragmente auszumachen. Aufgrund des sehr bruchstückhaften Erhaltungszustandes lässt sich die ehemalige Form aber nur schwer genauer bestimmen; es kommen Krug und Henkelbecher in Betracht. Ein Fragment zeigt eine ausgebauchte Wandung mit einem einfachen schulterständigen Bandhenkel (Abb.). Das andere scheint die Schulterpartie mit einem durch eine Leiste markierten Übergang zum Hals zu repräsentieren. Auf beiden Stücken finden sich im Bruchbereich die Reste zweier wohl kreisrunder Motive, die sich beiderseits des Henkels befanden. Bedauerlicherweise ist nur der äußere Rand des die Wandung durchbrechenden Dekors nachzuvollziehen. Er wird durch Dreiecke und Kreise gebildet, die durch einen in die Gefäßoberfläche eingeritzten, abgezirkelten Kreis nach außen begrenzt werden. Zusätzlich lässt sich auf der Gefäßwandung eine Verzierung durch kreisförmige Eindrücke feststellen.

E 62

E 61

E 59

Die Herstellung eines solchen Gefäßes erforderte ohne Zweifel einen hohen Grad an Geschick, denn nachdem die äußere Wandung getöpfert und mit dem Durchbruchmuster versehen war, musste noch eine zweite im Inneren des Gefäßes eingezogen werden.

Diese Verzierungstechnik war nicht nur in Siegburger Werkstätten des späten 15. und 16. Jh. bekannt, sondern wurde auch in anderen Produktionszentren ausgeführt. (NH)

Literatur: Horschik 1978; Reineking von Bock 1986

E 63 TRICHTERHALSKRUG

Steinzeug; Siegburg, spätes 15. bzw. 16. Jh.
H. 13,7 cm; B. 8 cm; T. 8 cm
Hetjensmuseum Düsseldorf, Deutsches Keramikmuseum, Inv. Nr. A 67

Diese besonders ansprechende Form eines Trinkgefäßes besitzt einen ausladenden Wellenboden und einen relativ kurzen Fuß. Drei kreisrunde maßwerkähnliche Rosetten durchbrechen die Gefäßwandung und erstrecken sich über den kugeligen Gefäßbauch mit Bandhenkel. Auf der sich konisch nach oben verengenden Gefäßschulter befinden sich zusätzlich noch rankenförmige Einritzungen. Der helle, durch die dicke glänzende Salzglasur durchscheinende Scherben spricht dafür, dass das Stück in einer Siegburger Werkstatt gefertigt wurde. Krüge mit solchen Maßwerkverzierungen waren im ausgehenden 15. und im 16. Jh. eine beliebte Ware dieser rheinischen Töpfereien. (NH)

Literatur: Reineking von Bock 1986

E 64 FRAGMENTE EINES POLYCHROMEN KRUGES

Irdenware, farbig glasiert; 1. Hälfte 16. Jh.
H. ca. 20 cm (rekonstruiert)
LDA Sachsen-Anhalt, Grabung Lutherhaus Wittenberg 2004/05, Inv. Nr. 106/52

Von dem ursprünglich etwa 20 cm hohen Gefäß hat sich nur eine Vielzahl von Bruchstücken erhalten. Dennoch lässt sich daraus ein birnenhumpenförmiger Krug rekonstruieren, der mit weißen Ranken- und bunten Blumen- bzw. Beerenauflagen verziert war. Die Flächen sind farbig (grün, braun, gelb) voneinander abgesetzt, z. T. verlaufen die weißen Ranken entlang der Schnittlinien. Der Dekor entspricht dem des in der 1. Hälfte des 16. Jh. beliebten Steinzeugs aus rheinischen Werkstätten, während die Kruggestalt eine geläufige Form des zeitgleichen sächsischen Steinzeugs ist. Die Machart und Farbigkeit erinnert hingegen stark an süddeutsche Vergleichsstücke, deren bekannteste Vertreter die Gefäße der Nürnberger Hafnerwerkstatt Preuning sind; diese Hafnerei war berühmt für ihre hochwertige und reich verzierte, polychrome Keramik. Produktionszentren für derartige Gefäße dürften sich darüber hinaus aber auch an anderen Orten befunden haben, so z. B. im Wittenberg benachbarten Bad Schmiedeberg.

Letztlich ist eine Herkunft aus Süddeutschland jedoch nicht auszuschließen. Luther erhielt schließlich nach eigenen Angaben neben weiteren Gegenständen, wie z. B. Waschbecken, Leuchtern, Werkzeugen und Uhren, auch hochwertige Gefäße aus Nürnberg geschickt. (MG)

Literatur: Heling 2003; Stephan 2008; WABr 4, 538, Nr. 3

E 65 BAUCHIGER KRUG

Irdenware, polychrom glasiert; Süddeutschland, 2. Hälfte 16. Jh.
H. 16 cm; Dm. 9,5 cm (max.)
Bayerisches Nationalmuseum München, Inv. Nr. 13/81

Einen Eindruck vom farbenprächtigen Aussehen des polychromen Humpens vom Lutherhaus vermittelt der vermutlich aus dem süddeutschen Raum stammende polychrome Krug auf einziehendem rundem Fuß, bauchigem Gefäßkörper mit plastischem Dekor aus Ranken, Blättern, Blüten und einem springenden Hirsch als Zentralmotiv sowie einer hohen und leicht eingezogenen Halszone. An den geraden und zweifach gerillten Rand setzt ein aus zwei gedrehten Tonwülsten bestehender Henkel an, der bis zum oberen Bereich des Bauches reicht. Zwischen Rand und Bauch, dem Henkel gegenüber, sitzt eine scheibenförmige durchlochte Rosette mit stilisierten Blütenblättern.

Früher wurden derartige Gefäße aus polychrom glasierter Irdenware pauschal der historisch verbürgten und für ihre hochwertige Keramik bekannten Werkstatt des Paul Preuning zugewiesen, der um die Mitte des 16. Jh. in Nürnberg produzierte. Mittlerweile geht man aber von mehreren Produktionszentren, u. a. in Süddeutschland und Oberösterreich, aus. (MG)

Literatur: Bauer 2004; Stephan 1987

E 66 UNTERTEIL UND DECKELFRAGMENT EINES POLYCHROMEN GEFÄSSES

Irdenware, weiß, blau, gelb glasiert; 1. Hälfte 16. Jh.
H. 6,5 cm; Dm.; 7,5 cm (Fuß) (a); L. 7 cm; B. 3 cm; H. 1,5 cm (b)
LDA Sachsen-Anhalt, Grabung Lutherhaus Wittenberg 2004/05, Inv. Nr. 106/60 a; b

Von dem ursprünglich durch seine Farbigkeit und hochwertige Verarbeitung sicher eindrucksvollen Gefäß haben sich nur der Fuß und der vermutlich zugehörige Teil eines Deckels erhalten. Das geschweifte Unterteil ist durch farbige, durch Rillen abgesetzte Streifen in weiß (Fayenceglasur), blau und honiggelb vertikal gegliedert, das Innere ist gänzlich honiggelb glasiert. Beim Deckel laufen die breiten weißen und schmaleren gelben Streifen in Lanzettspitzen aus.

Wie die Gefäßform ursprünglich ausgesehen hat, bleibt unklar; gute Parallelen sind bislang nicht bekannt. Die Dicke der Wandung lässt aber auf ein relativ großes, vielleicht vasenförmiges Gefäß schließen. Man lehnte sich offenbar an Formen spätgotischer Goldschmiedearbeiten an. Möglicherweise handelte es sich um ein Aufbewahrungsgefäß für hochwertige Substanzen wie etwa Arznei oder Gewürze. (MG)

Literatur: Stephan 2008

E 67 FAYENCE-SCHÄLCHEN

Irdenware, zinnglasiert mit blauer Unterglasurmalerei; 1. Hälfte 16. Jh.
H. 4,3 cm; Dm. 6,5 cm
LDA Sachsen-Anhalt, Grabung Lutherhaus Wittenberg 2004/05, Inv. Nr. 106/42

Offenbar aus Venetien importiert wurde das kleine Schälchen mit weißer Fayenceglasur und blauer Bemalung mit stilisiertem Pflanzendekor, der aus reduzierten Blättern und Ranken sowie doppelten blauen Linien (so genanntem alla porcelana-Dekor) besteht. Letztlich leiteten sich Motiv, Form und Machart von blauweißem chinesischem Ming-Porzellan ab, das über den osmanischen Raum bis nach Oberitalien Einfluss auf die Keramikgestaltung genommen hatte. Nahezu identischer Dekor wie auf dem Schälchen findet sich auch auf den großen Allianztellern süddeutscher Patrizierfamilien (vgl. E 68), die vermutlich zwischen 1510–1540 in oberitalienischen Werkstätten produziert wurden. Aus archäologischem Kontext konnte, abgesehen von einem Bruchstück eines Schautellers aus Rotterdam, bislang noch kein derartiges

E 63

E 65

E 64

E 66

E 67

Stück nördlich der Alpen geborgen werden. Selbst im gehobenen Haushalt Martin Luthers dürfte dieses Schälchen aufgrund seiner Seltenheit besondere Wertschätzung erhalten haben. (MG)

Literatur: Stephan 2008

E 68 NÜRNBERGER SCHAUTELLER MIT ALLIANZWAPPEN

Irdenware, zinnglasiert mit Unterglasurmalerei; Venedig, zwischen 1518–1525
Dm. 34,3 cm; H. 6, 5 cm
Germanisches Nationalmuseum Nürnberg, Inv. Nr. Ke 2122

Der Teller mit dem Allianzwappen zweier bedeutender Nürnberger Familien ist einer von mindestens fünf erhaltenen ähnlichen Stücken. Im Spiegel zeigt er die beiden Wappen, den Imhoffschen Löwen mit einem rückwärts nach oben gebogenen Fischschwanz (ein so genannter Seelöwe) und den Adlerschild der Familie Schlaudersbach unter löwenbekrönter Helmzier, umgeben von reicher Ranken- und Blattornamentik mit großen Lotusblüten. Vermutlich entstand der Teller anlässlich der Hochzeit zwischen Andreas Imhoff (1491–1579) und Ursula Schlaudersbach (1501–1525) im Jahre 1518 oder wenig später.

Imhoff war als junger Mann der Repräsentant des Imhoffschen Familienunternehmens in Venedig geworden und lernte offenbar die dortige Keramik schätzen. Dank eines Testamentes von Andreas Imhoff 1579 ist bekannt, dass der Kaufmann eine große Zahl an Majolika-Gefäßen besessen haben muss. Auch von anderen Familienmitgliedern sind venezianische Keramiken mit Wappendarstellungen erhalten. Der Schautellerdekor mit stilisierten Ranken und Blättern gleicht demjenigen auf dem kleinen Fayence-Schälchen aus dem Lutherhaus-Garten (vgl. E 67) und lässt somit eine Provenienz aus derselben Werkstatt oder zumindest demselben Werkstattumkreis in Oberitalien möglich erscheinen. (MG)

Literatur: Glaser 2005

E 69 FRAGMENTE EINES FAYENCE-KRUGES AUS IZNIK

Fayence; 1. Hälfte 16. Jh.
H. 8,2 cm (max.); Dm. ehem. ca. 8,5 cm (Hals)
LDA Sachsen-Anhalt, Grabung Lutherhaus Wittenberg 2004/05, Inv. Nr. 106/45

Mehrere Fragmente eines hart gebrannten Fayencekruges mit zylindrischem Hals und bauchigem Korpus. Das z. T. etwas flüchtig ausgeführt wirkende Dekor besteht aus zu Dreiergruppen angeordneten, violetten Kreisen (dem so genannten Cintamani-Motiv), blauen geschwungenen Blättern (dem so genannten Saz-Motiv) und ebenfalls blauen, wolkig konturierten Dreiecken mit darin eingesetzten einzelnen türkisfarbenen Kreisen. Die abstrakte Ornamentik wurde als Unterglasurmalerei auf reinweißem Untergrund aufgetragen. Ein Band aus nach links weisenden schwarzen Pfeilen, nach oben und unten jeweils mit einer schwarzen Linie begrenzt, schließt den Rand optisch nach oben ab. Der Ansatz eines dünnen Henkels von ca. 1 cm Durchmesser mit rundem Querschnitt wird von einer herzförmigen schwarzen Linie eingefasst, auch auf dem kurzen Henkelstumpf selbst sind Ansätze einer Verzierung aus blauen Punkten und einer schwarzen Linie erkennbar.

Alle Fragmente gehören offenbar zu dem etwa 8 cm hohen Hals eines Kruges aus dem türkischen Iznik (dem antiken Nicäa), das zusammen mit dem nahe gelegenen Kütahya zwischen dem 15.–18. Jh. das Zentrum osmanischer Keramikproduktion bildete. Dort wurden neben Gefäßkeramiken auch Wandfliesen für die prächtigen osmanischen Paläste und Moscheen, etwa in Istanbul oder Edirne, hergestellt. Das Fehlen der später typisch werdenden intensiven Rottöne spricht für eine frühe Datierung dieser sich im 16. Jh. herausbildenden Keramik.

Der Fund von Fragmenten eines Iznik-Kruges im Garten des Wittenberger Lutherhauses liefert den ersten Nachweis derartiger Keramik aus archäologischem Kontext in Deutschland und gleichzeitig anscheinend den frühesten im mittel- und westeuropäischen Raum.

Luther dürfte dieses exotische Stück vermutlich als wertvolles Geschenk erhalten haben. Vielleicht handelt es sich um die in einem Brief vom 16. August 1528 erwähnten »Samia vasa« (wörtlich: Gefäße aus Samos; im übertragenen Sinn auch: glänzende [Ton-]Gefäße), für deren Zusendung aus Nürnberg er sich bei Wenzeslaus Link bedankte. (MG)

Literatur: Carswell 2006, 90–105; Stephan 2008, WABr 4, 538 Nr. 3

E 70

E 69

E 68

E 72

E 75

E 70 KRUG AUS IZNIK

Fayence, Henkel sowie Teile von Hals und Fuß ergänzt; Mitte 16. Jh.
H. 21,5 cm
Hetjensmuseum Düsseldorf, Deutsches Keramikmuseum, Inv. Nr. 10422

Der bauchige Krug mit zylindrischem Hals und wulstigem Henkel entspricht in Form und Machart sehr gut dem Exemplar, dessen Bruchstücke bei den Ausgrabungen am Wittenberger Lutherhaus entdeckt wurden (vgl. E 69). Die Kannenform ist typisch für die im türkischen Iznik zwischen 1490–1700 produzierte Keramik, deren farbige Bemalung unter einer dünnen transparenten Glasur auf einem weißen Untergrund aufgetragen wurde. Wie bei den Wittenberger Bruchstücken tauchen hier sowohl das auf buddhistische Ursprünge zurückgehende Drei-Kugel-Motiv, das so genannte Cintamani, als auch die geschwungenen stilisierten Blätter auf. Zierborten mit einfachen geometrischen Mustern gliedern den Krug in die verschiedenen Formteile. Die Verwendung von etwa ab dem Jahr 1560 für Iznik-Keramik typisch werdenden tiefen Rot- und Grüntöne spricht hier jedoch für eine spätere Datierung als für den Krug in Luthers Haushalt.

Oftmals erhielten derartige exotische Gefäße eine weitere Aufwertung durch kunstvolle metallische, oft silberne und vergoldete Montierungen. Eine mittlerweile verschollene Silbermontierung (vermutlich eines Humpens) mit der Inschrift: »Zu Nicea bin ich gemacht / Und nun gen Halle in Sachsen bracht / Anno 1582« und dem Wappen des späteren brandenburgischen Kurfürstens Joachim Friedrich zeugt einerseits von der großen Wertschätzung dieser Keramik, andererseits aber auch davon, dass die Provenienz dieser Gefäße aus dem türkischen Iznik (dem antiken Nicäa) den Eigentümern offenbar bewusst war. (MG)

Literatur: Carswell 2006, 90-105; Denny 2005

E 71 FRAGMENTE VON HOHLGLÄSERN MIT AUFGELEGTEN NUPPEN (ohne Abb.)

Waldglas, optisch geblasen; 1. Hälfte 16. Jh.
4 x 3 cm (a); 6 x 3,5 cm (b); 2 x 4,5 cm (c); 3 x 2 cm (d); 4 x 2,5 cm (e); H. 4,5 cm; Dm. 5,8 cm (f)
LDA Sachsen-Anhalt, Grabung Lutherhaus Wittenberg 2004/05, Inv. Nr. 106/73a; l

Glas ist im Lutherhaus in relativ großen Mengen vorhanden gewesen. Allein aus der großen Auffüllschicht (106), die die meisten Funde aus Luthers Haushalt enthielt, waren es 300 Fragmente, die auf dutzende Gläser schließen lassen. Das Gros davon dürfte zu Nuppengläsern gehört haben; Gefäßen aus so genanntem Waldglas, das durch metallische Verunreinigungen mehr oder weniger stark grünlich gefärbt ist. Außen trugen die Gläser aufgelegte Glasnuppen von unterschiedlicher Größe. Ein erhaltenes Unterteil (f) gehörte zu einem so genannten Berkemeier, einem Glas mit nur auf das Unterteil aufgelegten Nuppen und hochgezogenem konischem Rand – eine im 16. Jh. sehr beliebte Glasform, aus der sich später der heute noch bekannte Römer entwickelte. (MG)

Literatur: Stephan 2008; Wedepohl 2008

E 72 ZWEI NUPPENGLÄSER

blaugrünes Waldglas, z. T. ergänzt; Mitte 16. Jh.
H. 12 cm; Dm. 8 cm (Mündung); 7 cm (Fuß) (a);
H. 14 cm; Dm. 8 cm (Mündung); 7 cm (Fuß); 10 cm (max.) (b)
LDA Sachsen-Anhalt, Grabung Naumburg, Inv. Nr. 2001:2198; 2198 n

Zwei fast vollständig erhaltene Nuppengläser aus einer Latrinenverfüllung vom Naumburger Markt bieten eine gute Vergleichsmöglichkeit zu den bei der Grabung am Lutherhaus Wittenberg gefundenen Gläsern. Das kleinere der beiden Exemplare besitzt einen eingestochenen Boden, einen aus einem Glasfaden aufgeschmolzenen Standring, eine einzeilige und mit einem horizontalen Glasfaden abgetrennte Nuppenreihe sowie eine sonst unverzierte, leicht konische Wandung.

Das größere Gefäß, ein so genannter Krautstrunk, verfügt ebenfalls über einen aus einem Glasfaden aufgeschmolzenen Standring, einen nur leicht eingestochenen

E 74

Boden und vierzeilige Reihen von ovalen Glasnuppen. Darüber verläuft ein fünffacher spiralförmiger Glasfaden an der Stelle, wo sonst bei den »klassischen« Krautstrünken typischerweise eine schalenförmige Lippe ansetzt. Derartige Gläser dürften zum »Alltagsgeschirr« der Luthers gehört haben. (MG)

E 73 FRAGMENTE VON STANGEN- ODER PASSGLÄSERN (ohne Abb.)

Waldglas; 1. Hälfte 16. Jh.
H. 6 cm (max.); B. 2,2 cm (max.)
LDA Sachsen-Anhalt, Grabung Lutherhaus Wittenberg 2004/05, Inv. Nr. 106/d

Hohe und schlanke keulenförmige Gefäße erfreuten sich in der 1. Hälfte des 16. Jh. einer großen Beliebtheit als Biergläser, bis sie um die Jahrhundertmitte von den runden Stangengläsern abgelöst wurden. Da letztere oft horizontal aufgeschmolzene, meist gekniffene Glasreifen – so genannte Pässe – aufwiesen, bezeichnete man sie auch als Passgläser. In geselligen Runden waren Trinkspiele üblich, die auf ein gezieltes Austrinken des Bieres oder Weines zwischen zwei Pässen ausgerichtet waren. Luther besaß angeblich ein derartiges Passglas mit Bemalung, das so genannte Katechismusglas. Die Zwischenräume zwischen den Pässen sollen dabei mit den »Zehn Geboten«, dem »Glauben«, dem »Vaterunser« und dem »Katechismus gar aus« bezeichnet gewesen sein (Abb. 59). (MG)

E 74 ZWEI KEULENGLÄSER

Waldglas, z. T. ergänzt; 16. Jh.
H. 34,5 cm; Dm. 13 cm (Fuß); 6 cm (Mündung); 7 cm (max. (a); H. 37 cm; Dm. 13 cm (Fuß); 4,5 cm (Mündung); 5,5 cm (max.) (b)
LDA Sachsen-Anhalt, Grabung Naumburg, Inv. Nr. 2001:2198 ap; ad

Zwei keulenförmige hohe Gläser aus leicht grünlichem Waldglas auf breitem scheibenförmigem eingestochenem Fuß geben einen Eindruck vom Aussehen typischer Gebrauchsgläser im 16. Jh., wie sie sich auch im Lutherhaus nachweisen lassen. Diese Gefäßform stammt ursprünglich aus Böhmen und hatte sich aus den recht ähnlichen, stangenförmigen und mit Nuppen besetzten Gläsern entwickelt. Meist waren sie wie hier mit spiralförmig verlaufenden Glasfäden oder Pässen aus gekniffenen Glasbändern besetzt. Die beiden Gläser stammen von einer Notbergung vom Markt in Naumburg, wo man vermutlich in einem Latrinenschacht eine große Anzahl von Gläsern des 16. Jh. entsorgt hatte. Derartige Gläser gehörten zum alltäglich gebrauchten Tafelgeschirr und dürften vor allem für den Bierkonsum genutzt worden sein. (MG)

E 75 ZWÖLF FRAGMENTE VON ACHTKANTGLÄSERN

Waldglas; 1. Hälfte 16. Jh.
L. 5 cm (max.); B. 3,6 cm (max.)
LDA Sachsen-Anhalt, Grabung Lutherhaus Wittenberg 2004/05, Inv. Nr. 106/e

Achtkantgläser gehören aufgrund ihrer Höhe von bis zu 40 cm zu den größeren Trinkgefäßen der frühen Neuzeit. Die kantige Form hatte sich aus den runden Stangengläsern entwickelt und tauchte erstmals parallel zu den Stangen- und Keulengläsern im 16. Jh. im nord- und mitteldeutschen Raum auf, lebte aber länger als diese weiter. Die Achtkantgläser aus dem Lutherhaus dürften zu den frühesten Vertretern ihrer Art gehören. In den Waldglashütten wurde jener Typ in großer Zahl hergestellt und erfreute sich als Alltagsglas sowohl in Gastwirtschaften als auch in Privathaushalten großer Beliebtheit. Im 17. Jh. wurden diese Gläser oft auf Gemälden abgebildet und dienten, nach diesen Darstellungen zu urteilen, vor allem dem Bierkonsum. Da die Wandungen überaus dünn waren, kam es schnell zu einem Bruch der Gläser und so verwundert es nicht, wenn ihre Scherben zu den häufigen und zahlreichen archäologischen Funden aus dem 16./17. Jh. gehören. (MG)

E 76 ACHTKANTGLAS

Waldglas; 16. Jh.
H. 15,9–16,3 cm; Dm. 6,4–6,7 cm (Mündung); 8 cm (Boden)
Museum für Ur- und Frühgeschichte Thüringens Weimar, Inv. Nr. 749/90

Auch das grau-grünliche Achtkantglas aus der Großen Arche in Erfurt gehört offenbar zu den frühen Exemplaren der eckigen Stangengläser, die im 17. Jh. eine Länge von bis zu 40 cm erreichen konnten. Das sich nach oben weitende, noch relativ kurze Gefäß auf gefaltetem Fuß mit eingestochenem Boden besitzt vier- bzw. dreifach umlaufende, aufgeschmolzene Glasfäden und eine umlaufende aufsteigende Riffelung.

In der Glashütte stellte man zunächst eine runde Glasstange her, deren beutelförmiges unteres Ende man nach innen faltete und einen Boden einstach. Auf die Wandung legte man so genannte Pässe mit Glasfäden oder -bändern – meist aus derselben Glasmasse – auf, wobei letztere oftmals mittels eines Rädchens zusätzlich mit einer Kerbung versehen wurde. In einem weiteren Schritt brachte man einen mehrkantigen keramischen Kern in das wiederum erhitzte Gefäß ein, um die Wandung zu weiten und ihr die typische achtkantige, selten auch sechs- oder sieben mal gebrochene Form zu verleihen. (MG)

E 77 FRAGMENTE EINER ROTOPAKEN KRAUSE

Waldglas, formgeblasen; 1. Hälfte 16. Jh.
2 x 4 cm (a); 3 x 3 cm (b); 6,5 x 6,5 cm (c)
LDA Sachsen-Anhalt, Grabung Lutherhaus Wittenberg 2004/05, Inv. Nr. 106/73c

Fragmente einer Krause oder Flasche aus rotopakem Glas; erhalten sind noch Scherben vom Boden und der bauchigen Wandung. Die intensive siegellackrote Färbung des Glases erreichte man durch Beischlagen von Kupfer zur Glasmasse. Krausen (oder auch Kreusen), also beutelförmige Gefäße mit abgesetzter Lippe, gehörten zu den beliebten Formen für Trinkgefäße in der frühen Neuzeit, wurden aber normalerweise in Keramik ausgeführt. Offenbar folgte man hier einem schon im 15. Jh. beginnenden venezianischen Modetrend, Gläser in der Anmutung von Halbedelsteinen herzustellen. Die dunkelroten Gläser mit brauner Marmorierung ähneln hierbei stark dem Halbedelstein Jaspis. (MG)

Literatur: Stephan 2008

E 78 BEUTELBECHER (KRAUSE)

siegellackrotes Glas, opak, schlierig; 1. Hälfte 16. Jh.
H. 8,3 cm; Dm. 5 cm (Mündung)
Fundort: Leipzig Thomaskirchhof/Petersstraße 10/14
Landesamt für Archäologie mit Landesmuseum für Vorgeschichte, Dresden, FNr. L-36/60; Restaurierungsnummer 3040

Annähernd kugelförmiger Gefäßkörper mit hochgestochenem Boden und Pfeifenabriss, oberhalb der Einschnürung eine geweitete Mündung, Rand leicht verdickt und partiell ausgebrochen. Teile von Schulter, Schnürung und Mündung optisch geblasen (leichte senkrechte Rippenstruktur).

Diese Krause stellt eine in Glas nachgebildete Keramikform dar, die wahrscheinlich als Trink- oder auch Verwahrgefäß

E 77

E 78

E 76

E 80

E 82

Verwendung fand. Derartige Keramiken traten schon im 14. Jh. auf, während die Glasformen erst in der 1. Hälfte des 16. Jh. genutzt wurden.

Rotopake Gläser werden in weiten Teilen Mitteleuropas gefunden. Glashütten im Taunus und Spessart sowie in Böhmen lieferten bislang opakrote Glasprodukte, die aufgrund ihrer Seltenheit wohl zu den wertvolleren Glasgefäßen gezählt werden dürfen. Neben den Krausen gehören Pokale, Becher und kleine Kannen zu den geläufigsten in Sachsen vorkommenden Formen. (StK/UR)

Literatur: Baumgärtner 2005; Sedláčková 1998

E 79 FRAGMENTE VON GLASNODI

Glas, gefärbt; 1. Hälfte 16. Jh.
L. 4 cm; Dm. ca. 3 cm (a); L. 3,5 cm; D. 2 cm (b); L. 3,7 cm; Dm. 2,4 cm (c)
LDA Sachsen-Anhalt, Grabung Lutherhaus Wittenberg 2004/05, Inv. Nr. 105/19 f; 106/73 b

Angelehnt an venezianische Vorbilder, aber weit weniger filigran ausgeführt, waren Becher auf Fuß oder Stängelgläser im Lutherhaushalt vorhanden. Diese in grünlichem, blauem und klarem Glas gefertigten Pokale besaßen jeweils einen massiven Schaft und Nodus, der teils mehrfach gewickelt und gezwickt sein konnte. Die hier vorliegenden Fragmente gehören zu den frühen Exemplaren dieser Art, die vor allem in der 2. Hälfte des 16. Jh. Verbreitung fand. (MG)

E 80 GLASPOKAL

Kelchglas auf hohem Stiel aus Hohlkugeln, mit Schalenkuppa
Glas entfärbt; Ende 16. Jh./1. Hälfte 17. Jh.
H. 15 cm; Dm. 10 cm (Kuppa)
Germanisches Nationalmuseum Nürnberg; Inv. Nr. GL Ke 32

Obwohl schon nachlutherzeitlich, zeigt dieser Pokal die weitere Entwicklung der Pokalgläser nach venezianischer Mode mit starker Betonung des Stielteils: Auf einer flachen Fußplatte stehend erhebt sich, vom Fuß mit einer Scheibe getrennt, ein kurzer massiver Glasstab. Darüber befinden sich zwei hohle Glaskugeln, die jeweils nach oben und unten mit einer Scheibe abgeschlossen sind; zwischen den beiden Partien verbindet ein massiver Glasstiel. Oben läuft der Stiel abermals in einen schmalen Glasstab aus, getrennt von einer etwas größeren Scheibe von der halbkugeligen Schalenkuppa. Die Form der Kuppa könnte für eine frühe Datierung der Ende des 16. Jh. aufkommenden »Verres à boutons«, also Kelchgläser mit Hohlkugeln im Stiel, sprechen, die später vor allem mit trichterförmigen Kuppa versehen worden sind. (MG)

E 81 ZWEI GLASPOKALE

Schalenglas: schwach grünes Glas, gold- und polychrome Emailmalerei; Venedig/Murano, um 1540–1550; H. 14,5 cm; Dm. 14,3 cm
Kelchglas: rauchfarbenes Glas, hohler gedrehter Balusterschaft, besetzte Nuppen; Venedig/Murano, 16. Jh.; H. 22,5 cm
Stiftung Moritzburg – Kunstmuseum des Landes Sachsen-Anhalt, Inv. Nr. Mo.KHW. GL. 608; 610

Die beiden Gläser aus der ersten und weltberühmten Blütezeit der venezianischen Glaskunst stammen aus den Hütten auf der Insel Murano vor Venedig. Sie wurden bewundert, weil hier, im Gegensatz zu Deutschland, die Produktion von farblosem Glas, dem »crystallo«, beherrscht wurde. Die Formen und Dekore lassen jedes der schon in Serien gearbeiteten Gläser noch heute als ein ausgezeichnetes Unikat erscheinen. Beide Gläser sind typische Zeugnisse einer ausgesprochenen Luxuskultur, die sich durch edle und zeitlose Formen sowie eine fast unglaubliche Dünnwandigkeit auszeichnen. (UD)

Literatur: Gründig 1977

E 79

E 83

E 81

E 81

E 82 FRAGMENT EINES RIPPENBECHERS

blaues Glas, formgeblasen; 1. Hälfte 16. Jh.
L. 5 cm; B. 6 cm; H. 1,7 cm
LDA Sachsen-Anhalt, Grabung Lutherhaus Wittenberg 2004/05, Inv. Nr. 106/73 g

Das leuchtend blaue Randfragment mit Rippen gehörte wohl zu einer großen Rippenschale mit Fuß – eine Form, die innerhalb der Wittenberger Grabung in mehreren (wenngleich z. T. auch späteren) Befunden in grünem, blaugrünem und entfärbtem Glas mit blauem Randfaden vorkam. Solche Gefäße wurden zunächst um 1500 zuerst in Venedig, später jedoch auch in weiteren Glashütten nördlich der Alpen nach venezianischem Vorbild gefertigt. (MG)

E 83 RIPPENBECHER

dunkelgrünes transluzides Glas; 1. Hälfte 16. Jh.
H. 8,5 cm; Dm. 8,2 cm (Mündung)
Fundort: Freiberg (FG-176), Petersstraße 19
Landesamt für Archäologie mit Landesmuseum für Vorgeschichte, Dresden, FNr. FG-176/20/64

Ein gesponnener Fuß trägt eine glatt geblasene zentral hochgestochene Kuppa mit leicht ausbiegendem Rand, die in ihren unteren zwei Dritteln überfangen wird. Zwölf senkrechte Rippen zieren radiärsymmetrisch den unteren Gefäßkörper. Das Stück ist aus Fragmenten zusammengesetzt.

Rippenbecher treten bereits für das 13. und frühe 14. Jh. unter den archäologischen Funden auf. Das vorliegende Exponat kann formal in die 1. Hälfte des 16. Jh. datiert werden. Das Rippendekor zeigt deutliche Affinitäten zu venezianischen Gläsern vom Beginn des 16. Jh. Die große, häufig nur durch Einzelstücke belegte Bandbreite frühneuzeitlicher Rippenbecher erschwert eine nähere lokale Einordnung. Aus Sachsen sind zwei ähnliche Exemplare bekannt, wobei der Grundtyp jedoch nicht nur in Mitteldeutschland, sondern auch im Rheinland und im Elsaß benutzt wurde.

Neben den kleinformatigen Tafelgläsern für den Genuss von Wein und dergleichen werden die Rippenbecher im Vergleich zu den Nuppenbechern (so genannte Krautstrünke) nur selten im archäologischen Kontext beobachtet. (StK/UR)

Literatur: Baumgärtner 2005; Klesse/Mayr 1987; Scheidemantel 2002

E 84 FRAGMENTE EINES POKALS MIT WEISSER FADENAUFLAGE (ohne Abb.)

Glas, entfärbt, formgeblasen, Auflage mit weißopaken Glasfäden; 1. Hälfte 16. Jh.
2 x 2 cm (a); 2,4 x 3,1 cm (b) 3,2 x 5 cm (c)
LDA Sachsen-Anhalt, Grabung Lutherhaus Wittenberg 2004/05, Inv. Nr. 106/93 h

Die Fragmente gehörten zu einem wohl einstmals eindrucksvollen Glaspokal in venezianischem Stil auf hohem Fuß und ausladender Kuppa. Die Wandung der Kuppa war vertikal mit trüb-weißen Glasfäden vertikal unterteilt, die außen plastisch auf die sonst klare weiße Glasfläche aufgebracht waren. (MG)

E 85 GLASPOKAL MIT WEISSER FADENAUFLAGE

weißes und entfärbtes Glas; 16./17. Jh.
H. 14 cm (erhalten); Dm. 8,2–8,7 cm (Fuß); 7 cm (Mündung)
LDA Sachsen-Anhalt, Grabung Halle Alter Markt, Inv. Nr. 94:3192

Von der Ausgrabung einer Latrine auf dem Alten Markt zu Halle stammt ein aufwändiger Glaspokal, der eindrucksvoll das mögliche Aussehen der venezianischen Fadengläser aus dem Lutherhaushalt in Wittenberg vor Augen führt: Er steht auf einem leicht ovalen Fuß aus abwechselnd schmalen weißen Dreifachbändern und breiten weißen Bändern in farbloser Umhüllung. Auf ihm erhebt sich auf einem gestauchten Kugelknauf zwischen zwei farblosen Scheiben ein mit weißen und netzartig tordierten vertikalen Glasfäden verzierter Kelch aus entfärbter Glasmasse, der im unteren Bereich die Form einer Kugel besitzt und sich im durch drei horizontale, abwechselnd weiße und tordierte Glasfäden abgetrennten, unverzierten oberen Bereich konisch verbreitert. Der obere Rand ist nicht erhalten.

Die Verwendung verschiedener Filigranglastechniken an ein und demselben Gefäß ist für Venedig ab dem 2. Viertel des 16. Jh. belegt und wurde ab der Jahrhundertmitte auch in deutschen und niederländischen Glashütten, wohl unter Einbeziehung ausgewanderter venezianischer Glasbläser, zur Dekoration diverser Gefäßformen eingesetzt. (MG)

Literatur: Herrmann/Specht 2006, 79

E 86 FRAGMENTE VON VENEZIANISCHEN FADENGLÄSERN

Glas, entfärbt mit eingeschmolzenen und z. T. gedrehten weißen Glasfäden; Venedig oder Nordalpenraum, 1. Hälfte 16. Jh.
L. 5 cm (max.); B. 3 cm (max.)
LDA Sachsen-Anhalt, Grabung Lutherhaus Wittenberg 2004/05, Inv. Nr. 106/73 k

Die Fragmente gehören zu mindestens drei verschiedenen Gefäßen, die mit einer aufwändigen Netzfadentechnik versehen waren. Die Gläser besaßen einen Dekor aus breiten Milchglasfäden, z. T. alternierend mit feinen weißen Rautennetzfäden, die an feines Spitzengewebe erinnern. Die Fragmente dürften – zumindest in einem Fall – zu hohen Stangengläsern gehört haben. Es handelt sich offenbar um sehr frühe Nachweise der erst ab der 2. Hälfte des 16. Jh. aufkommenden und ab dem späten 16. Jh. in großem Umfang produzierten hochwertigen »Venezianer Gläser«. Wurden derartige Gläser anfangs nur in Venedig selbst hergestellt, häuften sich nach der Jahrhundertmitte die Gründungen von Glashütten, die mit Hilfe entflohener venezianischer Glasbläser eigene Produktionen der begehrten Stücke »à la façon de Venise« auch nördlich der Alpen, wie z. B. in Frankreich, Süddeutschland/Oberösterreich, Niederlande und Flandern, begannen. (MG)

E 87 ZWEI STANGENGLÄSER

entfärbtes Glas, weiße Glasfäden; 2. Hälfte 16. Jh.
H. 38,5 cm; Dm. 9,1 cm (Mündung); 15 cm (Fuß) (a); H. 23,7 cm; Dm. 7,2 cm (Mündung); 8,1 cm (Silberfuß) (b)
Kunstsammlungen der Veste Coburg, Inv. Nr. HA 1; 477

Im Fundmaterial des Lutherhauses in Wittenberg ließen sich Fragmente von venezianischen Fadengläsern nachweisen, die zumindest in einem Fall zu einem Stangenglas gehört haben dürften. Anhand der zwei Stangen aus den Kunstsammlungen der Veste Coburg lässt sich deren Aussehen gut nachvollziehen.

Das größere der beiden Gläser dürfte in Innsbruck oder Venedig hergestellt worden sein. Es besteht aus entfärbter hellgrauer Glasmasse, in die in weitem Abstand voneinander wechselweise dicke weiße Fäden und Stäbe mit fünf parallelen, in weitem Abstand verdrehten weißen Fäden eingeschmolzen sind und die die Stange nur leicht gedreht umlaufen. Der Fuß besteht aus einer einzelnen umgeschlagenen Glas-

E 85

blase, die Fußplatte ist im Stangendurchmesser hochgezogen.

Auch die kleinere zylindrische Stange entstammt vermutlich einer Glashütte in Venedig oder einer, die venezianische Glasmacher beschäftigte. Sie besteht aus leicht grauer, entfärbter Glasmasse, die eingeschmolzenen weißen Fäden und Netzglasstangen verlaufen hier aber streng vertikal. Der Fuß ist nahezu vollständig abgebrochen und durch einen Silberfuß mit ziselierten Girlanden ersetzt worden.

Beide Gläser stellen die elegantere Version der insbesondere im süddeutschen Raum beliebten emailverzierten Stangengläser dar. (MG)

Literatur: Theuerkauff-Liederwald 1994, 174 f. Nr. 163; 164

E 88 FRAGMENTE VON FILIGRANGLÄSERN MIT TROPFENDEKOR
(ohne Abb.)

Glas, entfärbt mit eingeschmolzenen gedrehten weißen Glasfäden, z. T. formgeblasen à la Façon de Venise; 1. Hälfte 16. Jh.
1,5 x 1,5 cm (a); 2 x 3 cm (b)
LDA Sachsen-Anhalt, Grabung Lutherhaus Wittenberg 2004/05, Inv. Nr. 106/73 k

Die Fragmente gehören zu teilweise optisch geblasenem Glas mit kräftig ausgeführten Tropfen oder Trauben auf der Wandung. Streifen von rautennetzförmig eingeschmolzenen weißen Glasfäden verliefen vertikal über das Gefäß. Vermutlich handelt es sich ursprünglich um ein Kelchglas auf Kugelknaufstiel. (MG)

E 89 KELCHGLAS AUF KUGELKNAUFSTIEL

Glas, entfärbt mit eingeschmolzenen, z. T. gedrehten weißen Glasfäden, z. T. formgeblasen; Mitte/2. Hälfte 16. Jh.
H. 14,3 cm; Dm. 9,7 cm
Germanisches Nationalmuseum Nürnberg, Inv. Nr. LGA 4237

Das Filigranmuster des Glases besteht aus breiten weißen Streifen, die sich mit netzartig eingelegten schmalen Glasfäden abwechseln. Der Kelch besitzt einen kleinen, in der Mitte hochgezogenen Fuß mit umgeschlagenem Rand. Fuß und Kuppa verbindet ein gedrückter Kugelknauf zwischen zwei farblosen Scheiben. Die Kuppa selbst ist konisch, der untere Teil ist mit in Form geblasenem Trauben- bzw. Tropfenmuster versehen, der obere Teil ist glatt. Die recht hohe Zahl an in Form und Größe ähnlichen Gefäße in diversen Sammlungen lässt eine hohe Beliebtheit derartiger Gläser in der frühen Neuzeit vermuten. (MG)

E 90 FRAGMENT EINES GLASGEFÄSSES (ohne Abb.)

Glas, entfärbt und mit Auflagen; 1. Hälfte 16. Jh.
L. 2 cm; B. 2,7 cm
LDA Sachsen-Anhalt, Grabung Lutherhaus Wittenberg 2004/05, Inv. Nr. 106/73 d

Das Bruchstück aus leicht grünlichem entfärbtem Glas mit aufgelegtem geripptem Glasfaden und girlandenartig gezogenen Nasen dürfte zu einem Stangen- oder Kelchglas gehört haben (vgl. E 91). (MG)

E 91 KELCHGLAS MIT AUFLAGEN UND DURCHBROCHENEM FUSS

Waldglas; Anf. 16. Jh.
H. 12 cm; B. 9 cm
LDA Sachsen-Anhalt, Grabung Naumburg, Inv. Nr. 2001: 2198 az

Einen Eindruck vom möglichen ursprünglichen Aussehen des Glasgefäßes mit plastischer Auflage (vgl. E 90) vermittelt ein ähnliches Glas aus einer Stadtgrabung in Naumburg. Der konisch zulaufende Gefäßkörper wird von einem durchbrochenen, aus krallenförmigen Glasfäden auf rundem Standring bestehenden Fuß getragen. Etwas unterhalb der Gefäßmitte läuft ein rankenförmiges, aus verschmolzenen Glasfäden bestehendes Band um das Gefäß. Ein weiteres Band aus einem aufgeschmolzenen Glasfaden und girlandenförmigen Nasen umgibt den Gefäßkörper unterhalb des Randes.

Obwohl eine Herkunft aus einer deutschen Glasbläserei anzunehmen ist, waren derartige Stücke weit verbreitet, wie beispielsweise die Funde zweier nahezu identischer Gläser in den niederländischen Städten Delft und Deventer zeigen. (MG)

Literatur: Henkes 1994, 92 Nr. 22.6

E 92 FRAGMENT EINER SCHÜSSELKACHEL (ohne Abb.)

Irdenware, unglasiert; Anf. 16. Jh.
L. 12 cm; B. 12,2; H. 11 cm (erhalten)
LDA Sachsen-Anhalt, Grabung Lutherhaus Wittenberg 2004/05, Inv. Nr. 177/167 a

Die unglasierte Ofenkachel mit quadratisch verzogenem Rand und rundem Standboden dürfte zu einem der ältesten Öfen des 1504 errichteten Wittenberger Augustiner-Eremitenklosters gehören. Möglicherweise bestand dieser Ofen noch relativ lange weiter und wurde erst mit den von Luther durchgeführten Umbauten am Lutherhaus 1530–1540 oder spätestens bei den Umbauten zur Universität 1565 abgerissen und entsorgt. Der genaue Standort des einfachen Kachelofens, wie auch bei den anderen Öfen des Lutherhauses, ist nicht mehr zu bestimmen. Der Einbau eines Kachelofens bedeutete gegenüber dem offenen Kamin eine enorme Steigerung der Wohnqualität, wurde damit doch erst eine rauchfreie Beheizung der Stube möglich. (MG)

E 93 HALBZYLINDERKACHEL MIT DEM BILDNIS DER HEILIGEN DOROTHEA

Hafnerware, grün und gelb glasiert; Anf. 16. Jh.
H. 28 cm (erhalten); B. 18,5 cm; T. 5,5 cm
LDA Sachsen-Anhalt, Grabung Lutherhaus Wittenberg 2004/05, Inv. Nr. 143/b

Dem Typus des so genannten Halberstädter Ofens (benannt nach einem mittlerweile verlorenen Prunkofen aus der Sakristei im Halberstädter Dom) zuzurechnen ist ein vermutlich noch klosterzeitlicher Ofen im spätgotischen Stil, der offenbar jedoch noch während der Nutzung des Anwesens durch Luther bestanden hatte. Erhalten hat sich neben einigen wenigen grün glasierten und polychromen Fragmenten vor allem eine fast komplette, gelb glasierte Bekrönungskachel mit grüner Konturierung und bekrönender Lilie. Dargestellt ist die Heilige Dorothea (Attribut: Korb und Blume) vor angedeutetem textilem und ornamentiertem Wandbehang. Aus der Bilderserie des Halberstädter Ofens sind, etwa aus Goslar und Halberstadt, zwei Dutzend Motive belegt, darunter auch modelgleiche Darstellungen der Dorothea, aber auch von anderen Heiligen, meist als Ganzfiguren mit bezeichnendem Schriftband. Ein möglicher Produktionsort wird in Bad Schmiedeberg vermutet, die Kacheln fanden aber darüber hinaus insbesondere im Raum zwischen Ostharz, Mitteldeutschland und Brandenburg

E 86

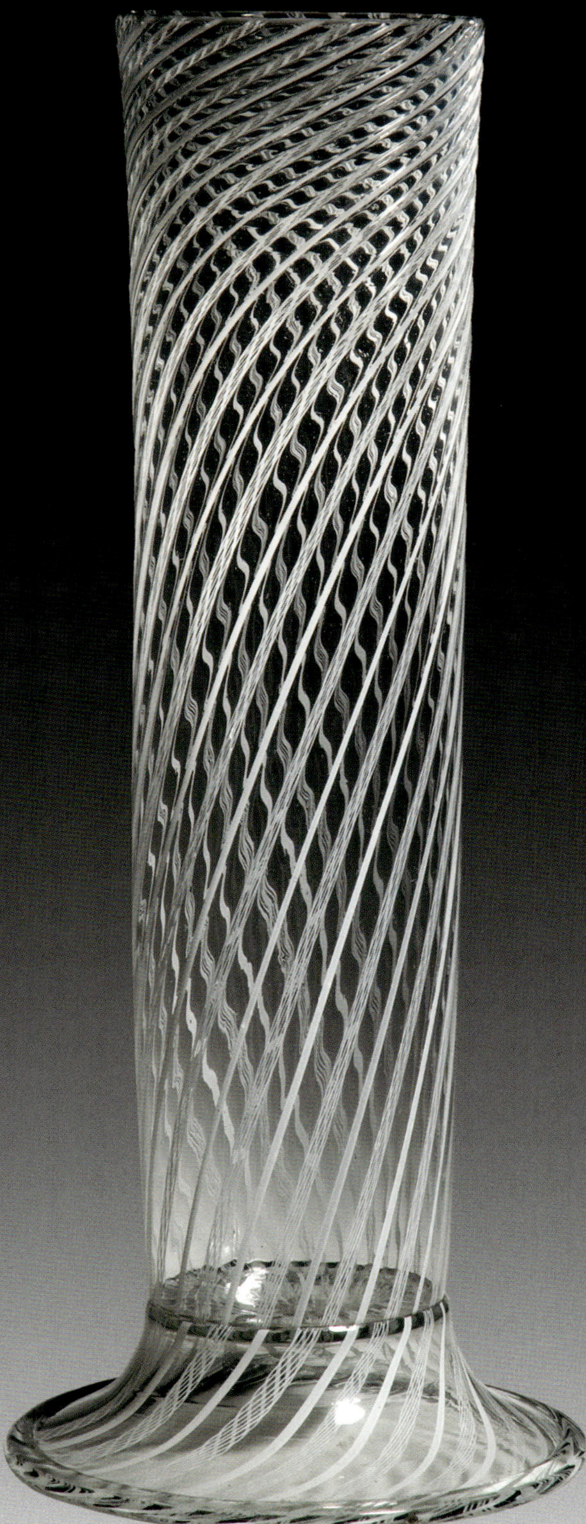

E 87

E 89

E 91

E 94

Verbreitung. Vereinzelte Exemplare gelangten sogar bis Skandinavien und Livland.

Dorothea gehört als Nothelferin gegen Unfruchtbarkeit bei Mensch, Tier und Acker zusammen mit den Heiligen Katharina, Barbara und Margaretha zu den »Virgines Capitales«, also den vier wichtigsten Jungfrauen in der katholischen Sakralhierarchie. [MG]

Literatur: Stephan 2008; Strauss 1966, 90 f.

E 94 BLATTKACHEL MIT DEM BILDNIS DER HEILIGEN MARGARETHA

Hafnerware, grün glasiert; Anf. 16. Jh.
H. 13 cm; B. 12,5 cm; T. 9 cm
LDA Sachsen-Anhalt, Grabung Lutherhaus Wittenberg 2004/05, Inv. Nr. 207/201 a

Wie auch die Halbzylinderkachel mit dem Bildnis der Heiligen Dorothea (vgl. E 93) gehört die grün glasierte Kachel zum Typus des Halberstädter Ofens mit Darstellungen von Heiligen nebst Attributen vor ornamentalem Wandteppich. Ein kleiner Drache und der in der Linken gehaltene (Kreuz?) Stab weisen die Heilige als Margaretha (evtl. auch als die weniger bedeutende heilige Martha) aus, die zusammen mit der Heiligen Dorothea zu den »Virgines Capitales« zählt und die man ebenfalls gegen Unfruchtbarkeit und bei schweren Geburten anrief. Die vorliegende Kachel ist jedoch nur einfarbig glasiert, quadratisch und mit flacher Vorderseite modelliert und gehörte offenbar entweder zum Unterbau eines Ofens, dessen oberer Teil aus den mehrfarbigen und größeren Halbzylinderkacheln bestand, oder zu einem zweiten einfacheren Kachelofen mit ähnlichem Bildprogramm. [MG]

Literatur: Stephan 2008

E 95 ZWEI FRAGMENTE VON MEDAILLONKACHELN

Hafnerware, grün glasiert. 1. Hälfte 16. Jh.
Dm. 11,5 cm (a); 11 cm (b)
LDA Sachsen-Anhalt, Grabung Lutherhaus Wittenberg 2004/05, Inv. Nr. 106/67 c

Von den Medaillonkacheln sind nur die zwei so genannten Spiegel erhalten, die zugehörigen Rahmen dürften allerdings denen der Spiegelkacheln im Fundgut ähneln, die mit floralen Verzierungen und Wappen in den Zwickeln versehen sind (vgl. E 96).

Die Person auf der ersten Kachel ist als nach links blickende Halbfigur in prächtigem Gewand und mit Barett dargestellt. In der rechten Hand hält der Mann ein pinienzapfenförmiges Gefäß, seine Linke umklammert vermutlich einen Handschuh. Möglicherweise handelt es sich um die Darstellung eines Kurfürsten. Der Pokal wäre dann als Attribut des Mundschenks zu interpretieren; dieses Amt wurde vom böhmischen König ausgeübt.

Die zweite Medaillonkachel zeigt einen edel gewandeten Herren im Halbporträt nach rechts mit federgeschmücktem Haarreif und erhobener rechter Hand. Auf der linken Seite ist der Anfang eines ehemals umlaufenden Spruchbandes zu erkennen; vermutlich bezeichnete es den Dargestellten, erhalten ist nur noch der Buchstabe »P«. Eine nahezu identische Kachel aus dem Nationalmuseum in Kopenhagen erlaubt die Identifikation des Dargestellten als den antiken Komödienschreiber Plautus. Der Dichter war Luther gut bekannt, gehörte doch ein Buch mit dessen Werken neben einem Vergil-Band zu den wenigen Dingen, die Luther – nach eigener Aussage – 1505 aus seiner Jura-Studienzeit mit ins Erfurter Kloster nahm.

Der freistehende Buchstabe »V« neben der Person könnte ein Hinweis auf den Formenschneider »VT«, vielleicht den schon im 16. Jh. belegten Schmiedeberger Töpfer V(alentin?) Tannhäuser sein. [MG]

Literatur: Henkel 1999; WATR 1, 44 f. Nr. 116

E 96 BLATTNAPFKACHEL

Hafnerware, grün glasiert; 1. Hälfte 16. Jh.
L. 15,2 cm; B. 15,2 cm; H. 6 cm
LDA Sachsen-Anhalt, Grabung Lutherhaus Wittenberg 2004/05, Inv. Nr. 177/167 c

Dieser Kacheltyp fand sich in großen Mengen (an die 2 000 Fragmente) bei der Grabung im Lutherhausgarten. Der auf der Töpferscheibe gedrehte, topfartige Corpus wurde mit einem einfachen quadratischen Blatt verblendet, das in der Mitte ausgespart war und dessen Zwickel man mit Dekoren ver-

E93

E 95

E 96

sah. Die Motivik der Ornamente reicht von floralen Verzierungen bis hin zu kleinen Wappenschilden, wobei das sächsische Wappen, die »Sächsische Raute« und die gekreuzten Kurschwerter, dominieren, aber auch Kreuz und Rad (mutmaßlich Erzbistum Mainz) und herzförmige Schröterhörner (Grafschaft Brehna) sind zu beobachten.

Die Fülle der Fragmente lässt auf hunderte von Kacheln und somit dutzende Kachelöfen schließen, die rein aus Blattnapfkacheln aufgebaut waren oder zumindest einen Unterbau aus diesem Kacheltypus besaßen. (MG)

Literatur: Stephan 2008

E 97 FRAGMENT EINER OFENBEKRÖNUNG (ohne Abb.)

Hafnerware, grün glasiert; 1. Hälfte 16. Jh.
H. 16,5 cm; B. 13 cm; T. 1,4 cm
LDA Sachsen-Anhalt, Grabung Lutherhaus
Wittenberg 2004/05, Inv. Nr. 106/66 b

Einen Eindruck vom ursprünglichen Aussehen der Prunköfen im Lutherhaus vermittelt das Fragment einer Bekrönung, die den oberen Abschluss eines grün glasierten Kachelofens bildete, der aus den Fürsten- oder Heiligenkacheln zusammengesetzt war, die ebenfalls im Fundgut anzutreffen sind. Ein von einem mit ausladenden Voluten versehenem Gefäß bekrönter Lorbeerkranz-Bogen wird links von einem nackten Putto gehalten, dem vermutlich ursprünglich ein Pendant auf der rechten Seite spiegelbildlich gegenüberstand. Putto und Bogen stehen auf einem architektonisch gegliederten, nur noch in Resten erhaltenen Unterbau. Im Zentrum des Bogens erkennt man drei Federn als Fragmente eines Zentralmotivs, vielleicht eines doppelköpfigen Adlers als Symbol für das Heilige Römische Reich oder des Wappenadlers von Brandenburg. (MG)

E 98 BLATTKACHEL MIT DEM BILDNIS EINES KURFÜRSTEN

Hafnerware, grün glasiert; 1. Hälfte 16. Jh.
H. 17,4 cm; B. 15,5 cm; T. 4,6 cm
LDA Sachsen-Anhalt, Grabung Lutherhaus
Wittenberg 2004/05, Inv. Nr. 106/240 a

Die vermutlich aus einer Serie von Kurfürstenporträts stammende, grün glasierte Ofenkachel zeigt einen Herrn mit prächtigem Gewand, Amtskette und federgeschmücktem Barett im Halbporträt in einem architektonisch gestalteten, halbrunden Rahmen. In den Zwickeln befinden sich zwei Wappen mit Rauten und einem heraldisch nach links blickenden Löwen – vermutlich die Wappen eines der Pfalzgrafen bei Rhein, Herzöge von Bayern. Die Kachel dürfte Teil einer Bilderserie mit Darstellungen von Kurfürsten gewesen sein, von denen im Fundgut weitere Fragmente vorliegen, so etwa von Kacheln mit dem Erzbischof von Trier oder Köln, dem Kürfürsten von Sachsen und dem König von Böhmen. (MG)

E 99 BLATTKACHEL MIT BILDNIS EINES FÜRSTEN

Hafnerware, grün glasiert; 1. Hälfte 16. Jh.
H. 15 cm (erhalten); B. 12,5 cm (erhalten);
T. ca. 2 cm
LDA Sachsen-Anhalt, Grabung Lutherhaus
Wittenberg 2004/05, Inv. Nr. 106/f

Die grün glasierte, fragmentarisch erhaltene Ofenkachel mit dem Brustbild eines nach links gewandten Fürsten mit Szepter, Hermelinkragen und Barett in einem architektonischen Bildrahmen gehört offenbar in ein Bildprogramm mit Kurfürstendarstellungen. Anscheinend handelt es sich um einen jungen Angehörigen des Hauses Habsburg, vermutlich um den jungen Kaiser Karl V. oder dessen Bruder König Ferdinand I. von Böhmen und Ungarn. Weitere offenbar zugehörige Kacheln, z. T. mit erhaltenen Wappen in den oberen Zwickeln, zeigen mutmaßlich den Pfalzgrafen bei Rhein und den Erzbischof von Trier oder Köln.

Das Vorhandensein von Darstellungen ausgerechnet einiger der größten Gegner Luthers bedarf einer Erklärung: Entweder

E 98

E 99

stellte die Abbildung reformationsfeindlicher Fürsten auf dem Kachelofen im Lutherhaus keinen Widerspruch dar, da nur das Amt des jeweiligen Kurfürsten, aber nicht der konkrete Amtsträger dargestellt werden sollte, oder man wollte, ähnlich wie bei den Kurfürstendarstellungen auf anderen Medien (z. B. den Kurfürstengläsern) die Einheit und die innere Ordnung des Reiches betonen. (MG)

Literatur: Stephan 2008

E 100 POLYCHROME OFENKACHEL MIT DARSTELLUNG DER EVA (Abb. 63)

Hafnerware, grün, blau, weiß und braun glasiert; 1. Hälfte 16. Jh.
H. 18 cm; B. 16 cm
LDA Sachsen-Anhalt, Grabung Lutherhaus Wittenberg 2004/05, Inv. Nr. 106/63 f

Innerhalb eines typischen Frührenaissance-Architekturrahmens (mehrteilige Säulen in unterschiedlich farbiger Glasierung und Korbbogen mit Blockfries) erscheint die Halbfigur der biblischen Eva mit wallendem Haar und einfachem Gewand mit floralem Gürtel. In der Linken hält sie den Totenschädel Adams, in der Rechten den verbotenen Apfel vom Baum der Erkenntnis. Unter der Figur die Inschrift »EVA. H«, wobei das »H« möglicherweise auf den Töpfer bzw. den Formschneider des Kachelmodels hinweist. Das Motiv geht auf eine Vorlage aus einer Serie mit »12 Frauen aus dem alten Testament« von 1530/31 des Nürnberger Kleinmeisters Erhard Schön zurück (ca. 1491–1542). Im Fundkomplex des Lutherhauses gibt es weitere Fragmente von Kacheln dieser Serie, darunter die mit der Darstellung der Rebecca. Höchstwahrscheinlich gehörten diese Kacheln zusammen mit weiteren polychromen Kacheln aus der Serie der »12 Tyrannen des Alten Testaments« (ebenfalls Erhard Schön) sowie Kacheln mit farbigen Fürsten- und Wappendarstellungen zu einem wertvollen Prunkofen, der an repräsentativer Stelle im Lutherhaus gestanden haben dürfte. Zwei Fragmente von polychromen Kacheln möglicherweise desselben Ofens tragen die Jahreszahl »1536« und geben somit einen Hinweis auf die Entstehungszeit.

Bezeichnenderweise stammen aus der Moritzburg in Halle, dem Sitz Kardinal Albrechts von Brandenburg, eine modelgleiche polychrome Eva-Kachel, aber auch solche mit den Darstellungen der Rebecca und des Adonibesek (aus der Tyrannen-Serie, vgl. E 109), was das Vorhandensein eines sehr ähnlichen, wenn nicht gar baugleichen Prunkofens am halleschen Hof des Kardinals wahrscheinlich macht, liegen doch auch aus der Wittenberger Grabung modelgleiche Fragmente eben jener Kacheln vor. (MG)

Literatur: Stephan 2007; 2008

E 101 POLYCHROME OFENKACHEL MIT PFÄLZISCHEM WAPPEN

Hafnerware, grün, blau, weiß und braun glasiert; 1. Hälfte 16. Jh.
H. 19 cm; B. 16 cm
LDA Sachsen-Anhalt, Grabung Lutherhaus Wittenberg 2004/05, Inv. Nr. 106/63

Ein farbig abgesetzter Architekturrahmen aus viereckigen Pfeilern umgibt ein Wappenschild über einem perspektivisch gehaltenen, sich zum Hintergrund verjüngenden Fußboden aus hellbraunen Fliesen. Das gevierte Schild auf grünem Hintergrund zeigt zwei sich jeweils diametral gegenüberliegende, blau-weiße Rautenfelder und zwei Felder mit goldenem Löwen auf schwarzem Grund – das Wappen der Kurpfalz. Weitere Fragmente von polychromen Emblemen mit vergleichbaren Architekturrahmen machen es wahrscheinlich, dass das Wappen zu einer Reihe von Darstellungen – vermutlich der sieben Kurfürstentümer – gehört haben kann. Ebenso möglich, wenn auch weniger wahrscheinlich, wäre eine Stiftung des Ofens durch einen Gönner aus dem Hause Wittelsbach, etwa durch Ottheinrich von der Pfalz, der sich 1536 tatsächlich in Wittenberg aufhielt und dort vielleicht auch mit Luther zusammentraf. Offiziell trat Ottheinrich aber 1542 zum Protestantismus über und wurde erst 1556 Kurfürst. (MG)

Literatur: Stephan 2008

E 102 POLYCHROME OFENKACHEL MIT DARSTELLUNG EINES FÜRSTEN

Hafnerware, grün, blau, weiß und braun glasiert; 1. Hälfte 16. Jh.
H. 19 cm; B. 16 cm
LDA Sachsen-Anhalt, Grabung Lutherhaus Wittenberg 2004/05, Inv. Nr. 106/g

Angetan mit schwerer Amtskette, kostbarem Gewand und Barett erscheint ein unbekannter bärtiger Fürst(?) als nach rechts gewandte Halbfigur. In der rechten Hand hält er einen überdimensionierten Armbrustbolzen. Der untere Teil des Kachelbildes, auf dem sich vermutlich ursprünglich eine Inschrift mit dem Namen des Dargestellten befunden hat, fehlt.

Der Architekturrahmen der Kachel mit mehrteiligen Säulen in unterschiedlich farbiger Glasierung und Korbbogen mit Blockfries entspricht dem der Kachel mit der Eva-Darstellung (vgl. E 100), beide dürften daher Bestandteile desselben Ofens gewesen sein. Anders als bei der Eva-Kachel und bei weiteren polychromen Fragmenten lässt sich die Vorlage dieser Kachel nicht eindeutig bestimmen, so dass die Identität der Figur unklar bleibt: es könnte sich sowohl um eine biblische Gestalt als auch um einen zeitgenössischen Fürsten handeln. (MG)

Literatur: Stephan 2008

E 103 POLYCHROME OFENBEKRÖNUNG

Hafnerware, grün, blau, weiß und braun glasiert; 1. Hälfte 16. Jh.
H. 23 cm
LDA Sachsen-Anhalt, Grabung Lutherhaus Wittenberg 2004/05, Inv. Nr. 106/63

Offenbar vom selben Ofen, von dem auch die Ofenkacheln mit Darstellungen biblischer Gestalten des Alten Testaments und Wappendarstellungen gehörten, stammt eine ebenso farbige Ofenbekrönung. Innerhalb eines Architekturbogens, der in ähnlicher Ausführung wie bei den Ofenkacheln gestaltet wurde, steht ein nackter Knabe vor grünem Hintergrund auf ein rosshauptförmiges Schild gestützt. Kopf und rechter Arm (der vermutlich einen Speer o. ä. hielt) fehlen. Über ihm stützen zwei weitere bekleidete Halbfiguren, von denen nur die Torsi und Arme erhalten sind, ein den Bogen bekrönendes urnenartiges Gefäß. (MG)

E 104 OFENMODELL AUS NAPFKACHELN

Irdenware, grün glasiert; Ende 15./Anf. 16. Jh.
H. 21 cm; L. 23 cm; B. 11,3 cm
Nordiska Museet Stockholm, Inv. Nr. 77.057

Der renaissancezeitliche Modellofen vom Nordiska Museet in Stockholm vermittelt einen guten Eindruck vom Aussehen der Napfkachelöfen im Lutherhaus (vgl. E 92). Es handelt sich offenbar um das älteste überlieferte Exemplar und stammt vermutlich ursprünglich aus dem Kölner Raum. Der grün glasierte Modellofen setzt sich aus 106 Napfkacheln mit annähernd quadratischer Mündung zusammen, die sieben gegeneinander leicht versetzte Zeilen bilden. Der Miniaturofen verfügt über einen großen, annähernd kubischen Feuerungskasten, über dem sich ein dreizeiliger runder Oberofen erhebt. Er ist als Hinterladerkonstruktion gestaltet, dessen fast ebenerdiges Feuerungsloch sowie eine darüber liegende Öffnung für den Rauchabzug auf der Rückseite angedeutet sind. Diese technische Detailtreue des Stockholmer Modells ist verblüffend.

Die Funktion derartiger Miniaturöfen ist umstritten, sie könnten als Vorführmodelle für potenzielle Käufer oder als Bestandteile von Puppenstuben als Kinderspielzeug gedient haben. (MG)

Literatur. Henkel 1999, 44 f.; Strauss 1968, 22 ff.

E 105 OFENMODELL

Irdenware, grün glasiert; 2. H. 16. Jh./um 1600
H. 19 cm; L. 15 cm; B. 12 cm
Kunstgewerbemuseum, Staatliche Museen zu Berlin, Inv. Nr. 1868, 306

Das vermutlich aus Süddeutschland stammende, grün glasierte Ofenmodell besteht größtenteils aus quadratischen Spiegelkacheln, wie sie seit der Mitte des 16. Jh. weit verbreitet waren, bzw. aus Eckkacheln dieses Typs. Diese Formen stellen eine Weiterentwicklung der Blattnapfkacheln (vgl. E 96) dar, besitzen aber ein über die gesamte Schauseite geschlossenes Blatt. Nach oben und unten wurden sie beim Miniaturofen durch wenig profilierte Gesims- bzw. Leistenkacheln eingefasst, was ihm ein sehr geschlossenes kastenförmiges Äußeres verleiht. Getragen wird der Kasten von vier liegenden Figuren, die sich auf Totenschädel stützen – ein Vanitasmotiv. Die fehlende Glasur auf der Oberseite lässt vermuten, dass ursprünglich ein ebenfalls annähernd quadratischer Oberofen aufmontiert gewesen ist. (MG)

E 106 OFENMODELL

Irdenware, grün glasiert; Nürnberg, 16. Jh.
H. 28,5 cm; L. 13 cm; B. 9,5 cm
Museum August Kestner Hannover, Inv. Nr. 1919.43

Die Gestaltung von Kachelöfen wurde im Laufe der Zeit durch neue Fertigungs- und Brandtechniken zunehmend aufwändiger; der Ofen wurde zum Objekt künstlerischer Gestaltung.

Dieses Modell, das in Nürnberg gefertigt wurde und aus dem 16. Jh. stammt, zeigt den lange Zeit üblichen Aufbau eines Kachelofens. Den rechteckigen beheizbaren Feuerkasten zieren jeweils vier Reihen von Blattnapfkacheln mit Taustäben an den Ecken. Einzige Ausnahme bildet die schlicht gehaltene Schmalseite, auf der sich das Feuerloch mit einer darüber liegenden, kreisrunden Öffnung befindet. Über einem vorspringenden abgeschrägten Gesims erhebt sich der schmale turmartige Aufbau, der sich nach oben hin leicht verjüngt. Auf allen vier Seiten des Oberbaus sind Reliefdarstellungen zu sehen: die Kreuzigung Christi mit kniendem Ritter auf der linken Seite des Kreuzes und seinem Pferd rechts, unterhalb von Blütenrosetten jeweils zwei Dreiergruppen, bei denen es sich um römische Gottheiten und antike Gestalten handelt sowie das vermeintliche Wappen des Auftraggebers mit Helmzier und Laubwerk. Die Bekrönung durch Fächerrosetten auf profiliertem Gesims schließt die Ofenarchitektur nach oben hin ab. Der Ofenmeister ist leider nicht überliefert.

Da vollständig erhaltene Kachelöfen aus dieser Zeit Seltenheitswert besitzen, sind solche Modelle umso interessanter, geben sie doch Einblicke in die Wohnkultur jener Zeit und zeugen vom Anspruch der Auftraggeber und dem Spektrum gestalterischer Möglichkeiten. (TP)

Literatur: Heege 2002; Kruse 1990

E 107 OFENMODELL

Irdenware, grün glasiert; Mitte/2. Hälfte 16. Jh.
H. 33 cm; L. 15 cm; B. 11,5 cm
Germanisches Nationalmuseum Nürnberg, Inv. Nr. A 526

Neben Gesims- und Bekrönungskacheln dominieren bei dem Modellofen aus dem Germanischen Nationalmuseum Nürnberg rechteckige Blattkacheln mit Architekturrahmen und kleinen Putten als Zentralmotiv sowie hochrechteckige Kacheln mit schreitenden Frauengestalten und -köpfen.

E 103

E 101

E 102

E 104

E 105

Sehr deutlich wurden die Kranz- und Gesimskacheln ausgeführt.

Die im Modell angedeutete Hinterladerkonstruktion zeichnet sich durch einen langrechteckigen Feuerungskasten aus, der auf der zur Wand gerichteten Seite ein Feuerungs- und ein Rauchabzugsloch aufweist. Im Übergang zwischen Oberofen und Feuerungskasten sind Wappenschilde angedeutet.

Als Vorlage für die Motive der Reliefkacheln diente wie bei den richtigen Kachelöfen die zeitgenössische Druckgrafik, so z. B. für den Bacchantenfries im unteren Teil des Ofens vermutlich ein Kupferstich wie der des Triumphzugs von Etienne Delaune aus dem 2. Viertel des 16. Jh. (Wien, Grafische Sammlung Albertina). (MG)

E 108 OFENMODELL VON HANS ELSESSER

Irdenware, farbige Glasur; Zwickau, 1570
H. 37 cm; L. 27 cm; B. 17 cm
Städtische Museen Zwickau, Priesterhäuser, Inv. Nr. C 158

Hans Elsesser wurde um 1530 in Lichtenstadt (nördlich von Karlsbad) geboren. 1557 kam er nach Zwickau, erwarb hier das Bürgerrecht und heiratete noch im gleichen Jahr die Zwickauer Witwe Barbara Grimm. Nach deren Tod 1575 widmete er ihr ein selbst geschaffenes Epitaph (aus Ton) in der Marienkirche, ging aber ein Jahr später eine neue Ehe mit der Zwickauerin Barbara König ein. Elsesser starb am 15. April 1584. Sein guter Ruf als bekannter Töpfer ragte weit über die Grenzen der Stadt hinaus und verschaffte der gesamten Innung hohes Ansehen. Die farbige Schmelztechnik, die Elsesser weiter perfektionierte, war um 1520 in Nürnberg entstanden. Von den plastisch reich verzierten Kachelöfen, die er in dieser Technik schuf, blieb in Zwickau ein Exemplar erhalten. Um 1560 stellte es Elsesser mit farbig glasierten Kacheln für die so genannte Kalandstube in der Marienkirche her. Dabei blieb das Konzept der äußerlichen Gestaltung den klar gegliederten Strukturen der Frührenaissance aus der 1. Hälfte des 16. Jh. verhaftet. Elsessers Urheberschaft lässt sich noch heute an den mit »E« und »D« gravierten Kacheln nachweisen:

E 106

E 107

Elsesser Delinavit. Von den mehrfarbigen Kacheln sind mehrere mit »W« und »C« signiert, dem in einer Ecke ein »P« (Pinxit) nachgestellt ist. Scheinbar hat ein Maler die entsprechenden Motive als Auftragsarbeit auf die Elsesser-Kacheln aufgebracht.

Außerdem hat sich ein kleines, von Elsesser geformtes und signiertes Ofenmodell erhalten, das eventuell als Vorlage und Verkaufsmuster diente und aus dem Jahr 1570 stammt. Der Unterbau gliedert sich auf den Längsseiten in drei antikisierende Hermenpilaster. Auf den blauen Zwischenfeldern sind die biblische Schlange, die Opferung Isaaks und der gekreuzigte Jesus zu sehen. Vorn zwischen zwei korinthisch anmutenden Säulen sieht man Maria mit dem Jesuskind und darüber Christus mit Kelch und Kreuz. Die Rückseite ziert nur die Jahreszahl 1570 mit Elsessers Initialen »HE«. Vermutlich verzichtete der Künstler hier auf die Mitwirkung eines Malers, was die schlichte Formensprache auch kenntlich macht. Der Oberbau zeigt allegorische Figuren und das Zwickauer Wappen, welches das Modell eindeutig als regionales Werk ausweist.

Vor allem bei diesem Modell ist Elsessers Bemühen zu erkennen, Formelemente der italienischen Renaissance auf den Ofen zu übertragen. Besonders deutlich wurde das ebenso bei einem Entwurf für das Rathaus, der zwar nicht zur Ausführung kam, aber den stetigen Reifeprozess in Elsessers Schaffen zeigt und ihn als einen herausragenden Handwerker seiner Zunft charakterisiert, der sich in seinem Schaffensumfeld selbst weiter entwickelte und neue Stilrichtungen mit prägen half. (ML)

E 109 DREI POLYCHROME BLATTKACHELN

blei- und zinnglasierte Irdenware, harter Scherben, farblose Bleiglasur als Grund, mit kräftigen Farbakzenten durch grünen Rand, weiße opake Zinnglasur und manganbraune sowie blaue Farbzonen; wohl mitteldeutsch, um 1525–1545
H. 18,5 cm; B. 15,7 cm; T. 2,5 cm; 16 x 13,6 cm (Innenfeld); T. 0,7 cm (Zarge) (a); H. 18,5 cm; B. 15,9 cm; T. 5,5 cm; 16,4 x 13 cm (Innenfeld); T. 1,4 cm (Zarge) (b); H. 18,7 cm; B. 16,2 cm; T. 2,7 cm; 16,5 x 14,2 cm (Innenfeld); T. 1,1 cm (Zarge) (c).
Stiftung Moritzburg – Kunstmuseum des Landes Sachsen-Anhalt,
Inv. Nr. Mo.KHW.Ke 128; 129; 232

a) Halbfigur der Eva in Architekturrahmen der Frührenaissance und auf einen in der Linken gehaltenen Totenkopf schauend, in der Rechten eine Kugel als Symbol der Vergänglichkeit, Inschrift »EVA.H«, vermutlich biblisches Sinnbild für die Mutter des sündigen Menschen. Ein Vergleichstück wurde im Lutherhaus in Wittenberg entdeckt.
b) Halbfigur der Rebecca in zeitgenössischer Kleidung mit Halskette und Haube in Architekturrahmen der Frührenaissance, den linken Arm auf eine Brüstung stützend, in der rechten Hand ein antikisierender geschweifter Renaissancekrug, unten die Inschrift: »REBECA«. Die Darstellung bezieht sich wohl auf das Alte Testament und zeigt eine der Frauen Abrahams. Vergleichsstücke wurden im Wittenberger Lutherhaus und in Bad Schmiedeberg entdeckt.
c) Halbfigur eines Kriegers in zeitgenössischer Rüstung in Architekturrahmen der Frührenaissance, Inschrift unten »ADONIBECK.I.«, in den Zwickeln oben die nicht entschlüsselten Monogramme »HR–R«. Dargestellt ist der König Adoni von Besek mit Streitaxt und verstümmelter rechter Hand. Der König der kanaanitischen Stadt Besek wird im Alten Testament als grausamer Tyrann charakterisiert (Ri 1, 5). Er geriet in Gefangenschaft von Juda, wo ihm als Strafe Hand und Füße verstümmelt wurden, genauso wie er es mit 70 anderen Königen gemacht haben soll. Ein Vergleichstück dieser Blattkachel findet sich im Fundkomplex aus dem Wittenberger Lutherhaus.

Die Kacheln stammen von Öfen in den repräsentativen Festsälen der halleschen Moritzburg, die während der Regierungszeit von Kardinal Albrecht von Brandenburg zwischen 1513–1545 offenbar damit neu ausgestattet wurden. Am 6. Januar 1637 brach während der Belagerung durch schwedische Truppen eine Feuersbrunst in der Burganlage aus, die wesentliche Teile vernichtete. Bei Ausgrabungen und der Beräumung des Bauschutts in den Jahren 1917 (a; c) und 1955/56 (b) wurden diese Stücke entdeckt. Sie dürften aus derselben mitteldeutschen Werkstatt, vermutlich in Bad Schmiedeberg, stammen, aus der auch die im Wittenberger Augustiner-Eremitenkloster, dem Wohnhaus Luthers, geborgenen Kacheln stammen. (UD)

Literatur: Stephan 2006, Nr. 147

E 110 BUTZENSCHEIBE (ohne Abb.)

entfärbtes Glas; 1. Hälfte 16. Jh.
Dm. 10,8 cm
LDA Sachsen-Anhalt, Grabung Lutherhaus Wittenberg 2004/05, Inv. Nr. 24/4 aq

Eine erhebliche Verbesserung der Wohnqualität stellte die Verglasung von Fensterflächen mit Butzenscheiben im 14.–16. Jh. dar, ermöglichte sie doch den Einfall von Tageslicht ohne Öffnung der Fenster und ohne den damit einhergehenden Wärmeverlust.

Im Lutherhaus dominieren facettiert geformte, leicht grünliche Scheiben, die man mithilfe des so genannten Kröseleisens zuschnitt und zu relativ kleinteiligen, dafür aber gegenüber dem Winddruck stabilen Fenstern zusammensetzte. Aus klarem Glas waren daneben fast ausschließlich die runden Butzenscheiben gefertigt.

Der Name »Butzenscheibe« leitet sich von der Erhöhung in der Scheibenmitte, dem so genannten Butzen, ab, die vom Abbrechen des Hafteisens beim Glasbläser herrührt. Zusammengefasst wurden die Scheiben mit Bändern aus Blei, den so genannten Bleiruten (vgl. E 113). In den Zwischenraum zwischen den Butzenscheiben wurden gläserne Zwickel – die so genannten Hornaffen – eingefügt (vgl. E 111).

Waldglas ist materialbedingt von grüner Färbung. Farbloses weißes Glas herzustellen, bedurfte größeren technischen Aufwandes und war dementsprechend teurer. Butzenscheiben aus Weißglas schätze man jedoch aufgrund ihrer höheren Lichtdurchlässigkeit.

Unklar bleibt, ob die Glasfenster auch schon zur Klosterzeit vorhanden waren oder erst durch Luther im Zuge seiner Umgestaltung des Anwesens selbst angeschafft wurden. (MG)

Literatur: Stephan 2008

E 111 GLASZWICKEL (ohne Abb.)

entfärbtes Glas; 1. Hälfte 16. Jh.
B. 4–4,5 cm
LDA Sachsen-Anhalt, Grabung Lutherhaus Wittenberg 2004/05, Inv. Nr. 32/6 y

Glaszwickel, so genannter Horn- oder Scheibenaffe, als Füllstück zwischen runden Butzenscheiben. Da sowohl die runden Butzenscheiben als auch die Zwickelstücke im Fundgut eher selten sind, ist davon auszugehen, dass die meisten Fenster im Lutherhaus, zumindest zu Luthers Lebzeiten, mit kleinteiligen Flachglasfenstern ausgestattet waren. (MG)

E 112 BEMALTES FENSTERGLAS

Glas; 1. Hälfte 16. Jh.
2,3 x 2,4 cm; 2,1 x 2,7 cm; 2,8 x 3,0 cm; 3,3 x 5,7 cm; 3,5 x 5,9 cm; 3,3 x 7,1 cm
LDA Sachsen-Anhalt, Grabung Lutherhaus Wittenberg 2004/05, Inv. Nr. 24/4 ap; 106/74 a

Bemaltes Fensterglas – insgesamt liegen sechs Scherben vor – erscheint in einem privaten Haushalt zunächst verwunderlich. Da aber die Familie Martin Luthers in einem ehemaligen Klosterbau wohnte (Martin Luther lebte schon als Mönch im so genannten Schwarzen Kloster zu Wittenberg) bietet sich schnell ein Erklärungsansatz: Die Scheibenfragmente stammen aus der Klosterzeit des Gebäudes. Nachdem Familie Luther das Haus in Besitz genommen hatte, entfernte man die hochwertigen ornamentierten Scheiben natürlich nicht, sondern ersetzte sie erst dann, wenn sie zu Bruch gegangen waren.

Drei der Scherben weisen bogenförmige Ränder auf, womit es sich um runde Scheiben gehandelt haben dürfte. Drei Scherben sind mit Buchstaben versehen, die sich aber nicht zu einem Schriftzug ergänzen lassen. Auf einem länglichen Fragment ist eine Hand zu erkennen, die ein Buch hält; offenbar eine Darstellung des Heiligen Hieronymus. (BS)

E 113 BLEIRUTEN (ohne Abb.)

Blei; 1. Hälfte 16. Jh.
L. 1,8–14,5 cm
LDA Sachsen-Anhalt, Grabung Lutherhaus Wittenberg, Inv. Nr. 106/72; 67/1 as

Zur Verbindung der einzelnen Fensterglasstücke wurden H-förmige Leisten aus so genanntem Glaserblei (1/4 Zinn, 3/4 Blei) verwendet und an den Nahtstellen verlötet. (MG)

E 109

E 108

E 112

E 115

E 114 WANDBRUNNEN

Irdenware, grün glasiert; 1. Hälfte 16. Jh.
H. 24 cm (außen); 21,6 / 23,4 cm (innen);
B. 17 cm (außen vorn); B. 18,5 cm (außen rückseitig); B. 15,8 cm (innen vorn); B. 17,3 cm (innen rückseitig); T. 8,5 cm (außen); T. 7,3 cm (innen); Volumen ca. 3 l
LDA Sachsen-Anhalt, Grabung Lutherhaus Wittenberg 2004/05, Inv. Nr. 207/197 p

Aus dem Fundkomplex von Wittenberg liegen Fragmente von 22 Wandbrunnen, auch Wasserkasten oder Wasserblase genannt, vor, darunter ein kompletter Kastenwandbrunnen. Dieses Stück zeigt die zeittypische Kastenform mit den auf der Frontseite umlaufend auf den Rand aufgelegten, gekerbten Leisten. Die in verschiedenen Ausführungen bekannten, jeweils paarigen Aufhängungen sind als offene, auf der Schauseite stark kannelierte Zapfen ausgeführt (vgl. Abb. 81). Funktional bedingt ist weiterhin das kleine Spundloch in der Mitte der Front leicht oberhalb des Bodens. Es diente dazu, einen Zapfhahn aufzunehmen. Um sowohl Wasserundurchlässigkeit als auch ein repräsentatives Aussehen zu erreichen, wurden die Wasserblasen beidseitig – mit Ausnahme der äußeren Rückwand und des äußeren Bodens – glasiert; in diesem Fall mit derselben dunklen blaugrünen Glasur.

Der Brunnen zeigt, ebenfalls zeittypisch, ein christliches Motiv. Auf der Front ist als Relief eine stark nach links verschobene Kreuzigungsdarstellung zu erkennen. Daneben sind Johannes der Täufer mit einem nackten Täufling sowie eine weitere Person dargestellt. Das gesamte Bild wird von einem von Säulen getragenen Bogen eingefasst. Besonders aufwändig ist der obere offene Randabschluss gestaltet: neben der bekrönten Kante sind auf beiden Ecken stark hervorspringende Wappenschilde mit Männerbüsten im Stil der Renaissance angebracht. Der ehemals sicher vorhandene Deckel fehlt.

Die Kastenwandbrunnen setzen die Tradition des seit dem 13. Jh. mit standardisierten Gefäßen (Aquamanile/Schale, nachfolgend Lavabo/Schale) ausgeführten Handwaschens fort, stellen jedoch die erste, fest an Wand oder Möbel befestigte Form dar. [SK]

Literatur: Boschetti-Maradi 2006; Westphalen 2006

E 115 KONUSHÄHNE

Buntmetall, Griffe als Hahn mit kantigem Schwanz (a) bzw. in Form dreier tangential angeordneter Ringe (b); 1. Hälfte 16. Jh.
H. 1,8 cm/4,6 cm; L. 8 cm; B 1,2 cm (a); H. 6,5 cm; L. 12 cm; B. 1,2 cm (b)
LDA Sachsen-Anhalt, Grabung Lutherhaus Wittenberg 2004/05, Inv. Nr. 106/2 f; g

Bis in die 1. Hälfte des 19. Jh. dienten zum Absperren von Flüssigkeitsleitungen an Fässern, Aquamanilen, Zubern, Destillierkolben oder auch in Wasserleitungssystemen und Brunnen Ventile mit konusförmigem Schließmechanismus. Die überwiegende Zahl überlieferter Hähne besitzt geringe Dimensionen mit einer Länge von nicht mehr als 16 cm; aus Schriftquellen sind jedoch auch sehr große Stücke von bis 50 cm Länge für Brunnen bekannt. Besonders kleine Hähne mit Längen von rund 5 cm können beispielsweise an Fässern mit teuren Getränken oder auch Wandbrunnen gesessen haben. Seinen Namen erhielt dieses Ventil mutmaßlich von dem hahnförmig ausgebildeten Griff des Kükens. Die Gestalt der häufig gemarkten Griffe variiert von zoomorph bis zu geometrisch geformt, entsprechend der chronologischen und regionalen Verbreitung in insgesamt 24 Varianten.

Aus dem Fundkomplex von Wittenberg liegen zwei Durchgangshähne vor. Der eine weist als Griff einen Hahn mit kantig gestuftem Schwanz, der andere einen aus drei tangential aneinanderstoßenden Ringen auf. Die Griffe mit Hahn kommen im 15. und 16., evtl. noch Anfang des 17. Jh. vor. Konushähne mit drei Ringen als Griffteil wurden ebenfalls seit dem Beginn des 15. Jh. benutzt, jedoch fanden sie mindestens bis in das 17. Jh. Verwendung. Während die Konushähne mit Griff aus drei tangential angeordneten Ringen gestreut über nahezu ganz Europa verbreitet sind, lassen sich für die hahnförmigen Griffe Regionen unterscheiden. Die gestufte Form, wie sie aus Wittenberg vorliegt, ist bisher ausschließlich in Süddeutschland und Tschechien verbreitet. Die nördlichsten Vertreter stammen von Herbede im Ennepe-Ruhr Kreis

E 114

und aus Warnemünde sowie nun Wittenberg. Ein archäologischer Nachweis der Zapfhahnherstellung konnte bislang nirgends erbracht werden. Einige Exemplare zeigen auf dem Kükengriff oder dem Rahmen ein Meisterzeichen. Die Zuweisung ist nur in äußerst wenigen Fällen möglich. So muss auch der schreitende Vogel auf dem Konushahn mit Hahngriff von Wittenberg noch als nicht zuweisbar gelten. (SK)

Literatur: Krabath 2001

E 116 EISENBESCHLÄGE VON INTERIEUR (ohne Abb.)

Eisen, geschmiedet; 1. Hälfte 16. Jh.
Eckbeschlag: H. 14,5 cm; B. 14,5 cm (a); Schlossbeschlag: H. 8 cm; B. 7,5 cm (b); Truhenhenkel: L. 17,1 cm (c)
LDA Sachsen-Anhalt, Grabung Lutherhaus Wittenberg 2004/05, Inv. Nr. 106/70 f–h

Von Luthers Mobiliar aus dem Lutherhaus Wittenberg hat sich bis heute obertägig nichts erhalten; der in der Lutherstube gezeigte Tisch und der Kastensitz stammen zwar vermutlich aus dem 16. Jh., sind aber wohl erst nachträglich dorthin gelangt.

Bei der Beräumung des Lutherhauses durch die Universität 1565 gelangten offenbar auch Teile von Möbeln in den im Garten entsorgten Abfall. Während sich aufgrund der schlechten Erhaltungsbedingungen von den hölzernen Bestandteilen keine Substanz erhielt, fanden sich jedoch noch zahlreiche metallene Reste, die man z. T. ehemaligen Möbeln zuordnen kann.

Von einer eisenbeschlagenen Truhe dürfte der schmiedeeiserne L-förmige Beschlag (a) als Eckverstärkung stammen. Auch der bogenförmige starre Henkel (c) und der schmiedeeiserne Schlossbeschlag (b) in Form eines so genannten Rosshauptschildes könnten möglicherweise zu einer kleinen Truhe oder auch zu einer Tür gehört haben.

Während Schränke in der frühen Neuzeit noch selten waren, spielten Truhen bei der Lagerung und beim Transport von Gegenständen wie Kleidung und Wertsachen in der Lutherzeit eine wichtige Rolle. Luther selbst berichtet vom Vorhandensein mehrerer Truhen in seinem Haushalt: 1539 bestellte er eine zusätzliche Truhe für seine Frau Katharina, die darin Leinenzeug unterbringen wollte, weil eine ältere dafür vorgesehene Truhe bereits wurmstichig sei. Eine weitere abschließbare Truhe enthielt wohl das Bargeld der Familie Luther. (MG)

Literatur: Heling 2003

E 117 KLEINE EISENTRUHE

Eisen, Messing; um 1500
L. 35 cm; H. 17,3 cm; B. 16,5 cm
Privatsammlung

Die Schatulle besteht aus einem aus Eisen gefertigten Kasten, dessen Außenseite mit vernieteten Eisenbändern beschlagen ist. Auf der Innenseite des Deckels zeigt sich ein verziertes Schlosssystem. Schlösser dieser Art besaßen tatsächlich einen gewissen Repräsentationscharakter. Bei vorliegendem Stück zeigt sich dies durch zahlreiche attraktive Messingrosetten. Der Deckel ließ sich nur mit zwei Schlüsseln öffnen, die beide erhalten sind. Nach Abziehen der Schlüssel konnten die Schlüssellöcher mit Hilfe einer mit Scharnier versehenen Blendleiste abgedeckt werden.

Die Tragegriffe sind an den Schmalseiten der Truhe angebracht. Sie bestehen aus leicht verzierten, in Form geschmiedeten Eisenstäben, deren Enden man in massive Ösen einhängte; diese werden von großen eisernen Rosetten umrahmt.

Im Innenraum der Truhe befindet sich ein weiterer kleiner, mit Deckel versehener Kasten, der sicherlich der Aufnahme von Münzen diente. Der Frontseite ist ein Schild mit blindem Schlüsselloch vorgelegt, das von einer Helmzier und flankierenden stilisierten Drachen geschmückt wird. Da das Schlüsselloch hier keine Funktion aufweist, wird dieses Zierelement ursprünglich zu einer anderen Truhe gehört haben. Teile der Schatulle, nämlich Zierschild, Griffe und Bänder, weisen Reste einer roten Fassung auf.

Über die Herkunft dieses ausgesprochen gut erhaltenen Stückes ist bedauerlicher Weise nichts bekannt. Eine süddeutsche Provenienz ist jedoch wahrscheinlich. (BS)

E 118 FUSS UND SCHÄLCHEN EINER ÖLLAMPE (ohne Abb.)

Irdenware, unglasiert/gelbbraun glasiert; 1. Hälfte 16. Jh.
H. 14 cm (erhalten); Dm. 10,5 cm (Fuß) (a); H. 2,5 cm; B. 7,5 cm; T. 2,5 cm (b)
LDA Sachsen-Anhalt, Grabung Lutherhaus Wittenberg 2004/05, Inv. Nr. 141/123 n; 106/54

Im Haus eines Vielschreibers wie Luther, der nach eigenem Bekennen auch bis tief in der Nacht an seinen Briefen und Manuskripten saß, verwundert das Vorhandensein von Lampen und Leuchtern natürlich nicht. Neben den flachen einfachen Öllampen-Schälchen mit eingedrücktem Ausguss zur Aufnahme eines Dochtes, fanden sich im Lutherhaus-Garten auch solche auf hohem Fuß. Beim vorliegenden Exemplar fehlen die (vermutlich braun glasierte) Lampenschale sowie der noch durch den Ansatzpunkt am Schaft erkennbare Henkel.

Ein solches flaches Lampenschälchen fand sich ohne Fuß ebenfalls im entsorgten Hausrat. Es besaß ursprünglich eine schnauzenförmige Vertiefung am vorderen Rand, auf der der Docht zu liegen kam. (MG)

Literatur: Stephan 2008

E 119 ÖLLAMPE AUF HOHEM FUSS

Hafnerware, z. T. grün glasiert; 16. Jh.
H. 18,3 cm; Dm. 7 cm (Schale); 10 cm (Fuß)
Stadtgeschichtliches Museum Leipzig, Inv. Nr. V 809 2003

Der Leuchter aus dem Stadtgeschichtlichen Museum Leipzig gibt einen guten Eindruck vom Aussehen der Öllampen im Hause Luther wieder: Der hohe, in diesem Fall hohle Fuß trug eine Schale mit ausgezogener »Schnauze« als Rast für den Docht. Typischerweise ist der obere Teil glasiert, indem man das Gefäß vor dem Brennen kopfüber in Glasur getaucht und somit für das Öl undurchlässig gemacht hatte. Der Henkel setzt an der Schale an und reicht bis zur Mitte des Fußes. Oft befindet sich an der Verbindungsstelle von Schale und Henkel eine kleine Tülle, die eine zusätzliche kleine Wachs- oder Talgkerze aufnehmen konnte oder beim Transport als Daumenrast für einen sicheren Griff diente. (MG)

E 120 ZWEI FRAGMENTE EINES KERZENLEUCHTERS (ohne Abb.)

Buntmetall, gegossen und gedreht; 1. Hälfte 16. Jh.
L. 5,8 cm; B. 2,5 cm (a); L. 4 cm (erhalten); B. 2 cm
LDA Sachsen-Anhalt, Grabung Lutherhaus Wittenberg 2004/05, Inv. Nr. 106/71 e

Leuchter aus Buntmetall für Kerzen aus Wachs oder Talg dürften auch im lutherischen Haushalt zu den eher wertvolleren Haushaltsgegenständen gehört haben. Die zwei Fragmente einer Tülle mit profiliertem, zu einem Ende hin leicht verdicktem Corpus könnten Teil eines Glockenfußleuchters oder eines Schaftleuchters gewesen sein. Luther bestellte in Nürnberg, dem damaligen Zentrum der Rotschmiedekunst (d. h. der Messingverarbeitung) mehrmals hochwertige Leuchter aus Messing. Die Vermutung liegt nahe, dass es sich um einen der erwähnten Kerzenhalter handelt. (MG)

Literatur: Stephan 2008

E 119

E 121

E 117

E 122

E 123

E 121 KERZENSTÄNDER

Kupferlegierung (wahrscheinlich Messing), stark patiniert; 1. Hälfte 17. Jh.
H. 10,7 cm (erhalten); Dm. 8,7 cm
Fundort: Leipzig (L-31), Petersstraße 28
Landesamt für Archäologie mit Landesmuseum für Vorgeschichte, Dresden, FNr. L-31/7; Restaurierungsnummer 2275

Ein glockenförmig gewölbter Fuß mündet in eine waagerecht angeordnete flache Scheibe, Standring vollständig abgebrochen, Tülle zur Aufnahme der Kerze in den Fuß eingesteckt und vernietet, beide Teile in verlorener Form gegossen und abgedreht, horizontale Gliederung durch feine Wülste bzw. Rillen, im Inneren der Tülle Gusshaut erhalten.

Die geschwungene Glockenform gestattet eine Datierung in die 1. Hälfte des 17. Jh. Ein Vergleichsstück befindet sich in der Formsammlung Braunschweig. Kleinformatige Kerzenleuchter dienten seit dem späten Mittelalter als universelle Beleuchtung von Tafel, Arbeitsplatz oder Schlafstätte, wobei Kerzen als teures Luxusgut gewertet werden können. Die Profilierungen auf der Scheibe unterhalb der Tülle hinderten das auf der metallenen Oberfläche rasch erkaltende Wachs am Ablaufen. Vergleichbare Leuchter gehörten zu den in Nürnberg produzierten und über die Messen in ganz Europa verhandelten Messingwaren. (StK/UR)

Literatur: Hoos 1987; Maué u. a. 2002; Scheidemantel 2002

E 122 LEUCHTERTÜLLE

Buntmetall, gegossen und gedreht; 1. Hälfte 16. Jh.
L. 5 cm; Dm. 2,5 cm
LDA Sachsen-Anhalt, Grabung Lutherhaus Wittenberg 2004/05, Inv. Nr. 106/71 d

Auch die Tülle eines Leuchters dürfte Teil eines aus Nürnberg importierten hochwertigen Glockenfußleuchters oder eines – vielleicht sogar mehrarmigen – Standleuchters gewesen sein. Der Ansatz an eine (nicht erhaltene) Tropfschale und/oder einen Leuchterarm ist am unteren Ende der Tülle noch erkennbar. Die runden und ovalen seitlichen Löcher in der Tülle sollten den Abfluss des verflüssigten Brennmaterials der Kerze in eine Auffangschale ermöglichen und zugleich den Docht von der Brennmasse separieren, so dass die Kerze am Ende ihrer Brenndauer von selbst verlosch und somit einer Selbstentzündung der flüssigen Wachs- oder Talgmasse vorgebeugt wurde. (MG)

Literatur: Stephan 2008

E 123 BRONZENER KERZENLEUCHTER (»GLOCKENFUSSLEUCHTER«)

Buntmetall, gegossen und gedreht; 16. Jh.
H. 9 cm; Dm. 7 cm (Fuß)
Museum Göltzsch, Rodewisch, Inv. Nr. 483/53

Auf breitem Ring erhebt sich eine sechskantige massive Tülle mit leicht konischem Corpus sowie seitlich zwei ovalen und zwei kleinen runden Auslässen für das geschmolzene Wachs. Der Tüllenring sitzt auf einem runden profilierten Glockenfuß mit am Rand leicht hochgezogener Tropfschale. Der Leuchter stammt aus der Burgruine Göltzsch im sächsischen Rodewisch und wurde offenbar nach der Aufgabe des frühneuzeitlichen Adelssitzes im 17. Jh. zusammen mit weiterem Hausrat im Burggraben entsorgt. (MB)

Literatur: Bundszus 2004, 36 f.; Lithberg 1932, Abb. 100, M; Seifert 1985, 19

E 124

E 124 ZWEI BÜGEL EINER BÜGELTASCHE

Buntmetall; 1. Hälfte 16. Jh.
L. 13,6 cm; H. 8 cm
LDA Sachsen-Anhalt, Grabung Lutherhaus
Wittenberg 2004/05, Inv. Nr. 143/146 a

Von einer ursprünglich ledernen Bügeltasche haben sich nur die anorganischen Reste, die zwei halbrunden Bügel erhalten. Sie waren über zwei Scharniere miteinander verbunden, griffen ineinander und ließen sich mit Hilfe eines jetzt ebenfalls fehlenden Verschlusses verriegeln. Die Löcher in den Bügeln zeigen die Nahtstellen an, wo das Leder mit ihnen verbunden war; die noch auf dem Hauptbügel vorhandenen Nieten hatten nur eine zierende Funktion. An der noch erhaltenen drehbaren Öse am Hauptbügel konnte die Tasche vermutlich ursprünglich mit einer karabinerhakenartigen Klemme am Gürtel befestigt werden. Oft trugen solche Börsen an ihrer Vorderseite weitere Miniaturbeutel, manchmal waren im Inneren auch Geheimtaschen eingenäht.

Derartige Bügeltaschen mit halbrunden Bügeln sind als (relativ seltene) archäologische Funde vor allem für die 1. Hälfte des 16. Jh. belegt, waren aber, wie obertägig erhaltene Stücke und Bildquellen belegen, bis um 1600 weit verbreitet. Mit der Einführung von in die Kleidung eingenähten Hosen- und Gewandtaschen verschwanden die Bügeltaschen jedoch fast schlagartig aus der damaligen Mode und erlebten erst wieder im 19. Jh. eine »Renaissance« als Trachtentaschen. (MG)

Literatur: Atzbach 2005, 147–152

E 125 GÜRTELTASCHE

Leder, Eisen; um 1500
B. 26,5 cm
Privatsammlung

Taschen dieser Art und Ausführung wurden in Spätmittelalter und früher Neuzeit von höher gestellten Frauen am Gürtel getragen. Wie zeitgenössischen Darstellungen zu entnehmen ist, waren daran oft auch noch die Schlüssel des Hauses sowie ein Messer angebracht. Das vorliegende Stück stammt aus der Zeit um 1500.

Genau genommen handelt es sich um mehrere Taschen. Ausgehend vom eisernen Hauptbügel lässt sich mit Hilfe eines dreipassförmigen Riegels die beutelförmige Vordertasche (Abb. links) öffnen. Deren Schauseite wird durch ein netzartiges Muster geziert, darunter sind drei Beutel aufgenäht. Sie sind mit einem Kordelzug versehen, mit dem sie geöffnet bzw. verschlossen werden konnten. Die Enden der Kordeln bestehen aus ledernen Knoten, die auf ebenfalls ledernen Rosetten sitzen. Auch die mittlere Tasche lässt sich durch einen dreipassförmigen »Schlüssel« öffnen. Die dritte Tasche ist beutelförmig und besitzt einen ovalen eisernen Rahmen, der den Rand des Beutels bildet. Steht dieser senkrecht, ist der Beutel verschlossen, legt man ihn in die Horizontale, wird der Inhalt zugänglich. Die Aufhängung bildet ein eiserner Ring, der auf einem zapfenförmigen Fortsatz des Hauptrahmens befestigt ist. An ihm ist ein verzierter Karabinerhaken befestigt, der im oberen Teil eine längliche Öse zur Aufnahme des Gürtelriemens besitzt.

Da lederne Gegenstände die Jahrhunderte nur selten überdauert haben, stellt diese Gürteltasche eine ausgesprochene Besonderheit dar. Noch bemerkenswerter wird das Exponat durch die Überlieferung des

E 125

offensichtlich dazugehörigen Gürtelhakens. Dieser ist – streng genommen – jedoch ein Teil des Gürtels, während man die Tasche nur bei Bedarf einhängte. Bedauerlicherweise existieren keine Aufzeichnungen zur Provenienz des aufwändigen und wertvollen Stückes. (BS)

E 126 RIEMENSCHNALLE

Messing; 1. Hälfte 16. Jh.
L. 5,1 cm
LDA Sachsen-Anhalt, Grabung Lutherhaus Wittenberg 2004/05, Inv. Nr. Inv. Nr. 24/4 ag

Eine Riemenschnalle aus dem Wittenberger Befund fällt aufgrund ihrer außerordentlichen Qualität aus dem üblichen Rahmen. Hinzu kommt, dass sie vollständig erhalten ist. Den Riemenbeschlag stellte man her, indem das verwendete Messingblech mit gegossener floraler Ornamentik einmal gefalzt und dann die Grundform der Schnalle ausgesägt wurde. Auf diese Weise entstand ein trapezförmiges Beschlagblech, das sich nach oben halsförmig verengt, um kurz vor dem Schnallenrahmen wieder seine ursprüngliche Breite zu erlangen. Der Rahmen ist nahezu D-förmig und besteht aus rund ausgeformtem Messingdraht. Auch der Dorn besteht aus diesem Material und ist vollständig erhalten. Unter- und Oberblech werden noch heute mittels eines Nietes verbunden. Der Abstand zwischen diesen Blechen beträgt 3 mm, wodurch auch die Dicke des Lederriemens zu erschließen ist. Die Breite des Beschlags liegt bei 0,7 cm und verdeutlicht, wie ausgesprochen schmal der Riemen gewesen sein muss, den die Schnalle einst zierte. Ob Letztere nun an einem Gürtel, einer Tasche oder gar am Schuhwerk angebracht war, lässt sich heute nicht mehr ermitteln. (BS)

Literatur: Schlenker 2007

E 127 KLEINER DOLCH

Eisen; 1. Hälfte 16. Jh.
L. 15,1 cm
LDA Sachsen-Anhalt, Grabung Lutherhaus Wittenberg 2004/05, Inv. Nr. 106/2 k

Im Gegensatz zu einem Messer, das definitionsgemäß nur eine Schneide besitzt, weist der Fund eine beidseitig zugeschliffene Klinge auf und ist somit den Dolchen – also den Stichwaffen – zuzurechnen. Mit einer

E 126

E 127

Klingenlänge von rund 8 cm handelt es sich um ein ausgesprochen zierliches Exemplar. Wie eine Stauchung von Spitze und Klinge zeigt, besaß die Waffe keine allzu große Stabilität. Der Griffdorn ist quadratisch ausgeschmiedet und in seinem unteren Bereich tordiert. Über die Form des wahrscheinlich aus organischem Material bestehenden Griffes kann nur spekuliert werden, doch ist gut vorstellbar, dass er reich verziert gewesen ist. Die geringe Größe dieser Waffe legt zudem nahe, sie habe zur persönlichen Ausrüstung einer Frau gehört. (BS)

E 128 ZIERKETTE (ohne Abb.)
Messing; 1. Hälfte 16. Jh.
L. ca. 13 cm
LDA Sachsen-Anhalt, Grabung Lutherhaus Wittenberg 2004/05, Inv. Nr. 106/2 m

Die Kette besteht aus rund 0,6 cm langen Gliedern. Diese bestehen aus Messingdraht, den man zu S-förmigen Doppelösen bog. Die Kette macht deshalb einen recht voluminösen Eindruck, obwohl sie eigentlich aus relativ dünnem Draht besteht. Sie liegt in zwei Fragmenten vor, von denen eines jedoch unlösbar verknotet ist. Somit dürfte sie insgesamt etwa 13 cm lang sein.

Derartige Kettenfragmente sind naturgemäß in ihrer Funktion schwer zu interpretieren. In die letzte Öse des mit einem Knoten versehenen Stückes wurde jedoch eine kleine Messingnadel eingebracht und an ihrem Ende verbogen. Es ist daher gut vorstellbar, dass es sich bei dieser Kette um den Verschluss eines Kleidungsstückes, vielleicht eines Umhanges, handelte. (BS)

E 129 KAMM
Elfenbein; 1. Hälfte 16. Jh.
L. 5,2 cm
LDA Sachsen-Anhalt, Grabung Lutherhaus Wittenberg 2004/05, Inv. Nr. 207/206

Der am Lutherhaus geborgene Kamm stellt besonders wegen des Rohmaterials, aus dem er gefertigt wurde, eine Besonderheit dar: wolkige Strukturen auf seiner Oberfläche belegen die Verwendung von Elfenbein. Dies war zwar zur Zeit Luthers in Mittel-

europa durchaus verbreitet, stellte aber wegen seiner Seltenheit und langer Importwege eine echte Kostbarkeit dar. Im Hochmittelalter fast ausschließlich der sakralen Kunst vorbehalten, wurde Elfenbein durch den verstärkten Handel mit arabischen Ländern seit dem späten Mittelalter geläufiger und auch zu profanen Dingen verarbeitet.

Der vorliegende Kamm ist in seiner Form ein wahres Universalgerät, weist er doch zwei Kammreihen mit verschiedenartiger Zahnung auf, von denen eine ausgesprochen fein ausfällt. Hier muss in Betracht gezogen werden, ob er nicht auch der Beseitigung von Läusen und deren Eiern (Nissen) gedient haben könnte. (BS)

E 130 MURMELN (ohne Abb.)
gebrannter Ton; 1. Hälfte 16. Jh.
Dm. 1,5 cm–2,2 cm
LDA Sachsen-Anhalt, Grabung Lutherhaus Wittenberg 2004/05, Inv. Nr. 134/102; 207/204

Ähnlich wie im Mansfelder Elternhaus hatte das Murmelspiel offensichtlich auch im Wittenberger Familiensitz der Luthers eine gewichtige Bedeutung inne. Hier konnten drei tönerne Murmeln mit stark unterschiedlichem Durchmesser geborgen werden. Schon auf den ersten Blick fällt auf, dass sie von deutlich besserer Qualität als die Mansfelder Stücke sind. Jene wirken mit ihrer starken Unregelmäßigkeit so, als ob sie von den Kindern des Hauses selbst angefertigt worden wären. Die Wittenberger Murmeln sind dagegen vollkommen rund und zeigen eine fein engobierte Oberfläche. Diese Merkmale weisen sie als Produkte professioneller Hersteller aus. (BS)

Literatur: Schlenker 2007

E 131 FRAGMENTE VON MINIATURGEFÄSSEN
Irdenware, glasiert; 1. Hälfte 16. Jh.
Dm. 1,8–6,5 cm
LDA Sachsen-Anhalt, Grabung Lutherhaus Wittenberg 2004/05, Inv. Nr. 106/56 g; 106/57g; 207/197 m; 238/215 b

Kinder lernen von den Eltern, indem sie deren Vorbild nachahmen. In früheren Zeiten besaß diese Tatsache eine noch viel größere Bedeutung als heute. Die Jungen wies man früh in den Beruf des Vaters ein, Mädchen lernten schnell ihre Rolle als Hausfrau und Mutter. Bei archäologischen Ausgrabungen kommen für die Jahrtausende von der Jungsteinzeit bis in die Neuzeit immer wieder Gefäße zutage, die wegen ihrer geringen Größe aus dem üblichen Rahmen fallen. Regelmäßig kann anhand von Rußspuren festgestellt werden, dass Miniaturgefäße tatsächlich in Verwendung waren. Es ist in diesen Fällen jeweils zu entscheiden, ob es sich um Gefäße mit einer »Sonderfunktion« handelt – etwa der Herstellung oder Aufbewahrung von Medizin o. ä. – oder um Spielzeug.

Unter den Funden aus Wittenberg befindet sich u. a. das Fragment eines gelbbraun glasierten Tellerchens, das mit einem Durchmesser von nicht einmal 7 cm für eine »profane« Nutzung denkbar ungeeignet ist. Demnach dürfte es sich bei diesem und den anderen vorliegenden Fundstücken mit solch geringen Dimensionen tatsächlich um Kinderspielzeug handeln. (BS)

E 132

E 132 MINIATURGRAPENTIEGEL UND MINIATURGRAPENTOPF

helle Irdenware, innen glasiert; 15.–17. Jh.
Tiegel: H. 8,4 cm; Dm. 10,8 cm (Rand); Topf: H. 8 cm (erhalten); Dm. 7,5 cm (Rand); 8 cm (max.)
Museum Göltzsch, Rodewisch,
Inv. Nr. 205/53; 206/53

Grapen gehörten zu den beliebtesten spätmittelalterlichen Kochgefäßen, da ihre drei Beine eine hervorragende Standfestigkeit beim Kochen am offenen Feuer ermöglichten. Die beiden kleinen Gefäße von der Rodewischer Schlossinsel entsprechen formal den gängigen großen Alltagsformen. Im Gegensatz zum Tiegel hat sich der Topf nur ohne Füße erhalten, diese wurden mit farbigem Gips rekonstruiert.

Beide Objekte weisen Rußspuren auf. Hinsichtlich ihrer Funktion ist nicht zu entscheiden, ob sie als Spielzeug oder als sehr kleine Haushaltsgefäße dienten, da auch mit Spielzeuggeschirr »richtig« gekocht wurde. (MB)

E 133 TAUFKLEINOD FÜR JOHANN LUTHER

gefasste westgotische Nachahmung eines Goldsolidus des byzantinischen Kaisers Anastasius I. (491–518), Geschenk des Paten Justus Jonas (1493–1555); vmtl. Wittenberg, 1526
Museum für Kunst und Gewerbe Hamburg,
Inv. Nr. 1953, 10

Die existenzielle Bedeutung der Taufe hat seit dem Mittelalter zu einem fest umrissenen Ritus des Patengeschenks geführt. Die vielfältige Verwendung von Münzen führte an der Wende vom 15. zum 16. Jh. dazu, sie mit münzähnlichen Geprägen, im heutigen Sprachgebrauch Medaillen, nachzuahmen bzw. später durch spezielle Gedenkzeichen zu ersetzen oder zu ergänzen. In den Gedenkstücken verbinden sich mehrere Funktionen, vor allem der Erinnerungs-, der Symbol- und der eigentliche finanzielle Metallwert.

Das Taufkleinod von Justas Jonas für Martin Luthers Sohn Johann aus dem Jahr 1526 wurde vermutlich in Wittenberg von einem einheimischen Goldschmied angefertigt. Es verwendet eine westgotische Nachahmung eines Goldsolidus von Kaiser Anastasius I., die in einem breiten Schmuckrahmen mit gekordeltem Rand gefasst ist, der die gravierte Inschrift »IVSTVS IONAS DEDIT JOHANNI LVTHERO ANNO 1526« trägt.

Der Reformator Justus Jonas, ein langjähriger enger Freund und 1525 auch Trauzeuge Martin Luthers, war zum Zeitpunkt der Taufe als Probst an der Wittenberger Schlosskirche und als Dekan an der dortigen Universität tätig. Für den gebildeten Humanisten dürfte die spätantike Prägung ein hervorragendes und einzigartiges historisches Relikt gewesen sein.

Philipp Melanchthon, für den Jonas Übersetzungen vornahm, besaß eine systematisch angelegte Sammlung antiker Münzen. Er bezeichnete es selbst als ein »wunderbares Vergnügen«, »eine so verzweifelte Angelegenheit zu erforschen« (Rhein 1997). So ist es durchaus möglich, dass Jonas, durch Melanchthon angeregt, dieses besondere Taufgeschenk auswählte. Es belegt den geistigen Horizont der Wittenberger Reformatoren, die ein breit gefächertes humanistisches Bildungsinteresse verband. (UD)

Literatur: Dräger 2006, 225; Figge 2006; Rhein 1997

E 134 NESTELHÜLSEN (ohne Abb.)
Messing; 1. Hälfte 16. Jh.
L. 2,2–3,2 cm
LDA Sachsen-Anhalt, Grabung Lutherhaus Wittenberg 2004/05, Inv. Nr. 45/1f v

Nestelhülsen aus Messing dienten der Versteifung und Zierde von Riemen, deren verzwirnte Enden man mit Hilfe dieser Röhrchen fixierte (vgl. C 80). Erst bei genauer Betrachtung kann man solche Gegenstände auf mittelalterlichen Gemälden entdecken, so z. B. häufig auf den Bildern P. Brueghels, der mit Vorliebe das Leben der ländlichen Bevölkerung thematisierte. Wie auf diesen Darstellungen leicht zu erkennen ist, spielte der Knopf in der damaligen Mode eine untergeordnete Rolle. Weit bedeutender sind Verschlüsse mit Haken und Öse. Mieder wurden häufig geschnürt, indem man Bänder durch beidseitig angebrachte Ösen zog. Eine dritte Möglichkeit bestand darin, die Kleidung mittels beidseitig angebrachter Riemen zu verschließen. Das Verschnüren der Kleidung mit solchen Bändern ist mit dem Begriff »nesteln« in die Sprache eingeflossen. (BS)

Literatur: Krabath 2001; Schlenker 2007

E 135 MESSINGNADELN (»HEFTEL«) (ohne Abb.)
Messing; 1. Hälfte 16. Jh.
L. 2,2–3,2 cm
LDA Sachsen-Anhalt, Grabung Lutherhaus Wittenberg 2004/05, Inv. Nr. 45/1 fv

Ähnlich wie im Mansfelder Elternhaus Luthers konnten auch in Wittenberg so genannte Heftel geborgen werden. Wie bereits an anderer Stelle ausgeführt (vgl. C 81), dienten die Nadeln zur Fältelung der Kleidung oder auch zur Fixierung des Schleiers. Während die Mansfelder Heftel in ihrer Mehrzahl stattliche Maße aufweisen, handelt es sich bei den Wittenberger Stücken um deutlich kleinere Exemplare, die stark an moderne Stecknadeln erinnern. Die Herstellung der Nadeln erfolgte wie beschrieben: Der Nadelschaft besteht aus einem Stück Messingdraht, das man auf einer Seite spitz zuschliff. Auf der gegenüberliegenden Seite wurde der Kopf geschaffen, indem man einen Ring aus Messingdraht um den Schaft legte. Heftel wurden bereits im Spätmittelalter in einer wahren Massenproduktion gefertigt. Für den Fernhandel setzte sich eine Großhandelseinheit durch, in der mehrere tausend derartiger Artikel verschickt wurden: das Fass! (BS)

Literatur: Schlenker 2007

E 136 HAKEN UND ÖSE (ohne Abb.)
Messing; 1. Hälfte 16. Jh.
L. 1,3–1,8 cm
LDA Sachsen-Anhalt, Grabung Lutherhaus Wittenberg 2004, Inv. Nr. 24/4 ai

Haken und Öse stellen noch heute für bestimmte Kleidungsstücke die gebräuchliche Art des Verschlusses dar. Die Herstellung dieser einfachen Hilfsmittel erfolgte, indem man den Draht in der Mitte umbog und anschließend die beiden freien Enden zu einfachen seitlichen Ösen formte. Die freie Drahtschlaufe wurde anschließend entweder geweitet, um die eigentliche Öse zu bilden, oder aber flach gehämmert und anschließend zur Bildung eines Hakens gebogen. Mittels der kleinen seitlichen Ösen wurden sie auf die Kleidung genäht.

In Spätmittelalter und früher Neuzeit herrschten zwei Varianten der Verwendung dieser Gegenstände vor. Entweder war die Kleidung tatsächlich mit Haken und Öse versehen oder man brachte beidseitig Ösen an, die dann mit Hilfe von Bändern oder Riemen verschnürt wurden. Dies war häufig bei den Miedern der Frauentracht der Fall. (BS)

Literatur: Schlenker 2007

E 137 »GEWANDNADEL« (ohne Abb.)
Messing; 1. Hälfte 16. Jh.
L. 19,5 cm
LDA Sachsen-Anhalt, Grabung Lutherhaus Wittenberg 2004/05, Inv. Nr. 106/71 c

Dieser Fund ist insgesamt ausgesprochen schwer zu beurteilen. Der zu seiner Herstellung verwendete Draht besitzt einen Durchmesser von durchgehend 2 mm und weist merkwürdiger Weise eine über die ganze Länge reichende Rille auf. Er erinnert somit stark an die aus Blech gefertigten Nestelhülsen, ist im Gegensatz zu diesen jedoch massiv. Im oberen Beriech wurde der Draht flach gehämmert und dergestalt umgeschlagen, dass eine kleine Öse entstand. Das entgegengesetzte Ende ist abgebrochen, so dass unklar bleibt, ob hier ursprünglich eine Spitze angebracht war.

Trotz aller Interpretationsschwierigkeiten erscheint es denkbar, dass es sich bei diesem Fund um eine Gewand- oder Haarnadel handelt. Die feine Öse diente hierbei wohlmöglich zur Aufnahme zierender Bänder oder ähnlicher Applikationen. (BS)

E 138 DOPPELSCHNALLE
Messing; 1. Hälfte 16. Jh.
L. 3,7 cm
LDA Sachsen-Anhalt, Grabung Lutherhaus Wittenberg 2004/05, Inv. Nr. 106/71 a

Eine Riemenschnalle ist den so genannten rechteckigen Doppelschnallen zuzurechnen. Zwei nahezu gleichartige Exemplare konnten auch im Fundmaterial vom Mansfelder Elternhaus nachgewiesen werden. Allerdings ist der Schnallenrahmen des Wittenberger Exemplars verziert. Die Schmalseiten zeigen mehrere Einschnürungen, die entfernt an einen Knotenstock erinnern. Reste des eisernen Dorns sind ebenfalls erhalten.

Die Herstellung dieser Schnalle erfolgte durch Guss; anschließend wurde sie mit einer Feile überarbeitet. Die Rahmenbreite liegt bei 2,5 cm, der Riemen kann somit eine Breite von gut 2 cm besessen haben. Damit kann es sich bei diesem Fund um eine Gürtelschnalle, ebenso aber auch um den Verschluss einer Tasche, von Schuhwerk oder anderen Dingen des täglichen Lebens handeln. (BS)

Literatur: Krabath 2001; Schlenker 2007

E 139 FELDFLASCHE
Steinzeug; Waldenburg, 1. Hälfte 16. Jh.
H. 8 cm; B. 7 cm
LDA Sachsen-Anhalt, Grabung Lutherhaus Wittenberg 2004/05, Inv. Nr. 106/51

Eine ganze Anzahl von als Feldflaschen bezeichneten Gefäßen liegen im Fundgut der Grabung des Lutherhauses in Wittenberg vor. Die Benennung der Keramik weist auf ihre transportable Funktion hin. Die einzelnen Stücke dieser vom 15. bis ins 18. Jh. produzierten Zweckform sind in ihrer Größe sehr variabel und ihr Fassungsvermögen reicht von ca. 250 ml bis hin zu mehreren Litern. Dennoch ist die Form der Flaschen sehr einheitlich. Sie verfügen über eine ausgebauchte Schauseite, die Verzierungen aufweisen kann, eine abgeflachte Rückseite sowie eine ebene Standfläche. Auf dem Gefäßbauch befinden sich rechts und links der Tülle je ein Querhenkel, bei größeren Exemplaren können es auch zwei bis drei Henkel je Seite sein. Sie ermöglichen die Anbringung eines Tragegurtes, mit dem man die Stücke bis zu einer gewissen Größe transportieren konnte.

Verschlossen wurden die Flaschen wohl mit Hilfe organischer Materialien, wie z. B. Holz mit einer Textil- oder Lederdichtung.

E 133

E 138

E 139

Aufgrund der Wasserdichte des Scherbens eignet sich Steinzeug hervorragend zum längerfristigen Aufbewahren von alkoholischen Getränken und anderen Flüssigkeiten. Außerdem blieben die Getränke kühl und nahmen keinerlei Geschmack an. (NH)

Literatur: Scheidemantel/Schifer 2005

E 140 LUTHERS HAUSRECHNUNG

Handschrift auf Papier; 6. Januar 1542
H. 29 cm
Sächsisches Staatsarchiv – Hauptstaatsarchiv Dresden. 10024 geheimer Rat (Geheimes Archiv), loc 8703/7, BL. 7a

Als »Luthers Hausrechnung« wird eine Reihe von schmalen Blättern bezeichnet, auf denen sich Luther offenbar anlässlich der Aufstellung seines im gleichen Jahr verfassten Testaments über seine finanziellen Angelegenheiten, inklusive Immobilien, Hausrat und Wertgegenstände, z.T. in launiger Form, äußert.

Für die Bauforschung interessant sind die Aufführungen der bislang durchgeführten Baumaßnahmen am Lutherhaus sowie eine Auflistung des damaligen Baubestandes. Erwähnt werden u. a. ein Brauhaus, ein Stall für Pferde, Kühe und Schweine, eine Torbude, ein nicht näher spezifiziertes »neues Haus«, sowie das 1541 für 430 Gulden erworbene »Haus Bruno«, das Luther zur Versorgung seines Assistenten Wolfgang Sieberger gekauft hatte. Leider ermöglicht die Hausrechnung keine Rückschlüsse über die genauen Standorte der erwähnten Nebengebäude. (MG)

Literatur: Hennen 2002

E 141 FUNDMÜNZEN AUS DEM LUTHERHAUS IN WITTENBERG

15 Dreier und 1 Pfennig; 1521–1562
Dreier von Kursachsen (8 Stück, geprägt 1534–1555), Kurbrandenburg (2 Stück, geprägt 1561; 1562), Grafschaft Stolberg (2 Stück, geprägt 1545–1552; 1560), Reichsabtei Fulda (2 Stück, geprägt 1542–1549), Bistum Regensburg (1 Stück, geprägt 1521–1535), Pfennig der Grafschaft Öttingen (1 Stück, geprägt 1527)
LDA Sachsen-Anhalt, Grabung Lutherhaus Wittenberg 2004/05, Inv. Nr. 106/h

Dreier oder 3-Pfennig-Stücke, ursprünglich »Dreipfenniggröschlein«, bilden die Hauptmasse des Fundkomplexes. Der Münztyp verbreitete sich in den dreißiger Jahren des 16. Jh. vor allem aus Sachsen kommend in Nord- und Mitteldeutschland. Seit der sächsischen Münzordnung von 1534 war er fester Bestandteil der Nominalkette bis in die 2. Hälfte des 19. Jh. Vorläufer ist der in der Essliner Reichsmünzordnung von 1524 eingeführte Münztyp eines Viertel-Groschens oder »Gröschleins«.

Obwohl sich, einhergehend mit einer Preisrevolution, der Umfang des Metallgeldumlaufs in Deutschland im Verlauf des 16. Jh. vervielfachte, herrschte ein großer Mangel an Kleingeld. An den viel zu hoch festgelegten Silbergehalten der kleineren Sorten und deren Prägekosten scheiterten die vielfachen münzpolitischen Regelungen der Zeit.

Der Geldwert des Fundkomplexes ist gering und stellt um 1545 in Wittenberg den Gegenwert von einer Mandel Eiern (umfasst 15 oder 16 Stück) dar, deren Preis sich seit Jahrhundertbeginn versechsfacht hatte. Mutmaßlich handelt es sich um zufällig verlorenes Kleingeld, das damit einen authentischen Einblick in den täglichen Kleingeldumlauf in der Mitte des 16. Jh. in Wittenberg gibt. (UD)

E 142 DREI GRIFFE VON FEDERMESSERN

Knochen; 1. Hälfte 16. Jh.
L. 5,9 cm (erhalten); B. 1 cm (a); L. 10,2 cm; B. 1,1 cm (b); L. 10 cm; B. 1,1 cm
LDA Sachsen-Anhalt, Grabung Lutherhaus Wittenberg 2004/05, Inv. Nr. 106/76 a; 21/3 k

Die drei beinernen Griffe gehören vermutlich zu Federmessern oder zu Griffeln mit Eisenspitzen, deren metallene Bestandteile nicht erhalten sind. Zwei Exemplare der lanzettförmigen, zum Ende hin schmaler werdenden flachen Griffe besitzen abgeschrägte bzw. gerundete Kanten und eine ovale Bohrung am breiteren Ende. Von einem dritten Exemplar ist nur ein Bruchstück des dickeren Endes erhalten, das aber auf eine den beiden anderen Handhaben vergleichbare Form schließen lässt. Hier sind zusätzlich auf den Flachseiten breite, schräg verlaufende Riefen angebracht, die vermutlich eine bessere Griffigkeit des Utensils ermöglichen sollten. Bei zwei Griffen zeigen sich in der Nähe der Bohrungen längs verlaufende Brüche, die auf eine intensive Nutzung schließen lassen.

Federmesser dienten vorrangig zum Anschärfen der Schreibfedern, waren aber natürlich als Mehrzweckinstrumente vielfältig verwendbar. Obwohl sie häufig im Zusammenhang mit mittelalterlichen und frühneuzeitlichen Schreibstuben dargestellt wurden, ist ihr archäologischer Nachweis relativ selten, wohl auch bedingt durch die formale Übereinstimmung mit »normalen« Messern. (MG)

Literatur: Krüger 2002, 135 f.

E 143 SCHREIBSET

Irdenware, grün glasiert, z. T. ergänzt; 1. Hälfte 16. Jh.
H. 3 cm (Rand); max. 7 cm; Dm. 23 cm
LDA Sachsen-Anhalt, Grabung Lutherhaus Wittenberg 2004/05, Inv. Nr. 106/28

Aus der Lutherhausgrabung stammen Bruchstücke großer keramischer Platten, die vermutlich zu mindestens vier verschiedenen Schreibsets gehören. Die dicken Platten sind mit Ausnahme der Standflächen grün glasiert und besitzen relativ niedrige Ränder, die einen grob mit dem Daumen geformten, zackigen Abschluss erhielten, in einem Fall allerdings sogar in recht qualitätsvoller, zweifach getreppter zinnenförmiger Ausführung. Auf die Platten aufmontiert waren nierenförmige Stege sowie flache Schälchen und vasenartige kleine Gefäße mit kleiner Mündung. Obwohl eine Nutzung derartiger Platten als Leuchterschalen letztlich nicht auszuschließen ist, dürfte eine Deutung als Schreibsets wahrscheinlicher sein. Dabei dienten vermutlich die zungenförmigen Abteilungen zur sicheren Ablage von Schreibfedern und -messern, die kleinen bauchigen Gefäße als Tintenfässer, die dank der kleinen Öffnung leicht mittels eines Pfropfens oder Korkens verschließbar waren. Die kleinen Schälchen mit weiter Mündung könnten den für eine schnelle Trocknung der schreibnassen Tinte unentbehrlichen Löschsand enthalten haben. Die breite Standfläche ermöglichte eine Sicherung gegen versehentliches Umkippen.

Keramische Schreibsets sind im archäologischen Kontext sehr selten und werden meist in ihrer längsrechteckigen kastenförmigen Ausführung angetroffen. Eine aus einem jüngeren Befund der Wittenberger Grabung stammende Seitenwand mit floraler Ornamentik dürfte zu einem derartigen Schreibkasten gehört haben. Zeitgenössische Darstellungen von Schreibsets beweisen aber auch die Existenz von runden Formen mit aufmontierten Behältnissen für das Schreibgerät (z. B. auf dem Porträt des Kaufmanns Georg Gisze von Hans Holbein d. J. aus dem Jahr 1532, hier offenbar in metallener Ausführung, vgl. Abb. 6). (MG)

Literatur: Gutjahr/Wunderlich 2007; Stephan 2008

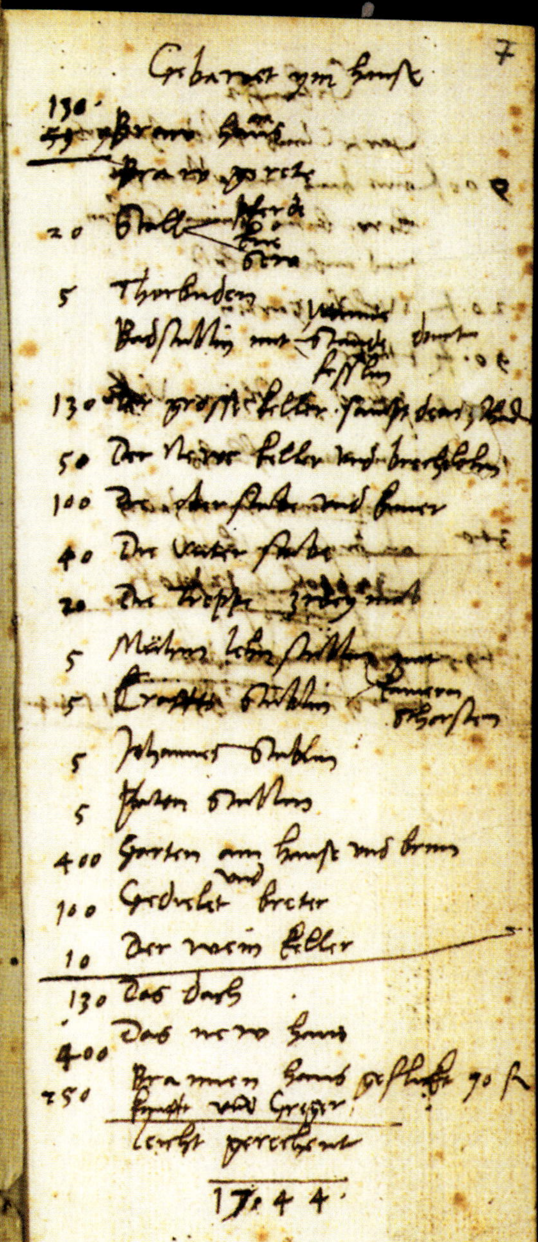

E 140

E 142

E 141

E 143

E 144 BUCHBESCHLÄGE

Buntmetall, 1. Hälfte 16. Jh.
Eckbeschlag: L. 3,5 cm; B. 2,7 cm (a); Schließen: L. 4,5 cm; B. 1,2 cm (b); L. 5,7 cm; B. 4,2 cm (b); L. 3,7 cm; B. 1,4 cm (d); L. 5,9 cm; B. 3 cm (e); L. 4,6 cm; B. 1,8 cm (f); L. 4,5 cm; B. 1,8 cm (g); Fensterschließenlager: L. 4,5 cm; B. 1,5 cm (h)
LDA Sachsen-Anhalt, Grabung Lutherhaus Wittenberg 2004/05,
Inv. Nr. 24/4 ad; 106/2 c; 106/2 e; 106/2 d; 106/2 d, 106/241 b; 106/2 e; 106/71 gf

Bücher mit Pergamentseiten tendieren dazu, zu »sperren«, also aufzuklappen. Um dieses Problem zu lösen, gab es mehrere Möglichkeiten. Eine davon ist ein Verschluss mit Bronze- oder Messingbuchschließen, wobei die metallenen Bestandteile auf breiten Lederriemen aufgenietet wurden. Zum Verschließen greift ein hakenförmiges Ende in ein fensterartiges Gegenstück.

Typisch für die fünf Schließenhaken-Beschläge (b–f) ist ihre längliche Form mit fächerförmiger gezackter Erweiterung an dem einen und abgerundetem Haken an dem anderen Ende. Die Schauseite ist durchgängig mit Kerbschnitt verziert, wobei an den erweiterten Schlüssen fächerförmige Muster, an den schmaleren gitterförmige Verzierungen oder Zickzackmuster vorkommen, z. T. erscheint auch florale Zier. Mit Ausnahme eines einzigen Exemplars tritt regelhaft im oberen Drittel (bei der großen Schließe etwa in der Mitte) eine Prägung aus zwei konzentrischen Kreisen auf. Bei allen sind (bei einem zumindest noch im Ansatz) auch die jeweiligen Rückbleche erhalten. Die große Schließe verfügt noch über organische Reste des eingeklemmten und zwischen den Blechen vernieteten Lederriemens, bei einem weiteren Stück ist das Rückblech aufgrund starker Beanspruchung umgebogen und hat sich vermutlich auf diese Weise vom Leder gelöst. Zeigen die Buchschließen normalerweise eher formal schlichte Verzierungen wie Kreise und Linien, selten einmal florale Ornamente, weist ein weiterer Beschlag (g, Abb. 82) eine detaillierte Frauendarstellung auf. Die im Stil der Zeit mit Barett und faltenreichem Gewand gekleidete Dame auf dem sich zum Kopfende verbreiternden und mit einem angedeuteten Architekturrahmen abschließenden Schließenblech lässt sich aufgrund des Zirkels, den sie in ihrer linken Hand trägt, als Allegorie der Geometrie identifizieren.

Ein weiteres Stück ist als so genanntes Fensterschließenlager (h) zu bezeichnen, also als Gegenstück zu den Schließenhaken, in dessen Öse eine Schließe eingehakt werden konnte. Das Schließenlager besitzt eine hammerförmige Endverdickung mit rollenförmigem Schlussteil als Scharnier. Das andere Ende ist gerade geformt, mit rechteckiger Durchlochung und seitlich halbkreisförmig eingeschnittenen Seitenkanten versehen und trägt als Verzierung zwei offene Hände als Halbrelief. An die Öse ist der abgebrochene Haken des zugehörigen Schließenblechs ankorrodiert.

Ein etwa rautenförmiger Eckbeschlag (a) schützte ursprünglich eine Buchecke vor Beschädigung. Zwei schmale Wangen griffen um die Kante des Deckels herum und konnten dort mit jeweils einer Niete befestigt werden, eine dritte saß in der gegenüberliegenden Spitze des Rhombus. Die Schauseite wird von einem offenbar mitgegossenen Buckel sowie von volutenartiger Ornamentik dominiert, die in zwei seitlichen herz-

E 144

förmigen Durchlochungen und zwei zum Buckel ausgerichteten Blumen ausläuft.

Aufgrund der starken Beanspruchung der Teile und in Anbetracht der Tatsache, dass es sich vor allem um die an den Riemen befestigten, also verlustanfälligen Bestandteile von Büchern handelt, ist wohl weniger von einer Entsorgung kompletter Folianten, sondern nur von einzelnen Ablösungen von Beschlägen auszugehen, für die sich eine Reparatur oder Wiederverwendung offenbar nicht lohnte. Die relativ große Anzahl der Stücke spricht indes für das Vorhandensein einer großen und intensiv genutzten Zahl an Büchern, wie sie für Luthers Bibliothek als wahrscheinlich anzunehmen ist. (MG)

Literatur: Krüger 2002, 93–124; Stephan 2008

E 145 LUTHERS BIBELAUSGABE VON 1541

Leder, Holz, Papier, Messing; Wittenberg, 1541
B. 27,5 cm; H. 44 cm; T. 8,5 cm
Marienbibliothek Halle, Sign. B. 1.20

»Biblia: das ist: Die gantze Heilige Schrifft: Deudsch. Auffs new zugericht. D. Mart. Luth. Begnadet mit Kurfürstlicher zu Sachsen Freiheit. Gedruckt zu Wittemberg, Durch Hans Lufft M.D.XLI.« – so der vollständige Titel der 2. Auflage der Bibelübersetzung Martin Luthers.

Entgegen landläufiger Meinung war Luther nicht der Erste, der sich um eine Übersetzung der lateinischen, griechischen und hebräischen Schriften der Bibel bemühte. Bei der so genannten Halberstädter Bibel – 1522 gedruckt – handelt es sich um eine Übersetzung in niederdeutsche Sprache und zugleich um die 18. gedruckte Transkription.

In demselben Jahr, als auch die Halberstädter Bibel erschien, wurde Luthers Übersetzung des Neuen Testamentes verlegt. Die Auflage von 3 000 Exemplaren war in kürzester Zeit vergriffen. 1534 erfolgte die Drucklegung der Bibelgesamtausgabe, die bis 1539 in mehreren Auflagen nachgedruckt wurde. Bei der »Einundvierziger« – dem Druck von 1541 – handelt es sich um eine korrigierte Fassung (»Auffs New zugericht«).

Das Exemplar in der Marienbibliothek stammt aus dem Besitz der Familie von Selmenitz, die mit Luther in engem Kontakt stand. Für Georg von Selmenitz verfasste Luther eigenhändig folgende Widmung, die sich heute auf dem Innendeckel des Bandes befindet:

»Prouerb 8
Ich Liebe die mich Lieben, vnd die mich frue suchen, finden mich
Wer an mir sündiget, der verletzt seine Sele.
Alle die mich hassen Lieben den todt.

Die weisheit ist das wort Gottes, durch welches alles geschaffen ist. Gen. 1. Gott sprach: Es werden etc. Eben die selbig weisheit oder Wort Gottes ists, das mit uns menschen ynn der heiligen schrifft vnd durch aller mund redet, Vnd gibt eitel leben allen die es suchen vnd gerne hören. Denn es lesrt sich gerne finden vnd ist gerne bey Menschen, yhnen zu raten vnd zu helfen. Wie man spricht: Gott grußt manchen, Wer yhm dancken kündte. Aber der hauffe hat den tod lieber vnd will den tod lieber denn das leben.

Johannis 16
Warlich Warlich, sage ich euch, So yhr den Vater etwas bitten werdet ynn meinem namen. So wird ers euch geben

Johannis 15
So yhr ynn mir bleibet, vnd Meine Wort ynn euch bleiben, Werdet yhr bitten, was yhr wollet, vnd es wird euch widerfahren

Martinus Luther D.
1543«

Die »Einundvierziger« der Marienbibliothek ist somit nicht nur ein wohlerhaltenes Beispiel früher Druckerzeugnisse, sondern auch ein bedeutender Autograph Martin Luthers. (BS)

Literatur: Nickel u. a. 1996

E 146 BLEILETTERN

Blei; 4. Viertel 16. Jh.
L. 2–2,4 cm; B. 0,2–1,2 cm; Dicke 0,1–0,8 cm
LDA Sachsen-Anhalt, Grabung Wittenberg Bürgermeisterstraße 5, Inv. Nr. 98:24.665

Von der Ausgrabung eines Grundstücks am Arsenalplatz in Wittenberg stammen mehrere hundert Bleilettern, die zum Großteil aus einer im ausgehenden 16. Jh. verfüllten Latrine stammen, aber innerhalb der Grabung nahezu in allen Befunden anzutreffen waren.

Es handelt sich um bleierne Lettern für den Buchdruck, die man offenbar in größerer Anzahl entsorgt hatte (vgl. auch Abb. 64). Aufgrund der relativ schlechten Erhaltungsbedingungen sind nicht mehr alle Typen erkennbar, so dass sich nur einige wenige Lettern sicher identifizieren lassen. Ein Großteil dürfte demnach der Antiquaschrift zugehören, die seit dem Ende des 15. Jh. im Buchwesen Verbreitung fand und wegen ihres klaren Schriftbildes sich großer Beliebtheit erfreute. Daneben lassen sich aber auch exotischere Typen ausmachen: ein griechisches Epsilon sowie mindestens ein hebräischer Buchstabe (vermutlich ein Mem) machen das humanistisch geprägte Umfeld der Veröffentlichungen deutlich. Dank einer als Ornament verwendeten Letter lässt sich anhand zweier Drucke von Texten Johann Maiors (1587 und 1588) auch die Druckerei eindeutig nachweisen: Es handelt sich um die Druckerwerkstatt des Zacharias Krafft, die dieser von seinem Vater Johann Krafft, einem der bedeutendsten Drucker der Reformationszeit, übernommen hatte.

Durch die Reformation Luthers war Wittenberg auch zum Zentrum der reformatorischen Schriften geworden, die – kaum veröffentlicht – auch schon in weiteren Orten wie Basel und Leipzig nachgedruckt wurden. Nach Luthers Tod und infolge des Schmalkaldischen Kriegs verlor Wittenberg als Druckerstandort jedoch mehr und mehr an Bedeutung.

Das Rätsel um die Entsorgung eigentlich noch benutzbarer Lettern lässt sich durch Vergleiche mit den Erfahrungen im Buchdruckergewerbe des beginnenden 20. Jh. klären. Da es zu den ungeliebten und zeitraubenden Aufgaben der Lehrlinge gehörte, die Lettern nach Gebrauch wieder in die entsprechenden Setzkästen zurückzuräumen, »umgingen« sie ihre Verpflichtung oft durch heimliche Beseitigung eines Teils der zu sortierenden Lettern. In Anbetracht der beschriebenen Fundsituation könnte dies auch in der Offizin in der Bürgermeisterstraße in Wittenberg ein oft geübter »Brauch« gewesen sein. (MG)

Literatur: Kühne 1992, 5–9; Pelgen 1996, 182–202

E 147 SALBTÖPFCHEN

Steinzeug; Waldenburg, 1. Hälfte 16. Jh.
H. 4–6,5 cm; Dm. 2,8–5,4 cm
LDA Sachsen-Anhalt, Grabung Lutherhaus Wittenberg 2004/05,
Inv. Nr. 106/49; 106/50; 74/14 g; 74/14 m; 62/18; 74/14 i; 207/197 b; 207/197 c; 207/197 d; 207/197 e

Im Garten des Lutherhauses wurde eine beachtliche Anzahl von kleinen und mittelgroßen Töpfchen gefunden. Ihr Fassungsvermögen beträgt zwischen 7–750 ml. Die Mehrzahl der Stücke war gut erhalten oder

Proverb. 8

Ich Liebe die mich Lieben, Und die mich frue suchen, finden mich
Wer an mir sundiget, der verletzt seine Sele. Alle die mich hassen
Lieben den tod

Die weisheit ist das Wort Gottes, durch welchs alles geschaffen ist
Gen. 1. Gott sprach, Es werde et. Eben die selbige weisheit oder Wort
Gottes ist, das mit uns menschen ynn der heiligen schrifft. Und durch
aller heiligen mund redet. Und gibt ewig leben allen die
es suchen und gerne hören. Denn es lesst sich gerne finden und
ist gern bey Menschen, yhnen zu raten und zu helffen. Wie man
spricht. Gott grüsset manchen, Wer yhm dancken kündte. Aber
der hauffe hat den tod lieber, und wil den tod lieber denn das leben

Johannis 16

Warlich Warlich sage ich euch. So yhr den Vater etwas bitten
werdet ynn meinem namen. So wird ers euch geben

Johannis 15

So yhr ynn mir bleibet, und Meine Wort ynn euch bleiben, Werdet
yhr bitten, was yhr wollet, und es wird euch widerfaren

Martinus Luther D.

1543

ließ sich aufgrund der geringen Fragmentierung leicht zusammenfügen. Im Allgemeinen werden solche Keramiken als Salbtöpfchen bzw. als Apothekenabgabegefäße bezeichnet, was schon einen Hinweis auf ihre Verwendung liefert. Derartige Behältnisse wurden u. a. zur Aufbewahrung von heilenden Stoffen benutzt und dienten so zur Lagerung von Pasten, Salben und Pulvern, die man wohl ähnlich wie heute als Medikamente oder Kosmetik verwendete.

In der spezifischen Ausbildung der einzelnen Stücke, die allesamt einer wenig anspruchsvollen Massenfertigung entstammen, gibt es dennoch Unterschiede. So kommen konische und beutelförmige Formen im Gefäßspektrum vor. Einige Stücke besitzen eine dekorative, einfache oder doppelte Drehrille in der Mitte des Gefäßkörpers.

Verschlossen wurden diese Näpfe mit Hilfe eines Stoffstücks oder mit Pergament, die man unterhalb des meist verstärkten Randes mit einem Faden fixierte. Aufgrund ihres ehemaligen medikamentösen Inhaltes sah man in den meisten Fällen wohl von einer Sekundärnutzung ab, was auch den großen Fundniederschlag und die relativ gute Erhaltung der Stücke erklären würde. (NH)

Literatur: Kluttig-Altmann 2006; Kranzfelder 1982; Scheidemantel/Schifer 2005

E 148 GLASFLÄSCHCHEN (ohne Abb.)

Waldglas; 1. Hälfte 16. Jh.
H. 9 cm; Dm. 5 cm (max.)
LDA Sachsen-Anhalt, Grabung Lutherhaus Wittenberg 2004/05, Inv. Nr. 106/34

Solche bauchigen birnenförmigen Apothekenflaschen mit leicht eingestochenem Boden auf rundem Fuß und engem Hals mit horizontalem Rand zur leichteren Anbringung eines Verschlusses wurden vom Volksmund mit der relativ despektierlichen Bezeichnung »Nönnchen« bedacht, glaubte man doch, einen gewissen optischen Zusammenhang zwischen folgenschweren Fehltritten von Nonnen und der »schwangeren« Gefäßform zu erkennen.

Solche Fläschchen dienten meist zur Aufbewahrung ätherischer Substanzen oder flüssiger Arzneien. (MG)

E 149 PORTRÄT LUTHERS IM LETZTEN LEBENSJAHR (Abb. 55)

Federzeichnung auf Papier; 1545
In: Neues Testament, Paris: Robert Stephanus 1541, 389 Bl.
Oktav
Stiftung Luthergedenkstätten in Sachsen-Anhalt, Inv. Nr. ss 1007

Dem Student Johann Wilhelm Reiffenstein, Sohn des gräflich-stolbergischen Rentmeisters, der sich 1533 bereits im Alter von 13 Jahren an der Wittenberger Universität immatrikuliert hatte, ist eine genaue Federzeichnung von Luthers Erscheinung in dessen letztem Lebensjahr zu verdanken, das einen naturalistischen Gegensatz zu den förmlichen Porträts der Cranachwerkstatt bildet. Als Zeichengrund diente ihm die Innenseite des Buchdeckels einer Pariser Bibel von 1541. Nach dem Tod Luthers fügte ein unbekannter Schreiber weitere Zusätze hinzu: Zunächst zitiert er den von Luther selbst verfassten lateinischen Hexameter «Papst, im Leben war ich dir Pest, Im Sterben werde ich dir der Tod sein« und fährt dann mit einer kurzen Beschreibung des Todes und des Begräbnisses Luthers fort. Er endet mit den Worten: »Und mag er tot sein, er lebt!«

Auch die vorangehenden Blätter der Bibel, die auch als Stammbuch benutzt wurde und Eintragungen von Luther, Melanchthon und Bugenhagen enthält, sind mit handschriftlichen Texten über Luthers Sterben und Tod, etwa dessen letzten Worte, beschrieben. (MG)

Literatur: Joestel 2008, 114; Treu 2003, 97

E 146

E 147

KAPITEL F

LUTHERS TOD UND LUTHERS NACHLEBEN

Schon zu Luthers Lebzeiten waren Gerüchte in Umlauf, der Reformator habe Selbstmord begangen oder sei vom Teufel geholt worden. Umso wichtiger war es für die protestantische Seite, den friedlichen, einem gläubigen Christenmenschen angemessenen Charakter des Heimgangs von Luther zu betonen, nachdem er am frühen Morgen des 18. Februar 1546 in Eisleben tatsächlich verschieden war. Noch am selben Tag berichteten Phillip Melanchthon und Justus Jonas in einem (bald darauf gedruckten) Brief an Kurfürst Johann Friedrich dezidiert den Ablauf von Luthers Sterben, der bald zu einer Art »ars moriendi« der Protestanten wurde.

Auch die Anfertigung von Totenporträts und Wachsabgüssen von Gesicht und Händen während der feierlichen Überführung von Luthers Leichnam nach Wittenberg dürften dieses Ziel verfolgt haben. Dem monumentalen Angedenken sollte indes die Schaffung eines Bronzeepitaphs dienen, das Kurfürst Johann Friedrich der Großmütige (1505–1554) nach dem Tod des Reformators in Auftrag geben ließ, das aber aufgrund von Kriegswirren und des Wechsels der Kurwürde an die Albertiner nie an seinen Bestimmungsort, dem Grab Luthers in der Schlosskirche Wittenberg, ankam.

Wenngleich Luther selbst die Heiligenverehrung ablehnte und die ihm entgegengebrachte Verehrung seiner Person verabscheute, avancierten nach seinem Tod die Stätten seines Wirkens zu regelrechten protestantischen Wallfahrtsorten, wo die Gläubigen sogar Stücke als Souvenirs oder Glücksbringer aus Möbeln und Wänden brachen.

Auch angebliche Gefäße oder Gerät Martin Luthers wurden als Andenken an den Reformator hoch geschätzt. Tatsächlich hatte er eine große Anzahl an Silberpokalen besessen, die ihm aber als reine sachgebundene Kapitalquellen dienten und die er im Notfall versetzen konnte. Diese Hinterlassenschaften erhielten, der Gegenwehr offizieller Stellen zum Trotz, bald den Status protestantischer »Reliquien«.

Luthers Konterfei war schon im 16. Jh. überall präsent: durch zahllose Darstellungen auf Gemälden aus der Cranach-Werkstatt, aber auch auf Drucken, Reliefs, Ofenkacheln und nicht zuletzt Medaillen wurde wortwörtlich ein »Image« geschaffen, das bis heute unser Bild vom Reformator prägt. [MG]

F 1 MARTIN LUTHER IM TODE

Lindenholz; Lucas Cranach d. J. (Werkstatt), um 1574 (?)
64 x 50,5 cm
Gemäldegalerie Alte Meister – Staatliche Kunstsammlungen Dresden, Gal. Nr. 1955

Martin Luther starb am 18. Februar 1546 in Eisleben, wohin er gereist war, um Erbauseinandersetzungen zwischen den Mansfelder Grafen zu schlichten. Über die letzten Stunden in seinem Leben gibt vor allem der Augenzeugenbericht von Justus Jonas, seinem Freund und Mitreformator, und Michael Coelius, dem Mansfelder Prediger, Aufschluss. Dieser wurde bereits im März 1546 in Wittenberg gedruckt und erschien noch im gleichen Jahr in Frankfurt und Zwickau. Er beschreibt nicht nur, was der Reformator zuletzt getan und gesagt hat, sondern gibt auch Auskunft über die Anfertigung von Bildnissen Luthers im Tode: »Zu Eisleben / ehe diese Kirchen Ceremonien alle gebraucht haben zwen Maler also das todte angesicht abconterfeit / einer von Eisleben / dieweil er noch im stüblin auff dem bett gelegen / Der ander / Meister Lucas Fortennagel von Hall / da er schon eine nacht im Sarck gelegen.« (nach Freybe 1996).

Bis heute ist über jenen Eisleber Maler, der den toten Luther als Erster gezeichnet hat, nichts bekannt, ebenso wie über die Zeichnung selbst. Auch von Lucas Furtenagel weiß man nur wenig. Es ist wahrscheinlich, dass seine Zeichnung der Gesichtszüge des toten Luther, die sich in Berlin (Staatliche Museen zu Berlin, Kupferstichkabinett) erhalten hat, als Vorlage für die so zahlreich gemalten Totenbildnisse Luthers, vor allem aus der Cranach-Werkstatt, diente.

Luthers Gegner schreckten nicht davor zurück, schon ein knappes Jahr vor Luthers Tod die Nachricht zu verbreiten, dass er gestorben und – als Ketzer und Verbündeter des Teufels – in die Hölle gefahren sei. Als Luther nun tatsächlich gestorben war, galt es, solchen Gerüchten entgegenzutreten.

Der friedliche Heimgang Luthers wurde im Gegenzug als Ausdruck seines guten Gewissens und Einvernehmens mit Gott und somit als »Beweis« für die Legitimation der Reformation gedeutet. Neben dem schriftlichen Bericht hatten die Totenbildnisse die Aufgabe, dies anschaulich zu belegen. Dementsprechend liegt der tote Luther mit friedlich entspannten Gesichtszügen und in ein weißes faltenreiches Totenhemd gekleidet mit übereinander geschlagenen Händen auf einem angedeuteten weißen Kissen.

Von den Gemälden kommt dem Dresdener Stück das Bild der Leipziger Universitätsbibliothek am nächsten, das mit der Jahreszahl 1574 datiert ist. Das Dresdener Totenbildnis könnte demnach um diese Zeit in der Werkstatt Lucas Cranachs d. J. entstanden sein. Kurfürst Johann Georg I. erwarb das Gemälde schließlich im Jahr 1621, nach dem Tod des Vorbesitzers, des Hofarchitekten und Bildhauers Giovanni Maria Nosseni (1544–1620), für die kurfürstliche Kunstkammer. (KK)

Literatur: Kolb 2003, 69–77 Nr. 73; Kolb 2004; Marx Mössinger 2005, 480–487 Nr. 43

F 2 TESTAMENT LUTHERS

zeitgenössische Abschrift mit handschriftlichen Vermerken Philipp Melanchthons
Handschrift auf Papier, 5 Bl.; 6. Januar 1542
H. 32 cm; B. 21,2 cm; 42,8 cm (aufgeschlagen)
Thüringisches Hauptstaatsarchiv Weimar, Ernestinisches Gesamtarchiv, Reg. N 182, Bl. 10–14

In seinen beiden letzten Lebensjahrzehnten lebte der von Krankheiten geplagte Luther in ständiger Erwartung des Todes (und wohl auch Sehnsucht danach), die ihn schließlich 1542 zur Abfassung seines Testaments veranlasste. Luther setzte sich darin bewusst über juristische Normen hinweg und verfügte seine Frau als Alleinerbin. Um das Testament unanfechtbar zu machen, ließ er es nicht nur von Melanchthon, Bugenhagen und Cruciger beglaubigen, sondern darüber hinaus auch noch am 1. Februar 1544 in das Gerichtsbuch der Stadt Wittenberg eintragen. Während das Original des Dokumentes über Nachkommen Luthers, Melanchthons und Georg Brück 1815 an die Gelehrtenfamilie Carpzov und danach an die Evangelische Landeskirche in Budapest gelangte, kam eine von Melanchthon eigenhändig verfasste und dem Vermerk »Copia testamenti des ernwirdigen herrn doctoris Martin Lutheri« versehene Abschrift vermutlich schon bald nach Luthers Tod an die landesherrliche Registratur des ernestinischen Kurfürstentums in Weimar. (MG)

Literatur: Fabiny 1996; WABr 9, 573, 57 ff.; Wartburg 1996, 134

F 3 HOLZMODELL GRABPLATTE

Lindenholz; 1548
H. 223 cm; B. 111 cm
Evangelische Andreasgemeinde Erfurt

Nach dem Tod des Reformators am 18. Februar 1546 erhielt der Erfurter Bronzegießer Heinrich Ciegeler d. J. vom Kurfürsten Johann Friedrich der Großmütige den Auftrag zur Anfertigung eines Bronzeepitaphs für den Verstorbenen.

Als Grundlage war die Herstellung eines hölzernen Gussmodells notwendig, das als Patrize zur Anfertigung einer Gussform diente. Der unbekannte Schnitzer nutzte als Vorlage offenbar einen Holzschnitt von Lucas Cranach. Modell und Epitaph zeigen den Reformator stehend, mit Professorenschaube und Bibel ausgestattet und mit Lutherrose und Spruchband am oberen Rand versehen. Der Text, in dem kurz auf Sterbedatum und Biografie Luthers eingegangen wird, dürfte auf den kurfürstlichen Auftraggeber zurückzuführen sein. Der Guss erfolgte 1548 in der Werkstatt des erfolgreichen Erfurter Bronzegießers, die vor allem für ihre qualitätsvollen Glocken- und Geschützgüsse berühmt war. Während man das fertige Epitaph nach Wittenberg verschickte – es dort aber nie ankam (vgl. F 4) – verblieb das Modell in Erfurt und erhielt anscheinend schon im 16. Jh. eine erste Farbfassung.

Das Holzmodell der Grabplatte befand sich 1726 im Besitz der Erfurter Familie Hornung. Pfingsten 1727 wurde es der Erfurter Andreaskirche vermacht, wo es bis heute erhalten blieb. In den Jahren 1672, 1727, 1931 und 1981–1983 wurden Restaurierungen und z. T. wohl auch kleinere Veränderungen an dem Holzmodell vorgenommen. (MG)

Literatur: Hallof/Hallof 1992, 42

F 4 GRABPLATTE JENA

Bronzeteile, auf modernem Holzkern aufgeschraubt; 1548
H. 220 cm; B. 116 cm
Evangelisch-Lutherische Kirchgemeinde Jena

Nach der Fertigstellung des Gusses sollte das Bronzeepitaph Luthers zum Grab des Reformators in die Wittenberger Schlosskirche gebracht werden. Mittlerweile war indes Kurfürst Johann Friedrich (1505–1554) nach der verlorenen Schlacht von Mühlberg (24. April 1547) in Gefangenschaft geraten und hatte auf Druck des Kaisers Kurwürde und Kurkreis an die Albertiner abtreten

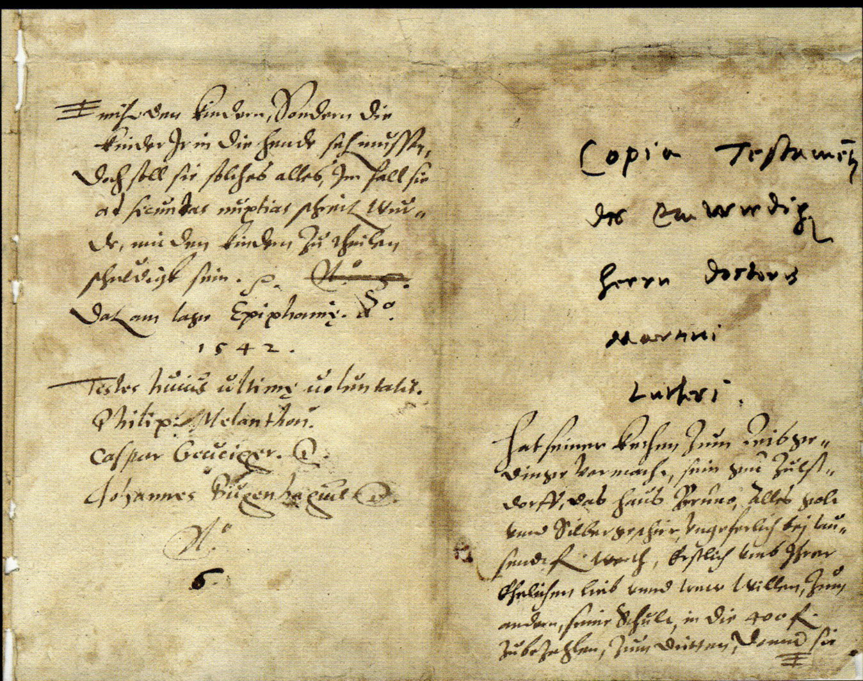

mit den kindern, sondern die
kinder jr in die hende sehen müssten,
doch soll sie solches alles, im fall sie
ad secundas nuptias schreiten wur-
de, mit den kindern zu theilen
schuldigt sein.
Datum am tage Epiphanie Ao
1542.
Testes huius ultime voluntatis.
Philipp. Melanthon.
Casper Creuciger.
Johannes Bugenhagius
No
6.

Copia Testaments
des Erwirdigen
Herrn doctoris
Martini
Lutheri.
Hat seiner lieben hausfrawen Leibge-
dinge vermacht, sein gut Zülsd-
dorff, das haus Bruno, alles gol-
dt und silbergeschirr, ungeferlich bey tau-
sendt fl. werth, Erstlich weil sie ihren
ehelichen lieb unnd treue willen, Zum
andern, seine schulde, in die 400 fl.
zu bezahlen, Zum dritten, unnd sie

F5

F6

müssen. Obwohl nun auch die Stadt Wittenberg dem neuen Kurfürsten Moritz (1521–1553) unterstand, drängte Johann Friedrich 1549 auf die Bezahlung von 70 Gulden an den Rotgießer Ciegeler und den baldigen Abtransport der Platte nach Wittenberg, wo sie ein als provisorisches Grabmemorial dienendes Holzbild ersetzen sollte. Zunächst brachte man sie nach Weimar. Zum Weitertransport nach Wittenberg kam es jedoch, vermutlich aufgrund des Widerstands der Albertiner, nie. Stattdessen wurde in der dortigen Schlosskirche 1550 eine Schriftplatte aus Bronze auf Luthers Grab gelegt. Johann Friedrichs Sohn, Herzog Johann Wilhelm, schenkte das Epitaph schließlich 1571 der Universität Jena, wo es in der Kollegienkirche aufgestellt werden sollte. Provisorisch brachte man die Grabplatte allerdings zunächst in der Jenaer Michaeliskirche unter, wo sie bis heute ihren Platz hat. Erst 1872 schuf man einen Abguss für ihren ursprünglichen Bestimmungsort, die Wittenberger Schlosskirche. (MG)

Literatur: Hallof/Hallof 1992, 41–44

F 5 GRIFF VON LUTHERS SARG

Eisen, geschmiedet; 1546
L. 27 cm; B. 7,7 cm; H. 11,5 cm
Stiftung Luthergedenkstätten in Sachsen-Anhalt, Inv. Nr. K 27

Nach seinem Tod setzten die sächsischen Kurfürsten gegen den Widerstand der Grafen von Mansfeld durch, dass Luther in Wittenberg zu beerdigen sei. Die Überführung der Leiche erfolgte in einem hölzernen Sarg, der von einem weiteren aus Zinn umschlossen war.

Schon im späten 16. Jh. existierten Gerüchte, dass die Gruft in der Wittenberger Schlosskirche Luthers Leichnam nicht oder nicht mehr enthalte. Angeblich hätten ihn Freunde Luthers vor den andringenden Truppen Kaiser Karl V. in Sicherheit bringen wollen und an einem geheimen Ort bestattet. So war die Neugier groß, als der Neubau der Schlosskirche 1892 Gelegenheit bot, den Gerüchten auf den Grund zu gehen, zumal der Ort von Luthers Bestattung innerhalb der Kirche bekannt war. Allerdings hatte der Preußische König und Deutsche Kaiser strikt verboten, die Totenruhe zu stören. Deswegen sind die folgenden Ereignisse nur in Umrissen zu erkennen. Angeblich stießen zwei Bauchsachverständige bei Untergrunduntersuchungen zufällig auf den Sarg und konnten sich davon überzeugen, dass er die sterblichen Reste Luthers enthielt. Jedenfalls kam der Sarggriff erst 1913 in die Sammlung des Lutherhauses. Wenn er wirklich Luther zuzuordnen ist, muss der Griff zum inneren Sarg gehört haben. (MT)

F 6 HAUSZEICHEN, EISLEBEN MARKT 56 (STERBEORT MARTIN LUTHERS)

Holz, farbig gefasst; 1506
H. 54 cm; B. 28 cm; T. 21 cm
Stiftung Luthergedenkstätten in Sachsen-Anhalt, Museum Geburtshaus Eisleben, Inv. Nr. V/884

Spätgotisches Hauszeichen: ein schwarz gekleideter Mann hält ein Wappenschild mit einem spätgotischen Familienzeichen und den flankierenden Buchstaben »T« und »R« sowie der Jahreszahl »1506«.

Ein Hauszeichen (auch Hausmarke) ist eine mit dem Wappen vergleichbare Bauplastik, die dem Wesen nach ältere Sippenzeichen sind. Ursprünglich handelte es sich um einfache grafische, den Steinmetz-

ANNO·M·D·XLVI·DIE·XVIII·MENSIS·FEBRVARY·REVERENDVS·VIR·MAR
ANNOS AMPLIVS TRIGINTA PIE ET FELICITER TEXVISSET CORPVS
VERO EIVS HIC SEPVLTVM EST · ESA · LII · QVAM SPECIOSI PEDES
EVANGELIZANTIVM PACEM

ANNOS AMPLIVS TRIGINTA PIE ET FELICITER TEXVISSET CORPVS
VERO EIVS HIC SEPVLTVM EST · ESA · LII · QVAM SPECIOSI PEDES

zeichen verwandte Symbole, die dann – plastisch und meist farbig ausgeführt – heraldisch und künstlerisch weiterentwickelt wurden.

Von der lokalgeschichtlichen Forschung war das in der Sammlung der Lutherstätten in Eisleben aufbewahrte Hauszeichen, das nachweislich vom Haus Markt 56 stammt, fast in Vergessenheit geraten. Die Buchstaben stehen zweifelsohne für Tile Rinck und die Jahreszahl für die ungefähre Fertigstellung des Hauses. Der Schildhalter und das Wappenschild offenbaren eine zeitgenössisch anmaßende Selbstdarstellung des reichen Hüttenmeisters, da diese Formen eher als Hausmarken des Ritteradels gebräuchlich waren.

Nach der Spangenberg-Chronik war Martin Luther 1546 in Eisleben in einem Haus oben am Markt gegenüber einem Röhrbrunnen gestorben, das nach 1498 vom Hüttenmeister Tile Rinck erbaut worden war und dann dessen Schwiegersohn Dr. Philipp Drachstedt gehörte. Dieser starb 1539 und so konnte bislang nicht schlüssig geklärt werden, warum 1546 der Herbergswirt Johann Albrecht hieß. Das lange als verschollen geltende Testament des Philipp Drachstedt wurde vor kurzem aufgefunden. Demnach fiel das Haus nach dessen Tod an seinen Schwiegersohn, dem Hüttenmeister Hans Stahl, der wiederum seinen Schwiegersohn Johann Albrecht dort wohnen ließ. Da sich Hans Stahl wie die anderen Mansfelder Hüttenmeister verschuldete, fiel das Sterbehaus Martin Luthers an den Grafen Bruno II. von Mansfeld-Bornstedt, der an dieser Stelle unter Einbeziehung der Keller und einiger Seitenwände der Vorgängerbauten nach 1570 sein Stadtschloss mit Kanzlei errichten ließ. Dass das Hauszeichen diesen Umbau überdauerte, ist ein besonderer Glücksfall. Es ist wohl die einzige authentische Hinterlassenschaft des Sterbehauses von Martin Luther. (AS)

F 7 LEIPZIGER LUTHERBECHER

Silber, getrieben, teils vergoldet, graviert; Skandinavien, 1536
H. 44,6 cm (mit Deckel)
Stadtgeschichtliches Museum Leipzig, Inv. Nr. Me 42

Den Leipziger Pfeifenbecher schenkte laut Inschrift 1536 der schwedische König Gustav Wasa an Martin Luther. Der teils silberne, teils silbervergoldete Becher besitzt einen niedrigen Fuß und pfeifenförmige Rippen. Die Gefäßmitte umschlingt vergoldetes Rankenwerk, den Deckel ziert eine Landsknechtsfigur. Eine jüngst erfolgte Materialanalyse konnte immer wieder geäußerte Zweifel an einer Entstehung des Gefäßes im 16. Jh. beseitigen.

Die lateinische Inschrift am Fuß lautet übersetzt: »Diesen Becher hat der Kurfürst von Brandenburg Joachim II. bei einem Gastmahle mit seinem Wirte in einem Zug ausgetrunken im Jahre 1570 am 28. September; am 3. Januar darauf ist er in Schloss Köpenick gestorben«. Der Domherr J. Ernst Luther, der Sohn Pauls und somit Enkel des Reformators, verkaufte schließlich den Becher 1613 für 77 Gulden an den Rat der Stadt Leipzig. Als Teil des Leipziger Ratsschatzes wurde das Stück seither zu Umtrünken bei offiziellen Anlässen benutzt, etwa 1900 von Kaiser Wilhelm II. zum 700. Jubiläum des Mansfelder Bergbaus oder von der schwedischen Königin Silvia beim Besuch der Stadt Leipzig im Jahr 2006. (MG)

Literatur: Dura 2006a; Richter 2003; Rodekamp 2004, 199–202

F 8 NESENSCHES LUTHERGLAS

Silber (Pokal), Bergkristall (Kuppa); vmtl. 13. Jh. (Kuppa), Zittau 2. Hälfte 16. Jh. (Umarbeitung)
H. 39 cm
Grünes Gewölbe – Staatliche Kunstsammlungen Dresden, Inv. Nr. V 188

In Dresden werden gleich zwei Becher im Grünen Gewölbe aufbewahrt. Das erste Gefäß besteht aus einer Kuppa aus Bergkristall und einer aufwändigen silbervergoldeten Fassung durch den späteren Besitzer, Konrad Nesen, dem Bürgermeister von Zittau, aus der Mitte des 16. Jh. Dessen Bruder Wilhelm soll den Glasbecher vor 1524 von Martin Luther als Geschenk erhalten haben. Die reiche vergoldete Silberfassung zeigt halberhabene und gravierte Ausschmückung. Auf dem Deckel erhebt sich ein mit drei gemalten Wappen gezierter Kristallzylinder, der auf seiner von drei Karyatiden getragenen Bedachung das freistehende, in Goldschmiedearbeit ausgeführte Wappen der Nesenschen Familie (Zepter zwischen Adlerflug) trägt.

Die Vermutung liegt nahe, dass Luther selbst die Kuppa aus einer aufgelösten Reliquiensammlung erhalten hatte, vielleicht zusammen mit dem Coburger Glas aus dem Wittenberger Heiltum. 1793 vermachte dann der letzte Nachkomme der Familie Nesen den Pokal der Dresdener Kunstkammer. (MG)

Literatur: Dresden 1959, C.3

F 9 DECKELBECHER, SO GENANNTER LUTHERBECHER

Silber, größtenteils vergoldet; vmtl. Nürnberg, 1540
H. 14,5 cm
Grünes Gewölbe – Staatliche Kunstsammlungen Dresden, Inv. Nr. IV 313

»Dr. Luthers Mundbecher«, ein silbervergoldeter Deckelbecher, gelangte bereits 1678 in die Dresdner Kunstkammer, nachdem er zunächst 1650 dem sächsischen Kurfürsten vom Theologen Abraham Calovius als Geschenk überreicht worden war. Eingearbeitet in den Deckel sind zwei Medaillen, die eine mit Bildnis, Bildbezeichnung und Wahlspruch Luthers (»DO. MARTINUS LUTHER AETATIS SUAE 55. IN SILENCIO ET SPE ERIT FORTITUDO VESTRA«/Martin Luther im Alter von 55. Im Schweigen und in der Hoffnung wird eure Stärke liegen) sowie der Signatur des Medailleurs Hans Schenk und der Datierung 1537. Die andere Medaille mit dem Wappen des Justus Jonas und der Jahreszahl (15)39 könnte sich auf eine Schenkung des Bechers von oder an Jonas beziehen. (MG)

Literatur: Arnold 1969, 33 ff.; Dürer-Zeit 1971, 307 Nr. 575; Kohlhausen 1968, 495; Wartburg 1996, 281 Nr. 255

F 10 SO GENANNTES LUTHER-ZIBORIUM

Silber, getrieben und gegossen, vergoldet, graviert; vmtl. Regensburg, um 1530
H. 19,8 cm (mit Deckelknauf)
Dreieinigkeitskirche Regensburg, Evangelisch-Lutherische Kirchgemeinde

In der Dreieinigkeitskirche Regensburg wird das so genannte Luther-Ziborium aufbewahrt, eine als Hostienbüchse verwendete Goldschmiedearbeit, die vermutlich auf einen Entwurf Albrecht Altdorfers zurückgeht. Der Deckelbecher ruht auf drei Füßen aus eingerollten Blütenrosetten, die Wandung wird dominiert von hochovalen Buckeln. Die Lippenrandzone trägt die Namen und Wappen der Reformatoren Melanchthon, Luther, Bugenhagen, Jonas, Ambsdorf und Pauli. Von einem ehemals vorhandenen Wappen, angeblich Luthers, zeugt nur noch die Fassung auf der Deckelinnenseite. Eine in den Boden eingelassene Medaille informiert zudem darüber, dass der Regensburger Bürger Oberndorfer dieses einst Luther gehörende Gefäß dem Superintendenten Donau verehrte. 1640 wurde der Deckelbecher ausweislich einer Inschrift offenbar

F8

F7

F 9

F 10

überarbeitet. In der Folgezeit gravierte man zusätzlich die Namen einiger Regensburger Patrizierfamilien ein. Vermutlich anlässlich des 300. Jubiläums der Reformation gelangte das Gefäß an die Dreieinigkeitskirche, wie die Widmung »M. B. FRIEDRICH GESCHENKT D. 31.OCT. 1817« vermuten lässt. (MG)

Literatur: Mader 1992, Nr. 48; Wartburg 1996, 281 Nr. 254

F 11 SO GENANNTER HOCHZEITSPOKAL

Silber, vergoldet, getrieben, graviert; um 1600 (?)
H. 45 cm
Pommersches Landesmuseum für Universitätsplanung Ernst-Moritz-Arndt Universität Greifswald

Der aufwändige Pokal der Greifswalder Universitätskustodie galt zwei Jahrhunderte hindurch als der authentische Pokal, den die Universität Wittenberg dem frisch vermählten Luther als Hochzeitsgeschenk verehrte. Die Inschrift lautet: »Die löbliche Universität der churfürstlichen Statt Wittenberg verehret dieses Brautgeschenke Doctor Martino Luthern und seiner Jungfraw Kethe von Bore Anno MDXXV die Martis post Festum Johannis Baptistae«.

Zwei in den Fuß eingeschlagene Goldschmiedemarken weisen allerdings den Pokal als Augsburger Arbeit (vermutlich Nikolaus Leiß) um 1600 aus. Auch philologische, metallanalytische und stilkritische Untersuchungen (z. B. im Vergleich zu einem nahezu identischen Stück aus Frankfurt von 1592) legen eine um mehrere Jahrzehnte spätere Entstehungszeit als 1525 nahe.

Ende des 17. Jh. gelangte der Pokal an den Greifswalder Theologen Johann Friedrich Mayer, dessen Erben ihn schließlich um 1800 an die Greifswalder Universität für 100 Reichstaler verkauften. (MG)

Literatur: Dahlenburg 1995, 41 ff.; Richter 2003

F 12 QUEDLINBURGER LUTHERBECHER

Glas, emailliert, Silberfassung (nachträglich); Syrien (?), 13. Jh. bzw. Ende 16. Jh. (Fassung)
H. 29 cm; Dm. 17,5 cm (oben); 13 cm (unten)
Stadt Quedlinburg – Schlossmuseum

Der Quedlinburger Glasbecher aus dem Domschatz gilt ebenfalls als ein Lutherglas. Die Datierung des Bechers ins 13. Jh. und seine angenommene Herkunft aus Syrien lassen allerdings zunächst keine Verbindung zum Reformator erkennen. Das Gefäß dürfte von Kreuzfahrern aus dem Heiligen Land mitgebracht worden sein. Die dreifache arabische Inschrift »al-alim« (der Wissende) bezeichnet einen der 99 Namen Gottes im Islam. Das Glas wurde wohl Ende des 16. Jh. mit einer Silbermontierung als Manschette für den zerbrochenen Glasboden versehen. Darauf finden sich die Namen von Matthäus Absdorf, der 1550 Rektor des Gymnasiums und später Pfarrer in Quedlinburg war, und dem damaligen Quedlinburger Bürgermeister Peter Sichling. Die Verknüpfung zu Luther erfolgt erst Ende des

F 12

F 11

F 13

F 14

18. Jh. durch den Quedlinburger Chronisten Voigt, der behauptete, der Wittenberger Reformator habe Absdorf diesen Becher verehrt. (MG)

Literatur: Fritsch 1828; Küchenmeister 1896; Siede 2005

F 13 LUTHERPOKAL AUS BIRNBAUMWURZELHOLZ

Birnbaumholz, gedrechselt, Silberfassung, vergoldet und graviert; 1530
H. 27 cm; Dm. 14,5 cm (ohne Griff)
Historisches Museum Basel, Inv. Nr. 1922.195

Das »Doppelscheuer« oder »Doppelmaser« genannte gedoppelte Gefäß aus gedrechseltem Birnbaumwurzelholz besitzt eine gravierte vergoldete Silberfassung. Den Deckelgriff bildet eine abnehmbare Papstkrone, darunter die Aufschrift »1530 25 Junij hoc Vas a Smo [Serenissimo] prpe [principe] Joe [Joanne] Saxco [Saxonico] Sacri Imperij / Electore Martino Luthero pro pptetua [Perpetua] Rei Memoria Donatum /Est post nubila Phoebus«.

Demnach dürfte der Pokal ein Geschenk vom sächsischen Kurfürsten Johann dem Beständigen an Luther anlässlich der Deklaration der Augsburger Konfession vor dem Reichstag in Augsburg gewesen sein. Das Abnehmen der Krone sowie das in der Neuzeit beliebte Sprichwort »post nubila Phoebus« – etwa: »Nach Regen folgt Sonnenschein« – war wohl als Anspielung auf die erhoffte Überwindung des Papsttums gemeint.

Bei der französischen Besetzung Wittenbergs 1806 soll ein französischer Soldat das Gefäß aus einem brennenden Gebäude gerettet haben. Sein Befehlshaber Oberst de Graaf brachte den Pokal in seinen Besitz. Durch Erbschaft gelangte er schließlich an die Familie Burkhardt-Burkhardt, die ihn 1923 dem Historischen Museum vermachte. (MG)

Literatur: Burckhardt 1923; Sdunnus 1994; Wartburg 1996, 250 Nr. 202

F 14 LUTHERGLAS

Glas, mehrfach erneuerte Goldbemalung; vmtl. Oberitalien, um 1530/40
H. 10,2 cm; Dm. 10,4 cm (max.)
Germanisches Nationalmuseum Nürnberg, Inv. Nr. Gl 206

Gleich in mehreren Bechern wollte man das Gefäß erkannt haben, das Luther 1546 in Halle Justus Jonas mit den Worten verehrt haben soll: »Dat Vitrum vitreo Jonae Vitrum ipse Lutherus / Ut vitro fragili similem se noscat uterque« (Luther schenkt dem Jonas ein Glas, damit er erkenne, dass sie beide zerbrechlich wie Gläser seien), wie es in den Tischreden Erwähnung fand. Das wahrscheinlichste Anrecht, mit eben jenem Glas gleichgesetzt zu werden, dürfte der in venezianischer Manier hergestellte dünnwandige Glaspokal mit gedrungenem Balustergriff und ausladendem Fuß des Germanischen Nationalmuseums Nürnberg für sich beanspruchen, der schon 1672 an die Nürnberger Stadtbibliothek gelangte. Die erwähnte In-

F 15

F 16

schrift sowie die deutsche Fassung: »Dem alten Doctor Jonas Bringt Dr. Luther ein schön Glas, Das lehrt sie alle Beide fein, Dass sie zerbrechliche Gläser sein« sollen sich neben den Porträts von Luther und Jonas in goldener Bemalung befunden haben. Vom Konterfei Martin Luthers hat sich am Nürnberger Gefäß indes nichts mehr erhalten, der Kopf des Justus Jonas und einzelne Buchstaben sind noch erkennbar. Allerdings lässt sich nicht entscheiden, ob die Inschrift zur Zeit der möglichen Schenkung oder erst später angebracht wurde. Anhand einer Kopie des Glases aus dem 19. Jh. im Museum Catharijneconvent Utrecht lässt sich das Aussehen der originalen Fassung allerdings noch erahnen. (MG)

Literatur: Küchenmeister 1896; Bott 1983, 439 Nr. 607

F 15 SO GENANNTES TRINKGLAS MARTIN LUTHERS

Glas, ungefärbt, formgeblasen und geschliffen, mit Arkadendekor; Anf. 18. Jh.
H. 12 cm
Marienbibliothek Halle

Das trichterförmige farblose Glas mit Arkadendekor aus Halle passt schon aus stilistischen Gründen eher ins beginnende 18. Jh., selbst wenn das beiliegende »Zertifikat« es als »Dr. Martin Luthers Trink-glaß. vide Herrn Inspector Langens Brief d[e] d[ato] Laublin, den 8ten Augs. 1753, so in hießiger Bibliothec hinter Lutheri Mscr. [durchgestrichen]: vor der Epistel Johannis, eingeklebt ist« bezeichnet. 1971 wurde das Glas auf einem halleschen Dachboden wieder entdeckt und gelangte als Geschenk 1995 an die Marienbibliothek Halle. (MG)

Literatur: Nickel 2002, 271 Nr. 241

F 16 SO GENANNTES TRINKGLAS MARTIN LUTHERS

Waldglas, Silberfassung, vergoldet; 16. Jh.
H. 25,8 cm; Dm. 11,8 cm (max.)
Herzog August Bibliothek Wolfenbüttel, Sammlung des ehemals fürstlichen Raritätenkabinetts

Auf die Jonas-Andekdote (vgl. F 14) bezieht man auch das Glas aus der Sammlung des Herzogs August von Braunschweig und Lüneburg, das heute in der Herzog August-Bibliothek in Wolfenbüttel aufbewahrt wird. Das grüne Buckelglas aus der 1. Hälfte des 16. Jh. wurde wenige Jahrzehnte später auf einen ornamentierten vergoldeten Silberfuß montiert. 1680 gelangte das Gefäß an Herzog Anton Ulrich von Wolfenbüttel und Braunschweig. Den Beleg für die Authentizität des Glases sollte laut dem Schenker, einem Pfarrer D. N. Reinhartt, die in dem zugehörigen Schenkungsbrief dargelegte, leicht verworrene Familiengeschichte sein. (MG)

Literatur: Wex 1996, 70 f. Nr. 62

F 17

F 18

F 17 LUTHERS BIERKRUG
Wurzelholz, gedrechselt, Silber; 1. Hälfte 16. Jh., 1694 (Silbermontierung)
H. 15,5 cm; Dm. 11,2 cm
Stiftung Luthergedenkstätten in Sachsen-Anhalt, Inv. Nr. 4a

Das ursprünglich wohl fußlose bauchige Holzgefäß wurde nachträglich mit einem silbernen Dekor versehen und somit zur Reliquie veredelt. Ob Luther den Krug selbst benutzt hat, ist nicht zu erweisen. Jedenfalls hat einer seiner Verehrer, ein nicht näher zu bestimmender P. B. Erfurth 1694 daran geglaubt, wie die Inschrift am unteren Sockelrand belegt. Der Deckel erhielt ein graviertes Porträt des Reformators nach links gewandt in Schaube, Wams und Hemd. Die Darstellung folgt in freier Abwandlung dem von Lucas Cranach geschaffenen Urtyp von 1541. Dazu folgt die seit der 2. Hälfte des 16. Jh. beliebte Umschrift: »Gottes Wort: Luthers Lehr vergehet nun u. nimmermehr.« Einen Silberbelag erhielten auch der obere Rand des Gefäßes und der Henkel. Unterhalb des Henkels befindet sich ein stilisiertes Akanthusblatt, am unteren Ende des Henkels wurde ein leeres Wappenschild eingraviert.

Den Wert, den dieses Gefäß für die Lutherverehrer hatte, spiegelt sich auch darin wider, dass der Becher ein erhaltenes Aufbewahrungsetui aus Holz und Leder besitzt. [MT]

F 18 KELCHFÖRMIGES TRINKGLAS
blaues Kobaltglas mit Bemalung; 15. oder Anf. 16. Jh.
H. 16,4 cm; Dm. 10,2 cm (Kuppa); 13 cm (Fuß)
Herzog Anton Ulrich-Museum Braunschweig, Kunstmuseum des Landes Niedersachsen, Inv. Nr. Gla 30

Auch für das kelchartige tiefblaue Glas aus dem Herzog Anton Ulrich-Museum Braunschweig wird eine Verbindung zu Martin Luther kolportiert, ohne dass es konkrete Anhaltspunkte dafür gibt. Das tiefblaue Glas trägt auf knaufartig gegliedertem Nodus eine mit Blumen und Blättern verzierte Kuppa, auf der in gotischen Minuskeln mit Goldfarbe die Worte »Sancta Maria« zu lesen sind. Vermutlich handelt es sich um eine venezianische Arbeit des 15. Jh., möglich wäre aber auch eine deutsche Nachahmung des frühen 16. Jh.

Das Glas ist im zwischen 1746–1752 verfassten Inventar der kunst- und Naturalienkammer von Schloss Salzdahlum nachweisbar und gelangte spätestens in der 2. Hälfte des 18. Jh. in das Herzogliche Kunst- und Naturalienkabinett Braunschweig. [MG]

Literatur: Walz 1994; Wex 1996, 70 f.

F 19 SCHNELLE
Steinzeug, Deckel und Montierung aus Silber; 16. Jh.
H. 35 cm
Kunstgewerbemuseum – Staatliche Museen zu Berlin, Inv. Nr. K 1378

1817 schenkte die Witwe eines aus Sprotta bei Eilenburg stammenden Pfarrers Ingeler einen angeblich aus dem Luthernachlass stammenden hohen Trinkkrug, eine so genannte Schnelle, an den preußischen König Friedrich Wilhelm III. und erhielt dafür als Gegenleistung eine Jahrespension von 50 Talern. Der hohe Krug aus Siegburger Steinzeug dürfte jedoch nicht vor der 2. Hälfte des 16. Jh. entstanden sein. Die Vorlage für die Ornamente und den hockenden Bartmann findet sich beim flämischen Kupferstecher Cornelis Bos, der zwischen 1537–1555 wirkte. Allerdings könnte die Silbermontierung mit Henkel und knaufbewehrtem Deckel tatsächlich noch zu einem authentischen Becher Martin Luthers gehören, da er ganz offensichtlich nachträglich an den Krug (der möglicherweise als Ersatz für ein zu Bruch gegangenes Gefäß diente) montiert wurde. Den ursprünglich keramischen Henkel arbeitete man dafür offensichtlich eigens ab. Der Deckel trägt die Inschriften »D. M. L.« (mutmaßlich für: Doktor Martin Luther) und »M. D. XX. IIII.« (1524). [MG]

Literatur: Küchenmeister 1879; Schadow 1825

F 19

F 20

F 23

F 24

F 20 SILBERNER BECHERPOKAL

Silber, getrieben und vergoldet; Ende 16. Jh.
H. 21,5 cm
Evangelisch-Lutherische Kirchgemeinde
St. Thomas, Leipzig

Der Becherpokal der Leipziger Thomaskirche ist nur durch eine Verwechslung zu einem Lutherbecher geworden. Wie schon der Lutherforscher E. Kroker im Jahr 1907 feststellte, handelt es sich bei dem Silberpokal nicht um den ebenfalls in Leipzig befindlichen Pokal, den Gustav Wasa Luther verehrte, sondern um ein anderes, wenn auch sehr ansprechendes Werk der Goldschmiedekunst des ausgehenden 16. Jh. (MG)

Literatur: Kroker 1907

F 21 LUTHERBECHER DER FAMILIE MÖRIKE

Silber, getrieben und z. T. vergoldet; 1489
H. 12,7 cm; Dm. 10,9 cm (max.)
Privatsammlung

Beim so genannten Mörikebecher handelt sich um einen trichterförmigen Silberbecher von ca. 260 g Gewicht, der oben, in der Mitte und unten mit einem goldenen Ring eingefasst und der Inschrift »Offortorium capituli Haffnensis ano dni 1489« (Messkelch des Domkapitels zu Kopenhagen 1489) versehen ist. Nachträglich eingeritzt in den Boden finden sich anscheinend Angaben zu Eichung und Wert des Bechers.

Der Dichter Eduard Mörike äußerte sich zu diesem Gefäß 1839 in einem Brief an Wilhelm Hartlaub: »Weißt Du, dass sein [d. h. Luthers] Tischbecher (ein ziemlich unscheinbares Gefäß mit gotischer Umschrift) in unserer Familie vererbt wird?« Ein Großonkel des Dichters, Magister Johann Christian Ludwig Mörike, versuchte mit Hilfe dieses Gefäßes eine (mittlerweile widerlegte) genealogische Verbindung seiner Familie zu Luther aufzuzeigen. Vermutet wurde dabei eine Schenkung des Königs von Dänemark, das bereits 1537 reformiert wurde, an Martin Luther. (MG)

Literatur: Küchenmeister 1879; Moerike 1883

F 22 BUCKELBECHER AUS »LUTHERS STERBEHAUS«

entfärbtes Glas; 2. Hälfte 16./1. Hälfte 17. Jh.
H. 20 cm
Stiftung Luthergedenkstätten in Sachsen-Anhalt, Museum Sterbehaus Eisleben

Der als angeblicher Lutherbecher im Eisleber Sterbehaus präsentierte Glasbecher dürfte nicht vor der Mitte des 16. Jh. entstanden sein, als sich derartige Gläser unter venezianischem Einfluss aus den Nuppengläsern entwickelten. Er gehört zu den 19 Zinn- und Glasgefäßen, die Friedrich Wanderer 1894 für 127 Mark beim Antiquar Leistner in Nürnberg ankaufte, als er das Sterbehaus im Auftrag der Eisleber Luther-Festspielgesellschaft neu gestaltete. 1899 wurde das Glas bei Arbeiten im Sterbehaus zerbrochen und musste gekittet werden. Damals galt es noch als einfaches »Knopfglas«.

Die Identifikation als ein Glas, aus dem Luther an seinem Sterbetag getrunken haben könnte, wurde erst durch William Papes Ölgemälde »Luthers letztes Bekenntnis« von 1905 (Abb. 60) suggeriert. In seiner Auftragsarbeit für das Sterbehaus versetztes Pape die dort vorgefundene (Neu)Ausstattung des Sterbezimmers in die Lutherzeit. Die Eisleber Tradition machte das Glas in der Folge zum »Lutherbecher«.

Der hohe zylindrische Becher auf aufgeschmolzenen Fußring und leicht eingestochenem Boden besteht aus klarer entfärbter Glasmasse und besitzt eine Dekoration von sieben umlaufenden Reihen von tropfenförmigen Buckeln. Im Gegensatz zu den aufgeschmolzenen Nuppen der älteren Nuppenbecher wurden diese Buckel oder Warzen formgeblasen. (MG/CP)

Literatur: Steffens 2002, 78–83

F 22

F 21

F 29

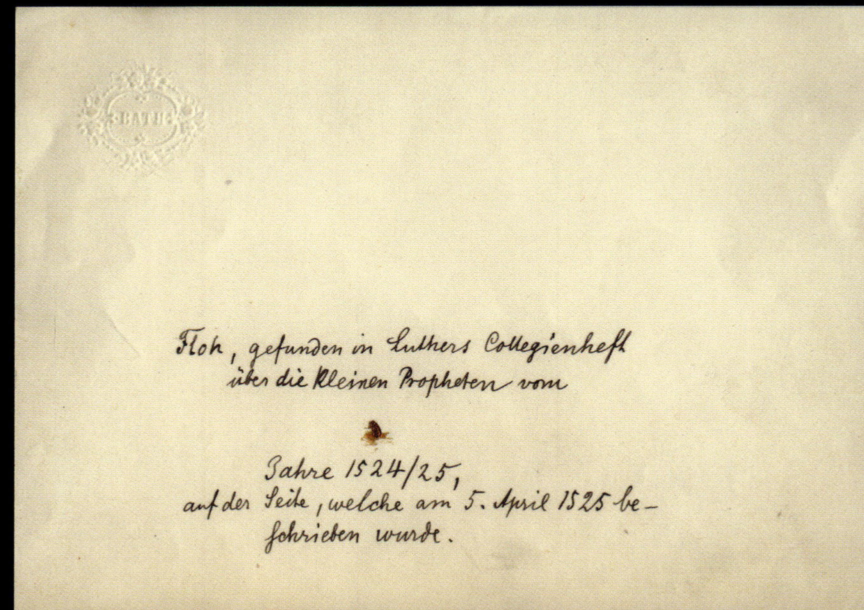

F 30

F 23 STOFFFETZEN EINES LUTHER-GEWANDES

schwarzer Wollstoff; vmtl. 16. Jh.
L. 3,3 cm; B. 3,6 cm
Herzog August Bibliothek Wolfenbüttel,
Sammlung des ehemals fürstlichen
Raritätenkabinetts

Angeblich von Luthers Gewändern stammend, überlebten zwei Stofffetzen vermutlich in jetzt verschollenen Stoffmustersammlungen. Die Städtischen Sammlungen Braunschweig besitzen beispielsweise ein Album, in dem u. a. angeblich Stoffreste von Bettwäsche Peters des Großen und von Sofabespannungen Napoleons verwahrt wurden.

Das etwa briefmarkengroße Stoffstück der Herzog August-Bibliothek Wolfenbüttel besteht wie das Nürnberger Textilfragment (vgl. F 24) aus leinwandbindigem grobem schwarzem Wollstoff und gehörte neben anderen Lutherreliquien zur Sammlung des Herzogs August von Braunschweig-Wolfenbüttel. Leider existieren keine weiteren Hinweise zur Provenienz des Stückes. (MG)

Literatur: Raabe 1979, 357 Nr. 734

F 24 STOFFFETZEN EINES LUTHER-GEWANDES

schwarzer Wollstoff auf Papier; vmtl. 16. Jh.,
Papier 18. Jh.
L. 4,4 cm; B. 10,6 cm (Stoff); L. 11,4 cm; B. 7,4 cm
(Papier gefaltet)
Germanisches Nationalmuseum Nürnberg,
Inv. Nr. T 4203

Der schwarze Wollstofffetzen in Leinwandbindung des Germanischen Nationalmuseums Nürnberg steckte in einem zugehörigen Papierumschlag des 18. Jh. mit der Aufschrift »9. Ein Stück von Dr. Luthers Rock«, die das Textilfragment als Teil einer offenbar größeren Sammlung, fast vergleichbar Reliquiensammlungen jener Zeit, kenntlich macht. Der Fetzen gelangte am 6. Februar 1942 als Geschenk der Universitätsbibliothek Erlangen an das Museum, über die Herkunft des Stückes ist weiter nichts bekannt. (MG)

Literatur: Zander-Seidel 2004

F 25 ABENDMAHLSSIEBLÖFFEL

Silber, vergoldet; 1540
L. 17,3 cm
Evangelisch-Lutherische Nathanaelgemeinde
Leipzig-Lindenau

Die Kirchgemeinde von Leipzig-Lindenau verwahrt einen silbernen Sieblöffel, der zudem als der älteste bekannte protestantische Abendsmahlslöffel gilt. In den Stiel eingraviert wurden die Worte »Da Gloriam Deo/a DML 1540«. Möglicherweise steht hier die Abkürzung DML für »Doktor Martin Luther«. Der Bibelvers (Joh 9, 24) ist nicht zwingend protestantisch zu deuten, obwohl er einen der Kernpunkte des Protestantismus »Soli Deo Gloria« (Allein Gott die Ehre) anklingen lässt.

Sieblöffel dienten dazu, aus dem Kelch etwaige Verunreinigungen im Messwein zu entfernen. (MG)

Literatur: Fritz 2004; Kroker 1907; Schmidt 2004, 265

F 26 REISELÖFFEL LUTHERS

Silber, vergoldet; 16. Jh.
L. 13 cm
Wartburg-Stiftung Eisenach, Inv. Nr. KB 39

Die Wartburg-Stiftung besitzt einen faltbaren Reiselöffel, der mit lateinischen und hebräischen biblischen Inschriften sowie einem Kruzifix versehen ist. Ein in die Laffe eingelegtes Stück Horn soll vom Einhorn stammen und somit nach volksmagischer Vorstellung vor Vergiftungen schützen. Der Knauf am Stielende ist hohl und konnte wohlriechende Kräuter aufnehmen. Nach der Überlieferung soll Martin Luther diesen Löffel seinem Freund und Mitübersetzer des Alten Testaments, Johannes Caspar Adler genannt Aquila (1488–1560), geschenkt haben. (MG)

Literatur: Krauß/Amme 1983; Wartburg 1996, 229 f.

F 25

F 26

F 27

F 27 SO GENANNTER LUTHERLÖFFEL

Silber, graviert; 1552
Herzog August Bibliothek Wolfenbüttel, Sammlung des ehemals fürstlichen Raritätenkabinetts

Traditionell wird der in der Herzog August-Bibliothek in Wolfenbüttel verwahrte Löffel als »Luther-Löffel« angesprochen. Er weist eine Inschrift auf: »V.D.M./I.Æ.A.«, offenbar für »Verbum Domini Manet/In Aeternum. Amen« (Das Wort des Herrn besteht in Ewigkeit. Amen – Jes 40, 8; 1 Petr 1, 23). Dieser Bibelvers war zunächst Motto Friedrichs III., wurde dann aber auch von Philipp von Hessen und anderen Anhängern der Reformation aufgegriffen. Innerhalb eines Symbols finden sich die Buchstaben »M« und »L«, mutmaßlich für »Martin Luther«, sowie die Datierung 1552. Möglicherweise sollen die Inschriften an den am 2. August 1552 geschlossenen Passauer Vertrag zwischen König Ferdinand I. und den protestantischen Reichsfürsten erinnern. Darin wurde der Protestantismus formal anerkannt und die Freilassung des gefangen gehaltenen Philipp von Hessen festgelegt. Dieser Vertrag bildete die Grundlage für den Augsburger Religionsfrieden von 1555. (MG)

F 28 ABBILDUNG DES LUTHER-GEBURTSHAUSES EISLEBEN MIT »LUTHERRELIQUIEN«

Stahlstich auf Papier, Holzrahmen mit eingelegten Stofffetzen, Holzsplitter und Knochen; 1838
H. 32 cm; B. 42 cm
Museum Catharijneconvent Utrecht, Inv. Nr. SPKK g00204

Der Stahlstich vom Luthergeburtshaus in Eisleben (»Dr. M. Luthers Geboortehuis in Eisleben«) mit eingelegten »Reliquien« im Holzrahmen ist ein einmaliges Zeugnis für die Lutherverehrung im 19. Jh. und die damit einhergehende protestantische (Luther-) »Wallfahrt«.

Das Objekt bezeugt eindrücklich den Besuch eines holländischen Bürgers im September des Jahres 1838 in den Lutherstätten Eisleben, Erfurt und auf der Wartburg bei Eisenach, von wo er sich offenbar jeweils »Souvenirs« mitnahm, wie der unbekannte Reisende selbst angibt: »alle deze voorwerpen door mij op de plaats zelve bekomen September 1838«. Die Stücke selbst sind, ähnlich wie bei einem katholischen Reliquienbild, in eigens ausgesparten Ausschnitten in den Holzrahmen eingelegt und mit Glas abgedeckt. Im oberen Teil des Rahmens befindet sich ein »Stuk van Luthers Tafelkleed in zijn woonhuis te Eisleben«, also ein Teil von Luthers Tischtuch aus seinem Eisleber Wohnhaus. Links sieht man angeblich ein »Stuk van Luthers inktkoker uit de Cel te Erfurt«, somit ein Stück Schreibgerät aus der Lutherzelle in Erfurt und rechts ein »Stuk van Luthers Familie Tafel uit de Kamer op het Wartburg bij Eisenach«, ein Stück Holz aus der »Famlientafel« Luthers von der Lutherstube auf der Wartburg.

Während letzteres an die Berichte denken lässt, dass Besucher an den Lutherstätten Holzsplitter aus den Möbeln und Holzvertäfelungen brachen, als Souvenir mitnahmen oder als wundertätige Zahnstocher gegen Zahnschmerzen verwendeten (belegt schon seit dem 17. Jh.), erinnert das Schreibgerät aus Erfurt stark an die in der Ausgrabung in Wittenberg entdeckten Griffe von Schreibmessern (vgl. E 142). (MG)

Literatur: Hiebsch/Wijngaarden 2007

F 29 »TINTENFASS« LUTHERS

Eisen, Blei; 16. Jh. (?)
H. 5,7 cm; Dm. 8,3 cm
Herzog August Bibliothek Wolfenbüttel, Sammlung des ehemals fürstlichen Raritätenkabinetts

Hohler Eisenkörper in unregelmäßiger Kugelform; auf der Unterseite mit Blei abgedichtet und abgeflacht, oben mit dreieckiger Öffnung. Der Tradition nach handelt es sich um ein von Martin Luther benutztes Tintenfass. Viel wahrscheinlicher dürfte es sich jedoch um eine wiederverwendete Hohlgranate handeln. Diese später nach dem englischen General Shrapnel benannten Hohlgeschosse waren schon den Stückmeistern des 16. Jh. bekannt. Die auch als Granaten oder Bomben bezeichneten Geschosse konnten mit kleineren Kugeln oder mit Sprengstoff gefüllt sein und wurden mittels einer Lunte vor dem Abschuss in einer Haubitze oder einem Mörser gezündet.

Tatsächlich dienten Räumlichkeiten des Lutherhauses in Wittenberg in den kriegerischen Auseinandersetzungen nach dem Tod des Reformators kurzfristig als Munitionsdepot. Vielleicht hielt man eine übrig gebliebene Kugel in späterer Zeit für eine Hinterlassenschaft Luthers. Bedenkt man aber auch die Brisanz der Gleichsetzung des von Luther legendär geworfenen Tintenfasses mit dem Einschlag einer Bombe, könnte es sich bei der Identifizierung als Luthers Tintenfass auch um einen zynischen Scherz handeln. (MG)

Literatur: Raabe 1979, 357 Nr. 735

F 30 LUTHERFLOH

Handschrift auf Papier, aufgeleimter Floh; vmtl. Ende 19. Jh.
B. 14 cm; H. 22,5 cm (Papier); L. ca. 2 mm (Floh)
Thüringisches Staatsarchiv Altenburg, Inv. Nr. Z 338

Zu den kuriosesten Hinterlassenschaften, die man der Person Martin Luthers zugerechnet hat, dürfte der im Thüringischen Staatsarchiv Altenburg aufbewahrte so genannte Lutherfloh sein. Auf einem separaten Bogen Papier, der einer Abschrift eines Originalmanuskriptes Luthers beilag, findet sich ein aufgeleimter Floh nebst folgender Beschreibung:

»Floh, gefunden in Luthers Collegienheft über die kleinen Propheten vom Jahre 1524/25, auf der Seite, welche am 5. April 1525 beschrieben wurde.«

Papier und Handschrift wirken jedoch relativ modern, so dass der »Fund« – ernst gemeint oder nicht – wohl nicht vor dem Ende des 19. Jh. stattgefunden haben wird. (MG)

Literatur: Schumann 1983

F 31 LUTHERSCHABLONE AUS DER CRANACH-WERKSTATT

Papier; 16. Jh.
H. 37,5 cm; B. 24,6 cm
Klassik Stiftung Weimar – Graphische Sammlungen, Inv. Nr. KK 101 b

Luther gehört zu den am häufigsten dargestellten Personen seiner Zeit, allein in den Cranach-Werkstätten sollen an die 1 000 Lutherporträts angefertigt worden sein. Zwar galt Lucas Cranach d. Ä. als »Pictor celerissimus«, also als der schnellste Maler und Zeichner seiner Zeit, jedoch auch seine Werkstatt bediente sich der Hilfsmittel zur rascheren Herstellung von stark nachgefragten Bildnissen. Zur Anfertigung eines Brustbildes von Martin Luther diente etwa eine sich heute im Besitz der Klassik Stiftung Weimar befindliche Schablone, eine Federzeichnung mit durchstochenen Linien, die eine schnelle Grundskizzierung des Porträts ermöglichte. Die Ausführung selbst erfolgte dann durch die Malergesellen oder – zumindest für den letzten Schliff – durch den Meister selbst. (MG)

Literatur: Diwald/Jürgens 1983, 173, Abb. 177

F 32 MODEL FÜR PAPIERMACHÉ-RELIEFS

Irdenware; 1552
H. 56 cm; B. 41 cm; T. 6 cm
Nationalmuseet København, Inv. Nr. D 4951

Es handelt sich um ein Model zur Anfertigung von Papiermachereliefs mit dem Bildnis Martin Luthers. Die tönerne Form zeigt den nach links gewandten Reformator barhäuptig, in der typischen Gelehrtenschaube und mit Bibel in beiden Händen. Die Unterschrift lautet: »VIVA IMAGO DOCT: MART: LUTH:« Auf der Rückseite findet sich das Kürzel »C.A.P.« und die Jahreszahl »1552«.

Der in Lüneburg ansässige Bildschnitzer und Bildhauer Albert von Soest (gest. 1588) fertigte neben seinen Werken aus Stein und Holz eine große Anzahl an Reliefs aus Papiermasse und Ton, quasi als preisgünstige Alternative. Dazu diente ein Verfahren, das die Massenproduktion derartigen Wandschmucks ermöglichte: Ausgehend von einer aus Holz geschnitzten Urform des jeweiligen Bildes wurde ein Abdruck aus Ton oder Gips für die eigentliche Produktion genommen. Nach dem Aushärten des Models konnte nun das Bild durch das Einbringen von Papiermaché gefertigt und nach dem Trocknen farbig bemalt werden.

Die Papierreliefs widmen sich überwiegend religiösen Themen oder zeigen Porträts bekannter zeitgenössischer Persönlichkeiten wie Erasmus, Melanchthon oder eben Luther. Als Vorlage diente vornehmlich die weitverbreitete Druckgrafik der Zeit. Papierreliefs von Albert von Soest sind in mehreren, vor allem norddeutschen Sammlungen nachweisbar. (MG)

Literatur: Ring 1996

F 33 OFENKACHELMODEL MIT LUTHERPORTRÄT

Irdenware; 16./17. Jh.
L. 22 cm; B. 22 cm
Stadt Lüneburg / Denkmalpflege, FNr. Auf der Altstadt 29, 46:4

Ein wichtiges Medium zur Verbreitung protestantischer Glaubensinhalte wurde in der Reformationszeit das Bild. Aber nicht nur in der Auseinandersetzung der Konfessionen untereinander, sondern auch in den Alltag der Gläubigen selbst flossen Darstellungen der wichtigsten Glaubensinhalte und der Repräsentanten der Glaubensrichtungen ein. Die Darstellung eindeutig konfessioneller Motive im öffentlichen und im privaten Raum stellte somit auch ein deutliches Bekenntnis zur jeweiligen Kirche dar.

Aus einer 1991–1995 ergrabenen Lüneburger Töpferei (Auf der Altstadt 29) wurde ein Model zur Anfertigung von Ofenkacheln mit dem Porträt Martin Luthers in Gelehrtentracht gefunden. Eine grün glasierte Kachel aus der Sammlung des Museums für das Fürstentum Lüneburg könnte unter Verwendung dieses Models gefertigt worden sein. Die Kachel zeigt auch den beim Model nicht mehr erhaltenen unteren Rand mit dem Schriftband »MARTINV LVTE...«, wobei Vorname und Nachname durch die Lutherrose getrennt sind. Als Vorlage diente dem Töpfer vermutlich ein Kupferstich Heinrich Aldegrevers von 1540.

Aus derselben Töpferei, die offenbar eng mit dem Künstler Albrecht von Soest (vgl. F 32) zusammenarbeitete, stammt auch ein Model mit der Darstellung der Allegorie von Gesetz und Gnade sowie weitere Modeln und Kacheln mit protestantischen Bildinhalten. (MG)

Literatur: Ring 2004, 56 f.

F 34 MERSEBURGER LUTHERBECHER

Steinzeug; um 1580/90
H. 15,2 cm; Dm. 11,5 cm (Boden)
LDA Sachsen-Anhalt, Grabung Merseburg, Inv.-Nr. 99:2733

Die Reformation war das erste »Medienereignis« der Neuzeit. Dies zeigt sich an den zahlreichen Druckschriften und bildlichen Darstellungen, die sich mit diesem Thema auseinandersetzen. Ausgewählte Inhalte und Ereignisse werden in kanonischer Form dargestellt. Eine prägende Rolle kam der Wittenberger Cranach-Schule zu, die relevanten Bildinhalte sind jedoch auch auf Münzen oder anderen Objekten zu entdecken. Eines der seltenen archäologischen Zeugnisse zur Rezeption der Reformation wurde 1999 während einer stadtkernarchäologischen Untersuchung in Merseburg entdeckt. Es handelt sich um einen Steinzeugkrug, der die Protagonisten der Reformation, Martin Luther und Philipp Melanchthon in Reliefauflage zeigt. Zwischen den Beiden befindet sich die Darstellung des Sündenfalles, bestehend aus dem Baum der Erkenntnis, der Schlange sowie Eva und Adam, die je einen Apfel in der Hand halten. Begleitet wird die Szenerie durch zwei Tiere; rechts des Baumes, auf jener Seite, auf der sich Eva befindet, ein katzen- bzw. affenartiges Tier, den Kopf der Schlange zugewandt – es symbolisiert die Verführung; links des Baumes ein Geflügel – es symbolisiert die Erlösung. Neben einer Ansprache als Gans oder Pelikan ist insbesondere eine Deutung des Tieres als Schwan naheliegend. Der Schwan ist das Symboltier Luthers. Auf dem Krug befindet sich der Schwan auf der »lutherischen Hälfte« und ist dem Reformator zugewandt.

Die scheinbar isoliert nebeneinander stehenden Motive stellen eine bildliche Codierung des Kernsatzes der lutherischen Lehre dar. Unter den großen reformatorischen »soli« – »sola fide« (allein durch Glauben), »sola scriptura« (allein die Schrift), »solus Christus« (nur Christus) – ist es insbesondere der Gnadenerweis Gottes (»sola gratia«), der dem sündigen Menschen Erlösung verspricht.

Die Frage nach der Gerechtigkeit Gottes beschäftigte Luther seit Beginn seiner theologischen Laufbahn. Er fand sie 1513 im so genannten Turmerlebnis im Schwarzen Kloster zu Wittenberg. Von dem großen und intensiven Widerhall, den die reformatorische Bewegung in der Folgezeit ausgelöst hat, legt der Merseburger Lutherkrug Zeugnis ab und dokumentiert zugleich, dass archäologische Quellen alltagsgeschichtliche Aspekte der Reformationsgeschichte erschließen, die in den Schriftquellen keinen Niederschlag gefunden haben. (HJ)

Literatur: Jarecki 2005; 2008

F 35 SCHWANENFIGÜRCHEN

Pfeifenton; 17. Jh.
L. 5 cm; H. 3 cm; B. 2 cm
LDA Sachsen-Anhalt, Grabung Eisleben Hallesche Str. 4, Inv. Nr. D 649/84/207

Das zoomorphe Figürchen stammt vom Nachbargrundstück (Lutherstraße 18) des »Luthergeburtshauses« in Eisleben und wurde während der archäologischen Untersuchungen im Jahre 2005 aus einer Aufschotterung des 17. Jh. geborgen.

Das an einen Schwan erinnernde, vollplastische Spielzeugtier aus so genanntem Pfeifenton wurde in einem zweiteiligen Model geformt, besitzt einen langgestreckten Körper, anliegende Flügel und einen S-förmig geschwungenen Hals. Beine und Kopf des Tieres sind abgebrochen. Auf der Unterseite befindet sich ein etwa 0,5 cm breites Loch, das vermutlich zum Aufstecken auf einen Holzstab diente.

Während vor allem aus dem Zeitraum des 15.–17. Jh. eine große Zahl an Tonpfeifenfiguren in Gestalt von Christuskindchen, Heiligen oder Frauenfiguren überliefert sind, gelten hingegen tierförmige Spielzeugfigu-

F 33

F 32

F 35

F 34

ren als relativ selten. Es dürfte daher kaum ein Zufall sein, dass ausgerechnet in unmittelbarer Nachbarschaft des im 17. Jh. als Gedenkort ausgebauten »Luthergeburtshauses« ein Figürchen in Form eines Schwanes gefunden wurde, war doch dieses Symboltier in den Köpfen der Zeitgenossen untrennbar mit dem Reformator verbunden: Luther selbst hatte schließlich die Weissagung des 1415 als Ketzer verbrannten Jan Hus auf sich bezogen: »Heute verbrennt ihr eine Gans (tschechisch »husa«), aber nach mir kommt ein Schwan, den könnt ihr nicht verbrennen«. (MG)

Literatur: Matthes 2007

F 36 MEDAILLE MARTIN LUTHER

Blei, Guss; 1521
Brustbild Luthers mit Barett und Mönchskutte, im Feld links 1521, unterhalb des Brustabschlusses H. G., Umschrift: »HERESIBVS.SI.DIGNVS.ERIT.LVTHERVS.IN.VLLIS.ET.CHRISTVS.DIGNVS.CRIMINIS.HVIVS.ERIT«
Dm. 6 cm
Stiftung Schloss Friedenstein Gotha, Schlossmuseum, Münzkabinett, Inv. Nr. 4.1./3979

Die Luthermedaille gilt als erste Porträtdarstellung des Reformators in eherner Gestalt und ist ein beredtes Zeugnis dafür, wie die politisch und religiös inhaltsreichen Medaillen der Reformation die aktuellen theologischen Auseinandersetzungen ihrer Zeit propagierten. Vorliegendes Bildnis mit Doktorhut und Mönchskutte ist nahezu identisch mit Luthers Konterfei auf dem berühmten Kupferstich Lucas Cranachs d. Ä. (1472–1586) aus dem Jahr 1521, was darauf hindeutet, dass der Künstler und Freund Luthers auch selbst das Modell zur Medaille gefertigt haben könnte. Die unmittelbare Einflussnahme namhafter Künstler dieser Zeit auf die Entwicklung und Gestaltung des damals in Deutschland gerade neu entstandenen Genres »Medaille« war nichts Ungewöhnliches. Neben Cranach fertigte auch Albrecht Dürer (1471–1528) Entwürfe für die sich bald reich entfaltende Kleinkunstgattung.

Lucas Cranach d. Ä. schuf das Modell für die einseitige Medaille anlässlich der Ereignisse auf dem Reichstag zu Worms. Luther hatte dort am 18. April 1521 standhaft den Widerruf seiner theologischen Lehre abgelehnt, worauf er zum Ketzer erklärt und die Reichsacht über ihn verhängt wurde. Auf diese Acht bezieht sich das als Legende gestaltete Distychon »Heißt es Luther sei der Ketzerei schuldig, so ist Christus dieses Lasters auch schuldig«, mit dem Cranach demonstrativ Partei für den Reformator ergriff.

Neben dem Gothaer Exemplar, das als ein Originalabguss vom Modell angesehen wird, existiert nur noch im Münzkabinett der Staatlichen Museen zu Berlin eine weitere einseitige Medaille des Reformators in Silber. Spätere Ausgaben dieses Typs weisen verschiedene Rückseiten auf. (UW)

Literatur: Gotha 1994; Habich 1932; Henschel 2001; Pick 1928; Reformationszeit 1983; Schnell 1983

F 37 VERGOLDETE SILBERMEDAILLE

Silber, gegossen, vergoldet; 1537
Dm. 4,41 cm; Gew. 23,85 g
Museum August Kestner Hannover, Inv. Nr. Slg. Bruns 719

Medaillen waren seit der Renaissance ein beliebtes Mittel der Verehrung, zugleich aber auch der Verbreitung von Ideen, modern betrachtet also Medien der Propaganda. Wie von seinem Kontrahenten, Albrecht von Brandenburg, wurden auch von Martin Luther schon zu Lebzeiten Medaillen gefertigt.

Das vorliegende Stück stammt aus dem Jahr 1537. Auf der Vorderseite ist ein Brustbild Luthers als Gelehrter, also mit Barett, Talar und Bibel zu erkennen. Die Umschrift lautet: »DOCTOR MARTINUS LUTHERUS PROPHETA GERMANIAE MDXXXVII.« Auf

F 36

F 37

F 38

F 39

der Rückseite halten zwei Engel einen Schild mit dem Wappen Luthers: die fünfblättrige Rose mit Herz und Kreuz. Hier lautet die Umschrift: »IN SILENTIO ET SPE ERIT FORTITUDO VESTRA MDXXXVII« (Im Stillesein und Hoffen werdet ihr stark sein, aus Jes. 30, 15). (BS)

F 38 VERGOLDETE BRONZEMEDAILLE

Bronze, gegossen, vergoldet; 16. Jh.
Dm. 6,16 cm; Gew. 43,88 g
Museum August Kestner Hannover,
Inv. Nr. Slg. Bruns 722

Die Medaille stammt aus dem 16. Jh., doch bleibt unklar, ob sie noch zu Lebzeiten Luthers gefertigt wurde. Die Vorderseite zeigt ein Brustbild des Reformators mit Talar und Barett. Auffällig ist eine vom üblichen Duktus abweichende Physiognomie Luthers. Die Umschrift »D. MARTIN. LUTHERUS« lässt hingegen keinen Zweifel daran, wen das Bildnis darstellen soll. Die Rückseite wird von einem sechzehnzeiligen Text eingenommen:

»EIN GEBET / D M LUTHERI BARMH / ERZIGER GOTT DU HAST / MIR GEGEBEN DAS ICH EIN / CRIST BIN WORDEN HILF DAS / ICH NUR EIN CRIST BLEIBE UND / NEME VON TAG ZU TAG ZU IM / GLAUBEN WAN GLEICH DIE GANZE / WELT SOLT FALEN UND SICH IEDER / MAN ROTTEN WURDE UND DER / TEUFEL ALLE TOPF ZERBRECHEN / SO GIB GNAD DAS ICH MICH NIT / DARON KERE SONDERN MIT / DEINER GOTLICHEN HILF / BEI DEM EVANGELIO / BLEIB AMEN.« (BS)

Literatur: Schlüter 1983

F 39 MEDAILLE AUF DEN TOD VON MARTIN LUTHER

Silber, gegossen; vmtl. Jakob Stampfer, 1546
Bildnis von Luther im 61. Lebensjahr (Vorderseite), Umschrift: »:MARTINVS. LVTHERVS. ANNO. MDXLV. AETAT. SVAE. LXI«
Inschrift (Rückseite): »PESTIS ERAM VIVVS. MORIENS ERO MORS TVA PAPA. OBIIT ISLEBIAE ANNO. M.D.XLVI. DIE XVIII. FEBRVARII. AETATIS SVAE ANNO LXIII.«
Dm. 3,9 cm
Stiftung Moritzburg – Kunstmuseum des Landes Sachsen-Anhalt, Inv. Nr. LMK-25366

Die Medaille zeigt ein ausdrucksvolles Porträt des alternden Luther und wurde zum Gedenken an seinen Tod im Jahr 1546 gegossen. Die nicht signierte Medaille wird Jakob Stampfer (1509–1579) vor allem wegen der Schriftgestaltung der Rückseite zugeschrieben. Stampfer war hauptsächlich in Zürich tätig. Seine Gussmedaillen erinnern an die Arbeiten Friedrich Hagenauers. Wahrscheinlich lernte Stampfer in Augsburg und Nürnberg während seiner Wanderjahre bei den dort tätigen Künstlern.

Die Medaille, die »Bildnisschaumünze«, entstand als eigenständige Kunstgattung durch das Repräsentationsbedürfnis der Renaissance zunächst in Italien. Sie diente nicht dem Geldverkehr, sondern der Anschauung und der Erinnerung an eine Person oder Begebenheit. Die Medaille hatte die Funktion eines kleinen handlichen Denkmals. (UD)

Literatur: Speler 1997, 80 Nr. I.17

ANHANG

LITERATURVERZEICHNIS

AGRICOLA 1556/1928
G. Agricola, De Re Metallica Libri XII (Basel 1556) = Zwölf Bücher vom Berg- und Hüttenwesen. Reprint der Erstauflage, erschienen im VDI-Verlag (Berlin 1928).

ALKEMADE/SCHELLING 1732
K. van Alkemade/P. van der Schelling, Nederlands Displegtgheden (Amsterdam 1732).

ALMELING 2000
G. Almeling, Ein Glasser war ich lange jar... Flachglasfunde im Bereich der St. Blasius Kirche. In: A. Bulla (Hrsg.), Im Schatten von Kirche und Rathaus. Archäologische Funde aus Hann. Münden. Sydekum-Schriften zur Geschichte der Stadt Münden 31 (Hannoversch Münden 2000) 100–116.

ANONYMUS 1737
Anonymus, Von des seeligen D. Martini Lutheri Reliquiis. In: Alte und Neue Curiosa Saxonica, Mai 1737, 174 ff.

ARNDT 1994
B. Arndt, Die Fundumstände. In: D. Hakelberg, Eine mittelalterliche Blockflöte aus Göttingen. Göttinger Jahrbuch 42, 1994, 95–102.

ARNOLD 1969
U. Arnold, Der Lutherbecher im Grünen Gewölbe und seine Medaillen. Schneeberger Heimatbüchlein 9, 1969.

ATZBACH 2005
R. Atzbach, Leder und Pelz am Ende des Mittelalters und zu Beginn der Neuzeit. Die Funde aus den Gebäudehohlräumen des Mühlberg-Ensembles in Kempten (Allgäu). Bamberger Schriften zur Archäologie des Mittelalters und der Neuzeit 2 (Bonn 2005).

BÄUMEL 2004
J. Bäumel, Rüstkammer. Staatliche Kunstsammlungen Dresden. Führer durch die ständige Ausstellung im Semperbau (Berlin, München 2004) 38 f., Vitrine 14.

BÄUMEL 2004a
J. Bäumel, Kurfürstliches Werkzeug und Gartengerät. Einführung. In: D. Syndram/A. Scherner (Hrsg.), In fürstlichem Glanz. Der Dresdner Hof um 1600. Ausstellungskatalog (Dresden, Mailand 2004) 160–162; 64 Nr. 53, Spaten, RK P 70.

BARTELS u. a. 2007
C. Bartels/M. Fessner/L. Klappauf/F. A. Linke, Kupfer, Blei und Silber aus dem Goslarer Rammelsberg von den Anfängen bis 1620. Die Entwicklung des Hüttenwesens von den frühmittelalterlichen Schmelzplätzen im Wald bis zur Metallerzeugung im großen Maßstab am Beginn des 17. Jahrhunderts nach den archäologischen und schriftlichen Quellen. Schriftenreihe Montanregion Harz 8. Veröffentlichungen des Deutschen Bergbau-Museums Bochum 151 (Bochum 2007).

BAUER 2004
I. Bauer (Bearb.), Hafnergeschirr aus Franken. Kataloge des Bayerischen Nationalmuseums 15, 2 (München, Berlin 2004) 117 ff. Nr. 13.

BAUMGÄRTNER 2005
E. Baumgärtner, Glas des Mittelalters und der Renaissance. Die Sammlung Karl Amendt (Düsseldorf 2005).

BEESKOW 1996
H.-J. Beeskow, Martin Luther 1483 bis 1546. Katalog der Hauptausstellung der Lutherhalle[2] (Berlin 1996).

BELLMANN u. a. 1979
F. Bellmann/M.-L. Harksen/R. Werner (Bearb.), Die Denkmale der Lutherstadt Wittenberg. Die Denkmale im Bezirk Halle (Weimar 1979) 41–46; 228–231.

BERNDORFF 2007
L. Berndorff, Die Prediger der Grafschaft Mansfeld. Eine Untersuchung zum »geistlichen Sonderbewusstsein« in der zweiten Hälfte des 16. Jahrhunderts (Potsdam 2007) ungedr. Diss.

BERNOULLI 1782
J. Bernoilli, Sammlung kurzer Reisebeschreibungen und anderer zur Erweiterung der Länder- und Menschenkenntnis dienenden Nachrichten (Berlin, Leipzig 1782) 53 ff.

BESENER 2005
F. Besener, Die Bergung gotischer Plastiken aus einer Bruchsteinmauer im Bereich Gouvernementsberg 2. Schaufenster der Archäologie – Neues aus der archäologischen Forschung in Magdeburg (Magdeburg 2005) 140–142.

BOSCHETTI-MARADI 2006
A. Boschetti-Maradi, Gefäßkeramik und Hafnerei in der frühen Neuzeit im Kanton Bern. Schriften des Bernischen Historischen Museums 8 (Bern 2006).

BOTT 1983
G. Bott (Hrsg.), Martin Luther und die Reformation in Deutschland. Katalog zur Ausstellung zum 500. Geburtstag (Frankfurt/M. 1983).

BRÄUER 2008
S. Bräuer, Kartographie – Luthermemorie – Sequestration. Die Mansfelder Geschichtskarte von Tilemann Stella/Johannes Mellinger 1571. In: H. Kühne/E. Nieke (Hrsg.), Kirche – Kunst – Kultur. Beiträge aus 800 Jahren Berlin-Brandenburgischer Geschichte [Festschrift für Gerlinde Strohmaier-Wiederanders zum 65. Geburtstag] (Frankfurt/M. 2008) 215–235.

BRAMM 1934
O. Bramm, Deutsche Brautkränze und Brautkronen. In: O. Erich (Hrsg.), Die Sachgüter der deutschen Volkskunde. Jahrbuch für historische Volkskunde 3/4, 1934, 163–185.

BRUNNER 1988
J. J. Brunner, Der Schlüssel im Wandel der Zeit (Bern, Stuttgart 1988).

BULST 1985
N. Bulst, Eiserner Pestkorb vom Rathaus in Nienburg. In: C. Meckseper (Hrsg.), Stadt im Wandel. Kunst und Kultur des Bürgertums in Norddeutschland 1150–1650, Bd. 1 (Stuttgart 1985) 60 Nr. 592.

BULST 2003
N. Bulst, Die Pest verstehen. Wahrnehmungen, Deutungen und Reaktionen in der Frühen Neuzeit. In: D. Groh (Hrsg.), Naturkatastrophen. Beiträge zu ihrer Deutung, Wahrnehmung und Darstellung in Text und Bild von der Antike bis ins 20. Jahrhundert (Tübingen 2003) 145–163.

BUNDSZUS 2004
M. Bundszus, Die Schlossinsel zu Rodewisch – eine Schatzkammer vogtländischer Geschichte. Das Vogtland. Schrift zu Kultur und Geschichte des Vogtlandes 2004, 36 f.

BUNDSZUS 2006
M. Bundszus, Eine Sternstunde der mitteleuropäischen Burgenarchäologie. Rodewisch – »Der Sitz die Göltzsch genannt«. In: H. Kenzler/I. Ericsson (Hrsg.), Rückspiegel. Archäologie des Alltags in Mittelalter und früher Neuzeit. Begleitheft zur Ausstellung (Bamberg 2006) 87 f.

BURCKHARDT 1923
R. F. Burckhardt, Das Vermächtnis des Herrn Hans Burckhardt-Burckhardt an das Historische Museum 1923. Jahresberichte und Rechnungen für das Historische Museum und für die Erhaltung baslerischer Altertümer und der Kommission zum Historischen Museum, 1923.

CANTE 2006
A. Cante, Künstler zwischen Hof und Glauben. Albrechts Perlendsticker Hans Plock. In: T. Schauerte/A. Tacke (Hrsg.), Der Kardinal. Albrecht von Brandenburg, Renaissancefürst und Mäzen, Bd. 1 (Regensburg 2006) 102–111.

CARSWELL 2006
J. Carswell, Iznik Pottery (London 2006).

CHRISTIANI 1983
F. J. Christiani, Tetzels Ablaßkiste. Miszellen / Städtisches Museum Braunschweig 37 (Braunschweig 1983).

DAHLENBURG 1995
B. Dahlenburg (Hrsg.), Kulturbesitz und Sammlungen der Ernst-Moritz-Arndt-Universität Greifswald (Greifswald 1995) 41 ff.

D'ARCAIS 1995
F. F. D'Arcais, Giotto (München 1995).

DEHIO 1999
G. Dehio, Handbuch der Deutschen Kunstdenkmäler. Sachsen-Anhalt II. Regierungsbezirke Dessau und Halle (München, Berlin 1999).

DENNY 2005
W. R. Denny, Osmanische Keramik aus Iznik (München 2005).

DIENER 1955
H. Diener, Drogenkunde (Leipzig 1955).

DIWALD / JÜRGENS 1983
H. Diwald / K.-H. Jürgens, Martin Luther Lebensbilder[2] (Bergisch-Gladbach 1983).

DÖHLE 2007
H.-J. Döhle, Schwein, Geflügel und Fisch – bei Luthers zu Tisch. In: B. Schlenker/H.-J. Döhle/U. Dräger/M. Hellmund/F. Hertel/F.-U. Roehrer-Ertel/A. Stahl/H.-G. Stephan, Luther in Mansfeld. Forschungen am Elternhaus des Reformators. Archäologie in Sachsen-Anhalt, Sonderbd. 6 (Halle [Saale] 2007) 169–186.

DRÄGER 1997
U. Dräger, Der Schmuckfund von Halle. In: R. Gründig/U. Dräger, Zur Geschichte der Sammlung, Staatliche Galerie Moritzburg Halle, Bd. 1: Kunsthandwerk und Design. Bestandskatalog (Halle [Saale] 1997).

DRÄGER 2000
U. Dräger, Goldschmiedearbeiten. In: Die Güter dieser Welt. Schätze der Lutherzeit aus den Sammlungen der Moritzburg Halle (Halle [Saale] 2000).

DRÄGER 2006
U. Dräger, Patengeld und Taufmedaillen, Zeugnisse der Volkskultur und bildenden Kunst. In: Tausend Jahre Taufen in Mitteldeutschland (Magdeburg 2006) 225.

DRÄGER 2007
U. Dräger, Die Münzen – eine verlorene Haushaltskasse? In: B. Schlenker/H.-J. Döhle/U. Dräger/M. Hellmund/F. Hertel/F.-U. Roehrer-Ertel/A. Stahl/H.-G. Stephan, Luther in Mansfeld. Forschungen am Elternhaus des Reformators. Archäologie in Sachsen-Anhalt, Sonderbd. 6 (Halle [Saale] 2007) 159–168

DRESDEN 1959
Der Menschheit bewahrt. Schätze der Weltkultur – vom Altertum bis zur Gegenwart – von der Sowjetunion vor Kriegsschäden bewahrt, vor Verderb und Zerstörung gerettet und der DDR übergeben (Dresden 1959) C 3.

DÜLL / KUTZELNIGG 1994
R. Düll/H. Kutzelnigg, Botanisch-ökologisches Exkursionstaschenbuch (Heidelberg, Wiesbaden 1994).

DÜRER-ZEIT 1971
Deutsche Kunst der Dürer-Zeit. Hinweise für den Besuch der Ausstellung (Dresden 1971).

DURA 2006
U. Dura, Trauring der Katharina von Bora (1499–1552). In: V. Rodekamp (Hrsg.), Leipzig Original: Stadtgeschichte vom Mittelalter bis zur Völkerschlacht. Katalog zur Dauerausstellung des Stadtgeschichtlichen Museums Leipzig im Alten Rathaus, Teil 1 (Altenburg 2006) 108 f.

DURA 2006a
U. Dura, Lutherbecher. In: V. Rodekamp (Hrsg.), Leipzig Original: Stadtgeschichte vom Mittelalter bis zur Völkerschlacht. Katalog zur Dauerausstellung des Stadtgeschichtlichen Museums Leipzig im Alten Rathaus, Teil 1 (Altenburg 2006) 105 f.

EGAN / PRITCHARD 2002
G. Egan/F. Pritchard, Dress accessoires c. 1150 – c. 1450. Medieval finds from excavations in London 3 (Woodbridge 2002).

EISERMANN 2001
F. Eisermann, Der Ablaß als Medienereignis. Kommunikationswandel durch Einblattdrucke im 15. Jahrhundert. Mit einer Auswahlbibliographie. In: R. Suntrup/J. R. Veenstra (Hrsg.), Tradition and Innovation in an Era of Change – Tradition und Innovation im Übergang zur Frühen Neuzeit. Kultureller Wandel vom Mittelalter zur Frühen Neuzeit 1 (Frankfurt/M. u. a. 2001) 99–128.

ENKE 2005
R. Enke (Red.), Nationalschätze aus Deutschland. Von Luther bis Bauhaus. Ausstellungskatalog (München u. a. 2005).

EPPERLEIN 1975
S. Epperlein, Der Bauer im Bild des Mittelalters (Leipzig u. a. 1975).

FABINY 1983
T. Fabiny, Martin Luthers letzter Wille. Das Testament des Reformators und seine Geschichte (Bielefeld 1983).

FESSNER 2007
M. Fessner, Die Familie Luder und das Berg- und Hüttenwesen in der Grafschaft Mansfeld und im Herzogtum Braunschweig-Wolfenbüttel. In: R. Knape (Hrsg.), Martin Luther und Eisleben. Schriften der Stiftung Luthergedenkstätten in Sachsen-Anhalt 8 (Leipzig 2007) 11–31.

FEUERSTEIN-HERZ 2005
P. Feuerstein-Herz (Hrsg.), Gotts verhengnis und seine straffe. Zur Geschichte der Seuchen in der Frühen Neuzeit. Ausstellungskataloge der Herzog August Bibliothek 84 (Wiesbaden 2005).

FIGGE 2006
H. Figge, Zur Erfindung des Patenpfennigs, Justus Jonas an Hans Luther. In: Numismatisches Nachrichtenblatt 7/2006, 321–323.

FRÄNKISCHE SCHWEIZ-MUSEUM 1994
Zweckverband Fränkische Schweiz-Museum (Hrsg.), Die Trachtenvielfalt der Fränkischen Schweiz im Wandel. Ausstellungskatalog des Fränkische Schweiz-Museums 4 (Tüchersfeld 1994).

FREIESLEBEN 1815
J. C. Freiesleben, Geognostischer Beytrag zur Kenntniß des Kupferschiefergebirges mit besonderer Hinsicht auf einen Theil der Graffschaft Mansfeld und Thüringens, Theil 3 (Freyberg 1815).

FREYBE 1996
J. Jonas/M. Coelius, Vom Christlichen abschied aus diesem tödlichen leben des Ehrwirdigen Herrn D. Martini Lutheri bericht durch D. Justum Jonam M. Michaelem Celium vnd ander die dabey gewesen kurtz zusamen gezogen (Wittenberg 1546), Nachdruck in: Peter Freybe, Drei zeitgenössische Texte zum Tode Martin Luthers (Stuttgart 1996) o. S.

FRITSCH 1828
J. H. Fritsch, Geschichte des vormaligen Reichsstifts und der Stadt Quedlinburg, Theil 2 (Quedlinburg 1828) 350 f.

FRITZSCH 1967
K. E. Fritzsch, Der Bergmann in den Kuttenberger Miniaturen des ausgehenden Mittelalters. Der Anschnitt. Zeitschrift für Kunst und Kultur im Bergbau 19, Heft 6, 1967, 3–39.

FRITZ 2004
J. M. Fritz (Hrsg.), Das evangelische Abendmahlsgerät in Deutschland (Leipzig 2004).

FUCHS 1543/2001
L. Fuchs, The New herbal of 1543 – New Kreüterbuch. Reprint (Köln u. a. 2001).

GESSERT 1925/26
O. Gessert, Benedikt Braunskorn der Ältere zu Nürnberg. Archiv für Medaillen- und Plaketten-Kunde 5, 1925/26, 161 ff.

GLASER 2005
S. Glaser, Eine Buckelschale von Faenza. Kulturgut. Aus der Forschung des Germanischen Nationalmuseums II/05, Heft 5, 2005, 1–3.

GOETZE 1703
G. H. Goetze, De Reliquiis Lutheri, diversis in locis asservatis, singularia (Leipzig 1703).

GOTHA 1994
Gotteswort und Menschenbild. Werke von Cranach und seinen Zeitgenossen. Ausstellungskatalog Schlossmuseum Gotha (Gotha 1994).

GREVE 2004
A. Greve, Luthers Siegelring. In: H. Marx/E. Kluth, Glaube und Macht. Sachsen im Europa der Reformationszeit. Ausstellungskatalog (Dresden 2004).

GRÖSSLER/BRINKMANN 1893
H. Größler/A. Brinkmann, Beschreibende Darstellung der älteren Bau- und Kunstdenkmäler der Provinz Sachsen und angrenzender Gebiete, Heft 18: Der Mansfelder Gebirgskreis (Halle [Saale] 1893).

GRÖSSLER/SOMMER 1882
H. Größler/F. Sommer (Hrsg.), Chronicon Islebiense. Eislebener Stadtchronik aus dem Jahre 1520–1738. Nach der Urschrift mit erklärenden Anmerkungen und einem Ortsregister (Eisleben 1882).

GROSJEAN/KINAUER 1975
G. Grosjean/R. Kinauer, Kartenkunst und Kartentechnik. Vom Altertum bis zum Barock^2 (Bern, Stuttgart 1975).

GRÜNDIG 1977
R. Gründig, Die Glassammlung der Staatlichen Galerie Moritzburg Halle. Bulletin de l'Association internationale pour l'histoire du verre 7/1973–1976, 1977.

GRÜNDIG/DRÄGER 2006
R. Gründig/U. Dräger, Hauszeichen des Hans von Schenitz. In: T. Schauerte/A. Tacke (Hrsg.), Der Kardinal. Albrecht von Brandenburg, Renaissancefürst und Mäzen, Bd. 2 (Regensburg 2006) 269 f. Nr. 154.

GRUPPE 1974
H. Gruppe, Katalog der Luther- und Reformationssagen des 19. Jahrhunderts. In: W. Brückner (Hrsg.), Volkserzählung und Reformation. Ein Handbuch zur Tradierung und Funktion von Erzählstoffen und Erzählliteratur im Protestantismus (Berlin 1974) 295–324.

GUTJAHR / WUNDERLICH 2007
M. Gutjahr / C.-H. Wunderlich, Lampe oder Tintenfass? – In: L. Chrzanovski / P. Kaiser (Hrsg.), Dark Ages? – Licht im Mittelalter – L'éclairage au Moyen Âge (Olten 2007) 208–219.

HAASIS-BERNER 1994
A. Haasis-Berner, Hörner aus Keramik – Wallfahrtsdevotionalien oder Signalhörner? Zeitschrift für Archäologie des Mittelalters 22, 1994, 15–38.

HABICH 1932
G. Habich, Die deutschen Schaumünzen des XVI. Jahrhunderts (Prag 1932).

HÄNSGEN 1984
E. Hänsgen, Hüttenmeister Antonio Lindemann in Eisleben, ein Verwandter Martin Luthers. Genealogie 17/33, 1984, 205–207.

HAGER 1916
J. Hager, Die Handwerkszeuge des 16. Jahrhunderts im Historischen Museum Dresden bearbeitet nach Berufsarten und Kennzeichen (Werkzeugmarken) (Dresden 1916) Maschinenskript, Nr. III 93; III 94.

HALLOF / HALLOF 1992
L. Hallof/K. Hallof: Die Inschriften der Stadt Jena bis 1650. Die Deutschen Inschriften 33 (Berlin 1992).

HANTZSCH 1902
V. Hantzsch, Beiträge zur älteren Geschichte der Kunstkammer in Dresden. Neues Archiv für Sächsische Geschichte und Altertumskunde 23, 1902, 220–296, hier 264; 277 f.

HEEGE 2002
A. Heege, Einbeck im Mittelalter. Eine archäologisch-historische Spurensuche. Studien zur Einbecker Geschichte 17 (Oldenburg 2002).

HEILIGES RÖMISCHES REICH 2006
Heiliges Römisches Reich Deutscher Nation, 962 bis 1806. Altes Reich und neue Staaten 1495 bis 1806. 29. Ausstellung des Europarates in Magdeburg und Berlin und Landesausstellung Sachsen-Anhalt, Bd. 1: Katalog, hrsg. v. H. Ottomeyer / J. Götzmann / A. Reiss; Bd. 2: Essays, hrsg. v. H. Schilling / W. Heun / J. Götzmann (Dresden 2006).

HELING 2003
A. Heling, Zu Haus bei Martin Luther. Ein alltagsgeschichtlicher Rundgang (Wittenberg 2003).

HELLMUND 2007
M. Hellmund, Pflanzenfunde aus der »Luthergrube«. In: B. Schlenker / H.-J. Döhle / U. Dräger / M. Hellmund / F. Hertel / F.-U. Roehrer-Ertel / A. Stahl / H.-G. Stephan, Luther in Mansfeld. Forschungen am Elternhaus des Reformators. Archäologie in Sachsen-Anhalt, Sonderbd. 6 (Halle [Saale] 2007) 187–200.

HEMPEL 1917
E. Hempel, Die Stellung der Grafen von Mansfeld zum Reich und zum Landesfürstentum (bis zur Sequestration). Forschungen zur Thüringisch-Sächsischen Geschichte 9 (Halle [Saale] 1917).

HENKEL 1999
M. Henkel, Der Kachelofen – Ein Gegenstand der Wohnkultur im Wandel. Eine volkskundlich-archäologische Studie auf Basis der Hildesheimer Quellen (Göttingen 1999).

HENKES 1994
H. E. Henkes, Glas zonder glans – Glass without gloss. Rotterdam Papers 9 (Rotterdam 1994).

HENNEN 2002
I. C. Hennen, Das Lutherhaus. Ein bauhistorischer Rundgang (Wittenberg 2002).

HENSCHEL 2001
K. Henschel, Das Jahr 1512. Numismatisches Nachrichtenblatt 04/01, 2001.

HENSCHKE 1996
E. Henschke (Hrsg.), Luther und Leipzig: Beiträge und Katalog zur Ausstellung (Leipzig 1996).

HERTEL 2007
F. Hertel, Der Textilfund. In: B. Schlenker / H.-J. Döhle / U. Dräger / M. Hellmund / F. Hertel / F.-U. Roehrer-Ertel / A. Stahl / H.-G. Stephan, Luther in Mansfeld. Forschungen am Elternhaus des Reformators. Archäologie in Sachsen-Anhalt, Sonderbd. 6 (Halle [Saale] 2007) 68 f.

HERRMANN / SPECHT 2006
V. Herrmann / O. Specht, Die Stadt Halle – vom karolingischen Grenzkastell zur spätmittelalterlichen Bürgerstadt. Kleine Hefte zur Archäologie in Sachsen-Anhalt 5 (Halle [Saale] 2006).

HETTNER / BÜTTNER 1872
H. Hettner / G. Büttner, Photographien nach Gegenständen aus dem Königl. Historischen Museum in Dresden (München 1872) Bl. 10.

HIEBSCH / WIJNGAARDEN 2007
S. Hiebsch / M. L. van Wijngaarden, Martin Luther – zijn leven, zijn werk (Kampen 2007).

HOFFMANN 2005
C. A. Hoffmann (Hrsg.), Als Frieden möglich war. 450 Jahre Augsburger Religionsfrieden. Begleitband zur Ausstellung (Regensburg 2005).

HOFMANN 1983
W. Hofmann (Hrsg.), Köpfe der Lutherzeit (München 1983).

HOLTMANN 1993
G. F. W. Holtmann, Untersuchungen zu mittelalterlichen und frühneuzeitlichen Messern (Göttingen 1993) phil. Diss., http://webdoc.sub.gwdg.de/diss/2002/holtmann/holtmann.pdf.

HOOS 1987
H. Hoos, Kerzenleuchter aus acht Jahrhunderten. Ausstellung Museum für Kunsthandwerk Frankfurt am Main (Frankfurt / M. 1987).

HORSCHIK 1978
J. Horschik, Steinzeug. 15. bis 19. Jh. Von Bürgel bis Muskau[2] (Dresden 1978).

HORSCHIK 1993
J. Horschik, Creußener Steinzeug. Keramos 139–140, 1993, 3–282.

HRDINA 2007
J. Hrdina, Päpstliche Ablässe im Reich unter dem Pontifikat Bonifaz IX. (1389–1404). In: J. Hrdina/H. Kühne/T. T. Müller (Hrsg.), Wallfahrt und Reformation (Frankfurt/M. u. a. 2007) 109–130.

HÜBNER 1862
J. Hübner, Verzeichniss der Königlichen Gemälde-Gallerie zu Dresden. Mit einer historischen Einleitung, Notizen über die Erwerbung und Angaben der Bezeichnung der einzelnen Bilder. Zweite wesentlich vermehrte Auflage (Dresden 1862).

IMMENKÖTTER 1983
H. Immenkötter, In: Martin Luther und die Reformation in Deutschland. Katalog zur Ausstellung zum 500. Geburtstag (Frankfurt/M. 1983) 166 Nr. 200.

JACOBS 1869
E. Jacobs, Siegel der Stadt Thalmansfeld und dortiger Bürger. Zeitschrift des Harzvereins für Geschichte und Altertumskunde 2, 1869, 185–191.

JANSEN 1995
L. Jansen, Aachenpilger in Oberfranken. Zu einem bemerkenswerten Keramikfund des späten Mittelalters aus Bamberg. Archäologisches Korrespondenzblatt 25, 1995, 421–434.

JARECKI 2005
H. Jarecki, In Szene gesetzt. Der Sündenfall auf renaissancezeitlicher Keramik. Zeitschrift für Archäologie des Mittelalters 32/2004, 2005, 189–195.

JARECKI 2008
H. Jarecki, Der Lutherkrug aus Merseburg. In: M. Becker/A. Becker/M. Cottin/U. Dräger/R. Grune/H. Jarecki/B. Kaaden/K. Sommerwerk/B. Weisser, Merseburg – Seit 7000 Jahren ein guter Standort. Archäologie in Sachsen-Anhalt, Sonderbd. 8 (Halle [Saale] 2008) 125–130.

JENS 2003
W. Jens, Vorwort zu: J. Henkys, Luthers Tischreden (Leipzig 2003).

JOESTEL 2008
V. Joestel, Luthers Schatzkammer. Kostbarkeiten im Lutherhaus Wittenberg (Dößel 2008).

JUNCKER 1706
C. Juncker, Das Guldene und Silberne Ehren-Gedächtniß Des Theuren Gottes-Lehrers D. Martini Lutheri [...] dessen Leben, Tod, Familie und Reliquien [...] Geschichten der Evangelischen Reformation [...] Jubel-Feyern, umständlich beschrieben, und [...] mehr als Zwey hundert Medaillen oder Schau-Müntzen [...] erkläret werden (Frankfurt, Leipzig 1706) 282 f.

JUNTKE 1973
F. Juntke, Über die im XV. Jahrhundert in Leipzig gedruckten Ablaßpredigten des Johannes von Paltz. Gutenberg-Jahrbuch 1973, 203–212.

KAHN 2000
R. Kahn, Die Hüttenfeuer von Mansfeld und Leimbach. Mansfeld – Geschichte und Geschichten 4, 2000, 4–31.

KALKHOFF 1886
P. Kalkhoff, Die Depeschen des Nuntius Alexander vom Wormser Reichstage 1521 (Halle [Saale] 1886).

KARLSTADT 1522
A. Bodenstein von Karlstadt, Von abtuhung der Bylder/Und das keyn Betdler unther den Christen seyn sollen (Wittenberg 1522).

KEIL 1752
F. S. Keil, Das Leben Hannß Luthers und seiner Ehefrauen Margarethen Lindemannin. Des unsterblichen Gottes Mannes D. Martin Luthers gewesenen Eltern, Nebst ihren Bildnissen; Ingleichen einer kurzen Erzehlung aller ihrer Kinder (Leipzig 1752).

KLESSE/MAYR 1987
B. Klesse/H. Mayr, Veredelte Gläser aus Renaissance und Barock. Sammlung Ernesto Wolf. Europäische Glaskunst 1500–1800. Ausstellungskatalog (Wien 1987).

KLINGE 1979
E. Klinge, Deutsches Steinzeug der Renaissance- und Barockzeit. Katalog Hetjensmuseum. Deutsches Keramikmuseum (Düsseldorf 1979).

KLINGE 1996
E. Klinge, Duits steengoed – German stoneware. Katalog Rijksmuseum Amsterdam (Düsseldorf 1996).

KLÜTING 2007
H. Klüting, Das konfessionelle Zeitalter. Europa zwischen Mittelalter und Moderne; Kirchengeschichte und allgemeine Geschichte (Darmstadt 2007).

KLUGE/STOLL 1982
B. Kluge/H. J. Stoll, Der Hohlpfennigfund von Domnitz. Numismatische Beiträge 1982/I, 1982, 41 f.

KLUTTIG-ALTMANN 2006
R. Kluttig-Altmann, Von der Drehscheibe bis zum Scherbenhaufen. Leipziger Keramik des 14. bis 18. Jahrhunderts im Spannungsfeld von Herstellung, Gebrauch und Entsorgung. Veröffentlichungen des Landesamtes für Archäologie mit Landesmuseum für Vorgeschichte 47 (Dresden 2006).

KNAPE 2000
R. Knape (Hrsg.), Martin Luther und der Bergbau im Mansfelder Land. Stiftung Luthergedenkstätten in Sachsen-Anhalt/Katalog 7 (Eisleben 2000).

KNAPE 2007
R. Knape (Hrsg.), Martin Luther und Eisleben. Schriften der Stiftung Luthergedenkstätten in Sachsen-Anhalt 8 (Leipzig 2007).

KOEPPLIN / FALK 1976
D. Koepplin/T. Falk, Lukas Cranach. Gemälde, Zeichnungen, Druckgraphik, 2 Bde. (Basel, Stuttgart 1976).

KOHLHAUSEN 1968
H. Kohlhausen, Nürnberger Goldschmiedekunst des Mittelalters und der Dürerzeit 1240 bis 1540 (Berlin 1968).

KOLB 2003
K. Kolb, Cranach als Reformationsmaler? Beobachtungen zu Cranach-Gemälden in der Gemäldegalerie Alte Meister in Dresden. Dresdner Hefte 21, 2003, 69–77.

KOLB 2004
K. Kolb 2004, Martin Luther auf dem Sterbebett. In: H. Marx/E. Kluth, Glaube & Macht. Sachsen im Europa der Reformationszeit. Ausstellungskatalog (Dresden 2004) 177 f. Nr. 256.

KOPP 1990
M. Kopp, Die Druckerei zu Ursel: 1557–1623. Versuch eines Porträts (Oberursel im Taunus 1990)

KRABATH 2001
S. Krabath, Die hoch- und spätmittelalterlichen Buntmetallfunde nördlich der Alpen. Eine archäologisch-kunsthistorische Untersuchung zu ihrer Herstellungstechnik, funktionalen und zeitlichen Bestimmung. Internationale Archäologie 63 (Rahden/Westf. 2001).

KRANZFELDER 1982
K. Kranzfelder, Zur Geschichte der Apothekenabgabe- und Standgefäße aus keramischen Materialien unter besonderer Berücksichtigung der Verhältnisse in Süddeutschland vom 18. bis zum beginnenden 20. Jahrhundert (München 1982) ungedr. Diss.

KRAUSS / AMME 1994
J. Krauß/J. Amme, Bestecke. Die Egloffsteinsche Sammlung (15.–18. Jahrhundert) auf der Wartburg (Stuttgart 1994) 37.

KROENER 1982
D. Kroener, Doktor Martin Luthers Hauswehr? Jahrbuch der Staatlichen Kunstsammlungen Dresden, 1982, 85–89.

KROKER 1907
E. Kroker, Reliquien Luthers und seiner Frau in Leipzig. Leipziger Kalender 1907, 221 ff.

KRÜGER 2002
K. Krüger, Archäologische Zeugnisse zum mittelalterlichen Buch- und Schriftwesen nordwärts der Mittelgebirge. Universitätsforschungen zur prähistorischen Archäologie 91 (Bonn 2002).

KRUMHAAR 1839/59
K. Krumhaar, Dr. Martin Luthers Vaterhaus in Mansfeld. 1. u. 2. Aufl. (Eisleben 1839/59).

KRUMHAAR 1855
K. Krumhaar, Die Grafschaft Mansfeld im Reformationszeitalter (Eisleben 1855).

KRUSE 1990
K. B. Kruse, Küche, Keller, Kemenate. Alltagsleben auf dem Domhof um 1600. Ergebnisse der Grabung an der Bernwardsmauer (Hildesheim 1990).

KÜCHENMEISTER 1879
F. Küchenmeister, Luther-Becher. Eine Anzahl wirklich oder angeblich gebrauchter Trinkgefäße. Illustrirte Zeitung, Leipzig 1.11.1879, Sp. 357–361.

KÜHNE 1992
H. Kühne, Der Wittenberger Arsenalplatz im Wandel der Jahrhunderte (Wittenberg 1992).

KUNZELMANN 1972
A. Kunzelmann, Geschichte der deutschen Augustiner-Eremiten, Teil 3: Die bayerische Provinz bis zum Ende des Mittelalters (Würzburg 1972).

KUNZELMANN 1974
A. Kunzelmann, Geschichte der deutschen Augustiner-Eremiten, Teil 5: Die sächsisch-thüringische Provinz und die sächsische Reformkongregation bis zum Untergang der beiden. Cassiciacum 26 (Würzburg 1974) 494–503.

LAUBE 1974
A. Laube, Studien über den erzgebirgischen Silberbergbau von 1470 bis 1546 (Berlin 1974).

LAUBE 2002
S. Laube, Der Kult um die Dinge an einem evangelischen Erinnerungsort. In: S. Laube/K.-H. Fix (Hrsg.), Reformationserinnerung und Lutherinszenierung. Schriften der Stiftung Luthergedenkstätten in Sachsen-Anhalt 2 (Leipzig 2002) 11–35.

LAUBE 2007
S. Laube, Von der Reliquie zum Relikt. Luthers Habseligkeiten und ihre Musealisierung in der frühen Neuzeit. In: C. Jäggi/J. Staecker (Hrsg.), Archäologie der Reformation. Studien zu den Auswirkungen des Konfessionswechsels auf die materielle Kultur. Arbeiten zur Kirchengeschichte 104 (Berlin 2007) 429-466.

LEHMKUHL / SCHÄFER 2005
U. Lehmkuhl/H. Schäfer, Spiele für Jung und Alt. In: H. Jöns/F. Lüth/H. Schäfer (Hrsg.), Archäologie unter dem Straßenpflaster. 15 Jahre Stadtkernarchäologie in Mecklenburg-Vorpommern (Schwerin 2005) 361–365.

LINDAU 1883
M. B. Lindau, Lucas Cranach. Ein Lebensbild aus dem Zeitalter der Reformation (Leipzig 1883).

LITHBERG 1932
N. Lithberg, Schloß Hallwil III, 2. Die Fundgegenstände/Abbildungen (Stockholm 1932).

MADER 1992
F. Mader, Die Kunstdenkmäler von Bayern Stadt Regensburg. 450 Jahre evangelische Kirche in Regensburg 1542–1992. Ausstellungskatalog (Regensburg 1992) 124.

MANDEL 1993
G. Mandel, Der Schlüssel. Geschichte und Symbolik der Schlüssel und Schlösser (Stuttgart 1993).

MARQUARDT 1997
K. Marquardt, Europäisches Eßbesteck aus acht Jahrhunderten (Stuttgart 1997).

MARX / MÖSSINGER 2005
H. Marx/I. Mössinger (Hrsg.) Ausstellungskatalog Cranach. Mit einem Bestandskatalog der Gemälde in den Staatlichen Kunstsammlungen Dresden von Karin Kolb. Kunstsammlungen Chemnitz 2005–2006 (Köln 2005).

MATHESIUS 1558 / 1975
J. Mathesius, Sarepta oder Bergpostill. Sampt der Jochimsthalischen kurtzen Chroniken (Nürnberg 1558; Nachdruck Prag 1975).

MATTHES 2007
C. Matthes, Die archäologische Entdeckung des originalen Luther-Geburtshauses. In: R. Knape (Hrsg.), Martin Luther und Eisleben. Schriften der Stiftung Luthergedenkstätten in Sachsen-Anhalt 8 (Leipzig 2007) 73–86.

MATTHES 2008
C. Matthes, Ausgrabungen als stadttopographische Untersuchungen innerhalb und im Umfeld des »Luthergeburtshauses« in Eisleben. In: H. Meller/S. Rhein/H.-G. Stephan (Hrsg.), Luthers Lebenswelten. Tagungen des Landesmuseums für Vorgeschichte Halle 1 (Halle [Saale] 2008) in Vorb.

MAUÉ u. a. 2002
H. Maué/T. Eser/S. Hauschke/J. Stolzenberger, Quasi Centrum Europae. Europa kauft in Nürnberg. 1400–1800. Ausstellungskatalog (Nürnberg 2002).

MELANCHTHON 1561 / 1975
P. Melanchthon, Vita Lutheri (Wittenberg 1561) = Erzählung vom Leben D. Martin Luthers, hrsg. v. F. T. Zimmermann (Göttingen 1975).

MELLER u. a. 2008
H. Meller/S. Rhein/H.-G. Stephan (Hrsg.), Luthers Lebenswelten. Tagungen des Landesmuseums für Vorgeschichte Halle 1 (Halle [Saale] 2008) in Vorb.

MIRSCH 2003
R. Mirsch, Verwendung Mansfelder Hüttenschlacke bis zum Ausgang des 19. Jahrhunderts. Zeitschrift für Heimatforschung 12, 2003, 96–107.

MÖLLENBERG 1906
W. Möllenberg, Hans Luther, Dr. Martin Luthers Vater, ein mansfeldischer Bergmann und Hüttenmeister. Zeitschrift des Harzvereins für Geschichte und Altertumskunde 39, 1906, 169–193.

MOELLER 1991
B. Moeller, Frömmigkeit in Deutschland um 1500. In: B. Moeller, Die Reformation und das Mittelalter. Kirchenhistorische Aufsätze (Göttingen 1991) 73–85.

MOELLER 1991a
B. Moeller, Die letzten Ablaßkampagnen. Luthers Widerspruch gegen den Ablaß in seinem geschichtlichen Zusammenhang. In: B. Moeller, Die Reformation und das Mittelalter. Kirchenhistorische Aufsätze (Göttingen 1991) 53–72.

MOERIKE 1883
J. C. L. Moerike, Meine Abstammung von D. Luther und sein Tischbecher. Bekannt gemacht aus Veranlaßung des dritten Reformations-Jubiläum. Ein Nachtrag zu meinem schon 1802. herausgegebenen Schriftchen. Mit 5 Abbildungen und 1 Stammtafel der Luther'schen Familie. Neue unveränd. Ausg. (Stuttgart 1883).

MÜCK 1910
W. Mück, Der Mansfelder Kupferschieferbergbau in seiner rechtsgeschichtlichen Entwicklung, Bd. 2: Urkundenbuch des Mansfelder Bergbaus (Leipzig 1910).

NESER 2005
A.-M. Neser, Luthers Wohnhaus in Wittenberg. Denkmalpolitik im Spiegel der Quellen. Stiftung Luthergedenkstätten in Sachsen-Anhalt/Katalog 10 (Leipzig 2005).

NESER 2007
A.-M. Neser, Luthers Geburtshaus in Eisleben – Ursprünge, Wandlungen, Resultate. In: R. Knape (Hrsg.), Martin Luther und Eisleben. Schriften der Stiftung Luthergedenkstätten in Sachsen-Anhalt 8 (Leipzig 2007) 87–120.

NICKEL 2002
H. L. Nickel, 450 Jahre Marienbibliothek zu Halle an der Saale. Kostbarkeiten und Raritäten einer alten Büchersammlung (Halle [Saale] 2002).

NICKEL u. a. 1996
H. L. Nickel/R. Pregla/P. Raabe/H. Seidel, Martin Luther und Halle. Katalog der Franckeschen Stiftungen 3 (Halle [Saale] 1996).

PARAVICINI 2005
W. Paravicini, Drechseln. In: W. Paravicini (Hrsg.), Höfe und Residenzen im spätmittelalterlichen Reich. Residenzenforschung 15 II, Teilbd. 1+2 (Ostfildern 2005).

PAULUS 2000
N. Paulus, Geschichte des Ablasses im Mittelalter. 3 Bde. (Paderborn 1922/23; Nachdruck Darmstadt 2000).

PELGEN 1996
S. Pelgen, Zur Archäologie der Buchdruckletter. Neue Funde zur Schriftgußgeschichte von (Kur-)Mainz. Gutenberg-Jahrbuch 1996, 182–208.

PHILIPSEN 2007
C. Philipsen, »Im übrigen bin ich in Eisleben geboren und in St. Peter getauft«. Martin Luthers Geburt und Taufe in Eisleben. In: R. Knape (Hrsg.), Martin Luther und Eisleben. Schriften der Stiftung Luthergedenkstätten in Sachsen-Anhalt 8 (Leipzig 2007) 163–172.

PICK 1928
B. Pick, Bemerkungen zu deutschen Medaillen. In: Festschrift für Karl Koetschau. Beiträge zur Kunst-, Kultur- und Literaturgeschichte (Düsseldorf 1928).

PRIETZEL 2004
M. Prietzel, Das Heilige Römische Reich im Spätmittelalter. Geschichte kompakt (Darmstadt 2004).

QANDT 1834
J. G. Quandt, Andeutungen für die Beschauer des historischen Museums (Dresden 1834) 50.

RAABE 1979
P. Raabe (Hrsg.), Herzog August – Sammler, Fürst, Gelehrter. Ausstellungskatalog der Herzog August Bibliothek 27 (Wolfenbüttel 1979).

RABE 1991
H. Rabe, Deutsche Geschichte 1500–1600. Das Jahrhundert der Glaubensspaltung (München 1991).

REFORMATIONSZEIT 1983
Kunst der Reformationszeit. Ausstellung im Alten Museum (Berlin 1983).

REIMER 1761
C. E. Reimer, Historisch-critische Abhandlung über das Leben und die Kunstwerke des berühmten deutschen Mahlers Lucas Cranach (Hamburg, Leipzig 1761).

REINEKING VON BOCK 1964
G. Reineking von Bock, Die Entwicklung der Bartmaske an rheinischem Steinzeug. Keramos 104, 1964, 39–44.

REINEKING VON BOCK 1986
G. Reineking von Bock, Steinzeug. Kataloge des Kunstgewerbemuseums Köln 43 (Köln 1986).

RHEIN 1997
S. Rhein, »Ein wunderbares Vergnügen« – Philipp Melanchthon und die Münzen. In: J. Blum/W.-D. Müller-Jahnke/S. Rhein, Melanchthon auf Medaillen 1525–1997 (Ubstadt-Weiher 1997) 11–19.

RHEIN/WARTENBERG 2006
S. Rhein/G. Wartenberg, Reformatoren im Mansfelder Land. Erasmus Sarcerius und Cyriacus Spangenberg. Schriften der Stiftung Luthergedenkstätten in Sachsen-Anhalt 4 (Leipzig 2006).

RHEIN u. a. 2006
S. Rhein/M. Treu/H. Rode, Archäologie am Lutherhaus. Neue Funde und Ergebnisse (Wittenberg o. J. [2006]).

RICHTER 2003
E.-L. Richter, Die »Lutherbecher« in Dresden, Leipzig und Greifswald: Studien zur Provenienz und Authentizität. Weltkunst. Aktuelle Zeitschrift für Kunst und Antiquitäten 73, Heft 2, 2003, 168–172.

RIEGEL 1875
H. Riegel, Herzogliches Museum. Führer durch die Sammlungen (Braunschweig 1897) 15 f.

RING 1996
E. Ring, »Zu trucken mit papir.« Albert von Soest und die Herstellung von Papierreliefs. In: F. Andraschko (Hrsg.), Ton – Steine – Scherben. Ausgegraben und erforscht in der Lüneburger Altstadt (Lüneburg 1996) 107–111.

RING 2004
E. Ring, »Also nahm dat Evangelium to und schaffede Frucht«. Archäologie der Reformation in Lüneburg. Denkmalpflege in Lüneburg 2004, 49–61.

ROCH 1971
I. Roch, Baugeschichte und Rekonstruktion der Festung Mansfeld. In: H. Müller/G. Hahn (Hrsg.), Aspekte der Kunstgeschichte von Mittelalter und Neuzeit [Karl Heinz Clasen zum 75. Geburtstag] (Weimar 1971) 265–288.

RODE 1996
H. Rode, Zur mittelalterlichen Baugeschichte der Jessener Burg. Archäologische Berichte aus Sachsen-Anhalt 1996, 225–232.

RODEKAMP 2004
V. Rodekamp (Hrsg.), Das Alte Rathaus zu Leipzig (Altenburg 2004).

SCHADOW 1825
J. G. Schadow, Wittenbergs Denkmäler der Bildnerei, Baukunst und Malerei, mit historischen und artistischen Erläuterungen (Wittenberg 1825).

SCHÄFER 1860
W. Schäfer: Die Königliche Gemälde-Gallerie im Neuen Museum zu Dresden. Beschreibung und Erläuterung sämmtlicher Gemälde nach der Ordnung der Räume begleitet von kunstgeschichtlichen und kritischen Erinnerungen, 3 Bde. (Dresden 1860).

SCHAUERTE/TACKE 2006
T. Schauerte/A. Tacke (Hrsg.), Der Kardinal. Albrecht von Brandenburg, Renaissancefürst und Mäzen, 2 Bde. (Regensburg 2006).

SCHEEL 1929
O. Scheel (Hrsg.), Sammlung ausgewählter kirchen- und dogmengeschichtlicher Quellenschriften. Dokumente zu Luthers Entwicklung (bis 1519) (Tübingen 1929).

SCHEIDEMANTEL 2002
D. Scheidemantel, Frühneuzeitliche Hohlglasfunde aus Leipzig, Petersstraße 28. Veröffentlichungen des Landesamtes für Archäologie mit Landesmuseum für Vorgeschichte 36 (Dresden 2002).

SCHEIDEMANTEL 2004
D. Scheidemantel, Auf den Spuren der Töpferstätten. Waldenburger Steinzeug vom Spätmittelalter bis zur frühen Neuzeit. In: U. Budig (Red.), Zwischen Residenz und Töpferscheibe. 750 Jahre Waldenburg (Meerane 2004).

SCHEIDEMANTEL/SCHIFER 2005
D. Scheidemantel/T. Schifer, Waldenburger Steinzeug, Archäologie und Naturwissenschaften. Veröffentlichungen des Landesamtes für Archäologie mit Landesmuseum für Vorgeschichte 44 (Dresden 2005).

SCHLENKER 1995
B. Schlenker (Red.), Protokollband zum Kolloquium anläßlich der ersten urkundlichen Erwähnung Eislebens am 23. November 1994. Veröffentlichungen der Lutherstätten Eisleben 1 (Halle [Saale] 1995).

SCHLENKER 2007
B. Schlenker, Archäologie am Elternhaus Martin Luthers. In: B. Schlenker/H.-J. Döhle/U. Dräger/M. Hellmund/F. Hertel/F.-U. Roehrer-Ertel/A. Stahl/H.-G. Stephan, Luther in Mansfeld. Forschungen am Elternhaus des Reformators. Archäologie in Sachsen-Anhalt, Sonderbd. 6 (Halle [Saale] 2007) 17–112.

SCHLENKER 2007a
B. Schlenker, Reformationsarchäologie in Mansfeld. Ausgrabungen am Elternhaus Martin Luthers. In: R. Knape (Hrsg.), Martin Luther und Eisleben. Schriften der Stiftung Luthergedenkstätten in Sachsen-Anhalt 8 (Leipzig 2007) 343–351.

SCHLENKER u. a. 2007
B. Schlenker/H.-J. Döhle/U. Dräger/M. Hellmund/F. Hertel/F.-U. Roehrer-Ertel/A. Stahl/H.-G. Stephan, Luther in Mansfeld. Forschungen am Elternhaus des Reformators. Archäologie in Sachsen-Anhalt, Sonderbd. 6 (Halle [Saale] 2007).

SCHLÜTER 1983
M. Schlüter, Münzen und Medaillen der Reformation – 16. bis 20. Jahrhundert. Aus dem Besitz des Kestner-Museums Hannover (Hannover 1983).

SCHMIDT 2004
F. Schmidt, Abendmahlssieblöffel. In. H. Marx/E. Kluth (Hrsg.), Glaube & Macht. Sachsen im Europa der Reformationszeit. Ausstellungskatalog (Dresden 2004) 265 Nr. 406.

SCHNELL 1983
H. Schnell, Martin Luther und die Reformation auf Münzen und Medaillen (München 1983).

SCHNITZLER 1996
N. Schnitzler, Ikonoklasmus – Bildersturm. Theologischer Bilderstreit und ikonoklastisches Handeln während des 15. und 16. Jahrhunderts (München 1996).

SCHOLKMANN 2007
B. Scholkmann, Forschungsfragestellungen, Möglichkeiten und Grenzen einer Archäologie der Reformation in Mitteleuropa. In: C. Jäggi/J. Staecker (Hrsg.), Archäologie der Reformation. Studien zu den Auswirkungen des Konfessionswechsels auf die materielle Kultur. Arbeiten zur Kirchengeschichte 104 (Berlin 2007) 3–25.

SCHÜTTE 1982
S. Schütte, Spielen und Spielzeug in der Stadt des späten Mittelalters. In: J. Wittstock (Bearb.), Aus dem Alltag der mittelalterlichen Stadt. Hefte des Focke-Museums 62 (Bremen 1982) 201–210.

SCHUMANN 1983
F. Schumann, Der Lutherfloh. Die Weltbühne 78, 1983, 1052.

SCRIBNER 1986
R. W. Scribner, Incombustible Luther: The Image of the Reformer in Early Modern Germany. Past and Present 110, 1986, 38–68.

SDUNNUS 1994
U. Sdunnus (Red.), Historisches Museum Basel: Führer durch die Sammlungen (London 1994), 179 Nr. 270.

SEDLÁČKOVÁ 1998
H. Sedláčková, Renesanční Olomouc v archeologických nálezech. Sklo, slavnostní keramika a kachle. Archeologické výzkumy Památkového ústavu v Olomouci 1973–1996 [Renaissance Olomouc in Archaelogical Finds. Glass, Festive Ceramics and Tiles. Archaeological Research of the Institute of Landmark Conservation in Olomouc 1973–1996] (Olmütz 1998).

SEIDEL 1998
R. Seidel, Die Grafen von Mansfeld. Geschichte und Geschichten eines deutschen Adelsgeschlechts (Egelsbach u. a. 1998).

SEIFERT 1985
E. Seifert (Red.), Museum Göltzsch, Rodewisch im Vogtland[2] (Rodewisch o. J. [1985]).

SIEDE 2005
I. Siede, Der so genannte »Lutherbecher« aus dem Domschatz. In: A. Wieczorek/M. Fansa/H. Meller (Hrsg.), Saladin und die Kreuzfahrer. Begleitband zur Ausstellung (Mainz 2005) 430 Nr. D.13.

SPANGENBERG 1912
C. Spangenberg, Mansfeldische Chronica. Der dritte Teil. Stammbaum und Geschlecht Register der Wolgebornen Edlen Herrn und Graffen zu Mansfelt, beneben Bericht eines jeglichen Regierung und Thaten, was ein jeder an oder von der Herrschaft gebracht, von ihren Gemaheln, Kindern, Sitz oder Wonung, Absterben und Begrebnissen, hrsg. v. R. Leers (Eisleben 1912).

SPANGENBERG 1913–1925
C. Spangenberg, Mansfeldische Chronica. Der vierte Teil. Beschreibung der Graueschaft Mansfeltt von ortt zu ortt, der Schlößer, Stedte, Dorffschafften und Closter mitt allen deren Zubehörungen: wie, und auch wenn ein iedes zu der Graueschafft Mansfeltt komen, und was sich bey und ann einem ieden ortt in sonderheitt zugetragen. Dabey auch der Fürwege und Wüstungen, Berge und Welde, Wasser und Bäche, Mülen und Hütten, so darneben gelegen, nicht vergessen wird, hrsg. v. M. Koennecke/R. Leers/C. Rühlemann (Eisleben 1913–1925).

SPELER 1997
R.-T. Speler (Hrsg.), Melanchthon und die Universität. Zeitzeugnisse aus den halleschen Sammlungen. Katalog des Universitätsmuseums der Zentralen Kustodie, Neue Folge 3 (Halle [Saale] 1997).

SPIELER 1995
O. Spieler, 950 Jahre Hettstedt 1046–1996. Ortsgeschichte 1 (Hettstedt 1995).

STAHL 2007
A. Stahl, Baugeschichtliche Erkenntnisse zu Luthers Elternhaus in Mansfeld und seiner Bewohner. In: R. Knape (Hrsg.), Martin Luther und Eisleben. Schriften der Stiftung Luthergedenkstätten in Sachsen-Anhalt 8 (Leipzig 2007) 353–389.

STEFFENS 2002
M. Steffens, Die Gestaltung und Musealisierung der Eislebener Lutherhäuser im 19. Jahrhundert. In: R. Knape/M. Treu (Hrsg.), Preußische Lutherverehrung im Mansfelder Land. Stiftung Luthergedenkstätten in Sachsen-Anhalt/Katalog 8 (Leipzig 2002) 55–93.

STELLER 2005
K. Steller, »Die eingemauerten Jungfrauen«. Zum Fund mittelalterlicher Skulpturen am Gouvernementsberg 3–4 in Magdeburg (Halle [Saale] 2005) ungedr. Magisterarb.

STEPHAN 1972
H.-G. Stephan, Hausrat aus einem Abfallschacht der Frührenaissance in Höxter. Westfalen 50, Heft 1–4, 1972, 149–178.

STEPHAN 1987
H.-G. Stephan, Die bemalte Irdenware der Renaissance in Mitteleuropa. Ausstrahlungen und Verbindungen der Produktionszentren im gesamteuropäischen Rahmen. Forschungshefte/Bayerisches Nationalmuseum München 12 (München 1987).

STEPHAN 1992
H.-G. Stephan, Spätmittelalterliche Gesichtsgefäße aus Mitteleuropa. Sonderformen figürlicher Gefäßkeramik aus Coppengrave in Südniedersachsen und ihre überregionalen Bezüge in Mittel- und Nordeuropa. In: Everyday and Exotic Pottery from Europe c. 650–1900 [Studies in honor of John G. Hurst] (Oxford 1992) 127–156.

STEPHAN 2006
H.-G. Stephan, Fünf polychrome Blattkacheln der Frührenaissance. In: T. Schauerte/A. Tacke (Hrsg.), Der Kardinal. Albrecht von Brandenburg, Renaissancefürst und Mäzen, Bd. 1 (Regensburg 2006) 258–261.

STEPHAN 2007
H.-G. Stephan, Keramische Funde aus Luthers Elternhaus in Mansfeld. In: B. Schlenker/H.-J. Döhle/U. Dräger/M. Hellmund/F. Hertel/F.-U. Roehrer-Ertel/A. Stahl/H.-G. Stephan, Luther in Mansfeld. Forschungen am Elternhaus des Reformators. Archäologie in Sachsen-Anhalt, Sonderbd. 6 (Halle [Saale] 2007) 139–159.

STEPHAN 2008
H.-G. Stephan, Luther-Archäologie: Funde und Befunde aus Mansfeld und Wittenberg. Gedanken und Materialien zur Erforschung der Lebenswelt des Reformators und zur Alltagskultur Mitteldeutschlands im 16. Jh. In: H. Meller/S. Rhein/H.-G. Stephan (Hrsg.), Luthers Lebenswelten. Tagungen des Landesmuseums für Vorgeschichte Halle 1 (Halle [Saale] 2008) in Vorb.

STIEVERMANN 2000
D. Stievermann, Sozialer Aufstieg um 1500: Hüttenmeister Hans Luther und sein Sohn Dr. Martin Luther. In: R. Knape (Hrsg.), Martin Luther und der Bergbau im Mansfelder Land. Stiftung Luthergedenkstätten in Sachsen-Anhalt/Katalog 7 (Eisleben 2000) 43–62.

STOLL 1985
H. J. Stoll: Die Münzschatzgefäße auf dem Gebiet der DDR von den Anfängen bis 1700. Weimarer Monographien zur Ur- und Frühgeschichte 12 (Weimar 1985) Nr. 112.

STRAUBE 1987
M. Straube, Nahrungsmittelbedarf, Nahrungsmittelproduktion und Nahrungsmittelhandel im thüringisch-sächsischen Raum zum Beginn des 16. Jahrhunderts. In: Festschrift Othmar Pickl zum 60. Geburtstag (Graz, Wien 1987) 579–588.

STRAUBE 1992
M. Straube, Über den Handel mit Eisen und Eisenwaren im thüringisch-sächsischen Raum im 15. und 16. Jahrhundert. In: F. Oppl (Hrsg.), Stadt und Eisen. Beiträge zur Geschichte der Städte Mitteleuropas 11 (Linz/Donau 1992) 259–290.

STRAUBE 1993
M. Straube, Zum Handel mit Salz aus thüringisch-sächsischen Salinen, vornehmlich in der ersten Hälfte des 16. Jahrhunderts. Umfang – Organisation – Ausdehnung. Journal of Salt-History; Jahrbuch für Salzgeschichte 1/93, 1993, 116–140.

STRAUBE 1996
M. Straube, Der hansische Binnenhandel – die wirtschaftlichen Beziehungen zwischen Thüringen und den Seestädten zu Beginn der frühen Neuzeit. In: M. Puhle (Hrsg.), Hanse – Städte – Bünde. Die sächsischen Städte zwischen Elbe und Weser um 1500 (Magdeburg 1996) 396–405.

STRAUBE 1996a
M. Straube, Lehensträger und Eigentümer von Solegütern der Saline zu Halle, vornhemlich im 16. Jahrhundert. In: La Sal: del Gusto Alimentario al Arrendamiento de Salinas (Granda o. J. [1996]) 342–356.

STRAUBE 1997
M. Straube, Notwendigkeiten, Umfang und Herkunft von Nahrungsmittellieferungen in das sächsische Erzgebirge zu Beginn des 16. Jahrhunderts. In: E. Westermann (Hrsg.), Bergbaureviere als Verbrauchszentren im vorindustriellen Europa. Fallstudien zu Beschaffung und Verbrauch von Lebensmitteln sowie Roh- und Hilfsstoffen (13.–18. Jahrhundert). Vierteljahrschrift für Sozial- und Wirtschaftsgeschichte, Beihefte 130 (Stuttgart 1997) 203–220.

STRAUBE 1997a
M. Straube, Die Stellung Mitteldeutschlands im europäischen Handelsverkehr zu Beginn der Neuzeit. In: E. Donnert (Hrsg.), Europa in der Frühen Neuzeit [Festschrift für Günther Mühlpfordt], Bd. 1: Vormoderne (Weimar u. a. 1997) 99–117.

STRAUBE 2004
M. Straube, Die Oberlausitz als Brückenglied im Handelsverkehr zwischen West-, Mittel- und Osteuropa zu Beginn der Neuzeit. In: M. Herrmann/D. Weber (Hrsg.), Oberlausitz. Beiträge zur Landesgeschichte (Görlitz, Zittau 2004) 168-181.

STRAUBE 2006
M. Straube, »Hab und Güter, die mir der allmächtige Gott gnädiglich bescheret hat ...«. Das Testament des Leipziger Kaufmanns Heinrich Scherl (1475–1548). Thema M – 6, Sonderbd. Stadtgeschichtliches Museum Leipzig (Leipzig 2006).

STRAUSS 1966
K. Strauß, Die Kachelkunst des 15. und 16. Jahrhunderts in Deutschland, Österreich und der Schweiz (Straßburg 1966).

STRAUSS 1968
K. Strauß, Der Kachelofen in der graphischen Darstellung des 15. und 16. Jahrhunderts. Keramos 39, 1968, 22–36.

STREHLE/KUNZ 1998
J. Strehle/A. Kunz, Druckgraphiken Lucas Cranachs d. Ä. (Wittenberg 1998).

TAMBOER 1999
A. Tamboer, Ausgegrabene Klänge. Archäologische Musikinstrumente aus allen Epochen. Archäologische Mitteilungen aus Nordwestdeutschland, Beiheft 25 (Oldenburg 1999).

THEUERKAUFF-LIEDERWALD 1994
A. Theuerkauff-Liederwald, Venezianisches Glas der Kunstsammlungen der Veste Coburg (Lingen 1994).

TORNAU 1937
O. Tornau, Münzwesen und Münzen der Grafschaft Mansfeld von der Mitte des 15. Jahrhunderts bis zum Erlöschen des Gräflichen und Fürstlichen Hauses (Prag 1937).

TREU 2003
M. Treu, Martin Luther in Wittenberg. Ein biographischer Rundgang (Wittenberg 2003).

TREU 2004
M. Treu, Martin Luther und die Tiere. Eine Textsammlung aus Luthers Tischreden, Briefen und Schriften. Stiftung Luthergedenkstätten in Sachsen-Anhalt, Heft 14 (Wittenberg 2004).

TREU 2005
M. Treu, Waschhaus – Küche – Priorat: die neuen archäologischen Funde am Wittenberger Lutherhaus. Luther. Zeitschrift der Luthergesellschaft 76, 2005, 132–140.

TREU 2007
M. Treu, Der Thesenanschlag fand wirklich statt. Ein neuer Beleg aus der Universitätsbibliothek Jena. Luther. Zeitschrift der Luthergesellschaft 78, 2007.

TREU 2007 a
M. Treu, Martin Luther in Wittenberg. Ein biographischer Rundgang[2] (Wittenberg 2007).

ULBRICHT 1984
I. Ulbricht, Die Verarbeitung von Knochen, Geweih und Horn im mittelalterlichen Schleswig. Ausgrabungen in Schleswig. Berichte und Studien 3 (Neumünster 1984).

ULBRICHT 2004
O. Ulbricht (Hrsg.), Die leidige Seuche. Pest-Fälle in der Frühen Neuzeit (Köln u. a. 2004).

VOGLER 2003
G. Vogler, Europas Aufbruch in die Neuzeit 1500–1650. UTB Handbuch der Geschichte Europas 5 (Stuttgart 2003).

VOLKMAR 2008
C. Volkmar, Reform statt Reformation. Die Kirchenpolitik Herzog Georgs von Sachsen 1488–1525. Spätmittelalter, Humanismus, Reformation 41 (Tübingen 2008).

VASOLD 1991
M. Vasold, Pest, Not und schwere Plagen. Seuchen und Epidemien vom Mittelalter bis heute (München 1991).

VASOLD 2003
M. Vasold, Die Pest. Ende eines Mythos (Stuttgart 2003).

VILSTEREN 1987
V. T. van Vilsteren, Het benen tijdperk: gebruiksvoorwerpen van been, gewei, hoorn en ivoor 10.000 jaar geleden tot heden (Assen 1987).

VOIGT 1928
H. G. Voigt, Die entscheidendste Stunde in Luthers religiöser Entwicklung – ihre Örtlichkeit, Zeit und Bedeutung. Zeitschrift des Vereins für Kirchengeschichte der Provinz Sachsen und des Freistaates Anhalt 24, 1928, 32–70.

VOIGT 1930
H. G. Voigt, Luthers Wittenberger Turm. Zeitschrift des Vereins für Kirchengeschichte der Provinz Sachsen und des Freistaates Anhalt 26, 1930, 165–175.

WA
D. Martin Luthers Werke. Kritische Gesamtausgabe. Abt. 1. Schriften, Bd. 1–60 (Weimar 1883 ff.).

WABr
D. Martin Luthers Werke. Kritische Gesamtausgabe. Abt. 4. Briefwechsel, Bd. 1–18 (Weimar 1930 ff.).

WÄSCHE 2007
T. Wäsche, Die Gestalt der Stadt Eisleben. Rekonstruktion des baulichen Zustandes vom Beginn des 15. Jahrhunderts bis zum großen Stadtbrand von 1601 (Eisleben 2007).

WALZ 1994
A. Walz, »Seltenheiten der Natur als auch der Kunst«. Die Kunst- und Naturalienkammer auf Schloß Salzdahlum. Ausstellungskatalog (Braunschweig 1994).

WARTBURG 1996
Aller Knecht und Christi Untertan. Katalog zur Ausstellung (Eisenach 1996).

WATR
D. Martin Luthers Werke. Kritische Gesamtausgabe. Abt. 2. Tischreden, Bd. 1–6 (Weimar 1912 ff.).

WEDEPOHL 2008
K. H. Wedepohl, Eine stoffliche Untersuchung von Gläsern aus Luthers Elternhaus in Mansfeld und seinem Wohnhaus in Wittenberg. In: H. Meller/S. Rhein/H.-G. Stephan (Hrsg.), Luthers Lebenswelten. Tagungen des Landesmuseums für Vorgeschichte Halle 1 (Halle [Saale] 2008) in Vorb.

WENTZ 1941
G. Wentz, Das Augustinereremitenkloster in Wittenberg. In: F. Bünger/G. Wentz (Bearb.), Das Bistum Brandenburg, Teil 2: Germania sacra, Abt. 1/3 (Berlin 1941) 440–499.

WERNER 1971
R. Werner, Das Lutherhaus in Wittenberg. Baudenkmale 31 (Leipzig 1971).

WESTERMANN 1971
E. Westermann, Das Eislebener Garkupfer und seine Bedeutung für den europäischen Kupfermarkt 1460–1560 (Köln, Wien 1971).

WESTERMANN 2000
E. Westermann, Der wirtschaftliche Konzentrationsprozeß im Mansfelder Revier und seine Auswirkungen auf Martin Luther, seine Verwandten und Freunde. In: R. Knape (Hrsg.), Martin Luther und der Bergbau im Mansfelder Land. Stiftung Luthergedenkstätten in Sachsen-Anhalt/Katalog 7 (Eisleben 2000) 63–91.

WESTPHALEN 2006
T. Westphalen, Wasserblase/Kastengießgefäß. In: V. Rodekamp (Hrsg.), Leipzig Original: Stadtgeschichte vom Mittelalter bis zur Völkerschlacht. Katalog zur Dauerausstellung des Stadtgeschichtlichen Museums Leipzig im Alten Rathaus, Teil 1 (Altenburg 2006) 98.

WEX 1996
R. Wex, Luthers und anderer Konterfei (Braunschweig 1996).

WINTERHAGER 1999
W. E. Winterhager, Ablaßkritik als Indikator historischen Wandels vor 1517: Ein Beitrag zu Voraussetzungen und Einordnung der Reformation. Archiv für Reformationsgeschichte 90, 1999, 6–71.

WINTERHAGER 2002
W. E. Winterhager, Martin Luther und das Amt des Provinzialvikars in der Reformkongregation der deutschen Augustiner-Eremiten. In: F. J. Felten/N. Jaspert (Hrsg.), Vita Religiosa im Mittelalter [Festschrift für Kaspar Elm zum 70. Geburtstag], Berliner historische Studien 31 (Berlin 2002) 707–738.

WINKLE 1997
S. Winkle, Geißeln der Menschheit. Kulturgeschichte der Seuchen[2] (Düsseldorf, Zürich 1997).

WIPPLINGER 1972
E. Wipplinger, Hallesche Goldschmiedekunst (Halle [Saale] 1972) ungedr. Diss.

ZANDER-SEIDEL 1990
J. Zander-Seidel, Textiler Hausrat. Kleidung und Haustextilien in Nürnberg von 1500–1650. Kunstwissenschaftliche Studien 59 (München, Berlin 1990).

ZANDER-SEIDEL 2004
J. Zander-Seidel, »Ein Stück von Luthers Rock«. In: G. U. Großmann (Hrsg.), Faszination Meisterwerk: Dürer, Rembrandt, Riemenschneider. Ausstellungskatalog (Nürnberg 2004) 78 f.

ABBILDUNGSNACHWEIS

ESSAYS

Abb. 1 Nürnberg, Staatsarchiv, Handschriften Nr. 281, fol. 2v/3r
Abb. 2 Kunsthistorisches Museum Wien, Gemäldegalerie, GG 825
Abb. 3 München, Alte Pinakothek. Blauel/Gnamm/ARTOTHEK, Nr. 2674
Abb. 4 Grosjean/Kinauer 1975, 50 f.
Abb. 5 Fritzsch 1967, 3
Abb. 6 Staatliche Museen zu Berlin/Stiftung Preußischer Kulturbesitz, Gemäldegalerie 586, Foto: J. P. Anders (Berlin)
Abb. 7 C. Beyer (Weimar)
Abb. 8 Agricola 1556/1928, Abb. vor dem Titelblatt. Mit freundlicher Genehmigung des VDI-Verlags
Abb. 9 Epperlein 1975, Abb. 44
Abb. 10 Entwurf: und.Agentur (Magdeburg) nach M. Straube (Leipzig). Aus: Straube 1996, 398 Abb. 1
Abb. 11 C. Beyer (Weimar)
Abb. 12 Pfarrarchiv Stolberg
Abb. 13 D'Arcais 1995, 111
Abb. 14 Paläographisch-Diplomatischer Apparat des Instituts für Geschichte der Martin-Luther-Universität Halle-Wittenberg, Urkunde F
Abb. 15 Bayerische Staatsbibliothek München, Einbl. VI, 44
Abb. 16 Juntke 1973, 207 Abb. 3b
Abb. 17 E. Schlenkrich (Dresden)
Abb. 18; 19 Ratsschulbibliothek Zwickau
Abb. 20 Städtische Galerie Dresden, Kunstsammlung, Inv. Nr. 1980/k 2340
Abb. 21 Medizinhistorische Sammlungen des Karl-Sudhoff-Instituts Leipzig, Inv. Nr. 0009
Abb. 22 Österreichisches Staatsarchiv, Haus-, Hof- und Staatsarchiv, HS W 481, Bl. 12
Abb. 23 Mansfeld-Museum Hettstedt und Förderverein Mansfeld-Museum e. V. (Hrsg.); Sammlung LDA Sachsen-Anhalt
Abb. 24 Seidel 1998, 51
Abb. 25 Germanisches Nationalmuseum Nürnberg, Gm 226, Foto: M. Runge (Nürnberg)
Abb. 26 Spangenberg 1925, nach 68
Abb. 27 Entwurf: S. Bräuer (Berlin), Grafik: N. Seeländer
Abb. 28 Wallraf-Richartz-Museum Köln, WRM 2324, Rheinisches Bildarchiv
Abb. 29 Stadtbibliothek Nürnberg, Amb. 317.2°, f. 60r
Abb. 30 Alte Pinakothek München, Blauel/Gnamm-ARTOTHEK, Nr. 439
Abb. 31 Staatliche Museen Kassel, ARTOTHEK, Nr. 13804
Abb. 32 Wallraf-Richartz-Museum Köln, WRM 1022, Rheinisches Bildarchiv
Abb. 33 Bildarchiv LDA Sachsen-Anhalt
Abb. 34 Deutsches Bergbaumuseum Bochum
Abb. 35 Wartburg-Stiftung Eisenach, Foto: U. Kneise (Eisenach)
Abb. 36 L. Schulz (Berlin)
Abb. 37 Freiesleben 1815, Beilage
Abb. 38–40 Agricola 1556/1928, 242; 342; 307. Mit freundlicher Genehmigung des VDI-Verlags
Abb. 41 A. Stahl
Abb. 42 Bildarchiv LDA Sachsen-Anhalt
Abb. 43 J. Lipták (Köln)
Abb. 44 Bildarchiv LDA Sachsen-Anhalt
Abb. 45 Repro in Bildarchiv LDA, Original im Besitz der Stiftung Luthergedenkstätten in Sachsen-Anhalt
Abb. 46 A. Stahl
Abb. 47; 48 G. Preuß
Abb. 49–55 Stiftung Luthergedenkstätten in Sachsen-Anhalt
Abb. 56 Sammlung LDA Sachsen-Anhalt
Abb. 57 M. Gutjahr
Abb. 58 Stiftung Luthergedenkstätten in Sachsen-Anhalt
Abb. 59 Kunstsammlungen der Veste Coburg, Inv. Nr. XIII, 42, 78
Abb. 60 Stiftung Luthergedenkstätten in Sachsen-Anhalt
Abb. 61; 62 Sammlung LDA Sachsen-Anhalt
Abb. 63; 64 J. Lipták (Köln)
Abb. 65 G. Preuß
Abb. 66–68 C. Matthes (Berlin)
Abb. 69 I. Hoffmann (Halle [Saale])
Abb. 70 A. Stahl
Abb. 71 Bildarchiv LDA Sachsen-Anhalt
Abb. 72 Umzeichnung: N. Seeländer. nach Vorlage von M. Paul (Halle [Saale]) und B. Weber/A. Stahl
Abb. 73–76 J. Lipták (Köln)
Abb. 77 R. Ulbrich
Abb. 78 R. Schmitt/G. Tratz
Abb. 79 J. Meinhardt-Degen, Institut für Diagnostik und Konservierung an Denkmalen in Sachsen und Sachsen-Anhalt e. V. (Halle [Saale])
Abb. 80 Stiftung Luthergedenkstätten in Sachsen-Anhalt
Abb. 81 J. Lipták (Köln)
Abb. 82 A. Hörentrup
Abb. 83 J. Lipták (Köln)
Abb. 84 G. Preuß
Abb. 85 J. Lipták (Köln)
Abb. 84 R. Ulbrich

KATALOG

A 5 M. Kopp (Oberursel)
B 2 LDA Sachsen-Anhalt
B 3 J. Kunstmann (Eisleben)
B 5 Österreichisches Staatsarchiv, Haus-, Hof- und Staatsarchiv
C 10 Fränkische-Schweiz Museum, Tüchersfeld
C 31; 33; 35 M. Hellmund
C 53 Deutsches Klingenmuseum Solingen
C 75 Museum of London
C 91 Hetjensmuseum Düsseldorf, Deutsches Keramikmuseum
C 96 Landeshauptarchiv Sachsen-Anhalt, Abteilung Magdeburg, Rep. Cop. Amtsbücher, Nr. 427 e
C 103 U. Dräger (Halle [Saale])
C 107 LDA Sachsen-Anhalt
C 108 F. Hertel
D 1 Stiftung Luthergedenkstätten in Sachsen-Anhalt
D 2 L. Edelhoff (Erfurt)
D 3 Stiftung Luthergedenkstätten in Sachsen-Anhalt
D 4 G. Preuß
D 5 T. Ziegler (Halle [Saale])
D 6 Städtisches Museum Braunschweig, Museumsfoto
D 7 Stiftung Moritzburg – Kunstmuseum des Landes Sachsen-Anhalt
D 8 Katholische Pfarrkirchenstiftung »St. Alexander und Theodor«, Ottobeuren
D 9 Riksarkivet Stockholm
D 10 Evangelische Kirchgemeinde St. Michael, Zeitz/Stadtmuseum Dessau
D 11 K. E. Götz (Halle [Saale])
D 13 Stiftung Luthergedenkstätten in Sachsen-Anhalt
D 14 Herzog Anton Ulrich-Museum Braunschweig, Kunstmuseum des Landes Niedersachsen, Foto: B. P. Keiser (Braunschweig)
D 15 Nutzungsrechte Wetteraumuseum, Foto: P. Kynast (Friedberg)
D 16 LDA Sachsen-Anhalt
E 1; 5 J. Karpinski (Dresden)

E 8 Herzog Anton Ulrich-Museum Braunschweig, Kunstmuseum des Landes Niedersachsen, Foto: B. P. Keiser (Braunschweig)
E 9 C. Sandig (Leipzig)
E 11 Stiftung Luthergedenkstätten in Sachsen-Anhalt
E 16 J. Karpinski (Dresden)
E 23; 26 LDA Sachsen-Anhalt
E 39; 40 Deutsches Klingenmuseum Solingen
E 42 LDA Sachsen-Anhalt
E 49; 59; 61; 63 Hetjensmuseum Düsseldorf, Deutsches Keramikmuseum
E 65 Bayerisches Nationalmuseum München
E 68 M. Runge (Nürnberg)
E 70 Hetjensmuseum Düsseldorf, Deutsches Keramikmuseum
E 76 Museum für Ur- und Frühgeschichte Thüringens Weimar, Thüringisches Landesamt für Denkmalpflege und Archäologie
E 80 M. Runge (Nürnberg)
E 87 Kunstsammlungen der Veste Coburg
E 89 M. Runge (Nürnberg)
E 104 M. Landin (Stockholm)
E 105 S. Linke (Berlin)
E 106 Museum August Kestner Hannover
E 107 M. Runge (Nürnberg)
E 108 Städtische Museen Zwickau
E 109 U. Dräger (Halle [Saale])
E 131 LDA Sachsen-Anhalt
E 133 Museum für Kunst und Gewerbe Hamburg
E 140 Sächsisches Staatsarchiv – Hauptstaatsarchiv Dresden (Hennen 2002, 7 f. Abb. 4)
E 145 Nickel u. a. 1996, 27 Nr. 24
F 1 E. Estel / H.-P. Klut (Dresden)
F 2 Thüringisches Hauptstaatsarchiv Weimar
F 3 B. Clasens (Erfurt)
F 4 Evangelisch-Lutherische Kirchgemeinde Jena
F 5; 6 Stiftung Luthergedenkstätten in Sachsen-Anhalt
F 7 H. Schulze-Brinkop (Leipzig)
F 8; 10 J. Karpinski (Dresden)
F 10 J. Wollenweber (Regensburg)
F 11 Pommersches Landesmuseum für Universitätssammlung Ernst-Moritz-Arndt Universität Greifswald
F 13 A. Seiler (Basel)
F 14 M. Runge (Nürnberg)
F 15 Marienbibliothek Halle
F 16 Herzog August Bibliothek Wolfenbüttel
F 17 Stiftung Luthergedenkstätten in Sachsen-Anhalt
F 18 Herzog Anton Ulrich-Museum Braunschweig, Kunstmuseum des Landes Niedersachsen, Foto: B. P. Keiser (Braunschweig)
F 19 S. Linke (Berlin)
F 20 Evangelisch-Lutherische Kirchgemeinde St. Thomas, Leipzig
F 21 Leihgeber
F 22 LDA Sachsen-Anhalt
F 23 Herzog August Bibliothek Wolfenbüttel
F 24 M. Runge (Nürnberg)
F 25 Evangelisch-Lutherische Nathanaelgemeinde Leipzig-Lindenau
F 26 U. Kneise (Eisenach)
F 27 Herzog August Bibliothek Wolfenbüttel
F 28 Museum Catharijneconvent Utrecht
F 29 Herzog August Bibliothek Wolfenbüttel
F 30 Thüringisches Staatsarchiv Altenburg
F 31 Klassik Stiftung Weimar – Graphische Sammlungen
F 32 Nationalmuseet København
F 36 L. Ebhardt (Gotha)
F 37, 38 Museum August Kestner Hannover (Schlüter 1983, Nr. 24; 27)
F 39 U. Dräger (Halle [Saale])

Alle weiteren Aufnahmen im Katalog stammen von

A. Hörentrup
B 4 / C 18; 43; 45; 47; 55; 98; 104 / E 2–4; 14; 19; 25; 29; 30; 33; 44; 46; 47; 50; 51; 53; 55; 58; 64; 75; 85; 119; 132; 138; 143 / F 33; 35

J. Lipták (Köln)
A 1–4 / C 1–3; 5–7; 9; 11; 12; 15; 20; 23–25; 27–30; 41; 46; 48; 49; 50; 52; 56; 57; 59; 60–69; 71–74; 77–81; 83–85; 88, 90; 92; 97; 99; 101; 102; 105; 106; 109; 110 / D 12 / E 6; 7; 10; 12; 14; 17; 18; 21; 22; 27; 35; 38; 43; 52; 56; 57; 60; 62; 66; 67; 69; 72; 74; 77–79; 81–83; 86; 91; 93–96; 98; 99; 101–103; 112; 114; 115; 117; 121–127; 129; 137; 139; 141; 142; 144; 146; 147 / F 12; 34

Alle Personen ohne Ortsnennung sind Mitarbeiter des LDA Sachsen-Anhalt.